Thor

Hammer-Ase und Herr des Donners
Odin-Sohn und Gott der Stärke

Band 17 der Reihe „Die Götter der Germanen"

Bücher von Harry Eilenstein:

- Astrologie (496 S.)
- Photo-Astrologie (428 S.)
- Horoskop und Seele (120 S.)
- Tarot (104 S.)
- Handbuch für Zauberlehrlinge (408 S.)
- Physik und Magie (184 S.)
- Der Lebenskraftkörper (230 S.)
- Die Chakren (100 S.)
- Meditation (140 S.)
- Drachenfeuer (124 S.)
- Krafttiere – Tiergöttinnen – Tiertänze (112 S.)
- Schwitzhütten (524 S.)
- Totempfähle (440 S.)
- Muttergöttin und Schamanen (168 S.)
- Göbekli Tepe (472 S.)
- Hathor und Re:
  - Band 1: Götter und Mythen im Alten Ägypten (432 S.)
  - Band 2: Die altägyptische Religion – Ursprünge, Kult und Magie (396 S.)
- Isis (508 S.)
- Die Entwicklung der indogermanischen Religionen (700 S.)
- Wurzeln und Zweige der indogermanischen Religion (224 S.)
- Der Kessel von Gundestrup (220 S.)
- Cernunnos (690 S.)
- Christus (60 S.)
- Odin (300 S.)
- Die Götter der Germanen (Band 1 – 80)
- Dakini (80 S.)
- Kursus der praktischen Kabbala (150 S.)
- Eltern der Erde (450 S.)
- Blüten des Lebensbaumes:
  - Band 1: Die Struktur des kabbalistischen Lebensbaumes (370 S.)
  - Band 2: Der kabbalistische Lebensbaum als Forschungshilfsmittel (580 S.)
  - Band 3: Der kabbalistische Lebensbaum als spirituelle Landkarte (520 S.)
- Über die Freude (100 S.)
- Das Geheimnis des inneren Friedens (252 S.)
- Von innerer Fülle zu äußerem Gedeihen (52 S.)
- Das Beziehungsmandala (52 S.)
- Die Symbolik der Krankheiten (76 S.)

- König Athelstan (104 S.)

Kontakt: www.HarryEilenstein.de / Harry.Eilenstein@web.de
Impressum: Copyright: 2011 by Harry Eilenstein – Alle Rechte, insbesondere auch das der Übersetzung, vorbehalten. Kein Teil des Buches darf ohne schriftliche Genehmigung des Autors und des Verlages (nicht als Fotokopie, Mikrofilm, auf elektronischen Datenträgern oder im Internet) reproduziert, übersetzt, gespeichert oder verbreitet werden.
Herstellung und Verlag: BoD - Books on Demand, Norderstedt
ISBN: 9783743109384

Die Themen der einzelnen Bände der Reihe „Die Götter der Germanen"

1. Die Entwicklung der germanischen Religion
2. Lexikon der germanischen Religion
3. Der ursprüngliche Göttervater Tyr
4. Tyr in der Unterwelt: der Schmied Wieland
5. Tyr in der Unterwelt: der Riesenkönig Teil 1
6. Tyr in der Unterwelt: der Riesenkönig Teil 2
7. Tyr in der Unterwelt: der Zwergenkönig
8. Der Himmelswächter Heimdall
9. Der Sommergott Baldur
10. Der Meeresgott: Ägir, Hler und Njörd
11. Der Eibengott Ullr
12. Die Zwillingsgötter Alcis
13. Der neue Göttervater Odin Teil 1
14. Der neue Göttervater Odin Teil 2
15. Der Fruchtbarkeitsgott Freyr
16. Der Chaos-Gott Loki
17. Der Donnergott Thor
18. Der Priestergott Hönir
19. Die Göttersöhne
20. Die unbekannteren Götter
21. Die Göttermutter Frigg
22. Die Liebesgöttin: Freya und Menglöd
23. Die Erdgöttinnen
24. Die Korngöttin Sif
25. Die Apfel-Göttin Idun
26. Die Hügelgrab-Jenseitsgöttin Hel
27. Die Meeres-Jenseitsgöttin Ran
28. Die unbekannteren Jenseitsgöttinnen
29. Die unbekannteren Göttinnen
30. Die Nornen
31. Die Walküren
32. Die Zwerge
33. Der Urriese Ymir
34. Die Riesen
35. Die Riesinnen
36. Mythologische Wesen
37. Mythologische Priester und Priesterinnen
38. Sigurd/Siegfried
39. Helden und Göttersöhne

40. Die Symbolik der Vögel und Insekten
41. Die Symbolik der Schlangen, Drachen und Ungeheuer
42. Die Symbolik der Herdentiere
43. Die Symbolik der Raubtiere
44. Die Symbolik der Wassertiere und sonstigen Tiere
45. Die Symbolik der Pflanzen
46. Die Symbolik der Farben
47. Die Symbolik der Zahlen
48. Die Symbolik von Sonne, Mond und Sternen
49. Das Jenseits
50. Seelenvogel, Utiseta und Einweihung
51. Wiederzeugung und Wiedergeburt
52. Elemente der Kosmologie
53. Der Weltenbaum
54. Die Symbolik der Himmelsrichtungen und der Jahreszeiten
55. Mythologische Motive

56. Der Tempel
57. Die Einrichtung des Tempels
58. Priesterin – Seherin – Zauberin – Hexe
59. Priester – Seher – Zauberer
60. Rituelle Kleidung und Schmuck
61. Skalden und Skaldinnen
62. Kriegerinnen und Ekstase-Krieger

63. Die Symbolik der Körperteile
64. Magie und Ritual
65. Gestaltwandlungen
66. Magische Waffen
67. Magische Werkzeuge und Gegenstände
68. Zaubersprüche
69. Göttermet
70. Zaubertränke
71. Träume, Omen und Orakel
72. Runen
73. Sozial-religiöse Rituale

74. Weisheiten und Sprichworte
75. Kenningar
76. Rätsel

77. Die vollständige Edda des Snorri Sturluson
78. Frühe Skaldenlieder
79. Mythologische Sagas
80. Hymnen an die germanischen Götter

Inhaltsverzeichnis

I Thor in der germanischen Überlieferung ... 13
  I 1. Der Name „Thor" ... 13
  I 2. Thor der Ase ... 16
    I 2. a) Asen-Heitis ... 16
    I 2. b) Skaldskaparmal ... 16
    I 2. c) Gesta danorum ... 17
    I 2. d) Skaldskaparmal ... 17
    I 2. e) Skaldskaparmal ... 17
    I 2. f) Harbard-Lied ... 18
    I 2. g) Gylfis Vision ... 18
    I 2. h) Gylfis Vision ... 19
    I 2. j) Skaldskaparmal ... 19
    I 2. k) Gesta danorum ... 20
    I 2. l) Skaldskaparmal ... 20
    I 2. m) Skaldskaparmal ... 21
    I 2. n) Egil-Saga ... 21
    I 2. o) Kenningar ... 22
    I 2. p) Lachstal-Saga ... 25
    I 2. o) Heimskringla ... 25
    I 2. p) Fortsetzung des Edda-Prologs ... 26
    I 2. q) Gesta danorum ... 26
    I 2. r) Chronicon Lethrense ... 28
    I 2. s) Über Fornjot und seine Verwandten ... 29
    I 2. t) Nordische Redewendungen ... 29
    I 2. u) Huldar-Saga ... 30
    I 2. v) Die Saga über Halfdan Eysteinn-Sohn ... 30
    I 2. w) Heimskringla ... 31
  I 3. Thor und Hymir ... 33
    I 3. a) Ragnarsdrapa ... 33
    I 3. b) Bildstein von Hördum ... 37
    I 3. c) Runenstein von Ardre ... 39
    I 3. d) Runenstein von Altuna ... 40
    I 3. e) Gosforth Kreuz ... 41
    I 3. f) Thorwald-Kreuz ... 42
    I 3. g) Die Steinritzungen von Svenneby ... 43
    I 3. h) Die Steinritzungen von Bohuslän ... 44
    I 3. i) Husdrapa ... 44
    I 3. j) Thor-Lied ... 48
    I 3. k) Hymir-Lied ... 49

I 3. l) Gylfis Vision	65
I 3. m) Skaldskarparmal	70
I 4. Thor und Jörmungandr	***73***
I 4. a) Gylfis Vision	73
I 4. b) Gylfis Vision	74
I 4. c) Die Vision der Seherin	74
I 4. d) Strophe des Skalden Olvir der Dieb	78
I 5. Thor und Geirröd	***79***
I 5. a) Skaldskaparmal	79
I 5. b) Skaldskaparmal	79
I 5. c) Thorsdrapa	86
I 5. d) Gesta danorum	122
I 5. e) Heimskringla	123
I 5. f) Huldar-Saga	124
I 5. g) Die Saga über Schnecken-Hallr	124
I 5. h) Harbard-Lied	126
I 6. Thor und Thrym	***130***
I 6. a) Thrym-Lied	130
I 6. b) Thor von Asgard	138
I 7. Thor und Hrungnir	***144***
I 7. a) Skaldskaparmal	144
I 7. b) Skaldskaparmal	144
I 7. c) Haustlöng	156
I 8. Thor und der Riesenbaumeister	***167***
I 8. a) Skaldskarpmal	167
I 8. b) Die Vision der Seherin	170
I 9. Thor und Starkad	***172***
I 9. a) Hervarar-Saga	172
I 9. b) Gesta danorum	173
I 9. c) Gesta danorum	173
I 9. d) Vikarsbalkr	174
I 9. e) Gautrek-Saga	175
I 9. f) Gesta danorum	176
I 10. Thor und Skrymir	***178***
I 10. a) Gylfis Vision	178
I 11. Thor und Utgard-Loki	***182***
I 11. a) Gylfis Vision	182
I 11. b) Egil-Saga	188

I 12.	***Thor und Thrivaldi***	***190***
I 12. a)	Skaldskaparmal	190
I 12. b)	Thulur	191
I 12. c)	Ragnarsdrapa	191
I 12. d)	Thor-Preislied	192
I 12. e)	Skirnir-Lied	192
I 13.	***Thor und Leiknir***	***193***
I 13. a)	Thor-Preislied	193
I 14.	***Thor und Thiazi***	***194***
I 14. a)	Skaldskaparmal	194
I 14. b)	Ragnarsdrapa	194
I 14. c)	Harbard-Lied	195
I 15.	***Thor und die Riesinnen***	***196***
I 15. a)	Skaldskaparmal	196
I 15. b)	Hyndla-Lied	197
I 15. c)	Leikn	197
I 16.	***Thors Hammer Mjöllnir***	***198***
I 16. a)	Der Name „Mjöllnir"	198
I 16. b)	Skaldskaparmal	203
I 16. c)	Skaldskaparmal	203
I 16. d)	Die skandinavischen Felsritzungen	204
I 16. e)	Das Opfermoor von Niederdorla	205
I 16. f)	Das Hügelgrab von Kivik	205
I 16. g)	Thor-Statue von Akureyri	206
I 16. h)	Die Thor-Statuette von Lund	207
I 16. i)	Der Hammer von Uppland	207
I 16. j)	Der Runenstein von Stenkista	208
I 16. k)	Der Runenstein von Aby	209
I 16. l)	Der Runenstein von Altuna	209
I 16. m)	Der Thor-Hammer von Laberg	210
I 16. n)	Der Runenstein von Ramsundberg	211
I 16. o)	Der Runenstein von Gök	212
I 16. p)	Der Thor-Hammer von Uppland	213
I 16. q)	Der Thor-Hammer von Laby	213
I 16. r)	Der Thor-Hämmer von Innvik	214
I 16. s)	Der Thor-Hammer von Fitjar	214
I 16. t)	Der Thor-Hammer von Uppland	214
I 16. u)	Der Thor-Hammer von Södermannland	215
I 16. v)	Der Thor-Hammer von Sandby	215
I 16. w)	Der Thor-Hammer von Lugnas	216
I 16. x)	Der Thor-Hammer von Roemersdal	216

I 16. y)	Der Thor-Hammer von Slotsmöllan	219
I 16. z)	Der Thor-Hammer von Moheda	220
I 16. aa)	Der Thor-Hammer von Gärsnäs	221
I 16. ab)	Der Thor-Hammer von Palstorp	223
I 16. ac)	Der Thor-Hammer von Bredsätra	224
I 16. ad)	Der Thor-Hammer von Odeshög	226
I 16. ae)	Der Thor-Hammer von Scania	227
I 16. af)	Der Thor-Hammer von Mandemark	228
I 16. ag)	Der Thor-Hammer von Ash	229
I 16. ah)	Das Thorwald-Kreuz	229
I 16. ai)	Der Thor-Hammer aus Island	230
I 16. aj)	Cormac-Saga	230
I 16. aj)	Hervor-Saga	231
I 16. ak)	Heimskringla	231
I 16. al)	Übersicht über die Hammer-Formen	233
I 16. am)	Das Wappen von Thorsas	241
I 16. ap)	Gesta danorum	241
I 16. aq)	Gesta danorum	242
I 16. ac)	Der Runenstein von Aby	224
I 17.	**Keule und Hammer**	**244**
I 17. a)	Der Runenstein von Sanda	244
I 17. b)	Der erste Hammer	244
I 17. c)	Der Hammer des Donnergottes	245
I 17. d)	Das Opfermoor von Niederdorla	246
I 17. e)	Dsa Keulen-Amulett	247
I 17. f)	Gesta danorum	248
I 18.	**Thor, Odin und Freyr**	**251**
I 18. a)	Hamburgische Kirchengeschichte	251
I 18. b)	Der Wandteppich von Skog	252
I 18. c)	Der Runenstein von Sanda	255
I 18. d)	Asen-Heitis	260
I 19.	**Thor der Flußüberquerer**	**262**
I 19. a)	Grimnir-Lied	262
I 19. b)	Gylfis Vision	264
I 19. c)	Harbard-Lied	265
I 20.	**Thor und Jörd**	**280**
I 20. a)	Gylfis Vision	280
I 20. b)	Skaldskaparmal	280
I 20. c)	Noregs Konungatal	280
I 20. d)	Skaldskaparmal	282
I 20. e)	Skaldskaparmal	283

I 20. f)	Skaldskaparmal	283
I 20. g)	Heimskringla: Die Jahreszeiten in Norwegen	284
I 20. h)	Harbard-Lied	284

I 21. Thor und Sif — *285*
I 22. a)	Skaldskaparmal	285
I 21. b)	Das Verhältnis von Thor und Sif	290

I 22. Thor und die Pferde-Zwillinge — *291*
I 22. a)	Chronik der Angelsachsen	291

I 23. Thors Söhne — *295*
I 23. a)	Skaldskaparmal	295
I 23. b)	Die Vision der Seherin	295
I 23. c)	Hrungnir-Mythe	296

I 24. Thors Tochter Thrudr — *297*
I 24. a)	Thor-Lied	297
I 24. b)	Skaldskaparmal	297
I 24. c)	Thorsdrapa	297
I 24. d)	Ragnarsdrapa	298
I 24. e)	Alwis-Lied	299

I 25. Thor und die beiden Schwestern — *303*
I 25. a)	Geirröd-Mythe	303
I 25. b)	Odin-Mythen	303
I 25. c)	Die Saga über Sturlaug den Mühen-Beladenen	304
I 25. d)	Frigg, Freya und Fulla	304
I 25. e)	Menja und Fenja	305
I 25. f)	Njals-Saga	305
I 25. g)	Thor, Sif und Jarnsaxa	306
I 25. h)	Sinthgunt und Sunna	306
I 25. i)	Heimskringla	306

I 26. Thors Stiefsohn — *308*
I 26. a)	Skaldskaparmal	308
I 26. b)	Lokasenna	308

I 27. Thors Pflege-Eltern — *310*
I 27. a)	Skaldskaparmal	310
I 27. b)	Der Name „Vingnir"	310
I 27. c)	Thulur	310
I 27. c)	Odins Nofn	311
I 27. d)	Haustlöng	311
I 27. e)	Der Name „Hlora"	312
I 27. f)	Edda-Prolog	312

I 28.	**Thor und Thialfi, Sif und Röskwa**	*318*
I 28. a)	Skaldskaparmal	318
I 28. b)	Der Name „Thialfi"	318
I 28. c)	Der Name „Röskwa"	319
I 28. d)	Gylfis Vision	319
I 29.	**Thor und Loki**	*322*
I 29. a)	Redewendung aus Jütland	322
I 30.	**Die Halle des Thor**	*323*
I 30. a)	Skaldskaparmal	323
I 30. b)	Grimnir-Lied	323
I 30. c)	Gylfis Vision	324
I 30. d)	Grimnir-Lied	324
I 30. e)	Heimskringla	325
I 30. f)	Thor-Lied	325
I 31.	**Der Kult und die Priester des Thor**	*326*
I 31. a)	Die skandinavischen Felsritzungen	326
I 31. b)	Das Hügelgrab von Kivik	327
I 31. c)	Das Opfermoor von Niederdorla	328
I 31. d)	Tacitus: Germania	328
I 31. e)	Tacitus: Germania	329
I 31. f)	Tacitus: Annales	330
I 31. g)	Titus Livius	331
I 31. h)	Frühe Thor-Steine	331
I 31. i)	Ammanianus Marcellinus	334
I 31. j)	Thorsberger Moor	334
I 31. k)	Die Fibeln von Nordendorf	335
I 31. l)	Chronik der Angelsachsen	338
I 31. m)	Die Donar-Eiche	338
I 31. n)	Paulus Diakonus	339
I 31. o)	Das sächsische Taufgelöbnis	340
I 31. p)	Indiculus superstitionum et paganiarum	340
I 31. q)	Solomon und Saturn	341
I 31. r)	Eine angelsächsische Redewendung	342
I 31. s)	Der Name „Donnerstag"	343
I 31. t)	Landnahme-Buch und Eyrbyggia-Saga	344
I 31. u)	Landnahme-Buch	352
I 31. v)	Die Saga über die Siedler von Eyre	352
I 31. w)	Der Monat „Thorri"	353
I 31. x)	Das Thorri-Opfer	353
I 31. y)	Runenstein-Inschriften	354
I 31. z)	Heimskringla	355

I 31. aa)	Dudo von Saint-Quentin	355
I 31. ab)	Nials-Saga	356
I 31. ac)	Die Geschichte über Steuerruder-Björn	357
I 31. ad)	Vellekla	357
I 31. ae)	Vellekla	358
I 31. af)	Die Saga über König Olaf den Ruhmreichen Tryggva-Sohn	359
I 31. ag)	Die Saga über König Olaf den Ruhmreichen Tryggva-Sohn	361
I 31. ah)	Heimskringla	362
I 31. ai)	Heimskringla	363
I 31. aj)	Die Saga über Olaf Tryggvason	364
I 31. ak)	Die Thor-Statue von Akureyri	366
I 31. al)	Das Amulett von Sigtuna	366
I 31. am)	Canterbury-Zauberspruch	367
I 31. an)	Adam von Bremen	368
I 31. ao)	Gisli-Saga	372
I 31. ap)	Segensspruch	373
I 31. aq)	Zwei Segen gegen Fallsucht	374
I 31. ar)	Gesta danorum	374
I 31. as)	Hyndla-Lied	375
I 31. at)	Gylfis Vision	376
I 31. au)	Die Saga über Hallfredr Ärger-Skalde	376
I 31. av)	Die Saga über Hallfredr Ärger-Skalde	377
I 31. aw)	Die Saga über Hallfredr Ärger-Skalde	377
I 31. ax)	Die Saga über Thorstein Hausmacht	377
I 31. ay)	Die Saga über Gold-Thorir	378
I 31. ba)	Die Saga über Bosi und Herraud	379
I 31. bb)	Kjalnesinga-Saga	380
I 31. bf)	Die Saga über Sturlaug den Mühen-Beladenen	380
I 31. bc)	Redewendung aus Smaland	389
I 31. bd)	Redewendung aus dem Rheinland	389
I 31. be)	Zusammenfassung: Der Kult des Thor	390

I 32. Tyr, Odin, Thor, Freyr und Heimdall — *395*

I 33. Thor und König Gram — *398*
   I 33. a) Gesta danorum — 398

I 34. Das Bewoulf-Epos — *400*

I 35. Thor und Sigurd — *401*

I 36. Mit „Thor" gebildete Personennamen — *403*
   I 36. a) Liste der Thor-Namen — 403
   I 36. b) Ynglinga-Saga — 418

I 37.	*Mit „Thor" gebildete Ortsnamen*	**419**
I 37. a)	Liste der Thor-Ortsnamen	419
I 37. b)	Die ältere Version der Huldar-Saga	420
I 38.	*Mit „Thor" gebildete Tiernamen*	**422**
I 38. a)	Der Fuchs	422
I 38. b)	Jakob Grimm: Deutsche Mythologie	422
I 39.	*Mit „Thor" gebildete Pflanzennamen*	**424**
I 39. a)	Jakob Grimm: Deutsche Mythologie	424
I 40.	*Thor in Zaubersprüchen*	**425**
I 40. a)	Runenstein von Sonder Kirkeby	425
I 40. b)	Runenstein von Virring	425
I 40. c)	Isländischer Segen	425
I 40. d)	Runenstein von Glavendrup	425
I 40. e)	Fibel von Nordendorf	426
I 40. f)	Heilungs-Zauber aus Canterbury	427
I 40. g)	Die Saga über Olaf den Ruhmreichen	428
I 40. h)	Galdrabok	429
I 40. i)	„Zauberspruch, um eine Frau zum Schweigen zu bringen"	430
I 40. j)	„Ein weiterer Zauberspruch, um einen Dieb zu finden"	430
I 40. k)	„Pfurz-Runen"	431
I 41.	*Jakob Grimm: Deutsche Mythologie*	**433**
I 42.	*Zusammenfassung*	**450**
II	**Thor in der indogermanischen Überlieferung**	**460**
II 1.	*Der Donnergott bei den Kelten*	**460**
II 1. a)	Taranis	460
II 1. b)	Succelus	462
II 1. c)	Smertrios	463
II 2.	*Der Donnergott bei den Römern*	**464**
II 3.	*Der Donnergott bei den Kelto-Romanen*	**464**
II 4.	*Der Donnergott bei den Germanen*	**464**
II 5.	*Der Donnergott bei den Germano-Romanen*	**465**
II 6.	*Der Donnergott bei den Slawen*	**465**
II 7.	*Der Donnergott bei den Balten*	**466**
II 8.	*Der Donnergott bei den Balto-Slawen*	**466**
II 9.	*Der Donnergott bei den West-Indogermanen*	**466**
II 10.	*Der Donnergott bei den Hethitern*	**467**
II 11.	*Der Donnergott bei den Luwiern*	**471**
II 12.	*Der Donnergott bei den Süd-Indogermanen*	**472**
II 13.	*Der Donnergott bei den Persern*	**473**

II 14.	*Der Donnergott bei den Indern*	*477*
	II 14. a) Parjanya	477
	II 14. b) Indra	488
II 15.	*Der Donnergott bei den Indo-Persern*	*495*
II 16.	*Der Donnergott bei den Mitanni*	*495*
II 17.	*Der Donnergott bei den Indo-Mitanni*	*495*
II 18.	*Der Donnergott bei den Armeniern*	*496*
II 19.	*Der Donnergott bei den Armeno-Indern*	*496*
II 20.	*Der Donnergott bei den Skythen*	*496*
II 21.	*Der Donnergott bei den Skytho-Indern*	*497*
II 22.	*Der Donnergott bei den Griechen*	*497*
II 23.	*Der Donnergott bei den Thrakern*	*499*
II 24.	*Der Donnergott bei den Gräko-Thrakern*	*499*
II 25.	*Der Donnergott bei den Ost-Indogermanen*	*499*
II 26.	*Der Donnergott bei den Indogermanen*	*500*
III	**Thor bei den Nachbarn der Indogermanen**	**504**
IV	**Thor in der Jungsteinzeit**	**505**
IV 1.	*Der Donnergott bei den Sumer*	*505*
IV 2.	*Der Donnergott bei den Elamo-Drawiden*	*506*
IV 3.	*Der Donnergott bei den Semiten / Afro-Asiaten*	*506*
IV 4.	*Der Donnergott bei den Semiten*	*506*
IV 5.	*Der Donnergott bei den Ägyptern*	*507*
IV 6.	*Zusammenfassung*	*507*
V	**Die Biographie des Thor**	**509**
VI	**Das Aussehen des Thor**	**518**
VII	**Zugang zu Thor**	**529**
VIII	**Hymnen an Thor**	**531**
	- Anrufung des Thor	531
	- Thor und Jörmungandr	532
	- Thor und Thrivaldi	539
IX	**Traumreise zu Thor**	**568**
IX 1.	Traumreise zu Thor	568
IX 2.	Die Versammlung der Donnergötter	577
X	**Thor heute**	**587**
	Themenverzeichnis	588

I Thor in der germanischen Überlieferung

I 1. Der Name „Thor"

Der altnordische Name „Thorr", der heutzutage meistens „Thor" geschrieben wird, bedeutet „Donnergott".

Bei den Südgermanen hieß dieser Gott „Donar", im Altsächsischen „Thunaer", im Angelsächsischen „Thunor", im Althochdeutschen „Thorr", im Urnordischen „Thunrar" und im Urgermanischen „Thunaraz".

Da der Donnergott bei fast allen indogermanischen Völkern bekannt ist und seine Namen alle denselben Ursprung haben, muß Thor einer der Götter gewesen sein, der schon von den frühen Indogermanen um 2.800 v.Chr., als sie sich noch nicht in viele Einzelvölker aufgespalten hatten, verehrt worden ist. Die Indogermanen selber haben sich in der Zeit zwischen ca. 7000 v.Chr. und 2800 v.Chr. in der südrussischen Steppe nördlich des Schwarzen Meeres und des Kaspischen Meeres entwickelt.

Das indogermanische Wort für „Donner" lautete „tenh". So wie sich im Altnordischen der Name für den Donnergott („Thorr") geringfügig von dem Wort für „Donner („thrum, thrym") unterschieden hat, so unterschied sich auch schon bei den Indogermanen der Name des Donnergottes („Tar") von dem Wort für „Donner" („tenh").

Dieser Name des Donnergottes muß sich in den 4200 Jahren (7000-2800 v.Chr.) entwickelt haben, in denen die Indogermanen in der südrussischen Steppe gelebt haben, da er außerhalb der indogermanischen Völker nicht bekannt ist. „Thor" ist also im Gegensatz zu einigen anderen germanischen Gottheiten ein rein indogermanischer Gott.

Bei den Südgermanen war die Bezeichnung des Donnergottes und des Donners fast gleich: „Donar" bzw. „thonara".

Der indogermanische Name „Tar" des Donnergottes stammt wahrscheinlich von dem Wort „ter" für „zittern, schütteln, Angst" ab. „Tar" wäre dann „der Schreckliche", „der Angsteinflößende" und „der, der den Himmel erzittern läßt".

Die beiden indogermanischen Worte „tenh" für „Donner" und „ter" für „zittern" stammen wahrscheinlich von dem eurasiatischen Wort „tunu" für „hacken, schneiden, Messer" ab.

Die eurasiatische Sprache wurde in der späten Altsteinzeit (50.000-10.500 v.Chr.) in Asien, Europa und von den Bantus in Nordafrika gesprochen. Auch die Indianersprachen gehören zu dieser Gruppe, da die Indianer erst um ca. 14.000 v.Chr., also gegen Ende der letzten Eiszeit, von Nordostasien aus per Schiff die Küste entlang nach Amerika eingewandert sind.

Einige nicht-indogermanische Beispiele für weitere Ableitungen aus dem eurasiatischen Wort „tunu" sind das chinesisch-kaukasisch „duru", das uralische „taru" und das japanische „dur", die alle in etwa „zittern" bedeuten.

Diese Herleitung des indogermanischen Wortes „tenh" von dem eurasiatischen Wort „tunu" läßt vermuten, daß der Donner ursprünglich wohl als etwas aufgefaßt worden ist, was zu dem Blitz dazugehört, der als „Hackender", also als „Messer" benannt worden ist.

Neben dem indogermanischen Donnergott gab es auch bei den Semiten, die wie die Indogermanen von den frühen Ackerbauern in Mesopotamien abstammen, einen Sturm-, Regen- und Donnergott, der sich von seinen Mythen her jedoch von dem indogermanischen „Tar" unterscheidet. Er wurde Haddu, Hadadu, Adad oder Adados genannt, was alles „Donner" bedeutet.

Es ist zwar denkbar, daß dieser Name auch mit dem indogermanischen „Tar" verwandt ist, aber dies ist sehr unsicher.

Der semitische Donnergott trug auch den Beinamen „Ramman", was ebenfalls „Donner" bedeutet. Dieser Name ist möglicherweise mit einem anderen indogermanischen Wort für den Donner verwandt, das „ghromos" lautet und von dem Verb „ghrem" für „grollen, stöhnen" abgeleitet ist.

Die eurasiatische Wurzel dieses Wortes ist „goru" für „weinen" oder „guiu" für „Kälte" und indirekt somit auch für „zittern".

Somit läßt sich folgender Stammbaum der Herkunft der drei indogermanischen Worte „tenh" für „Donner", „Tar" für „Donnergott" und „ghromos" für „Donnergrollen" aufstellen:

| Der Herkunfts-Stammbaum der indogermanische Worte für „Donner(gott)" ||
Eurasiatisch	*Indogermanisch und andere Sprachen*
tumu (abschneiden, Messer)	indogermanisch: **tenh** (Donner; vermutlich „der auf das 'Blitz-Messer' Folgende")
turu (zittern)	indogermanisch: **Tar** (Donnergott) evtl. auch semitisch: **Hadad** (Donnergott)
goru (weinen) oder **guiu** (Kälte)	indogermanisch: **ghromos** (Donnergrollen) semitisch: **Ramman** (Donner, Donnergott)

Es gab noch einen zweiten Namen des Donnergottes, der sich bei einigen indogermanischen Völkern durchgesetzt hat. Er lautete „Perk" („Eiche").

Der „Namens-Stammbaum" des Thor sieht wie folgt aus:

Der Namens-Stammbaum des Thor						
Indogermanen **Tar, Perk**	*Süden* **Tar**	*Lydo-Hethiter* **Tarhunt**				*Lyder*
						Luwier **Tarhunt**
						Hethiter **Tarhunt**
	Westen **Tar, Perk**	*Armeno-Skythen* **Tar, Perk**	*Armeno-Inder* **Tar, Perk**			*Armenier* **Tar**
				Indo-Perser **Perk**		*Iraner (Perser)*
						Indien **Perk**
						Skythen
		Gräco-Thraker **Tar**				*Griechen*
						Thraker **Tar**
	Südosten **Tar, Perk**	*Kelto-Germanen* **Tar**	*Tar*	*Tar*		*Römer* **Jupiter tonans**
					Kelten **Taranis**	*Festland* **Taran**
						Gallien **Toran/Taran**
				Großbritannien, Irland **Toran**		*Großbritannien*
						Irland **Tuireann**
						Tocharier (Nordwestchina)
			Germanen **Thunaraz**	*Nordgermanen* **Thunrar**		*Altnordisch* **Thorr**
						Angelsachsen **Thunor**
						Sachsen **Thunaer**
						Althochdeutsch **Thorr**
						Südgermanen **Donar**
		Balto-Slawen **Perk**				*Balten* **Perk**
						Slawen **Perkunos**

„Thor" bedeutet „Donner". Er ist der indogermanische Donnergott, der zwischen 7.000 v.Chr. und 2.800 v.Chr. in der südrussischen Steppe entstanden ist.

I 2. Thor der Ase

Der Donnergott Thor wird in sehr vielen und zudem recht unterschiedlichen Quellen genannt, sodaß er eine der am besten bekannten Gottheiten der Germanen ist.

I 2. a) Asen-Heitis

Von einem namentlich nicht bekannten Skalden ist eine Strophe mit den Namen („Heitis") der Asen verfaßt worden, in der auch Thor aufgeführt wird. Er steht an zweiter Stelle hinter Odin („Yggr") und ist daher sehr wahrscheinlich (aus der Sicht dieses Skalden) der zweitwichtigste der Götter.

Ich werde euch
die Asen-Heitis sagen:
Dies sind Yggr und Thor
und Yngvi-Freyr,
Vidar und Baldur,
Vali und Heimdall,
das sind Tyr und Njörd,
weiterhin Bragi,
Hödur, Forseti,
und schließlich ist da noch Loki.

I 2. b) Skaldskaparmal

In diesem Lehrbuch der Skaldenkunst wird Thors zentrale Qualität beschrieben:

„*Von welchen Bildern soll man Gebrauch machen, um den Namen 'Thor' zu umschreiben?*"
„*Man sollte ihn wie folgt nennen: ... ... Verteidiger von Asgard, ..., Gegner und Töter der Riesen und der Troll-Frauen, ...*"

Es ist fast immer Thor, der durch seine Kraft die Götter aus ihren Schwierigkeiten befreit, die in aller Regel durch die Riesen und die Riesen-Frauen verursacht werden.

I 2. c)   Gesta danorum

Die Kraft als wichtigste Eigenschaft des Donnergottes wird auch von dem Mönch Saxo dem Schriftkundigen in seiner „Geschichte der Dänen" hervorgehoben:

„Donner" oder „Thor" ist Wodens Sohn, der Stärkste unter den Göttern und den Menschen.

„Woden", Wotan" und „Odin" sind Varianten desselben Namens: Aus „Uotan" entstand zunächst über „Wotan" die Namensform „Wodan", aus dem dann über „Odan" schließlich „Odin" wurde.

I 2. d)   Skaldskaparmal

Als Eltern des Thor werden in allen Quellen Odin und Jörd genannt:

„Von welchen Bildern soll man Gebrauch machen, um den Namen „Thor" zu umschreiben?"
„Man sollte ihn wie folgt nennen: … … … Sohn des Odin und der Jörd, … … … ."

I 2. e)   Skaldskaparmal

An einer anderen Stelle diesen Skalden-Lehrbuches, an der die wichtigsten Kenningar für die Erdgöttin Jörd aufgezählt werden, wird nebenbei auch Thors Verwandtschaftsverhältnis zu ihr beschrieben:

„Wie soll man die Erde umschreiben?"
„So: Indem man sie Fleisch des Ymir nennt und Mutter des Thor, … … … "

Ymir ist der Urriese, aus dessen Leib von den Asen die gesamte Welt erschaffen worden ist.
Thor ist nicht nur der Sohn der Erdgöttin, sondern auch der Stiefsohn einer Erdgöttin (Rindr) und zweier Unterweltsgöttinnen (Frigg, Gunnlöd), da Odin mit mehreren Göttinnen bzw. Riesinnen eine Verbindung eingegangen ist.
Die Erdgöttinnen sind auch Jenseitsgöttinnen, da die Gräber in der Erde liegen.

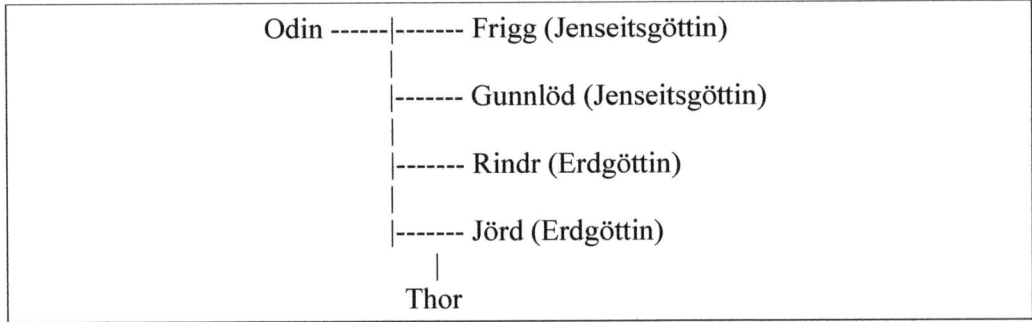

Thor ist somit sehr wahrscheinlich generell der Sohn der Erd- und Jenseitsgöttin.

I 2. f) Harbard-Lied

Thor ist nicht nur der Sohn der Erdgöttin und der Stiefsohn einer Erdgöttin (Rindr) und zweier Unterweltsgöttinnen (Frigg, Gunnlöd), sondern auch selber ein Totengott:

Das Knechtsvolk hat Thor
doch die Könige Odin,
die da fallen im Feld.

I 2. g) Gylfis Vision

In dieser Mythen-Sammlung wird Thor ebenfalls als der „starke Gott" und als Sohn des Odin und der Jörd beschrieben:

Jörd war Odins Tochter und seine Frau und von ihr gewann er seinen erstgeborenen Sohn: das ist Asathor; ihm folgen Kraft und Stärke, daß er siegt über alles Lebendige.

„Asathor" bedeuten „Asen-Thor", also „Thor, der Ase".

I 2. h) Gylfis Vision

Der zweitstärkste Gott ist Widar – und „Widar" ist einer der vielen Namen des Odin. Ursprünglich ist „Widar" vermutlich ein Beiname des ehemaligen Sonnengott-Göttervaters Tyr gewesen. Da Widar nur der zweitstärkste Gott ist, muß Thor stärker als sein Vater Odin sein.

Diese „größte Stärke" liegt vor allem in der Wiedergeburts-Symbolik begründet, aufgrund der der Sohn eines Gottes in vielen Fällen mit seinem Vater identisch und nicht ein anderer Gott ist. Da der alte Vater-Gott am Abend wie die Sonne stirbt und der junge Sohn-Gott am Morgen wie die Sonne wiedergeboren wird, muß der junge Sohn stärker als der alte Vater sein. Diese Logik findet sich mehrfach in den Mythen der Germanen.

Widar heißt einer, der auch der schweigende Ase genannt wird. Er hat einen dicken Schuh, und er ist der stärkste nach Thor. Auf ihn vertrauen die Götter in allen Gefahren.

Die Götter vertrauen in allen Gefahren auf Widar, weil Widar der Göttervater Odin ist.

I 2. j) Skaldskaparmal

Ein wichtiger Besitz des Donnergottes ist sein Wagen, der von Ziegenböcken gezogen wird.

So sang Kormakr:

„Weit mehr Ruhmeslieder
singe ich über Hakons großen Sohn:
Ich zahle ihm die Lieder-Schuld der Götter.
Thor sitzt in seinem Wagen."

In den letzten Zeilen der Strophen des Liedes, aus dem diese Verse stammen, hat der Skalde Kormak hin und wieder Kommentare zu den Bildern in der Halle seines Fürsten, für den er dieses Lied singt, eingefügt.

I 2. k) Gesta danorum

Saxo grammaticus schildert Thor noch ein zweitesmal als den Stärksten:

Ragnar fürchtete sich vor keiner menschlichen oder übernatürlichen Macht außer vor dem Gott Thor, mit dessen gewaltiger Kraft nichts anderes Menschliches oder Göttliches verglichen werden kann.

I 2. l) Skaldskaparmal

In diesem Lehrbuch für angehende Skalden findet sich eine Strophe, die einige der Beinamen des Thor aufzählt:

Thor wird Atli
und Asabragr genannt,
er ist Ennilangr
und Eindridi,
Björn, Hlorridi
und Hardveorr,
Vingthorr, Sönnungr,
Veodr und Rymr.

Diese Namen haben folgende Bedeutungen:

Beinamen des Thor		
Name	*Übersetzung*	*die dem Namen zugrundeliegende Vorstellung*
Björn	Bär	Stärke des Thor, Berserker
Hardveorr	stärker Beschützer	Stärke des Thor, Beschützer
Vingthorr	Stier, Penis	Stärke des Thor; Wiederzeugung (?)
Atli	Großvater	Beschützer
Veodr	Tempel-Wächter	Beschützer seiner Tempel
Eindridi	allein Reitender	Einzelkämpfer
Hlorridi	lauter Reiter	Thor verursacht mit seinem rumpelnden Ziegenwagen den Donner

Rymr	Lärmer	Verursacher des Donners, Kampflärm
Asabragr	Asen-Fürst	ehrerbietige Umschreibung
Sönnungr	Wahrhaftiger	Eid-Gott
Ennilangr	Lang-Stirn	möglicherweise ein Bezug zu dem Steinsplitter in seiner Stirn

Diese Namen zeigen, daß Thor
- stark ist,
- ein Einzelkämpfer ist,
- die Menschen beschützt
- und ebenso die Tempel, die sie ihm errichten,
- daß man ihn beim Ablegen eines Eides anrief,
- daß er der Verursacher des Donners ist,
- und daß er evtl. eine hohe Stirne hat.

I 2. m)   Skaldskaparmal

Die meisten der in den Thor-Kenningarn beschrieben Qualitäten des Donnergottes werden von einer weiteren Kenningar aus der Skaldskaparmal auf den Punkt gebracht:

„*Von welchen Bildern soll man Gebrauch machen, um den Namen 'Thor' zu umschreiben?"*
„*Man sollte ihn wie folgt nennen: ... ... Midgards Verteidiger, ..."*

Midgard ist die Erde in der Mitte der Welt, auf die die Menschen leben – Thor ist der Beschützer der Menschen, d.h. der ihn verehrenden Germanen.

I 2. n)   Egil-Saga

Manchmal hat man Thor auch Eigenschaften zugeschrieben, die eigentlich zu Odin gehörten wie z.B. das Bestimmen, wer in der Schlacht fällt und wer nicht:

Kvedulf sang eine Strophe:

Thorolf von den Nord-Insel
(Oh grausame Nornen!) ist tot:
Viel zu früh hat der Donnergott
mir meinen Krieger-Sohn genommen!
Thors schwerer Ringkampfgegner, das Alter,
hält meine schwachen Glieder dem Kampf fern –
ich kann ihn nicht schnell rächen ...

Das Motiv des Alters als Ringkampfgegner des Thor wird in einem späteren Kapitel („Thor und Utgardloki") besprochen.

I 2. o) Kenningar

In den Kenningarn zeigt sich, welche Eigenschaften des Thor insbesondere für die Skalden wichtig gewesen sind.

Ase	Thor		Snorri Sturluson	Thulur
			Thjodolfr Arnor-Sohn	Lausavisur
			Schmuck-Oddr	Bruchstücke
Thor	Donnergott		Egil	Egil-Saga
Thor	Rymr	der Laute (Donnergott)	Snorri Sturluson	Thulur
Thor	Donner-Halter		Kormak	Kormak-Saga
Thor	Asa-Thor	Asen-Thor	anonym	Harbad-Lied
			Snorri Sturluson	Gylfaginning
Thor	Asabragr	Asen-Fürst	Snorri Sturluson	Thulur
			anonym	Skirnir-Lied
Thor	Odins Sohn		anonym	Vision der Seherin
			anonym	Hymir-Lied
			anonym	Harbard-Lied
Thor	der von Odin Erzeugte		anonym	Hymir-Lied
Thor	Siegvaters erhabener Sohn	Siegvater = Odin	Snorri Sturluson	Gylfis Vision

Thor	Sohn des Vaters der Menschen		Bragi der Alte	Skaldskaparmal
Thor	Sohn der Jörd	Jörd = Erde	anonym	Thrym-Lied
			anonym	Lokasenna
			Olvir der Dieb	Fragment
Thor	Hlodyns schöner Erbe	Hlodyn = Jörd	anonym	Vision der Seherin
			Snorri Sturluson	Gylfis Vision
Thor	Fiörgyns Sohn	Fiörgyn = Jörd	anonym	Vision der Seherin
Thor	tapfere Sohn der Landenge	Landenge = Erdgöttin Jörd, Thors Mutter	Eilifir Godrunason	Thorsdrapa
Thor	Meilis Bruder		anonym	Harbard-Lied
Thor	Sifs Gemahl		anonym	Hymir-Lied
Thor	Sifs Herr		Grettir	Grettir-Saga
Thor	Magnis Vater		anonym	Harbard-Lied
Thor	Modis Vater		anonym	Hymir-Lied
Thor	Ennilangr	Lang-Stirn	Snorri Sturluson	Thulur
Thor	Eindridi	Allein-Reitender	Snorri Sturluson	Thulur
			Thjodolfr von Hvini	Haustlöng
			Einarr Schreihals Helgason	Vellekla
Thor	Hlorridi	Lauter Reiter (Donner)	Snorri Sturluson	Thulur
			Einarr Schreihals Helgason	Vellekla
			anonym	Hymir-Lied (5x)
			anonym	Lokasenna
			anonym	Thrym-Lied (4x)
			Starkadr der Alte Störvirksson	Vikarsbalkr
			Einarr Klingelwaage Helgason	Vellekla
Thor	Rida	Reiter	Thjodolfr von Hvini	Haustlöng
Thor	Wagenlenker		anonym	Alwis-Lied
Thor	Ziegenbock-Besitzer		Ulfr Uggason	Husdrapa

Thor	Gebieter der Ziegenböcke		anonym	Hymir-Lied (2x)
Thor	Bilskirnirs Herr	Bilskirnir = Thors Halle	Gamli der überragende Skalde	Thor-Lied
Thor	Vingthorr	Stier, Penis	Snorri Sturluson	Thulur
			anonym	Thrym-Lied
			anonym	Alwis-Lied
Thor	der die Götter stärkt		anonym	Harbard-Lied
Thor	furchterregender Freund der Götter		Ulfr Uggason	Husdrapa
Thor	Veodr, Veur	der im Tempel ist	Snorri Sturluson	Thulur
			anonym	Völuspa
			anonym	Hymir-Lied
Thor	Freund der Menschen		anonym	Hymir-Lied
Thor	Midgards Segner	Midgard = Erde	anonym	Vision der Seherin
Thor	Sönnungr	Wahrhaftiger	Snorri Sturluson	Thulur
Thor	Hardveorr	Stark-Schützender	Snorri Sturluson	Thulur
Thor	Ungestümer	„Choleriker"	anonym	Hymir-Lied
Thor	Atli	Großvater	Snorri Sturluson	Thulur
Thor	Schlangen-Angreifer	Schlange = Jörmungandr	Snorri Sturluson	Hattatal
Thor	Widersacher der Riesen		anonym	Hymir-Lied
Thor	Zerschmetterer des Berg-Geschlechtes		anonym	Hymir-Lied
Thor	Thursen-Töter		anonym	Hymir-Lied
Thor	Herausforderer der Leute der Knochen des Landes	Knochen des Landes = Felsen; Felsen-Leute = Riesen	Ulfr Uggason	Husdrapa
Thor	der in voller Kraft stehende Fäller der Berg-Goten	Berg-Gote = Riese	Ulfr Uggason	Husdrapa
Thor	Feind der Troll-Frauen		Snorri Sturluson	Hattatal
Thor	Feind der Troll-Frau		Snorri Sturluson	Hattatal
Alter	Thors Ringkampf-Partnerin	die Riesin Elli = das Alter	anonym	Egil-Saga

Thor	*Vid-Gymir*	Gymir = Meeresriese = Tyr; Thor ist der junge, wiedergeborene Sonnengott-Göttervater Tyr, der morgens aus dem Jenseitswasser (Vid = Bucht) auftaucht	Ulfr Uggason	Husdrapa
Thor	*berühmter Gott*		Ulfr Uggason	Husdrapa
Thor	*Björn*	Bär (Berserker)	Snorri Sturluson	Thulur
tot	*Thors grimmige Maske tragen*	unklare Anspielung	Gisli	Gisli-Saga

Thor ist der Donnergott, der Sohn des Odin und der Jörd, der Mann der Sif und der Vater von Modi und Magni.
Er reitet alleine und er reitet laut – was den Donner erzeugt.
Er fährt in einem von Ziegen gezogenen Wagen.
Er ist der Beschützer der Götter und Menschen und wird in seinem Tempel verehrt.
Er tötet die Riesen und die Riesinnen.
Er ist der Nachfolger des Tyr als junger, am Morgen wiedergeborener Sonnengott-Göttervater.

I 2. p) Lachstal-Saga

Zumindestens in der Spätzeit der germanischen Religion kurz vor der Christianisierung glaubten nicht mehr alle Nordgermanen uneingeschränkt an ihre Götter:

Der König lächelte und sprach: „Man kann an der Miene des Kjartan erkennen, der er mehr auf seine Waffen und seine Stärke vertraut als auf Thor und Odin."

I 2. o) Heimskringla

Entsprechend der um 1200 n.Chr. üblichen christlich-historischen Lehrmeinung sind die Götter der Germanen (und ebenso alle anderen nicht-christlichen Gottheiten) als Könige und Helden der Vorzeit angesehen worden.

Von Odinsey auf Fünen aus schickte Odin die Gefjun nach Schweden, welche nun von Gylfi für ihn Seeland bekam.

Da Odin hörte, dass hier die kürzlich verstorbene Jörd verehrt werde, gab er sie für seine erste Frau und den Thor für ihrer beider Sohn aus und sicherte dadurch auch sich selber größeres Ansehen.

I 2. p) <u>Fortsetzung des Edda-Prologs</u>

Dasselbe wie für den vorigen Text gilt auch für die folgenden Zeilen: Sie sind von einem christlichen Standpunkt aus umgedeutete Mythen.

Die Asen setzten sich jedoch zu einem Ratsgespräch zusammen und besprachen all die Dinge, die sie gerade dem Gylfi erzählt hatten, und gaben genau die (mythologischen) Namen, die eben genannt worden waren, den Menschen und den Orten dort (Schweden), damit dann, wenn lange Zeiten vergangen sein werden, die Menschen keinen Zweifel daran haben würden, daß sie alle dieselben gewesen sind – die Asen, über die in den Geschichten oben berichtet wurde, und die, denen nun dieselben Namen gegeben wurden.
So wurde nun einem von ihnen der Name Thor gegeben – und damit war der alte Thor der Asen, also Ökothor gemeint – und ihm schrieben sie die Taten zu, die Thor, also Hek-tor, in Troja vollbracht hat.
Und man glaubt, daß die Türken (Bewohner von Troja) Geschichten über Odysseus erzählten und daß sie ihm den Namen Loki gaben, weil die Türken ihm gegenüber besonders feindlich gesonnen waren.

Hektor: Hektor war der älteste Sohn des Königs Priamos von Troja. Er soll bei den Germanen zu dem Gott Thor, dem ältesten Sohn des Asen-Königs Odin, geworden sein.
Loki: Die Trojaner waren „Türken" und Odysseus ein Grieche – beide Parteien führten den Trojanischen Krieg gegeneinander.

I 2. q) <u>Gesta danorum</u>

Der folgende Text ist eine Betrachtung des Odin aus der Sicht des christlichen Mönches Saxo der Schriftkundige, der die „Geschichte der Dänen" verfaßt hat.

Denn in jener alten Zeit gab es gewisse Männer, die in der Zauberkunst bewandert gewesen sind – namentlich Thor und Odin, aber auch viele andere, die geschickt darin waren, erstaunliche Täuschungen zu vollbringen – und diese konnten dadurch, daß sie den Geist der einfachen Leute beeindruckten, allmählich in den Rang von Göttern aufsteigen.

Eine sehr christliche Deutung …

Sie fingen vor allem in Norwegen, Schweden und Dänemark die Leute durch deren arglose Gutgläubigkeit ein und drängten diese Länder dazu, sie zu verehren und betrogen sie durch ihre Anmaßung.

Die Wirkung ihres Betruges breitete sich so weit aus, daß alle Menschen eine Art von göttlicher Macht in ihnen verehrten und diese Erfinder von Zauberkunststücken mit feierlichen Gebeten verehrten, da sie glaubten, daß sie entweder Götter seien oder mit Göttern in Verbindung stehen würden, und ihnen daher in gotteslästerlichem Irrtum die Ehre gaben, die nur der Religion gebührt.

Daher ist es dazu gekommen, daß die 'Heiligen Tage' in ihrer festgelegten Reihenfolge unter uns nach den Namen dieser Männer benannt worden sind, denn von den alten Römer ist bekannt, daß sie diese Tage entweder nach ihren Göttern oder nach den Planeten benannt haben – sieben an der Zahl.

Doch man kann schon an den Namen dieser 'heiligen Tage' selber ganz deutlich sehen, daß jene Subjekte, die von unseren Landsleuten verehrt worden sind, nicht dieselben sein können, die von den Römern Jupiter und Merkur genannt worden sind, und auch nicht diejenigen, denen die Griechen und Römer ihre Götzenanbetung dargebracht haben – denn die Tage, die unter unseren Landsleuten Thors-Tag und Odins-Tag genannt werden, haben die Alten den 'Heiligen Tag des Jupiter' oder den 'Heiligen Tag des Merkur' genannt.

dänisch	englisch	deutsch
Thors-Tag	tuesday	Dienstag (Donars-Tag)
Odins-Tag	wednesday (Wodans-Tag)	Mittwoch (Vermeidung des Namens „Odin")

Wenn wir daher gemäß der Unterscheidung, die sich aus der Deutung ergibt, die ich angeführt habe, annehme, daß Thor Jupiter und Odin Merkur ist, dann folgt daraus, daß Jupiter der Sohn des Merkur ist – wenn diese Annahme unserer Landsleute stimmen sollte, die nach weitverbreitetem Glaube Thor für den Sohn des Odin halten.

Da die Römer jedoch im Gegensatz dazu glaubten, daß Merkur von Jupiter abstammt, müssen wir, wenn wir deren Vorstellung ernst nehmen, schlußfolgern, daß Thor nicht derselbe wie Jupiter sein kann und daß sich ebenso Odin von Merkur unterscheidet.

Es gibt auch einige Genealogien, in denen Odin der Nachkomme des Thor ist – diese sind jedoch wahrscheinlich neueren Datums.

Doch davon einmal abgesehen, haben die Römer und Germanen das Wesen ihrer Götter miteinander verglichen und sie auf diese Weise gleichgesetzt – die Anordnung dieser Götter in Familien und Sippen ist im Vergleich zu ihrem Charakter sekundär.

Saxo dem Schriftkundigen, der die Gesta danorum verfaßt hat, ist zudem auch nicht bewußt, daß sich auch der Charakter von Gottheiten im Laufe der Zeit ändert – man vergleiche nur einmal die Beschreibungen von Gott Vater im Alten Testament und im Neuen Testament.

Einige sagen, daß die Götter, die unsere Landsleute verehrt haben, lediglich den Titel mit denen gemeinsam haben, die von den Griechen und Römern verehrt worden sind, und daß sie, die jenen an Ehrwürdigkeit fast gleichgekommen sind, von jenen lediglich sowohl die Verehrung als auch den Namen geborgt haben.

Dies muß eine ausreichende Ausführung über die Götter des dänischen Altertums sein. Ich habe dies kurz zum allgemeinen Nutzen ausgeführt, damit meine Leser klar erkennen, welcher Verehrung unser Land in seinem heidnischen Aberglauben sein Knie gebeugt hat.

Nun will ich zu dem Thema zurückkehren, das ich zuvor verlassen habe.

I 2. r)   Chronicon Lethrense

Auch in der dänischen „Chronik der Könige von Lejre" werden die Mythen von Baldur („Balder"), Hödur („Hother"), Odin („Othen"), Wali („Both") und Thor als ein Teil der Königs-Annalen angesehen:

Danach war Hodbrods Sohn Hother, der Sohn von Haddings Tochter, König – denn er war der nächste Erbe.

Hothers Vater war Hodbrod und seine Mutter die Tochter des Hadding.

Er war der König des Sachsenlandes. Er tötete Othens Sohn Balder in einer Schlacht, und verfolgte Othen und Thor und seine Begleiter. Sie wurden als Götter angesehen, obwohl sie keine waren. Später wurde er in einer Schlacht von Othens Sohn Both getötet.

I 2. s)   Über Fornjot und seine Verwandten

Thor erscheint auch in dieser Mythe in einer Genealogie der germanischen Götter und Könige:

... sein Sohn wurde Thror genannt, den wir Thor nennen;
dessen Sohn war Lorich (nach anderen Quellen Thors Ziehvater Loricus), *den wir Hlorridi* (ein Beiname des Thor) *nennen,*
... ... sein Sohn war Frjalaf, den wir Bors nennen,
dessen Sohn war Voden, den wir Odin nennen. Er war der König der Türken.
Sein Sohn war Skjold,
dessen Sohn Fridleif ...

I 2. t)   Nordische Redewendungen

- der bärtige Frühjahrs-Thor -

In Jütland wird der Monat März „Läkke" oder „Thor" genannt. Dazu gibt es folgenden Spruch:

„Der Läkke-Mann mit seinem langen Bart holt das Kind von der Wand fort."

bzw.:

„Thor mit seinem langen Bart holt das Kind von der Wand fort."

Dieser Spruch bedeutet, daß Thor den Frühling bringt und daß dann die Kinder wieder aus dem Haus („Wand") herauskommen und draußen sein können.
Thor ist offenbar auch ein Gott, der mit den Jahreszeiten verbunden war und der anscheinend den Winter vertreibt.

- Feuer-Thor -

Im 19. Jahrhundert gab es Norwegen die Umschreibung *„Thorsvarme"* für den Blitz. Wörtlich bedeutet dieser Begriff *„Thors-Wärme"*, aber es wird wohl *„Thors-Feuer"* gemeint sein.

- Donner-Thor -

Zur gleichen Zeit sagte man in Schweden, wenn es donnerte: *„godgubben afar"*. Das bedeutet *„Der gute Alte reitet aus."* Dies ist offensichtlich eine Anspielung auf Thors Ziegenbock-Wagen.

- Thor Langbart -

In einem dänischen Lied findet sich der Vers *„Thor mit seinem langen Bart"*.

- Der rothaarige Donnergott -

In einer Redewendung aus Friesland wird auch die Farbe seines Haares (und Bartes?) genannt: *„Soll sich doch der rothaarige Donnerer darum kümmern!"*

I 2 u) Huldar-Saga

In dieser späten Saga ist das Wesen des Thor („Asathorr") schon sehr undeutlich geworden: Er wird als ein Riese aufgefaßt.

Hleidr selbst aber war eine Tochter des Riesen Svadi (Tyr), welchen sein Verwandter Asathorr dahin gewiesen hatte, als er wegen Todschlagssachen aus den Byrgis-Tal landesflüchtig geworden war, und der von ihm geraubten Herborg Haddings-Tochter aus Telemark.

I 2. v) Die Saga über Halfdan Eysteinn-Sohn

Svadi war der Sohn des Gottes Thor. Val besaß ein Schwert, das Hornhjalti genannt wurde. Es war mit Gold eingelegt und die Schläge mit ihm verfehlten niemals ihr Ziel.

Thor erscheint hier als Sohn des Tyr-Svadi – Thor hat tatsächlich bei der Absetzung des ehemaligen Sonnengott-Göttervaters Tyr die Rolle des jungen, wiedergeborenen Tyr übernommen.

Das magische Schwert des Val wird einst das Schwert des Tyr gewesen sein.

I 2. w) Heimskringla

Als die Christianisierung in Skandinavien immer weiter voranschritt, wurden auch Geschichten erzählt, in denen die alten Götter nach und nach ihre frühere Bedeutung verloren und zunehmend als nicht real angesehen wurden. Vermutlich hat vor allem König Olaf, der Norwegen christianisiert hat, diese Geschichten in Umlauf gebracht.

Als König Olaf Tryggvason vor Sizilien lag, wo er Schutz vor einem Sturm gesucht hatte, der ihn von seinem beabsichtigten Kurs abgetrieben hatte, hörte er, daß auf der Insel Tresco ein Seher lebte, von dem gesagt wurde, daß er sehr begabt darin wäre, die Dinge zu erkennen, die noch nicht geschehen waren. Olaf spürte ein Verlangen, die Sehergabe dieses Mannes auf die Probe zu stellen.

Olaf verkleidete einen seiner Männer als König und schickte ihn zu dem Seher. Als dieser den Schwindel aber sofort erkannte und zudem noch einige Dinge sagte, die er nicht wissen konnte, war König Olaf überzeugt und begab sich selber zu dem Seher. Nach einem längeren Gespräch erklärte dieser christliche Seher dem König, was er von den alten Göttern hielt:

Es schien, daß Cerdic der Name dieses Einsiedler war. Er war einst ein Leibeigener von Nordmännern gewesen und hatte Olafs Vater, König Tryggvi gekannt, dem Olaf von seiner Erscheinung her ähnlich sah. Er konnte die nordische Sprache sehr gut sprechen und seine sanfte und freundliche Stimme beruhigte alle, die sie hörten.
Zunächst sprach er von den Einstellungen der heidnischen Männer, von ihrer von Rache geprägten Einstellung und von ihrer Grausamkeit in der Kriegsführung und er verurteilte die Blutopfer und die Verehrung der geschnitzten Götterbilder.
„Solche Götter wie Odin und Thor, Njörd und Freyr," sagte er, „sind nur die Schöpfungen der dichterischen Phantasie der Menschen und es gab sie nicht wirklich.
Odin ist einst ein irdischer Mann gewesen mit allen seinen Fehlern und Sünden.
Das Erdbeben und der Donner hat nichts mit dem Rollen von Thors Streitwagen oder dem Werfen von Thors Hammer zu tun.
Die Wogen des Meeres werden sich im Zorn erheben und auch wieder in den Frieden zurückkehren, auch wenn der Name Njörd nie ausgesprochen worden wird.
Und die Jahreszeiten werden aufeinander folgen, auf den Feldern und den Weiden wird auch ohne den Segen des Freyr alles wachsen."

Thor ist der Freund und Beschützer der Menschen und auch ihrer Tempel. Bei seinem Namen legten die Germanen Eide ab. Der Donnergott vertrieb den Winter und brachte auch den Frühling. Er ist der stärkste aller Götter.

Der Donnergott tötet die Riesen und alle anderen Feinde der Menschen, d.h. der ihn verehrenden Wikinger.

Er ist auch der Totengott der Knechte. Sein Vater Odin ist der Totengott der Fürsten und der im Krieg gefallenen Krieger.

Thor ist der Sohn des Göttervaters Odin und der Erdgöttin Jörd. Seine Frau ist die Korngöttin Sif.

Die Blitze entstehen dadurch, daß Funken von den eisenbeschlagenen Rädern seines Wagens stieben. Der Donner ist das Rollen seines Wagens über den Himmel.

Thor hat eine hohe Stirn und einen roten Bart.

I 3. Thor und Hymir

Die Mythe, die über Thors „Angelpartie" mit dem Riesen Hymir berichtet, ist in vier Liedern und einer auf ihnen beruhenden Erzählung überliefert worden und ist zudem in mindestens vier Bildern dargestellt worden. Da eine solche Fülle für die germanischen Mythen ungewöhnlich ist, muß diese Mythe recht wichtig gewesen sein.

I 3. a) Ragnarsdrapa

Dieses Lied wurde um ca. 850 n.Chr. von Bragi Boddason dem Alten verfaßt, der von den Germanen als der Begründer ihrer Dichtkunst angesehen worden ist. Dieses Lied ist die älteste Beschreibung des Kampfes des Thor mit der Midgardschlange.

Es wird mir gezeigt, daß in früher Zeit
der Sohn des Allvaters seine Kraft
mit der seegepeitschten Schlange
der Erde messen wollte.

„*Es wird mir gezeigt*" bedeutet, daß Bragi die von ihm beschriebenen Bilder auf einem Prunk-Schild sieht.
Der „*Allvater*" ist Odin. Der „*Sohn des Allvaters*" ist Thor.
Die „*Schlange der Erde*" ist die Midgardschlange „Jörmungandr" („Erd-Stab"), die kreisförmig im Meer ganz Midgard (die Menschenwelt) umgibt.
Kenning-freie Übersetzung der Strophe: „*Mir wird auf dem Schild gezeigt, daß in früher Zeit Thor seine Kraft mit Jörmungandr messen wollte.*"

Starkbarts Ängstiger
ergriff den Hammer
mit seiner rechten Hand,
als er den Grenzfisch aller Länder erblickte.

„*Starkbart*" ist ein Riese – vermutlich ein Tyr-Riese. „*Starkbarts Ängstiger*" ist Thor.
Der „*Grenzfisch aller Länder*" ist Jörmungandr, der die kreisförmige Grenze im Meer zwischen Midgard in der Mitte und dem äußeren Wall von Utgard bildet.

Kenning-freie Übersetzung der Strophe: *„Thor ergriff den Hammer mit seiner rechten Hand, als er Jörmungandr erblickte."*

Die Angelschnur von Vidrirs Erbe
war alles andere als schlaff
auf Eynafirs Schneeschuh,
als Jörmungandr sich auf dem Meeresboden entrollte.

„*Vidrir*" ist Odin. „*Vidrirs Erbe*" ist Thor.
„*Eynafir*" ist ein Seekönig (Wikinger-Anführer). „*Eynafirs Schneeschuh*" oder „*Eynafirs Ski*" ist daher ein Schiff.
Kenning-freie Übersetzung der Strophe: *„Die Angelschnur des Thor war auf dem Boot straff gespannt, als sich Jörmungandr auf dem Meeresboden entrollte."*

Und von unten starrte
der abscheuliche Riemen des Pfades
des mit Seiten-Rudern bewegten Schiffes
auf Hrungnirs Kopf-Splitter, ...

(Der in dieser Strophe begonnene Satz wird in der nächsten Strophe fortgesetzt.)
Der „*abscheuliche Riemen*" ist Jörmungandr – sowohl ein Riemen als auch eine Schlange sind lang, dünn und biegsam.
Der „*Pfad des Schiffes*" ist das Meer. Das „*Schiff*" wird vermutlich ein Drachenboot gewesen sein. Diese Schiffe konnten sowohl gesegelt als auch gerudert werden.
Mit „*Hrungnirs Kopf-Splitter*" ist Thor gemeint, in dessen Kopf ein Splitter von dem Schleifstein steckte, mit dem der Riese Hrungnir gegen Thor gekämpft hatte.
Kenning-freie Übersetzung der Strophe: *„Und von unten starrte Jörmungandr auf Thor ..."*

... als der sich windende Aal
des Völsungen-Tranks sich ringelnd
an dem Haken des Ringkampf-Gegners
der Seeleute des alten Litr hing.

„*Litr*" war ein Riese. Seine „*Seeleute/Freunde*" sind die Riesen. Der „*Ringkampf-Gegner der Riesen*" ist Thor.
Mit der Kenning „*Völsungen-Trank*" ist Gift gemeint, da König Völsungs Enkel

Sinfjötli, der Halbbruder von Sigurd Drachentöter, an einem Kelch voll Gift gestorben ist. *„Der sich windende Aal des Völsungen-Trankes"* ist Jörmungandr, der hier als „giftspeiend" wie eine Schlange dargestellt wird.

Kenning-freie Übersetzung der Strophe: *„... als er sich windend an Thors Angelhaken hing."*

Der Wind-Sender, der, der Thors
dünne Schnur des Landes der Seemöwen durchschnitt,
wollte nicht, daß der gewundene
Aufwühler der Wellen gehoben wurde.

Der *„Wind-Sender"* ist offensichtlich der Riese Hymir, der aus Angst vor der Midgardschlange die Angelschnur des Thor durchschneidet (siehe „Hymir-Lied").

Der Wind wurde den germanischen Mythen zufolge von dem Riesen Hraesvelgr („Leichenfresser") erzeugt, der die Gestalt eines Adlers hatte (daher sein Name „Aasfresser"). Dieser Riese in Adlergestalt wohnte am „Ende des Himmels" (Wafthrudnir-Lied). Auch von Hymir wird berichtet, daß er am „Ende des Himmels" lebt (Hymir-Lied).

Da der Riese Hymir der Vater des ehemaligen Göttervaters Tyr ist und der Seelenvogel des Göttervaters bei den Indogermanen der Adler ist, verwundert der Hymir-Adler-Tyr-Riese am Horizont nicht allzusehr – zumal der Göttervater auch der Sonnengott ist und daher des Morgens als wiedergeborene Sonne oder als Adler-Seelenvogel im Diesseits erscheint und bei seinem Tod am Abend wieder in das Jenseits eingeht.

Das *„Land der Seemöwen"* ist das Meer; die *„dünne Schnur des Meeres"* ist die Angelschnur.

Der *„Aufwühler der Wellen"* ist Jörmungandr.

Kenning-freie Übersetzung der Strophe: *„Hymir durchschnitt Thors dünne Angelschnur, weil er nicht wollte, daß Jörmungandr aus dem Meer gezogen wird."*

Der Geber der Wellen-Kohlen,
der Thors schlanke Schnur durchschnitt,
die Leine der See-Sturmmöwen,
liebte es nicht, gegen die wütende See anzukämpfen.

Der *„Geber der Wellen-Kohlen"* ist offensichtlich der Riese Hymir. Die *„Wellen-Kohlen"* sollten etwas sein, das von seiner Form oder seinem Material her Kohlen gleicht, aber mit den Wellen zu tun hat und zudem von Hymir *„gegeben"* werden kann.

Dies Kenning erinnert daran, daß auch Jörmungandr „Kohlen-Fisch" genannt wurde – vielleicht stellte man ihn sich schwarz vor.

Das Verständnis dieser Kenning wird zusätzlich noch dadurch erschwert, daß das germanische Wort „Thökk" sowohl „Kohle" als auch „Dank" bedeuten kann und sich zudem Loki, als er sich weigerte, über Baldurs Tod zu weinen, in die Riesin Thökk, d.h. in Hel verwandelte. Vielleicht sollte man daher „Kohlen" hier mit „Hel" übersetzen – Hel wurde auch „Hyrrokkin", d.h. „Rußgeschwärzte" genannt.

Jörmungandr wäre dann nicht als „Kohlenfisch" sondern als „Hel-Fisch" bezeichnet worden. Warum Hymir jedoch ein Geber der „Wellen-Hel" sein sollte, bliebe weiterhin unklar …

Da die Germanen manchmal Gleichnisse zwischen den Gegensätzen Feuer und Wasser benutzten, könnte es auch sein, daß die *„Wellen-Kohlen"* die weiße Gischt darstellen, die Hymir durch sein Rudern verursacht und deren *„Geber"* er somit ist. Diese Deutung ist aber recht unsicher.

„Thors schlanke Schnur" und auch die *„Leine der See-Sturmmöwen"* ist die Angelschnur des Donnergottes. Die zweite dieser Kenningar baut darauf auf, daß die Menschen (und Götter) mit der Angel Fische fangen und auch die Möwen nach Fischen jagen.

Die Aussage, „(Hymir) *liebte es nicht, gegen die wütende See anzukämpfen"* bedeutet, daß er möglichst schnell zurück nach Hause wollte und ein Ende dieses schrecklichen Angelausfluges herbeisehnte.

Kenning-freie Übersetzung der Strophe: *„Hymir, der Thors Angelschnur durchschnitt, wollte nicht gegen die Wogen des Meers ankämpfen."*

Zusammengefaßt ergeben die Kenning-freien Übersetzungen folgende Mythe:

In früher Zeit wollte Thor seine Kraft mit Jörmungandr messen. Thor ergriff den Hammer mit seiner rechten Hand, als er Jörmungandr erblickte. Die Angelschnur des Thor war auf dem Boot straff gespannt, als sich Jörmungandr auf dem Meeresboden entrollte. Jörmungandr starrte von unten her auf Thor, als er an dessen Angelhaken hing und sich wand.

Hymir durchschnitt Thors dünne Angelschnur, weil er nicht wollte, daß Jörmungandr aus dem Meer heraufgezogen wird. Hymir wollte nicht mehr gegen die Wogen des Meers ankämpfen, sondern heimkehren.

In dieser Mythe finden sich mehrere wesentliche Elemente:

- Thor und Hymir fahren mit einem Boot aufs Meer hinaus, weil Thor dort mit seinem Hammer gegen Jörmungandr kämpfen will.

- Jörmungandr liegt zusammengerollt auf dem Meeresboden und entrollt sich, als Thor sich ihm nähert.
- Thor zieht die Midgardschlange mit einer Angelschnur empor.
- Hymir durchschneidet die Angelschnur, weil er nicht wollte, daß Jörmungandr aus dem Meer herausgezogen wird.
- Hymir hat eine Abneigung gegen das Rudern bei hohem Seegang.

Insbesondere der Grund für den Kampf ist bemerkenswert: Thor will seine Kraft gegen Jörmungandr messen. Sehr „Wikinger-like" …

I 3. b)   Der Bildstein von Hördum

Die Quelle für die Schlangenkampf-Mythe, die der eben betrachteten Ragnarsdrapa, die um ca. 850 n.Chr. verfaßt worden ist, zeitlich am nächsten steht, ist der Bildstein von Hördum, der zwischen 700 n.Chr. und 900 n.Chr. erschaffen wurde.

Auf diesem Bildstein, der sich in der Kirche von Hördum in Thy in Jütland (Nord-Dänemark) befindet, sind Thor und Hymir bei ihrem Angelausflug zu sehen.

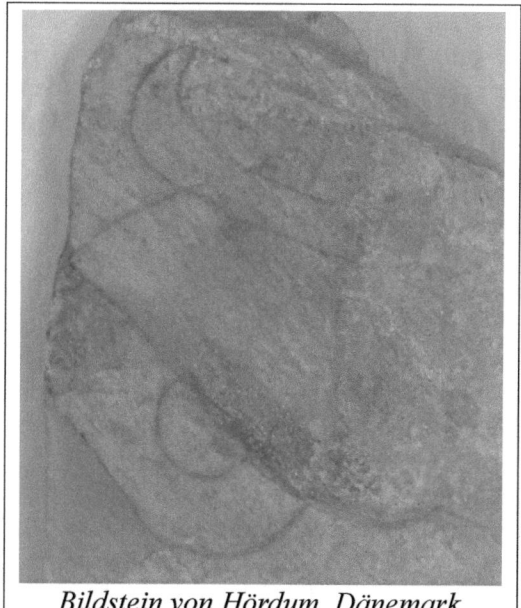
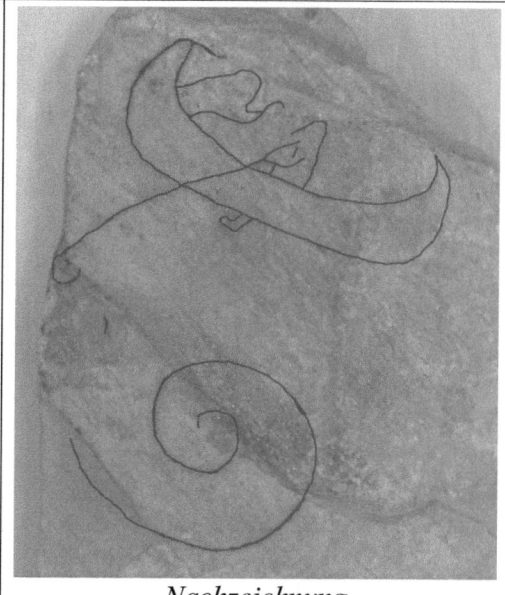

Bildstein von Hördum, Dänemark   *Nachzeichnung*

Die rechte Gestalt ist der Thor, wie man an der Angelschnur erkennen kann, die er in seinen Händen hält. Der Fuß des Donnergottes ragt unten aus dem Boot heraus – er ist durch das Gewicht der Midgardschlange, die er an seiner Angelleine emporzerrt, durch den Schiffsboden gebrochen.

Hymir sitzt links in dem „Kanu". Er ist nur undeutlich zu erkennen.

Jörmungandr ist nur teilweise zu sehen. Sein Maul ist links am Ende der Angelschnur und sein aufgeringelter Schwanz befindet sich unten in der Mitte. Jörmungandr ist so „zusammengerollt", wie es in der Ragnarsdrapa beschrieben wird.

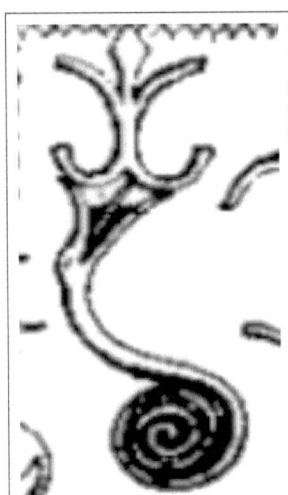

stilisierter Mensch und zusammengerollte Kundalinischlange Gallehus, 400 n.Chr.

Eine solche zusammengerollte Schlange, die zu einem Mann aufsteigt, findet sich auch auf dem kleineren der beiden Goldhörner von Gallehus. Dort ist sie allerdings nicht die Midgardschlange, sondern die Kundalinischlange, d.h. die Lebenskraft, die im Yoga in dem untersten Chakra erweckt wird, das die Schlange auf dem Goldhorn von Gallehus mit ihrer Zunge berührt. Dieses Motiv scheint bei der Darstellung des Jörmungandrs mitgewirkt zu haben.

Die „innere Feuer-Schlange" ist auch im Yoga im Ruhezustand im unteren Chakra zusammengerollt. Wie die keltischen Beschreibungen des Kampfekstase insbesondere des Sonnengott-Helden Cu Chúlainn in dem Epos „Rinderraub von Cuailgne" zeigen, war den Kelten das Erlebnis des aufsteigenden Inneren Feuers auch in nachchristlicher Zeit noch mit vielen Details gut bekannt, sodaß es durchaus wahrscheinlich ist, daß auch die Schlange auf dem germanischen Goldhorn von Gallehus die Kundalinischlange darstellt.

Näheres dazu findet sich unter „Drachen" in Band 41, in dem Kapitel „Kundalini" in Band 64 und in meinem Buch „Cernunnos".

Da die Kundalini-Schlange als Verkörperung des inneren Lebensfeuers ein Helfer der Priester-Schamanen und der Ekstasekämpfer ist, unterscheidet sie sich deutlich von Jörmungandr, der der Feind des Thor ist.

Die Übertragung der Haltung der Kundalini auf Jörmungandr ist somit ein Hinweis darauf, daß die Symbolik der Kundalinischlange den Germanen nicht mehr so bewußt gewesen ist wie zur selben Zeit den Kelten und den Indern.

Vermutlich ist die Kundalini-Symbolik durch die Absetzung des ehemaligen Göttervaters Tyr durch Thor und Odin um 500 n.Chr. undeutlicher geworden, da sie um 400 n.Chr. auf den beiden Goldhörnern von Gallehus noch klar erkennbar ist, aber auf um 700-900 n.Chr., als der Stein von Hördum hergestellt worden ist, unpassenderweise schon auf Jörmungandr übertragen worden ist,.

Auch auf dem germanischen Bildstein von Sanda, der wie die Goldhörner von Gallehus um ca. 400 n.Chr. erschaffen wurde, sind unter einem achtstrahligen Sonnen-Wirbel zwei Schlangen zu sehen, deren Schwanz zusammengerollt ist und die sich um zwei verschiedene „achtstrahlige Strudel" gewickelt haben.

Der nur teilweise erhaltene Drache ganz oben ist der Gott Tyr als Schlange/Drache in der Unterwelt; die beiden Schlangen unten sind seine beiden Alcis-Söhne, die mit ihm in die Unterwelt gehen. Der große „Strudel-Kreis" ist die Sonne, die dem Tyr gleichgesetzt worden ist.

Vermutlich sind auch die beiden unteren Schlangen durch die zusammengerollte Kundalinischlange inspiriert worden, da die Erweckung der Kundalini eng mit der Jenseitsreise („Astralreise") verbunden ist.

I 3. c)   Der Runenstein von Ardre

Runenstein von Ardre
Gotland in Schweden

Der Runenstein von Ardre ist zwischen 700 n.Chr. und 900 n.Chr. hergestellt worden.

Auf diesem Stein sind zwar an einer Stelle zwei Personen in einem Boot zu sehen, aber da der vordere der beiden wohl eher einen Lachs mit einem Speer fängt als eine Schlange mit einem Hammer erschlägt, ist es recht unwahrscheinlich, daß es sich bei dieser Abbildung um eine Variante von Thors Fischfang handelt.

I 3. d) Der Runenstein von Altuna

„Thors Kampf mit Jörmungandr"
Runenstein von Altuna

Auf den drei Abbildungen ist links Thor mit seinem Hammer und seiner Angelschnur in dem Boot mit hohem Bug und Steven zur leichteren Erkennbarkeit abgedunkelt worden. Links ist auf dieselbe Weise Jörmungandr hervorgehoben worden.

Auf dem Runenstein von Altuna, der wie das Kreuz von Gosforth um ungefähr 900 n.Chr. hergestellt worden ist, sind einige interessante Details zu erkennen:

- Thors Fuß bricht durch den Schiffsboden, weil er beim Herausziehen der

Midgardschlange so viel Kraft aufwendet.

- In seiner rechten Hand hält Thor seinen Hammer, in seiner linken Hand die Angelschnur mit dem Stierkopf als Angelhaken und zugleich als Köder.

- Jörmungandr hat nicht die Gestalt einer Schlange, sondern die eines Drachens: Neben seinem Kopf sind vier flossenartigen Beine zu sehen, die ihn als Drachen kennzeichnen. Sein Schwanz befindet sich links oben. Er schnappt mit seinem Maul nach dem Stierkopf an Thors Angelschnur. Sein Hals setzt untypischerweise auf der (nicht sichtbaren) Rückseite seines Leibes an – vermutlich aus Platzmangel auf diesem recht schmalen Stein.

- Thor ist alleine in dem Boot – vielleicht ist Hymir aber auch nur aus Platzmangel fortgelassen worden.

I 3. e) Das Kreuz von Gosforth

Thor und Hymir
Gosforth Kreuz, 900 n.Chr.

Auf diesem um ca. 900 n.Chr. gefertigten Kreuz aus Cumbria in Nordwest-England ist sehr deutlich Thors Fischzug abgebildet.

Das Boot hat in der Mitte einen kleinen Mast mit einer angedeuteten Rahe (waagerechter „Segelbalken").

Rechts sitzt der Riese Hymir, der in seiner rechten Hand ein Beil zu halten scheint. Vermutlich hat er mit ihm Thors Angelschnur durchtrennt.

Links sitzt Thor. Er hält in seiner linken Hand das Ende der Angelschnur und in seiner rechten Hand seinen Hammer.

Unter dem Schiff ist die Angelschnur mit einem Stierschädel als Köder zu sehen, dessen Hörner zugleich als Angelhaken dienen. Rings um den Köder schwimmen fünf Fische. Die Midgardschlange ist noch nicht zu sehen.

I 3. f) Thorwald-Kreuz

Thorwald-Kreuz

Dieses Kreuz mit einer christlich-germanisch gemischten Symbolik ist für einen Germanen, vermutlich einen Wikinger, mit dem Namen Thorwald errichtet worden. Es stammt von ca. 900 n.Chr.

Der „Mann mit Hammer" wird Thor sein – auch sein oft betonter roter Bart ist erkennbar. Der Hammer ist schon leicht zu einem Kruzifix umgedeutet worden. Normalerweise ist Thor Rechtshänder – aber vielleicht hat sich der Hammer in seiner linken Hand auch nur aus dem Arrangement auf dem Stein ergeben.

Leider ist nicht erkennbar, was dieser Mann in seiner rechten Hand hält. Es scheint ein flacher, rechteckiger Gegenstand zu sein, auf dem sich zwei Reihen zu drei „Noppen" befinden. Ob dies eine Bibel mit eingelegten Edelsteinen auf dem Deckel des Buches ist?

Sowohl über als auch unter ihm befindet sich eine Schlange. Dies könnte die Midgardschlange sein. Wenn es sich wirklich um Thor handelt, dann wäre sie zweifach dargestellt worden, wobei unklar ist, aus welchem Grund dies geschehen ist – zumal beide gleich aussehen.

Die „Knoten" in den Leibern der Schlangen werden nur „einfache Flechtornamente" sein und keine Symbolik haben.

Vor Thors Beinen schwimmt ein Fisch, der ein Lachs sein könnte. Dies bedeutet möglicherweise, daß sich diese Szene im Wasser abspielt. Der Lachs könnte Loki sein, der von Thor gefangen worden ist – dann wären hier gleich zwei Siege des Thor dargestellt worden.

Dieser Mann könnte folglich Thor sein, dessen Schlangen- und Hammer-Symbolik im christlichen Sinne umgedeutet worden ist: Aus Jörmungandr wurden mehrere Schlangen, aus dem Hammer ein Kruzifix und statt der Angelschnur hält er möglicherweise die Bibel ins einer Hand. Wenn diese Deutung zutrifft, wäre dies evtl. die Darstellung eines „bekehrten Thor". Vielleicht haben sich hier aber auch nur die Vorstellungen über Thor als dem Sieger über Jörmungandr und Loki mit den Vorstellungen über Christus als dem Sieger über den Tod vermischt …

I 3. g) Die Steinritzungen von Svenneby

Auf einer dieser Steinritzungen ist das ursprüngliche Motiv zu sehen, das zu der „Angelpartie" des Tyr-Hymir und des Thor umgedeutet worden ist:

der Schwertgott-Sonnengott-Göttervater Tyr und sein Sohn, der Donnergott-Hammergott Thor in der Sonnenbarke, die über den Himmel fährt
Svenneby, Südschweden

I 3. h) Steinritzung von Bohuslän

Auf einer der vielen Steinritzungen in Bohuslän in Südschweden ist ein Boot mit zwei Anglern zu sehen.

Es ist jedoch sehr unwahrscheinlich, da es sich bei ihnen um Tyr-Hymir und Thor handelt, da beide angeln, der Stierschädel und auch Jörmungandr fehlen, keiner der Angler einen Hammer in seiner Hand hält und weil Tyr zu dieser Zeit noch der Göttervater gewesen ist und daher nicht durch eine solche Szene wie in der „Angelpartie", in der sich Tyr-Hymir vor Jörmungandr fürchtet, erniedrigt worden sein kann.

An dem Boot ist deutlich der erhöhte Bug und das erhöhte Heck zu sehen. Die dritte Schnur, die am Heck befestigt ist, könnte eine Ankerschnur oder eine dritte Angelschnur sein.

Steinritzung von Bohuslän, Schweden | *Steinritzung von Bohuslän, Schweden*

I 3. i) Husdrapa

In der Isländer-Saga über die Leute vom Lachstal wird berichtet, daß der Skalde Ulfr Uggason dieses Lied um ca. 980 n.Chr. in der Halle des Olaf Pfau in Hjardarholt im Lachstal in Nordisland gesungen hat.

In der Lachstal-Saga wird berichtet, daß die Bilder, die Ulfr in dem Lied besungen hat, waren an die Wand gemalt waren:

Auf dem Hochzeitsfest waren sehr viele Leute, denn die neue Halle war fertig geworden. Ulfr Uggason war einer der geladenen Gäste und er verfaßte ein Gedicht über Olaf Hoskuldson und über die Mythen, die ringsum an die Wände gemalt waren, und trug es bei dem Fest vor. Dieses Gedicht wird „Husdrapa" („Haus-Lied") genannt und es ist gut gemacht. Olaf belohnte ihn gut für das Gedicht.

In dieser Drapa beschreibt Ulfr unter anderem auch Thors Kampf mit Jörmungandr:

*Es wird gesagt, daß der stämmige, große Kerl
dachte, daß des Ziegenbock-Besitzers
sehr schwere Beute
über die Maßen gefährlich wäre.*

    Der „*stämmige, große Kerl*" ist der Riese Hymir.
    Der „*Ziegenbock-Besitzer*" ist Thor, dessen Streitwagen von zwei Ziegenböcken gezogen wird.
    Thors „*sehr schwere Beute*" ist Jörmungandr. Hymir durchschnitt die Angelschnur des Thor, an dem die Riesenschlange hing, weil Hymir sich vor Jörmungandr fürchtete.
    Kenning-freie Übersetzung der Strophe: „*Es wird gesagt, daß Hymir dachte, daß Jörmungandr sehr gefährlich sei.*"

*Der innere Mond des furchterregenden
Freundes der Götter strahlte;
Der berühmte Gott schoß schreckliche
Strahlen auf das Halsband der Erde.*

    Der „*innere Mond*" ist eine Kenning für den Willen eines Menschen, der sich in dessen Augen, die oft „Stirnsterne" genannt wurden, zeigt.
    Der „*Freund der Götter*" und der „*berühmte Gott*" ist Thor.
    Das „*Halsband der Erde*" ist Jörmungandr, der kreisförmig rings um die Erde (Midgard) im Meer liegt.
    Kenning-freie Übersetzung der Strophe: „*Thors Wut blitzte in seinen Augen und schoß Jörmungandr entgegen.*"

Aber das steife Seil der Erde
starrte mit flammenden Augen über die Bug-Bordwand
auf den Herausforderer der Leute
der Knochen des Landes und spuckte Gift.

Das „*steife Seil der Erde*" ist Jörmungandr.
Die „*Knochen des Landes*" sind die Felsen. Die „*Felsen-Leute*" sind die Riesen. Der „*Herausforderer der Riesen*" ist Thor.
Kenning-freie Übersetzung der Strophe: „*Aber Jörmungandr starrte mit flammenden Augen auf Thor zurück und spie Gift.*"

Der in voller Kraft stehende Fäller des Berg-Goten
ließ seine Faust gegen das Ohr des Erkunders
der Knochen des Schilf-Bettes krachen
– das war eine mächtige Verletzung!

„*Gautr*" („Gote") war ein Name des Odin. Ein „*Berg-Odin*" oder ein „*Berg-Gott*" ist ein Riese. Der „*Fäller der Riesen*" ist Thor.
Das „*Schilf-Bett*" ist der Meeresgrund. Der „*Erkunder des Meeresgrundes*" ist Jörmungandr.
In „Gylfis Vision" erhält Hymir diesen Faustschlag, was wohl auf ein Mißverständnis zurückzuführen ist, da in der nächsten Strophe deutlich gesagt wird, daß Thor Jörmungandr geschlagen hat.
Kenning-freie Übersetzung der Strophe: „*Der starke Thor ließ seine Faust gegen das Ohr des Jörmungandr krachen – das war eine mächtige Verletzung!*"

Der Vid-Gymir von Wimurs Furt
schlug den Ohr-Grund von der glitzernden Schlange
hinein in die Wogen.
So war das Innere mit Bildern geschmückt.

„*Gymir*" ist Tyr als Riese in der Wasserunterwelt und daher auch der Meeresgott. „*Vid*" ist ein Gegner. Der Gegner des Tyr-Riesen ist Thor.
In der Edda und in der Thorsdrapa wird berichtet, daß Thor auf seiner Fahrt zu dem in Utgard (Jenseits) wohnenden Tyr-Riesen Geirröd den (Jenseits-)Fluß „*Wimur*" überqueren mußte. Es gibt drei mögliche germanische Worte, von denen sich der Flußname „*Wimur*" herleiten könnte:

1. von dem Verb „wem" für „sprudeln, wimmeln, schwärmen, wogen, voll sein"; der Wimur wäre dann der „reichlich Sprudelnde" oder „der üppig Fließende";

2. von dem Verb „wem" für „speien" und „erbrechen" (englisch: „to vomit"), das wahrscheinlich als Ableitung der obengenannten Bedeutung „sprudeln" entstanden ist; der Wimur wäre in diesem Fall der „Speiende";

3. von dem Substantiv „wim" für „Weide, Weidenzweig, Flechtwerk (aus Weidenzweigen)", das von dem Verb „wim" für „drehen, biegen" abstammt; der „Wimur" wäre dann wohl „der sich windende (Fluß)".

Diese drei möglichen Wurzel-Worte des Flußnamens Wimur sind sich recht ähnlich. Alle drei Worte scheinen ihren Ursprung in der üppig sprudelnden Quelle zu haben, deren Wasser sich in einem gewundenen Bachlauf seinen Weg sucht. „Wimur" bedeutet daher recht sicher „reichlich fließender Fluß" oder etwas allgemeiner „großer Fluß". Diese Herleitung des Namens paßt dazu, daß der Wimur in der Edda „der größte aller Flüsse" genannt wird.

Er ist der Jenseitsfluß, den Thor täglich überquert.

Der „Ohr-Grund" ist eigentlich der Kopf. Da Jörmungandr jedoch nach dieser Begegnung mit Thor noch weiterlebte, muß es sich bei dieser Szene um eine poetische Übertreibung handeln – auf jeden Fall blieb Jörmungandrs Kopf weiterhin an seinem Hals.

Die Ortsangabe *„das Innere"* bezieht sich auf die Halle, in der diese Bilder an die Wand gemalt waren.

Kenning-freie Übersetzung der Strophe: *„Thor schlug dem Jörmungandr das Ohr ab, das in die Wogen fiel. Mit diesen Bildern war der Schild, der in der Halle hing, bemalt."*

Die Kenning-freien Übersetzungen ergeben zusammengefaßt folgende Mythe:

Es wird gesagt, daß Hymir dachte, daß Jörmungandr sehr gefährlich sei. Thors Wut blitzte in seinen Augen und schoß Jörmungandr entgegen. Aber Jörmungandr starrte mit flammenden Augen auf Thor zurück und spie Gift. Der starke Thor ließ seine Faust gegen das Ohr des Jörmungandr krachen – das war eine mächtige Verletzung! Thor schlug dem Jörmungandr das Ohr ab, das in die Wogen fiel.

I 3. j) Thor-Lied

Auch der Skalde Eysteinn Valdason hat ein Lied über den Gott Thor und seinen Angelausflug zusammen mit dem Riesen Hymir geschrieben. Von diesem Lied, daß um ca. 1000 n.Chr. verfaßt worden ist, sind jedoch nur drei Strophen erhalten geblieben.

Sifs Gatte bereitete schnell sein Angelzeug
zusammen mit dem Alten.
Wir wissen, wie man
den Fluß in Hrimnirs Horn rühren muß.

„*Sifs Gatte*" ist Thor. Der „*Alte*" ist der Riese Hymir.
Das „*Angelzeug*" des Thor ist ein Strick mit einem Stierkopf als Haken und zugleich als Köder.
„*Hrimnirs Horn*" ist das Metgefäß des Tyr-Riesen Hrimnir („Schwarzer"). Der „*Fluß des Mets*" ist das Fließen des Lebens, aber auch der Dichtermet und somit das fließende Verfassen der Verse. „*Wir wissen, wie man den Fluß in Hrungnirs Horn rühren muß*" bedeutet somit schlicht und bescheiden, daß sich Eysteinn für einen guten Skalden hält.
Kenning-freie Übersetzung der Strophe: „*Thor bereitete schnell sein Angelzeug zusammen mit Hymir. Ich bin ein guter Skalde.*"

Thrudrs Vater starrte durchdringend
auf den Ring des steilen Weges,
als die Heimstatt des Fisches
gegen das Boot brandete.

„*Thrudrs Vaters*" ist Thor.
Der „*steile Weg*" sind die Utgard-Berge rings um das Weltmeer, in dessen Mitte Midgard, die Welt der Menschen liegt. „*Der Ring des steilen Weges*" ist die Midgardschlange, die rings um Midgard kreisförmig im Meer liegt.
Die „*Heimstatt des Fisches*" ist das Meer.
Kenning-freie Übersetzung der Strophe: „*Thor starrte Jörmungandr durchdringend an, während die Wogen gegen das Boot schlugen.*"

*Der Fisch der Erde reagierte so heftig,
daß die breite Bootseite vorwärts gezerrt wurde,
und die Fäuste von Ullrs Stiefvater
gegen den Bord am Bug geschlagen wurden.*

Der „*Fisch der Erde*" ist Jörmungandr, die Midgardschlange. Diese Bezeichnung bezieht sich genauso wie „Schlange der Erde" darauf, daß diese Riesenschlange auf dem Meeresboden, also auf der Erde liegt, und daß sie zudem die gesamte Erde als Kreis umgibt.
Ullr ist der Sohn der Sif und des Loki und somit der Stiefsohn des Thor.
Kenning-freie Übersetzung der Strophe: „*Jörmungandr floh so schnell, daß er das Boot quer hinter sich herzog und Thors Fäuste, die die Angelschnur umklammerten, dadurch gegen die Bordwand geschlagen wurden.*"

Die Kenning-freien Übersetzungen lassen sich zu der Szene einer Mythe zusammensetzten:

„*Thor bereitete schnell sein Angelzeug zusammen mit Hymir. Thor starrte Jörmungandr durchdringend an, während die Wogen gegen das Boot schlugen. Jörmungandr floh so schnell, daß er das Boot quer hinter sich herzog und Thors Fäuste, die die Angelschnur umklammerten, dadurch gegen die Bordwand geschlagen wurden.*"

In diesem Lied wird die Flucht des Jörmungandr vor Thor als eine in den bisherigen Quellen noch nicht beschriebene Szene der Hymir-Mythe hinzugefügt.

I 3. k) Hymir-Lied

Das Hymir-Lied wurde um ca. 1250 n.Chr. aufgeschrieben, aber es wird sicherlich nicht erst um 1250 n.Chr. verfaßt worden sein. Nach den in ihm benutzten Bildern und Kenningarn zu urteilen, könnte es um ungefähr 950-1050 n.Chr. in Island gedichtet worden sein.
In diesem Lied wird die Mythe über den Kampf zwischen Thor und Jörmungandr mit der Mythe über den Braukessel und der Mythe über die Verletzung von einem von Thors beiden Ziegenböcken sowie mit einer Szene aus Thors Kampf mit dem Riesen Geirröd kombiniert.
Die folgenden Strophen sind weitgehend neuübersetzt, da die „klassische" Version von Karl Simrock den Text an vielen Stellen recht frei wiedergibt, da Simrock

manchmal mehr auf den Stabreim als auf die genaue inhaltliche Wiedergabe geachtet hat.

Einst aßen die Walgötter erjagte Tiere
und verlangten zu trinken bevor sie fertig gegessen hatten.
Sie schüttelten die Zweige und betrachteten das Opferblut
und entdeckten eine Fülle an Kesseln bei Ägir.

Diese Mahlzeit der Götter ist keine einfache Mahlzeit, sondern ein Opfermahl. Dies läßt sich daran erkennen, daß das Runenorakel („Stäbe") befragt und das Blut der getöteten Tiere, die als „Opfer" bezeichnet werden, besehen wird („Eingeweide-Orakel").

Dieses Lied hat somit dieselbe Eröffnung wie die Thiazi-Mythe, die damit beginnt, daß Odin, Loki und Hönir auf einem Felsaltar unter dem Weltenbaum dem Göttervater Tyr (Thiazi) opfern, der sich daraufhin in der Gestalt seines Adler-Seelenvogels auf dem Wipfel des Weltenbaumes niederläßt und seinen Anteil an dem Opfermahl fordert, den die Asen ihm auch gewähren.

So wie das Opfermahl in der Thiazi-Mythe den Ausgangspunkt für den Raub der Idun bildet, so bildet auch diese Eröffnung den Ausgangspunkt für die „Beschaffung" des Braukessels der Götter.

Saß der Felsbewohner froh wie ein Kind,
das Ebenbild von Miskorblindis Sohn.
Ihm sah Yggrs Sohn trotzig in die Augen und sprach:
„Bereite den Göttern häufige Ale-Feste!"

Ein „Felsbewohner" ist ein Riese. Hier ist Ägir gemeint.

„Miskorblindi" bedeutet möglicherweise „Verletzung-Blinder" und wird ein Beiname des ehemaligen Sonnengott-Göttervaters Tyr in der Unterwelt gewesen sein, der dort sowohl verletzt (abgeschlagene rechte Hand) als auch eine „schwarze, blinde Sonne" war. Diese mit „blind" gebildeten Namen wurden später z.T. von Odin übernommen wie z.B. in der Heidrek-Saga „Gestumblindi".

Der Meeresriese Ägir ist auch in der Lokasenna für den Met zuständig. Ägir ist ein altes Bild für den Göttervater in der Wasserunterwelt. Dort im Jenseits wird der Met von den Göttern und von den Toten getrunken. Ursprünglich hat dieser Met denen, die ihn trinken, nicht nur die Dichtergabe verliehen, sondern wie die Äpfel der Idun die ewige Jugend.

„Yggr" ist Odin. „Odins Sohn" ist Thor.

Der Ungestüme schuf Angst dem Riesen
der nun auf einen Weg sann, Frieden mit den Göttern zu wahren.
Er ersuchte Sifs Gatten um einen Kessel, der groß genug ist,
um darin für euch alle Ale zu brauen.

Der „Ungestüme" und „Sifs Gatte" ist Thor.
Ägir versucht, den „Schwarzen Peter", den ihm Thor zugeschoben hat, geschickt an Thor zurückzugeben. Solch ein Verhalten ist sehr untypisch für „normale" Riesen – Ägir ist offenbar ein intelligenter Riese, was für seine Deutung als der „alte Göttervater im Jenseits" spricht.

Die ruhmreichen Götter, die mächtigen Herrscher
konnten nirgends einen solchen Kessel finden,
bis Tyr, der immer treue Freund,
dem Hlorridi im Geheimen wertvollen Rat gab:

„Hlorridi" bedeutet „lauter Reiter" oder auch „lauter Streitwagenfahrer" und ist ein Beiname des Thor. Sein lautes Fahren ist eine Umschreibung für den Donner: Wenn Thor in seinem Ziegenwagen über den Himmel fährt, dann sehen die Menschen auf der Erde Funken von seinen Rädern blitzen und hören die Räder seines Wagens donnern.

„Im Osten wohnt im Eliwagar
Der schlaue Hymir an des Himmels Ende.
Einen Kessel hat mein kraftreicher Vater,
Ein geräumiges Gefäß, eine Meile tief."

Nur der ehemalige Göttervater Tyr weiß, wo sich ein Braukessel finden läßt. Dies liegt daran, daß sich dieser Kessel zu der Zeit, als Tyr noch der Göttervater gewesen ist, in dem Jenseits befand, dessen Herr Tyr gewesen ist.
Dort ist Tyr der „alte Göttervater" gewesen, der sich im Jenseits zusammen mit der Göttin wiederzeugt, sodaß er am Morgen als „junger Sohn" wiedergeboren werden konnte. Der Vater des Tyr ist somit auch der Göttervater Tyr selber als der „alte Vater", der am Abend stirbt und in die Unterwelt eingeht. Daher sind Tyr und sein Vater Hymir letztlich dieselbe Gestalt – es ist daher nicht verwunderlich, daß der „junge Gott" Tyr in Asgard weiß, wo er als der „alte Gott" Hymir den Braukessel aufbewahrt – auch wenn Tyr und Hymir hier schon zwei verschiedene Wesen sind.
Der Kessel befindet sich somit derzeit in dem Utgard-Jenseits des Hymir und soll in

das Unterwasser-Jenseits des Ägir gebracht werden. Da sowohl Hymir als auch Ägir der Gott Tyr als der „alte Göttervater" sind, ist der einzige Unterschied, der durch den Transport des Kessel von Hymir zu Ägir bewirkt wird, daß die Asen, bei denen Ägir lebt, dadurch den Zugriff auf den Kessel erhalten.

Das Holen des Kessels ist also eine Maßnahme, die zu dem Übergang der Asen-Herrschaft von dem ehemaligen Göttervater Tyr, der in der Halle Gimle im südlichen Himmel wohnte, zu dem neun Göttervater Odin, der am Fuße des Weltenbaumes in Walhalla lebt, gehört.

Die Kessel-Mythe beschreibt somit u.a. den grundlegenden Umbau der germanischen Mythen, der notwendig wurde, als Tyr durch Odin abgesetzt wurde. Es handelt sich bei diesem Lied sozusagen um „mythologische Propaganda".

„Eliwagar" bedeutet „Eiswogen" und bezeichnet die Gletscher im Norden und im Osten von Skandinavien sowie im übertragenden Sinne auch das Jenseits.

In dieser Strophe wird der Riese Hymir das erste Mal mit seinem Namen genannt, der eine Abwandlung von „Ymir" ist. Der ehemalige Sonnengott-Göttervater Tyr als der rangmäßig erste der Riesen ist oft dem Urriesen Ymir als dem zeitlich gesehen ersten der Riesen gleichgesetzt worden. Vermutlich wurde auch um 500 n.Chr., als Tyr bei den Nordgermanen durch Thor und Odin abgesetzt worden ist, das Töten des Tyr-Riesen durch Thor dem Töten des Ymir-Riesen durch die Asen gleichgesetzt.

„Meinst Du, wir können den Flüssigkeits-Kocher erlangen?" –
„Ja, Freund, wenn wir mit List vorgehen."
Sie brachen am selben Tag auf,
den langen Weg von Asgard zu Egills Heim.
Selbst stallt er die Böcke, die stattlich gehörnten;
Sie eilten zur Halle, die Hymir bewohnte.

Thor und Tyr brechen zu Tyrs Vater Hymir auf, um den Kessel zu holen. Offenbar gab es nicht nur einen Machtwechsel von Tyr zu Odin, sondern auch einen von Tyr zu Thor, da Thor in diesem Lied als der Aktive erscheint.

„Egill" ist hier offenbar Hymir. Egil der Bogenschütze ist vor allem als einer der drei Brüder bekannt, die die drei Stände repräsentieren (siehe „Egil" in Band 39).

Der junge Tyr traf als erstes seine Großmutter, die er verabscheute –
Sie hatte der Häupter neunmal hundert.
Doch eine andre trat hervor, Gold-bedeckt und weißbrauig,
und brachte ihrem Sohn einen Trank Bier.

Die „Ahne" des Tyr ist eine Jenseits-Riesin, wie sich leicht an ihren 9·100 Köpfen erkennen läßt, da „9" die Zahl des Jenseits und „100" die Zahl des Superlativs ist: Die „Ahne" ist somit „die Größte im Jenseits". Sie wird letztlich mit Hel identisch sein. Aus dieser „Ahne", d.h. aus der Großmutter des Tyr könnte sich durchaus später im Christentum „des Teufels Großmutter" entwickelt haben. Der Teufel mit seinen Hörnern ist aus den Toten im Jenseits entstanden, die durch die Identifizierung mit dem für sie geopferten Tier dessen Hörner erhalten haben – meist sind es Ziegenhörner, da die Ziegenböcke die Opfertiere der einfachen Leute waren. Aus den Toten bei Hel wurde der der Teufel und seine Großmutter.

Tyrs Mutter wird im Gegensatz zu seiner Großmutter als „Gold-bedeckt" und als „weißbrauig" bezeichnet.

Die erste Umschreibung könnte sowohl bedeuten, daß Tyrs Mutter goldene Armreifen und anderen goldenen Schmuck trägt (evtl. ist sogar Freyas Brisingamen gemeint) als auch, daß sie goldenes, d.h. blondes Haar hat.

Die zweite Umschreibung erinnert an den Druidennamen „Taliesin", denn dieser Name und diese Umschreibung bedeuten beide „Leuchtende Stirn". Beides könnte sich evtl. auf das Stirnchakra („Drittes Auge") beziehen, das in der indischen Tradition als „leuchtend" beschrieben wird.

Vermutlich wird die Mutter des Tyr die Jenseitsgöttin als die Geliebte bei der Wiederzeugung des „alten Tyr" (Hymir) sein, die der Wiedergeburt des „jungen Tyr" vorausgeht – die Geliebte des „alten Tyr" wird durch die Wiedergeburt des „alten Tyr" zu der Mutter des „jungen Tyr". Tyrs Großmutter ist wahrscheinlich ursprünglich dieselbe Jenseitsgöttin in ihrem Aspekt als die gefürchtete Herrin des Totenreiches gewesen.

Aus den germanischen Mythen sind mehrere Göttinnen-Schwestern bekannt, die die Jenseits-Geliebte und die Totenherrin verkörpern. Am deutlichsten ist dies bei den Schwestern Freya und Hyndla, aber es finden sich auch noch andere solche Paare wie z.B. Irpa und Thorgerdr, Sunna und Sinthgunt oder Fenja und Menja.

Die Beschreibung des Donnergottes in „Gylfis Vision" als „junger Thor" bedeutet vermutlich, daß Thor an die Stelle des jungen, d.h. des wiedergeborenen Tyr treten will oder bereits getreten ist. Die Ähnlichkeit zwischen beiden Göttern besteht darin, daß sie beide u.a. auch Kampfgötter sind – Tyr mit seinem Schwert und Thor mit seinem Hammer. In dieser Auseinandersetzung zwischen Tyr und Thor scheint Odin, der ein Kämpfer mit einem Speer ist, keine Rolle zu spielen.

„Ihr Nachkommen der Riesen, ich will euch beide,
Ihr kühnen Jünglinge, unter den Kesseln verbergen.
Manches Mal ist mein lieber Gatte
Gästen gram und grimmen Mutes."

Sowohl Tyr als auch Thor sind „Verwandte der Riesen", denn auch Thors Großeltern väterlicherseits, also Odins Eltern, waren Riesen. Die Riesen waren generell die Elterngeneration der Asen – die Riesen sind die „Götter im Jenseits". Diese Symbolik ist eine Verallgemeinerung der Wiedergeburtssymbolik, in der der „alte Gott" im Jenseits zu seinem eigenen Sohn, dem „jungen Gott" im Diesseits wird.

Der übelgesonnene Riese, der kaltherzige Hymir,
kam spät heim von der Jagd.
Eiszapfen klapperten als der Alte die Halle betrat:
Sein Kinnwald war gefroren.

„Heil Dir, Hymir, ich hoffe, Du bist gutgelaunt –
Schau, wer gekommen ist:
Der Sohn, den wir von langer Reise zurückerwartet haben!
Er wird von Hrodrs Feind, dem Freund der Menschen,
von dem, den sie Weor nennen, begleitet."

Offenbar besucht Tyr seine Eltern des öfteren nach einem „langen Weg". Da der ehemalige Göttervater die Symbolik der Sonne teilte, ist dieser „lange Weg" seine tägliche Reise über den Himmel und durch die Unterwelt. Genaugenommen verwandelt er sich im Lauf seiner Tagesreise von Tyr zu Hymir und während seiner Nachtreise durch seine Wiedergeburt wieder von Hymir zu Tyr.

„Hrodr" bedeutet „Ruhm". Vermutlich ist dies ein ehemaliger Beiname des Tyr als Riese in der Unterwelt, da dieser der Hauptfeind des Thor ist.

„Freund der Menschen" ist ein Beiname des Donnergottes.

„Weor" ist ebenfalls ein Beiname des Thor und bedeutet „der Weihende" oder „Beschützer der Tempel".

„Du siehst sie sitzen am Giebelende,
Sie bangen so sehr, daß sie sich hinter der Säule verbergen."
Die Säule zerbarst von des Riesen Blick,
Und entzweigebrochen sah man den Balken.

Diese Säule wird der Mittelpfosten des Langhauses sein, der den Weltenbaum verkörperte und die Ahnen des Hausherrn enthielt. Diese Ahnen wurden z.T. in diesen Balken geschnitzt. Dieser Pfosten ist der „Kern" eines Langhauses und wurde bei Umzügen stets mitgenommen. Er entspricht von seiner Symbolik her den Totempfählen der Indianer.

Diese Pfähle haben eine sehr lange Tradition, die bis zu den steinernen Totempfählen von Göbekli Tepe und Nevali Cori aus der frühen Jungsteinzeit in Mesopotamien um 10.000 v.Chr. und noch weiter in die späte Altsteinzeit zurückreichen. Diese altsteinzeitliche Tradition der Pfähle, die einen Ahnen und oben auf dem Pfahl seinen Seelenvogel darstellten, sind auch die Wurzel der indianischen Totempfähle (siehe „Hochsitz" in Band 57 sowie mein Buch: „Totempfähle auf fünf Kontinenten").

Auch in Thors Reise zu dem Riesen Geirröd, der eine Variante des Hymir ist, spielt dieser Mittelpfosten eine wichtige Rolle. Auch in der Geirröd-Mythe wird dieser Pfosten zumindestens teilweise durch Thor zerstört. Das Zerbrechen des Hauptpfostens scheint somit eine wichtige Symbolik gehabt zu haben. Da er die Hauptstütze der Halle und der Wohnort der Ahnen ist, müßte sein Zerbrechen eigentlich den Tod bedeuten.

Dieselbe Symbolik findet sich u.a. auch in dem Krönungsritual der Pharaonen der Ägypter, die von denselben frühjungsteinzeitlichen Ackerbauern abstammen wie die Indogermanen. Dort stürzt die „Himmelssäule" beim Tod eines Pharaos um und wird anschließend bei der Inthronisierung seines Sohnes wieder aufgerichtet.

Das Zerbersten des Hauptpfostens in der Halle der Riesen Hymir und Geirröd wird daher den Tod des „alten Göttervaters" darstellen – in der Geirröd-Mythe stirbt der Riese zugleich mit dem Zerbersten des Mittelpfostens.

Weiteres zu diesem Thema findet sich auch in Band 53 über den Weltenbaum.

Acht Kessel fielen, und einer nur,
Ein hart gehämmerter, kam heil herab.
Die Gäste traten vor; der uralte Riese
Faßte seinen Feind scharf ins Auge.

Der Kessel, den Thor und Tyr holen wollen, befindet sich offensichtlich auf, in oder an dem Mittelpfosten. Der Kessel bzw. der in ihm zubereitete Ritual-Trank war somit eng mit dem Weltenbaum verbunden. Dies entspricht dem Wasser aus der Quelle des Mimir am Fuße des Weltenbaum, da dieses Wasser dem Odin seine Weisheit verliehen hat.

Die Neunzahl verweist auf das Jenseits. Hier findet sich der umgekehrte Vorgang wie bei Odins Ring Draupnir, von dem in jeder neunten Nacht acht identische Ringe abtropften: Acht von den neun Kesseln des Hymir zerbersten.

Vermutlich zerbrachen beim Tod des Göttervaters acht Kessel, während bei seiner Wiedergeburt acht Ringe von Draupnir abtropften. Da die „8" die Zahl der Vollkommenheit ist (siehe „8" in Band 47), verliert der Göttervater bei seinem Tod am Abend seine Vollkommenheit und gewinnt sie am Morgen bei seiner Wiedergeburt wieder.

Es scheint somit eine „magische Rechnung" gegeben zu haben:
$1 + 8 = 9 \Rightarrow$ Wiedergeburt (Ring Draupnir)
$9 - 8 = 1 \Rightarrow$ Tod (Hymirs Kessel)

Wenig Gutes sagte sein Geist ihm voraus,
Als er den Betrüber der Riesin dort auf seinem Hallenboden stehen sah.
Der Riese gebot unverzüglich,
drei Stiere zu schlachten und zu kochen.

Der „Betrüber der Riesin" ist Thor, der viele Riesen und Riesinnen getötet hat.

Möglicherweise handelt es sich hier um ein rituelles Mahl, da es mit der Todes-Symbolik des alten Göttervaters (zerberstender Hauptpfosten, acht zerbrechende Kessel) verbunden ist. Der Stier müßte dann das für den Göttervater bei seiner Jenseitsreise am Abend bzw. im Herbst geopferte Tier sein. Auch die Thiazi-Mythe beginnt mit solch einem Stier-Opfer für den Göttervater. Für den wichtigsten Gott wird man auch das wertvollste Herdentier geopfert haben.

Ursprünglich wurde durch die Opferung des Stieres dessen Zeugungskraft auf den toten Göttervater übertragen, sodaß seine erfolgreiche Wiederzeugung magisch gesichert war.

Man ließ um den Kopf sie kürzen
Und setzte sie zum Sieden ans Feuer.
Sifs Gemahl, eh er schlafen ging,
Verzehrte alleine zwei Ochsen des Hymir.

Die Fähigkeit des Thor, zwei der drei Stiere alleine zu verspeisen, die den drei Göttern Tyr, Thor und Hymir vorgesetzt wurden, soll ihn wohl auf dezente Weise als den beiden anderen deutlich überlegen kennzeichnen, da diese jeweils nur einen halben Stier verspeisen konnten.

Die Fähigkeit, riesige Mengen zu essen bzw. zu trinken, als Kennzeichen der eigenen Stärke ist ein geläufiges indogermanisches Motiv gewesen, das sich z.B. auch bei dem indischen Donnergott-Göttervater Indra findet, der auf seinen vom Soma-Trinken dicken Bauch sehr stolz ist.

*Da schien dem grauen Gesellen Hrungnirs
Hlorridis Mahlzeit nicht allzu mäßig:
„Nun müssen wir drei uns morgen Abend
Mit des Waidwerks Gewinn selber bewirten."*

    Hrungnir ist ein weiterer Name des Tyr als Riese im Jenseits. Sein Geselle ist daher auch der Tyr-Riese, d.h. hier Hymir.
    Diese Strophe mit der pragmatischen Feststellung des Hymir, daß seine Speisekammern leer sind, ist vor allem die Überleitung zu dem Kampf des Thor mit der Midgardschlange.

*Bereit war Weor ins Wasser zu rudern,
Wenn der kühne Jötun den Köder gäbe.
„Geh hin zur Herde, wenn Du das Herz hast,
Zerschmetterer der Felsen-Dänen, und suche uns einen Köder.*

    „Felsen-Dänen" sind „Felsenbewohner" und somit Riesen. Deren Zerschmetterer ist Thor. Hier werden die Dänen den Riesen gleichgesetzt, die von Thor getötet werden – der Dichter dieses Liedes ist offenbar kein Freund der Dänen gewesen …

*Ich weiß gewiß, Dir wird es nicht schwer fallen
Die Lockspeise vom Stier zu erlangen."
Zum Walde wandte sich der Jüngling geschwind:
Da fand er stehen allschwarzen Stier.*

    Der „Jüngling" ist Thor. Zuvor ist auch schon Tyr sowie Thor und Tyr gemeinsam als „jung" bezeichnet worden.

*Der hohe Sitz der beiden Hörner
wurde von dem, der den Menschenfressern den Tod wünscht, abgebrochen.
„Im Schaffen scheinst Du dem Boots-Herrn
noch um vieles schlimmer, als wenn Du still sitzt."*

    Der „hohe Sitz der beiden Hörner" ist der Kopf des Stieres.
    „Menschenfresser" sind Riesen. Deren Töter ist Thor.
    Der „Boots-Herr" ist Hymir. Möglicherweise schwingt hier noch die Erinnerung daran mit, daß Tyr-Hymir vor seiner Absetzung als Sonnengott-Göttervater in der

Sonnenbarke über den Himmel und durch die Unterwelt gefahren ist.

Da bat der Böcke Gebieter den Verwandten der Affen,
Ferner in die Flut das Seeroß zu führen.
Aber der Jötun sagte ihm,
Ihn gelüste wenig noch länger zu rudern.

    Der „Gebieter der Böcke" ist Thor, da sein Streitwagen von zwei Ziegenböcken gezogen wird.
    Das altnordische Wort „api" bedeutet Affe. Es ist ein relativ neues Wort, das von den Wikingern eingeführt worden sein wird, als sie bei ihren Raubfahrten in den Mittelmeerraum Affen kennenlernten. Das Wort wurde vor allem im Sinne von „Narr, Dummkopf" benutzt.
    Ein „See-Roß" ist ein Schiff.

Da hob am Haken Hymir der Starke
Zwei Walfische aus den Wellen allein.
Am Steuer fertigte inzwischen Weor,
Odins Familienmitglied, listig ein Fischseil.

    Die beiden Walfische, die Hymir alleine aus dem Meer zog, sollen ihn als besonderes stark darstellen – was allerdings anschließend von Thor in drastischer Weise noch überboten wird …

Der, der alleine die Schlange erschlug, der Beschützer der Menschen,
steckte den Stierschädel als Köder an seinen Haken.
Von unten her kam der, den die Götter hassen, der Gürtel aller Länder,
und öffnete sein Maul weit dem Köder.

    Der „der alleine die Schlange erschlug" und auch der „Beschützer der Menschen" ist wieder Thor.
    Der „Gürtel der Erde" ist die Midgardschlange Jörmungandr („Gewaltiger Stab"). Sie liegt rings um Midgard in einem großen Kreis im Weltmeer.
    Der Ursprung dieser Mythe und aller anderen indogermanischen Drachenkampf-Mythen ist der Kampf des Himmels- und Donnergottes mit der Unterweltschlange um den Regen. Diese Mythe stammt aus der Zeit, als die Indogermanen noch in der südrussischen Steppe nördlich des Schwarzen Meeres und des Kaspischen Meeres

lebten, in der es jeden Sommer eine große Dürre gab, nachdem die starken Regenfälle in der Nacheiszeit um ca. 6000 v.Chr. immer mehr nachließen.

Als das vorher fruchtbare Ackerland zunehmend versteppte, wurde die Viehzucht effektiver als der Anbau von Pflanzen, der weitgehend auf die Flußtäler beschränkt wurde. Die halbnomadischen Viehzüchter stellten sich natürlich die Frage, wo der Regen im Sommer geblieben war. Da die Menschen damals die Vorstellung hatten, daß sowohl das Quellwasser als auch die Wolken aus der Wasserunterwelt unter dem Erdboden kamen, wurde der Regen offensichtlich unter der Erde gefangengehalten. Doch von wem?

Dort unten war vor allem die Jenseitsmutter, die die Toten wiedergebar. Sie konnte nicht der Übertäter sein, da sie die Beschützerin der Menschen war. Doch wer war es dann? Wer war groß genug für eine solche Tat?

Schon in der frühen Jungsteinzeit stellte man sich die Toten als Schlangen vor, die in die Unterwelt kriechen, so wie Schlangen unter großen Steinen und in Felsspalten Zuschlupf suchen. Es blieb nicht aus, daß man sich auch den Weg ins Jenseits selber als Schlange vorstellte. Auch die Sonne wanderte jede Nacht von ihrem Untergangsort im Westen durch das Jenseits bis zu ihrem Aufgangsort im Osten. Auch diesen Weg stellte man sich folglich als eine Schlange vor – eine wahrhaft riesige Schlange ...

Diese Riesenschlange war derart groß, daß man sich durchaus vorstellen konnte, daß sie die Wolken in der Unterwelt gefangenhielt.

Die Rückkehr des Regens im späten Sommer war oft von heftigen Gewittern begleitet. Diese Spätsommergewitter waren offenbar der Lärm des Kampfes des Himmels- und Donnergottes gegen die Regenräuberschlange, die er schließlich besiegte, sodaß der Regen zurückkehren konnte.

Dieser Sieg war jedoch nicht von Dauer, denn in jedem Frühsommer gelang es der Regenräuberschlange aufs neue, die Wolken zu stehlen.

Als die Germanen um ca. 2000 v.Chr. Richtung Norden zogen, kamen sie in eine Landschaft, in der es keinen Mangel mehr an Regen gab, aber dafür eisige Winter. Daher verblaßte das Regenmotiv in dieser Mythe. Daher reduzierte sich der Kampf des Thor mit der Riesenschlange zu einer Kraftdemonstration des Donnergottes.

Tapfer zog Thor der Gewaltige
Den schimmernden Giftwurm zum Schiffsrand hinauf.
Den häßlichen Haar-Hügel des Kampfbruders des Wolfes,
Schlug er heftig mit dem Hammer.

Jörmungandr ist der „Kampfbruder des Wolfes", weil er der Bruder des Fenris-Wolfes ist. Sie sind zusammen mit der Unterwelt-Riesin Hel die drei Kinder des Loki und der Angurboda.

Felsen krachten, Klüfte heulten,
Die alte Erde fuhr ächzend zusammen:
Da senkte sich in die See der Fisch.

Nicht geheuer war's auf der Heimkehr dem Riesen:
Der starke Hymir verstummte ganz;
und schwang emsig das Ruder.

   Hymir:
„Willst Du die Hälfte der Arbeit haben?
Trage entweder die Walfische zur Wohnung
Oder binde das Boot am Uferfest!"

Hlorridi ging und ergriff das Seeroß
Am Steven; ohne erst auszuschöpfen erfaßte er es
Allein mit Rudern und Schöpfgerät;
Trug auch die Brandungs-Schweine des Thursen heim
In das kesselgleiche Berggeklüft.

   Ein „Seeroß" ist ein Schiff.
   Die „Brandungs-Schweine" sind hier die beiden Wale.
   Die Darstellung der Überlegenheit des Thor über Hymir/Tyr in diesem Lied wird immer drastischer … die Absicht des Skalden, der es verfaßt hat, ist nicht mehr zu übersehen.

Aber der Jötun war wie immer trotzig,
Mit Thor um die Stärke stritt er aufs Neue:
„Ein bißchen kräftiges Rudern beweist noch nicht eines Mannes Kraft,"
Sprach Hymir, „wenn er nicht auch den Kelch zerbrechen kann."

Das Zerbrechen des Kelches erinnert an die acht zerberstenden Kessel – dies wird wohl eine Wiederholung der Todessymbolik des zerbrochenen Gefäßes sein. Das Zerbrechen des (Ritual-)Kelches wird hier als von Hymir selber durch seine Provokation verschuldet dargestellt.

Als der dem Hlorridi in die Hände kam,
Zerschlug er den steilen Stein mit dem Glasgefäß:
Sitzend schleudert er durch Säulen den Kelch;
Doch er wurde heil in Hymirs Hand zurückgebracht.

„Hlorridi" bedeutet „lauter Reiter" und ist ein Beiname des Thor. Sein Lärm ist der Donner.

Der Kelch ist wie zuvor die Kessel mit der Haupt-Säule der Halle („steiler Stein") verknüpft.

Aber die schöne Frau des Riesen lehrte ihn
Wohl wichtigen Rat: Sie alleine wußte ihn:
„Wirf ihn an Hymirs Haupt, wenn er ißt:
Härter ist des Jötuns Schädel als ein jeder Kelch."

Der stämmige Gebieter der Böcke erhob sich auf die Füße
Und erfüllte sich mit der Asenkraft:
Heil dem Hünen blieb der Helmsitz;
Doch der runde Wein-Pfad brach entzwei.

Der „Wein-Pfad" ist der Kelch.

Hier wird der Kelch außer mit der Säule auch noch mit dem Kopf des Hymir („Helmsitz"), also mit dem „alten Göttervater im Jenseits" assoziiert. Der Kopf des Sonnengott-Göttervaters wurde auch als die Sonne selber aufgefaßt. Reste dieser Vorstellung finden sich u.a. in dem goldenen Helm des Odin und den goldenen Zähnen des Heimdall, die beide Nachfolger des Tyr sind.

Das Zerbrechen des Kelches an dem Kopf des Hymir ist somit eine Verknüpfung der Sonne mit dem Kelch, das den Tod symbolisiert.

Dieser Kelch bzw. Kessel wird auch in dem Wegtam-Lied beschrieben, wo er in der Hel auf den toten Baldur wartet: *„Hier steht dem Baldur der Becher eingeschenkt, der schimmernde Trank, vom Schild bedeckt."* An dieser Stelle ist der Met-Kelch mit einem Schild assoziiert – der „Becher" wird wohl eine Umschreibung für „Kessel" sein, da sonst ein Schild als Deckel etwas zu groß wäre. Dieser Schild könnte durchaus ein Sonnen-Schild sein, wie er u.a. auf dem kleineren der beiden Goldhörner von Gallehus zu sehen ist.

Dieser Becher/Kessel, der mit Met gefüllt im Jenseits auf Baldur wartet, wird mit dem Ritual-Kessel des Hymir identisch sein. Der Kopf des Hymir, an dem Thor dessen Kelch zerbrach, entspricht vermutlich dem Schild auf dem Kessel mit dem Met für Baldur – sowohl das Haupt als auch der Schild und das Schwert des ehemaligen

Sonnengott-Göttervaters Tyr wurden als Sonne angesehen.

Thors „Asenkraft" wird die Kraft der Kundalinischlange bzw. die durch sie hervorgerufene Kampfekstase sein. Sie ist die „zusammengerollte Schlange" aus der Ragnarsdrapa und aus der Darstellung auf dem Bildstein von Hördum.

„Viele Schätze habe ich verloren
und nun ist mir der Kelch genommen worden,"
sagte der Alte, „Nie wieder kann ich sagen:
Ale, nun bist Du gebraut worden!"

Die letzte Zeile dieser Strophe klingt wie ein Spruch aus einem Trink-Ritual. Wenn das zutreffen sollte, dann wäre der Skalde jetzt noch drastischer geworden, da die Worte des Hymir „*Nie wieder kann ich sagen ...*" bedeuten würden, daß der Kult des Tyr beendet wird – und stattdessen natürlich der Donnergott Thor verehrt wird.

Das Hymir-Lied ist offensichtlich keineswegs ein neutraler Bericht über eine althergebrachte Mythen, sondern ein sehr engagierter Versuch, Thor an die Stelle des ehemaligen Göttervaters Tyr/Hymir zu setzen.

„Nun mögt ihr versuchen, ob ihr Macht habt,
das Bier-Boot aus unserem Tempel hinaus zu heben."
Zwei Mal ihn zu rücken mühte sich Tyr:
Doch es gelang ihm keinen Daumenbreit.

Das „Bier-Boot" ist der Kessel.

Der „Tempel" ist die Halle des Hymir – wobei hier durchaus auch der Tempel des Tyr-Hymir gemeint sein könnte, in dem nun der Kult eingestellt worden ist.

Aber Modis Vater erfaßte ihn am Rand,
seine Füße sanken in den Estrich ein.
Aufs Haupt hob sich Sifs Gatte den Kessel;
An den Knöcheln klirrten ihm die Kesselringe.

Hier wird Tyr noch einmal gedemütigt: Er kann seinen eigenen Kessel (er ist ja mit Hymir identisch) nicht heben, aber Thor ist dazu in der Lage ...

Das Einsinken der Füße des Thor in den Estrich (Belag des Hallenbodens) entsprechen dem Brechen des Fußes des Thor durch den Boden des Schiffes, als er versucht, Jörmungandr an seiner Angelschnur an Bord zu hieven.

„Modis Vater" und „Sifs Gatte" sind beides Umschreibungen für „Thor".

Die „Kesselringe" sind die Griffe des Kessels am oberen Rand des Kessels, die oft wie zwei, drei oder vier Ringe gearbeitet waren, die ihrerseits mit je einem halben Ring am Kessel festgeschmiedet waren. Diese drei Ringe waren somit beweglich, weshalb diese Ringe sowohl als Griffe als auch als Ösen für die Haken an den Ketten über der Feuerstelle dienen konnten, mit deren Hilfe man den Kessel über das Feuer hängen konnte.

Sie waren schon eine ganze Weile gegangen,
als Odins Sohn hinter sich blickte:
Da sah er aus Höhlen mit Hymir von Osten
Volk ihm folgen vielgehauptet.

„Odins Sohn" ist Thor.

„Vielgehauptet" bedeutet hier nicht „Riesen, die jeweils mehrere Köpfe haben", sondern nur „viele Riesen".

Nun kommt es zu dem „Standard-Finale" der Thor-Geschichten: der Kampf des Thor gegen die Riesen.

Da hob er den Kessel von seinen Schultern,
Schwang ihnen den mordlustigen Mjölnir entgegen,
Und fällte jeden einzelnen
der Lava-Wale.

Die „Lava-Wale" sind die Riesen.

Im Anschluß an diese beiden Mythen folgt nun eine dritte Thor-Mythe, die über die Verletzung eines seiner beiden Ziegenböcke berichtet, die seinen Streitwagen zur Halle des Hymir gezogen hatten.

Sie fuhren nicht lange, so lag am Boden
Von Hlorridis Böcken halbtot der eine.
Des Zugtiers Bein war gebrochen:
Das hatte der listige Loki verschuldet.

Es hat den Anschein, als ob der Skalde, der dieses Lied gedichtet hat, davon ausging oder zumindestens seinen Hörern plausibel machen wollte, daß Loki einen der Böcke des Thor verletzt hat, während Thor bei Hymir weilte.

Da diese Verletzung in der Mythe über Thor und Thialfi als Teil eines Opferrituals geschildert wird, kann man die Verletzung des Ziegenbockes des Thor durch Loki wohl so deuten, daß der Ziegenbock während Thors Aufenthalt bei Hymir für ihn, d.h. für die Rückkehr des Donnergottes aus dem Jenseits, in dem Hymir wohnt, geopfert wurde. Das bedeutet wiederum, daß ab den Ereignissen in dieser Geschichte für den Gott „Thor im Jenseits" ein Ritual durchgeführt wurde – aber für Tyr/Hymir nicht mehr, der nie wieder „*Ale, nun bist Du gebraut worden!*" sagen konnte.

Diese Ziegenbock-Strophe, die zunächst zusammenhanglos eingeschoben wirkt, ist also nur ein weiterer „poetischer Schlag" gegen den ehemaligen Göttervater Tyr/Hymir.

Doch auch damit ist der „Thor-Skalde", der dieses Lied verfaßt hat, noch nicht zufrieden:

Habt ihr gehört – jeder Asen-Kundige
kann die genauen Einzelheiten dieser Geschichte berichten –
welche Buße er von dem Lava-Bewohner empfing,
der ihm beide Kinder gab?

Hier wird Loki genauso wie zuvor die Riesen als „Lava-Bewohner", d.h. als „Riese" beschrieben und so auf dezente Weise dem Hymir gleichgesetzt.

Nachdem Loki den Gott Hödur dazu gebracht hatte, ohne es zu wollen seinen Bruder Baldur zu töten, wurde er von den Asen gejagt und schließlich in die Unterwelt verbannt. Dabei verwandelten sie einen seiner Söhne in einen Wolf, der seinen Bruder zerriß. Mit den Därmen des getöteten Loki-Sohnes fesselten die Asen dann den Loki in der Hel.

Diese Mythe steht in Zusammenhang mit der Wiedergeburt des Göttervaters, da Baldur der Sohn des Odin ist. Odin ist wiederum der Nachfolger des Tyr. Wenn nun der Skalde in diesem Lied sagt, daß Loki wegen seiner Verletzung des Bockes des Thor in der Unterwelt gefesselt worden ist, dann raubt er dem Tyr/Odin diesen Teil seiner Mythe und gibt sie dem Thor.

Ursprünglich sind die beiden Söhne die beiden Alcis-Schimmel-Jünglinge des Tyr gewesen – die am Abend bzw. im Herbst zusammen mit ihrem Vater Tyr starben.

Der den Thor verehrende Skalde, der dieses Lied verfaßt hat, war offenbar recht hemmungslos im Rauben und im sich-Aneignen – nunja, für die Wikinger ist der Raub ja auch ein völlig normales und ausgesprochen ehrenhaftes Vorgehen gewesen. Es kann daher nicht allzusehr verwundern, wenn die Skalden der Wikinger dieses Prinzip auch in ihrer Lyrik und in ihren Mythen angewandt haben.

Der Unbezwingbare kam zur Versammlung der Götter
und brachte den Kessel, der Hymir gehört hatte, mit.
Daraus werden nun die heiligen Götter
Ael an Ägirs Fest an jeder Leinernte trinken.

Der „Unbezwingbare" ist Thor.
Die Leinernte findet im Spätsommer oder im Herbst statt. Das Fest des Ägir ist das Herbstfest.
Der Kessel wurde somit in Ägirs Halle gebracht, der vom „Göttervater Tyr in der Wasserunterwelt" zu einer Art Braumeister des Asen geworden war.

Die beiden eingeschobenen Mythen (Jörmungandr-Kampf, Verletzung des Bockes) in diesem Lied dienten dem Skalden vor allem dazu, die Macht und die Stellung des Thor hervorzuheben und ihn über den ehemaligen Göttervater Tyr/Hymir zu setzen.

I 3. l) Gylfis Vision

Um 1250 n.Chr. hat Snorri Sturluson, der die Ragnarsdrapa und die Husdrapa kannte, den Inhalt dieser Lieder in einem Prosatext zusammengefaßt. Es ist gut denkbar, daß ihm diese Mythe auch noch aus anderen Quellen, also aus anderen Liedern oder durch in Prosa erzählten Mythen bekannt gewesen ist.
Falls ihm auch das Hymir-Lied bekannt gewesen sein sollte, hat er dessen Hervorhebung der Größe des Thor jedoch nicht in seine Prosa-Fassung dieser Mythe mitaufgenommen, sondern sich auf die älteren Versionen wie die Ragnarsdrapa und die Husdrapa konzentriert.

Thor weilte nicht lange daheim, sondern schritt so hastig zu dieser Fahrt, daß er weder Wagen noch Böcke noch Reisegesellschaft mitnahm. Er zog durch Midgard als ein junger Gesell, und kam eines Abends zu einem Riesen, der Ymir hieß.

In dieser Fassung der Mythe wird der Tyr-Riese „Ymir" und nicht „Hymir" genannt, was die Deutung des „Hymir" als „Ymir" bestätigt.
Auch aus dem Hymir-Lied ist bekannt, daß Thor bei dieser Fahrt noch ein „junger Geselle" gewesen ist.
Hymir ist der Vater des Sonnengott-Göttervaters Tyr. Aufgrund der Symbolik der Wiederzeugung und der Wiedergeburt sind Tyr und Hymir jedoch identisch: Hymir ist der alte Gott, der am Abend stirbt und wie die Sonne in die Unterwelt eingeht, und Tyr ist der junge Gott, der am Morgen wie die Sonne wiedergeboren wird.

Die Kombination von Tyr/Hymir und Thor in dieser Mythe läßt auf einen Vergleich der beiden Götter schließen, da Hymir in dieser Mythe keine aktive Rolle hat. Die Schilderung des Thor als „jung" läßt daher vermuten, daß Thor die Position des Tyr als junger, wiedergeborener Sonnengott-Göttervater eingenommen hat.

So wie der junge Gott dem alten Gott überlegen ist, da der alte Gott am Abend gestorben ist, so ist auch der junge Thor auch dem alten Hymir überlegen. Diese Symbolik findet sich auch im Hrungnir-Lied, in dem Thors Sohn Magni stärker als Thor selber und auch stärker als alle anderen Asen ist.

Da der Kampf mit Jörmungandr zunächst lediglich Thors Angelegenheit ist, könnte man vermuten, daß diese Mythe erfunden worden ist, um Thors Überlegenheit über Tyr-Hymir zu demonstrieren. Dazu ist lediglich notwendig gewesen, einen Grund zu ersinnen, wegen dem Thor den Hymir oder Hymir den Thor zu einem Angelausflug einlud.

Allerdings ist der Sonnengott-Göttervater auch schon bei den ursprünglichen Indogermanen um 2800 v.Chr. der Riesenschlange begegnet, wie u.a. der Kampf zwischen Zeus und der Python in der Unterwelt zeigt. Dieses Motiv ist dadurch entstanden, daß der Sonnengott jede Nacht durch die Unterwelt reisen muß und der Weg durch Jenseits durch die Riesenschlange symbolisiert wurde. Diese Darstellung findet sich auch schon im ägyptischen Totenbuch, im Zweiwege-Buch und einigen anderen altägyptischen Texten. Zunächst war die Riesenschlange noch neutral, aber durch die Furcht vor dem Tod ist sie mit der Zeit zu einer Bedrohung des Sonnengott-Göttervaters umgedeutet worden.

Durch diese sehr alte Verbindung des Tyr-Hymir mit der Regenräuber- und Jenseitswegschlange war es sehr einfach, den Kampf des Donnergottes mit der Schlange und die nächtliche Begegnung des Göttervaters mit der Schlange zu einer „Vergleichs-Mythe" zu kombinieren.

Die Bezeichnung des Thor als „jung" ist somit offenbar nicht der künstlerischen Freiheit des Snorri entsprungen, sondern beruht auf einer Gleichsetzung des Thor mit dem wiedergeborenen Sonnengott-Göttervater Tyr.

Da blieb Thor und nahm Herberge. Aber als es tagte, stand Ymir auf und machte sich fertig, auf die See zu rudern zum Fischfang. Thor stand auch auf und war gleich bereit und bat, daß Ymir ihn mit sich auf die See rudern ließe.

Diese Szenerie ist deutlich neutraler als die entsprechende Stelle im Hymir-Lied. Hymirs Fischzug ist anscheinend das ältere Motiv – vielleicht handelt es sich bei dieser Fahrt ursprünglich um seine abendliche Fahrt in den Westen zu seiner Halle Walaskialf („Toteninsel").

An dieser Stelle ist Thor noch der Untergeordnete, da er Hymir darum bittet, daß er ihn auf die Angelfahrt mitnimmt. Diese Szene wirkt, als würde ein Jugendlicher einen älteren, erfahrenen Onkel um einen großen Gefallen bitten.

Ymir sagte, er könne ihm nur wenig helfen, da er so klein und jung sei, „und es wird Dich frieren, wenn ich so weit hinausfahre und so lange draußen bleibe wie ich gewohnt bin."

Hier wird Thors Jugend und Hymirs Alter, Stärke und Erfahrung noch einmal sehr deutlich betont.

Aber Thor sagte, daß er ruhig recht weit hinausfahren dürfe, da es noch ungewiß sei, wer von ihnen beiden zuerst auf die Rückkehr dringen werde.
Und Thor zürnte dem Riesen so, daß wenig fehlte, er hätte ihn seinen Hammer fühlen lassen. Doch unterließ er es, weil er seine Kraft anderwärts zu versuchen gedachte.

Diese Stelle klingt ein wenig wie ein Einschub, der hinzugefügt werden mußte, da Thors cholerisches Temperament nur allzugut bekannt ist.

Thor frug Ymir, was sie zum Köder nehmen wollten, und Ymir sagte, er solle sich selber einen Köder verschaffen.
Da ging Thor dahin, wo er eine Herde Ochsen sah, die Ymir gehörte, und nahm den größten Ochsen, der Himinbriotr hieß, riß ihm das Haupt ab und nahm das mit an die See.

Der Name des Stieres bedeutet „Himmelsbrecher", was wohl als eine Entsprechung zu dem heutigen Begriff „Wolkenkratzer" angesehen werden kann.
Der Stier war das Opfertier des Sonnengott-Göttervaters Tyr, wie u.a. der Anfang der Thazi-Mythe zeigt, in der der Adler-Seelenvogel des Tyr-Thiazi seinen Anteil von dem Opfer der Asen Odin, Loki und Hönir unter dem Weltenbaum erhielt. „Himmelsbrecher" könnte evtl. ein Name für den Stier, der dem ehemaligen Göttervater Tyr geopfert wurde, sein.
Das würde bedeuten, daß Thor sich hier den Stier des Tyr-Hymir fängt und ihn für seine eigenen Zwecke benutzt. Wie die Worte *„Ale, nun bist Du gebraut worden!"* des Hymir im Hymir-Lied wäre dann auch diese Stier-Schlachtung durch Thor ein Symbol für das Ende des Tyr-Kultes.

Ymir hatte das Boot unterdessen ins Wasser geflößt. Thor ging an Bord, setzte sich hinten ins Schiff, nahm zwei Ruder und ruderte so, daß Ymir fand, daß sie von seinem Rudern gute Fahrt hätten. Ymir ruderte vorn, so daß sie schnell fuhren.
Da sagte Ymir, sie wären nun an die Stelle gekommen, wo er gewohnt sei zu halten

und Fische zu fangen. Aber Thor sagte, er wolle noch viel weiter rudern: sie fuhren also noch lustig weiter.

Da sagte Ymir, sie wären nun so weit hinausgekommen, daß es gefährlich wäre, in größerer Ferne zu halten wegen der Midgardschlange. Aber Thor sagte, er werde noch eine Weile rudern und so tat er, womit Ymir übel zufrieden war.

Diese drei Teile der Fahrt ins Meer hinaus sollen offenbar eine Jenseitsfahrt sein, da Jörmungandr zum Jenseits gehört. Dies würde sowohl zu der Deutung dieser Angelfahrt als Hymirs ehemaliger Fahrt in das Jenseits im Westen passen als auch zu Thors Kampf mit der Riesenschlange in der Unterwelt.

Diese Schifffahrt ist somit auch eine Entsprechung zu der Fahrt des toten Baldur auf seinem brennenden Schiff Hringhorni auf das Meer hinaus in die Unterwelt. Die Riesin Hel, bei der Hermodr den Baldur schließlich findet, entspricht der 900-köpfigen Großmutter des Tyr im Hymir-Lied.

Endlich zog Thor die Ruder ein und rüstete eine sehr starke Angelschnur zu, und der Haken daran war nicht kleiner oder schwächer. Thor steckte den Ochsenkopf an die Angel, warf sie über Bord und die Angel fuhr zu Grunde.

Die Midgardschlange schnappte nach dem Ochsenkopf und die Angel haftete dem Wurm im Gaumen. Als die Schlange das merkte, zuckte sie so stark, daß Thor mit beiden Fäusten auf den Schiffsrand geworfen wurde. Da wurde Thor zornig, fuhr in seine Asenstärke und sperrte sich so mächtig, daß er mit beiden Füßen das Schiff durchstieß und sich gegen den Grund des Meeres stemmte: also zog er die Schlange herauf an Bord.

Auch hier fährt Thor in seine „Asenstärke", d.h. er erweckt in sich die Kampfekstase (die ursprünglich eine Kunst seines Vaters Odin gewesen ist).

Thor bricht hier mit beiden Füßen durch die Bootsplanken – vermutlich ist dies eine poetische Übertreibung des Snorri, da auf den Runensteinen immer nur ein Fuß zu sehen ist.

Möglicherweise hat Thor auch diese Szene von dem Sonnengott-Göttervater übernommen, da die Sonne schon in vor-indogermanischer Zeit als Wanderer angesehen worden ist. Die Betonung seiner Füße findet sich bei Njörd und die seines Schuhes bei Widar. Von diesem Motiv stammt u.a. auch der Schuh von Aschenputtel (näheres siehe unter „Fuß, Zeh, Schuh" in Band 63).

Das ursprüngliche Motiv findet sich z.B. in der griechischen Sage über den Sonnengott-Helden Jason, der einen seiner Schuhe verlor, als ihn Hera über den Jenseitsfluß trug. Aufgrund dieses fehlenden Schuhes wurde er von dem König erkannt, der Jason sein Reich geraubt hatte, denn ein Orakel hatte den König vor dem Mann mit nur einem Schuh gewarnt. Der König ist der alte Sonnengott und Jason der junge

Sonnengott. Der fehlende Schuh ist ein Symbol für die Jenseitsreise.

Es könnte somit durchaus sein, daß Thor auch an dieser Stelle die Symbolik des ehemaligen Göttervaters Tyr in umgedeuteter Form übernommen hat.

Und das mag man sagen, daß niemand jemals einen schrecklicheren Anblick gesehen hat als den, wie jetzt Thor die Augen wider die Schlange schärfte und die Schlange von unten ihm entgegen stierte und Gift blies.

Da wird gesagt, daß der Riese Ymir die Farbe wechselte und vor Schrecken erbleichte, als er die Schlange sah und wie die See im Boot aus- und einströmte.

Aber in dem Augenblick, da Thor den Hammer ergriff und in der Luft schwang, stürzte der Riese hinzu mit seinem Messer und zerschnitt Thors Angelschnur, und die Schlange versank in die See, und Thor warf den Hammer nach ihr, und die Leute sagen, er habe ihr auf dem Meeresgrund das Haupt abgeschlagen; doch mich dünkt, die Wahrheit ist, daß die Midgardschlange noch lebt und in der See liegt.

Dies ist die einzige Stelle, an der deutlich begründet wird, warum Hymir die Angelschnur des Thor durchgeschnitten hat: Er hatte Furcht vor Jörmungandr ... Dies paßt gut zu der übrigen Grundhaltung in dieser Mythe, die die Überlegenheit des Thor über Tyr/Hymir demonstriert und Thor an die Stelle des ehemaligen Göttervaters stellt.

Aber Thor schwang die Faust und traf den Riesen so ans Ohr, daß er über Bord stürzte und seine Fußsohlen sehen ließ.

Hier hat Snorri wohl nicht genau aufgepaßt, denn in der Husdrapa heißt es ganz deutlich, daß Thor der Midgardschlange ein Ohr abschlägt und nicht dem Hymir.

Vielleicht liegt diesem Unterschied aber auch eine absichtliche Umdeutung zugrunde, die nicht auf einem Versehen des Snorri beruht, denn das Abschlagen des Ohres des Hymir paßt zum einen zu der Verletzung des Göttervaters (Tyrs fehlende Hand, Odins blindes Auge, Thors Steinsplitter im Kopf), die eine Weiterentwicklung seines verlorenen Schuhes ist, und zum anderes wertet es den Tyr-Hymir ein weiteres mal herab.

Da watete Thor ans Land.

Man hat den Eindruck, als sei Hymir im Meer, d.h. in der Unterwelt geblieben – im Gegensatz zu dem jungen, starken Gott Thor, der wie der am Morgen wiedergeborenen Sonnengott-Göttervater an Land, d.h. in das Diesseits zurückkehrt.

I 3. m) Skaldskaparmal

Auch in dem folgenden Lied, von dem jedoch nur diese eine Strophe überliefert worden ist, wird der Kampf zwischen Thor und Jörmungandr beschrieben:

So sang Gamli:

„Der Herr des hohen Bilskirnir,
dessen Herz keine Falschheit kennt,
strebte rasch danach, den See-Fisch
mit seinem Hammer zu zerschmettern."

Bilskirnir = Thors Halle; deren Herr = Thor
See-Fisch = Jörmungandr

In dieser Mythe wird der Kampf zwischen Thor und Jörmungandr beschrieben, der ein sehr altes mythologisches Thema ist.

Die Szene mit Thor und Tyr-Hymir in einem Boot geht letztlich auf die schon in den skandinavischen Steinritzungen dargestellte Fahrt des Sonnengott-Göttervaters Tyr zusammen mit seinem Sohn Thor über die Himmelssee zurück – die in der Hymir-Mythe jedoch sehr stark umgedeutet worden ist.

In der Ragnarsdrapa wird Thors Motivation für den Kampf zwischen ihm und Jörmungandr beschrieben: Thor will seine Kraft erproben.

Die Bildsteine und die Ragnarsdrapa stellen das Angeln des Thor nach der Midgardschlange und sein Emporziehen des Jörmungandr, nachdem er an den Stierkopf-Köder angebissen hatte, dar.

Die Husdrapa schildert den Kampf zwischen Thor und Jörmungandr.

Im Thor-Lied wird Jörmungandrs Flucht dargestellt.

Die Ragnarsdrapa beschreibt dann schließlich, daß Hymir Thors Angelschnur durchtrennte.

Die Hymir-Mythe wurde dazu verwendet, um den Donnergott an die Stelle des ehemaligen Sonnengott-Göttervaters Tyr zu setzen, der auf seiner nächtlichen Jenseitsreise ebenfalls der als bedrohlich empfundenen Riesenschlange begegnet ist. In dieser Mythe wurden beide Motive zusammengefaßt und Thor als der deutlich Überlegene geschildert:

- Thor und Tyr-Hymir fahren auf das Meer hinaus, um zu angeln. Dies ist eine Umdeutung der früheren Fahrt aufs Meer hinaus zu dem Jenseitstor am westlichen Horizont, an dem die Sonne in die Unterwelt eintritt. Dort stand ihre Halle Walaskialf („Toteninsel"), die später mit Odins Saal Walhalla gleichgesetzt wurde.
- Thor erscheint statt Tyr als der junge, starke Sonnengott am Morgen und Tyr wird entweder nur als der schwache/sterbende alte Gott am Abend oder nur als recht hilflose Nebenfigur dargestellt.
- Thor ist der Starke und Mutige, der die Midgardschlange angelt, und Hymir ist der Schwache und Ängstliche, der nicht so weit aufs Meer hinausrudern will.
- Thor nimmt dem Tyr-Hymir seinen Ritualkessel, sodaß dieser nicht mehr das Met-Ritual durchführen kann.
- Thor zerbricht Hymirs Kelch, sodaß dieser, wie er selber sagt, nicht mehr die Worte sprechen kann, die ihm wichtig waren, d.h. er kann sein Ritual nicht mehr durchführen. Damit ist vermutlich die Sonnenaufgangs-Hymne gemeint, die bei allen Indogermanen eine große Rolle gespielt hat.
- In der Halle des Hymir zerbricht durch Hymirs Blick die Säule, auf der sich seine neun Kessel befanden. Dies wird vermutlich die Hauptsäule gewesen sein, die wie der Weltenbaum die Verbindung zwischen Diesseits und Jenseits symbolisierte. Auch diese Verbindung ist ein wesentlicher Bestandteil eines jeden Rituales, da jedes Ritual diese Verbindung zu den Göttern bzw. zu den Ahnen als „Kraft- und Informationsquelle" benötigt. In der Geirröd-Mythe ist es Thor selber, der diese Hauptsäule zerstört.
- Thor verwendet den Kopf des Stieres des Hymir, der vermutlich das Tier ist, das für den ehemaligen Göttervater Tyr-Hymir geopfert worden ist, als Köder für seinen Kampf mit Jörmungandr. Thor nimmt dem Tyr-Hymir somit auch die Opfergaben, die er früher erhalten hat.
- Das Zerbrechen von acht der neun Kessel des Hymir, als die Hauptsäule in seiner Halle zerbrach, wird ein Symbol des Todes sein. Das Gegenstück dazu ist das Abtropfen von acht neuen Ringen von Odins Ring Draupnir. Dieser Ring wird vor Odins Aufstieg zum neuen Schamanengott-Göttervater vermutlich dem ehemaligen Sonnengott-Göttervater Tyr gehört haben, da dieser Ring vor allem ein Symbol für die Wiedergeburt der Sonne war. Die „Formel" für den Tod lautete somit „9-8=1" und die „Formel" für die Wiedergeburt entsprechend „1+8=9".
- Im Hymir-Lied wird auch die Bestrafung des Loki, die sich ursprünglich auf die Ermordung des Baldur bezog, auf die Verletzung von einem von Thors Ziegenböcken übertragen. Dies läßt angesichts der Absicht dieser Mythe, Tyr durch Thor zu ersetzen, vermuten, daß Baldur einst einmal ein Bild für den wiedergeborenen Sonnengott-Göttervater Tyr gewesen sein muß.
- Es wäre zudem denkbar, daß die „Asenkraft", die wahrscheinlich die Asen-

Variante der Kampfekstase der Ulfhedinn („Wolfshaut-Männer") und der Berserker („Bärenfell-Männer") ist, ursprünglich von dem Schwertgott-Göttervater Tyr stammt, da dieser früher der germanische Kriegsgott gewesen ist. Die Ulfhedinn werden sich sehr wahrscheinlich als die Krieger des Tyr aufgefaßt haben, so wie auch die Berserker den Schutz des neuen Göttervaters Odin anrufen.

- Hymir wird als „Vater des Tyr" bezeichnet. Seine Identität mit dem alten Göttervater zeigt sich auch darin, daß er als „Windsender" bezeichnet wird, da der Wind durch einen riesigen Adler, der am Rand des Himmels seine Schwingen schlägt, gesandt wird. Auch Hymir wohnt am „Rand des Himmels", d.h. am Horizont. Der Adler ist der Seelenvogel des Göttervaters Tyr und später auch seines Nachfolgers Odin. Hymir ist mit Ymir identisch: der zeitlich gesehen erste Riese Ymir ist dem rangmäßig ersten Riesen Tyr gleichgesetzt worden.

Man kann somit durchaus sagen, daß Tyr-Hymir in dieser Mythe systematisch durch Thor gedemütigt wird. Tyr ist Thor an Mut und Kraft unterlegen und Thor tritt als junger Gott an die Stelle des Tyr, der der eigentliche wiedergeborene Tyr-Hymir ist. Der „Thronräuber" Thor beendet schließlich den Kult des Tyr, um seinen Sieg zu festigen.

Angesichts der Entschiedenheit, mit der dieses Ziel im Hymir-Lied geschildert wird, besteht kaum Zweifel daran, daß Tyr durch Thor als wichtigster Gott abgelöst worden ist. Dieser Vorgang muß jedoch relativ komplex vonstatten gegangen sein, da zunächst nicht Thor, sondern sein Vater Odin der neue Göttervater geworden ist. Vermutlich ist Thor auch ein wiedergeborener Odin – so wie auch Thors Sohn Magni den Charakter eines wiedergeborenen Thor hat. Das Motiv des Thor als dem wiedergeborenen neuen Göttervater Odin wird es daher erleichtert haben, Thor an die Stelle des wiedergeborenen Tyr-Hymir zu setzen.

Der indogermanische Donnergott wird ungefähr um 5500 v.Chr. entstanden sein, da das Klima in der südrussischen Steppe, in der die frühen Indogermanen als seßhafte Ackerbauern und Viehzüchter lebten, ab 6000 v.Chr. deutlich trockener wurde. Dadurch war nur noch in den Flußauen Ackerbau möglich.

Diese klimatische Veränderung führte zu Frage, wo der Sommer-Regen geblieben war, die mythologisch durch den zyklischen Kampf zwischen dem Regen- bzw. Donnergott und der Regenräuberschlange erklärt wurde.

Thor ist somit inzwischen in etwa 7500 Jahre alt.

I 4. Thor und Jörmungandr

Der Kampf zwischen Thor und Jörmungandr wird nicht nur in der Hymir-Mythe beschrieben.

Die Hymir-Mythe ist jedoch bei weitem der häufigste Zusammenhang, in dem dieser Kampf erwähnt wird, da er dort dazu dient, den Donnergott über den ehemaligen Göttervater Tyr zu stellen. Diese um ca. 500 n.Chr. begonnene, aber sich bis ungefähr 1000 n.Chr. hinziehende religiösen Neuorientierung der Nordgermanen und der allgemeinen Debatte über dieses Thema, die es damals wohl gegeben haben wird, ist es zu verdanken, daß so viele Skalden über dieses Thema Lieder verfaßt haben.

Es finden sich jedoch durchaus auch noch einige andere Szenen, die Thor und Jörmungandr zeigen und die nicht religionspolitisch geprägt sind. Alle diese Szenen stammen aus den Schilderungen des Ragnarök und beschreiben den Tod des Thor durch Jörmungandr. Diese Szene wurde in der Hymir-Mythe, die die Größe des Thor schildern sollte, natürlich nicht erwähnt.

I 4. a) Gylfis Vision

Für Thors Kampf mit Jörmungandr beim Ragnarök gibt es nur zwei Quellen: zum einen das Lied „Die Vision der Seherin" und zum anderen Snorri Sturlusons Zusammenfassung der wichtigsten germanischen Mythen in „Gylfis Vision".

Da es in „Gylfis Vision" keine Details über diesen Kampf gibt, die nicht auch in „Die Vision der Seherin" enthalten sind, ist es unklar, ob Snorri noch weitere Quellen zu diesem Thema zur Verfügung standen.

Es ist zumindestens den Anschein, daß dieses alte Motiv damals zwar noch aus sehr alten Liedern wie „Die Vision der Seherin" bekannt war, aber nicht mehr in neu gedichteten Liedern aufgegriffen wurde, da der Tod des Thor nicht in die damaligen Bestrebungen zumindestens der Isländer paßte, Thor zu dem wichtigsten Gott zu erheben.

So eilt Odin dem Fenriswolf entgegen, und Thor schreitet an seiner Seite, mag ihm aber wenig helfen, denn er hat vollauf zu tun, mit der Midgardschlange zu kämpfen.

I 4. b) Gylfis Vision

Auch in dieser Mythe findet sich die Jenseits- und Jenseitsreise-Symbolik der „9", die schon von den neun Kesseln des Hymir und den neun Draupnir-Ringen bekannt ist.

Dem Thor gelingt es, die Midgardschlange zu töten; aber kaum ist er neun Schritte davongegangen, so fällt er tot zur Erde von dem Gift, das der Wurm auf ihn gespien hat.

Thor und Jörmungandr sind gleichstark, denn sie töten sich gegenseitig. Dies muß auch so sein, denn nur so ist ein zyklischer Wechsel des Sieges zwischen den beiden erklärbar, der die ursprüngliche Mythe des sommerlichen Regenraubes durch die Riesenschlange geprägt hat.

I 4. c) Die Vision der Seherin

In diesem Lied wird Thors Tod innerhalb eines größeren Zusammenhanges geschildert:

Ins erhobne Horn bläst Heimdall laut;
Odin murmelt mit Mimirs Haupt.
Yggdrasil zittert, die ragende Esche;
Es rauscht der alte Baum, da der Riese frei wird.

Der Riese ist entweder der Schwert-Riese Surtur, der eine Variante von Tyr-Hymir ist, oder Loki.
Odin benutzt den Totenschädel des Tyr-Mimir, um mit seiner Hilfe Kontakt zum Jenseits zu erhalten und dort zu erfragen, wie er die Asen retten kann.

Was ist mit den Asen, was ist mit den Alfen?
All Jötunheim ächzt, die Asen versammeln sich.
Die Zwerge stöhnen vor steinernen Türen,
Der Bergwege Weiser: wißt ihr, was das bedeutet?

Die steinernen Tore der Zwerge sind der Eingang zur Unterwelt, der sich beim Ragnarök öffnet. Ursprünglich war dieses Motiv mit dem Untergang und dem Aufgang der Sonne und somit dem Tod und der Wiedergeburt des Sonnengott-Göttervaters verbunden, aber im Ragnarök ist sie kein zyklischer Vorgang mehr, sondern bereits zu einer einmaligen, großen Schlacht umgedeutet worden. Die steinernen Tore sind die Eingänge zu den Hügelgräbern.

Die „Weiser der Bergwege", also diejenigen, die sagen können, welche Wege man in den Bergen, d.h. in den Hügelgräbern nehmen soll, sind die Zwerge, d.h. die Totengeister.

Hrym fährt von Osten, es hebt sich die Flut;
Jörmungand wälzt sich im Jötunmute.
Der Wurm schlägt die Brandung, aufschreit der Adler,
Leichen zerreißt er; Naglfar wird los.

Der Riese Hrym ist vermutlich mit Hymir und Surtur identisch – das Bild des ehemaligen Göttervaters Tyr im Jenseits ist in sehr viele einzelne Riesen zerfallen.

Die ansteigende Flut ist wohl eine Assoziation zu der Flut, die in der Anfangszeit der Welt aus dem Blut des Urriesen Ymir entstand und fast alle Riesen ertränkte.

Jörmungandrs Bewegungen werden hier als die Ursache für die hohen Wellen aufgefaßt. Die Riesenschlange war somit auch eine Bedrohung für die seefahrenden Wikinger.

Der „Adler, der die Leichen zerreißt", ist eine Umschreibung für den Adler-Seelenvogel des ehemaligen Göttervaters, der „Hraesvelgr", d.h. „Leichenreißer" hieß. Dieser Adler saß am Rand des Himmels und ließ durch das Schlagen seiner Schwingen den Wind entstehen. Dieser Wind ist hier eine Parallele zu den von Jörmungandr verursachten Wogen. Sowohl die Riesenschlange als auch der Riesenadler werden in diesem Lied bereits als die Feinde der Götter angesehen.

Naglfar ist vermutlich ursprünglich das Schiff gewesen, das die Toten über den Jenseitsfluß bzw. über das Meer in das Totenreich brachte. Es war somit die Barke des Jenseitsfährmannes Odin. Zur Zeit des Liedes „Die Vision der Seherin" ist dieses Schiff aber bereits zu einem Todesboten umgedeutet worden.

Der Kiel fährt von Osten, Muspels Söhne kommen
Über die See gesegelt, und Loki steuert.
Des Untiers Vater ist bei dem Wolf;
Auch Bileists Bruder ist ihm verbunden.

„Muspel" wird mit dem Schwertriesen „Surtur" identisch sein. Seine „Söhne" sind wahrscheinlich die Toten, da diese beiden Riesen den Gott Tyr im Jenseits verkörpern. Loki als Jenseitsgott steuert das Totenschiff.

Das „Untier" wird Jörmungandr sein, der der Bruder des Fenrir-Wolfes ist. Der Vater der beiden ist Loki. „Bileist" ist der Priestergott Hönir. Sein Bruder ist Loki, der Vater von Jörmungandr und Fenrir.

Surtur fährt von Süden mit flammendem Schwert,
Von seiner Klinge scheint die Sonne der Götter.
Steinberge stürzen, Riesinnen straucheln,
Zu Hel fahren Helden, der Himmel klafft.

Der eigentliche Kampf beginnt, wenn der Schwertgott Surtur von Süden her erscheint. Im Süden lag die Halle Gimle des ehemaligen Sonnengott-Göttervaters Tyr, der in Surtur noch an seinem Schwert, das wie die Sonne leuchtet, wiederzuerkennen ist. Der „Tyr-Riese" Surtur ist in diesem Lied schon zu dem Hauptfeind der Götter geworden.

Nun hebt sich Hlins anderer Harm,
Da Odin eilt zum Angriff des Wolfs.
Belis Mörder mißt sich mit Surtur:
Da fällt Friggs einzige Freude.

„Hlin" ist ein Beiname der Frigg. Ihr erster Schmerz ist vermutlich der drohende Tod des Thor; ihr „zweiter Harm" ist Odins Kampf mit Fenrir.

„Belis Mörder" ist Freyr, der den Sonnengott-Riesen Beli getötet hat. Dies ist vermutlich eine Parallelbildung zu Thors Kampf mit Hymir und mit Geirröd. Durch diese Kämpfe wurde der alte Göttervater Tyr in allen seinen Aspekten entthront – Beli ist zumindestens eng mit dem ehemaligen Sonnengott-Göttervater Tyr verbunden gewesen.

Nicht säumt Siegvaters erhabener Sohn
Widar mit dem Leichenwolf zu fechten:
Er stößt dem Hwedrungssohn den Stahl ins Herz
Durch gähnenden Rachen: so rächt er den Vater.

Widar Odin-Sohn tötet den Fenris-Wolf, der zuvor Odin getötet hat. Hier findet sich das Motiv des Todes des Göttervaters (Odin) und seine anschließende Wiedergeburt (Widar), die hier zu einem Kampf mit Fenrir umgedeutet worden ist. In den Tyr-Mythen ist Fenrir derjenige, der dem Gott Tyr seinen Hand abbeißt, was ursprünglich den Tod des Tyr dargestellt haben wird, der als mythologisches Motiv dann von Odin übernommen worden ist.

Der „Leichenwolf" und der „Hwedrungssohn" ist beides Fenrir. „Hwedrung" ist Loki.

Da kommt geschritten Hlodyns schöner Erbe,
Wider den Wurm wendet sich Odins Sohn.
Mutig trifft ihn Midgards Segner.
Doch fährt neun Fuß weit Fiörgyns Sohn
Weg von der Natter, die nichts erschreckte.
Alle Wesen müssen die Weltstatt räumen.

„Hlodyns Sohn", „Odins Sohn", „Midgards Segner" und „Fiörgyns Sohn" sind Umschreibungen für „Thor". „Hlodyn" und „Fiörgyn" sind weitere Namen für die Erdgöttin Jörd, die die Mutter des Donnergottes ist.

Die „Natter, die nichts erschreckte", ist Jörmungandr.

In Prosa übersetzt lauten die ersten fünf Zeilen dieser Strophe: *„Thor schritt mutig zum Kampf gegen Jörmungandr und schlägt ihn mit dem Hammer. Thor stirbt und wankt neun Schritte weit von der Schlange fort (ins Jenseits)."*

Schwarz wird die Sonne, die Erde sinkt ins Meer,
Vom Himmel fallen die heitern Sterne;
Glutwirbel umwühlen den allnährenden Weltbaum,
Die heiße Lohe beleckt den Himmel.

Diese Szenerie ist vor allem eine düstere Darstellung des Todes des Sonnengott-Göttervaters („Sonne") am Abend. Der abendliche Tod des Tyr ist die eigentliche Wurzel dieser Mythe über den Ragnarök.

I 4. d)   Strophe des Skalden Olvir der Dieb

Der Umringer aller Länder
und Jörds Sohn wurden gewalttätig.

> Thor stirbt beim Ragnarök durch Jörmungandr – und Jörmungandr vermutlich durch Thor.
> Ursprünglich ist dieser „Drachenkampf" ein zyklischer Vorgang gewesen, der die Entstehung der Jahreszeiten erklärt hat.

I 5. Thor und Geirröd

Diese Mythe hat einige Ähnlichkeiten mit der Hymir-Mythe. Über Geirröd wird in der Thorsdrapa und in der Skaldskaparmal berichtet. Die vielen Hinweise auf Geirröd in den verschiedensten Texten zeigen jedoch, daß auch diese Mythe einst gut bekannt gewesen sein muß.

I 5. a) Skaldskaparmal

Die Essenz der Geirröd-Mythe wird in einer der Thor-Kenningar auf schlichte Weise zusammengefaßt:

„*Welche Bilder soll man benutzen, um den Namen 'Thor' zu umschreiben?*"
„*Wie folgt: Man soll ihn ... ..., Töter des Geirröd, ... nennen.*"

Während Hymir von Thor nur gedemütigt wird (falls er nicht zu den Riesen gehört hat, die Thor am Ende getötet hat), wird Geirröd von ihm getötet.

I 5 b) Skaldskaparmal

In diesem Skaldenkunst-Lehrbuch findet sich eine ausführliche Schilderung von Thors Kampf mit dem Riesen Geirröd.

Es verdient gar sehr erzählt zu werden, wie Thor nach Geirrödsgard fuhr, denn da hatte er weder den Hammer Miölnir, noch den Stärkegürtel, noch die Eisenhandschuhe bei sich, woran Loki schuld war, der ihn begleitete.

Der Hammer ist Thors Waffe, mit der er vermutlich auch den Donner erzeugt. Dieser Hammer wurde schon bei den Hethitern um ca. 1400 v.Chr. erwähnt.
Der Stärkegürtel und die Eisenhandschuhe sind hingegen martialische Umdeutungen der „Amts-Insignien" der Priester und Seherinnen. Sowohl der Gürtel als auch die Handschuhe werden in den Isländersagas mehrmals zusammen mit dem Stab als Kennzeichen der Seherinnen beschrieben (siehe auch „Gürtel" und „Handschuhe" in Band 60).

Denn dem Loki war es einstmals begegnet, als er zu seiner Kurzweil mit Friggs Falkenhemd ausflog, daß er aus Neugierde nach Geirrödsgard flog, wo er eine große Halle sah. Da ließ er sich nieder und sah ins Fenster. Aber Geirröd erblickte ihn und befahl, den Vogel zu greifen und ihm zu bringen. Der Ausgesandte gelangte mit Not die Hallenwand hinan, so hoch war sie. Loki ergötzte sich daran, wie jener ihm so mühsam nachstrebte, und dachte, es sei noch früh genug für ihn aufzufliegen, wenn der Mann das Beschwerlichste überstanden habe.

Loki flog mehrfach mit Freyas Falkenhemd nach Utgard zu einem Riesen, der „Tyr in der Unterwelt" ist. Der Falke ist offenbar Lokis Seelenvogel.

Als dieser nun nach ihm langte, da schlug er die Flügel und spreizte die Füße; aber diese hingen fest. Da wurde Loki ergriffen und dem Riesen Geirröd gebracht.

Diese Szene erinnert an die Thiazi-Mythe, in der Loki unter dem Weltenbaum mit einem Stab nach dem Adler-Seelenvogel des Tyr-Thiazi schlägt. Dieser Stab ist eigentlich der Stab der Priester und Seherinnen, der den Weltenbaum als die Verbindung zwischen Menschen und Göttern darstellt. Diese „religio" zwischen Midgard und Asgard wird in ironischer Weise wörtlich genommen, sodaß der Stab an Lokis Hand und an dem Gefieder des Adlers klebenbleibt.

Vielleicht gab es hier aber auch eine Assoziation zu einer Leimrute, mit der man Vögel fing. Von dieser Jagdmethode stammt das Sprichwort „jemandem auf den Leim gehen". Leider läßt es sich nicht sicher herausfinden, wann die Leimrute erfunden worden ist – sie wird von den Germanen nirgendwo ausdrücklich als solche erwähnt. Lediglich Loki bleibt zweimal an einem Stab kleben …

Als der ihm in die Augen sah, da ahnte ihm, daß es ein Mann sein möge, und gebot ihm, Rede zu stehen; aber Loki schwieg. Da schloß ihn Geirröd in eine Kiste und ließ ihn da drei Monate hungern.

Geirröd ist als Gegner des Loki wie Hymir der „Göttervater Tyr im Jenseits".

Diese dreimonatige Gefangenschaft des Loki in einer Kiste sind die drei Sommermonate, während der Tyr-Geirröd herrscht. Mit dem Wort „Kiste" wurde auch die Grabkammer in einem Hügelgrab bezeichnet – Loki liegt in der Halle der Hel gefangen ist und kann deshalb keine Winter-Kälte nach Midgard bringen. Die Gefangenschaft des Loki bei Geirröd in den Mythen, die noch nah an den alten, Tyr-zentrierten Mythen geblieben sind, entspricht Lokis Fesselung in der Höhle nach seinem Mord an Baldur in den neueren, Odin-zentrierten Mythen.

Und als ihn Geirröd herausnahm und reden hieß, gestand Loki, wer er sei und löste sein Leben damit, daß er dem Geirröd schwur, den Thor nach Geirrödsgard zu bringen, ohne daß er den Hammer und den Stärkegürtel hätte.

Geirröd geht davon aus, daß Thor ohne seinen Hammer und ohne seinen Stärkegürtel hilflos ist.

Während der Riese Hymir (und Tyr) im Hymir-Lied lediglich mit Thor verglichen wird, wird Geirröd bereits als Feind des Thor geschildert. Die Umdeutung des Göttervater-Riesen vom „Tyr im Jenseits" zu einem dem Thor unterlegenen Asen-Riesen ist in der Geirröd-Mythe noch einen Schritt weitergegangen, um die Überlegenheit des Thor endgültig zu sichern.

„Vae victis" – „Wehe den Besiegten", wie die Römer zu sagen pflegten …

Unterwegs nahm Thor Herberge bei einem Riesenweib, das Grid hieß. Sie war die Mutter Widars des Schweigsamen.

Thors Verhalten in dieser Szene ist auffällig, weil er normalerweise alle Riesen tötet. Grid muß folglich eine besondere Riesin sein. Sie war zwar die Mutter seines Halbbruders Widar, aber vermutlich ist der ausschlaggebende Punkt, daß Grid als Geliebte des Odin zwar eine Riesin ist, aber als Riesin-Geliebte eher der Frigg und der Freya gleicht als der Hel.

Sie sagte dem Thor die Wahrheit über Geirröd: Er sei ein gemeiner und übel umgänglicher Jötun.
Auch lieh sie ihm ihren eigenen Stärkegürtel und ihre Eisenhandschuhe und ihren Stab, Gridarwöl genannt.

Der Stab trägt den Namen „Gridarwöl", was „Stab der Grid" bedeutet. Dieser Stab wird der Stab der Seherinnen-Priesterinnen sein.

Die Handschuhe und der Gürtel gehörten ebenfalls zu der Ausstattung eines Priesters und einer Priesterin. (Diese Symbolik wird ausführlich in den Kapiteln „Gürtel" und „Handschuhe" in Band 60 beschrieben.)

Da Thor ohne seine drei Waffen auszieht und nun von Grid drei Waffen erhält, wird diese Erzählung eine Herkunftsmythe für Thors Waffen sein. Seinen Hammer erhält er später (unfreiwillig) von dem Riesen Geirröd.

Da Grid den Thor durch das Überreichen des Stabes, des Gürtels und der Handschuhe zum Priester weiht, muß sie auch selber eine Priesterin gewesen sein – bzw. eine Priesterin-Göttin, da auch Thor ein Gott ist.

Zu dieser Einweihungs-Szenerie paßt auch, daß Thor anschließend auf seiner Jenseitsreise zu dem Göttervater, der zu dem Riesen Geirröd umgedeutet worden ist, seinen Hammer erhält, da die Reise in das Jenseits das wesentliche Element jeder Priesterweihe ist – schließlich sollen die Priester anschließend die Menschen mit den Göttern verbinden können … und Thor weiht stets mit seinem Hammer.

Thor übt auch des öfteren die Funktion eines Priesters aus – so wurde z.B. mit seinem Hammer bei Hochzeiten die Braut „geweiht" („Thrym-Lied") und auch Thor selber erschuf durch die Weihung mit seinem Hammer aus den Fellen und den Knochen seiner beiden Ziegenböcke diese wieder zu neuem Leben.

Diese Priesterfunktion findet sich auch bei seinem „Diener-Priester" Thialfi. Die Priester der drei Götter Thor, Odin und Freyr, die in dem skandinavischen Haupttempel in Uppsala verehrt wurden, sowie die Priesterin der Sif, die Frau des Thor, der der Hauptgott von Uppsala gewesen ist, sind in den Mythen zu halbgottähnlichen Dienern der betreffenden Gottheiten geworden: Thor – Thialfi, Odin – Hermodr, Freyr – Skirnir und Sif – Röskwa.

Grid ist somit nicht nur die Wiedergeburtsgöttin im Jenseits, die den Gott Wali (wieder-)gebiert, sondern auch die Muttergöttin, zu der die Priester und Priesterinnen bei ihrer Einweihung reisten.

Thor übernimmt in dieser Szene anscheinend die Symbolik des Widar als der wiedergeborene Schamanengott-Göttervater Odin und erlangt auf diese Weise die Stellung eines Priesters, die eigentlich von Hönir verkörpert wird und die auch Odin als Schamane innehat. Da der Donnergott zunächst einmal keinen engeren Bezug zum Priestertum hat, ist dies wohl wieder eine Szene, in der der Donnergott eine weitere Mythe für sich erobert – so wie die „Bestrafung des Loki" im Hymir-Lied.

Offenbar gab es Skalden-Priester, die auf eine Erhöhung des Thor zu einem alle religiösen und militärischen Funktionen umfassenden Gott hinarbeiteten und entsprechende Lieder und Mythen verfaßten. Wahrscheinlich werden auch diese Neuerungen vor allem Umdeutungen und Neukombinationen der bereits bestehenden Mythen sein, da diese Neuschöpfungen sonst kaum überzeugen würden.

Nachdem Thor von Grid seine drei Geschenke erhalten hat, zieht er weiter seines Weges zu dem Riesen Geirröd:

Da fuhr Thor zu dem Fluß, der Wimur hieß, dem größten aller Flüsse. Da umspannte er sich mit den Stärkegürteln und stemmte Grids Stab gegen die Strömung; Loki aber hielt sich unten am Gurt.

Der Gürtel und der Stab, den Thor von Grid erhalten hat, sind offenbar nötig, damit er den Jenseitsfluß Wimur überqueren kann – genau dies ist auch die Funktion des Stabes, der als Symbol des Weltenbaumes die Verbindung zwischen Diesseits und Jenseits darstellt.

Selbst die christliche Umdeutung dieses Priester-Schamanen trägt noch immer auf fast allen Abbildungen diesen Stab in seiner Hand: der Heilige Christopherus.

Möglicherweise ist der Gott Thor, der Loki (bzw. in der Thorsdrapa den Thialfi) trägt, auf einem der Runensteine von Ardre zu sehen. Allerdings passen die beiden vierbeinigen Drachen sowie der unten am Boden liegende kopflose Mann nicht so ganz zu dieser Deutung. Immerhin zeigt dieser Runenstein, daß das Motiv des Mannes, der einen anderen (über den Jenseitsfluß) trägt, den Germanen bekannt gewesen ist. Eigentlich ist dies die Aufgabe des Schamanengottes Odin sein, aber es scheint so, als ob sich Thor auch diese Funktion angeeignet hätte.

Mann/Gott mit Kind/Mann, zwei vierbeinige Drachen, kopfloser Mann (Mitte unten); Runenstein von Ardre

St. Christopherus („Christus-Träger")

Als nun Thor mitten in den Fluß kam, da wuchs dieser so stark an, daß er ihm bis an die Schulter stieg.
Da sprach Thor:

„Wachse nicht, Wimur, nun ich waten muß
Hin zu des Joten Hause.
Wisse, wenn Du wächst, wächst mir die Asenkraft
So hoch wie der Himmel."

Diese Verse könnten evtl. eine Art „Zauberspruch" für die Überquerung des Jenseitsflusses gewesen sein, den die Priester bei ihrer Jenseitsreise benutzt haben.

Da sah Thor in eine Bergkluft hinauf, daß da Gialp, Geirröds Tochter, quer über dem Strome stand und dessen Wachsen verursachte.

Da nahm Thor einen großen Stein aus dem Fluß auf und warf nach ihr, wobei er sprach: „Bei der Quelle muß man den Strom stauen."

Der Humor der Wikinger war meistens ein wenig derb und drastisch: Das Anschwellen des Jenseitsflusses wird hier durch das Pinkeln der Tochter des Geirröd in den Fluß erklärt ...

Sein Wurf pflegte sein Ziel nicht zu verfehlen. In demselben Augenblick nahte er sich dem Land, ergriff einen Sperberbaumstrauch und stieg aus dem Fluß: daher das Sprichwort, der Sperberbaum sei Thors Rettung.

Der Sperberbaum wird wohl der Weltenbaum und somit identisch mit Thors Stab „Gridarwöl" sein. Der Sperberbaum ist entweder die Elsbeere oder die Eberesche – beide Arten gehören zu der Familie der Mehlbeeren-Gewächse.

Als nun Thor zu Geirröd kam, wurden die Reisegefährten zuerst in das Gästehaus gewiesen.
Da war nur ein Stuhl zum Sitzen, auf den setzte sich Thor. Nun wurde er gewahr, daß der Stuhl unter ihm sich gegen die Decke hob. Da stieß er mit Grids Stab gegen das Sparrwerk und drückte sich auf den Stuhl hinab. Alsbald entstand großes Gekrach und folgte lautes Geschrei. Unter dem Stuhle waren Geirröds Töchter Gialp und Gneip gewesen und beiden hatte er den Rücken zerbrochen.
Da sprach Thor:

„Einstmals übt ich die Asenstärke
In des Joten Hause,
Da Gialp und Gneip, Geirröds Töchter,
Mich zum Himmel hoben."

Auch an dieser Stelle ist der Stab mit der Senkrechten assoziiert: Gjalp und Greip heben Thor zum Himmel und Thor drückt sie mithilfe seines Stabes wieder zum Boden zurück. Dies ist vermutlich eine Umdeutung der Reise des Thor zum Himmel hinauf, in dem der ehemalige Sonnengott-Göttervater Tyr in dem „Alfheim" genannten Jenseits im Süden wohnte, wo seine goldene Halle „Gimle" stand. (Dieser Ort wird in „Asgard" in Band 52 genauer beschrieben.)

Zu diesem Ort „hob" die Riesen-Geliebte den Toten im Jenseits durch dessen Wiedergeburt als Seelenvogel.

Greip und Gjalp entsprechen sehr wahrscheinlich der Mutter und der Großmutter des Tyr, wie sie im Hymir-Lied dargestellt werden, und somit auch Freya und Hyndla, Irpa und Thorgerdr usw.

Thor tötet jetzt kurzerhand auch alle, die in den Mythen des ehemaligen Göttervaters mit ihm assoziiert worden sind.

Da ließ Geirröd den Thor in die Halle zu den Spielen rufen. Da waren große Feuer der ganzen Länge der Halle nach. Und als Thor in der Halle dem Geirröd gegenüber stand, da faßte Geirröd mit der Zange einen glühenden Eisenkeil und warf ihn nach Thor. Aber Thor fing ihn mit den Eisenhandschuhen in der Luft auf.

Geirröd ist anscheinend wie Wieland ein Schmied. Auch Wieland ist der „Göttervater Tyr im Jenseits", wie u.a. seine Titel „Weisester der Alben" und „König der Alben" zeigen.

Der Göttervater ist ein Jenseits-Schmied, weil er in der Unterwelt sein Schwert, das bei seinem abendlichen Tod zerbrochen ist, wieder neuschmiedete. Diese Tätigkeit des Göttervaters ist bei den Indogermanen schon früh zu einer eigenständigen Gottheit geworden: dem hinkenden Schmiedegott (siehe Band 4 über „Wieland").

Diese Jenseits-Szene ist in der Geirröd-Mythe zu der Schilderung eines Angriffes des Tyr-Geirröd auf Thor benutzt worden.

Der glühende Keil, den Geirröd nach Thor wirft, ist somit zumindestens ursprünglich das Sonnenschwert des Tyr-Surtur gewesen, das dieser als Wieland in der Unterwelt neuschmiedet.

Geirröd sprang hinter eine Eisensäule, sich zu wahren.

Diese „Eisensäule" wird die zentrale Säule in der Halle Gimle/Walaskialf des Tyr-Geirröd sein. Eisen ist das Jenseitselement, da man aufgrund der sehr eisenhaltigen Meteoriten, die man als heruntergefallene Stücke des Himmels ansah, den Himmel und somit auch das Jenseits bei den Indogermanen, in Mesopotamien und im Alten Ägypten als Eisenkuppel auffaßte.

Aber Thor warf den Keil, daß er durch die Säule fuhr, durch Geirröd, durch die Wand und draußen noch in die Erde.

Wie im Hymir-Lied geht auch hier die Säule des Geirröd zu Bruch – diesmal durch Thor selber.

Zugleich mit dem Zerbrechen der Säule tötet Thor den Riesen Geirröd – so ist seine Machtübernahme eindeutiger … der „alte Gott" ist tot und die Mittelsäule, die seine Verbindung zum Ursprung im Himmel ist, ist zerborsten.

Thor regelt die Dinge in seinem Sinne auf recht schlicht-cholerische Weise.

Da Thor seine Feinde normalerweise mit seinem Hammer tötet, liegt die Vermutung nahe, daß der „glühende Eisenkeil" in dieser Mythe von Tyrs Schwert zu Thors

Hammer geworden ist. Wenn dies zutreffen sollte, hätte Thor dem Tyr auch seine Waffe geraubt, um ihn restlos zu vernichten. Dieser Raub des Schwertes des Tyr findet sich auch im Wieland-Lied, in dem König Nidud (Loki) dem Tyr-Wieland dessen Ring (Odins Draupnir) und sein Schwert fortnimmt.

I 5. c) Thorsdrapa

Dieses Lied wurde von dem Skalden Eilifir Godrunason um ca. 985 n.Chr. verfaßt. Er beschreibt darin ein Bild, das sich vermutlich auf einem Schild befindet und das die Fahrt des Thor, des Loki und des Thialfi nach Geirrödsgard zu dem Riesen Geirröd beschreibt.

Die Thorsdrapa wird eine der Quellen für die Schilderung der Geirröd-Mythe durch Snorri Sturluson in der Skaldskaparmal gewesen sein.

Der Vater des Meer-Seiles begann den Zerschneider
des Lebensnetzes der Götter der Flucht-Felsvorsprünge
zum Verlassen seines Heimes anzutreiben.
Loptr war ein großer Lügner.

Der hinterhältige Geist-Prüfer
des Gottes des Kriegs-Donners erklärte,
daß die grünen Pfade
zu Geirröds Mauer-Pferd führen würden.

Das *„Meer-Seil"* ist Jörmungandr. Der *„Vater des Jörmungandr"* ist Loki.

Die *„Flucht-Felsvorsprünge"* sind Landzungen, auf die die Riesen fliehen, und im weiteren Sinne Utgard, das als Gebirgszug rings um das Weltmeer liegt. Die *„Götter der Landzungen"* sind die Riesen. Das *„Lebensnetz"* besteht vermutlich aus den Schicksals- und Lebensfäden, die von den Nornen gesponnen werden. In den germanischen Überlieferungen wurde das Bild des Spinnens der Nornen des Öfteren zum Weben, Schneiden u.ä. ausgebaut. Der *„Zerschneider des Lebensnetzes der Riesen"* ist Thor, der Riesen-Töter.

Die Kenning *„Flucht-Felsvorsprünge"* enthält ein Wortspiel, da das germanische Wort „flug" sowohl „steil" als auch „Flucht" bedeutet – was hier beides zutrifft: Die Riesen fliehen vor Thor auf ihre steilen Landzungen, d.h. auf die hohen Berge von Utgard.

„Loptr" („Luft") ist ein Beiname des Loki, den er wahrscheinlich aufgrund seiner

magischen Flugschuhe erhielt. „*Loki war ein großer Lügner*", weil er in Falkengestalt von dem Riesen Geirröd gefangengenommen worden war, der als Lösegeld von Loki verlangte, daß er Thor ohne seinen Kraftgürtel, seine Handschuhe und seinen Hammer zu ihm bringen soll, damit er an ihm den Tod des Riesen Hrungnir rächen konnte – was Loki dem Thor natürlich nicht erzählt, sondern ihn mit Hilfe von Lügen waffenlos in das Riesenland lockt.

Der „*Gott des Kriegs-Donners*" ist Thor. Sein Prüfer ist Loki. Da Thors Kraft sowohl mit dem Donner als auch mit dem Kampf assoziiert wurde, ist der Donner „Thors Kampfgetöse".

Die Kenning „*Geist-Prüfer des Gottes des Kriegs-Donners*" enthält eine bewußte Zweideutigkeit, da die Worte in dem germanischen Original auch als „Freund des Odin" gelesen werden können. Loki ist beides: der „*Tester des Thor*" und der „*Freund des Odin*".

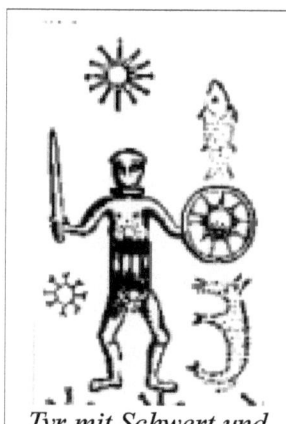

Tyr mit Schwert und Schild sowie einer Sonne auf seiner Brust, seinen Genitalien und über ihm

Der Name „*Geirröd*" bedeutet „Speerschutz", also „Schild". Im Zusammenhang mit den Riesen erscheint nur ein einziges Mal ein Schild: den, den der Riese Hrungnir unter seine Füße legt, damit ihn Thor nicht von unten her aus der Erde heraus angreifen kann.

Da der Schild bei den Germanen schon seit den germanischen Felsritzungen, die zwischen 1800 und 500 v.Chr. angefertigt wurden, ein Symbol der Sonne ist, könnte das, was Hrungnir als von unten kommend fürchtete, die aufgehende Sonne sein. Diese Furcht der Riesen vor der aufgehenden Sonne könnte dadurch entstanden sein, daß der Bereich der Riesen das Jenseits und somit die Nacht ist – zumindestens die Zwerge („dwergaz" = „Totengeister") erstarrten zu Stein, wenn die Sonne auf sie schien.

Es wäre also auch ein Zusammenhang zwischen Geirröd und der Sonne denkbar – zumal die Riesen im allgemeinen eher grobe Waffen benutzten und keine Schwerter und Schilde und weil Geirröd einer der vielen Tyr-Riesen ist. (Siehe auch „Schild" in Band 66 sowie „Geirröd" in Band 5.)

Das „*Mauer-Pferd*" ist ein Haus (man sitzt auf bzw. in beiden). Das „*Haus des Riesen Geirröd*" ist eine Höhle.

Auch hier findet sich wieder eine Doppeldeutigkeit: Die Wortfolge „*Pferd-Mauer-Geirröd*" kann man als „Mauer-Pferd des Geirröd" auffassen, was dann „Haus des Geirröd", also „Höhle" bedeuten würde. Diese Kenning läßt sich aber auch als „Pferd der Geirröd-Mauer" lesen, was dann ein „Pferd des Gebirges", also einen Wolf bezeichnen würde und ein Hinweis auf die bei Geirröd lauernde Gefahr wäre.

Kenning-freie Übersetzung der Strophe: *„Loki trieb Thor zum Aufbruch an. Loki war ein großer Lügner. Loki sagte, daß der Pfad zu Geirröd führen würde."*

*Der tapfere Thor mußte nicht oft
von dem Geier-Pfad um diese Fahrt gebeten werden,
denn sie waren begierig,
Thorns Nachkommen zu besiegen,*

*als der Bezähmer des Gürtels der Magie-Bucht,
der mächtiger als die Schotten in Idis Behausung ist,
wieder einmal von Thridis Verwandten
zu Ymirs Verwandten aufbrach.*

Der *„Geier-Pfad"* ist offensichtlich Loki. Vermutlich hat er diese ungewöhnliche Kenning erhalten, weil er fliegen, d.h. auf dem „Pfad der Geier" wandern konnte. In ähnlicher Weise wurde auch das Meer „Pfad der Schiffe" oder „Weg der Fische" genannt. Der Skalde Eilifir verwendet hier eine „abgekürzte Kenning", da es sich bei „Geier-Pfad" nur um das Kenniord („Bestimmungswort") handelt, das das Gemeinte näher bezeichnet, aber das Stofnord („Stammwort") fehlt. Die „vorschriftsmäßige" Kenning müßte „Ase des Geier-Pfades" o.ä. lauten.

„Thorns Nachkommen" sind die Riesen. „Thorn" bedeutet „Dorn" und im übertragenden Sinne auch Schwert. „Thorn" ist ein Beiname des ehemaligen Göttervaters Tyr und bezieht sich auf dessen Schwert. Der Tyr-Riese ist mit dem Urriesen Ymir gleichgesetzt worden, der der Urahn aller Riesen ist. Aus den späteren Erwähnungen des Riesen Thorn in diesem Lied ergibt sich, daß mit *„Thorn"* der Urriese Ymir gemeint ist.

„Bucht der Magie" („Gandvik") war eine Bezeichnung des Weißen Meeres im Norden zwischen Finnland und Rußland. Es ist denkbar, daß sich diese „Magie" auf die Jenseitsreise über dieses Meer nach Utgard bezieht, da die Jenseitsreise eine der wichtigsten Wurzeln der Magie ist. Diese Bucht ist hier in symbolischer Hinsicht identisch mit dem Jenseitsfluß Gjallar, über den die Gjallarbrücke zum Eingang der Halle der Hel führt. Auch der Name „Schlangenbucht" für dieses Meer weist auf die Jenseitsreise hin, da die Toten in der Gestalt einer Schlange ins Jenseits reisten – auch Odin reist in Schlangengestalt in den Berg bzw. das Hügelgrab zu der Riesin Gunnlöd.

Der *„Gürtel der Magie-Bucht"* ist Jörmungandr („Gürtel der Erde"). In dieser Kenning ist die „Magie-Bucht" deutlich als das Große Wasser zwischen Diesseits und Jenseits erkennbar, das man nur mithilfe von Magie, d.h. mithilfe einer Jenseitsreise überqueren konnte. Diese Jenseitsreise, d.h. das Verlassen des eigenen materiellen Körpers („Astralreise"), das man vor allem bei einem Nahtod erleben kann, ist das zentrale Erlebnis und die zentrale Fähigkeit der Schamanen.

Der *„Bezähmer der Mid-gardschlange"* ist Thor.

„Idi" ist ein Riese. *„Idis Behausung"* sind die Felsen; die *„Schotten"*, die in ihnen wohnen, sind die Riesen. Die feindlichen Völker in anderen Ländern (also praktisch alle, da sich die Wikinger durch ihre Raubzüge nicht sonderlich beliebt gemacht hatten) werden in diesen Strophen allgemein den Riesen gleichgesetzt. Man darf sich wohl ein schadenfrohes Gelächter unter den Zuhörern vorstellen, wenn der Skalde Eilifr beim Vortragen seiner Drapa an diese Stelle kam und durch seine Kenning an die letzte Plünderung der Schotten erinnert hat.

„Thridi" ist Odin, dessen Verwandte die Asen sind. *„Thridi"* bedeutet „der Dritte" und bezieht sich darauf, daß Odin einer der drei Vertreter der drei Stände der Germanen gewesen ist: Odin/Wodan – Krieger/Fürsten; Hönir/We – Priester/Heiler; Loki/Wili – Bauern/Handwerker.

„Ymirs Verwandte" sind die Riesen.

Kenning-freie Übersetzung der Strophe: *„Der tapfere Thor mußte nicht oft von Loki um diese Fahrt gebeten werden. Als Thor, der mächtiger als die Riesen ist, von Asgard aus nach Utgard hin aufbrach, waren sie begierig, die Riesen zu besiegen."*

Der Rater der Schlacht
stand dem schnellen Beweger der Heere
auf der Fahrt eher bei als die meineidige Last
der Arme der Göttin der Zauberei.

Ich trage Grimnirs Lippenflüsse vor.
Der Mädchen-Betrüger der Hallen
des Schrill-Schreiers setzte
die Handflächen seiner Füße auf Endills Heide.

Der *„Rater der Schlacht"* ist Thors Helfer Thjalfi.

Der *„Beweger der Heere"* ist eigentlich Odin, aber hier wird Thor gemeint sein, der wohl aufgrund seines kriegerischen Temperamentes ebenfalls diesen Beinamen erhalten konnte.

Aus dem Zusammenhang ergibt sich, daß die *„meineidige Last der Arme der Göttin der Zauberei"* Loki sein muß. Die *„Last der Arme"* ist eine Umschreibung für den „Ehemann" bzw. den „Geliebten", der wie eine „Last" in den Armen der Frau liegt. Die Göttin der Zauberei muß daher Lokis Frau Sigyn sein, auch wenn von ihr keinerlei Magie berichtet wird.

Das Adjektiv *„meineidig"* („lügnerisch") paßt von allen Göttern am besten auf Loki.

„*Grimnir*" („Maskenhelm-Träger") ist einer der häufigeren Beinamen des Gottes Odin. Das, „*was von seinen Lippen fließt*", ist der Göttermet und daher im übertragenden Sinne auch die Dichtkunst, d.h. die Verse, die Eilifir Godrunason gerade vorträgt. Dieser etwas unmotiviert auftretende Einschub ist vermutlich dadurch entstanden, daß Eilifir Godrunason längere Zeit über diese Stelle gegrübelt hat ohne einen anderen passenden Vers für diese Zeile finden zu können. Derartige Kommentare der Skalden über sich selber kamen jedoch des öfteren in ihren Liedern vor, sodaß diese „Notlösung" allgemein akzeptiert gewesen zu sein scheint. Sie ist sozusagen der letzte Ausweg, wenn sich auch mithilfe der Verwendung auch der ausgefallensten Kenningar keine passende Zeile mehr bilden läßt.

Es ist natürlich auch denkbar, daß die Skalden es gar nicht so unangenehm fanden, nebenher auch einmal sich selber zu loben … in der vorchristlichen Zeit achtete man im allgemein in fast allen Kulturen darauf, daß man „sein Licht nicht unter den Scheffel stellte".

Die „*Schrill-Schreier*" sind die Riesen. Mit dieser Kenning wurden auch die Adler bezeichnet. Diese Kenning könnte daher eine Anspielung auf den Riesen Hraesvelgr (Tyr als Seelenvogel) sein, der in Adlergestalt am Rand der Welt den Wind mit seinen Flügeln erzeugt. Diese Assoziation würde dann die Weite der Reise, die Thor und Thialfi bevorsteht, veranschaulichen: Sie müssen bis zum Ende der Welt wandern – bis nach Utgard.

Die „*Halle des Riesen*" ist seine Höhle bzw. das Hügelgrab (die Riesen sind die Ahnen). Der „*Mädchenbetrüger in der Riesenhöhle*" ist Thor. Die Bezeichnung des Thor als „*Mädchenbetrüger*" ist interessant, da es meistens Odin ist, der Nächte mit den Riesinnen Gunnlöd, Rindr, Jörd und anderen verbracht und sie dann wieder verlassen hat. Aber auch der Gott Freyr nahm eine Riesin zur Frau (Gerda) und ebenso der Sonnengott Tyr-Swipdag (Menglöd). Thor hatte ebenfalls eine „Romanze" mit einer Riesin: zusammen mit Jarnsaxa hatte er den Sohn Magni.

Es ist allerdings auch denkbar, daß mit der Kenning „*Mädchenbetrüger*" gemeint ist, daß Thor auch einige Riesinnen erschlagen hat, so wie dies z.B. an zwei Stellen im Harbard-Lied berichtet wird. *Thor:* „*Ich war im Osten, überwand der Riesen böswillige Bräute, da sie zum Berge gingen. … Berserkerbräute bändigt ich auf Hlesey: Das Ärgste hatten sie getrieben, betrogen alles Volk.*" *Harbard (Odin):* „*Unrühmlich tatest Du, Thor, daß Du Weiber tötetest.*" *Thor:* „*Wölfinnen waren es, Weiber kaum. Sie zerschellten mein Schiff, das ich auf Pfähle gestellt hatte, trotzten mir mit Eisenkeulen und vertrieben Thialfi.*"

„*Endill*" war ein Seekönig (Wikinger-Anführer). „*Endills Heide*" ist daher das Meer. Die „*Handflächen der Füße*" sind die Fußsohlen. Der Ausdruck „*(Thor) setzte die Handflächen seiner Füße auf Endills Heide*" bedeutet, daß Thor das Meer betritt, d.h. das Meer durchwatet.

Kenning-freie Übersetzung der Strophe: „*Thialfi stand Thor auf der Fahrt bei – im*

Gegensatz zu Loki. Ich trage das Loblied vor. Thor watete in das Wasser."

*Als der rasche, schnell in Wut geratende
Verhinderer von Lokis Bosheiten
sich der Braut der Verwandten
des Sumpfbocks entgegenstellen wollte,*

*zogen die Schlacht-Wanen los
bis der Hauptverminderer der Mädchen
des Feindes der schönen Göttin
des Himmelsschildes Gangrs Blut erreichte.*

Der *„Verhinderer von Lokis Bosheiten"* ist Thor.

Der *„Sumpfbock"* ist möglicherweise ein doppeldeutiges Bild. Es könnte sich zum einen darauf beziehen, daß die Germanen bei den Bestattungen ihren Verstorbenen ein Herdentier opferten und dies dann in einem See, Sumpf oder Moor versenkten, die das Tor in das Jenseits darstellten (die Quelle Hvergelmir). Die Zeugungskraft dieses Opfertieres wurde magisch auf die Toten im Jenseits übertragen, da sie diese Qualitäten bei ihrer Wiederzeugung mit der Jenseits-Muttergöttin als Geliebter (Freya) und bei ihrer anschließenden Wiedergeburt durch sie benötigten. Dieses Motiv bezog sich nur auf die männlichen Toten.

Der *„Sumpfbock"* könnte jedoch auch als Kenning für den Fenriswolf benutzt worden sein, da sein Namen „der aus Sumpf Aufsteigende" bedeutet. Mit dem „Sumpf" ist auch hier der Eingang in die Unterwelt gemeint, den der Wolf bewacht.

Aus beiden Deutungen des „Sumpfbocks" ergibt sich, daß seine *„Verwandten"* die Riesen waren, da diese wie die Toten und die ihnen geopferten Herdentiere ebenfalls im Jenseits („Utgard") lebten. Eine *„Braut der Verwandten des Sumpfbocks"* ist folglich eine Riesin. Diese Riesinnen sind identisch mit den *„Mädchen"*, die Thor in der vorigen Strophe betrügt.

Die Kenning *„Schlacht-Wanen"* ist hier wohl als Heiti für „kriegerische Götter" aufzufassen, da der Ase Thor und der Mensch bzw. Alf Thjalfi, die nach Geirrödsgard gereist sind, keine Wanen sind.

Der *„Himmelsschild"* ist die Sonne, die in früherer Zeit bei den Germanen als ein strahlender Schild angesehen wurde – er wurde z.B. in den frühgermanischen Felsritzungen in Skandinavien häufig abgebildet. Die *„schöne Göttin des Himmelsschildes"* ist die Sonnengöttin Sol. Die *„Feinde der Sonnengöttin"* sind die Wesen der Unterwelt wie z.B. der Wolf Skalli („Schatten"), der die Sonne zu fressen versucht. Mit dieser Kenning sind hier etwas ungenau auch die Riesen gemeint. Die Zwerge, die den Riesen als nah verwandt angesehen wurden, erstarrten zu Stein, wenn ein Sonnenstrahl auf sie fiel – insofern ist auch die Sonne der „Feind der Unterirdischen".

Der „*Hauptverminderer der Riesen-Mädchen*" ist Thor. Diese Kenning weist wohl darauf hin, daß Thor auch die Riesinnen tötet.

Die häufige Erwähnung der Riesinnen in diesem Lied scheint darauf hinzudeuten, daß die Riesinnen hier ähnlich wie die Mutter des Tyr-Riesen Grendel im Beowulf-Epos (750 n.Chr.) gefürchtet wurden. Die Riesinnen gleichen in diesem Lied offenbar eher der Riesin Hel als den Riesinnen Gunnlöd, Gerdr oder Jörd, mit denen sich die Asen manchmal vereinten. Es gab zu der Zeit des Skalden Eilifir Godrunason offensichtlich schon die Polarisierung der Jenseits-Muttergöttin in die beiden Aspekte der gefürchteten Göttin der Unterwelt (Hel) und in die herbeigesehnte Göttin-Geliebte, die mit der Wiederzeugung verbunden war (Freya).

Aus der Göttin Freya wurde später in den Sagen die Jungfrau, die der Held befreite, und aus der Riesin Hel des Teufels Großmutter.

„*Gangr*" („Gang, Gehender") ist ein Beiname des Urriesen Ymir, aus dessen Blut das Meer entstanden ist, das man daher als „*Gangrs Blut*" bezeichnen kann.

Kenning-freie Übersetzung der Strophe: „*Als sich der jähzornige Thor der Riesin entgegenstellen wollte, zogen die Asen mit ihm, bis sie zusammen mit Thor das Wasser erreichten.*"

Der Ruhm-Verminderer der Nanna
des Knaufes des Meeres überquerte zu Fuß
die eisführenden, angeschwollenen Flüsse,
die um das Meer des Luchses strömten.

Der wütende Vertreiber der Geröll-Gauner
kam schnell voran
über den breiten Weg des Stab-Pfades,
wo mächtige Flüsse Gift spien.

Ein „*Knauf des Meeres*" ist eine Landzunge – die Anhöhe, die ins Meer hinausragt und sich im Inland dann als Bergrücken fortsetzt, wird in dieser Kenning als ein Schwert angesehen, deren Griff/Knauf die Landzunge und dessen Klinge der Bergrücken ist. Dieses Bild paßt nur in gebirgigen Küsten wie z.B. Utgard. „*Nanna*" („Mutter"), die Frau des Gottes Baldur, ist eine Muttergöttin und steht hier allgemein für „Göttin". Eine „*Göttin der Landzunge*" ist eine Riesin, da die Riesen sowohl im Gebirge als auch jenseits des Meeres in Utgard wohnten. Der „*Ruhm-Verminderer der Riesin*", also ihr Unterwerfer, ist Thor.

Das „*Meer des Luchses*" ist die Erde. Entsprechend wäre z.B. die „Erde des Adlers" die Luft oder die „Luft des Wales" das Meer. Das Kenniord, also das erste Wort in diesen drei Kenningarn (das Element), zeigt lediglich an, daß es sich um einen Lebensbereich handelt. Das Stofnord, also das zweite Wort in diesen Kenningar (das Tier), bestimmt jeweils, welcher Lebensbereich wirklich gemeint ist.

Da die Flüsse „*um*" und nicht „durch" das „*Meer des Luchses*" strömten, müssen die „*Flüsse*" an dieser Stelle eine Heiti für das Weltmeer sein. Das „*Land*" ist daher Midgard insgesamt.

Ein „*Geröll-Gauner*" ist ein Riese. Ihr Vertreiber ist Thor.

Ein „*Stab-Pfad*" ist ein Weg durch eine Furt, die durch eingeschlagene Pfosten markiert worden ist. Mit dem „*breiten Weg des Stab-Pfades*" ist wohl nicht die Breite der Furt, also die Breite des Überweges, sondern die Breite des Flusses bzw. Meeres gemeint, durch den dieser Pfad führt. Das „breit" bezieht sich auf die Länge der Furt von dem einem Ufer (Midgard/Asgard) zu dem anderen Ufer (Utgard).

Das „*Gift*" ist das Wasser eines Flusses, das wegen seiner heftigen Strömung gefährlich ist. Da es sich bei dem Fluß hier um den Wimur handelt, der eine Variante des Jenseitsflusses ist, entsteht die Assoziation zu den Schlangen und Drachen, die Gift bzw. Feuer speien, denn die Toten nahmen den Jenseitsvorstellungen der (Indo-) Germanen zufolge auf ihrem Weg in die Unterwelt bzw. in ihrem Hügelgrab die Gestalt einer Schlange oder eines Drachen an. Auch Odin reist in Schlangengestalt in die Unterwelt zu der Riesen Gunnlöd. Der Wimur wird hier in gewisser Weise selber als ein Drache angesehen.

Das an dieser Stelle verwendete germanische Wort „eitr" bedeutet sowohl „Gift" als auch „Eis". Die „giftspeienden Flüsse" sind daher auch Flüsse, die Eisschollen führen oder ein Meer, in dem Eisberge treiben. In der Edda wurde die Quelle Hvergelmir zwischen den Wurzeln des Weltenbaumes als der Ursprung von zwölf Flüssen angesehen, deren Wasser zu Eis („eitr") wurde und dann die Gletscher bildete.

Vielleicht darf man die beiden Bedeutungen „Gift" und „Eis" auch miteinander assoziieren: Das Wasser, das Thor und Thialfi durchwaten mußten, war „tödlich kalt".

Kenning-freie Übersetzung der Strophe: „*Thor überquerte zu Fuß die angeschwollenen Flüsse, die durch das Land strömten und in denen Eisschollen trieben. Thor kam schnell voran auf der langen, mit Stäben gekennzeichneten Furt, die durch das Meer führte.*"

*Dort stießen sie Wurf-Schlangen
in den Netz-Wald gegen
den lauten Wind des Waldes, in dem
die glitschigen, runden Knochen des Meeres nicht schliefen.*

*Die dumpf aufschlagenden Eisen polterten
gegen die Kiesel, während der Berge Fall-Gebrüll,
angetrieben von einem Schneesturm,
an Fedjas Amboß entlangrauschte.*

„*Wurf-Schlangen*" sind Speere.

Der „*Netz-Wald*" ist das Meer oder ein Fluß – der Ort, an dem man mit Netzen fischt. Analog dazu könnte man das Land „Fuchs-Tang" und die Luft „Krähen-Sumpf" nennen. Die Konstruktion dieser Kenningar ist ähnlich wie die der Kenning „Meer des Luchses" in der vorigen Strophe.

Der „*laute Wind des Netz-Waldes*" ist die starke Strömung des Flusses. Die „*glitschigen, runden Knochen des Netz-Waldes*" sind die rundgeschliffenen Kiesel auf dem Grunde des Flusses Wimur. Das Beschreibung der Kiesel als „*sie schliefen nicht*" bedeutet, daß sie unter den Schritten hin- und herrutschten und dadurch das Gehen im Wasser erschwerten – sie wurden sozusagen durch die Füße und die Speere „geweckt" und begannen sich zu bewegen. Dies ist der Grund, warum Thor und seine Begleiter sich mithilfe ihrer Speere („Wurf-Schlangen") abstützen mußten.

In Snorri Sturlusons Edda klammert sich Thor bei der Durchquerung dieses Flusses an eine Eberesche, um nicht zu ertrinken und wieder aus dem (Jenseits-)Fluß herauszukommen. Diese Eberesche ist recht sicher die Weltesche, die ebenfalls Diesseits und Jenseits verbindet.

Vielleicht diente auch der (Zauber-)Stab, den Thor von der Riesin Grid, der Mutter des Asen Widar, in der Edda-Version dieser Geschichte erhalten hatte, als Stütze auf der Reise durch den Fluß. Die Zauberstäbe waren jedoch vor allem ein Symbol für den Weltenbaum und somit auch für die Fähigkeit ihres Besitzers, vom Diesseits aus Kontakt zu den Ahnen und Göttern im Jenseits Verbindung aufzunehmen und mit deren Hilfe dann Magie ausüben zu können.

Das Überqueren des Jenseitsflusses durch das Durchwaten des Wassers, bei dem die Asen hier gerade geschildert werden, ist wie das in der Edda meist verwendete Überqueren der Gjallarbrücke ein Bild für die Jenseitsreise. Daher ist die Benutzung eines (Zauber-)Stabes beim Durchqueren des „Großen Wassers", das Diesseits und Jenseits trennt, ein plausibles Motiv. Die Umdeutung dieses Stabes der Seherinnen und der Zauberer zu einer Art Wanderstab und schließlich zu einem Speer ist sicherlich eine neuere Entwicklung.

In der Thorsdrapa werden die Bilder des Durchwatens eines Meeres oder eines Flusses parallel benutzt. Letztlich hatten der Jenseitsfluß Gjallar, der Wimur und auch das Meer zwischen dem Midgard der Menschen und dem Utgard der Riesen alle dieselbe Bedeutung: das Große Wasser, das das Diesseits von dem Jenseits trennt. Wahrscheinlich ist auch der tiefe Abgrund Ginnungagap eine solche Grenze, da Niflheim als Land der Kälte und der Nacht mit dem Jenseits assoziiert wurde und Muspelheim als Land der Wärme und des Tages mit dem Diesseits. Manchmal sind diese beiden Bereiche auch das „gute Jenseits" (Muspelheim) und das „böse Jenseits" aufgefaßt worden – in christlichen Begriffen also als das „Paradies" und die „Hölle".

Das „Große Wasser" als die Grenze zwischen Diesseits und Jenseits ist ein sehr altes Bild, das sich u.a. auch im chinesischen I Ging findet: „Förderlich ist es, das Große Wasser zu durchqueren."

Mit den *„dumpf aufschlagenden Eisen"* sind die Speere gemeint, mit denen die beiden Wanderer gegen die heranbrandenden Wogenreihen auf dem Meeresboden Halt suchten.

„Der Berge Fall-Gebrüll" klingt nach „laut tosenden Wasserfällen", aber in dieser Strophe der Thorsdrapa wird wohl einfach die heftige Strömung des Flusses bzw. Meeres gemeint sein.

„Fedja" ist ein Fluß in Norwegen, der hier als eine allgemeine Bezeichnung für „Fluß" benutzt wird. Der *„Amboß der Fedja"* muß daher etwas sein, worauf der Fluß wie mit einem Hammer „schlägt". Dies könnte das Flußbett selber, die Kiesel in diesem Flußbett oder auch eine in den Fluß hinausragende Landzunge sein. Da das Wasser an *„Fedjas Amboß"* vorbeirauscht, ist hier wohl am ehesten eine flache Landzunge aus angeschwemmten Kieseln gemeint.

Kenning-freie Übersetzung der Strophe: *„Dort stießen sie ihre Speere in das Meer, um Halt gegen die Brandung zu finden. Die Kiesel bewegten sich unter ihren Füßen. Sie suchten mit ihren dumpf aufschlagenden Speeren nach einem Halt auf den glitschigen Kieseln, die hin- und herrutschen, während die Strömung des Meeres heftig gegen sie rauschte."*

*Der Förderer des Schleifstein-Landes
ließ die mächtig Angeschwollenen über sich stürzen.
Der Mann, dem der mächtige Gürtel half,
wußte nichts Besseres zu tun.*

*Der Verminderer von Mörns Kindern ließ
seine Macht bis zum Dach der Halle wachsen,
da das strömende Blut des Nackens des Thorn
sich nicht verminderte.*

Ein *„Förderer des Schleifstein-Landes"* ist ein Krieger, da dieser für das Schärfen seiner Waffen Schleifsteine benötigt und somit den Handel in den Ländern der Schleifsteinhersteller fördert. Hier sind damit Thor und Thialfi gemeint, die durch diese recht kreative Kenning als Krieger bezeichnet werden.

„Die mächtig Angeschwollenen" sind die Flüsse und ihre Wogen und hier speziell

der Wimur. In der Prosa-Edda wird gesagt, daß der Wimur deshalb so anschwoll, weil die Riesin Gjalp weiter oben in den Fluß pinkelte, um die drei Asen zu ertränken. Thor vertrieb sie jedoch durch einen Steinwurf und rettete damit sich und seine Begleiter. Dann zog er sich an einem Baum aus dem Wasser, der wohl der Weltenbaum sein wird.

„*Der mächtige Gürtel*" ist der Gürtel des Thor. Mit diesem Gürtel ist Thors Kraftgürtel gemeint. Auf seiner Fahrt nach Geirrödsgard trug er jedoch zumindestens in der Edda-Version der Geschichte den Kraftgürtel der Riesin Gridr (die Mutter des Asen Widar), die ihm ihren Kraftgürtel, ihre Eisenhandschuhe und ihren Zauberstab geliehen hatte. Der „*Mann, dem der mächtige Gürtel half*", ist Thor, der Besitzer dieses Gürtels.

„*Mörn*" ist ursprünglich ein Beiname der Riesin Skadi gewesen, aber wurde später als eine allgemeine Bezeichnung für eine Riesin benutzt. „*Mörns Kinder*" war daher eine generelle Kenning für die Riesen. Der „*Verminderer der Riesen*" ist Thor.

Die „*Halle*" ist die Erde und der Luftraum über ihr. Das „*Dach der Halle*" ist Ymirs Schädel, der den Himmel bildet.

„*Thor ließ seine Macht bis an den Himmel wachsen*" bedeutet anscheinend, daß seine Kraft mit den Hindernissen wuchs, denen er begegnete, zu denen die heftige Strömung des Meeres gehörte.

Das Bild, daß „*Thor seine* (magische) *Macht bis in den Himmel wachsen läßt*", erinnert daran, daß der Donnergott in Snorri Sturlusons Bericht in der Prosa-Edda über diese Fahrt nach Geirrödsgard von der Riesin Grid einen Zauberstab für diese Reise erhalten hatte und daß sich Thor durch das Festklammern an einem Ebereschenbaum vor dem Ertrinken in dem Fluß Wimur rettete. Da diese Eberesche der Weltenbaum sein wird, der von der Erde bis zum Himmel reicht, scheint sich das Wachsen von Thors Macht „*bis zum Himmel*" auf den Weltenbaum und seinen Zauberstab, der ein Symbol des Weltenbaumes ist, zu beziehen.

Ursprünglich ist der Zauberstab in allen Kulturen das Symbol des Weltenbaumes und der Fähigkeit der Schamanen (und später auch der Könige) zu einer Jenseitsreise entlang des Weltenbaumes zu den Ahnen und Göttern gewesen. Die in der letzten Strophe beschriebene Szene erweckt den Eindruck, als ob der Zauberstab in der Thorsdrapa zu einer magischen Waffe geworden wäre, mit der man der Hel drohen kann, damit sie den Besitzer des Zauberstabes den Jenseitsfluß überqueren läßt.

Einen ähnlichen Zauberstab wie Thor besitzt auch der Ase Ullr, der ihn aus einem Knochen geschnitzt und mit Runen versehen hat. Mit seiner Hilfe kann Ullr wie mit einem Schiff jedes Wasser überqueren.

Ein weiteres Symbol dieser Art ist Freyrs „Schiff" Skidbladnir, das das Fell eines bei einer Bestattung oder einer anderen Jenseitsreise geopferten Tieres ist. Auf dieses Fell setzten sich die Germanen beim „Utiseta" („Draußen-Sitzen"), d.h. wenn sie die Toten herbeirufen wollten, um von ihnen Rat zu erhalten. Dadurch, daß der Totenbeschwörer wie die Toten bei der Bestattung auf dem Fell des Opfertieres saß, reiste er wie die Toten in das Jenseits. Über diesen von den meisten indogermanischen und auch von einigen nicht-indogermanischen Völkern bekannten Brauch gibt es vor allem von den keltischen Druiden viele Berichte.

Thors Drohung, *„daß seine Macht bis zum Dach der Halle wachsen würde"*, wird vermutlich letztlich darauf zurückgehen, daß die Schamanen ursprünglich den Weltenbaum entlang bis zum Himmel, d.h. bis nach Asgard zu den Göttern reisten.

In der Edda des Snorri Sturluson ist die Drohung des Thor mit seinen magischen Kräften durch einen pragmatischen Steinwurf ersetzt worden, durch den Thor die Riesin Gjalp vertrieb.

Der Tyr-Beiname *„Thorn"* („Dorn" = Schwert) ist hier eine Heiti für den Urriesen Ymir, aus dessen Blut alles Wasser entstanden ist. Das *„strömende Blut des Nackens des Thorn"* ist daher ein Fluß, d.h. in diesem Zusammenhang der (Jenseits-)Fluß Wimur. Da der Schöpfungsbericht in der Edda zumindest indirekt aussagt, daß das Blut des Ymir, also das Wasser den riesigen Abgrund Ginnungagap zwischen Niflheim und Muspelheim ausfüllte, scheint der Wimur als der aus Ymir entspringende Fluß auch das Weltmeer zu sein, das ebenfalls ein „Jenseitsfluß" zwischen dem „diesseitigen" Midgard der Menschen und dem „jenseitigen" Utgard der Riesen ist.

Der Name *„Wimur"*, der sich von dem germanischen Verb „wem" für „sprudeln, wimmeln, voll sein, speien" herleitet, enthielt möglicherweise für die Germanen noch immer die Assoziation des „Hervorsprudelns" des Wassers aus dem getöteten Ymir.

Da das Wasser *„aus dem Nacken des Thorn"* quillt, stellte sich Eilifr den Urriesen Ymir hier offenbar als geköpft vor. Dazu paßt, daß er eine Zeile zuvor das *„Dach der Halle"* erwähnt hat, denn der durch diese Kenning bezeichnete Himmel bestand aus dem Schädel des Ymir, dessen Kopf folglich vor der Errichtung des Himmels abgeschlagen worden sein mußte.

Beide Motive ergeben miteinander kombiniert die bildhafte Aussage, daß die Strömung des Wimur so stark war wie zu Beginn der Zeit, als das aus Ymir ausströmende Blut die Weltmeere bildete.

Kenning-freie Übersetzung der Strophe: *„Thor ließ die hohen Wogen über sich brausen, er wußte nichts Besseres zu tun. Thor ließ seine Macht bis zum Himmel wachsen, weil die Strömung nicht nachließ."*

Der Erzählung in der Edda zufolge sprach Thor, als er durch den Wimur watete, die folgenden Verse:

*„Wachse nicht, Wimur,
denn ich will Dich durchwaten
hin zu des Jötun Haus.
Du weißt, daß, wenn Du wächst,
mir die Asenkraft ebensohoch
bis an den Himmel wächst."*

Diese Verse sind nicht wie die Thorsdrapa in der höfischen Form, sondern in der einfachen Liedform geschrieben und können daher nicht aus der Thorsdrapa stammen. Sie lassen jedoch vermuten, daß Thors Entschlossenheit an dieser Stelle seiner Reise ein wichtiges Motiv gewesen ist.

Diese sechs Verse klingen ursprünglicher und klarer als die Stelle aus der Thorsdrapa. Es wäre denkbar, daß sie ein Zitat aus den bei Bestattungen gesprochenen Texten sind. Wenn dies zutreffen sollte, wären sie auch ein Teil der Worte, die der Schamanengott Odin bei der Bestattung seines Sohnes Baldur diesem in das Ohr flüstert, um ihn auf seiner Reise über den Jenseitsfluß Gjallar bzw. über das Eismeer ins Jenseits zu geleiten.

*Die ruhmreichen, kampferprobten Schlacht-Bäume,
Eid-geschworene Wikinger
aus Gautis Wohnstatt, wateten mühsam,
während die Schwert-Wasser flossen.*

*Die Woge der Schnee-Düne der Erde stürzte,
angetrieben von einem Sturm,
dem Vermehrer des Leides der Bewohner
des Landes der Bergketten heftig entgegen.*

Ein *„Schlacht-Baum"* ist ein Krieger. Mit den *„Kriegern"* sind Thor und Thialfi gemeint.

Der *„Gauti"* („Gote") ist Odin – diese Heiti ist eigentlich eine Kurzform der Odin-Kenning „Freund der Goten". *„Odins Wohnstatt"* ist Walhall und im weiteren Sinne Asgard, von dem aus Thor und Thialfi aufgebrochen sind.

Das germanische Wort „fen", das hier mit *„Wasser"* übersetzt ist, bedeutet sowohl „Fluß" als auch „Meer". Die Kenning *„Schwert-Wasser"* soll vermutlich die Gefährlichkeit des Flusses Wimur beim Durchwaten beschreiben. Die *„Schwerter"* sind aber wohl auch als Heiti für das Treibeis in den Flüssen und für die Eisberge in dem Polarmeer gemeint.

Dadurch, daß „eitr" sowohl „Eis" als auch „Gift" bedeutete, und andererseits auch ein Schwert „tödlich wie Gift" war und somit als „eisig" (kalt) bezeichnet werden konnte, ergaben sich viele Wortspiele: So wird z.B. in der Völuspa der (Jenseits-)Fluß Slidr beschrieben, in dessen eisigem/giftigem Wasser Schwerter/Eisschollen waren.

Vielleicht ist die Kenning „*Schwert-Wasser*" in der Thorsdrapa aber auch eine Anspielung auf den Brauch, für die Toten in tiefen Wassern und in Sümpfen Gold, Schätze, Waffen und eben auch Schwerter zu versenken, um sie ihnen durch dieses „Wasser-Jenseitstor" zuzusenden. Diese Opfersümpfe waren in symbolischer Hinsicht mit dem Jenseitsfluß Wimur und dem Weltmeer zwischen Midgard und Utgard identisch.

Zu den ferneren Assoziation, die die Kenning „Schwert-Wasser" hervorrief, könnte auch das Schwert des ehemaligen Sonnengott-Göttervaters Tyr gehört haben. Das Schwert des Tyr zerbrach am Abend bzw. versank zusammen mit Göttervater in den Jenseits-Wassern. Über Nacht wurde dieses Schwert von Tyr (Tyr als Wieland) oder von seinen Helfern (die Dioskuren als zwei Zwerge) neugeschmiedet. Am Morgen kehrte sein Schwert Tyr mit seinem Schwert dann wieder aus den Wassern der Unterwelt zurück an den Himmel des Diesseits zurück.

Dieses Schwert stand als Symbol des Göttervaters in dem großen germanischen Kultort von Niederdorla in Thüringen aufrecht auf einem Altar. Auch dort war es mit der Wasserunterwelt assoziiert, da sich dieser Kultort rings um einen See, der später zu einem Sumpf wurde, befand. Aufgrund dieser Symbolik des magischen Schwertes des Tyr ist dieses Altarschwert das Urbild der „Schwerter in der Wasser-Unterwelt". Solche „magischen Schwerter" werden in mehreren der Isländer-Sagas beschrieben.

Auch Blut konnte mit „*Schwert-Wasser*" umschrieben werden. Diese Bedeutung ergibt hier jedoch keinen Sinn.

Die Kenning „*Schwert-Sumpf*" wird in den Zuhörern des Skalden Eilifir somit viele Assoziationen wachgerufen haben: an die eigenen Schwerter der zuhörenden Wikinger, an Opferungen in Seen und Sümpfen, an Bestattungen, an das Schwert des Gottes Tyr, an die Erzählungen über magische Schwerter in den Sagas wie z.B. das Schwert Gram des Sigurd oder das Schwert Tyrfing („Tyr-Finger") des Königs Angantyr, an den Jenseitsfluß Gjallar, an den Abgrund Ginnungagap, an die Weltesche als Jenseitsweg und vermutlich an noch einiges mehr.

Die „*Schnee-Düne der Erde*" sind die Gletscher im Norden, also das Polareis: Im Bild des Jenseitsflusses ist dieser vom schmelzenden Gletscherwasser angeschwollen und im Bild des Polarmeeres ist dieses von Eisbergen erfüllt. Dieser Bereich wurde auch „Eliwagar" („Eiswogen") genannt.

Das „*Land der Bergketten*" ist Utgard, das man sich als einen kreisrunden, schmalen Rand von Bergen rings um das Weltmeer vorstellte, das Midgard umgab. Dieses Meer entspricht dem Jenseitsfluß Wimur, den Thor in dieser Drapa durchwatet. Die „*Bewohner Utgards*" sind die Riesen. Der „*Vermehrer des Leides der Riesen*" ist Thor.

Der Umstand, daß die Strömung oder zumindestens die Wogen auf dem Wimur durch einen *„Sturm"* noch vergrößert wurden, läßt vermuten, daß die Germanen auch die Ursache für die Stürme, die für die Drachenboote sehr gefährlich werden konnten, bei den Riesen suchten. In der Edda wird der Wind als der Riese Kari dargestellt. Die Entstehung des Windes wurde jedoch dem Tyr-Riesen Hraesvelgr zugeschrieben, der in der Gestalt eines Adlers am Rande der Welt saß und mit seinen Schwingen den Sturm erzeugen konnte. Der Riese Kari bzw. Hraesvelgr erscheint hier somit als ein Verbündeter der beiden Riesinnen Gjalp und Greip.

Kenning-freie Übersetzung der Strophe: *„Die Asen wateten mühsam durch den Fluß. Das Schmelzwasser der Gletscher ließ angetrieben von einem Sturm den Fluß dem Thor entgegenbrausen."*

Thjalfi, der den Freund der Menschen begleitete,
sprang in die Luft empor
auf die Schild-Schnur des Himmelsherrn
– das war eine große Kraft-Tat!

Die Frauen des Mimir der Bosheit verursachten
einen heftigen Strom, der scharf gegen den Stahl kreischte.
Gridrs Niederwerfer trug den Schlachten-Baum
über das zerklüftete Land der Schweinswale.

Der *„Freund der Menschen"* und der *„Himmelsherr"* sind beide der Donnergott Thor.

Thialfis *„Sprung"* erinnert an Thors Drohung, daß er seine Macht bis an den Himmel wachsen lassen würde, wenn die Strömung nicht nachläßt. Möglicherweise hat sich dieses „Sprung"-Motiv aus einer Jenseitsreise den Weltenbaum hinauf entwickelt. Wenn dies zutreffen sollte, müßte Thialfi ursprünglich einmal ein Schamane/Priester gewesen sein – was auch erklären würde, warum er mehrfach den Thor begleitet.

Die „Christopherus-Szene", in der Thor den Thialfi über das Meer trägt, würde gut zu dieser Deutung passen, da sich aus der Kombination des Schamanen mit dem Jenseitsfluß in vielen Religionen das Motiv des Jenseitsfährmannes („Charon") gebildet hat. In den germanischen Mythen hätte dann Thor in Bezug auf Thialfi dieselbe Rolle eingenommen wie der Schamane/Priester in Bezug auf die Toten: Er ist der Helfer auf dem Weg vom Diesseits über den Jenseitsfluß ins Jenseits.

Der Jenseitsfährmann erscheint u.a. in dem Edda-Lied über Harbard. In diesem Lied ist Harbard (Odin) allerdings kein hilfreicher Schamane bzw. Schamanengott, da er Thor am jenseitigen Ufer stehenläßt. Als Helfer erscheint Odin u.a. in der Völsungensaga, in der er den toten Sinfiötli in einer Barke ins Jenseits bringt.

Das Wort „Ekkjur", das hier als *„Frauen"* übersetzt wurde, bedeutet „alleinstehende Frau", d.h. eine Frau, die entweder noch unverheiratet oder schon verwitwet ist. Dieses Wort wurde wie „Braut" auch als eine allgemeine Bezeichnung für „Frau" verwendet.

„Mimir" ist der Tyr-Riese, von dem Odin sein Wissen um das Jenseits und den Weg dorthin erlangt hat. Der *„Mimir der Bosheit"*, also der „Riese der Bosheit" ist hier der Tyr-Riese Geirröd – vielleicht ist Eilifir Godrunason sogar noch bewußt gewesen, daß Mimir und Geirröd letztlich derselbe Riese sind: Tyr in der Unterwelt.

Die *„Frauen des Geirröd"* sind Riesinnen – vermutlich vor allem die Riesin Gjalp, die der Prosa-Edda zufolge den Jenseitsfluß Wimur, den größten aller Flüsse, dadurch bedrohlich anschwellen läßt, daß sie in ihn hineinpinkelt. Im Unterschied zu der Prosa-Edda verursachen hier jedoch zwei „Frauen", also wohl Gjalp und Greip (Geirröds Töchter) gemeinsam das Hochwasser des Wimur.

Die ungewöhnliche Beschreibung des Wimur, dessen Fluten *„scharf gegen den Stahl kreischten"*, ist wohl ein Bild dafür, daß die Eisschollen in dem Wasser gegen die eisernen Speerspitzen der beiden Wanderer stießen. Der *„Stahl"* wird aber wohl auch eine Anspielung auf die Kenning *„Schwert-Wasser"* in der vorigen Strophe sein.

„Gridr" („Gier") ist die Riesin, die in der Prosa-Edda Thor auf seiner Fahrt zu dem Riesen Geirröd ihren Kraftgürtel, ihre Eisenhandschuhe und ihren Zauberstab schenkte. Sie ist in der Prosa-Edda die Mutter des Asen Widar und den Göttern offenbar wohlgesonnen. In der Thors-Drapa steht Gridr jedoch dem Thor feindlich gegenüber, wie die Thor-Kenning *„Gridrs Niederwerfer"* zeigt. Die Strophe erweckt den Anschein, als ob Gridr nah mit Gjalp und Greip verwandt oder gar mit ihnen identisch sei. Es wäre auch denkbar, daß „Grid" mit der Meeresgöttin Ran identisch gewesen ist. In der Isländersaga „Illuga" ist Grid eine Zauberin.

Ein *„Schlachten-Baum"* ist ein Krieger, womit hier Thjalfi gemeint ist.

Das *„zerklüftete Land der Schweinswale"* ist das wogende Meer. Das hier mit *„zerklüftet"* übersetzte germanische Wort beinhaltet die Bedeutung „Stolperstein", also das Bild von einem unwegsamen Gelände.

Die Stabreime in den letzten drei Doppelversen dieser Strophe bestehen aus drei Worten, die mit einem „s" beginnen, und fünf Worten, die mit einem „st" beginnen. In der folgenden Halbstrophe folgen zunächst zwei Worte mit einem „d"-Stabreim und dann drei weitere Worte mit einem „st" am Wortanfang. Diese Häufung von elf „s"-Stabreimen auf so engem Raum läßt auch lautmalerisch das Zischen und Brausen des Meeres und des Windes deutlich werden – insbesondere, wenn Eilifir diese Verse entsprechend betont vorgetragen haben sollte …

Kenning-freie Übersetzung der Strophe: *„Thjalfi, der Begleiter des Thor, sprang auf dessen Schild-Schnur empor um nicht zu ertrinken. Das war eine große Kraft-Tat! Die Riesinnen Gjalp und Greip verursachten einen laut tosenden Strom. Thor trug Thialfi über das Meer."*

Die Tief-Eicheln, die kühn wurden
angesichts des Schreckens der Feinde der Menschen,
stockten nicht in der Brandung
von Glammis Lieblingsplatz.

Der tapfere Sohn der Landenge erschrak nicht
vor dem Schrecken der Fjord-Bäume;
Thors Mut-Stein zitterte nicht in Furcht,
auch nicht der von Thjalfi.

Mit „*Tief-Eichel*" ist das Herz gemeint. Das Herz von Thialfi und insbesondere das Herz von Thor verzagte nicht angesichts der Gefahren, sondern verspürte Kampfesfreude. „*Tief-Eichel*" ist wieder eine „verkürzte Kenning" für Thor und Thialfi.

Die „*Feinde der Menschen*" sind die Riesen.

„*Glammi*" („Beller") muß ein Wolf oder Hund sein. Da er seinen „*Lieblingsplatz*" am Jenseitsfluß hat, ist er mit dem Fenris-Wolf und mit dem Höllenhund Gram identisch, die beide vor dem Eingang zur Hel wachen.

„*Glammi*" ist aber auch der Name eines Seekönigs, sodaß „*Glammis Lieblingsplatz*" in diesem Fall das Meer wäre. An der Bedeutung der Kenning ändert diese zweite Deutung nicht viel, da das Meer ebenfalls der Übergang zum Jenseits ist.

Die Formulierung „*verpaßten nicht einen Schlag*" bezieht sich auf die „*Tief-Eicheln*" also auf die Herzen von Thor und Thialfi, die nicht vor Angst stockten, als sie die Riesen angreifen sahen.

Es ergibt sich aus dem Zusammenhang, daß mit „*Sohn der Landenge*" der Gott Thor gemeint ist. Das Wort „*Landenge*" muß an dieser Stelle daher eine Bezeichnung für Thors Mutter, die Erdgöttin Jörd, sein. Da Jörd zwar unter die Asen aufgenommen worden war, aber von ihrer Geburt her zu den Riesinnen zählte, konnte sie wie die Riesen als „Bewohnerin der Landzunge/Landenge/Vorgebirge" bezeichnet werden, was der Skalde Eilifir hier zu „Landenge" vereinfacht und verkürzt hat. Dasselbe Verfahren hatte er auch schon bei der Loki-Kenning „Geier-Pfad" statt „Ase des Geier-Pfades" angewendet.

Die „*Fjord-Bäume*" sind die sozusagen baumhohen Wogen im Jenseitsfluß bzw. in dem Meer zwischen Midgard und Utgard. Hoher Seegang war ein Erlebnis, das allen Wikingern vertraut gewesen sein wird. Die Benutzung dieses Bildes wird in den Wikingern, die dem Vortrag des Eilifir zuhörten, wahrscheinlich die eine oder andere unangenehme Erinnerung wachgerufen und dadurch die Spannung im Raum gesteigert haben.

Auch diese Kenning kann auf eine zweite Weise gedeutet werden, da „*Fjord-Baum*" auch ein Schiff sein könnte, da das Schiff aus Holz ist und der Mast zudem einem Baum ähnelt. Der „*Schrecken der Schiffe*" wären aber wiederum die hohen

Wogen.

Der „*Mut-Stein*" ist ein Bild, das an die „Siegsteine" (Thidreksaga) und die „Lebenssteine" (Cormac-Saga) in der germanischen Mythologie erinnert, die beide ihrem Besitzer den Sieg sicherten. Vermutlich sind alle drei „Steine" miteinander identisch. Die Siegsteine stammten, wie ein mittelalterliches Gedicht zeigt, aus dem Magen von Schlangen. Diese Steine wurden im Kampf mitgenommen und manchmal auch als Schwertknauf verwendet wie z.B. in dem Schwert „Hwiting" („Weißer") in der Cormac-Saga. Da die Schlange die Gestalt der Ahnen im Jenseits war, zeigt die Herkunft der Siegsteine aus einem Schlangenmagen, daß der Mut, der Sieg und das Leben (bzw. seine Erhaltung), die diese Steine ihren Trägern gaben, aus dem Jenseits, d.h. von den Vorfahren bzw. den Götter zu den Besitzern solcher Steine gesandt wurden.

Vielleicht ist mit den *„Mut-Steinen"* aber auch das Herz des Thor und das Herz des Thialfi gemeint.

Die fünf Motive des „Mut-Steines", des „Siegsteines", des „Lebenssteines", der „Stirn-Sterne" („Augen") und des „inneren Mondes", der den Willen eines Menschen darstellte, werden wahrscheinlich durch Assoziationen eng miteinander verbunden gewesen sein.

Der Wille, der sich in dem Blick eines Menschen offenbart, wurde auch als „Schlange in den Augen" umschrieben.

Das poetische Bild des „Mut-Steines" ist vermutlich ein Teil einer bildhaften Beschreibung der Psyche gewesen, die sich aus mehreren Bestandteilen zusammengesetzt hat:

- die Seele als Stern, wie sie sich bei Thialfi und bei Aurwandil findet;
- die Verbindung der beiden weltweit verbreiteten Seelensymbole des Sternes und des Auges miteinander („Stirn-Sterne");
- der Schlange bzw. der Drache als das Tier der Jenseitsreise und der magischen Kraft, die man durch eine solche Reise erhält, da der Jenseitsreisende dabei eine Verbindung zu den Göttern erlangt;
- der Schlange als allgemeines Symbol der inneren Kraft;
- die Assoziation des Auges (Seelensymbol) und der Schlange (Jenseitsreise) miteinander („Schlange im Auge");
- der Mond könnte ein Bild für den hellsichtig wahrgenommenen Geist eines Toten (oder eines Lebenden) sein, der allgemein als nebelhaftes, milchigweißes Schemen wahrgenommen wird; aus diesem Bild könnte auch die Bezeichnung „Alfen", („Leuchtende") für die Totengeister entstanden sein;
- die Übertragung dieses Leuchtens auf den kriegerischen Willen, wodurch das Bild des „inneren Mondes" als Ausdruck des Willens entstand;
- das Innere Feuer, das bei den Jenseitsreisen und auch bei der Kampfekstase

(Berserker, Ulfhedinn) erweckt wird, wurde auch mit dem Jenseitstor-Feuer („Waberlohe") und mit der Jenseitsreisen-Schlange („Kundalinischlange") assoziiert (Darstellungen auf den beiden Goldhörnern von Gallehus);
- dieses Innere Schlangenfeuer wird dem „Inneren Mond" und auch den „Schlangen in den Augen" entsprechen;
- der „Sieges-Stein" („Mut-Stein", „Lebensstein"), der aus einer Schlange stammt, wäre somit etwas Besonderes (nicht jede Schlange hat einen Stein verschluckt), das den Besitzer dieses Steines mit der Qualität der Schlange bzw. des Drachens verbindet: mit dem Inneren Feuer (Schlange, Drache), mit der eigenen Seele (Stern, Mond) und schließlich auch mit den Göttern.

Kenning-freie Übersetzung der Strophe: *„Die standfesten Asen wurden von den heftigen Wogen des Jenseitsflusses überrollt, aber Thor und Thialfi hatten keine Furcht."*

Die Schar der Felsen-Wölfe, die Hasser des Schildes
des ewig brennenden Feuers sind,
erhob den Lärm des Schwert-Brettes
gegen die Festzieher des Gleipnir,

bevor die Reiter der Tiefe,
die Vernichter des Volkes der Meeresküste, in der Lage waren,
das Schalen-Spiel des Haar-Teilens des Hedinn
gegen die Briten-Sippe der Höhle zu spielen.

Die *„Felsen-Wölfe"* sind die Riesen.
„Hati", d.h. *„Hasser"* ist der Name des Wolfes, der den Mond jagt und ihn beim Ragnarök verschlingt. Die Riesen werden durch diese Kenning als die Feinde der Sonne und des Mondes charakterisiert. Mit dieser Kenning ist auch die Umschreibung *„Festzieher des Gleipnir"* für „Asen" assoziiert, da die Asen mit der Fessel Gleipnir („Verschlinger") den Fenriswolf fesselten, der in symbolischer Hinsicht mit den beiden Wölfen, die Sonne und Mond fressen wollen, sehr eng verwandt ist.
Das *„ewig brennende Feuer"* ist die Sonne. Der *„Schild der Sonne"* ist die Sonnenscheibe. Die *„Felsen-Feinde der Sonnenscheibe"* sind die Riesen, die anscheinend wie die Zwerge zu Stein erstarrten, wenn diese sich in den Sonnenschein im Diesseits wagten.
Ein *„Schwert-Brett"* ist ein Schild. Der *„Lärm des Schildes"* ist der Schlachtenlärm. Die Riesen eröffneten also den Kampf.
Die *„Reiter der Tiefe"* sind Thor und Thialfi als Reisende ins Jenseits, d.h. in das

Land „Utgard", in dem Geirröd und die anderen Riesen wohnen. Die „*Tiefe*" ist entweder die Tiefe des Meeres oder die Tiefe von Ginnungagap. „*Reiter*" ist hier eine Umschreibung für „Überquerer".

Die (jenseitige) „*Meeresküste*" ist Utgard. Das „*Volk der Meeresküste*" sind die Riesen. Die „*Vernichter der Riesen*" sind Thor und Thjalfi.

Wikinger mit Hörnerhelm und ein Ulfhedinn-Ekstasekrieger

Ein „*Hedinn*" ist ein Fellumhang, an dem sich noch der Kopf des Tieres befinden kann, von dem das Fell stammt – wie der Umhang der Ulfhedinn („Wolfsfell-Krieger") und der Berserker („Bärenfell-Krieger"). Auch der „Ögishelm" („Schreckenshelm"), mit dessen Hilfe sich der Zwerg Fafnir in der Siegfried-Sage in einen Drachen verwandelte, ist solch ein „Hedinn".

Das „*Haar-Teilen des Hedinn*" bedeutet offenbar „Kampf": Das gemeinte Bild ist vermutlich das Zuschlagen mit einem Schwert auf einen Krieger, der einen Hedinn trägt und der mitsamt seiner Kleidung zerschnitten wird. Vielleicht stellte man sich auch vor, daß die Riesen solche Felle trugen.

Das „*Schalen-Spiel des Kampfes*" bezieht sich möglicherweise auf die Herstellung von Schädelschalen aus den Köpfen der Feinde (Wieland-Lied). Solche Schädelschalen wurden von den (Indo-)Germanen benutzt, da man die Vorstellungen hatte, daß das Trinken aus solchen Schalen dem Trinkenden die Kraft dessen verleiht, von dem diese Schädelschale stammte. Dieser Brauch war auch im Christentum bis ins frühe Mittelalter hinein weit verbreitet: Auf diese Weise strebte man danach, den Segen vor allem von Heiligen zu erhalten. Bereits in der späten Altsteinzeit hat man aus den Schädeln mancher Toter sorgfältig bearbeitete Schalen angefertigt.

Die „*Briten-Sippe der Höhle*" waren die in Höhlen wohnenden Riesen. In dieser Kenning wurden auch die Briten den Riesen gleichgesetzt: Beide waren feindlich gesonnene Wesen in der Fremde.

Kenning-freie Übersetzung der Strophe: „*Die Riesen überfielen die Asen, als diese noch durch den Fluß wateten und noch nicht selber den Kampf gegen die Riesen beginnen konnten.*"

Das Schären-Volk der kalten Wellen
unternahm einen Flucht-Ausflug vor den Feinden der Schweden
und eilte in sein Heiligtum,
verfolgt von dem Zermalmer des Landzungen-Volkes.

*Die Dänen der Flut-Rippe des weit draußen liegenden
Heiligtums gaben sich geschlagen,
als die Verwandten von Jölnirs
Feuer-Schüttler fest standen.*

Das „*Schären-Volk*" sind die Riesen. Die Inseln („Schären") wurden dem Jenseits gleichgesetzt. Dieses Motiv findet sich u.a. auch in der Wieland-Sage, in der das Ausgesetztwerden auf einer Schäre den Jenseitsaufenthalt des Schmiedes Wieland (Tyr) darstellt. Die bekannteste aller Jenseitsinseln ist sicherlich Atlantis – dicht gefolgt von dem keltischen Avalon („Apfelbaum-Land"). Alle diese Inseln lagen in den „*kalten Wellen*" des Meeres.

Der „*Flucht-Ausflug*" ist wieder einmal ein Zeichen dafür, wie hoch der Skalde Eilifir und wohl auch die Germanen, die ihm zuhörten, die Ironie schätzten.

Die „*Feinde der Schweden*" sind die Asen – auch die Schweden gehörten zur Zeit des Skalden Eilifir Godrunarson zu den Gegnern der Isländer und werden hier mit einem verächtlichen poetischen Seitenhieb bedacht: Die Wikinger sahen sich selber als unter dem Schutz des Thor stehend an und setzten alle ihre Feinde den Riesen gleich, die von Thor getötet wurden.

Das „*Landzungen-Volk*" sind die Riesen auf den Küsten von Utgard, d.h. auf dem jenseitigen Ufer des Gjallar-Flusses bzw. des Weltmeeres. Der „*Zermalmer der Riesen*" ist Thor.

Die „*Flut-Rippe*" scheint ein schmales, langgezogenes felsiges oder vielleicht auch sandiges Landstück zu sein, das nur bei Ebbe trockenliegt. Vielleicht ist mit der „Rippe" aber auch eine lange, schmale Landzunge gemeint. Die „*Dänen der Flutrippe*" sind die Riesen, die auf der bei Flut möglicherweise überspülten Landzunge wohnen – eine recht unangenehme Heimat ... Eilifir vergaß nicht, auch die „*Dänen*" nebenbei abfällig als „Riesen" zu bezeichnen.

Das „*weit draußen liegende Heiligtum*" der Riesen ist ihre Heimat Utgard jenseits des Gjallar bzw. des Weltmeeres.

Ein „*Feuer-Schüttler*" ist ein Krieger – das Bild bezieht sich nicht auf einen Brandstifter, sondern auf das Schwert, das wegen der Verletzungen, die es zufügen sollte, oft mit der Heiti „Flamme" umschrieben wurde.

„*Jölnir*" („Jul-Gott") ist Odin – anscheinend wurden seine Jenseitsreisen den Jenseitsreisen der Sonne gleichgesetzt, da die Julnacht (Mittwinter) der Zeitpunkt der jährlichen Wiedergeburt der Sonne ist (ab der Julnacht werden die Tage wieder länger und die Sonne somit wieder stärker). Dieser Zusammenhang hat seinen Ursprung vermutlich darin, daß der ehemalige germanische Göttervater Tyr noch wie allgemein die indogermanischen Göttervater die Charakterzüge eines Sonnengottes besaß.

„*Jölnirs Feuer-Schüttler*", also „*Odins Krieger*" ist Thor. Die „*Verwandten des Thor*" sind die Asen – hier wird Thialfi anscheinend zu den Asen gerechnet, denn sonst käme kein Plural („Verwandte") zustande.

Kenning-freie Übersetzung der Strophe: *„Die Riesen flohen vor den Asen und eilten von Thor verfolgt in ihre Höhlen. Die Riesen gaben sich geschlagen, als die Asen im Kampf fest standen."*

Als die Krieger, denen ein Geist der Stärke verliehen worden war,
das Haus des Thorn betraten,
gab es ein großes Geschrei
unter den Walisern der Höhle mit den runden Wänden.

Der dem Frieden abgeneigte Töter
des Rentiers der Lista-Leute der Gipfel
geriet dort auf dem schrecklichen,
grauenvollen Hut der Riesin in die Enge.

Der *„Geist der Stärke"* könnte die Kampfekstase der Berserker und der Ulfhedinn sein.

Mit *„Thorn"* („Dorn") ist der Urriese Ymir gemeint, wie sich aus den vorigen Strophen ergibt, in dem das aus Thorns Leib strömende Blut dem reißenden Fluß Wimur verglichen wird. Das *„Haus des Thorn"* ist eine Höhle, in der die Riesen wohnen.

Die *„Waliser der Höhle"* sind die Riesen; nach den Dänen, Schweden, Schotten und Briten werden nun auch die Waliser als Feinde der Isländer den Riesen gleichgesetzt. Dieser „running gag" könnte bei den Wikingern, die dem Eilifir lauschten, ein jedesmal stärker werdendes begeistertes Johlen hervorgerufen haben.

„Lista" ist die große, bergige, südwestnorwegische Halbinsel, die direkt im Norden von Dänemark liegt. Die *„Lista-Leute der Berge"* und die *„Waliser der Höhlen"*, die zwei Verse vorher erwähnt werden, stehen hier sowohl in Parallele (Fremdvölker) als auch im Gegensatz (Höhle – Berg). Diese beiden Formen der Gegenüberstellung schätzten die germanischen Dichter sehr. Beide Kenningar sind Umschreibungen für „Riese". Ein *„Rentier der Riesen"* ist ein Wolf, womit wieder Geirröd gemeint ist.

Der *„Hut der Riesinnen"* ist der Stuhl, unter dem sich die Riesinnen Gjalp und Greip versteckt haben und der sich deshalb wie ein Hut über ihnen befand. Diese Kenning könnte durchaus auch eine Anspielung auf Thors Reise zu Utgard-Loki sein, auf der die Asen in einer Höhle Schutz suchten, die sich später als der Handschuh eines Riesen herausstellte. Diese Kenning könnte daher das eine oder andere Lachen bei Eilifirs Zuhörern ausgelöst haben.

Kenning-freie Übersetzung der Strophe: *„Als die Asen in ihrer Kampfekstase die Höhle betraten, gab es ein großes Geschrei unter den Riesen. Thor geriet dort ziemlich in Bedrängnis."*

Sie stießen den hohen Himmel der Flamme
des Brauen-Mondes gegen die Dachsparren der Halle
und wurden selber gegen die Stein-Nüsse
der Ebene der Stein-Halle gequetscht.

Der Halter der Schutzwand des schwebenden
Streitwagens des Gewitters
zerbrach den uralten Kiel des Schiffes
des Lachens beider Höhlen-Mägde.

Der „*Brauen-Mond*" ist das Auge. Die „*Flamme des Auges*" ist Thors wütender Blick. Der „*Himmel der wütenden Augen*" ist Thors Stirn. Sie wird hier wie „Hrungnirs Kopf-Splitter" in der Ragnars-Drapa als „abgekürzte Kenning" für Thor benutzt. Sie besteht nur aus dem Kenniord (kennzeichnender Bestandteil der Kenning). Zusammen mit dem Stofnord („Stammwort") könnte die vollständige Thor-Kenning z.B. „*Ase des hohen Himmels der Flamme des Brauen-Mondes*" lauten.

Der „*hohe Himmel*" ist hier assoziativ mit dem „*schwebenden*", d.h. über den Himmel fahrenden „*Streitwagen des Thor*" verbunden.

Die „*Dachsparren der Halle*" sind die Decke der Höhle der Riesen. „*Dachsparren*" ist hier natürlich nur symbolisch gemeint, da eine Höhle keine Dachsparren hat.

Die „*Ebene der Steinhalle*" ist der Fußboden der Höhle. Die „*Stein-Nüsse*" auf dem Höhlenboden sind die von der Decke herabgefallenen Steinstücke. In dieser Halbstrophe sind die beiden Doppelverse genau parallel aufgebaut, was einen komisch-drastischen Eindruck hervorruft: Erst stemmen die beiden Riesinnen Thor zu den „Dachsparren" der Höhlendecke hinauf und dann drückt Thor die beiden Riesinnen auf die Kiesel auf dem Höhlenboden hinab.

Diese Szene findet sich auch in der Edda beschrieben: Dort heben die beiden Riesinnen Gjalp und Greip, die Töchter des Geirröd, Thors Stuhl zur Decke empor, um den Asen zu zerquetschen. Diese beiden hatten schon vorher versucht, den Thor in dem Fluß Wimur zu ertränken, indem sie durch ihren Urin eine Flut verursacht hatten.

„*Nüsse*" waren eine beliebte Heiti für „Tränen". Dadurch ergibt sich nebenbei die Aussage, daß die beiden niedergedrückten Riesinnen, als sie am Boden lagen, Grund zum Weinen hatten – schließlich wurden sie von Thor getötet. Da Thor als der Donnergott zudem den Regen brachte, den man auch als die „Tränen des Himmels" umschrieb, findet sich hier gleich noch eine weitere Ironie.

Der „*Streitwagen des Gewitters*" ist der Ziegenwagen des Donnergottes Thor. Die Kenning „*schwebender Thors-Wagen*" zeigt, daß man sich vorstellte, daß Thor in seinem Wagen mit donnernden Rädern im Gewitter über den Himmel fuhr und Blitze herabsandte.

Die christliche Variante dieses Bildes ist die Vorstellung, daß der Donner dadurch entsteht, daß „Petrus im Himmel Kegeln spielt".

Die „*Schutzwand des Thorswagens*" ist der hölzerne Aufbau auf dem Wagen, der dem Schutz des Fahrers vor den Pfeilen und Speeren der Feinde dient. Der „*Halter dieser Schutzwand*" ist Thor.

Das „*Schiff des Lachens*" ist der Brustkorb. In diesem Zusammenhang kann eine Kenning, die das Wort „*Lachen*" benutzt, nur noch sarkastische Ironie sein – denn die Riesinnen starben durch Thor. Der „*Kiel des Brustkorbes*" ist das Rückgrat. Die „*Höhlen-Mägde*" sind die beiden Riesinnen Gjalp und Greip.

Auch die „*(Hasel-)Nüsse*" als Heiti für „Tränen" bilden einen Gegensatz zu dem „*Lachen*" der Riesinnen – das durch Thor für immer beendet wird.

Kenning-freie Übersetzung der Strophe: „*Gjalp und Greip stießen Thor gegen die Höhlendecke und versuchten ihn zu zerquetschen, aber Thor drückte sie nieder und zerbrach ihnen das Rückgrat.*"

Einstmals brauchte ich
meine gesamte Asenstärke
In dem Haus des Riesen,
als Gialp und Gneip,
Geirröds Töchter,
Mich zum Himmel zu heben versuchten.

Diese Halbstrophe aus der Skaldskaparmal beschreibt den Kampf zwischen Thor und den Riesinnen Gjalp und Greip.

Da sie nicht in der höfischen Form verfaßt ist, kann sie nicht aus der Thorsdrapa stammen, sondern wird wie die von Thor an die Wasser des Wimur gerichteten Worte aus einem anderen Lied über die Reise des Thor nach Geirrödsgard stammen, das in sechszeiligen Strophen verfaßt worden ist.

Der Sohn der Erde sprach nur selten,
aber die Männer des Baus
des Fjord-Apfels unterbrachen
nicht ihr Bier-Fest.

Der Ägir des Eschen-Seiles,
Sudris Verwandter, stieß mit einer Zange
ein Häppchen, das in der Esse gekocht worden war,
gegen den Mund von Odins Kummer-Dieb.

Der „*Sohn der Erde*" ist Thor: Er ist der Sohn des Odin und der Erdgöttin Jörd/ Fjörgyn.

Die Worte „*er sprach nur selten*" könnten bedeuten, daß Thor das „*Bier-Fest*" nicht gefiel – was eine recht ironische Umschreibung des Kampfes zwischen Thor und den Riesen wäre. An dieser Stelle könnten die den Versen des Eilifir Godrunason lauschenden Wikinger gegrinst und einen Schluck von ihrem Bier oder Met getrunken haben.

Der Skalde Eilifir war offenbar sehr um eine gute Stimmung unter seinen sicherlich nicht zart besaiteten Zuhörern bemüht.

Die Umschreibung des Kampfes als „*Bier-Fest*" läßt die drei Strophen vorher benutzte ironische Umschreibung „*Flucht-Ausflug*" anklingen: Der Kampf folgt auf die Flucht wie das Bierfest auf den Ausflug.

Der „*Fjord-Apfel*" ist vermutlich die Insel oder die Landzunge in dem Fjord, auf dem sich der „*Bau*", d.h. die Höhle der Riesen befand. Die Riesen werden durch die Verwendung des Wortes „Bau" („Höhle eines Fuchses" o.ä.) als „Tiere" bezeichnet – und gleichzeitig natürlich auch all die Fremdvölker, die in den vorigen Strophen von Eilifir den Riesen gleichgesetzt worden sind.

Es wäre denkbar, daß die Kenning „*Fjord-Apfel*" eine Assoziation zu den lebengebenden Äpfeln der Idun hervorrufen sollte. Die Germanen gaben ihren Toten oft Äpfel mit in das Jenseits, die wohl wie die Äpfel der Idun das Weiterleben der Toten im Jenseits sichern sollte.

Man kann somit mit einiger Berechtigung vermuten, daß die Germanen wie die Kelten aus dem „Totenreich jenseits des Großen Wassers" und den „magischen Äpfeln der Göttin in der Unterwelt" das Bild einer „Apfelinsel" (Kelten: „Avalon") erschaffen haben: den „*Fjord-Apfel*".

Die „*Männer der Höhle*" sind die Riesen. Da die Hügelgräber oft auf Landzungen oder zumindestens in der Nähe des Meeres errichtet wurden, da das Totenreich „jenseits des Großen Wassers lag", könnte diese „Höhle" auch eine Heiti für ein Hügelgrab sein. Diese vielfältigen Assoziationsmöglichkeiten werden durchaus beabsichtigt gewesen sein, da sie vielfältige Gefühle in den Zuhörern hervorrufen konnten. Und das Hervorrufen von Gefühlen ist noch heute das wichtigste Merkmal eines erfolgreichen Liedes …

Ein „*Eschen-Seil*" ist ein Speer. „*Eschen-Seil*" ist wieder eine „gekürzte Kenning", da sie hier keinen Speer, sondern einen mit einem Speer oder Bogen bewaffneten Krieger bezeichnet. Die Bedeutung des Namens „Ägir" ist „*Erschrecker*". Der „*Erschrecker der Krieger*" ist in diesem Zusammenhang folglich ein Riese. „Ägir" ist Tyr als Riese in der Wasserunterwelt, also eine Entsprechung zu Geirröd.

„*Eschen-Seil*" läßt sich jedoch auch als die Sehne an einem Bogen aus Eschenholz verstehen. Der „*Erschrecker der Bogensehne*" wäre dann derjenige, der einen Pfeil abschießt und dadurch die Sehne erzittern läßt – also ebenfalls ein Krieger. Dieser

Krieger ist wieder Geirröd.

„*Sudri*" ist einer der vier Zwerge, die die Himmelskuppel, d.h. den Schädel des Urriesen Ymirs tragen. Daß der Riese Geirröd hier als „Sudris Verwandter" bezeichnet wird, zeigt, daß Riesen und Zwerge recht ähnliche Wesen gewesen sein müssen: Totengeister („dwergaz"). In den frühen Texten gibt es keinerlei Hinweise darauf, daß die Zwerge klein gewesen sind – die Riesen waren eher „besonders große Totengeister".

Es erscheint auch nicht sehr plausibel, daß die vier Wesen, die den Himmel trugen, besonders klein waren – man sollte sie eher für besonders groß halten. Auch in den Mythen anderer indogermanischer Völker wird der Himmel von einem Riesen (Griechen: Atlas; Hethiter: Ullikummi) oder einem Gott (Inder: Skambia) getragen.

Das „*Häppchen, das in der Esse gekocht worden war*", ist ein Stück glühendes Metall. Die Riesen sind hier wie die Zwerge Schmiede. Geirröd reicht hier dem Thor einen „Empfangs-Imbiß" – allerdings keinen sehr freundlichen. Diese Szene wird eine Anspielung auf die Gastfreundschafts-Bräuche der Germanen sein.

Der „*Kummer-Dieb*" ist die Freude. „*Odins Freude*" ist Thor.

Kenning-freie Übersetzung der Strophe: „*Thor war wütend, aber die Riesen beendeten nicht den Kampf. Geirröd nahm mit einer Zange ein Stück glühendes Metall und stieß es gegen Thors Kopf.*"

Der Unterdrücker der Verwandten
der nachts umgehenden Frauen riß den Mund
seines Armes weit auf und schnappte das schwere,
rote Häppchen in dem Seegras der Zange.

Auch diese vier Verse stammen aus der Skaldskaparmal des Snorri Sturluson. Im Gegensatz zu den beiden vorigen aus der Edda stammenden Halbstrophen sind diese vier Verse jedoch in demselben Stil wie die Thorsdrapa verfaßt worden, was vermuten läßt, daß sie auch aus der Thorsdrapa stammen. Warum diese Strophe in der Thorsdrapa jedoch fehlt und warum von ihr nur eine Halbstrophe erhalten ist, ist unbekannt.

Der Halbvers läßt sich an dieser Stelle mühelos einfügen – so als ob er hierhin gehören würde. Auch das Gleichnis zwischen dem Kampf und einem Festmahl aus der vorigen Strophe des Eilifir findet sich in diesen Zeilen.

Die Art der Reime in dieser Halbstrophe sehen ebenfalls sehr nach dem Skalden Eilifir aus, der es verstand, hier durch die Wahl der Halbreime die Vorstellung von Kampflärm heraufzubeschwören: In dem ersten Doppelvers finden sich die Reime „*thröng – thung – thang – tang*" und in dem zweiten Doppelvers die Reime „*runn – kvinn – kunn – munn*".

Die „*nachts umgehenden Frauen*" sind die Riesinnen, die hier offensichtlich als

Gespenster und vielleicht auch als Zauberinnen angesehen wurden. Es gab offenbar einen fließenden Übergang zwischen Riesinnen, Troll-Frauen, Totengeistern, Seherinnen, Zauberinnen und Nornen. Sie wurden auch „Abend-Reiterinnen", „Nacht-Reiterinnen" und „Hag-Sitzende" („hagazussa") genannt. Aus der letzten dieser Bezeichnungen hat sich dann das deutsche Wort „Hexe" entwickelt.

Die „*Verwandten der Riesinnen*" sind die Riesen – eine „Minimal-Kenning" … Der „*Unterdrücker der Riesen*" ist Thor.

Der „*Mund des Armes*" ist die Hand.

Das „*rote Häppchen*" ist das glühende Stück Metall. Es ging heiß her bei diesem Kampf …

„*Seegras*" könnte eine Heiti für Metall sein, da „Kriegs-Gras" eine Kenning für „Brünne, Rüstung" gewesen ist. Das „Gras" bezieht sich hier auf das Leinen (Flachs), aus dem man die normale Kleidung webte. Die Umschreibung „*Seegras der Zange*" bedeutet vermutlich einfach „Metall der Zange".

Der „*Vermehrer der Schlacht*" ist Thor.

Kenning-freie Übersetzung der Strophe: „*Thor schnappte das glühende Stück Metall mit der Zange.*"

So trank der schnelle Vermehrer der Schlacht,
Thröngs alter Freund, gierig
den erhobenen Trunk des geschmolzenen Klumpens
in der Luft mit dem schnellen Mund seiner Hände.

Die zischende Schlacke flog
von der feindlichen Brust des Griffes
des inbrünstigen Liebhabers von Hrimnirs Mädchen
zu dem, der Thrudr sehr vermißt.

„*Thröng*" („Gedränge") ist ein Beiname der Göttin Freya, der sich vielleicht auf die Vielzahl der Toten, die sich bei ihr befinden, bezieht. Diese Deutung ist aber recht unsicher. „*Thröngs alter Freund*" ist offensichtlich Thor – es ist den Mythen ansonsten nichts von einer besonderen Freundschaft zwischen diesen beiden Asen bekannt.

Das „*Trinken des erhobenen Trunkes*" ist eine Umschreibung für „zugreifen". Das Bild des Kampfes, in dem Geirröd ein Stück glühendes Metall mit der Zange erfaßt hat und gegen Thor als Waffe benutzt, wird hier durchgehend mit den Bildern eines Bier-Festes beschrieben.

Der „*Mund der Hände*" ist die Handinnenfläche, in der das Ergriffene liegt wie das Abgebissene im Mund. Dies Bild bezieht sich auf das hier verwendete Bierfest-Gleichnis: Bei einem solchen Fest trinkt (ergreift) der Mund (Hände) das Bier (glühendes Metall). Dieses Bild könnte den Wikingern ein verständnisvolles Schmunzeln entlockt haben, da auch schon bei ihnen die Feste, an denen reichlich Alkohol getrunken wurde, ab und zu in Prügeleien ausgeartet sein werden.

Die „Brust" ist die Vorderseite des Körpers. Die „*Brust des Griffes*", also die „Brust der Hand" ist demnach die Handinnenfläche.

„*Hrimnir*" ist ein Riese. „*Hrimnirs Mädchen*" sind daher Riesinnen. Die „*Liebhaber der Riesinnen*" sind die Riesen.

„*Der, der Thrudr sehr vermißt*" ist Thor, da Thrudr die Tochter des Thor und der Sif ist. Warum er sie „*sehr vermißt*", ist allerdings unklar – diese Formulierung würde besser passen, wenn Thrudr die Geliebte des Thor gewesen wäre. Vermutlich ist in den gut 200 Jahren zwischen dem Verfassen der Thorsdrapa und der Niederschrift der Edda die Rolle der Thrudr in Bezug auf Thor umgedeutet worden.

Der Skalde Eilifir hat keine Möglichkeit ausgelassen, um die Aufmerksamkeit seiner Zuhörer zu fesseln. In den letzten drei Halbstrophen hat er mehrere Umschreibungen benutzt, die auch als sexuelle Anspielungen aufgefaßt werden konnten.

Die Worte „*der Unterdrücker der Verwandten der nachts umgehenden Frauen*" lassen sich genausogut auch als „*der Stoßende an der Geburtsöffnung der nachts umgehenden Frauen*" übersetzen.

Die Worte „*Verwandte der nachts umgehenden Frauen*" können zudem auch als „*der den nachts umgehenden Frauen gut bekannte Knochen*" gelesen werden – wobei „Knochen" eine Heiti für „Penis" ist. Diese Doppeldeutigkeit wird aber vermutlich nicht so offensichtlich gewesen sein wie die vorige.

Auch die Kenning „*Thröngs alter Freund*", also „Freyas guter Freund", die etwas ungewohnt ist, weil Thor sonst nirgendwo als „Freyas Freund" bezeichnet wird, läßt sich noch auf eine andere Weise verstehen: „Thröng" bezeichnet auch eine enge Stelle und kann daher, nachdem Eilifir die Phantasie seiner Zuhörer bereits zu sexuellen Vorstellungen gelenkt hatte, auch als „Vagina" verstanden werden – zumal Freya, die hier mit „Thröng" umschrieben wird, u.a. die Liebesgöttin war. Der „alte Freund" der „Thröng" wäre dann der Penis. Diese Assoziation wird noch dadurch verstärkt, daß das germanische Adjektiv „lang", das hier mit „alt" übersetzt worden ist, nicht nur „lange Zeit andauernd", sondern auch wörtlich „lang" bedeutet.

Diejenigen unter den Zuhörern, die bis zu diesem Punkt die sexuellen Anspielungen noch nicht bemerkt hatten, dürften spätestens bei der Kenning „*inbrünstiger Liebhaber von Hrimnirs Mädchen*" auch zu erotischen Assoziationen gelangt sein. Diese Kenning ist also nicht so schlicht und bedeutungslos, wie sie auf den ersten Blick erscheinen mag.

Die Parallelstellung von Thor und Geirröd in dem letzten Doppelvers läßt vermuten, daß auch Thors Sehnsucht nach Thrudr erotisch gemeint ist: „*... des inbrünstigen Liebhabers von Hrimnirs Mädchen ... dem, der Thrudr sehr vermißt.*" Hier wird unter dem Tarnmantel von zwei für die Beschreibung des Kampfes zwischen Thor und Geirröd benötigten Kenningar erst auf die Vereinigung von Hrimnir mit seinen Mädchen und dann auf die des Thor mit Thrudr hingewiesen.

Kenning-freie Übersetzung der Strophe: *„Thor schnappte mit seiner Hand das Glutstück, daß Geirröd mit seiner Zange auf Thor warf."*

*Die Halle des Thrasir wurde erschüttert,
als der breite Kopf des Heide-Königs
unter das uralte Bein der Mauer
des Fußboden-Bären gedrückt wurde.*

*Der ruhmvolle Stiefvater des Ullr
warf den verletzenden Dorn
mit großer Kraft in die Mitte des Gürtels des Leibeigenen
des Zahnes des Weges der Angelschnur hinab.*

Der Name „Thrasir" bedeutet „der Sehnsüchtige" („der nach etwas strebt/verlangt und etwas liebt"). Dies muß entweder ein Beiname des Geirröd oder eine Heiti für ihn sein, da die *„Halle des Thrasir"* offensichtlich die Höhle dieses Riesen bezeichnet. Der Name „Thrasir" erinnert an die beiden Menschen Lif („die Lebende") und Lifthrasir („der das Leben liebende"), die die beiden Überlebenden des Ragnarök waren. Ob es einen Zusammenhang zwischen diesen beiden Menschen und dem Riesen Thrasir gibt, ist allerdings unklar. Vielleicht ist „Thrasir" auch nur eine Anspielung auf die Geirröd-Kenning *„inbrünstiger Liebhaber von Hrimnirs Mädchen"*.

„Heidrek" („Licht-König") war ein König in den Isländersagas, der von seiner Mutter Hervor das magische Schwert Tyrfing („Tyr-Finger") erhalten hatte, das von zwei Zwergen hergestellt, aber auch verflucht worden war. *„Heidrek"* ist eine Saga-Variante des ehemaligen Sonnengott-Göttervaters Tyr in der Unterwelt und ist daher mit Geirröd identisch. Das „Licht" in seinem Namen ist die Sonne.

Die Kenning *„Fußboden-Bär"* für Geirröd ist eindeutig ein Spott, denn sie beinhaltet die Aussage, daß die Riesen kein Lager haben, sondern wie Bären auf dem Fußboden in ihren Höhlen schlafen.

Eilifr Godrunason nutzt in den Kenningar in diesem Lied reichlich die Verachtung der Wikinger für ihre Feinde, um Beifall von seinen Zuhörern zu erhalten.

Die *„Mauer des Fußboden-Bären"*, d.h. die *„Mauer des Riesen"* ist die Wand der Höhle des Geirröd. Das *„Bein der Höhlenwand"* ist die Säule in der Höhle des Geirröd, von der auch Snorri Sturluson in der Edda berichtet. Das Verstehen dieser Kenning wird für die Zuhörer des Skalden Eilifir nicht schwer gewesen sein, da sie diese Mythe bereits gut kannten.

Es ist seltsam, daß Geirröds Kopf *„unter"* die Säule gedrückt wurde – eigentlich sollte man erwarten können, daß sich Geirröd (wie in der Edda berichtet) „hinter" der Säule zu verstecken versuchte. Seinen Kopf verbarg er möglicherweise deshalb, weil er vorher versucht hatte, mit dem glühenden Metallstück Thors Gesicht zu treffen.

Das Wort „gedrückt" steht in der Thorsdrapa im Passiv – es ist zunächst nicht deutlich, ob der Kopf von Thor oder von Geirröd selber „unter" die Säule gedrückt wird. Aus dem Zusammenhang und auch aus der Edda ergibt sich jedoch, daß Geirröd seinen Kopf verbirgt.

Das „*uralte Bein der Mauer des Fußboden-Bären*" ruft die Assoziation hervor, daß die Riesen wie Bären sind. Falls Eilifir dieses Bild auch bei Geirröds Verbergen hinter der Säule benutzt haben sollte, dann würde sich Geirröd wie ein Bärenjunges hinter den Beinen seiner Mutter, d.h. „unter" ihr verborgen haben, Geirröd würde dadurch auch „unten" vor Thor liegen, sodaß er das Metallstück auf den Riesen „hinabwerfen" konnte – so wie es in der Strophe beschreiben wird.

Diese Szene wird bei den Zuhörern des Skalden Eilifir vermutlich eine Assoziation zu ihren eigenen Wohnungen ausgelöst haben, da die Mittelsäule in den germanischen Langhäusern der Wohnort der Ahnen des Hausherrn gewesen ist, dessen Sitz sich vor dieser Säule befand. Das Töten des Geirröd an dem Sockel des Mittelpfeilers durch Thor beinhaltet das Bild, daß Thor den Riesen „zu seinen Ahnen (in der Säule/Unterwelt) sendet". Die Mittelsäule ist auch der Platz des Hausherrn – der im Falle des Riesen Geirröd jedoch nicht stolz vor dieser „Säule seiner Ahnen" saß, sondern sich ängstlich hinter ihr verbarg.

Die „*Säule*", hinter der sich Geirröd versteckt, ist symbolisch gesehen auch der Weltenbaum – eine Variante der Irmin-Sul. Diese Säule wurde auch im Hymir-Lied durch Thor zerstört.

Der „*Stiefvater des Ullr*" ist Thor. Ullrs Eltern sind Loki und Thors Frau Sif.

Ein „*Dorn*" ist das Verschluß-Stäbchen an einem Gürtel oder an einer Fibel. Hier scheint dieser „Dorn" jedoch ein Wurfgeschoß zu sein, das Thor benutzt. Die beiden Bedeutungen des Wortes „Dorn" könnten miteinander kombiniert für die Zuhörer des Eilifir möglicherweise in etwa die folgende Aussage ergeben haben: Es ist richtig, mit dem Dorn den Gürtel zu schließen und es ist genauso richtig, den Riesen zu töten.

Da ansonsten der Hammer die typische Waffe des Thor ist, wird das Wort „Dorn" an dieser Stelle eine Heiti für das Glutstück sein, daß Thor aufgefangen hatte und das er Snorri Sturluson zufolge durch die Säule und durch den Riesen Geirröd hindurch wirft.

Hier ist wieder eine der Gegensatz-Parallelstellungen zu sehen, die von den Skalden sehr geschätzt wurde: Erst wirft Geirröd das Glutstück mit wenig Kraft nach Thor und dann wirft Thor dasselbe Glutstück mit mächtiger Kraft nach Geirröd. In beiden Fällen wird das germanische Verb „ljosta" benutzt, das „schlagen, stoßen, werfen" bedeutet. Da Thor jedoch nicht nur „wirft" sondern „nach unten wirft" („laust nidr") und es im Isländischen die Redewendung „der Blitz schlägt nieder" („eldingu laust nidur") gibt, wird hier wohl darauf angespielt, daß das Glutstück wie ein Blitz auf den sich am Boden hinter der Säule verbergenden Geirröd niederschlägt.

„Dorn" war auch eine Umschreibung für „Schwert". Tyr-Geirröd schmiedet in der Unterwelt sein bei seinem Tod zerbrochenes Schwert neu. Das glühende Eisen, das Geirröd nach Thor wirft, ist also sein noch nicht fertig geschmiedetes Schwert. Durch das Zurückwerfen dieses Glutstückes erhält es jedoch die Funktion, die ansonsten Thors Hammer hat. Hier wird daher zum einen aus dem Schwert des Tyr der Hammer des Thor und zum anderen wird Tyr-Geirröd mit seiner eigenen Waffe getötet, was ein häufiges Motiv in den Tyr-Mythen gewesen ist.

Der Blitz ist in den indogermanischen Mythologien manchmal auch ein Donnerkeil, der von dem Donnergott zur Erde geschleudert wurde. Es wäre durchaus denkbar, daß der „Dorn", als der das Glutstück bezeichnet wird, mit dem sich der Ase und der Riese gegenseitig bewerfen, solch ein Blitz-Donnerkeil gewesen ist.

Der Donnerkeil des keltischen Taranis und des indischen Indra, die Keule des griechischen Herakles und des keltischen Smertrios sowie der Hammer des germanischen Thor und des hethitischen Tarhunna könnten alle letztlich Symbole des Blitzes sein – und der Donner der Lärm des Zuschlagens mit dieser Waffe.

Wenn diese Überlegungen zutreffen, dann wird in Thors Reise nach Geirrödsgard beschrieben, auf welche Weise Thor seinen Hammer erlangt hat – eine vermutlich ältere, weil individuellere Version zu dem in der Edda berichteten Schmieden durch die beiden Zwerge Sindri und Brock zusammen mit anderen magischen Gegenständen.

Wenn diese Deutung zutreffen sollte, dann hätte Thor drei Aufgaben erfüllen müssen, bevor er seinen Hammer erlangte:

> 1. Das Überqueren des Nordmeeres, also eine Fahrt nach Utgard: Die Jenseitsreise ist das wesentliche Element jeder Art von Einweihung inklusive der Krönung eines Königs, da durch eine solche Reise der Reisende zu den Göttern gelangt und anschließend durch diese Verbindung zu ihnen mit ihrem Segen im Diesseits handeln kann und unter Umständen auch über magische Fähigkeiten verfügt, die vom Geben eines effektiven Segens über das Vorhersehen der Zukunft bis zu Kampfmagie wie der des Gottes Odin reichen können.

> 2. Das Besiegen der beiden Riesinnen, die ihn durch die Flut im Wimur und durch das Emporheben in der Halle des Geirröd töten wollen: Der Kampf in einem Fluß und in einer Höhle erinnert an die Unterweltsgöttin Hel, da das Große Wasser und die Höhle die beiden wichtigsten Jenseitssymbole sind.
> Der Kampf gegen die Riesinnen wäre dann wohl eine ins Kriegerische umgedeutete Jenseitsreise.

3. Der Kampf mit Geirröd: Dieses Motiv könnte aus den Mythen des Sonnengott-Göttervaters Tyr übernommen worden sein. Die Sonne (Tyr) starb am Abend, zeugte sich selber mit der Jenseitsgöttin (Freya) wieder und wurde dann am Morgen wiedergeboren. Durch dieses bei allen Indogermanen vorhandene Motiv entstand die Vorstellung von einem alten und einem jungen Göttervater bzw. Sonnengott. Durch die Übertragung auch dieses Motives ins Kriegerische wurde der abendliche „natürliche" Tod des „alten Gottes" in ein Töten durch den „jungen Gott" umgedeutet.

Dies würde bedeuten, daß Geirröd mit dem Riesen Hymir, der als der Vater des Tyr angesehen wurde, identisch war. Dies könnte der eigentliche Grund sein, warum Geirröd *„Heidrek"* („Licht-König") genannt wurde: Der tote Göttervater Tyr ist nicht nur der König im Diesseits, sondern auch der König im Jenseits. Auch einige andere Riesen und Zwerge, die Charakterzüge des „Tyr in der Unterwelt" tragen, werden „König" genannt (Iwaldi/Alwaldi/Ölwaldi = „All-Herrscher").

Da der Donnergott und der Göttervater allgemein bei den Indogermanen eng miteinander verbunden waren, konnte der Donnergott leicht als der „junge Gott", d.h. der Sohn des Göttervaters angesehen werden: Thor ist der Sohn des neuen Göttervaters Odin, der vermutlich in der Völkerwanderungszeit an die Stelle des ursprünglichen Göttervaters Tyr getreten ist.

Thors Erlangen seines Hammers in der Geirröd-Mythe entspricht somit dem Wiederauftauchen des Schwertes aus den tiefen Wassern am Morgen bzw. seinem Neugeschmiedetwerden in der Unterwelt.

Der *„Weg der Angelschnur"* ist ein Fluß oder das Meer. Der *„Zahn des Flusses/Meeres"* klingt zwar ein wenig nach „Angelhaken", aber es wird wohl eine Landzunge an der Küste gemeint sein, da dies in den frühen Skalden-Liedern oft der Wohnort der Riesen ist. Der *„Leibeigene der Landzunge"* ist daher eine verächtliche Bezeichnung eines Riesen. Die Bezeichnung des Geirröd als „Leibeigener" steht im drastischen Gegensatz zu seiner Bezeichnung als *„Heidrek"* („Licht-König")".

Eine Weiterentwicklung dieser Kampf-Szene findet sich in der Saga über Thorstein Haus-Macht (siehe Band 79).

Kenning-freie Übersetzung der Strophe: *„Geirröds Halle wurde erschüttert, als sein breiter Kopf unter die Säule in der Halle gebracht wurde. Thor warf das Glutstück durch den Bauch des Geirröd."*

*Der Wütende schlachtete die Nachkommen des Glaumr
mit seinem blutigen Hammer.
Der Schlächter der häufigen Besucher
der Halle der Herdstein-Synjar war siegreich.*

*Mangel an Unterstützung behinderte nicht
den Pfosten des Bogens,
den Gott des Streitwagens,
der den Bankgenossen des Riesen Kummer bereitete.*

Der „*Wütende*" ist Thor. Seine „Wut" könnte eine Kampfekstase bezeichnen.

„*Glaumr*" („Lärm, Donner, Tumult") ist ein unbekannter Riese. Die „*Nachkommen des Glaumr*" sind die Riesen als Gruppe.

„*Herdstein-Synjar*" ist eine Kenning, die sich aus „steinerner Herd" sowie aus dem Plural der Schutzgöttin des Hauses „Syn" zusammensetzt. Die „*Herdstein-Göttin*" ist die Hausherrin. Da diese Kenning im Plural steht und sich offensichtlich auf die Riesen bezieht, sind mit ihr die Riesinnen in der Halle des Geirröd gemeint. Diese Kenning könnte bei Eilifirs Hörern die Assoziation zu der Riesin und Unterweltsgöttin Hel hervorgerufen haben. Wenn dies der Fall gewesen sein sollte, dann würde „*Halle der Herdstein-Göttinnen*" sowohl „Höhle des Geirröd" als auch „Halle der Hel" bedeutet haben. Da auch die Riesen im Jenseits leben, sind beide Namensdeutungen letztlich Bezeichnungen für die Unterwelt/Utgard. Die „*häufigen Besucher der Utgard-Unterwelt*" sind die Riesen, die dort wohnen. Der „*Schlächter der Riesen*" ist Thor.

Ein „Baum, Pfahl, Pfosten" usw. ist ein Mann. Ein „*Pfosten des Bogens*" ist daher ein Krieger, womit hier Thor gemeint ist.

Die „*Unterstützung*" in dem dritten Vers bezieht sich auf Thjalfi.

Der „*Gott des Streitwagens*" ist Thor.

Der „*Riese*" ist Geirröd. Die „*Bankgenossen des Geirröd*" sind die Riesen allgemein. Diese Kenning ist nicht allzu kreativ ...

Kenning-freie Übersetzung der Strophe: „*Thor tötete die Riesen mit seinem blutigen Hammer. Thor war siegreich. Er erhielt reichlich Unterstützung von Thialfi.*"

*Der verehrte Hel-Schläger tötete
mit dem Leicht-Zermalmenden zusammen mit dem Elfen
die Wald-Kälber des unterirdischen Fluchtortes
vor dem Glanz der Elfen-Welt.*

*Die Rogaländer des Listi-Landes
der Falken-Nester waren unfähig,
den standfesten Unterstützer des Verkürzers
der Lebensspanne der Männer des Felsenkönigs zu verletzen.*

Der *„Hel-Schläger"* ist Thor. Diese Kenning bezieht sich darauf, daß Hel in Utgard liegt und Thor dort die Riesen bekämpft und sie sozusagen „zur Hölle schickt".

Der *„Leicht-Zermalmer"* ist Mjölnir – mit ihm fällt es Thor leicht, die Riesen zu töten.

Der *„Elf"* ist Thjalfi. Diese Umschreibung läßt vermuten, daß sich der junge Mann Thialfi bereits im Jenseits befindet und entweder kein Lebender mehr ist oder ein Schamane und daher „Alben-ähnlich" ist.

Die *„Wald-Kälber"* sind die Jungtiere der Auerochsen und vielleicht auch der Hirsche. Der *„unterirdische Fluchtort"* ist zunächst eine Höhle, aber im erweiterten Sinne auch die Unterwelt/Utgard. Die *„Jungtiere der Unterwelt"* sind die Nachkommen der Riesen.

Die *„Elfen-Welt"* sollte eigentlich die Unterwelt sein, da die Elfen („Weiße, Leuchtende") ursprünglich Totengeister waren. Sie wurden jedoch so eng mit dem Licht und der Sonne assoziiert, daß ihr Bereich nicht das Jenseits unter der dunklen Erde (das „Niflheim" der „Schwarzalben"), sondern das helle Jenseits im Himmel (das „Muspelheim" der „Lichtalben") war. Der *„Glanz der Elfen-Welt"* ist somit die Sonne. Der *„Fluchtort (der Riesen) vor der Sonne"* ist die Unterwelt. Die Riesen fürchteten wie die Zwerge die Sonne, da sie durch einen Sonnenstrahl, der auf sie fiel, zu Stein erstarrten.

„Rogaland" ist ein Teil des Südwestens von Norwegen. Auch die Norweger werden nun den Riesen gleichgesetzt – sie fehlten noch in der Liste der Feinde der Isländer. Vermutlich werden sich die Wikinger, die Eilifr zugehört haben, bei diesen Stellen mittlerweile vor Freude laut grölend auf die Schenkel geklopft haben …

Die *„Falken-Nester"* sind die Gipfel der Berge. *„Listi"* ist die große südwestnorwegische Halbinsel nördlich von Dänemark. *„Falken-Nester von Listi"* ist eine Kenning für „Gebirge". Die *„Rogaländer der Gebirge"* sind somit die Südnorweger. Diese Kenning bezeichnet gleich auf zweifache Weise den Ort, an dem das gemeinte Volk lebt: durch *„Rogaland"* und durch *„Listi"*.

Die *„Männer des Felsenkönigs"* sind die Riesen – Geirröd, der Anführer der Riesen wurde bereits in einer früheren Strophe *„Heidrek"* („Licht-König") genannt. Der *„Verkürzer der Lebensspanne der Riesen"* ist Thor. Der *„Unterstützer des Thor"* ist Thialfi.

„Kenning-freie Übersetzung" der Strophe: *„Thor tötete mit seinem Hammer zusammen mit Thialfi die Riesen, die unfähig waren, Thialfi zu verletzen."*

Röskvas Bruder
stand voll Wut,
Magnis Vater
schlug gut zu.

Diese Halbstrophe wird von Snorri in der Skaldskaparmal als Teil eines Gedichtes des Skalden Eilifir zitiert. Die beiden letzten Verse kommen auch in der Thorsdrapa vor – sie stehen in der Drapa lediglich in der Gegenwart und nicht in der Vergangenheit. Aus diesem Grund ist vermutet worden, daß sie einen Refrain gebildet haben könnten, den die Zuhörer nach jeder der Strophen, die Eilifir vorgetragen hat, wiederholten – was die Intensität der Rezitation der Thorsdrapa noch einmal um einiges verstärkt haben würde.

Die mit „*schlug gut zu*" übersetzte Passage lautet im Original „*schlug einen heftigen Hieb*", aber diese wörtliche, schwerfällige Übersetzung entspricht nicht dem lyrischen Charakter des Originals.

„*Röskvas Bruder*" ist Thialfi.
„*Magnis Vater*" ist Thor.

Die diesem an Kenningarn sehr reichen Lied zugrundeliegende Mythe läßt sich aus den Kenning-freien Übersetzungen der einzelnen Strophen zusammenstellen:

Loki war ein großer Lügner. Er trieb Thor zum Aufbruch an und sagte, daß der Pfad zu Geirröd führen würde. Der tapfere Thor mußte nicht oft von Loki um diese Fahrt gebeten werden.

Als Thor, der mächtiger als die Riesen ist, von Asgard aus nach Utgard hin aufbrach, waren sie begierig, die Riesen zu besiegen. Thialfi stand Thor auf der Fahrt bei – im Gegensatz zu Loki.

Thor watete in das Wasser. Als sich der jähzornige Thor der Riesin entgegenstellen wollte, zogen Loki und Thialfi Loki mit ihm, bis sie zusammen mit Thor das Wasser erreichten. Thor überquerte zu Fuß die angeschwollenen Flüsse, die durch das Land strömten und in denen Eisschollen trieben. Thor kam schnell voran auf der langen, mit Stäben gekennzeichneten Furt, die durch das Meer führte. Sie stießen mit ihren dumpf aufschlagenden Speeren in das Meer, um Halt gegen die Brandung zu finden, während die glitschigen Kiesel unter ihren Füßen hin- und herrutschen.

Die Asen wateten mühsam durch den Fluß. Das Schmelzwasser der Gletscher ließ angetrieben von einem Sturm den Fluß dem Thor entgegenbrausen. Die Strömung des Meeres wurde durch Fenjas und Menjas Mühle zu einem riesigen Strudel, aber Thor ließ die hohen Wogen über sich hinwegbrausen. Die Riesinnen Gjalp und Greip verursachten durch ihr Pinkeln einen laut tosenden Strom.

Thor ließ seine Macht bis zum Himmel wachsen, weil die Strömung nicht nachließ. Thjalfi, der Begleiter des Thor, sprang auf dessen Schild-Schnur empor um nicht zu ertrinken. Er wußte nichts Besseres zu tun, als sich an Thors Gürtel zu klammern. Das war eine große Kraft-Tat!

Thor trug Thialfi über das Meer. Die standfesten Asen wurden von den heftigen Wogen des Jenseitsflusses überrollt, aber Thor und Thialfi hatten keine Furcht.

Die Riesen überfielen die Asen, als diese noch durch den Fluß wateten und noch nicht selber den Kampf gegen die Riesen beginnen konnten. Die Riesen flohen vor den Asen und eilten von Thor verfolgt in ihre Höhlen. Die Riesen gaben sich geschlagen, als die Asen im Kampf fest standen.

Als die Asen in ihrer Kampfekstase die Höhle betraten, gab es ein großes Geschrei unter den Riesen.

Thor geriet dort ziemlich in Bedrängnis. Gjalp und Greip stießen Thor gegen die Höhlendecke und versuchten ihn zu zerquetschen, aber Thor drückte sie nieder und zerbrach ihnen das Rückgrat.

Thor war wütend, aber die Riesen beendeten nicht den Kampf.

Geirröd nahm mit einer Zange ein Stück glühendes Metall und stieß es gegen Thors Kopf. Thor schnappte mit seiner Hand dieses Glutstück. Geirröds Halle wurde erschüttert, als er seinen breiten Kopf hinter der Säule in der Halle verbarg. Thor warf das Glutstück durch den Bauch des Geirröd.

Thor tötete die Riesen mit seinem blutigen Hammer. Thor war siegreich. Er erhielt reichlich Unterstützung von Thialfi. Thor tötete mit seinem Hammer zusammen mit Thialfi die Riesen, die unfähig waren, Thialfi zu verletzen.

Diese Mythe läßt sich, indem man die Bilder und Mehrfachbeschreibungen fortläßt, noch einmal auf ihren eigentlichen Inhalt reduzieren:

Loki überredete durch seine Lügen den mächtigen Thor zu der Reise zu Geirröd. Loki und Thialfi begleiteten Thor.

Thor durchquerte auf seiner Reise zu Geirröd ein großes Wasser, das stark angeschwollen und voller Eisschollen war und über das ein von Riesinnen verursachter Sturm hinwegbrauste. Die drei Wanderer suchten mit ihren Speeren Halt auf dem Grund des Wassers. Thor weckte seine Asenkraft und trug Thialfi.

Die Riesen griffen die drei schon an, als sie noch durch das Wasser wateten, aber flohen schon bald in ihre Höhlen und ergaben sich.

Zwei Riesinnen versuchten Thors Stuhl an die Decke zu quetschen, aber er stieß

den Stuhl wieder hinab und tötete die beiden.
Geirröd warf ein glühendes Stück Eisen auf Thor, der dies jedoch auffing und auf Geirröd warf und ihn so tötete.
Dieses Eisenstück war sein Hammer und mit ihm tötete er zusammen mit Thialfi, der ihm stets half, die übrigen Riesen.

Da der Thor-Diener Thialfi das Urbild der Thor-Priester ist, werden es die „Thialfi-Skalden" gewesen sein, die solche Loblieder des Thor wie die Thorsdrapa verfaßt haben.

I 5. d) Gesta danorum

Um 1185 n.Chr. hat der dänische Mönch Saxo der Schriftkundige im Auftrag seines Abtes eine „Geschichte der Dänen" verfaßt. In diesem Geschichtsbuch, in dem sich Historisches und Mythologisches miteinander vermischt, wird in dem Bericht über die Abenteuer des Wikingers Thorkill auch auf Thor und Geirröd Bezug genommen.
Der blumige, wortreiche Stil und die langen Sätze sind kein Merkmal der germanischen Literatur, sondern typisch für die mittelalterlichen Klosterschriften.

Im Inneren sahen sie, daß das Haus völlig verfallen und von den abscheulichen Trümmern einer gewaltsamen Zerstörung übersät war. Es wimmelte zudem von allen Dingen, die für das Auge oder den Geist abscheulich sind: Die Türpfosten waren von dem Schmutz von langen Jahren überzogen, die Mauern waren bedeckt von Schmiere, die Decke war aus Speerspitzen gefertigt, der Fußboden war mit Schlangen bedeckt und mit allen Arten von Unrat bespritzt.
Dieser derart abscheuliche Anblick schlug die Fremden mit Schrecken und zudem griff der stechende und unaufhörliche Gestank ihre gequälten Nasen an. Außerdem drängten sich blutleere, formlose Ungeheuer auf eisernen Sitzen; und die Sitzplätze waren mit Gittern aus Blei abgetrennt; und furchterregende Türwächter standen auf den Schwellen Wache. Einige von ihnen, die mit zusammengebundenen Keulen bewaffnet waren, schrien, während andere ein scheußliches Spiel trieben, bei dem sie das Fell einer Ziege von einem zum anderen warfen und sich dabei selber wie Ziegen bewegten.

Thorkill und seine Männer befinden sich offensichtlich in der Unterwelt – dieser Ort hat Ähnlichkeit mit der Schilderung der Hel in „Gylfis Vision". Das Ziegenfell ist vermutlich eines der Felle der Ziegenböcke, die für die Toten geopfert wurden, um deren Zeugungskraft bei ihrer Wiederzeugung magisch abzusichern.

Es erinnert auch an das Werfspiel mit einem glühenden Seehundkopf am Hof des Geirröd in der Saga über Thorstein Hausmacht.

Da warnte Thorkill seine Männer und verbat ihnen, ihre gierigen Hände vorschnell zu den verbotenen Dingen auszustrecken. Als sie weiter durch eine Spalte in den Felsen gingen, erblickten sie nicht weit entfernt einen alten Mann, dessen Leib durchstochen war und der zu der Seite des Felsens blickte, die fortgebrochen war.

Weiterhin saßen drei Frauen, deren Leiber mit Geschwüren übersät waren und die die Kraft ihrer Rückgrate verloren zu haben schienen, auf den angrenzenden Sitzplätzen. Thorkills Begleiter wurden sehr neugierig und er, der genau die Ursachen für diese Dinge kannte, erzählte ihnen, daß vor langer Zeit der Gott Thor von der Unverschämtheit eines Riesen dazu provoziert worden war, ein rotglühendes Eisen durch die Eingeweide des Geirröd zu treiben, der mit ihm kämpfte, und daß das Eisen noch weiter gestoßen worden war, sodaß es den Berg gerammt und durch die Bergflanke gestoßen war, während die Frauen von der Macht seiner Donnerkeile getroffen wurden und daß sie (so hat er es gesagt) für ihren Angriff auf dieselbe Gottheit dadurch gestraft wurden, daß ihre Leiber zerbrochen wurden.

Der alte Mann ist Geirröd und die drei Frauen sind die beiden Riesinnen Gjalp und Greip. Vermutlich sind es hier drei Frauen, weil der Skalde die Riesin, die den Fluß Wimur zum Anschwellen brachte, nicht als eine der beiden Riesinnen, die Thors Stuhl emporgehoben haben, angesehen hat.

I 5. e) Heimskringla

Vor allem von König Olaf Tryggvason, der in Norwegen das Christentum zur allgemeinen Religion gemacht hatte, wurde eine neue Art von Legenden verbreitet, in denen die alten Götter (zumindestens in den Geschichten, die man sich erzählte) Abschied von den Menschen nahmen.

In einer dieser Geschichten erinnert sich Thor daran, daß er einst zum Schutz der Menschen zwei Riesinnen getötet hat, die vermutlich Gjalp und Greip waren.

Er erwiderte: „Damit beginne ich, Herr, dass dieses Land, an dem wir nun entlangsegeln, in alten Zeiten von Riesen bewohnt war. Aber die Riesen kamen einmal raschen Todes um, so dass sie fast alle zugleich starben und niemand mehr übrig blieb als zwei Weiber.

Danach siedelten sich Leute aus östlichen Landen hier an, aber die großen Weiber fügten ihnen großen Verdruß und manche Gewalttätigkeit zu und bedrängten die Leute, die das Land besiedelt hatten, in ihrer Lage so lange, bis sie sich zuletzt entschlossen, diesen 'Rotbart' um Hilfe anzurufen.

Sogleich ergriff ich meinen Hammer und schlug sie beide tot, und das Volk dieses Landes blieb dabei, mich um Beistand anzurufen, wenn es not tat, bis Du, König, alle meine Freunde vernichtet hast, was wohl der Rache wert wäre!"

Dabei schaute er auf den König zurück und lächelte bitter, indem er sich so schnell über Bord stürzte, als wenn ein Pfeil ins Meer schösse, und niemals sahen sie ihn wieder.

I 5. f) Huldar-Saga

In dieser Saga ist Grid die Frau des Thor, was es recht wahrscheinlich macht, daß auch mit der Riesin Grid die Symbolik der Wiederzeugung und der Wiedergeburt verbunden war – was ja schon deshalb der Fall sein wird, weil Odin mit ihr den Widar zeugte. Es hat den Anschein, als ob Thor in seiner bewährten Manier hier seinem Vater die Wiedergeburts-Göttin geraubt hätte.

Thor hatte sich gelegentlich einer Fahrt nach Geirraudargardar („Geirröd-Stadt") mit der Riesin Gridr befreundet, die ihm Stab und Handschuhe lieh. Sie folgte ihm nach Schweden und gebar ihm den Svadi.

I 5. g) Die Saga über Schnecken-Hallr

Diese Saga wurde zur selben Zeit wie die Edda verfaßt, d.h. um ca. 1220 n.Chr. Sie berichtet über Ereignisse, die sich 200 Jahre zuvor am Hof von König Harald Haarschön ereignet hatten.

Eines Tages gingen der König und seine Männer die Straße entlang und hörten einen heftigen Streit zwischen einem Eisenschmied und einem Gerber. Der König sagte seinem Skalden, daß er über diesen Streit Verse verfassen solle und dabei die beiden Gegner dem Thor und dem Geirröd gleichsetzen solle.

Der Skalde löste diese Aufgabe vorzüglich mit einem klassischen achtzeiligen Gedicht voller kreativer Kenningar:

*Im dem Streit-Dorf warf
der Thor der großen Schmiede-Blasebälger
in der Hand gehaltene Mund-Blitze
auf den Jötun des Fleisches der Ziegenböcke.*

Das *„Streit-Dorf"* ist die Straße, auf der der Schmied und der Gerber gestritten haben.

Der *„Thor der Schmiede-Blasebälger"* ist der Schmied.

Thor ist der Gott der Blitze und des Donners. *„Mund-Blitze"* sind Streitworte. Da Thor in der Geirröds-Mythe ein glühendes Eisen auf den Riesen warf, sind *„in der Hand gehaltene Mund-Blitze"* zugleich eine Anspielung auf das geworfene glühende Eisen des Thor als auch auf die ausgesprochenen wütenden Worte des Schmiedes.

Der *„Jötun"* (Riese), der durch das *„Fleisch der Ziegenböcke"* definiert wird, ist offensichtlich der Gerber. Hier stellt sich die Frage, ob Geirröd etwas mit den Ziegenböcken des Thor zu tun hatte – in den übrigen Texten wird nichts darüber berichtet.

*Mit seinem Ton-Greifer schnappte
der Geirröd des Peitschen-Zerlegers der Felle
glücklich das heiße Eisen
aus der Esse des Galdr-Schmiedes.*

Ein *„Ton-Greifer"* ist ein Ohr. Da der Schmied mit seiner Hand *„Mundblitze"* wirft, paßt es, daß der Gerber sie mit seinem Ohr *„greift"*.

„Peitschen-Zerleger" ist ein Werkzeug, das für das Gerben der Felle gebraucht wird. Der *„Geirröd des Peitschen-Zerlegers der Felle"* ist somit der Gerber.

Das *„heiße Eisen"* ist das, was Thor auf Geirröd wirft – und die Streitworte, die der Schmied dem Gerber entgegenwirft. Dieses Eisen *„fängt"* Geirröd, d.h. Thor trifft ihn damit, woraufhin Geirröd stirbt. Diesen Vorgang *„glücklich"* zu nennen ist schon ziemlich derbe Ironie ... Ebenso wird auch der Gerber nicht gerade glücklich darüber gewesen sein, die Worte des Schmiedes zu hören.

„Galdr" sind die Zaubergesänge im Ritual und in der Magie. Die sicherlich eher unfreundlichen Worte des Schmiedes werden mit rituellen Gesängen oder Verfluchungen verglichen. Die *„Esse"*, aus der diese *„Zaubergesänge"* stammen, sind der Mund. Zugleich ist die Esse auch der Ort, aus dem Geirröd das rotglühende Eisen geholt hat.

Die zentrale Szene des Kampfes zwischen Thor und Geirröd wird hier zur Illustration des Streites zwischen dem Schmied und dem Gerber benutzt. Da Thor den

Riesen durch das glühende Eisen, der sein neuerschaffener Hammer war, tötete, wird wohl auch der Schmied den Gerber mit seinen Worten „niedergeschlagen" haben …

I 5. h) Harbard-Lied

Vermutlich ist der Riese „Swarang" im Harbard-Lied mit Geirröd identisch. Swarang" bedeutet „Antworter". Da es auch Schwerter mit diesem Namen gab, könnte dieser Name auch „der nichts unbeantwortet läßt" und somit „Rächer" bedeuten.

Thor zu Odin (Harbard):
„Ich war im Osten und wehrt einem Fluß;
Da griffen Swarangs Söhne mich an.
Sie schlugen mich mit Steinen und schadeten mir nicht.
Sie mußten bald zuerst mich bitten um Frieden.
Was tatest Du derweil, Harbard?"

Thor reist ohne seinen Hammer, seinen Stärkegürtel und seinen Eisenhandschuhe nach Utgard. Zu dieser für Thor völlig untypischen, unbewaffneten Fahrt hat ihn Loki überredet – es werden allerdings nirgendwo Lokis Argumente angegeben, die Thor dazu überzeugt haben. Lokis Motivation ist sein endloser zyklischer Kampf mit dem Göttervater, der ihn für drei Monate gefangengesetzt hat – dies ist der Sommer.

Das Motiv des Festklebens des Loki als Falken-Seelenvogel an der Wand des Tyr-Geirröd ist aus der Thiazi-Mythe übernommen worden, in der Loki mit seinem Stab (Leimrute?) an dem Adler-Seelenvogel des Göttervaters selber und nicht an der Wand seiner Halle festklebt – es handelt sich also um ein Motiv aus den Mythen des ehemaligen Göttervaters Tyr-Thiazi.

In den älteren Fassungen des Streites zwischen Loki und dem Göttervater verlangt der Göttervater-Riese die Göttin der Wiederzeugung und der Wiedergeburt, d.h. Freya, Sif oder Idun. Auch dieses Motiv ist hier umgedeutet worden in eine „Auslieferung" des waffenlosen Thor.

Auf der Reise zu Tyr-Geirröd übernachtet Thor bei der Riesin Grid, die die Mutter seines Halbbruders Widar ist. Mit ihr zusammen zeugt er den Svadi. Thor übernimmt hier die Symbolik seines Vaters Odin, der des öfteren in das Jenseits zu der Riesin-Geliebten reist.

Thor erhält von Grid nicht wie Odin den Götter- und Skaldenmet (Thor ist nicht unbedingt ein Poet …), sondern Stab, Gürtel und Handschuhe, also die Insignien eines Priester-Sehers. Auch dies sind Attribute, die eher zu Thors Vater, dem Schamanengott Odin gehören. Da auch das Priesteramt nicht so ganz zu dem Donnergott paßt, werden diese spirituellen Symbole in kriegerische Symbole umgedeutet: Der Stab wird zu einem Speer, der Priester-Gürtel zu einem Kraftgürtel und die Seher-Handschuhe zu Eisenhandschuhen.

Diese Umdeutung steht nicht zusammenhanglos in den Mythen da, weil auch die Schamanen-Ekstase zu einer Kampf-Ekstase weiterentwickelt worden ist: Thors „Asenstärke". Diese Asenstärke benutzt er sowohl in priesterlicher Weise zum Überqueren des Jenseitsflusses (Jenseitsreise) als auch in kriegerischer Weise zum Töten der Riesen.

Thors Überqueren des „Großen Wassers" stammt letztlich aus seinem Kampf mit der Regenräuberschlange in der Wasserunterwelt. Dieses Motiv ließ sich einfach mit den Mythen sowohl des ehemaligen Sonnengott-Göttervaters Tyr, der jede Nacht durch das Jenseits reist, als auch mit denen des neuen Schamanengott-Göttervaters Odin, der die Toten in seiner Barke ins Jenseits bringt, kombinieren.

Der Weltenbaum als Weg zwischen den beiden Welten erscheint in der Geirröd-Mythe als der Sperberbaum (Eberesche), an dem sich Thor aus dem Fluß heraus-zieht.

Die beiden Jenseits-Schwestern, die in den älteren Mythen noch als Jenseits-Geliebte und Toten-Herrin erkennbar sind (z.B. im Hymir-Lied), werden in der Geirröd-Mythe zu zwei feindlichen Riesinnen umgedeutet, von denen eine den Jenseitsfluß anschwellen läßt.

In der Höhle des Geirröd, die ursprünglich Tyrs Halle auf der Insel Walaskialf am westlichen Rand des Himmels gewesen ist, heben die beiden Riesinnen den Stuhl des Thor zum Himmel empor. Diese Szene könnte aus der Jenseitsreise der Seherin-nen stammen, die sich in symbolischer Hinsicht während ihrer Visionen im südli-chen Himmel in der Halle Gimle bei dem Göttervater Tyr befanden.

In der Geirröd-Mythe wird dies zu einem Angriff der beiden Riesinnen auf Thor umgedeutet, woraufhin Thor die beiden durch das Niederdrücken seines Stuhles tötet. Bezeichnenderweise benutzt er seinen (Seher-)Stab, um den Stuhl wieder hinunterzudrücken und er zerbricht dabei das Rückgrat der beiden Riesinnen. Der Stuhl, der Stab, der Weltenbaum, das Rückgrat und das Emporheben sind allesamt Symbole der Reise in das Himmels-Jenseits.

Schließlich kommt es zum Kampf zwischen Thor und Geirröd, bei dem Geirröd einen glühenden Eisenkeil nach Thor wirft. Geirröd ist hier der Göttervater Tyr als der Schmied Wieland im Jenseits, der sein bei seinem abendlichen Tod zerbrochenes Schwert neuschmiedet. Das glühende Eisenstück ist somit eines der Bruchstücke von Tyrs Sonnenschwert.

Thor fängt das rotglühende Eisenstück mit seinen Eisenhandschuhen auf und wirft es durch eine Säule in der Halle des Geirröd und durch den Riesen selber bis in den Berg hinein, wodurch dort ein Bergrutsch ausgelöst wird. Nach dieser Szene besitzt Thor seinen Hammer, mit dem er die übrigen Riesen tötet. Tyrs am Abend zerbrochenes Sonnenschwert wird somit als Thors Hammer Mjöllnir „wiedergeboren" bzw. zu dem Hammer umgeschmiedet.

Dieselbe Art der Umdeutung fand sich auch schon in der Hymir-Mythe, in der Thor dem Tyr-Hymir seinen Ritual-Kessel raubte und den Kelch des Tyr-Hymir zerbrach.

In der Geirröd-Mythe zerstört Thor die Ahnensäule in der Halle des Göttervaters Tyr-Geirröd – so ähnlich wie auch die Säule in der Halle des Hymir durch den Besuch des Thor zu Bruch ging. Ohne diese Säule ist jedoch die Verbindung des Tyr-Hymir-Geirröd und auch der Priester des alten Göttervaters nach Asgard unterbrochen.

Thor zerstört systematisch den Kult des ehemaligen Göttervaters Tyr und übernimmt dessen Stellung – ein ziemlich imperialistisches Verhalten … aber passend zu der Lebensweise der Wikinger.

Der Name „Geirröd" bedeutet „Speerschutz", womit ein Schild gemeint sein wird. Das Sonnenschwert und der Sonnenschild waren die Symbole des Göttervaters auf dem kleineren der beiden Goldhörner von Gallehus, die um 400 n.Chr. hergestellt worden sind und noch die älteren Mythen zeigen, in denen Tyr noch der Göttervater gewesen ist.

Zunächst reist Thor vermutlich alleine nach Utgard. In einer erweiterten Version kommt dann Loki, der Feind des ehemaligen Göttervaters, mit ihm. Schließlich wird noch Thialfi hinzugefügt. Da Loki und Thialfi keine Funktion in der Handlung der Mythe haben, werden sie wohl eine Nachbildung der Götterdreiheit sein, die die drei Stände der Germanen repräsentiert:
- Odin wird zu Thor – Fürsten und Krieger;
- Hönir wird durch den Thorpriester Thialfi ersetzt – Priester und Heiler;
- Loki bleibt in seiner Funktion – Bauern und Handwerker.

Die Geirröd-Mythe ist wie die Hymir-Mythe eine sehr gründliche und detailreiche Umdeutung der Symbolik des ehemaligen Göttervaters Tyr zu einer neuen Mythe des Donnergottes Thor, der sämtliche Funktionen des Göttervaters und auch der anderen Götter übernimmt – insbesondere die des Fürsten, des Kriegers und des Priesters.

Die Thor-Skalden bemühten sich intensiv darum, den Donnergott zu einem universellen Gott werden zu lassen, neben dem alle anderen Gottheiten relativ bedeutungslos wurden. Seine Konkurrenten um die wichtigste Stellung im Pantheon der Germanen, also vor allem der ehemalige Göttervater und die Jenseitsgöttin, wurden kurzerhand getötet.

I 6. Thor und Thrym

In der Geirröd-Mythe erhält Thor seinen Hammer von Geirröd, der dort das umgeschmiedete Schwert des ehemaligen Göttervaters Tyr-Geirröd ist.

In der Thrym-Mythe wird darüber berichtet, wie der Riese Thrym Thors Hammer gestohlen hat und wie Thor ihn wiedererlangt.

Der Name „Thrym" bedeutet „Donner" und ist letztlich mit „Thor" und „Donar" identisch. Anscheinend wird hier leicht ironisch Thor gegen Thor gestellt – was eher von einem Skalden zu erwarten ist, dessen Schutzgott jemand anderes als Thor ist.

Da zudem die ganze Geschichte wie ein derber Schwank erzählt wird und Thor zwar als der Stärkste, aber nicht besonders ehrfurchterregend geschildert wird, wird diese Mythe eine Weiterentwicklung der Geirröd-Mythe sein, die von einem Skalden verfaßt worden ist, der entweder einen anderen Gott als Thor favorisierte oder der allgemein die germanischen Götter nicht mehr allzu ernst genommen hat.

I 6. a) Thrym-Lied

Diese Mythe ist vor allem durch das Thrym-Lied aus der Lieder-Edda bekannt.

Wild ward Wingthor als er erwachte
Und sein Hammer nicht mehr vorhanden war.
Er schüttelte den Bart, er schlug das Haupt,
Überall suchte der Erde Sohn.

„*Wingthor*" bedeutet „Stier/Penis-Thor", was sich auf seine Stärke und evtl. auch auf die Wiederzeugung beziehen wird.

Thor ist der „*Sohn der Erde*", da seine Mutter die Erdgöttin Jörd ist.

Das war sein Wort, das er als erstes sprach:
„Höre nun, Loki, und lausche der Rede:
Was auf Erden noch niemand ahnt,
Und auch nicht hoch im Himmel: Mein Hammer wurde geraubt!"

*Sie gingen zum herrlichen Hause der Freyja,
Und das war sein Wort, das er als erstes sprach:
„Willst Du mir, Freyja, Dein Federhemd leihen,
Damit ich meinen Miölnir finden kann?"*

*Freyja:
„Ich würd' es Dir geben, selbst wenn es aus Gold wäre,
Du sollst es haben, selbst wenn es aus Silber wäre."
Da flog Loki, das Federhemd rauschte,
Bis er hinter sich hatte der Asen Gehege.
Und zum Reich der Joten gelangte.*

Der Flug des Loki in Falkengestalt ist ein häufiges Thema, das sich auch in der Geirröd-Mythe und in der Thiazi-Mythe findet. Es ist schon sehr auffällig, daß Loki ausgerechnet in den drei Mythen, in denen ein Riese auftritt, der der ehemalige Göttervater Tyr ist, als Falke erscheint. Loki scheint sich bereits in der Mythen, die diesen drei Liedern über den Göttervater zugrundeliegen, in einen Falken verwandelt zu haben.

Für den Fortlauf der Geschichte hätte sich auch Thor in einen Falken verwandeln können – aber von dem Donnergott wird eine solche Verwandelung nirgendwo berichtet, sondern ausschließlich von Loki. Der zweite Gott, der sich in einen Vogel verwandelt, ist der Göttervater Thiazi (Tyr) bzw. Odin, die beide die Gestalt eines Adlers annehmen.

Der Adler und der Falke/Habicht sind der Seelenvogel des Göttervaters Tyr/Odin und seines Gegenspielers Loki.

Interessanterweise sitzt auf dem Weltenbaum ein Adler, zwischen dessen Augen ein Habicht hockt – dies könnten der Göttervater und Loki sein, da in den Mythen der Germanen sonst nirgendwo ein Habicht erwähnt wird. In „Gylfis Vision heißt es: *„Ein Adler sitzt in den Zweigen der Esche, der viele Dinge weiß, und zwischen seinen Augen sitzt ein Habicht".*

Der Loki-Falke scheint somit eng mit dem Tyr-Adler verbunden gewesen zu sein – und er scheint dem Göttervater „auf der Nase herumzutanzen" …

*Auf dem Hügel saß Thrym, der Thursenfürst,
Schmückte die Hunde mit goldnem Halsband
Und strählte den Mähren die Mähnen zurecht.*

Der *„Hügel"* könnte ein Hügelgrab, d.h. der Eingang in die Unterwelt bzw. die Unterwelt selber gewesen sein. Thrym ist der tote Göttervater Tyr in seinem Hügelgrab.

Das „goldene Halsband" ist möglicherweise eine Erinnerung an den Jenseitsreise-Ring, der ursprünglich die Sonne gewesen ist.

Falls diese Deutung zutreffen sollte, könnten die Pferde durch die beide Rosse vor dem Wagen des Sonnengott-Göttervaters Tyr („Alcis") inspiriert worden sein.

Thrym:
„Wie steht's mit den Asen? Wie steht's mit den Alfen?
Warum reist Du einsam nach Riesenheim?"

Loki:
„Schlecht steht's mit den Asen, mit den Alfen stehts schlecht;
Hältst Du Hlorridis Hammer verborgen?"

Solch eine direkte Frage klingt ziemlich Loki-untypisch – und woher weiß Loki eigentlich, daß gerade Thrym der Täter war? Das klingt sehr nach vorheriger Zusammenarbeit zwischen den beiden … Vermutlich liegt diesem Schwank eine Mythe zugrunde, in der das Verhältnis zwischen Thrym und Loki dem Verhältnis zwischen Thiazi und Loki sehr ähnlich gewesen ist und in der Loki selber der Dieb des Hammers gewesen ist – was dem früheren endlosen, zyklischen Kampf zwischen dem Sommergott Tyr und dem Wintergott Loki entspricht.

„Hlorridi" bedeutet „lauter Reiter" bzw. „lauter Wagenfahrer" und ist eine Bezeichnung des Thor, die auf das Donnern anspielt, das dadurch entsteht, daß Thor mit seinem Ziegenwagen über den Himmel fährt.

Thrym:
„Ich halte Hlorridis Hammer
Acht Meilen tief unter der Erde verborgen,
Und es soll ihn fürwahr keiner erlangen –
Außer wenn er mir Freyja als Braut bringt."

Der Ort, der „acht Meilen tief unter der Erde" liegt, wird das Jenseits sein. Dort ist Freya die Göttin der Wiedergeburt, wobei in ihren Mythen ihr Aspekt als Geliebte bei der Wiederzeugung betont wird, während Hel die Angst vor dem Tod verkörpert.

Die Wurzel der Thrym-Mythe wird die Reise des Sonnengott-Göttervaters Tyr (Thrym) in die Unterwelt zu Freya gewesen sein, mit der er sich dort vereinte, um von ihr dann am Morgen „im Alter von nur einer Nacht", wie es bei Wali Odin-Sohn und bei Magni Thor-Sohn heißt, wiedergeboren zu werden.

Der geplante Raub der Freya durch Thrym geht also auf die Wiederzeugung des Tyr mit Freya in der Unterwelt zurück.

Da flog Loki, das Federhemd rauschte,
Bis er der Riesen Behausung hinter sich hatte
Und endlich das Reich der Asen erreichte.
Da traf er den Thor vor der Tür der Halle,
Und das war das erste Wort, das er zu ihm sprach:

  Thor:
„Hast Du den Auftrag vollbracht und die Arbeit?
Laß mich hier von der Höhe hören die Kunde,
Denn der Sitzende vergißt manchmal seine Geschichte,
Und der Liegende ersinnt oft Lügen."

  Loki:
„Ich habe den Auftrag vollbracht und die Arbeit:
Thrym hat den Hammer, der Thursenfürst;
Und ihn soll fürwahr niemand wiedererhalten,
Wenn er ihm nicht Freya las Braut brächte."

Sie gingen Freyja die Schöne zu finden,
Und das war Thors Wort, das er als erstes sprach:
„Lege, Freyja, Dir das bräutliche Linnen an;
Wir beide wir reisen gen Riesenheim."

Wild ward Freyja, sie fauchte vor Wut,
Die ganze Halle der Götter erbebte;
Der schimmernde Halsschmuck fiel ihr zur Erde:
„Du hälst mich wohl für mannstoll,
Daß Du glaubst, daß wir beide nach Riesenheim fahren!"

Hier ist das Motiv der Wiedervereinigung schon zu einem Teil dieser sehr ironischderben Version dieser Mythe geworden und dient vor allem zur Ausmalung einer drastischen Darstellung der Wut der Freya über Thors Absichten.

Bald eilten die Asen all zur Versammlung
Und die Asinnen all zu dem Rat:
Die himmlischen Richter berieten darüber,
Wie sie dem Hlorridi den Hammer beschaffen könnten.

Da hub Heimdall an, der hellste der Asen,
Der weise war wie die Wanen:
„Das bräutliche Linnen legen dem Thor wir an,
Ihn schmücke das schöne, schimmernde Halsband.

Auch laß' er erklingen das Geklirr der Schlüssel
Und weiblich Gewand umwalle sein Knie;
Es blinke die Brust ihm von blitzenden Steinen,
Und hoch umhülle der Schleier sein Haupt."

Man kann sich das Gelächter der Zuhörer bei dieser Schilderung gut vorstellen.

Auch Heimdall ist ein Gott vom Typ „Göttervater" und er hat dazu goldene Zähne, die wahrscheinlich die Sonne symbolisieren (anstelle des sonst üblichen goldenen Gesichtes, Kopfes oder Helmes). Heimdall kennt sich somit sowohl mit der Unterwelt als auch mit den Göttervater-Riesen aus – und ebenso mit Freya, für die er ihr Brisingamen zurückgeholt und dabei mit Loki gekämpft hat. Vermutlich ist er in dieser Mythe auch Freyas Geliebter (Wiederzeugung) gewesen. Heimdall weiß daher, worauf es in der Lage des Thor ankommt und was er machen muß.

Da sprach Thor also, der gestrenge Gott:
„Mich würden die Asen weibisch schelten,
Legte ich das bräutliche Linnen mir an."

Ein wesentlicher Punkt in dieser Szene ist es, daß es für einen Germanen eine der größten Beleidigungen überhaupt gewesen ist, wenn man ihn als „Weib" bezeichnete oder ihn gar auf irgendeine Weise dazu zwang, Frauenkleider zu tragen.

Das Tragen von weiblicher Kleidung ist ansonsten eher von Loki und von Odin bekannt.

In dieser Szene wird kräftig an Thors Ruf gerüttelt – offenbar waren nicht alle Skalden mit der Erhebung des Thor über alle anderen Götter einverstanden, sodaß ein „Duell der Lieder" entstand.

Da hub Loki an, Laufeyjas Sohn:
„Schweig nur, Thor, mit solchen Worten.
Schon bald werden die Riesen Asgard bewohnen,
Wenn Du den Hammer nicht wieder heimholst."

Das bräutliche Linnen legten dem Thor sie an,
Dazu den schönen, schimmernden Halsschmuck.
Auch ließ er erklingen Geklirr der Schlüssel,
Und weiblich Gewand umwallte sein Knie;
Es blinkte die Brust ihm von blitzenden Steinen,
Und hoch umhüllte der Schleier sein Haupt.

Da sprach Loki, Laufeyjas Sohn:
„Nun muß ich mit Dir als eine Magd:
Wir beide wir reisen gen Riesenheim."

Warum muß Loki eigentlich mit? Dieses Motiv ist vermutlich durch eine Umdeutung aus einer älteren Mythe entstanden, in der eine Dreiheit von Göttern zusammen Abenteuer erlebt – so wie Thor, Thialfi und Loki in der Geirröd-Mythe oder Odin, Loki und Hönir in der Thiazi-Mythe.

Bald wurden die Böcke vom Berge getrieben
Und vor den gewölbten Wagen geschirrt.
Felsen brachen, Funken stoben,
Als Odins Sohn nach Riesenheim reiste.

Thors fährt in seinem Ziegenbock-Wagen zu Thrym. Wenn er in seinem Wagen fuhr, zuckten Blitze über den Himmel (*„Funken sprühten"*) und donnerte es (*„Felsen brachen"*).

Da sprach Thrym, der Thursenfürst:
„Steht auf, ihr Riesen, bestreut die Bänke,
Und bringt Freyja mir zur Braut herbei:
Die Tochter Niörds aus Noatun.

Die Kühe kehren heim mit goldnen Hörnern,
Rabenschwarze Rinder, dem Riesen zur Lust.
Viel schau ich der Schätze, des Schmuckes viel:
Es fehlt mir nur noch Freyja."

Warum kehren die Kühe heim und warum tragen sie goldene Hörner? Es ist zumindestens denkbar, daß dies ein Überbleibsel des alten indogermanischen Motives ist, daß sich der Göttervater und der Wintergott gegenseitig die Frau und die Rinder rauben. Die goldenen Hörner könnten einfach ein Schmuck sein, aber es wäre auch eine Sonnensymbolik denkbar – dann wären sie wohl die Rinder, die ursprünglich für den Göttervater geopfert wurden (Thiazi-Mythe, Hymir-Lied).

Früh fanden Gäste zur Feier sich ein,
Man reichte reichlich den Riesen das Ale.
Thor aß einen Ochsen, acht Lachse dazu,
Alle süße Näscherei, den Frauen bestimmt,
Und drei Kufen Met trank Sifs Gemahl.

Da sprach Thrym, der Thursenfürst:
„Wer sah je Bräute gieriger schlingen?
Nie sah ich Bräute so gierig schlingen,
Nie mehr des Mets ein Mädchen trinken."

Da saß zur Seite die schmucke Magd,
Bereit dem Riesen Antwort zu geben:
„Nichts genoß Freyja acht Nächte lang,
So sehr sehnte sie sich nach Riesenheim."

Kußlüstern lüftete das Linnen der Riese;
Doch weit wie der Saal schreckt er zurück:
„Wie furchtbar flammen der Freyja die Augen,
Mich dünkt es brenne ihr Bild wie Glut."

Da saß zur Seite die schmucke Magd,
Bereit dem Riesen Antwort zu geben:
„Acht Nächte nicht genoß sie des Schlafes,
So sehr nach Riesenheim sehnte sie sich."

De Hammer ist acht Meilen tief unter der Erde verborgen, Thor aß einen Ochsen und acht Lachse, Freya hat acht Nächte nichts gegessen und Freya hat acht Nächte nicht geschlafen. Die „acht" ist hier vermutlich bereits zu einer allgemeinen „magischen Zahl" geworden, die einfach eine Art von Superlativ ist – zumindestens ist es sehr fraglich, ob noch eine Assoziation zu den acht Ringen bestanden hat, die jede neunte Nacht von Odins Ring Draupnir abtröpfeln oder gar zu der den alten achtstrahligen Sonnensymbolen auf den skandinavischen Steinritzungen oder auf den frühen Runensteinen.

Da trat die traurige Schwester Thryms ein,
Die sich ein Brautgeschenk zu erbitten wagte.
„Reiche die roten Ringe mir dar,
Eh Dich verlangt nach meiner Liebe,
Nach meiner Liebe und lauterer Gunst."

Die Tante der Braut scheint eine wichtige Funktion für den Bräutigam gehabt zu haben, da das Erwerben ihres Wohlwollens hier so hervorgehoben wird. Ihr scheint ein Geschenk zugestanden zu haben.
„Rote Ringe" sind „goldene Ringe" – die Germanen bezeichneten das Gold als „rot".

Da sprach Thrym, der Thursenfürst:
„Bringt mir den Hammer, die Braut zu weihen,
Legt den Miölnir der Maid in den Schoß
Und gebt uns zusammen nach ehlicher Sitte."

Der Hammer ist in diesem Zusammenhang entweder ein Symbol eines Penis oder er ist ein allgemeines Symbol der Weihung. Thor erweckt mit seinem Hammer auch seine Ziegenböcke aus deren Knochen und Fell zu neuem Leben. Auch dieser Vorgang wird „Weihen" genannt.

Da lachte dem Hlorridi das Herz im Leibe,
Als der hartgeherzte den Hammer erkannte.
Thrym traf er zuerst, den Thursenfürsten,
Und zerschmetterte ganz der Riesen Geschlecht.

Er schlug auch die alte Schwester des Joten,
Die es wagte, sich das Brautgeschenk zu erbitten.
Ihr schollen Schläge statt Schillinge
Und Hammerhiebe erhielt sie statt Ringen.

Die Riesinnen, die Thor des öfteren tötet, sind vermutlich eine Variante der gefürchteten Jenseitsgöttin, d.h. der Verkörperung des Todes – Thors Töten dieser Riesinnen ist somit wahrscheinlich sein symbolischer Sieg über den Tod.

So holte Odins Sohn seinen Hammer wieder.

I 6. b)   Thor von Asgard

Dieses alte skandinavische Volkslied ist eine Weiterentwicklung des „Thrym-Liedes" („Des Hammers Heimholung").

In diesem Lied ist die ironische Grundstimmung gegenüber dem Thrym-Lied etwas verblaßt und Thor steht wieder in einem etwas besseren Licht da.

Das Lied über Thor von Haffsgard

„Haffsgard" bedeutet „befestigte Hafenstadt". Dieser Ortsname ist offensichtlich eine rationalisierende Umdeutung von „Asgard".

Da ritt Thor der Mächtige von Asgard
auf seinem Weg über die Ebene
und dort verlor er seinen Hammer aus Gold
und suchte ihn lange Zeit vergeblich.

Die Bezeichnung des Thor als „Mächtiger von Asgard" entspricht Thors Stellung in der Spätzeit der germanischen Mythen, in der er allmählich zu dem wichtigste Gott wurde.

Es ist ansonsten nicht bekannt, daß Thors Hammer aus Gold bestand. In der Skaldskaparmal wird berichtet, daß Mjöllnir aus Eisen geschmiedet wurde.

*Da sprach Thor der Mächtige von Asgard
und gebot seinem Bruder:
„Auf, gehe zu den Nordlang-Felsen
und suche meinen Hammer aus Gold!"*

    Loki ist ansonsten nicht Thors Bruder, aber da die beiden Götter ein Paar sich ergänzender Gegensätze sind, ist ihre Bezeichnung als „Brüder" durchaus plausibel.

*So sprach er und Loki der Diener
zog sich seine Federn an
und brach auf und flog über die salzige See
fern zu den Nordlanden.*

    In manchen Versionen dieser Ballade wird Loki statt „Diener" auch „Loki Spielmann", d.h. „Loki der Gaukler" genannt, was eine Anspielung auf seine Listigkeit sein wird.
    Die *„Federn"*, die sich Loki anzieht, sind Freyas Falkenkleid.

*Er hielt an und ging über den Burghof,
hüllte sich in ein scharlachrotes Tuch
und grüßte den Thursenkönig
und trat ein in die hohe Halle.*

    Das scharlachrote Tuch könnte evtl. ein Botensymbol sein. Vielleicht war es aber auch nur eine vornehme Sitte, sich nach der Ankunft in einer Burg vor dem Betreten des Rittersaales standesgemäß zu kleiden.

*„Willkommen Loki, Du Diener!
Sei hier herzlich willkommen!
Sag mir, wie die Dinge in Asgard stehen
und in dem Land ringsum!"*

    Die dritte Zeile findet sich fast wörtlich auch im Thrym-Lied.
    Loki ist auch in der Heimskringla Odins Diener.

„In Burg Asgard ist alles gut
und auch in dem Land ringsum,
aber Thor vermißt seinen goldenen Hammer
und deshalb bin ich hierher gekommen."

„Höre meine Worte! Niemals mehr wird Thor
seinen Hammer sehen,
denn fünfzehn und vierzig Meilen tief
liegt er unter der Erde begraben.

Seinen Hammer wird Thor nicht wiedererhalten
aus der tiefen, harten Erde,
bis die Maid Fredensborg mein ist
und alle eure Schätze!"

„Fredensborg" bedeutet „Friedensburg" und ist hier der Name der Freya.

Er sprach und Loki der Diener
zog sich seine Federn an
und brach auf und flog über die salzige See
mit seiner Antwort zu Thor.

Die *„salzige See"* entspricht dem Meer, durch das Thor im Lied über Geirröd zu dem Tyr-Riesen reisen muß.

Er hielt an und ging über den Burghof,
hüllte sich in ein scharlachrotes Tuch
und stieg hinauf in die Burgkammer
und sprach solchermaßen zu seinem Bruder:

„Deinen Hammer wirst Du niemals wiedererhalten
aus der tiefen, harten Erde,
bis Du die Maid Fredensborg gibst
und alle unsere Schätze!"

*„Niemals!" antwortete die stolze Fredensborg
und sprach von ihrer Bank gar kühn:
„Niemals, gib mich gar einem Christenmann,
aber nicht diesem abscheulichen Troll!"*

Es hat natürlich eine gewisse Ironie, wenn die germanische Göttin sagt, daß sie eher einen Christen als einen Troll heiraten würde – eine größere Steigerung des Ausdrucks ihrer Abneigung ist kaum noch denkbar.

*„Dann laßt uns unseren alten Vater holen
und kämmen und gut gewanden,
und ihn als schöne Maid verkleidet
fort zu den Nordland-Felsen tragen."*

Hier spricht anscheinend Freya, die die Tochter des Burgherrn Thor zu sein scheint und ihn daher „guter alter Vater" nennt.

*Sie brachten sie zu dem Hof, die blühende Braut,
und in die Festhalle
und dort wurde der Braut mit offenen Händen
alles in Fülle gegeben.*

*Sie führten sie, die junge und schamhafte Braut,
und setzten sie auf ihren Brautstuhl,
und vor trat der Thursenkönig
um selbst die Schöne zu bedienen.*

*Einen ganzen geschlachteten Ochsen aß die Maid,
und dreißig Schweinehälften
und sie nahm sich siebenhundert Laibe Brot,
bevor sie den Wein probierte.*

Man sieht, wie die Dinge im Laufe der Zeit anwachsen: Im Thrym-Lied war Thor noch ganz bescheiden und aß lediglich einen Ochsen, acht Lachse und alle Süßigkeiten.

*Der Thursenkönig ging im Saale auf und ab
und schlug sich mit seinen Händen auf seine Brust:
„Wie kann es nur sein, daß solch eine junge Braut
solch ein ungeheuerliches Mahl verspeist?"*

*Lächelnd unter seinem scharlachroten Umhang
antwortete Loki der Page:
„Es ist sieben Tage her, seit sie Speise zu sich nahm
– aus Sehnsucht, Deine Braut zu sein."*

*Dann brachten acht Krieger, stämmig und stark,
den Hammer auf einem Baum
und hoben ihn auf für die junge Braut
und legten ihn auf ihre Knie.*

Der Baum, auf dem sich der Hammer befindet, kann eigentlich nur der Weltenbaum sein. Als Verbindung zwischen Diesseits und Jenseits ist der Weltenbaum vermutlich der Weg, auf dem der Hammer aus der Erde wieder emporgekommen ist.
Thrym scheint eine Verbindung zum Weltenbaum gehabt zu haben.

*Da erhob sich die zarte Braut von ihrem Sitz
und ergriff mit ihrer Hand ihren Hammer
und, um die ganze Wahrheit zu sagen,
sie schwang ihn wie einen Stab.*

Mit dem letzten Vers ist wohl gemeint, daß die Braut, d.h. Thor, den schweren Hammer ohne jede Mühe schwang.

*Als erstes erschlug sie den Thursenkönig,
so abscheulich und grimmig und groß!
Sie kam wahrlich zu dem Hochzeitsfest
und erschlug alle, groß und klein!*

*„Und nun," sprach Loki, der listige Page,
„ist es Zeit, daß wir alle heimkehren
und unsere Schritte zu unserem eigenen Land lenken
und unseren Witwen-Herrn trösten."*

Mit „Witwen-Herr" ist Thor gemeint, der schon auf seiner Hochzeit zur „Witwe" wurde, weil er den Bräutigam erschlug. Das „trösten" ist offensichtlich ironisch gemeint.

> Dieses Lied ist eine Entgegnung der Anti-Thor-Fraktion der Skalden auf die Lieder der Pro-Thor-Fraktion der Skalden, die nach und nach alle mythologischen Motive in die Mythen des Thor einbauten und Thor insbesondere den ehemaligen Göttervater Tyr in seinen verschiedenen Riesen-Gestalten sowie die großen Göttinnen in ihrer Riesinnen-Gestalt töten und ihren Kult zerstören ließ.
> In diesem Lied, in dem Thor sein Hammer gestohlen wurde, muß sich Thor als Braut verkleiden, um ihn wiederzuerlangen – was für die Germanen eine der größten Beleidigungen überhaupt gewesen ist.
>
> Nebenher wird in diesem Lied jedoch berichtet, daß eine Braut mit dem Thorshammer geweiht wurde. Dadurch wird deutlich, daß der Thorshammer wohl auch ein Penissymbol gewesen ist. Vermutlich werden die Skalden diese Symbolik aus dem Kult des Freyr übernommen haben, dessen großer Penis ursprünglich das Fruchtbarkeitssymbol gewesen ist.

I 7. Thor und Hrungnir

Die Darstellung der Überlegenheit des Donnergottes Thor über den „alten Göttervater" Tyr im Jenseits, der als Riese aufgefaßt wurde, ist das wichtigste einzelne Motive in den Mythen des Thor zu der Zeit, als Snorri Sturluson um 1220 n.Chr. die Prosa-Edda verfaßt hat.
Auch Hrungnir ist solch ein „Göttervater im Jenseits"-Riese.

I 7. a) Skaldskaparmal

Der Kampf zwischen Thor und Hrungnir war so wichtig, daß aus ihm eine Thor-Kenning gebildet wurde.

„Welche Bilder soll man verwenden, um den Namen des Thor zu umschreiben?"
„Diese: Man soll ihn ... ... Niederwerfer des Hrungnir ... ... nennen."

I 7. b) Skaldskaparmal

In dieser Mythe treten neben Thor und Hrungnir auch Thors Diener-Priester Thialfi, Thors Sohn Magni sowie Odin in wichtigen Rollen auf.

Thor war nach Osten gezogen, Unholde zu töten.
Odin ritt auf Sleipnir gen Jötunheim und kam zu dem Riesen, der Hrungnir hieß.

„Hrungnir" bedeutet „Lärmer" – ein typischer Riesen-Namen.
Das „Hrungnir-Herz" war ein beliebtes Symbol auf den Runensteinen. Es stellt vermutlich die Seele im Herzen dar. Dieses Symbol bestand aus drei ineinander verschlungenen Dreiecken, was auf den Zyklus des Sonnenlaufs, auf die Seele als „Sonne" und evtl. auch auf die drei Nornen hinweist (siehe das Kapitel „3" in Band 47).
Da die Riesen im Allgemeinen die Elterngeneration der Asen sind, läßt dieses Symbol vermuten, daß Hrungnir einst ein wichtiger Gott gewesen sein muß, denn sonst hätte sein Herz kaum das allgemeine Symbol für die Seele werden können. Die Vermutung liegt nahe, daß sich Hrungnir aus dem Göttervater im Jenseits entwickelt hat.

Da frug Hrungnir, welchen Mann er da sehe mit dem Goldhelm, der Luft und Wasser reite? Er sagte auch, er reite ein sehr gutes Roß.

Da sagte Odin, er wolle sein Haupt verwetten, daß kein so gutes Roß in Jötunheim sei.

Hrungnir sagte, jenes Roß möge gut sein; aber sein eigenes Roß, das Gullfaxi heiße, mache viel weitere Sprünge. Hrungnir wurde zornig, sprang auf sein Roß und setzte Odin nach und gedachte, ihm seine Prahlerei zu lohnen.

Odin ritt so schnell, daß er eine gute Strecke voraus war; aber Hrungnir war in so großem Jotenzorn, daß er nicht merkte, als er schon innerhalb der Asenmauer war.

Man wird davon ausgehen können, daß Odin nur mit einem gleichwertigen Gegner einen Wettritt austragen wird. Der passendste Gegner für Odin wäre sein Vorgänger Tyr.

Es gibt noch einen Hinweis darauf, daß Hrungnir der ehemalige Göttervater Tyr ist: Odin trägt einen goldenen Helm und reitet durch die Luft und über Wasser. Da der Goldhelm des Odin sehr wahrscheinlich wie die goldenen Zähne des Heimdall ein Symbol der Sonne sind, erscheint Odin hier als Sonnengott, was ein Charakterzug ist, der bei Tyr noch recht ausgeprägt war, aber bei Odin normalerweise keine Rolle spielt. Falls es bei diesem Wettritt jedoch um einen Vergleich zwischen dem ehemaligen und dem neuen Göttervater geht, ist es natürlich wichtig, daß Odin nicht „kleiner" als Tyr erscheint, weshalb er durch seinen Goldhelm auch als Sonnengott dargestellt wurde.

Als er nun an das Tor der Halle kam, luden ihn die Asen zum Trinkgelage. Er trat in die Halle und begehrte einen Trunk. Sie nahmen die beiden Schalen, aus welchen Thor zu trinken pflegte, und Hrungnir leerte sie beide.

Und als er trunken wurde, ließ er das Großsprechen nicht; er sagte, er wolle Walhall nehmen und nach Jötunheim bringen, Asgard versenken und alle Götter töten außer Freyja und Sif, die wolle er mit sich heimführen. Als Freyja ihm darauf einschenkte, drohte er, den Asen all ihr Ael auszutrinken.

Die beiden „Trinkschalen" des Thor sind vermutlich die von ihm übernommenen zwei „Weißlinge" genannten Trinkhörner der beiden Söhne („Alcis") des ehemaligen Göttervaters Tyr. Diese Trinkhörner sind vor allem in der Form der beiden Goldhörner von Gallehus bekannt.

Hrungnirs Drohungen entsprechen ganz den Szenerien der Mythen über Thiazi, Hymir und Geirröd: Es geht um den Streit zwischen den Asen und dem Tyr-Riesen um die Göttin (Freya, Sif, Idun) und das Symbol der Wiedergeburt (Iduns Äpfel, Odins Draupnir, Freyas Brisingamen usw.).

In der ursprünglichen Mythe haben sich Tyr und Loki um die Göttin gestritten, die ihnen ihre Wiedergeburt ermöglichte.

Da die Asen um 500 n.Chr. Tyr abgesetzt haben, wurde Loki ihr Verbündeter und der Tyr-Riese zum Gegner der Asen. Durch die Vermischung des Kampfes zwischen Tyr und Loki bzw. zwischen den Asen und dem Tyr-Riesen mit dem Kampf zwischen Thor und Jörmungandr entstand schließlich der Kampf zwischen Thor und dem Tyr-Riesen.

Der Kampf zwischen Thor und dem Tyr-Riesen		
vor 500 n.Chr.	*ca. 500-750 n.Chr.*	*nach ca. 750 n.Chr.*
Sommergott Tyr gegen Wintergott Loki	Thor, Odin und Loki gegen den Tyr-Riesen	Thor gegen den Tyr-Riesen
Regengott Thor gegen Regenräuber Jörmungandr		

Als aber die Asen sein Großsprechen verdroß, nannten sie Thors Namen: alsbald kam Thor in die Halle und schwang den Hammer und fragte zornig, wer schuld sei, daß hundweise Jötune da trinken dürften, oder dem Hrungnir erlaubt habe, in Walhall zu sein und warum ihm Freyja einschenke wie bei den Gelagen der Asen?

Nachdem durch den Wettritt Odin bereits über Hrungnir gesiegt hatte, wird nun Thor als der Stärkste aller Asen geschildert. Der Wettritt zwischen Odin und Hrungnir ist somit eine geschickte Eröffnung dieser Mythe gewesen, die die Rangfolge der Götter und „Ex-Götter"-Riesen klärte – und Thor an ihre Spitze stellte.

Da antwortete Hrungnir und sagte, indem er mit unfreundlichen Augen auf Thor blickte, Odin habe ihn zum Trinkgelage gebeten und er sei in dessen Frieden.
Da sagte Thor, der Einladung solle den Hrungnir gereuen, ehe er hinauskomme. Hrungnir entgegnete, Asathor werde wenig Ehre davon haben, wenn er ihn unbewaffnet töte; mehr Mut verrate er, wenn er es wage, an der Ländergrenze bei Griotunagardar mit ihm zu kämpfen.

„Griotunagardar" bedeutet „Geröll-Ort-Schutzort", also in etwa „Steinstadt", womit Utgard und letztlich die Grabkammer in einem Hügelgrab gemeint ist.

„Es war große Unklugheit," sagte er, „daß ich Schild und Schleifstein daheim ließ. Wenn ich meine Waffen hier hätte, wollten wir gleich einen Holmgang versuchen; da dies aber nicht der Fall ist, so beschuldige ich Dich einer Schandtat, wenn Du mich wehrlos töten willst."

Thor wollte sich der Annahme des Zweikampfes keineswegs entziehen, da er dazu aufgefordert wurde, was ihm nie zuvor begegnet war.

Ein Schleifstein als Waffe ist recht auffällig. Der einzige andere Schleifstein, der in den germanischen Mythen eine Rolle spielt, ist der, den Odin auf seiner Reise in das Hügelgrab-Jenseits der Riesen-Tochter Gunnlöd, von der er den Göttermet rauben will, mit sich trägt. Mit ihm überlistete er neun Knechte mit Sensen, indem er ihnen mit dem Schleifstein die Sensen schärfte und dann den Stein emporwarf, sodaß sich die neun Knechte im Streit um den Stein gegenseitig töteten.

Man kann zumindestens vermuten, daß der Schleifstein, die Sensen und die Neunzahl der Knechte auf ein Ernte-Motiv hinweisen, in dem das Sensen des Getreides dem Tod der Menschen gleichgesetzt worden ist.

Möglicherweise hatte auch der Riese Hrungnir eine Verbindung zu dem Gleichnis zwischen der Getreideernte und dem Tod.

Die Kombination der Motive von Odin, Schleifstein und den neun Ernteknecht-Riesen wäre dann ein Vorläufer der Kombination der Motive von Thor, Schleifstein und dem Riesen Hrungnir. Die zweite dieser beiden Motiv-Kombinationen wird aus der ersten entstanden sein, als in Island Thor allmählich von seinem Vater Odin die Position des wichtigsten Gottes übernahm.

Der Schleifstein des Tyr-Hrungnir könnte auch an die Stelle von dessen Schwert getreten sein, das er einst mit diesem Stein geschliffen hat.

Die ganz formelle Herausforderung des Thor durch Hrungnir zu einem Zweikampf gibt diesem Vergleich der wichtigsten Götter noch ein zusätzliches Gewicht, denn Thor gilt, wenn er über Hrungnir siegt, ganz offiziell als der Stärkere von beiden.

Da fuhr Hrungnir seines Weges und sputete sich aus aller Macht bis er gen Jötunheim kam.

Da machte seine Fahrt großes Aufsehen bei den Jötunen, und ebenso, daß es zwischen ihm und Thor zur Verabredung des Zweikampfs gekommen war. Die Jötune hielten es für überaus wichtig, wer den Sieg erhielte, denn sie fürchteten das Schlimmste von Thor, wenn Hrungnir bliebe, denn er war der Stärkste unter ihnen.

Die Beschreibung des Hrungnir als des stärksten aller Riesen paßt gut zu seiner Deutung als „Göttervater im Jenseits".

Da machten sie auf Griotunagardar einen Mann aus Lehm, der neun Rasten hoch war und drei breit unter den Armen.
Sie fanden aber kein Herz, das so groß war, als sich für ihn ziemte, bis sie das einer Stute nahmen, welches sich ihm jedoch nicht haltbar erwies, als Thor kam.

Der Lehmriese ist selbst für Riesenverhältnis sehr groß, da eine Raste drei römische Meilen, d.h. 4.446m lang ist. Der Lehmriese ist folglich rund 40km hoch und hat eine Brustbreite von 13,5km. Dies dürfte abgesehen von dem Urriesen Ymir, aus dem die Asen die gesamte Welt erschufen, der größte aller Riesen sein, von dem in den germanischen Mythen und Sagas berichtet wird.

Wichtiger als diese gewaltige Größe des Riesen sind vermutlich die beiden Zahlen, die seine Größe angeben, denn die „3" ist die Zahl des Sonnenzyklus und die „9" ist die Zahl des Jenseits. Daraus läßt sich schließen, daß dieser Lehmriese ursprünglich der Sonnengott-Göttervater Tyr im Jenseits gewesen ist.

Der Lehmriese ist auch der Urriese Ymir, der als der zeitlich gesehen „erste Riese" dem Tyr als rangmäßig „ersten Riesen" gleichgesetzt worden ist. Die Erschaffung der Erde aus dem Urriesen ist hier zu einer Erschaffung des Riesen aus der Erde (Lehm) umgedeutet worden.

Bei Thor-Mythen besteht zudem generell der Verdacht, daß in der letzten Phase der germanischen Religion, als der Donnergott zu der mit Abstand wichtigsten Gottheit wurde, ehemalige Mythen, die mit Odin oder noch früher mit Tyr verbunden waren, auf Thor übertragen und dabei als Kampf gegen einen Riesen o.ä. umgedeutet worden sind.

Das deutlichste Beispiel für die Übertragung von Odin-Mythen auf Thor ist das Alwiss-Lied, in dem Thor durch eine List statt durch seinen Hammer einen Gegner besiegt – was so gar nicht in das sonstige Bild des cholerischen Thor paßt.

Die Vorstellung eines Riesen, der aus Lehm hergestellt und dann mit einem Stutenherz belebt wird, ist recht auffällig und regt dazu an, zu schauen, ob in der germanischen Überlieferung noch an einer anderen Stelle etwas Vergleichbares zu finden ist.

Das vermutlich ähnlichste sind die beiden ersten Menschen Ask und Embla, die von den drei Asen Odin, Hönir und Lodur (Loki) aus einer angeschwemmten Esche (Ask) und einer angeschwemmten Ulme (Embla) gefertigt und anschließend belebt wurden.

Etwas ähnliches gab es in der Magie, in der man auch bei den Germanen möglicherweise „Woodoo-Püppchen" hergestellt hat – zumindest ist das Schnitzen von Stäben in der Gestalt eines bestimmten Menschen bekannt. Manchmal wurden diese Stäbe für magische Schädigungen benutzt und manchmal auch „nur" für üble Beleidigungen. Bei diesen „Nid" genannten Schadenszaubern und Beleidigungen steckte man manchmal oben auf den Stab noch den Kopf eines Pferdes.

Schließlich hat auch Thors „Hammer-Zauber", mit dem er seinen beiden Böcke aus deren Knochen und Fell neu entstehen läßt, Ähnlichkeit mit dem handwerklich hergestellten und magisch belebten Lehmriesen.

Es wäre denkbar, daß der Herstellung dieses Lehmriesen auch die Vorstellung von der Anfertigung von Götterstatuen und deren anschließender Weihung, d.h. der Einladung der betreffenden Gottheit in ihre Staute zugrundeliegt.

Alle diese Parallelen lassen zumindestens vermuten, daß die Herstellung einer

„lebendigen Lehmfigur" in den Aufgabenbereich der Priester oder der Magier fällt. Daraus ergibt sich wiederum, daß zumindestens Hrungnir etwas von Magie versteht – was nicht verwunderlich ist, da er aus dem Motiv des Göttervaters im Jenseits entstanden ist.

Die geschlachtete Stute, von der das Herz des Lehmriesen stammt, könnte eine Entsprechung zu dem Opfer des Ziegenbockes des Thor sein. Dem Tyr hat man einst Stiere und auch Hirsche und Hengste geopfert.

Da es bei den Germanen eine tödliche Beleidigung war, wenn man einem Mann weibliche Eigenschaften zuschrieb, ist das Herz einer Stuten statt des Herzen eines Hengstes in dem Riesen bereits eine sehr herbe Beleidigung für den Lehmriesen.

Hrungnir selbst hatte bekanntlich ein Herz von hartem Stein, scharfkantig und dreiseitig, wie man seitdem das Runenzeichen zu schneiden pflegt, das man 'Hrungnirs Herz' nennt.

Das Steinherz des Hrungnir könnte evtl. die Dauerhaftigkeit dieses Herzens symbolisieren.

Sehr wahrscheinlich ist es mit dem Triskelis („Dreibein") verwandt, das für die Kelten, die Griechen und noch einige andere West-Indogermanen ein wichtiges Sonnensymbol war und dessen Ursprung sich bis zu den frühen Ackerbauern in Mesopotamien zurückverfolgen läßt.

Dieses „Dreibein" stellt den Lauf der Sonne über den Himmel dar. Ein ihm verwandtes Dreibein ist das dreibeinige Pferd der Hel.

Hrungnir-Herz und Triskelis			
	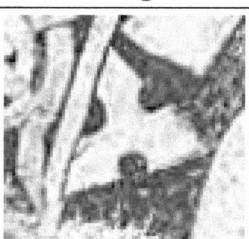		
Hrungnir-Herz; Runenstein von Uppsala	*spitze Form eines Hrungnir-Herzens; Runenstein von Stenkyrka*	*Hrungnir-Herz aus drei Met-Hörnern; Runenstein von Snoldelav*	*ein Adler bringt das Hrungnir-Herz bei einer Einweihung; Runenstein von Bunge*

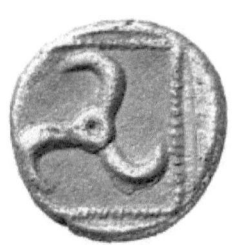			
Triskelis; Griechen	*Triskelis als Dreibein unter einem Vierspänner; Griechen*	*Triskelis unter einem Pferd; Kelten*	*Triskelis unter einem Streitwagen; Kelten*

Das Pferd bzw. der Streitwagen, unter dem sich das Dreibein sehr oft befindet, ist vermutlich der Streitwagen des Sonnengott-Göttervaters (Zeus-Apollo, Dagda-Nuada, Tyr).

Auch sein Haupt war von Stein, von Stein auch sein breiter, dicker Schild, und diesen Schild hielt er vor sich, als er auf Griotunagardar stand und Thors wartete. Seine Waffe war ein Schleifstein, den er über die Achsel nahm, und nicht mild war er anzuschauen. Ihm zur Seite stand der Lehmriese, der Möckrkalfi hieß. Er war aber sehr furchtsam, und man sagt, daß er Wasser ließ, als er Thor sah.

Der Name „Möckrkalfi" setzt sich aus „möckr" und „kalfi" zusammen. Das erste der beiden Worte ist entweder das altnordische „mökkr" für „dichte Wolke" oder es leitet sich von urgermanisch „mukkä" für „Brocken", „Haufen" oder „plumper Mensch" ab. Das zweite Wort ist wahrscheinlich eine Variante des urgermanischen „kalbaz" für „Kalb" – das altnordische „kalfi" ist sozusagen die Zwischenform zwischen dem germanischen „kalbaz" und dem englischen „calf".

Der Name „Mökkurkalfi" ist somit eher ein Spottname, den die Asen diesem Riesen gegeben haben, als eine Benennung durch die Riesen selber. Man könnte ihn in etwa mit „plumpes Kalb" übersetzen.

Es wäre denkbar, daß dieser Lehmriese Ymir ist, der oft dem Tyr gleichgesetzt worden ist.

Thor fuhr zum Holmgang und mit ihm Thialfi. Da lief Thialfi voraus, dahin, wo Hrungnir stand, und sprach zu ihm: „Du stehst übel behütet, Jötun: zwar hast Du den Schild vor Dir; aber Thor hat Dich gesehen, er fährt niederhalb in die Erde und wird von unten an Dich kommen."

Darauf warf sich Hrungnir den Schild unter die Füße und stand darauf; die

Steinwaffe aber faßte er mit beiden Händen.

Thialfis List klingt recht seltsam und es ist verwunderlich, daß Hrungnir es dem Diener seines Gegners auch noch glaubt: Thor soll angeblich aus der Erde heraus und nicht frontal von vorne kommen, wie es eigentlich seine Art ist. Es sollte demnach eine Gottheit geben, die üblicherweise „aus der Erde heraus" kommt und die zudem noch eine Verbindung zu einem Schild hat, da Hrungnir diesen unter sich legt. Dies ist der Sonnengott-Göttervater Tyr, der als Sonnenscheibe am östlichen Horizont wie „aus der Erde heraus" aufsteigt.

Diese Deutung der Schild-Szene paßt gut zu der Vermutung, daß es sich bei Hrungnir um eine der vielen Umdeutungen des ehemaligen Sonnengott-Göttervaters handelt. Das Versinken des Sonnen-Schildes „in der Erde" abends am westlichen Horizont wird daher zu dem Tod des Riesen Hrungnir geworden sein. Diese Umdeutung wurde dadurch erleichtert, daß der Sonnengott im Jenseits zu einem Sonnen-Riese wurde, da die Riesen zum einen die Väter der Asen und zum anderen die Wesen des Jenseits sind.

Beide Merkmale zusammen ergeben den Sonnengott, der am Abend stirbt, in das Jenseits eingeht, sich dort mit der Göttin bei der Wiederzeugung vereint und dann am Morgen als sein eigener Sohn wiedergeboren wird.

Eine letzte Bestätigung für diese Deutung ist die Bewaffnung und ähnliche Merkmale der Riesen, die sich aus dem Gott Tyr heraus gebildet haben, da nur diese der sonst üblichen „Felsen-Szenerie" abweichen:

Waffen und ähnliches einiger „Tyr-Riesen"		
Riese	*Waffen u.ä.*	*Herkunft der Waffe o.ä.*
Hrungnir	Schild	Sonnenschild
	Wetzstein	Wetzstein des Tyr (Schwert) und später des Odin (Ernte?)
	Hrungnir-Herz	Sonne, Seelensymbol
Surtur	flammendes Sonnen-Schwert	Schwert des Tyr
Hymir	Met-Kessel	Göttermet
Hraesvelgr	Adler-Gestalt	Seelenvogel des Göttervaters
Thiazi	Adler-Gestalt	Seelenvogel des Göttervaters

Darauf vernahm er Blitze und hörte starke Donnerschläge und sah nun Thor im Asenzorn, der gewaltig heranfuhr, den Hammer schwang und ihn aus der Ferne nach

Hrungnir warf.

Hrungnir hob die Steinwaffe mit beiden Händen und hielt sie entgegen: da traf sie der Hammer im Fluge und der Schleifstein brach entzwei: der eine Teil fiel zur Erde, und davon sind alle Wetzsteinfelsen gekommen; der andere fuhr in Thors Haupt, so daß er vor sich auf die Erde stürzte.

Der Splitter des Schleifsteines in Thors Haupt wird eine Verharmlosung seines Todes, d.h. einer Jenseitsreise sein. Sie ist vermutlich aus der Umdeutung der Jenseitsreise des Sonnengott-Göttervaters entstanden. Der Steinsplitter in Thors Kopf bildet eine Parallele zu der Verletzung von Thors Ziegenbock.

Auch die Göttervater Tyr und Odin haben eine Jenseitsreise-Verletzung: Tyr fehlt die rechte Hand und Odin sein linkes Auge – folglich brauchte auch Thor eine solche Verletzung, um ihnen gleichgestellt oder überlegen sein zu können.

Es ist allerdings auch denkbar, daß Thors „Tod" in dieser Mythe noch aus der Zeit stammt, als sich der Donnergott und die Regenräuberschlange in den indogermanischen Mythen noch abwechselnd besiegt haben.

Der Hammer Miölnir aber traf den Hrungnir mitten auf das Haupt und zerschmetterte ihm den Schädel in kleine Stücke. Er selbst fiel vorwärts über Thor, so daß sein Fuß auf Thors Hals lag.

Thialfi aber griff Möckrkalfi an, der mit geringem Ruhm fiel.

Darauf ging Thialfi zu Thor und wollte Hrungnirs Fuß von ihm nehmen, hatte aber nicht die Macht dazu.

Da gingen die Asen alle hinzu, als sie von Thors Fall hörten, und wollten den Fuß von ihm nehmen, brachten es aber auch nicht zuwege.

Da kam Magni herbei, der Sohn Thors und Jarnsaxas, der erst drei Winter alt war, der warf Hrungnirs Fuß von Thor und sprach: „Schmach und Schande, Vater!, daß ich so spät kam. Ich glaube, ich hätte diesen Riesen mit der Faust zur Hel gesandt, wär ich mit ihm zusammengetroffen."

Weder Thialfi noch die Asen selber sind in der Lage, den toten Hrungnir fortzuheben und dadurch Thor zu befreien. Erst Thors Sohn, d.h. der wiedergeborene Thor, kann den Donnergott wieder befreien.

Dieser Fortgang der Mythe entspricht ganz dem Ablauf der Jenseitsreise, bei der nicht derjenige zurückkehrt, der ins Jenseits gereist ist, sondern dessen Sohn, d.h. der von der Göttin wiedergeborene Jenseitsreisende. In dieser Wiedergeburtssymbolik ist der Sohn auch stets stärker als der Vater.

Auch diese Szene ist im Sinne der allgemeinen Dynamik des Thor in den Bereich der Körperkraft übertragen worden.

Da stand Thor auf und empfing seinen Sohn wohl und sagte, er würde ein tüchtiger Mann werden, „auch will ich Dir," sagte er, „das Roß Gullfaxi geben, das Hrungnir besaß."

Das Roß des Hrungnir ist nicht nur irgendeine Beute, denn es ist das Pferd des ehemaligen Göttervaters Tyr-Hrungnir. Thor übergibt seinem Sohn Magni mit diesem Roß zumindestens ein Anrecht auf die „Thronfolge" als Göttervater, wenn nicht sogar diese Position selber.

Der Name von Hrungnirs Roß Gullfaxi bedeutet dasselbe wie der Name von Heimdalls Roß Gulltop „Goldmähne", da „faxi" und „top" lediglich zwei verschiedene Worte für „Mähne" sind. Dieses „Gold" weist darauf hin, daß der ehemalige Göttervater Tyr noch eng mit der Sonnensymbolik verbunden gewesen ist. Der Gott Heimdall hat deutlich mehr von der Sonnen-Symbolik des Tyr bewahrt als Odin.

Da hub Odin an und sagte, Thor habe übel getan, daß er dieses gute Pferd dem Sohne einer Riesenfrau gegeben habe, und nicht seinem Vater.

Da Thor in dieser Erzählung eine der Odin-Mythen sowie die Position des Odin als oberster Gottheit übernimmt, ist es kein Wunder, daß der nun ehemals wichtigste Gott Odin ein wenig eifersüchtig wird …

In dieser Mythe wurden auf geschickte Weise acht Vergleiche darüber angestellt, wer wohl der mächtigste Gott ist und daher auch die Position des Göttervaters für sich beanspruchen kann. Dabei wird sorgfältig jede der vier Gottheiten Tyr-Hrungnir, Odin, Thor und Magni mit jedem anderen Gott verglichen. Um auch den allerletzten Zweifel darüber auszuräumen, wer der Stärkste in Asgard ist, werden Thor und Magni auch noch einmal mit „allen Asen" verglichen.

Die Vergleiche der „Göttervater"-Götter		
überlegener Gott	*unterlegener Gott*	*Art des Vergleiches*
Odin	Hrungnir	Wettritt
Thor	Hrungnir	förmlicher Zweikampf
Thor	Odin	Thor schenkt Hrungnirs Pferd seinem Sohn
Thor	Asen	Asen rufen Thor, um Hrungnir zu vertreiben
Magni	Hrungnir	Magni kann Hrungnirs Bein fortheben
Magni	Odin	nur Magni kann Hrungnirs Bein fortheben
Magni	Thor	nur Magni kann Hrungnirs Bein fortheben
Magni	Asen	nur Magni kann Hrungnirs Bein fortheben

Aus diesen Vergleichen ergibt sich, daß der Sohn bzw. Nachfolger jeweils dem Vater bzw. Vorgänger überlegen ist:

- Odin ist stärker als sein Vorgänger Tyr-Hrungnir;
- Thor ist stärker als sein Vater Odin, als dessen Vorgänger Hrungnir und auch stärker als alle anderen Asen;
- Magni ist stärker als sein Vater Thor, als Odin und als alle andere Asen einschließlich Odin (die das Bein nicht fortheben können) und auch als Hrungnir (denn er kann dessen Bein fortheben).

Die Rangfolge entspricht somit der Reihenfolge des Stammbaumes des Göttervaters:

Rangfolge der Asen							
(= Generationenfolge der Asen)							
4. Platz		*3. Platz*		*2. Platz*		*1. Platz*	
Tyr-Hrungnir	=(Nachfolger)=>	Odin	=(Sohn)=>	Thor	=(Sohn)=>	Magni	

Diese Folge zeigt, daß die Lieder, die den Thor über die verschiedenen Tyr-Riesen und z.T. auch über Odin stellen, nicht nur aus dem Streben einer Gruppe von Priester-Skalden stammt, die den Thor verehrten, sondern daß diese Entwicklung bereits im Wesen der Wiedergeburtssymbolik begründet liegt. Diese Dynamik ist auch von den meisten anderen indogermanischen Völkern bekannt.

Da fuhr Thor heim gen Thrudwang, und der Schleifstein stak in seinem Haupt. Da kam die Wala hinzu, die Groa hieß, die Frau Oerwandils des Kühnen; die sang ihre Zauberlieder über Thor bis der Schleifstein los ward.

Die Wiedergeburt durch die Göttin im Jenseits ist in dieser Mythe eine Szene zu weit Richtung Ende verrutscht und außerdem in eine Heilung umgedeutet worden.
Im Fiölswin-Lied ist Groa die Mutter des Sonnengottes Swipdag (Tyr). Auch sie wurde in diese Mythe, die auf den Donnergott Thor zugeschnitten wurde, übernommen.

Als Thor dies merkte und Hoffnung schöpfte, von dem Schleifstein entledigt zu werden, wollte er der Groa die Heilung lohnen und sie froh machen.
Da sagte er ihr, daß er von Norden her über die Eliwagar gewatet sei und im Korb auf seinem Rücken den Oerwandil aus Jötunheim getragen habe. Und zum Wahrzeichen gab er an, daß ihm eine Zehe aus dem Korb vorgestanden und erfroren sei: die habe Thor abgebrochen, hinauf an den Himmel geworfen und den Stern daraus gemacht, der Oerwandils Zehe heißt.
Des weiteren sagte Thor, es werde nicht lange mehr anstehen bis Oerwandil heimkomme. Darüber wurde Groa so erfreut, daß sie ihrer Zauberlieder vergaß, und so wurde der Schleifstein nicht loser und steckt noch in Thors Haupt.
Darum ist es auch eines jeden Pflicht, solche Steine wegzuwerfen, denn damit rührt sich der Stein in Thors Haupt.

„Oerwandil" oder „Aurwandil" ist die Morgenstern-Venus. Sein Name bedeutet „Licht-Bereiter" im Sinne von „Sonnen-Bote". Die Morgenstern-Venus ist von sehr vielen Völkern als Bote der Sonne angesehen wird, weil sie nur kurz vor Sonnenaufgang am Himmel sichtbar ist.
Der Wurf des Zehs des Aurvandil durch Thor ist vermutlich ein Abrunden dieser Mythe, da Aurvandil als Morgenstern ein „Diener" des ehemaligen Sonnengott-Göttervaters Tyr gewesen ist – und die Aurvandil-Mythe nun mit Thor verknüpft wird und Thor als dem Aurvandil überlegen gezeigt wird. Da Thor den Morgenstern aus dem Elivagar-Jenseits im Osten geholt hat, ist somit auch gesagt, daß es der Gott Thor ist, der dafür sorgt, daß der Morgenstern an den meisten Tagen am Himmel erscheint – und mit ihm die Sonne.
Somit ist die Sonnensymbolik des Hrungnir-Herzens des Tyr über den Goldhelm

des Odin nun zu Thor gewandert …

In einer früheren Mythe hat Odin noch die Augen des Tyr-Thiazi, d.h. Sonne und Mond, an den Himmel emporgeworfen. Auch diese Funktion ist hier dem Thor übertragen worden.

Der Skalde oder Priester, der die Hrungnir-Mythe verfaßt hat, ist wirklich ausgesprochen gründlich gewesen …

I 7. c) Haustlöng

Dieses Lied wurde um ca. 900 n.Chr. von dem Skalden Thjodolfr von Hvinir verfaßt und schildert den Zweikampf zwischen Thor und Hrungnir, der das Kernstück der eben dargestellten Hrungnir-Mythe aus der Skaldskaparmal ist.

Auf dem Kreis kann man auch sehen,
O Mann des Höhlen-Feuers,
wie der Schrecken der Riesen
dem Hügel der Stein-Stadt einen Besuch abstattete.

Der wütende Sohn der Jörd
fuhr zu dem Spiel des Eisens
und der Weg des Mondes donnerte unter ihm.
Wut schwoll an in Meilis Bruder.

Der „*Kreis*" ist der Schild, den der Skalde Thjodolfr von Thorleif erhalten hat.

Das „*Höhlen-Feuer*" ist das Gold. Der „*Mann des Goldes*" ist der Fürst Thorleif, der dem Thjodolfr den Schild geschenkt hat, den dieser nun besingt. Aus der Verwendung dieser Kenning für Thorleif kann man nicht unbedingt schließen, daß Thorleif besonders reich war, denn die Fürsten wurden von den Skalden gerne auf vielfältige Weise als „freigiebige Besitzer des Goldes" bezeichnet, da sie sich einen Teil dieses Goldes als Lohn für ihre Dichtkunst erhofften.

Die sonst übliche Kenning für „Gold" ist „Meeres-Feuer" o.ä.. womit letztlich die Sonne in der Wasserunterwelt gemeint ist. Da die Skalden an die Stelle des „Wasser"-Kenniords auch das Wort „Höhle" setzen konnten, müssen die „tiefen Wasser" und die „Höhle" dieselbe mythologische Bedeutung gehabt haben: Sie waren beide Bilder für die Unterwelt. Die Göttin der Wasser-Unterwelt ist die Riesin Ran und die Göttin der Höhlen-Unterwelt (Hügelgrab) ist die Riesin Hel.

Der „*Schrecken der Riesen*" ist Thor.

Die „*Stein-Stadt*" („Griotun") ist der Wohnort der Riesen oder das Hügelgrab – was letztlich dasselbe ist: ein Ort im Jenseits. Der „*Hügel der Stein-Stadt*" ist entweder der Berg, auf dem die Riesen wohnen, oder das Hügelgrab, in dem sie als Totengeister leben – was wiederum letztlich dasselbe ist. Diese Kenning bezeichnet in diesem Lied den Wohnort des Riesen Hrungnir. Möglicherweise ist mit „Hügel" auch nicht der Wohnort des Hrungnir, sondern der Riese selber gemeint – das wäre dann eine recht abfällige Kenning ... Diese „Steinstadt" erscheint bei Snorri Sturluson als „Griotunagard".

Der „*Sohn der Jörd*" ist Thor.

Mit „*Eisen*" ist eine Waffe gemeint. Das „*Spiel des Eisens*" ist der Kampf und die Schlacht.

Der „*Weg des Mondes*" ist der Himmel, über den Thor als Donnergott in seinem Ziegenbock-Streitwagen fuhr.

„*Meili*" („der Liebliche/Liebenswerte") ist ein Beiname des Baldur. „*Meilis Bruder*" ist Thor.

Kenning-freie Übersetzung der Strophe: „*Auf dem Schild kann man auch sehen, O Fürst, wie Thor dem Hrungnir einen Besuch abstattete. Thor fuhr donnernd über den Himmel zu dem Kampf und die Wut schwoll in ihm an.*"

All die Falken-Heiligtümer
standen in Flammen
wegen Ullrs Stiefvater
und der Boden unten wurde von Hagel geprügelt,

als die Ziegenböcke
die Tempel-Macht auf dem leichten Streitwagen
vorwärts zu dem Treffen mit Hrungnir zogen.
Svolnirs Witwe brach fast entzwei.

Die Kenning „*Falken-Heiligtümer*" ist durch eine Heiti aus „Falken-Lebensbereich" hervorgegangen und bedeutet „Himmel".

Die „*Flammen*" sind die Blitze des Donnergottes.

„*Ullrs Stiefvater*" ist Thor.

Diese Szene beschreibt ein Gewitter, das Ausdruck der Wut des Donnergottes Thor ist.

Eine „*Tempel-Macht*" ist ein Gott – eben die Kraft in einem Tempel. In Kombination mit den Ziegenböcken vor dem Streitwagen, auf dem dieser Gott steht, muß dieser Gott Thor sein.

„*Svolnir*" („Abkühler") ist ein Beiname des Odin. Wahrscheinlich ist damit nicht der Gegenpol zu seinem Beinamen „Hnikarr" („Aufhetzer") gemeint, sondern der Schild „Swalin/Svöl/Svolnir", der vor der Sonne steht, damit ihre Glut nicht die Erde verbrennt. Dieser Schild ist ursprünglich eine Verkörperung der Sonne selber und somit auch des Sonnengott-Göttervaters (Tyr) gewesen, dessen Nachfolge Odin während der Völkerwanderungszeit angetreten hat. Dieser Schild hatte zur Zeit des Skalden Thjodolfr schon eine lange Geschichte:

> Bereits in der frühen Zeit der Germanen ab 1800 v.Chr. gibt es in den skandinavischen Felsritzungen viele Darstellungen von Sonnen.
>
> Der Sonnenwagen von Trundholm folgt um ca. 1400 v.Chr.
>
> In dem Fürstengrab von Kivik, daß um 1000 v.Chr. errichtet wurde, werden diese viergeteilten Sonnen in Zusammenhang mit dem Jenseitstor dargestellt.
>
> Auf den Goldhörnern von Gallehus und auf den frühen Runensteinen ist der Sonnengott mit seinem Sonnenschild zu sehen.
>
> Auf den Schilden, die in den frühen Skalden-Liedern beschrieben werden, sind diese Schilde nicht mehr nur mit dem Bild der Sonne, sondern bereits mit Szenen der Jenseitsreise der Sonne, die sich inzwischen zu dem Raub der Jenseitsgöttin-Geliebten weiterentwickelt hat, geschmückt. In Fortführung dieser langen Tradition wurde um 985 n.Chr. auch der Göttervater Odin noch immer „Svölnir", also „Sonnenschild" genannt.
>
> In der Edda wird Ullr, der wahrscheinlich wie der Schmied Wieland der Sonnengott-Göttervater Tyr in der Unterwelt ist, noch immer „Schild-Ase" genannt.

Mit der Benutzung dieser Heiti für Odin könnte Thjodolfr bei seinen Hörern auch die Hervorrufung einer mehrfachen Assoziation beabsichtigt haben: die zwischen dem beschriebenen Prunk-Schild, dem Sonnenschild und somit der Sonne am Himmel sowie Odin als Schild-Gott und daher auch als Sonnengott-Göttervater.

Ganz nebenbei ist diese Heiti auch noch ein Kompliment an Thorleif: „Dieser Schild ist so schön und strahlend wie die Sonne und ein würdiges Bild für unseren Göttervater Odin!"

„*Svolnirs Witwe*" bedeutet somit eigentlich „Odins Witwe". Da Odin jedoch nicht tot ist, kann diese Deutung nicht stimmen. Wenn man „Svolnir" jedoch noch wie in der Zeit vor der Absetzung des Tyr um 500 n.Chr. als „Sonne" (Tyr) auffaßt, bekommt die Kenning einen Sinn, da der ehemalige Sonnengott-Göttervater jeden Abend bzw. jeden Herbst gestorben ist und die Jenseitsgöttin, die einst auch als Himmelsgöttin aufgefaßt worden ist, ihn dann am Morgen wiedergeboren hat. Von diesem Himmels-Motiv finden sich bei den Germanen nur noch bei Gerdr einige Reste. „Svolnirs

Witwe" ist somit wahrscheinlich die Erd- und Jenseitsgöttin oder eben auch die Himmelsgöttin. Das, was hier als „Svolnirs Witwe" bezeichnet wird und unter Thors Streitwagen fast zusammenbricht, ist daher vermutlich der Himmel.

Zu dem in dieser Strophe beschrieben Bild gehört auch die zweite Halbstrophe der vorigen Strophe, die in der folgenden Kenning-freien Übersetzung noch einmal in Klammern beigefügt wird: *„(Thor fuhr donnernd über den Himmel zu dem Kampf und die Wut schwoll in ihm an.) Der ganze Himmel wurde von Thors Blitzen durchzuckt und der Boden unten wurde von Hagel geprügelt, als die Ziegenböcke den Thor auf seinem Streitwagen vorwärts zu dem Treffen mit Hrungnir zogen. Der Himmel brach unter Thors Streitwagen fast entzwei."*

Baldurs Bruder schonte
die gierigen Feinde der Menschen nicht.
Bergen wankten und Felsen zerbarsten;
der Himmel oben brannte.

Ich habe gehört, daß der Wächter
der dunklen Knochen des Landes
von Hakis Wagen ihm ungestüm entgegen stürmte,
als er seinen kriegerischen Schlächter sah.

„*Baldurs Bruder*" ist Thor.
Die „*gierigen Feinde der Menschen*" sind die Riesen.
Das „*Brennen des Himmels*" sind die Blitze, die Thor in seiner Wut schleuderte.
Die „*dunklen Knochen des Landes*" sind die Felsen. Die „*Wächter der Felsen*", also ihre Bewohner, sind die Riesen, d.h. in diesem Lied der Riese Hrungnir. „*Haki*" ist ein berühmter Meerkönig gewesen. Daher ist sein „*Wagen*" ein Schiff. Das „*Land der Riesen*" liegt folglich im oder am Meer auf einer Landzunge oder auf einer Insel. Dies ist eine Umschreibung für Utgard jenseits des Meeres.
Der „*kriegerische Schlächter des Hrungnir*" ist Thor.
Kenning-freie Übersetzung der Strophe: *„Thor kämpfte mit solcher Wucht gegen die Riesen, daß die Bergen wankten, die Felsen zerbarsten und der Himmel oben brannte. Ich habe gehört, daß Hrungnir dem Thor entgegen stürmte, als er ihn erblickte."*

Flugs flog das blasse Ring-Eis
unter die Sohlen des Felsen-Wächters.
Die Haltgebenden bewirkten dies,
die Frauen der Schlacht wünschten dies.

Der Felsen-Edelmann mußte danach
nicht mehr lange auf einen schnellen Schlag
von dem rauhen Vielzahl-zermalmenden Freund
des Hammers für die Gesichter der Trolle warten.

„Eis" ist hier eine Heiti für „Eisen". Das „Ring-Eis" ist der runde Schild. In der Edda hatte Thors Helfer Thialfi den Hrungnir dazu überlistet, sich auf seinen Schild zu stellen statt ihn vor sich zu halten, indem er ihm sagte, daß Thor aus der Erde heraus angreifen werde.

Diese recht seltsame Szene könnte auf die Vorstellung, daß die Sonne(-nscheibe), also der Sonnenschild am Abend in der Erde versinkt und am Morgen wieder aus ihr zurückkehrt, zurückgehen. Das Motiv des auf dem Sonnenschild stehenden Riesen wäre dann eine Sonnenuntergangs-Szene. Dies paßt gut dazu, daß Hrungnir stirbt, während er auf dem Schild steht, denn auch der Sonnengott-Göttervater Tyr stirbt am Abend, wenn er in die Unterwelt geht.

Das „Hrungnir-Herz" genannte Symbol der Sonne („Triskelis") würde ebenfalls mit dieser Deutung gut übereinstimmen.

Der am Abend sterbende Göttervater ist aufgrund der Symbolik von Wiederzeugung und Wiedergeburt der Vater des am Morgen wiedergeborenen Göttervaters. Da Tyrs Vater der Riese Hymir ist, wird dieser Riese ursprünglich der „alte Tyr am Abend" und Tyr selber als der „junge Tyr am Morgen" gewesen sein. Da in den (indo-)germanischen Mythen die Götter von den Riesen abstammen, ist eine solche Auffassung des Hrungnir gut denkbar.

Hrungnir ist auch mit dem Riesen Thiazi identisch, da dessen Name über „Teiwaz" von dem indogermanischen Götternamen „Dhyaus" abstammt und somit dem Namen des Göttervaters „Tyr" entspricht. Wie der Vergleich mit den anderen indogermanischen Religionen zeigt, kann man von einer früheren Stufe der germanischen Religion aus der Zeit vor der schriftlichen Überlieferung ausgehen, in der die Jenseitsreise des Sonnengott-Göttervaters Tyr noch das prägende mythologische Motiv gewesen ist.

Diese frühere Entwicklungsstufe hat sich dann zu der in der Edda beschriebenen Mythologie weiterentwickelt und dabei in den neueren Mythen viele Spuren der älteren Vorstellungen hinterlassen. Der am Abend sterbende Göttervater findet sich noch in einigen anderen Riesen wieder wie z.B. in Hraesvelgr, der mit Hymir identisch ist und auf den Adler-Seelenvogel des Göttervaters zurückgeht. In der Edda sitzt Hraesvelgr am Rand der Welt (wo die Sonne unter- und aufgeht) und erzeugt dort mit seinen Fittichen den Wind.

Auch die als „Könige" („-rich") oder als „All-Herrscher" („Iwaldi" u.ä.) der Riesen und Zwerge (also der Totengeister) bezeichneten Riesen und Zwerge sind sehr wahrscheinlich ursprünglich der Göttervater Tyr in der Unterwelt gewesen, denn welchem Jenseitswesen sollte sonst der Titel „König" zustehen? Zu diesen Tyr-Abkömmlingen zählen vor allem die Riesen Iwaldi, Alwaldi, Ölwaldi, Thiazi und Farbauti sowie die Alben- bzw. Zwergenkönige Wieland, Alberich und Hreidmar sowie der Sagenkönig Heidrek. Alle diesen Zwergen- und Riesenkönige werden ausführlich in Band 5., 6. und 7. dargestellt.

Die vermutete Symbolik des am Abend in der Erde versinkenden und am Morgen aus ihr wieder auftauchenden Schildes hat eine Parallele in dem Schwert des Göttervaters und Schwertgottes Tyr. In den vielen Erzählungen über die „magischen Schwerter" in den Isländer-Sagas zerbricht dieses Schwert und wird dann neugeschmiedet (z.B. Siegfrieds Schwert Gram) oder es fällt in ein tiefes Wasser und wird dann von dort wieder heraufgeholt oder es wird in ein Hügelgrab gelegt und dann von dort geraubt. Diese drei Bilder werden auf das Schwert des Tyr zurückgehen, das am Abend zerbrach und von ihm mit in die Unterwelt (Wasser, Hügelgrab-Höhle) genommen wurde.

In der Nacht schmiedete er dann in der Gestalt von Wieland, also als Schmied, sein Schwert neu. Manchmal übernehmen auch zwei Zwerge diese Aufgabe. Diese beiden gehen auf die beiden Söhne des Göttervaters, die als Zwillings-Pferde („Alcis") seinen Streitwagen ziehen, zurück (die Dioskuren der Griechen). Aus ihnen entstand auch Odins achtbeiniges „Doppelpferd" Sleipnir.

Am Morgen kehrte Tyr mit seinem Sonnenschild und mit seinem neugeschmiedeten Schwert aus der Unterwelt zurück. Der Göttervater mit Schild und Schwert findet sich auf den Goldhörnern von Gallehus und auf den frühen Runensteinen abgebildet.

Für diese Deutung des Schildes des Hrungnir spricht auch, daß die Riesen sonst eher grobe Waffen benutzen. Der einzige weitere gut bewaffnete Riese ist Surtur mit dem Flammenschwert. Er ist der im Morgenrot zurückkehrende oder der im Abendrot sterbende ehemalige Sonnengott-Göttervater Tyr. Die Umdeutung der mit der Jenseitsreise verbundenen Vorstellungen in kriegerische Handlungen findet sich bei den Germanen an sehr vielen Stellen.

Der *„Felsen-Wächter"* ist der Riese Hrungnir.

Das germanische Wort *„bond"*, das meistens mit „Fessel" übersetzt wird, bedeutet „Band" und hat auch den doppelten Sinn dieses Wortes: Einerseits ist ein „Band" eine Fessel, aber sie ist auch das Band der Freundschaft und der Verwandtschaft, durch das man mit einem anderen verbunden wird. Das der Bezeichnung der Götter als „Band" zugrundeliegende Bild ist der Rückhalt der Menschen bei den Göttern. Dies entspricht genau der Bedeutung des Wortes „Religion": „Rückverbindung. Das Urbild für diesen Zusammenhang ist die Nabelschnur. Daher kann man „bond" am ehesten mit „die Haltgebenden" oder mit „die, mit denen man vertrauensvoll verbunden ist" übersetzen.

Die *„Frauen der Schlacht"* sind die Walküren. In der Haustlöng ist es nicht die List des Thialfi, die den Riesen Hrungnir dazu bewegt, sich auf seinen Schild zu stellen, sondern der Wille der Götter und der von ihnen zu dem Kampf gesandten Walküren. Diese Szene, die in der Edda des Snorri Sturluson ein wenig wie ein Schwank wirkt, hat offenbar doch ernstere Wurzeln: Es ist das von den Nornen-Walküren verhängte Schicksal der Sonne, jeden Abend zu sterben und jeden Morgen wiedergeboren zu werden.

Der *„Felsen-Edelmann"* ist der Riese Hrungnir.

Der *„Hammer für das Gesicht der Trolle"* ist Thors Hammer Mjöllnir („Zermalmer"). Der *„Freund des Hammers"* ist Thor, der es alleine mit einer Vielzahl von Feinden aufnimmt.

Kenning-freie Übersetzung der Strophe: *„Hrungnir legte seinen Schild geschwind unter sich, da die Götter und die Walküren dies so wollten. Der Riese erhielt kurz darauf einen vernichtenden Schlag von Thor."*

Der Lebens-Verderber von Belis Unheil-Heer
ließ den Bären der geheimen Rückzugsorte
vor den lauten Stürmen
auf seine Schild-Insel fallen.

Dort sank der Fürst des Schluchten-Landes
vor dem rauhen Hammer nieder
und der Zerbrecher der Felsen-Dänen
trieb den mächtigen Trotzigen zurück.

„Beli" („der Leuchtende") ist ein Riese, der ursprünglich einmal die Sonne bzw. der Sonnengott-Göttervater gewesen ist. Dieser Name findet sich bei fast allen Indogermanen (z.B. keltisch: Belenus) und auch bei anderen mit den Indogermanen verwandten Volksgruppen (z.B. semitisch: Ba'al) als Name der Sonne.

Das *„Unheil-Heer"* des Beli könnte daher evtl. mit der „Wilden Jagd" verwandt sein. Hier sind damit allgemein die Riesen gemeint, die von ihrem *„Lebens-Vernichter"* Thor getötet werden.

Die *„lauten Stürme"* sind die Taten des Donnergottes Thor. Diese Stürme sind auch einer seiner Aspekte als Gewittergott. Die *„geheimen Rückzugsorte"* vor diesen Stürmen sind die Höhlen in den Bergen. Der *„Bär"* der in diesen Höhlen lebte und sich vor den Stürmen, d.h. vor Thor fürchtete, ist Hrungnir.

Die „*Schild-Insel*" ist eine Anspielung darauf, daß Hrungnir auf seinem Schild stand, als Thor ihn tötete.

Das „*Schluchten-Land*" ist das Gebirge. Der „*Fürst des Gebirges*" ist Hrungnir.

Die „*Felsen-Dänen*" sind die Riesen. Hier wurden die Riesen und die Dänen als die Feinde der Isländer zusammengefaßt.

Der „*mächtige Trotzige*" ist Hrungnir.

Kenning-freie Übersetzung der Strophe: „*Thor ließ Hrungnir auf seinen Schild fallen. Dort sank Hrungnir von dem rauhen Hammer des Thor besiegt nieder.*"

Der harte Splitter des Wetzsteines
des Besuchers der Frauen
von Vingnirs Leuten zischte zu dem Sohn der Erde
und in seinen Gehirn-Grat,

sodaß der Stahl-Reibstein
noch immer im Schädel
des Jungen des Odin steckt
und dort befleckt mit dem Blut des Eindridi herausragt, ...

Ein „*Splitter des Wetzsteines*", den Hrungnir als Waffe verwendete, flog Thor in den Kopf und blieb dort stecken.

„*Vingnir*" bedeutet „Stier, Penis" und ist vermutlich ein Beiname des Tyr, denn dann wären „*Vingnirs Leute*" die Riesen und der „*Besucher der Riesen-Frauen*" folglich ein Riese – in diesem Fall vermutlich Hrungnir.

Der „*Sohn der Erde*" ist Thor, da seine Mutter die Erdgöttin Jörd ist.

Thors „*Gehirn-Grat*" ist sein Schädel. Mit dem hier als „Grat" übersetzen germanischen Wort sind solche Dinge wie ein Bergrücken, ein Firstbalken und andere „obenliegenden Teile eines Ganzen" gemeint.

Der „*Stahl-Reibstein*" ist der Wetzstein.

„*Odins Junge*" ist Thor.

„*Eindridi*" („Wanderer") ist ein Beiname des Thor.

Kenning-freie Übersetzung der Strophe: „*Ein harter Splitter des Wetzsteines des Hrungnir flog zu Thor und blieb in seinem Schädel stecken und ragte dort blutverschmiert heraus ...*"

... bis die Ale-Gefiun damit begann,
den roten Maulhelden, der der Feind des Rostes ist,
durch Zauberlieder von den sich neigenden Hängen
der Wunden zwischen den Haaren des Gottes zu entfernen.

Ich sehe diese Taten deutlich auf Geitirs Gesicht.
Ich habe die sich bewegende Klippe der Grenze,
die mit Schrecken geschmückt ist,
von Thorleif erhalten.

Die „*Ale-Gefiun*", also die „Met-Göttin" ist eine Frau, womit hier die Seherin Groa gemeint ist.

Die Szene, die die Heilung des Thor durch die Seherin Groa beschreibt, wird in der Prosa-Edda ausführlicher beschrieben. Ihr gelang es letztlich jedoch nicht, den Splitter aus Thors Haupt herauszuziehen, da sie aus Freude darüber, daß Thor ihr berichtete, daß er ihren Mann Aurvandil aus dem Eliwagar („Eiswogen") gerettet hatte, ihre Zauberlieder vergaß.

Der „*rote Maulheld, der der Feind des Rostes ist*", ist der Wetzstein. Er ist rot vom Blut des Thor und evtl. auch vom Rost, den er dem Eisen abgeschliffen hat. Vielleicht ist der Begriff „*Maulheld*" hier eine Assoziation zu den Riesen oder eine Anspielung auf die „Gefräßigkeit" des Wetzsteines (seine „Gier" auf Rost), worin er den Riesen glich, die auch „Jötun", d.h. „Gefräßige" genannt wurden.

Die „*sich neigenden Hänge*" sind der Schädel des Thor.

„*Geitir*" bedeutet „Ziegenbock (Geiß)" und ist ein Männername. Unter anderem trug Sigurds hellsichtiger Onkel diesen Namen. Warum der Schild hier als „Geitirs Gesicht" bezeichnet wird, ist unklar. Da die Ziegenböcke in der Edda vor allem mit Thor assoziiert gewesen sind, könnte ein Zusammenhang mit dem Donnergott bestehen. Falls diese Vermutung zutrifft, müßte es eine Übertragung von dem Göttervater zu dem Donnergott gegeben haben, da der Schild ein Symbol der Sonne, also ein „Sonnengesicht" und nicht ein Symbol des Thor gewesen ist. Solche Übertragungen finden sich bei den Indogermanen sehr oft.

Kenning-freie Übersetzung der Strophe: „*... bis die Seherin Groa damit begann, den Splitter durch Zauberlieder aus dem Schädel des Thor zu entfernen. Ich sehe diese Taten deutlich auf dem mit Bildern geschmückten Schild, den ich von Thorleif erhalten habe.*"

Die Kenning-freien Übersetzungen der Strophen lassen sich nun zu einer Prosa-Fassung der in diesem Lied berichteten Mythe zusammenfassen:

Auf dem Schild kann man auch sehen, O Fürst, wie Thor dem Hrungnir einen Besuch abstattete.

Thor fuhr donnernd über den Himmel zu dem Kampf und die Wut schwoll in ihm an. Der ganze Himmel wurde von Thors Blitzen durchzuckt und der Boden unten wurde von Hagel geprügelt, als die Ziegenböcke den Thor auf seinem Streitwagen vorwärts zu dem Treffen mit Hrungnir zogen. Der Himmel brach unter Thors Streitwagen fast entzwei.

Thor kämpfte mit solcher Wucht gegen die Riesen, daß die Bergen wankten, die Felsen zerbarsten und der Himmel oben brannte. Hrungnir stürmte dem Thor entgegen, als er ihn erblickte. Hrungnir legte seinen Schild geschwind unter sich, da die Götter und die Walküren dies so wollten. Der Riese erhielt kurz darauf einen vernichtenden Schlag von Thor. Thor ließ Hrungnir auf seine Schild-Insel fallen. Dort sank Hrungnir von dem rauhen Hammer des Thor besiegt nieder.

Ein harter Splitter des Wetzsteines des Hrungnir flog zu Thor und blieb in seinem Schädel stecken und ragte dort blutverschmiert heraus bis die Seherin Groa damit begann, den Splitter durch Zauberlieder aus dem Schädel des Thor zu entfernen.

Ich sehe diese Taten deutlich auf dem mit Bildern geschmückten Schild, den ich von Thorleif erhalten habe.

Sowohl der Kampf zwischen Thor und Hrungnir als auch der Splitter des Wetzsteines, der auch in der Ragnarsdrapa (Hymir-Mythe) erwähnt wird, sind somit schon ältere Motive. Der Wettritt zwischen Odin und Hrungnir und das „schwere Bein" des Hrungnir sind vermutlich neuere Teile der Hrungnir-Mythe.

Die Mythe über den Kampf zwischen Thor und Hrungnir ist vor allem ein Vergleich zwischen den verschiedenen Göttervätern aus der germanischen Mythologie, von denen aufgrund der Wiedergeburtssymbolik der Nachfolger/Sohn jeweils stärker als sein Vorgänger/Vater ist.

Die Folge der Götterväter der Germanen ist:

1. Tyr (im Jenseits wurde er zu Hrungnir, Hymir, Thrym, Surtur, Geirröd u.a.): bis ca. zum Beginn der Völkerwanderung;
2. Odin: in etwa während der Völkerwanderungszeit;
3. Thor: in etwa nach der Völkerwanderungszeit;
4. Magni: nach dem Ragnarök.

In der Hrungnir-Mythe übernimmt Thor auch die Sonnensymbolik des Tyr:

> Tyr: Herz des Hrungnir, Sonnenschild des Hrungnir, Sonnenschwert des Surtur u.a.
> Odin: Goldhelm
> Thor: wirft Aurvandils Zeh (Morgenstern = Bote der Sonne) an den Himmel
>
> Die beiden wichtigsten Symbole des Hrungnir sind sein Sonnenschild und sein Schleifstein, der vermutlich zu dem Schmiedewerkzeug des Tyr-Wieland in der Unterwelt gehört.

I 8.   Thor und der Riesenbaumeister

Diese Mythe hat einige Ähnlichkeiten mit der Hrungnir-Mythe. Auch in ihr ist der Riese, mit dem Thor kämpft, gut als „Tyr in der Unterwelt" zu erkennen.

I 8. a)   Skaldskarpmal

Der Riesenbaumeister erscheint in der Skaldskaparmal in der Erzählung darüber, wie die Mauer rings um Asgard errichtet worden ist.

Da frug Gangleri: „Wem gehört das Roß Sleipnir? Oder was ist von ihm zu sagen?"
Har antwortete: „Nicht magst Du von Sleipnir Kunde haben, wenn Du nicht weißt, bei welchem Anlaß er erzeugt wurde, und das wird Dich wohl der Erzählung wert dünken.
Es geschah früh bei der ersten Niederlassung der Götter, als sie Midgard erschaffen und Walhall gebaut hatten, daß ein Baumeister kam und sich erbot, eine Burg zu bauen in drei Halbjahren, die den Göttern zum Schutz und Schirm wäre wider Bergriesen und Hrimthursen, wenn sie gleich über Midgard eindrängen.

Die „drei Halbjahre" könnten eine Anspielung darauf sein, daß dieser Vorgang mit dem Sonnenzyklus in Zusammenhang steht – aber es ist nicht immer möglich, sicher einzuschätzen, ob die „3" in einer Mythe noch bewußt als spezielles Symbol verwendet worden ist oder ob die „3" einfach nur noch eine Art von allgemeiner Steigerungsform des Beschriebenen darstellt und keinen Bezug mehr zum Sonnenzyklus hat.

Aber er bedingte sich das zum Lohn, daß er Freyja haben sollte und dazu Sonne und Mond. Da traten die Asen zusammen und hielten Rat und gingen den Kauf ein mit dem Baumeister, daß er haben sollte was er anspräche, wenn er in einem Winter die Burg fertig brächte; wenn aber am ersten Sommertag noch irgend ein Ding an der Burg unvollendet wäre, so sollte er des Lohnes entraten; auch dürfte er von niemanden bei dem Werke Hilfe empfangen.

Dieser Handel zwischen den Asen und dem Riesen ist im Grund von Anfang an zum Scheitern verurteilt, denn entweder geht der Riese ohne Lohn aus oder die Asen haben zwar eine sichere Burg, aber es scheint ihnen keine Sonne und kein Mond mehr und obendrein haben sie die Göttin Freya verloren, die immerhin für die Wiedergeburt und in ihrer Erscheinungsform als Idun auch für die ewige Jugend der Götter zuständig ist.

Vor der Absetzung des Tyr als Göttervater durch Thor und Odin ist Freya die Wiederzeugungs-Geliebte und die Wiedergeburts-Mutter des Sonnengott-Göttervaters Tyr gewesen. Sonne und Mond gehörten damals dem Tyr, da sie als seine Augen aufgefaßt worden sind. Im Grunde fordert Tyr hier lediglich das, was ihm einst gehört hat – dieser Anspruch wird hier zu einem Lohn umgedeutet, den sich Tyr erst noch verdienen muß.

Auch hier ist der Streit um die Göttin wieder einer der Kernpunkte des Kampfes zwischen Thor und dem Tyr-Riesen. Dieses Motiv stammt aus der älteren Kampf-Mythe zwischen Tyr und Loki.

Als sie ihm diese Bedingung sagten, da verlangte er von ihnen, daß sie ihm erlauben sollten, sich der Hilfe seines Pferdes Swadilfari zu bedienen, und Loki riet dazu, daß ihm dies zugesagt wurde.

Loki ist somit derjenige, wegen dem die Mauer rings um Asgard erbaut worden ist und wegen dem die folgende Geschichte ihren Lauf nehmen konnte.

Der Name „*Swadilfari*" des Pferdes des Baumeisters bedeutet „dahingleitende Reise". Dieser Name des Rosses des ehemaligen Sonnengott-Göttervaters Tyr-Hrungnir soll vermutlich seine Schnelligkeit veranschaulichen. Es ist mit dem Roß Gullfaxi („Goldmähne") des Tyr-Riesen Hrungnir identisch. Dieses Roß ist ein Parallel-Bild zu dem Sonnenschiff, auf dem die Sonne, d.h. Tyr über den Himmel dahingleitet.

Da griff er am ersten Wintertag dazu, die Burg zu bauen und führte in der Nacht die Steine mit dem Pferde herbei. Die Asen dünkte es ein großes Wunder, wie gewaltige Felsen das Pferd herbeizog; und noch halbmal so viel Arbeit verrichtete das Pferd als der Baumeister.

Der Kauf aber war mit vielen Zeugen und starken Eiden bekräftigt worden, denn ohne solchen Frieden hätten sich die Jötune bei den Asen nicht sicher geglaubt, wenn Thor heimkäme, der damals nach Osten gezogen war, um Unholde zu erschlagen.

Als der Winter zu Ende ging, ward der Bau der Burg sehr beschleunigt, und schon war sie hoch und stark, daß ihr kein Angriff mehr schaden konnte. Und als noch drei Tage blieben bis zum Sommer, war es schon bis zum Burgtor gekommen.

Da setzten sich die Götter auf ihre Richterstühle und hielten Rat und einer frug den andern, wer dazu geraten hätte, Freyja nach Jötunheim zu vergeben und Luft und Himmel so zu verderben, daß Sonne und Mond hinweggenommen und den Jötunen gegeben werden sollten.

Da kamen sie alle überein, daß der dazu geraten hatte, der zu allem Üblen rate: Loki, Laufeyjas Sohn, und sagten, er solle eines üblen Todes sein, wenn er nicht Rat fände, den Baumeister um seinen Lohn zu bringen. Und als sie dem Loki zusetzten, ward er bange vor ihnen und schwur Eide, er wolle es so einrichten, daß der Baumeister um seinen Lohn käme, was es ihm auch kosten möchte.

Dies ist eine häufige Dynamik in den Loki-Geschichten: Loki verursacht die Probleme und er muß sie auch wieder lösen.

Diese Rolle hat er dadurch erhalten, daß er einst der Gegner des Tyr gewesen ist und daher der Verbündete von Thor und Odin und der Asen allgemein gegen den Tyr-Riesen ist. Gleichzeitig wurden die neuen Mythen aber auch dadurch geprägt, daß Loki als Bruder und Gegner des ehemaligen Göttervaters Tyr auch der Blutsbruder und Gegner des neuen Göttervaters Odin ist. Dadurch erhielt Loki eine zwiespältige Position in Asgard.

Und denselben Abend, als der Baumeister nach Steinen ausfuhr mit seinem Hengste Swadilfari, da lief eine Stute aus dem Wald dem Hengst entgegen und wieherte ihm zu. Und als der Hengst merkte, was Rosses das war, da ward er wild, zerriß die Stricke und lief der Mähre nach, und die Mähre voran zum Walde und der Baumeister dem Hengste nach, ihn zu fangen. Und diese Rosse liefen die ganze Nacht umher, und diese Nacht ward das Werk versäumt und am Tage darauf wurde dann nicht gearbeitet, wie sonst geschehen war.

Und als der Meister sah, daß das Werk nicht zu Ende kommen möge, da geriet er in Riesenzorn. Die Asen aber, die nun für gewiß erkannten, daß es ein Bergriese war, der zu ihnen gekommen war, achteten ihre Eide nicht mehr und riefen zu Thor, und im Augenblick kam er und hob auch gleich seinen Hammer Miölnir und bezahlte mit ihm den Baulohn, nicht mit Sonne und Mond; vielmehr verwehrte er ihm das Bauen auch in Jötunheim, denn mit dem ersten Streich zerschmetterte er ihm den Hirnschädel in kleine Stücke und sandte ihn hinab gen Niflhel.

Warum die Asen Verträge mit Bergriesen nicht einzuhalten brauchen, wird hier nicht erläutert – vielleicht einfach, weil sie miteinander verfeindet sind und dies mehr als alle Verträge zählt.

Loki selbst war als Stute dem Swadilfari begegnet und einige Zeit nachher gebar er ein Füllen, das war grau und hatte acht Füße, und dies ist der Pferde bestes bei Göttern und Menschen.

Das graue Fohlen Sleipnir könnte später noch zu einem Schimmel geworden – zumindestens werden die Pferdezwillinge und die Pferde der Schamanen und der Göttinnen in den Mythen der anderen indogermanischen Völker, wenn eine Farbe des Pferdes angegeben wird, immer als Schimmel beschrieben.

Interessant ist bei dieser Herkunft des Sleipnir vor allem, daß Odins Hengst als der

Sohn des Hengstes des Riesenbaumeisters angesehen wird, denn da Odin der Nachfolger des Tyr ist, sollte man annehmen können, daß auch Odins Roß der Sohn des Rosses des Tyr ist – was die Deutung des Riesenbaumeisters als Tyr-Riese bestätigt. Dies ist auch insofern plausibel, als das die „Goldene Halle" von dem ehemaligen Göttervater Tyr erbaut wurde und dann von Odin übernommen wurde (siehe „Asgard" in Band 52).

Diese Mythe ist ursprünglich vermutlich eine Mythe gewesen, die die Herkunft der Mauer rings um Asgard sowie die Herkunft des Sleipnir erklären sollte. Da Thor in dieser Erzählung nur am Rand in seiner Standard-Funktion erscheint, d.h. den Riesen erschlägt, könnte diese Thor-Szene eine spätere Einfügung in diese Mythe sein.

Der einzige weitere „Riese mit Pferd" außer dem Riesenbaumeister ist der Riese Hrungnir, weshalb diese beiden wohl identisch sein werden – eben „Tyr im Jenseits".

Das Roß Swadilfari des Riesenbaumeisters ist demnach auch mit Gullfaxi, dem Hengst des Hrungnir, sowie mit Gulltop, dem Pferd des Heimdall identisch. Wenn man die Bedeutungen der Namen dieser drei Rösser, die letztlich alle auf das Pferd des ehemaligen Sonnengott-Göttervaters Tyr zurückgehen, zusammennimmt, erhält man: „dahingleitende Reise" + „goldene Mähne" = „Reise der goldenen Sonne über den Himmel". Genau dies ist die Aufgabe dieses Pferdes: den Sonnengott auf seinem Weg über den Himmel zu tragen.

Das Motiv des Loki als Stute wird aus den Vorstellungen über die Wiederzeugung und die Wiedergeburt stammen, in der sich der Tote und die Göttin im Jenseits in der Gestalt von zwei Herdentieren vereinen. Da Loki eng mit der Hel verbunden ist, die sowohl als seine Tochter als auch als seine Mutter angesehen wurde, hat er in dieser Mythe deren Rolle als Wiedergeburtsgöttin übernommen – was nebenher aus der Sicht der Germanen eine große Schande auf Loki lud.

I 8. b) Die Vision der Seherin

In diesem Lied finden sich zwei Strophen, die sich Snorri Sturluson zufolge auf den Riesenbaumeister beziehen. Snorri zitiert die beiden Strophen in seinem Buch „Gylfis Vision" anschließend an seine Erzählung über die Entstehung der Mauer rings um Asgard.

Hochheilge Götter hielten Rat,
Wer mit Frevel hätte die Luft erfüllt,
Oder dem Riesenvolk Odhurs Braut gegeben?

*Von Zorn bezwungen zögerte Thor nicht,
Er säumt selten wo er solches vernimmt:
Da schwanden die Eide, Worte und Schwüre,
Alle festen Verträge jüngst trefflich erdacht.*

„Odur" ist Odin; seine „Braut" ist Freya.

In diesen Versen finden sich zwei Abweichungen von der Version in „Gylfis Vision": Zum einen wird hier nur Freya genannt und zum anderen wurde sie bereits dem Tyr-Hrungnir „gegeben".

Möglicherweise ist Sif der Freya später hinzugefügt worden, weil Loki diese Göttin zwar nicht zu den Riesen gebracht hat (zumindestens nicht in den überlieferten Mythen), aber ihr goldenes Haar (das reife Getreide) geraubt hat. Die Analogie, die zu der Zusammenfügung beider Motive (Freya und Sif) geführt haben könnte, ist der Raub der Göttin und ihres „Schatzes" (Haar, Brisingamen) im Herbst.

Im Original der „Vision der Seherin" steht ebenfalls „gegeben" – es handelt sich hier also nicht um eine ungenaue Übersetzung. Es ist natürlich trotzdem denkbar, daß diese Formulierung eher „versprochen, verlobt" bedeutet. Andererseits raubt Tyr-Thiazi tatsächlich die Göttin Idun, sodaß auch in der Baumeister-Mythe ein tatsächlicher Aufenthalt der Freya bei dem Tyr-Riesen (Baumeister) durchaus plausibel wäre. Zudem ist zu bedenken, daß sich der Tyr-Riese in der ursprünglichen Version dieser Mythe im Jenseits mit der Göttin (Freya, Sif, Idun) vereinte und dann von ihr wiedergeboren wurde. Durch den abwechselnden Göttinnenraub durch Tyr und durch Loki entstanden die Jahreszeiten.

Sobald man die Göttin als rechtmäßige Frau des Göttervaters angesehen hatte, war Loki ein „Braut-Räuber". Dies ließ sich jedoch auch leicht umdeuten, sodaß auch der Tyr-Riese zu dem Brauträuber wurde. Wie mehrere Mythen anderer indogermanischer Völker zeigen, wird wird die Göttin ursprünglich eigenständig gewesen sein und die beiden Götter ihre Geliebten (siehe u.a. auch „Freya" in Band 22 und „Loki" in Band 16).

In dieser Mythe erschlägt Thor wieder einmal den Tyr-Riesen, der hier die Gestalt eines Riesenbaumeisters hat, der die Mauer rings um Asgard errichtet hat.

Thor spielt in dieser Herkunftsmythe, die die Entstehung der Asgard-Mauer und die Geburt des Sleipnir erklärt, nur eine Nebenrolle, aber auch hier wird er dem ehemaligen Göttervater übergeordnet.

I 9. Thor und Starkad

Starkad ist „Halbgott" in den germanischen Sagen. Er erhielt einen Segen von Odin, aber wurde durch Thor mit einem Fluch belegt. Durch Odins Segen wurde er ein großer Krieger, aber aufgrund des Fluches des Thor beging er auch viele Verbrechen.

Zu den Segnungen des Odin gehörte u.a., daß Starkad dreimal so lange wie ein normaler Menschen lebte. Diese drei Leben stellen die zyklische Wiedergeburt des Sonnengott-Göttervaters Tyr dar (siehe die Symbolik der „3" in Band 47).

Starkad ist eine Saga-Variante des Tyr (siehe auch „Starkad" in Band 39).

I 9. a) Hervarar-Saga

Diese Saga wurde um ca. 1250 n.Chr. niedergeschrieben, aber sie enthält Motive, die bis zu den Kriegen zwischen den Goten und den Hunnen um 400 n.Chr. zurückgehen. Die Sagas wurden lange Zeit nur mündlich weitergereicht, bevor sie aufgeschrieben wurden.

In dieser Saga findet sich eine Szene, in der Thor auftritt und die offenbar einen mythologischen Ursprung hat:

Alf war der König, der in Alfheim herrschte. Seine Tochter war Alfhild. Alfheim lag zwischen dem Goten-Fluß und dem Raum-Fluß.

In einem Herbst veranstaltete König Alf ein großes Disablot und die Königin ging zu dem Opferfest. Sie war schöner als jede andere Frau und das ganze Volk in Alfheim war schöner anzusehen als andere Menschen zu jener Zeit.

Aber in der Nacht, als sie den Altar rötete, raubte Starkad Zeugungs-Krieger Alfhild und nahm sie mit in sein Haus.

Da rief König Alf Thor, damit er Alfhild suchte, woraufhin Thor den Starkad tötete und sie zu ihrem Vater heimkehren ließ.

Der „Goten-Fluß" heißt heute „Gotha". Der Name „Raum-Fluß" bedeutet „Riesen-Fluß".

Ein „Disablot" ist ein Opfer an die Göttinnen.

Da „Alfheim" die Halle des Freyr ist, wird Alf vermutlich Freyr sein. Die Alfen sind die „leuchtenden Totengeister", die generell als „schön" beschrieben werden. Aber auch Wieland-Tyr wurde „König der Alfen" genannt. Alf könnte also auch Tyr sein.

Alfhild entspricht offenbar der Idun, der Sif und der Freya, also den „geraubten Göttinnen". Alfhild wird Freya, die Schwester-Frau des Freyr, sein.

Daraus ergibt sich, daß Starkad dem Tyr-Riesen entspricht. Dazu paßt auch sein seltsamer Beiname „Zeugungs-Krieger", da der Göttinnen-Raub eine Umdeutung der Wiederzeugung im Jenseits ist. Der Name des Riesen „Starkad Ala-Krieger" bedeutet „Stark-im-Kampf Erzeuger-Krieger", also „Kampf-stark, Sohn des Kriegers". Starkad ist auch in anderen Sagas als Saga-Variante des Tyr-Riesen erkennbar.

Thors Funktion ist hier wieder die des Töters des Tyr-Riesen.

I 9. b) Gesta danorum

Starkad ist ursprünglich ein Riese mit sechs oder acht Armen gewesen. Er kämpfte mit vier Schwertern gleichzeitig. Der Riese Starkad wird auf den Tyr-Riesen zurückgehen, der sich in den Mythen der Germanen in vielen Gestalten findet (Hymir, Surtur, Thiazi, Geirröd u.a.).

In den Mythen der Indogermanen hat der Sonnengott-Göttervater des öfteren vier Gesichter, die den vier Himmelsrichtungen und dem vierspeichigen oder achtspeichigen Rad als Sonnensymbol entsprechen. Die acht Arme des Starkad werden ein Überrest dieser Symbolik sein. Solche viergesichtigen oder vierarmigen Sonnengötter der Indogermanen sind z.B. der indische Vishnu (vier Arme), der baltische Svantevit (vier Gesichter) und der griechische Apollo (vier Gesichter).

Der Mönch Saxo der Schriftkundige berichtet in seiner „Geschichte der Dänen" u.a. über die „Verwandlung" des Starkad in einen normalen Menschen durch Thor, der bekanntlich die Riesen haßt:

„Donner" oder „Thor" ist Wodens Sohn, der Stärkste unter den Göttern und den Menschen, der Beschützer des Starkad, den er dadurch, daß er ihm vier Arme ausgerissen hat, von einem Ungeheuer in einen Menschen verwandelt hat.

Die meistens acht, aber hier nur sechs Arme des Starkad entsprechen den acht Strahlen der Sonnensymbole in den Skandinavischen Felsritzungen (siehe auch die Symbolik der Vollkommenheit der „8" in Band 47).

I 9. c) Gesta danorum

Der dänische Mönch Saxo der Schriftkundige berichtet noch ein zweites Mal über Starkad, wobei hier der christliche Blickwinkel des Saxo unübersehbar ist:

Doch eine in den Bereich der Fabel gehörende, aber dennoch weitverbreitete

Erzählung hat Geschichten über Starkads Geburt ersonnen, die jeder Vernunft widersprechen und schlichtweg unglaubhaft sind, denn einige berichten, daß er von den Riesen abstamme und daß man seine Ungeheuer-Herkunft an der außergewöhnlichen Anzahl seiner Hände erkennen konnte, von denen vier, die durch die Überfülle der Natur erzeugt worden waren, den Erzählungen zufolge von Thor abgerissen worden sein sollen, der das Gebilde der Sehnen zerstörte und von dem ganzen Körper die ungeheuerlichen Bündel von Fingern abriß, sodaß nur noch zwei übrigblieben, und daß sein Leib, der zuvor zu der Größe eines Riesen angeschwollen war und aufgrund der Schar seiner Glieder gewaltig ausgesehen hatte, sich dadurch zur besseren Erscheinung gedemütigt hatte und sich an die Grenzen der menschlichen Kleinheit hielt.

I 9. d)   Vikarsbalkr

In diesem Lied spricht Starkad, der hier acht Arme hat:

Dem Fürsten folgte ich,
der Führer bestem,
meiner Fahrten
froheste Zeit,
eh wir eilten —
Unholde lenkten —
zu letzter Heimfahrt
nach Hördaland:
zu jenem Tag,
da Thor mir schuf
Neidings Namen,
Not ohne Maß:
schmachvoll sollt ich
Schande ernten.

Man meint an mir
ein Mal zu sehn
riesischer Art:
acht der Hände,
da die Hände
dem Hergrimstöter
Thor einst nahm
auf Nordlands Klippen.

I 9. e) Gautrek-Saga

In dieser Saga ist das Schicksal des Starkad genauer ausgemalt worden. Thor ist auch hier Starkads Feind, da Starkad eine Saga-Variante des Tyr ist und Thors Hauptaufgabe in den neueren, Odin-zentrierten Mythen das Töten des Tyr-Riesen ist.

Fünfzehn Jahre nachdem Vikar und Starkad ihre Freiheit erlangt hatten, hielten ungünstige Winde Vikars Schiffe an dem Strand einer Gruppe von kleinen Inseln fest.
Durch ein Orakel fanden sie heraus, daß sie ein Menschenopfer durchführen mußten. Daher zog jeder Mann in dem Heer ein Los, aber das bestimmte Opfer war der König selber. Sie zogen wieder und wieder Lose, aber jedesmal war Vikar der Erwählte.
Sie beschlossen, am nächsten Tag zu einer Versammlung zusammenzukommen um herauszufinden, ob sie es vermieden könnten, ihren König zu töten.
In dieser Nacht, ungefähr um Mitternacht, weckte Starkads Ziehvater Grani den Helden auf und bat ihn, ihm zu folgen. Sie ließen ein Boot zu Wasser und ruderten zu einer der anderen Inseln. Grani führte den Helden in einen Wald und zu einer Lichtung, auf der elf Männer auf zwölf Stühlen saßen. Während Starkad in der Mitte der Versammlung stand, setzte sich Grani auf den zwölften Stuhl. Starkad hörte, wie die anderen Männer Grani mit dem Namen Odin begrüßten. Sie waren Starkads zwölf Richter, die sein Schicksal bestimmen sollten.

Der achtarmige Riese Starkad, der der Großvater des Starkad in dieser Thing-Versammlung ist, ist ein Tyr-Riese gewesen, d.h. der ehemalige Göttervater im Jenseits. Dieses Thing, bei dem von Grani-Odin und den anderen Göttern über das Schicksal des Starkad bestimmt wird, könnte daher ein Motiv sein, daß einst die Absetzung des Tyr durch Thor und Odin um 500 n.Chr. beschrieben hat.

Die „8" der Arme des Großvaters des Starkad weist auf die „Vollkommenheit" und das „Heil-sein" seiner Arme hin – er ist also der siegreiche Göttervater Tyr im Diesseits, der nicht wie der Tyr-Riese im Jenseits seine rechte Hand verloren hat.

Die drei Generationen „Starkad-Großvater – Starkad-Vater – Starkad-Sohn" versinnbildlichen die endlose, zyklische Wiedergeburt des Tyr, der wie die Sonne jede Nacht durch die Unterwelt reist – und am Abend bzw. im Herbst jedesmal im Kampf mit Loki seine rechte Hand verliert. Dieses Motiv ist bei Saxo zu dem Abreißen der Arme des Starkad durch Thor geworden.

Da Tyr in den neueren, Odin-zentrierten Mythen der Sohn des Odin ist und Grani der Ziehvater des Starkad, würden auch diese beiden Verwandtschaftsverhältnisse für die Auffassung des Starkad als einer Sagen-Variante des ehemaligen Göttervaters Tyr sprechen.

Thor begann, indem er sagte, daß Starkad keine eigenen Kinder haben solle, weil Starkads Großmutter Alfhild Starkads Großvater (Starkad Ala-Krieger) *ihm* (Thor) *vorgezogen habe.*

Odin entgegnete Thor, indem er sagte, daß der Held drei Lebensspannen leben solle – woraufhin Thor den Starkad damit verfluchte, daß er in jeder seiner drei Lebenszeiten eine furchtbare Tat begehen solle.

Odin bestimmte, daß Starkad die feinsten Kleider und Waffen haben sollte – aber Thor setzte dem entgegen, daß er weder Land noch Hof besitzen solle.

Der einäugige Gott sagte, daß Starkad Reichtümer besitzen werde – aber Thor verkündete, daß er niemals mit dem, was er habe, zufrieden sein werde.

Er wird in jeder Schlacht siegen – aber er wird auch in jedem Kampf schwer verwundet werden.

Er wird für seine Skaldenkunst berühmt werden – aber er wird sich nie dessen erinnern können, was er gedichtet hat.

Die Edlen werden Starkad bewundern und achten – aber die einfachen Leute werden ihn verabscheuen.

Die drei Lebensspannen weisen wie die drei Generationen auf einen endlosen Zyklus, also auf den Tod des Tyr im Herbst und seine Wiedergeburt im Frühjahr, hin.

Auch Starkads Unbesiegbarkeit paßt zu seiner Auffassung als Sagen-Variante des Tyr.

Aus welchem Grund Starkad hier unter dem Schutz des Odin steht, ist nicht ganz klar – vielleicht einfach, um einen Streit inszenieren zu können, der das Schicksal des Starkad mit seinen Höhen und Tiefen erklären kann.

Nach den Segnungen und Flüchen durch die beiden Götter stimmten alle zwölf Richter zu, daß alles so geschehen solle, wie es über Starkads Schicksal verkündet worden war.

Mit diesen Worten verschwanden die Richter und ließen Starkad alleine mit Grani Pferdehaar zurück. Grani gab seinem Ziehsohn einen Speer, der jedoch wie ein Schilfstengel aussah. Sie kehrten am Morgen zu dem Heer zurück.

I 9. f) Gesta danorum

In dieser Geschichte ist „Hather" eine Variante von „Höther, Hödur". Starkad ist ein Tyr-Riese.

In der folgenden Szene ist Starkad alt geworden und will sterben und geht dafür zu einem alten Feind von ihm, zu Hödur, der hier noch der Feind des Tyr und nicht der

Feind von dessen Nachfolger Baldur ist.

So sprach er und nahm das Gold aus seiner Tasche und gab es ihm. Doch Hather, der genausosehr sich des Goldes erfreuen wollte als er die Rache für seinen Vater vollenden wollte, versprach, daß er entsprechend seiner Bitte handeln werde und ihm nicht den Lohn verweigern werde.
Da reichte ihm Starkad sehnlichst sein Schwert und beugte sofort seinen Nacken vor ihm und riet ihm, das Werk des Mörders nicht zaghaft auszuführen oder das Schwert wie eine Frau zu führen.
Er sagte ihm zudem, daß er, wenn es ihm gelänge, nachdem er ihn getötet hatte, zwischen den Kopf und den Leib zu springen, er gegen Waffen gefeit sein würde.
Wir wissen nicht, ob er dies gesagt hat, um seinem Henker zu helfen oder um ihn zu strafen, denn die große Masse seines Leibes hätte ihn vielleicht, als er sprang, zerquetschen können.
Da erschlug Hather ihn mit dem Schwert und hieb den Kopf des alten Mannes ab. Als der abgeschlagene Kopf auf die Erde fiel, sagt man, daß er in die Erde biß – auf diese Weise zeigte die Wut der sterbenden Lippen die Kühnheit der Seele.
Der Mörder jedoch, der vermutete, daß das Versprechen einen Verrat enthielt, hielt sich vorsichtig davon zurück zu springen. Wenn er dies voreilig getan hätte, wäre er vielleicht von der niederfallenden Leiche zerquetscht worden und hätte dann mit seinem eigenen Leben für den Mord an dem alten Mann bezahlt.
Er ließ es jedoch nicht zu, daß ein so großer Mann unbestattet blieb und ließ seinen Leib auf dem Feld bestatten, daß allgemein als Rolung bekannt ist.

Das Motiv des niederfallenden toten Leibes, unter dem der Mörder begraben wird, ist auch von Tyr-Hrungnir bekannt, der Thor unter sich begrub. Dies bestätigt noch einmal, daß die Sagengestalt Starkad wie der Riese Hrungnir auf den Göttervater Tyr zurückgeht.

Der achtarmige Riese Starkad ist eine der vielen Gestalten des Tyr in der Saga, in der er seinen ewigen Streit um die Jahreszeiten-Herrschaft, die Göttin Freya und ihren Halsreif Brisingamen weiterführt. Sein Name bedeutet „Kraft-Heer".

Thor reiß ihm sechs seiner acht Arme aus, die ihn als aufgrund der Achtzahl als vollkommen kennzeichneten. Danach war er nur noch ein zweiarmiger Mann … Auch auf diese Weise kann man einen Gott degradieren.

Das Motiv des Abreißens der sechs Arme knüpft an die abgeschlagene bzw. abgebissene Hand des Tyr an.

I 10. Thor und Skrymir

In „Gylfis Vision" gibt es eine Folge von drei Geschichten: In der ersten wird berichtet, wie Thor seinem späteren Diener-Priester Thialfi begegnet, in der zweiten trifft Thor auf den Riesin Skrymir und in der dritten Geschichte wird der Besuch des Thor bei dem Riesen Utgardloki geschildert.

I 10. a) Gylfis Vision

Thor ließ seine Böcke bei dem Bauern zurück und setzte seine Reise ostwärts nach Jötunheim bis an das Meer fort, fuhr dann über die tiefe See und als er die Küste erreichte, stieg er ans Land und mit ihm Loki, Thialfi und Röskwa.

Die Reise nach Osten ist ein häufiges Motiv und stellt in der Regel Thors Fahrt ins Jenseits in das Reich der Riesen und insbesondere zu dem Tyr-Riesen dar. Dabei wird er des öfteren von Loki und Thialfi begleitet. Thialfi ist Thors Diener-Priester, Loki ist sein Begleiter, weil Loki einst der Gegner des Tyr gewesen ist.

Diese drei sind vermutlich in Anlehnung an die drei Repräsentanten der drei Stände zu einer Gruppe zusammengestellt worden:

	Die drei Wanderer		
die drei Stände	***Entwicklungsphasen***		
	vor 500 n.Chr.	*ca. 500-750 n.Chr.*	*ab ca. 750 n.Chr.*
	Tyr-zentrierte Mythen	*Odin-zentrierte Mythen*	*Thor-zentrierte Mythen*
Fürsten und Krieger	Tyr	Odin	Thor
Priester und Heiler	Gangr	Hönir	Thialfi
Bauern und Handwerker	Idi	Loki	Loki

Als sie eine Weile gegangen waren, kamen sie an einen großen Wald, durch den gingen sie den ganzen Tag bis es dunkel wurde.

Thialfi, aller Männer fußrüstigster, trug Thors Tasche; aber Speisevorrat war nicht leicht zu erlangen.

Diese Charakterisierung des Thialfi erinnert an die beiden Kenningar „Langfuß" und „Schritt-Meili" für den Gott Hönir, der die Priester repräsentiert. Der lange Weg, den die Priester gehen, ist der Weg ins Jenseits und zurück.

Als es dunkel geworden war, suchten sie ein Nachtlager und fanden eine ziemlich geräumige Hütte. An einem Ende war der Eingang so breit wie die Hütte selbst: die wählten sie zum Nachtaufenthalt. Aber um Mitternacht entstand ein starkes Erdbeben, der Boden zitterte unter ihnen und die Hütte schwankte.

Da stand Thor auf und rief seine Gefährten; sie suchten weiter und fanden in der Mitte der Hütte zur rechten Hand einen Anbau: da gingen sie hinein. Thor setzte sich in die Türe; die anderen hielten sich innerhalb hinter ihm und waren sehr bang. Thor hielt den Hammerschaft in der Hand und gedachte sich zu wehren. Da hörten sie viel Geräusch und Getöse.

Und als der Tag anbrach, ging Thor hinaus und sah da einen Mann nicht weit von ihm im Walde liegen, der war nicht klein; er schlief und schnarchte gewaltig. Da glaubte Thor zu verstehen, welchen Lärm er in der Nacht gehört hatte, und umspannte sich mit den Stärkegürteln. Da wuchs ihm die Asenstärke.

Währenddessen erwachte der Mann und stand hastig auf. Und da wird gesagt, daß Thor dieses eine Mal nicht gewagt habe, mit dem Hammer nach ihm zu schlagen. Er frug ihn aber nach seinem Namen und er nannte sich Skrymir.

„Skrymir" bedeutet „Angeber".

Diese Mythe stammt offenbar nicht von der „pro-Thor-Partei", da berichtet wird, daß sich Thor vor einem Riesen gefürchtet hat. Der Verdacht liegt nahe, daß dieser Riese die Jenseits-Gestalt des ehemaligen Göttervaters Tyr ist.

„Aber ich," sagte er, „brauche Dich nicht nach Deinem Namen zu fragen: Ich weiß, daß Du Asathor bist. Aber wohin hast Du meinen Handschuh geschleppt?"

Da streckte Skrymir den Arm aus und hob seinen Handschuh auf. Nun sah Thor, daß er den in der Nacht zur Herberge gehabt hatte und daß der Anbau der Däumling des Handschuhs gewesen war.

Man kann sich gut das Lachen der Zuhörer vorstellen, als sie das erste mal diese Geschichte hörten. Die Wikinger schätzten derben Humor – und werden daher diese Szene daher leichter als wahr hingenommen haben, als wenn derselbe Sachverhalt mit ernsten Argumenten vorgetragen worden wäre. Offenbar verstanden nicht nur die Druiden-Barden der Kelten viel von Rhetorik, sondern auch die Priester-Skalden der Germanen …

Skrymir frug, ob ihn Thor zum Reisegefährten haben wolle, und Thor bejahte es.

Da fing Skrymir an, seinen Speisesack zu lösen und gab sich dran, sein Frühstück zu verzehren, und Thor seinerseits tat mit seinen Gefährten ein gleiches.

Skrymir schlug vor, ihren Speisevorrat zusammenzulegen und Thor willigte ein. Da knüpfte Skrymir all ihr Essen in ein Bündel und legte es auf seinen Rücken. Er ging den Tag über voran und stieg große Schritte; am Abend aber suchte er ihnen Nachtherberge unter einer mächtigen Eiche.

Es wäre zumindestens denkbar, daß diese „mächtige Eiche" mit dem „uralten Baum" aus der Husdrapa identisch ist und beide den Weltenbaum darstellen.

Da sprach Skrymir zu Thor, er wolle sich schlafen legen: „Nehmt ihr das Speisebündel und bereitet euch ein Nachtmahl."

Darauf schlief Skrymir ein und schnarchte mächtig und Thor nahm das Speisebündel und wollte es öffnen, und das ist zu berichten, wie unglaublich es dünken möge, daß er keinen Knoten losbrachte: auch nicht einer der zusammengeknüpften Riemen wurde lose.

Der Szenen werden immer drastischer – offenbar war diese Mythe eine Entgegnung auf das Hymir-Lied, das Geirröd-Lied, die Hrungnir-Mythe u.ä. Erzählungen.

Und als er sah, daß seine Arbeit nicht fruchtete, wurde er zornig, faßte seinen Hammer Miölnir in beide Hände, schritt mit einem Fuß dahin vor, wo Skrymir lag, und schlug ihn auf das Haupt. Und Skrymir erwachte und fragte, ob ihm ein Blatt von dem Baum auf den Kopf gefallen sei? Auch fragte er, ob sie jetzt gegessen hätten und bereit wären, sich zur Ruhe zu begeben?

Thor antwortete, sie wollten eben schlafen gehen. Sie gingen unter eine andere Eiche, wagten aber, um die Wahrheit zu sagen, nicht zu schlafen.

Aber um Mitternacht hörte Thor den Skrymir im Schlaf so laut schnarchen, daß der Wald widerhallte. Da stand er auf und ging zu ihm, schwang den Hammer hastig und heftig und schlug ihn mitten auf den Wirbel, so daß er merkte, wie das Hammerende ihm tief ins Haupt sank. In dem Augenblick erwachte Skrymir und fragte: „Was ist mir? Ist mir eine Eichel auf den Kopf gefallen? Oder was ist mir, Thor?"

Thor trat eilends zurück und antwortete, er sei eben aufgewacht, und fügte hinzu, es sei Mitternacht und also noch Zeit zu schlafen. Da gedachte Thor, wenn er es zuwege brächte, ihm den dritten Schlag zu schlagen, so sollte er ihn niemals wiedersehen. Er legte sich und wartete, bis Skrymir fest eingeschlafen war.

Und kurz vor Tag hörte er, daß Skrymir eingeschlafen sein müsse. Da stand er auf und ging zu ihm und schwang den Hammer mit aller Kraft und traf ihn auf die Schläfe, welche nach oben gekehlt war, und der Hammer drang ein bis auf den Schaft.

Da richtete Skrymir sich auf, strich sich die Wange und sprach: „Sitzen Vögel über mir auf dem Baume? Es kam mir vor, da ich erwachte, als fiele mir von den Ästen irgendein Abfall auf den Kopf. Wachst Du, Thor? Es wird Zeit sein, aufzustehen und sich anzukleiden, obwohl ihr nun nicht mehr weit habt zu der Burg, die Utgard heißt.

Ich hörte, wie ihr untereinander sprächet, daß ich kein kleiner Mann sei von Wuchs; aber dort sollt ihr größere Männer sehen, wenn ihr nach Utgard kommt.

Nun will ich euch heilsamen Rat geben: Überhebt euch da nicht zu sehr, denn nicht werden Utgardlokis Hofmänner von solchen Burschen stolze Worte dulden; im anderen Fall wendet lieber um: der Entschluß wird euch besser bekommen.

Wollt ihr aber doch eure Reise fortsetzen, so haltet euch ostwärts; mein Weg geht nun nordwärts nach diesen Bergen, die ihr jetzt werdet sehen können."

Diese letzte Warnung des Skrymir vor den Hofleuten des Utgardloki setzt Thor noch einmal ein Stückchen herab, da er schon mit Skrymir nicht fertig wurde und dieser noch von Utgardlokis Leuten übertroffen wird – und Utgardloki selber schließlich noch stärker als seine Leute sein sollte. Hier wird wie in der Hrungnir-Mythe eine Rangfolge der Stärke aufgebaut, jedoch mit Thor recht weit unten in der Skala und nicht ganz oben.

Da nahm Skrymir das Speisebündel und warf es auf den Rücken und wandte sich quer hinweg von ihnen in den Wald, und nicht ist gemeldet, daß die Asen gewünscht hätten, ihn gesund wiederzusehen.

Skrymir ist der erste Riese, vor dem Thor zurückschreckt und den er nicht besiegen kann. Zudem wird Thor in dieser Mythe beinahe lächerlich gemacht.

Diese Erzählung stammte offenbar von einer religiösen Gruppierung, die Thor zwar achtete, aber ihn nicht als den höchsten und wichtigsten Gott ansah. Daher ist die Skrymir-Mythe wie das Thrym-Lied eine lyrisch-religionspolitische Entgegnung auf die Verherrlichung des Thor im Hymir-Lied, in der Geirröd-Mythe, im Hrungnir-Lied und in der Riesenbaumeister-Mythe.

I 11. Thor und Utgard-Loki

Auf Thors Begegnung mit Skrymir folgte anschließend seine Begegnung mit Utgardloki, die offensichtlich von demselben Skalden verfaßt worden ist, da sie dieselbe Einstellung zu dem Verhältnis zwischen Thor und dem „Tyr-Riesen" enthält.

I 11. a) Gylfis Vision

Thor fuhr nun weiter mit seinen Gefährten und ging fort bis Mittag: da sah er auf einem Felde eine Burg stehen, und mußte den Nacken zurückbiegen, um über sie hinwegzusehen.

Sie gingen hinzu, da war an dem Burgtor ein verschlossenes Gitter. Thor ging an das Gitter und konnte es nicht öffnen, und damit sie in die Burg gelangen mochten, zwängten sie sich zwischen den Stäben hindurch und kamen so hinein. Da sahen sie eine große Halle und gingen hinzu.

Die Türe war offen, sie gingen hinein und sahen da viele Männer auf zwei Bänken, die meisten sehr groß.

Danach kamen sie vor den König Utgardloki und grüßten ihn. Er aber sah säumig nach ihnen, bleckte die Zähne und sprach lächelnd: „Selten hört man von langer Reise Wahres berichten; aber verhält es sich anders, denn ich denke: daß dieser kleiner Bursche da Ökuthor sei? Du magst aber wohl mehr sein, als Du scheinst. Aber welche Fertigkeiten sind es, deren ihr Gesellen euch dünkt, kundig zu sein? Niemand darf hier unter uns sein, der sich nicht durch irgend eine Kunst oder Geschicklichkeit vor anderen auszeichnete."

Der Name „Utgardloki" bedeutet „Loki der Riesenwelt" oder „Loki der Außenwelt". Er ist somit ein Loki, der im Jenseits wohnt. Der Name „Loki" ist mit „Luke" (Klappe, Verschluß) verwandt und hat die Bedeutung „Eingesperrter", womit Lokis Eingesperrtsein in der Unterwelt während der drei Sommermonate gemeint ist. Diese Gefangenschaft wird am anschaulichsten durch sein dreimonatiges Eingesperrtsein in der Kiste des Geirröd geschildert – wobei „Kiste" auch die Bezeichnung der Grabkammer in einem Hügelgrab ist.

Ein „Utgardloki" ist also jemand, der in einer Grabkammer in einem Hügelgrab eingesperrt ist, d.h. ein Toter – oder eben ein Gott im Jenseits. Da Loki als Begleiter des Thor zu Utgardloki kommt und Utgardloki ein Riesenkönig ist, muß Utgardloki der Tyr-Riese in der Unterwelt sein.

Die Bedingung, daß man in irgendeiner Sache der Beste sein muß, um eingelassen zu werden, ist ein Motiv, das auch von den Kelten gut bekannt ist, bei denen sich niemand in den Kreis der Götter gesellen darf, der nicht etwas vermag, was noch keiner der anderen Götter kann.

Diese Parallele zu den Mythen der den Germanen nah verwandten Kelten bestätigt, daß Skrymir, Utgardloki und sein Hof nicht nur einfach ein paar Riesen sind, sondern Götter. Bei den Kelten ist es der Sonnengott Lugh, der in die Burg der Götter eingelassen werden will und dem dies auch gelingt.

Da sprach Loki, welcher der hinterste war: „Eine Kunst verstehe ich, die ich bereit bin, zu zeigen: Keiner soll hier innen sein, der seine Speise hurtiger aufessen möge als ich."

Da versetzte Utgardloki: „Das ist wohl eine Kunst, wenn Du sie verstehst, und das wollen wir nun versuchen. Da rief er nach den Bänken hin, daß einer, Logi geheißen, auf den Estrich vortrete, sich gegen Loki zu versuchen."

Logi ist der germanische Gott des Feuers.

Da wurde ein Trog genommen und auf den Boden der Halle gesetzt und mit Fleisch gefüllt: Loki setzte sich an das eine Ende und Logi an das andere, und jeder aß aufs hurtigste, bis sie sich in der Mitte des Trogs begegneten. Da hatte Loki alles Fleisch von den Knochen abgegessen, aber Logi hatte alles Fleisch mitsamt den Knochen verzehrt und den Trog dazu. Da fanden alle, daß Loki das Spiel verloren habe.

Da frug Utgardloki, auf welche Kunst sich jener junge Mann verstände. Da sagte Thialfi, er wolle versuchen, mit einem jeden um die Wette zu laufen, den Utgardloki dazu aussehe. Utgardloki sagte, das sei eine gute Kunst; er müsse aber sehr geübt zu sein glauben in der Hurtigkeit, wenn er in dieser Kunst zu siegen hoffe, und der Versuch sollte nun sogleich vor sich gehen.

Die Schnelligkeit im Laufen des Thialfi könnte eine Weiterentwicklung aus den Jenseitsreisen der Priester sein. Diese Deutung läßt sich zwar nicht aus dem Laufen alleine schließen, aber sie paßt zu der Deutung des Thialfi als Priester des Thor.

Da stand Utgardloki auf und ging hinaus, wo eine gute Rennbahn auf ebenem Felde war. Utgardloki rief nun einen jungen Burschen herbei, der sich Hugi nannte, und gebot ihm, mit Thialfi um die Wette zu laufen. Da begannen sie den ersten Lauf, und Hugi war so weit voraus, daß er am Ende der Bahn sich umwandte dem Thialfi entgegen.

Da sagte Utgardloki: „Du mußt Dich besser ausstrecken, Thialfi, wenn Du das Spiel gewinnen willst; aber doch ist es wahr, daß noch keiner hierher gekommen ist, der mir fußfertiger schien."

Sie begannen nun den zweiten Lauf, und als Hugi ans Ende der Bahn kam und sich umwandte, war Thialfi noch einen guten Pfeilschuß zurück.

Da sagte Utgardloki: „Das dünkt mich gut gelaufen; aber ich glaube nun kaum mehr, daß er das Spiel gewinnen wird; das wird sich nun zeigen, wenn sie den dritten Lauf rennen."

Da nahmen sie nochmals ein Ziel und als Hugi ans Ende der Bahn gekommen war und sich umkehrte, war Thialfi noch nicht in die Mitte der Bahn gekommen. Da sagten alle, sie hätten sich in diesem Spiele nun genug versucht.

Da frug Utgardloki den Thor, welche Kunst das sei, worin er sich vor ihnen hervortun wolle, nachdem die Leute von seinen Großtaten so viel Rühmens gemacht hätten. Da antwortete Thor, am liebsten wolle er sich im Trinken messen – mit wem es auch sei. Utgardloki sagte, das möge wohl geschehen.

Er ging in die Halle, rief seinen Schenken und befahl ihm, das Horn zu bringen, woraus seine Hofleute zu trinken pflegten. Bald darauf kam der Mundschenk mit dem Horn und gab es dem Thor in die Hand.

Da sprach Utgardloki: „Aus diesem Horn scheint uns wohl getrunken, wenn es auf einen Trunk leer wird; einige trinken es auf den zweiten aus, aber keiner ist ein so schlechter Trinker, der es nicht in dreien leerte."

Thor sah sich das Horn an: es schien ihm nicht zu groß, obwohl ziemlich lang; er war aber auch sehr durstig. Er fing an, zu trinken und schlang gewaltig und glaubte nicht nötig zu haben, öfter abzusetzen und ins Horn zu sehen. Als ihm aber der Atem ausging, setzte er das Horn ab und sah zu, wie viel Trank noch übrig sei. Da schien es ihm ein sehr kleiner Betrag, um den das Horn jetzt leerer sei denn zuvor.

Da sprach Utgardloki: „Es ist wohl getrunken; aber doch nicht gar viel: ich hätte es nicht geglaubt, wenn mir gesagt worden wäre, daß Asathor nicht besser trinken könne. Ich weiß aber, Du wirst es beim zweiten Zug austrinken."

Thor antwortete nichts, sondern setzte das Horn an den Mund und dachte nun einen größeren Trunk zu tun, und bemühte sich, zu trinken, so lang ihm der Atem vorhielt, sah aber doch, daß das Ende des Horns nicht so hoch hinauf wollte als er gewünscht hätte. Und als er das Horn vom Munde nahm, schien es ihm, als wenn nun noch weniger abgegangen war als das erste Mal; doch konnte man das Horn nun tragen ohne etwas zu verschütten.

Da sprach Utgardloki: „Wie nun, Thor? Willst Du Dich immer sparen, einen Trunk mehr zu tun als Dir gut ist? Nun scheint mir, wenn Du mit dem dritten Trunk das Horn leeren willst, so muß dieser Zug der größte sein. Du wirst aber hier bei uns kein so großer Mann heißen können als wofür Du bei den Asen giltst, wenn Du in anderen Spielen nicht mehr leistest, als Du mir in diesem zu vermögen scheinst."

Da wurde Thor zornig, setzte das Horn an den Mund und trank aus allen Kräften und so lang er trinken mochte und als er ins Horn sah, war doch nun mehr als zuvor ein Abgang bemerklich. Da gab er das Horn zurück und wollte nicht mehr trinken.

Da sprach Utgardloki: „Es ist nun offenbar, daß Deine Macht nicht so groß ist, wie wir dachten. Denn man sieht nun, daß Du hierin nichts vermagst."

Thor antwortete: "Ich will mich noch in anderen Spielen versuchen; aber wunderlich wurde es mich dünken, wenn ich daheim bei den Asen wäre und solche Trünke würden für klein geachtet. Doch welches Spiel wollt ihr mir nun anbieten?"

Da sprach Utgardloki: "Junge Burschen pflegen hier, was wenig zu bedeuten scheint, meine Katze dort von der Erde aufzuheben, und nicht würde ich gedenken, solches dem Asathor zuzumuten, wenn ich nicht zuvor gesehen hätte, daß Du viel weniger vermagst, als ich dachte."

Alsbald lief eine graue, ziemlich große Katze über den Estrich der Halle, Thor ging hinzu, faßte sie mit der Hand mitten unterm Bauche und lupfte an ihr, und die Katze krümmte den Rücken als Thor an ihr hob, und als Thor sie so hoch emporzog wie er immer vermochte, ließ die Katze mit dem einen Fuß von der Erde: weiter brachte es Thor nicht in diesem Spiel.

Da sprach Utgardloki: "Es ging mit diesem Spiel wie ich erwartete: die Katze ist ziemlich groß und Thor klein und kurz neben den großen Männern, die hier bei uns sind."

Da sprach Thor: "So klein ihr mich nennt, so komme nun her, wer da wolle und ringe mit mir: nun bin ich zornig."

Da antwortete Utgardloki, indem er nach den Bänken sah, und sprach: "Mitnichten sehe ich den Mann hier innen, den es nicht ein Kinderspiel dünken würde, mit Dir zu ringen. Aber laßt sehen, fuhr er fort, die alte Frau ruft mir herbei, meine Amme Elli: mit der mag Thor ringen, wenn er will. Sie hat schon Männer niedergeworfen, die mir nicht schwächer schienen als Thor."

Alsbald kam eine alte Frau in die Halle: zu der sprach Utgardloki, sie solle sich mit Asathor messen. Wir wollen den Bericht nicht längen; der Kampf lief so ab: je stärker Thor sich anstrengte, desto fester stand sie. Nun fing die Frau an, ihm ein Bein zu stellen, Thor wurde mit einem Fuße los und ein harter Kampf folgte; aber nicht lange währte es, so war Thor auf ein Knie gefallen. Da ging Utgardloki hinzu und gebot ihnen, den Kampf einzustellen.

Er fügte hinzu, Thor habe nun nicht nötig, noch andere an seinem Hof zum Kampf zu fordern. "Es ist auch bald Nacht."

Da wies Utgardloki den Thor und seine Gefährten zu den Sitzen, und sie brachten da die Nacht bei guter Aufnahme zu.

Am Morgen darauf, als es Tag wurde, stand Thor mit seinen Gefährten auf, sie kleideten sich und waren bereit, fortzuziehen. Da kam Utgardloki und ließ ihnen einen Tisch vorsetzen; es fehlte nicht an guter Bewirtung, Speis und Trank. Und als sie gegessen hatten, beeilten sie ihre Fahrt.

Utgardloki begleitete sie hinaus bis vor die Burg und beim Abschied sprach er zu Thor und frug, wie er mit seiner Reise zufrieden sei und ob er einen Mächtigern, denn er selber sei, getroffen habe.

Thor antwortete, er könne nicht sagen, daß die Begegnung mit ihnen nicht sehr zu seiner Unehre gereicht habe, „aber wohl weiß ich, daß ihr mich für einen gar unbedeutenden Mann halten werdet, womit ich übel zufrieden bin."

Da sprach Utgardloki: „Nun will ich Dir die Wahrheit sagen, da Du wieder aus der Burg gekommen bist, in die Du, so lang ich lebe und zu befehlen habe, nicht noch öfter kommen sollst. Und ich weiß auch wahrlich, daß Du niemals hinein gekommen wärest, wenn ich vorher gewußt hätte, daß Du so große Kraft besäßest, womit Du uns beinahe in großes Unglück gebracht hättest.

Aber ich habe Dir ein Blendwerk vorgemacht, denn das erstemal, als ich Dich im Walde fand, war ich es, der mit euch zusammen traf, und als Du das Speisebündel lösen solltest, da hatte ich es mit Eisenbändern zugeschnürt, und Du fandest nicht, wo Du es öffnen solltest.

Und danach gabst Du mir mit dem Hammer drei Schläge. Der erste war der geringste und war doch so stark, daß er mein Tod geworden wäre, wenn er getroffen hätte. Aber Du sahst bei meiner Halle einen Felsstock und sahst oben darin drei viereckige Täler und eines war das tiefste: das waren die Spuren Deiner Hammerschläge. Den Felsstock hielt ich vor Deine Hiebe; aber Du sahst es nicht.

So war es auch mit den Spielen, worin ihr euch mit meinen Hofleuten maßet. Das erste war das, worin sich Loki versuchte: er war sehr hungrig und aß stark; aber der, welcher Logi hieß, war das Wildfeuer und verbrannte das Fleisch und den Trog zugleich.

Und als Thialfi mit dem um die Wette lief, der Hugi hieß, das war mein Gedanke und nicht war's zu erwarten, daß Thialfi es mit dessen Geschwindigkeit aufnehmen könne.

Und als Du aus dem Horne trankst und es Dir langsam abzunehmen schien, da geschah fürwahr ein Wunder, das ich nicht für möglich gehalten hätte: das andere Ende des Hornes lag außen im Meere, das sahst Du nicht; wenn Du aber jetzt zum Meere kommst, so wirst Du sehen können, welche große Abnahme Du hinein getrunken hast: das nennt man nun Ebbe."

Ferner sprach er: „Das dünkte mich nicht weniger wert, als Du die Katze lupftest, und um Dir die Wahrheit zu sagen, es erschraken alle, die es sahen, als Du ihr einen Fuß von der Erde hobst, denn die Katze war nicht, was sie Dir schien: es war die Midgardschlange, die um alle Lande liegt, und kaum war sie noch lang genug, daß Schweif und Haupt die Erde berührten, denn so hoch strecktest Du den Arm auf, daß es nicht mehr weit zum Himmel war.

Ein großes Wunder war es auch um den Ringkampf, den Du mit Elli rangst, da keiner jemals ward noch werden wird, den nicht, wenn er so alt wird, daß Elli ihn erreicht, das Alter zu Fall brächte.

„Elli" bedeutet „Alter".

Nun aber ist die Wahrheit, daß wir scheiden sollen, und es wird uns beiderseits besser sein, wenn ihr nicht öfter kommt mich zu besuchen; ich werde aber auch ein andermal meine Burg mit solchen und anderen Täuschungen schirmen, daß ihr keine Gewalt über mich erlangt."

Und als Thor diese Rede hörte, griff er nach seinem Hammer und hob ihn in die Luft; als er aber zuschlagen wollte, sah er Utgardloki nirgends mehr. Er wandte sich zurück nach der Burg und gedachte sie zu brechen: da sah er weite und schöne Felder vor sich, aber keine Burg.

Da kehrte er um und zog seines Weges bis er wieder nach Thrudwang kam. Und das ist die Wahrheit, daß er sich vorsetzte, zu versuchen, ob er mit der Midgardschlange nicht zusammentreffen möchte, was seitdem auch geschah.

Nun glaube ich, daß Dir niemand Genaueres von dieser Fahrt Thors sagen könne."

In dieser Mythe wird Thor als sehr stark, aber nicht als allmächtig geschildert: Jörmungandr ist genauso stark wie Thor, gegen das Alter ist auch Thor machtlos und das Meer kann auch Thor nicht austrinken. … und Thor ist den Zauberkünsten des Tyr-Skrymir-Utgardloki unterlegen.

Die Halle des Skrymir-Utgardloki steht im Osten, da Thor nach Osten gereist ist. Sie ist die „Sonnenaufgangshalle" des ehemaligen Sonnengott-Göttervaters Tyr.

- - -

Die Einleitung zu den drei kombinierten Mythen über Thialfi, Skrymir und Utgardloki bestätigt, daß es in diesen Mythen um die Stellung des Thor innerhalb der Götterwelt geht:

Da sprach Gangleri: „Ein gutes Schiff ist Skidbladnir und gar große Zauberei mag dazu gehört haben, es so kunstreich zu schaffen. Aber ist es dem Thor auf seinen Fahrten nie begegnet, daß er so Starkes und Mächtiges fand, das ihm an Kraft und Zauberkunst überlegen war?"

Har antwortete: „Wenige, glaube ich, wissen davon zu sagen und große Gefahren hat er doch bestanden; aber wenn es sich je begab, daß etwas so stark oder mächtig war, daß es Thor nicht besiegen konnte, so ist es besser, nicht davon zu reden, denn es gibt viele Beispiele dafür und Gründe genug zu glauben, daß Thor der Mächtigste sei."

Da sprach Gangleri: „So scheint es ja, als hätte ich euch nach einem Dinge gefragt, worauf niemand antworten kann."

Da sprach Jafnhar: „Wir haben von Begebenheiten sagen hören, deren Wahrheit uns kaum glaublich dünkt; aber hier sitzt der in der Nähe, welcher getreuen Bericht davon geben mag, und Du darfst glauben, daß er jetzt nicht zum erstenmal lügen wird, der nie zuvor gelogen hat."

Da sprach Gangleri: „Hier will ich stehen und hören, ob ich von diesen Geschichten Bescheid erhalte, denn im anderen Fall erkläre ich euch für überwunden, wenn ihr keine Antwort wißt auf meine Frage."

Da sprach Thridi: „Offenbar ist es nun, daß er diese Geschichten wissen will, obwohl uns bedünkt, es sei nicht gut davon zu sprechen. Du hast also zu schweigen."

Diese Diskussion dient sicherlich auch dazu, die Zuhörer bzw. Leser auf die kommende Erzählung neugierig zu machen, aber sie zeigt auch deutlich, daß das Ausmaß der Macht des Thor und auch das Verhältnis des Thor zu Odin und zu dem „Tyr-Riesen" zu der Zeit, als diese Mythe erzählt wurde, ein umstrittenes Thema gewesen ist.

I 11. b) Egil-Saga

In dem folgenden Lied, das um ca. 960 n.Chr. verfaßt worden ist, findet sich eine Anspielung auf den Kampf zwischen Thor und Elli:

Kvedulf sang eine Strophe:

„Thorolf von der Nord-Insel
(Oh grausame Nornen!) ist tot:
Viel zu früh hat der Donnergott
mit meinen Krieger-Sohn genommen!
Thors schwerer Ringkampfgegner, das Alter,
hält meine schwachen Glieder dem Kampf fern –
ich kann ihn nicht schnell rächen ..."

In dieser Mythe begegnet Thor dem „Tyr-Riesen" in der Gestalt des Utgardloki in dessen Sonnenaufgangs-Halle im Osten. Dort müssen er, Thialfi und Loki besondere Fähigkeiten vorweisen, um eingelassen zu werden.

Tyr-Utgardloki läßt die drei gegen die Natur selber antreten, gegen die sie nicht gewinnen können: gegen den Hunger des Feuers, gegen die Schnelligkeit der Gedanken, gegen die Macht des Alters, gegen das Gewicht der Midgardschlange und gegen die Größe des Meeres. Auf diese Weise zeigt Tyr-Utgardloki dem Thor, daß er

nicht allmächtig ist – obwohl er sehr große Kräfte hat.
Diese Mythe stellt den Donnergott weder als den übermächtigen Helden dar, noch macht sie ihn lächerlich, sondern sie ordnet ihn dem Göttervater Tyr-Utgardloki und auch der Natur selber unter.

I 12.   Thor und Thrivaldi

Ein weiterer von Thor getöteter Tyr-Riese ist Thrivaldi. Sein Name bedeutet „dreifacher Herrscher".

Dieser Name erinnert an die drei Götter Har, Jafnhar und Thridi, die in „Gylfis Vision" dem König Gylfi die Welt erklären. Diese Götter sind alle drei Erscheinungsformen des Odin, was daran zu erkennen ist, daß Odin mit diesen drei Namen bezeichnet werden kann.

Eine weitere Assoziation sind die drei „wandernden Götter", die in einigen Liedern und Mythen der Germanen auftreten: Odin, Loki und Hönir; Odin, Lodur und Hönir; Woden, Wili und We; Thor, Loki und Thialfi u.a.

Da diese drei „wandernden Götter", die Brüder zu sein scheinen, auch von den Kelten als „die drei Brüder mit den drei magischen Gegenständen" bekannt sind (ihnen raubte der Göttervater Dagda den Zauberstab), scheint dies ein sehr altes Motiv zu sein. Solche Götterdreiheiten finden sich auch bei anderen indogermanischen Völkern wie z.B. bei den Griechen Zeus, Hades und Poseidon, und bei den Indern Brahma, Vishnu und Shiva.

Bei den Germanen sind diese drei „Brüder" die Verkörperung der drei sozialen Stände, bei den Kelten sind sie drei Magier, bei den Griechen die drei Formen des Totenreiches (Wasser-Unterwelt, Erd-Unterwelt, Himmels-Jenseits) und bei den Indern Entstehen, Wachsen und Vergehen. Da die „3" bei den Indogermanen generell mit dem Zyklus insbesondere der Sonne verbunden ist, werden die „drei Brüder", die eigentlich ein einziger Gott sind, ursprünglich zum einen der Sonnengott-Göttervater (Tyr, Nuada-Dagda, Zeus, Shiun, Dhyaus usw.) und zum anderen seine drei Söhne als die Repräsentanten der drei Stände gewesen sein.

Man kann daher davon ausgehen, daß „Thrivaldi" („Dreifacher Herrscher") ein sehr alter Titel des Göttervaters Tyr in der Unterwelt ist.

Dieses „3"-Motiv erinnert auch an die christliche Dreieinigkeit und an die drei Weisen aus der Weihnachtsgeschichte. Sie können jedoch nicht der Ursprung dieses indogermanischen Motives sein, da sie aus einer viel späteren Zeit stammen – sie sind eine Parallelbildung dazu.

I 12. a)   Skaldskaparmal

In diesem Lehrbuch der Skaldenkunst wird lediglich gesagt, daß Thor den Thrivaldi getötet hat – was von einem Tyr-Riesen nicht anders zu erwarten war …

„Welche Bilder soll man verwenden, um den Namen des Thor zu umschreiben?"

„Diese: Man sollte ihn ... ... Niederwerfer des Thrivaldi ... ... nennen."

I 12. b) Thulur

In den Thulur führt Snorri Sturluson den Namen *„Thrivaldi"* noch einmal unter den Riesen auf.

I 12. c) Ragnarsdrapa

Von einem der um ca. 840 n.Chr. verfaßten Lieder des Skalden Bragi der Alte sind leider nur drei Zeilen erhalten geblieben:

Gut hast Du,
Zerschlager der neun Köpfe des Thrivaldi,
Deine Ziegen gehütet ...
... ...

Das *„Hüten Deiner Ziegen"* klingt nach Thor, da nur von ihm der Besitz von Ziegen bekannt ist: die beiden Ziegenböcken vor seinem Wagen.

dreifache Göttin
Goldhörner von
Gallehus

Der „dreifache Herrscher" hat insgesamt neun Köpfe. Da der „dreifache Herrscher" vermutlich mit den drei Götter-Brüdern identisch ist, hätte jeder dieser drei Brüder wiederum drei Köpfe und wäre somit wieder ein „dreifacher Herrscher".

Ein solches dreiköpfiges Wesen ist auch von den Goldhörner von Gallehus bekannt. Dort ist es allerdings eine dreiköpfige Göttin – vermutlich die Unterweltsgöttin Freya-Hel. Sie hält interessanterweise eine Ziege an einer Leine, die, wie sich aus dem Bildern auf den beiden Hörnern ergibt, vermutlich das Opfertier für die Jenseitsreise bei der Krönungszeremonie des Fürsten ist, der diese goldenen Hörner anfertigen ließ.

Falls es sich bei dieser dreiköpfigen Frau um eine der drei Nornen handeln sollte, gäbe es auch hier wieder drei Wesen, die zusammen neun Köpfe haben – allerdings Frauen und keine Männer.

Die „neun Köpfe des Thrivaldi" könnten jedoch auch einfach bedeuten, daß sich Thrivaldi an dem Ort, der durch die „9" charakterisiert wird, also in der Unterwelt befand – was für Tyr-Thrivaldi als Jenseits-Riese ja zutreffen würde. Einen Bezug des Thrivaldi zu der dreiköpfigen Göttin mit der Ziege wird es jedoch trotzdem gegeben haben – vermutlich ist sie die Jenseitsgöttin und somit die Wiederzeugungs-Geliebte und die Wiedergeburts-Mutter des Tyr-Thrivaldi.

I 12. d) Thor-Preislied

Der Skalde Vetrlidi Sumarlidason, der um 950 n.Chr. gelebt hat, erwähnt in einem Preislied des Thor ebenfalls den Thrivaldi:

Du hast Leikns Knochen gebrochen,
Du hast den Starkadr niedergebeugt,
Du hast Thrivaldi verprügelt,
Du standest auf der leblosen Gjalp.

Da Starkadr ein Tyr-Riese und Gjalp eine zur Tochter des Tyr-Geirröd umgedeutete Jenseitsgöttin-Riesin gewesen ist, erscheint es sehr wahrscheinlich, daß auch Leiknir und Thrivaldi zu den Riesen zählten.

I 12. e) Skirnir-Lied

Vermutlich ist auch der dreiköpfige Riese, mit dem Skirnir in dem nach ihm benannten Lied der Gerdr droht, Thrivaldi, da die „3" die Zahl des Sonnenzyklus ist. Dazu paßt auch, daß die Riesin/Göttin Gerdr sehr wahrscheinlich einst eine Erd- und Jenseitsgöttin gewesen ist, die am Morgen die Sonne, d.h. den Tyr wiedergeboren hat.

„Mit einem dreiköpfigen Thursen wirst Du Dein Leben teilen
Oder alterst unvermählt."

Thrivaldi ist ein weiterer Göttervater-Riese, der von Thor getötet worden ist. „Thrivaldi" bedeutet „dreifacher Herrscher" und ist wahrscheinlich ein ursprünglich indogermanischer Titel des Göttervaters.

I 13. Thor und Leiknir

Der Name dieses Riesen bedeutet „Spiel, Kampf".

I 13. a) Thor-Preislied

Der Skalde Vetrlidi Sumarlidason, der um 950 n.Chr. gelebt hat, erwähnt in dem bereits angeführten Loblied des Thor den Riesen Leikn:

Du hast Leikns Knochen gebrochen,
Du hast den Starkadr niedergebeugt,
Du hast Thrivaldi verprügelt,
Du standest auf der leblosen Gjalp.

Da Thrivaldi und Starkadr Tyr-Riesen sind und Gjalp eine zur Tochter des Tyr-Geirröd umgedeutete Jenseitsgöttin-Riesin gewesen ist, erscheint es sehr wahrscheinlich, daß auch Leiknir ein Tyr-Riese ist – zumal er von Thor besiegt worden ist.
Es fragt sich, ob die „zerbrochenen Knochen" eine mythologische Bedeutung hat und z.B. eine Variante der abgeschlagenen Hand des Tyr ist, oder ob der Dichter dieses Liedes nur eine Vielfalt von Beschreibungen des Sieges des Thor über die Riesen und Riesinnen gesucht hat.
Es ist unsicher, ob „Leikn" ein Riese oder eine Riesin gewesen ist oder ob es sogar einen Riesen (Tyr) und eine Riesin (seine Jenseits-Mutter) mit diesem Namen gegeben hat – vielleicht ist dies auch den damaligen Skalden schon nicht mehr ganz klar gewesen. In den meisten Texte wird „Leikn" als eine Riesin aufgefaßt, aber in einigen anderen Texten ist dies ungewiß.
Siehe dazu auch „Leikn" im Band 6 über die Riesenkönige und in Band 35 über die Riesinnen.

Der Riese Leikn („Spiel, Kampf"), der von Thor besiegt worden ist, wird ein weiterer Tyr-Riese gewesen.

I 14. Thor und Thiazi

Im Zusammenhang mit dem Riesen Thiazi, dessen Name eine Variante des Namens „Tyr" ist, spielt Thor kaum eine Rolle. Die Thiazi-Mythe ist die am wenigsten veränderte Variante der ursprünglichen Mythe des „Göttervater-Riesen" Tyr.

In den frühen Versionen wirft Odin die Augen des Thiazi-Tyr als Sterne an den Himmel empor. Erst in dem späten Harbard-Lied wird auch dieses Thema von Thor übernommen.

I 14. a) Skaldskaparmal

In der Skaldskaparmal ist Odin derjenige, der die Augen des Tyr-Thiazi an den Himmel emporwirft:

Es wird gesagt, daß Odin zur Buße noch Thiazis Augen nahm, sie an den Himmel warf und zwei Sterne daraus bildete.

Diese beiden Sterne sind ursprünglich wahrscheinlich Sonne und Mond gewesen, die vermutlich auch als die Augen des Tyr und des ihm gleichgesetzten Ymir angesehen worden sind.

I 14. b) Ragnarsdrapa

In der Ragnarsdrapa wird der Name des Werfers nicht genannt, aber vermutlich wird in diesem sehr alten Lied mit dem „er" Odin gemeint sein.

Er warf die toten Augen
des Thiazi, des Vaters der Skadi,
in die weiten Becken des Windes
über den Heimstätten der vielzahligen Menschen-Sippen.

Die „*weiten Becken des Windes*" sind der Himmel.

I 14. c) Harbard-Lied

Erst in diesem Lied ist Thor zu dem „Augen-Werfer" geworden. Da der Verfasser dieses Liedes „pro Odin" war, muß die Übertragung dieses Motivs von Odin auf Thor in einem anderen Lied vorgenommen worden sein, das heute nicht mehr bekannt ist.

In diesem Lied behauptet Thor zudem, den Thiazi getötet zu haben, was ansonsten ebenfalls unbekannt ist. Das Harbard-Lied scheint sich daher zum Teil auf eine von der „pro Thor"-Fraktion umgedeutete Thiazi-Mythe zu beziehen.

Thor (zu Odin-Harbard):
„Ich tötete Thiazi, den übermütigen Riesen,
Auf warf ich die Augen des Sohnes Ölwaldis
An den heitern Himmel:
Die wurden meiner Werke größte Wahrzeichen,
Allen Menschen sichtbar seitdem.
Was tatest Du derweil, Harbard?"

> Auch das Emporwerfen der beiden Augen des Riesen Tyr-Thiazi an den Himmel, an dem sie zu Sternen wurden (sehr wahrscheinlich Sonne und Mond), ist von Odin auf Thor übertragen worden.
>
> Auch hier findet sich die übliche Folge in den „pro Thor"-Liedern:
>
> <u>ältere Fassung der Mythe</u>: Odin ist Tyr überlegen: Der Göttervater-Riese wird von den Asen gemeinsam ermordet und seine Augen werden von Odin an den Himmel hinaufgeworfen.
>
> <u>neuere Fassung der Mythe</u>: Thor „raubt" den Asen bzw. dem Odin diese beiden Motive.

I 15.   Thor und die Riesinnen

Ursprünglich, d.h. um 500 n.Chr., hat Thor den damaligen Göttervater Tyr in dessen Gestalt als Jenseits-Riese getötet und ist dadurch selber zum „jungen Tyr" geworden. Es hat schon zuvor eine indogermanische Mythe gegeben, in der der junge Sonnengott-Göttervater nicht einfach der wiedergeborene alte Gott gewesen ist, sondern in der der junge Gott seinen Vater tötet und ihm den Thron raubt (wie z.B. bei Zeus und Kronos).

Tyr verliert um 500 n.Chr. seine Position als Göttervater der Nordgermanen und seine Gestalt zerfällt in drei Teile: Der alte Tyr wird zum Riesen, der junge Tyr wird mit Thor identifiziert, der den alten Tyr-Riesen tötet, und der Kriegsgott Tyr wird zu einem relativ farblosen Asen, der zu einem Sohn des Odin umgedeutet wird.

Diesen Kampf des Thor gegen den Tyr-Riesen (Thiazi, Geirröd, Hrungnir, Thrym, Thrivaldi, Grendel usw.) wird auch auf die Jenseitsgöttin ausgeweitet, da diese inzwischen vor allem als die furchterregende Hel angesehen worden ist. Sie wurde mittlerweile nicht mehr in erster Linie als Wiederzeugungs-Geliebte und Wiedergeburts-Mutter der Toten und auch des Tyr und des Loki, sondern als deren Tochter angesehen: Hel als die Tochter des Loki und die Riesinnen als Töchter des Tyr-Riesen.

Einige dieser Kämpfe des Thor gegen die Riesinnen sind bereits beschrieben worden wie z.B. die Tötung der Greip und der Gjalp in der Geirröd-Mythe. Die Göttin erscheint als Riesin oft in zweifacher Gestalt, da auch die Jenseitsgöttin selber zweifach erscheint (z.B. als Irpa und Thorgerdr). Näheres zu der Symbolik der „2" findet sich in dem Kapitel über die „2" in Band 47.

I 15. a)   Skaldskaparmal

Die Ermordung der beiden Riesinnen Greip und Gjalp durch Thor war kein Einzelfall:

So sang Thorbjörn Disen-Skalde:
„Du hast den Kopf des Keila zertrümmert,
und Kjallandi vollständig zerschmettert,
ehe Du Lutr und Leidi vernichtet hast,
ehe Du das Blut der Buseyra vergossen hast,
ehe Du Hengjankjapta zurückhieltest;
Hyrrokkin starb zuvor,
jedoch noch früher wurde Svivör
in derselben Weise ihr Leben entrissen."

Am wichtigsten für die Deutung ist in diesen Versen die Ermordung der Hyrrokkin, da ihr Name sehr deutlich als Beiname der Hel erkennbar ist: Sie (Hel) reitet auf einem Wolf (ihr Bruder Fenrir), den sie mit einem Schlangen-Zaumzeug lenkt (ihr Bruder Jörmungandr), um Baldur in die Unterwelt zu holen, in der sie unter dem Namen „Hel" bereits auf ihn gewartet hat.

I 15. b) Hyndla-Lied – Thor

Freya:
„*Dem Thor werde ich Ehre erbieten und ich werde ihn bitten*
daß Du immer seine Gunst finden wirst;
auch wenn er die Bräute der Riesen nur wenig liebt."

Eine Randbemerkung in dem bei den Germanen beliebten ironisch-sarkastischen Stil …

I 15. b) Leikn

Auch Leikn, über die im vorigen Kapitel berichtet worden ist, ist möglicherweise eine der Riesinnen, die von Thor getötet worden sind.

Thor ermordet nicht nur den Tyr-Riesen, sondern auch die Jenseitsgöttin, die als die Tochter dieses Riesen aufgefaßt wird.

I 16. Thors Hammer Mjöllnir

I 16. a) Der Name „Mjöllnir"

Der Name „Mjöllnir, Mjölnir, Mjolnir, Mjölner, Mjölnar" des Hammers des Thor bedeutet entweder „Zermalmer" oder „Blitz".

Im Altnordischen findet sich an verwandten Worten vor allem „mjöl" für „Mehl", von dem die beiden Worte „mjöll" für „Neuschnee" (eigentlich „feiner Mehl-Schnee") und „mjall-hvitr" für „schneeweiß" (eigentlich „mehlweiß") abgeleitet sind.

„Mjolk" für „Milch" und das nah damit verwandte „mjaltir" für „melken" klingen zwar sehr ähnlich, aber haben eine andere Wortwurzel.

Im Altnordischen ist das Wort „Mjöllnir" folglich mit dem Mahlen von Mehl assoziiert worden, was eher an einen Mahlstein, einen Hirsestampfer o.ä. als an einen Hammer denken läßt.

Im Germanischen findet sich „melwam" für „Mehl" als Wurzel des altnordischen „mjöl".

Die Worte „meluk" für „Milch" und „melkan" für „melken" unterscheiden sich durch das zusätzliche „k" in der Stammsilbe deutlich von dem Wort „melwam" für „Mehl".

Von dieser germanischen Wurzel „melwam" für „Mehl" leitet sich u.a. das schwedische „mjöl" für „Mehl", das deutsche „Mehl", „Mühle" und „Mahl" (eigentlich „Getreidespeise") sowie die drei englischen Worte „millet" für „Hirse", „meal" für „Mahl" und „mill" für „Mühle" ab.

Diese Bedeutungen finden sich auch bei anderen indogermanischen Völkern wie z.B. in dem griechischen „mylos" für „Mühle" und in dem slawischen „melevo" für „Mahlgut".

Verwandte Worte für „mahlen" finden sich in fast allen indogermanischen Sprachen: altirisch „meilid", lateinisch „molo", lithauisch „malu", slawisch „meljo", armenisch „malem", hethitisch „malla", altindisch (Sanskrit) „mrnati" und tocharisch „mely".

Bei den Slawen findet sich jedoch auch das Wort „molot" mit der Bedeutung „Hammer". Dieses Wort ist mit lateinisch „malleus", das ebenfalls „Hammer" bedeutet, verwandt. Von ihm leitet sich das englische „mallet" für „Hammer" ab.

Es hat also auch bei einigen anderen Indogermanen die semantische Verwandtschaft zwischen „Mehl" und „Hammer" gegeben.

Zu diesen beiden Bedeutungen gesellt sich schließlich noch russisch „molniya" und das walisische „mellt", die beide „Blitz" bedeuten.

Im der rekonstruierten indogermanischen Sprache finden sich schließlich das Wort „melh" für „mahlen, Getreide, Hirse". Das Wort „meldh" für „Blitz" findet sich lediglich in dem nordwestlichen Teilbereich der indogermanischen Sprachen (Germanisch, Keltisch, Slawisch).

Es läßt sich nun ein Stammbaum des Wortes „Mjöllnir" mit seinen für die Deutung dieses Wortes wichtigsten Ästen bilden:

Stammbaum des Wortes „Mjöllnir"							
Indogermanen: **melh** (mahlen, Getreide)	Westindogermanen: **mel** (mahlen), **melt** (Hammer), ≈ *mella* (Blitz)	Tocharo-Romanen: **mel** (mahlen), **mela** (Hammer), ≈ *melt* (Blitz)	Germano-Romanen: **mel** (mahlen), **mela** (Hammer), ≈ *melt* (Blitz)	Kelto-Romanen: ≈ **mel** (mahlen), **malleus** (Hammer), ≈ **mellt** (Blitz)	Kelten (altirisch): **meilid** (mahlen), (walisisch) **mellt** (Blitz)		
					Römer: **molo** (mahlen), **malleus** (Hammer)		
				Germanen: **mel-wam** (Mehl), ≈ *mela* (Hammer)	Nordgermanen: **mel** (mahlen), ≈ *mela* (Hammer)	Wikinger: **mjöl** (Mehl, Neuschnee), **mjöllnir** (Hammer)	Schweden: **mjöl** (Mehl)
						Englisch: **millet** (Hirse), **meal** (Mahlzeit), **mill** (Mühle)	
					Südgermanen: (deutsch) **mahlen**, **Mehl, Mahl, Mühle, Müller**		
				Tocharer: **mely** (mahlen)			
		Balto-Slawen: **melo** (mahlen), **molot** (Hammer), ≈ *molnija* (Blitz)		Slawen: **melevo** (Mahlgut), **meljo** (mahlen), **molot** (Hammer), (russisch) *molnija* (Blitz)			
				Balten (Litauer): **malu** (mahlen)			
	Südindogermanen: ≈ **mell** (mahlen)			Hethiter: **malla** (mahlen)			
	Ostindogermanen: ≈ **mel** (mahlen)			Inder: **mrnati** (mahlen)			
				Greco-Armenier: ≈ **melos** (mahlen)	Griechen: **mylos** (Mühle)		
					Armenier: **malem** (mahlen)		

Dieser Stammbaum zeigt deutlich, daß „mahlen, Mehl" die Grundbedeutung der Wortfamilie ist, zu der „Mjöllnir" gehört.

Bei den westlichen Indogermanen (Slawen, Balten, Tocharer, Kelten, Römer, Germanen) haben sich zusätzlich zwei neue Bedeutung aus dieser Wortwurzel heraus gebildet: „Hammer" und „Blitz". Bei den West-Indogermanen sowie bei den Skythen, die im Zentrum des indogermanischen Siedlungsgebietes geblieben sind, hat sich auch ein anderes wichtiges mythologisches Motiv gebildet: Der Schwertgott-Sonnengott-Göttervater, dessen nächtliche Gestalt der hinkende Schmiedegott ist, der sein bei seinem Tod am Abend zerbrochenes Schwert neuschmiedet.

Bei den West-Indogermanen findet sich somit ein deutlicher Impuls zu einer Umdeutung der Götter ins Kriegerische, was auch mit einer Umdeutung des Donnergottes zu einem kriegerischen Gott verbunden gewesen sein könnte – zumal der Donnergott bereits in seinen alten Mythen mit der Regenräuberschlange gekämpft hat.

	vom Mahlstein zum Hammer
Indogermanen: - Sonnengott-Göttervater Dhyaus - Donnergott Tar - **melh** (mahlen, Mehl, Getreide)	Westindogermanen: - der Göttervater Dhyaus wird zum Schwertgott - der Donnergott wird zum Hammergott - **mel** (mahlen) - **melt** (Hammer) - ≈ *mella* (Blitz)
	Südindogermanen: ≈ **mell** (mahlen)
	Ostindogermanen: ≈ **mel** (mahlen)

Der Übergang vom „mahlen" zum „Hammer" kann eigentlich nur über den Mahlstein erfolgt sein. Die archaischen „Mühlen" bestanden lediglich aus zwei Steinen: einem „Schalenstein" und einem runden „Reibstein". Manche Getreide wie z.B. Hirse konnte man auch mit einem Stampfer zerstoßen. Solch ein Stampfer könnte am ehesten einen Übergang zu einem Hammer gebildet haben.

Der Hammer selber könnte auch schon vor dieser Neubildung eines von „mahlen" abgeleiteten Wortes für „Hammer" ein Symbol des Donnergottes gewesen sein, da z.B. auch schon von den Hethitern ein riesiger „heiliger Hammer" bekannt ist, den die Krieger in ihren Prozessionen mit sich trugen.

Wenn diese Rekonstruktion zutreffen sollte, würde sich die Frage stellen, warum man damals von dem Getreidestampfer einen weiteren Namen für „Hammer" abgeleitet hat, der zumindestens bei den Germanen auch zu dem Namen für den Hammer des

Donnergottes wurde. Die Vermutung liegt nahe, daß der Donnergott damals stärker als vorher mit dem Getreide, d.h. mit der Landwirtschaft assoziiert worden ist. Dies würde dazu passen, daß der indogermanische Donnergott eng mit den Jahreszeiten verbunden war und auch der germanische Thor ein Gott der Ernten war – und der „Sohn der Erde".

Es bleibt die Frage, warum in der Zeit, in der der frühere indogermanische Sonnengott-Göttervater Dhyaus im Westen auch zu einem kriegerischen Schwertgott wurde, der Donnergott enger mit dem Getreide und den Ernten assoziiert worden ist – falls es zwischen beiden Entwicklungen tatsächlich einen Zusammenhang gegeben hat.

Um diese Frage zu beantworten, muß man etwas weiter zurückgehen. Als die frühjungsteinzeitlichen mesopotamischen Ackerbauern um ca. 7000 v.Chr. über den Kaukasus nach Norden in die südrussische Ebene zogen, betrieben sie dort zunächst weiterhin Ackerbau. Als jedoch ab 6000 v.Chr. die Regenfälle im Sommer nachließen und schließlich fast ganz ausblieben, wurde das Ackerland mit Ausnahme der Flußauen zur Steppe, die sich nur noch als Weide eignete. Daher wurden die Indogermanen zu halbnomadischen Viehzüchtern.

In so gut wie allen frühen Ackerbaukulturen wurde das Schicksal des Getreides dem Schicksal des Menschen gleichgesetzt. Dieses Gleichnis bestand aus vier Motiven: Aussaat = Zeugung, Keimen = Geburt, Wachsen = Leben, und Ernte = Tod. Dieser Zyklus wurde noch durch zwei weitere Analogien im Jenseits ergänzt: Aussaat = Wiederzeugung und Keimen = Wiedergeburt.

Durch diese Analogie ergab sich das Motiv des Toten- und Korngottes. Zu ihnen gehören u.a. der ägyptische Osiris, der sumerische Tammuz und der syrische Attis aber auch in Amerika gab es in derselben Situation dieselbe Entwicklung wie sich u.a. an Yum Xac, dem Maisgott der Mayas, und an Centeotl, dem Maisgott der Azteken zeigt.

Auch die Auswanderer, die von Mesopotamien aus über den Kaukasus in die südrussische Ebene zogen, werden anfangs einen solchen Korngott gehabt haben. Als sie jedoch ab ca. 5500 v.Chr. fast nur noch von der Viehzucht gelebt haben, geriet dieser Korngott nach und nach in Vergessenheit, sodaß er sich in den indogermanischen Mythen nirgendwo mehr wiederfindet.

Als die Indogermanen durch ihren halbnomadischen Lebensstil immer kriegerischer wurden und schließlich den Streitwagen erfanden, der zu dem „Panzer der Antike" wurde, begannen sie ab 2800 v.Chr. damit, die gesamte südrussische Steppe bis hin zur Mongolei, ganz Europa, Mesopotamien, Persien und Indien zu erobern.

Nachdem die indogermanischen Eroberer in diesen Ländern seßhaft geworden waren, begannen sie in diesen fruchtbareren Ländern auch wieder in größerem Maße Ackerbau zu betreiben – oder ließen von ihren Sklaven die Felder bestellen. Nun fehlte ihnen jedoch eine Ackerbau-Mythe, da der Korngott in den 3000 Jahren der fast ausschließlichen Viehzucht verlorengegangen war.

Daher entstanden bei den Indogermanen nun neue Ackerbau-Mythen. Das früheste und daher gemeinsame Motiv bei den West-Indogermanen war die Auffassung des Getreides als der Tochter der Muttergöttin. Diese Göttin-Tochter wurde bei der Ernte in die Unterwelt entführt und kehrte beim Keimen des Getreides in das Diesseits zurück. Bei den Griechen wurde sie „Kore" oder „Persephone" genannt, bei den Römern „Ceres" und bei den Slawen „Ceroklis". Bei den Germanen wurde die Göttin-Tochter in die goldenen Haare der Göttin Sif umgedeutet.

Diese Mythen-Neubildung, die um ca. 2200 v.Chr. notwendig wurde, enthielt noch ein anderes Motiv, das sich auf eine andere, ältere Mythe beziehen konnte: Da die Jahreszeiten durch den Kampf zwischen dem Donnergott und der Regenräuberschlange erklärt wurden, lag es nahe, den Regen- und Donnergott auch als den zuständigen Gott für das Wachstum der Pflanzen anzusehen, die schließlich ohne den Regen, den der Donnergott aus der Unterwelt zurückholte, nicht gedeihen konnten.

Somit ist es plausibel, daß der Regen- und Donnergott um ca. 2200 v.Chr. bei den Westindogermanen auch die Funktion eines Korngottes übernahm. Er war jedoch nicht wie der ursprüngliche Korngott eine Verkörperung des Getreides, sondern der Bringer des Regens und ein starker Beschützer des Getreides – das paßte besser zu der kriegerischen Grundhaltung der Indogermanen.

Durch die Kombination der Motive des Zurückholens des Regens und des Beschützens des Getreides kam es offenbar auch zu einer Vermischung zwischen dem Hammer des Donnergottes und dem Stampfer bzw. dem Mahlstein des Müllers. Dadurch wurde der Hammer des Donnergottes zu einem Müller-Werkzeug und erhielt einen Namen, der sich auf das Mahlen des Getreides bezog.

Da der Hammer des Donnergottes als der Verursacher der Blitze und des Donners angesehen wurde, blieb es nicht aus, daß von dem „Müller-Namen" des Hammers auch Bezeichnungen für den Blitz abgeleitet wurden.

Der Donnergott war im Pantheon der Indogermanen der stärkste Verbündete des Sonnengott-Göttervaters. Dadurch kam es zu verschiedenen Verbindungen zwischen beiden Göttern, die zu einigen neuen Motiven führten. So übernahm der Göttervater häufig die Blitze und den Donner des Donnergottes (Zeus, Jupiter u.a.). In manchen Mythologien übernahm der Donnergott auch die Position des Göttervaters (Thor, Indra). Diese Übertragungen wurden auch dadurch erleichtert, daß der Donnergott der Sohn des Göttervaters gewesen ist.

Die Konkurrenz um den ersten Platz im Götterhimmel zwischen dem alten Sonnengott-Göttervater und dem Donnergott sowie der generell kriegerische Charakter der Indogermanen verhinderten, daß der Donnergott zu einem friedlichen, aber starken Vegetationsgott wurde.

Die letzten Auswirkungen dieses Streites zwischen dem Sonnengott-Göttervater und dem Donnergott in der germanischen Mythologie findet sich in den Mythen über den Kampf zwischen dem Donnergott Thor und dem ehemaligen Göttervater, der zu den

Riesen Hymir, Geirröd, Thrym, Hrungnir, Grendel, dem Riesenbaumeister usw. geworden ist.

Das deutsche Wort „Hammer" stammt von dem germanischen „hamaraz" (altnordisch „hamarr") für „Stein, Felshang, Hammer" ab, das wiederum eine Weiterentwicklung des indogermanischen „akmen" für „Stein" ist. Das Wort „Hammer" in der heutigen Bedeutung scheint noch recht jung zu sein, da es sich nur bei den Germanen und bei den Slawen findet.

Es ist allerdings nicht auszuschließen, daß „akmen" auch schon bei den Indogermanen die Bedeutung „Steinwerkzeug, Steinhammer, Faustkeil" u.ä. gehabt hat.

I 16. b) Skaldskaparmal

Mjöllnir ist der wichtigste Besitz des Donnergottes. Daher können mit dem Namen dieses Hammers auch Thor-Kenningar gebildet werden.

„Welche Bilder sollte man um benutzen, um den Namen „Thor" zu umschreiben?"
„Diese: Man sollte ihn ... ... Benutzer und Besitzer des Mjöllnir und des Kraftgürtels ... ... nennen."

Der Hammer ist Thor ist seine wichtigste Waffe. Ursprünglich wird bei den West-Indogermanen der Donner wohl auch als das Zuschlagen mit einem riesigen Hammer angesehen worden sein.

Neben den vielen Schilderungen in den Mythen, in denen Thor mit seinem Hammer die Riesen und Riesinnen erschlägt, ist der Hammer des Donnergottes auch durch viele Abbildungen gut bekannt.

I 16. c) Skaldskaparmal

Thors Hammer ist ein beliebtes Motiv gewesen. Eine sehr alte Verwendung des Hammers des Thor findet sich in dem Kampf des Donnergottes gegen die Riesenschlange Jörmungandr:

So sang Gamli:

*„Der Herr des hohen Bilskirnir,
dessen Herz keine Falschheit kennt,
strebte rasch danach, den See-Fisch
mit seinem Hammer zu zerschmettern."*

Bilskirnir = Thors Halle; deren Herr = Thor
See-Fisch = Jörmungandr

I 16. d) Die skandinavischen Felsritzungen

Schon in den Felsritzungen der Germanen, die zwischen 1800 v.Chr. und 500 v.Chr. angefertigt wurden, finden sich einige Abbildungen von einem „Mann mit Hammer". Da es auch Abbildungen von Axt-Kämpfern gibt, läßt sich recht sicher sagen, daß mit den betreffenden Gegenständen tatsächlich Hämmer gemeint waren.

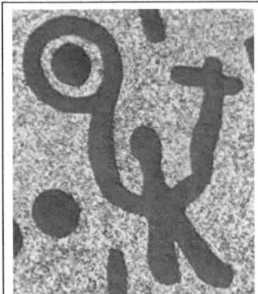

Mann mit Schild und Hammer; Östfold

Schiff mit einem Mann mit Schwert und Hammer sowie einem Mann mit Schwert und Schild; Svenneby

Axt-Kämpfer; Tannumshede

Es ist gut denkbar, daß der „Hammer-Mann" Thor darstellt. Die beiden großen Gestalten auf dem Schiff könnten Götter sein könnten – vermutlich der Donnergott Thor und sein Vater, der Schwertgott-Göttervater Tyr.

I 16. e) Das Opfermoor von Niederdorla

In Niederdorla in Thüringen gab es in vorchristlicher Zeit einen See, dessen Ufer von ca. 800 bis 100 v.Chr. von den Kelten als Kult- und Opferplatz benutzt worden ist.

Von 100 v.Chr. bis 1200 n.Chr. und z.T. noch später wurde er von den Germanen weiterbenutzt. Aus dieser Zeit, in der der See zunehmend zu einem Moor wurde, stammen die Funde von Keulen und einem Holzhammer, der möglicherweise ein Symbol des Donnergottes gewesen ist – vermutlich des germanischen Thor, evtl. jedoch auch des keltischen Taranis-Smertrios.

I 16. f) Das Hügelgrab von Kivik

Hügelgrab von Kivik, Schweden

In diesem Hügelgrab, in dem um ca. 1000 v.Chr. ein Fürst bestattet worden ist, wurde in der Grabkammer u.a. eine Szene abgebildet, in der auch ein Hammer vorkommt.

In der Mitte stehen acht Männer, die durch ihre langen Gewänder als Priester zu erkennen sind, vor einem Bottich, in dem möglicherweise der rituelle Met gebraut wird. Die Zahl „8" ist ein Symbol der Vollkommenheit.

Darunter befinden sich Darstellungen, die wie zwei gekippte „Ω" aussehen. Diese beiden „Ω" könnten evtl. der Eingang in die Unterwelt im Westen und der Ausgang im Osten (Sonnenlauf) sein. Vor beiden stehen jeweils vier Männer, zusammen also wieder acht.

Oben links ist ein großer Bottich o.ä. zu sehen, in dem zwei Männer stehen, zwischen denen sich ein Stange mit einer „gebogenen Hantel" befindet, die ein sehr altes Symbol für den Jenseitsweg ist (siehe „Hantel" in Band 55).

Rechts von ihnen stehen vier Männer, von denen die beiden mittleren einen Hammer bzw. eine Lure (Blasinstrument) in ihrer Hand halten. Der linke der Männer weist auf den „Bottich" und der rechte hält seine Hand an seinen Mund, was evtl. bedeuten könnte, daß er singt oder spricht.

Ganz oben befindet sich ein weiteres Zeichen, das ein Hammer mit gebogenem Stil sein könnte – aber diese Deutung ist sehr unsicher.

Diese Abbildung könnte den Teil der Bestattung darstellen, bei dem der Met gebraut wird, durch den der Tote, nachdem er in das Jenseits eingegangen ist, wie die Sonne wiedergeboren wird.

Der Hammer auf diesem Bild zeigt lediglich, daß der Donnergott auch schon um 1000 v.Chr. auch eine Funktion im Totenkult gehabt hat. Thor wird aber keine zentrale Rolle im Totenkult gespielt haben, da er bzw. sein Hammer dann größer und mit einer deutlicheren Symbolik dargestellt worden wäre.

I 16. g) Die Thor-Statuette von Akureyri

Thor, Akureyri

Diese um ca. 1050 n.Chr. hergestellte 6,4cm hohe Bronze-Statuette des Thor aus Akureyri in Eyrarland in Island trägt den üblichen Spitzhut der germanischen Götter.

Thors (roter) Bart ist lang und gegabelt. Er hält seinen Bart und seinen Hammer so in seinen Händen, daß es aussieht, als ob der Hammer aus seinem Bart herauswachsen würde.

Der Hammergriff besteht entweder aus zwei Stielen oder aus einem Ring. Die beiden Schlag-Enden des Hammers sind rund und ebenso die Spitze des Stieles, sodaß der Hammer wie ein „dreifacher Hammer" wirkt.

Diese Dreizahl könnte einen Bezug zur Sonne haben. Es wäre auch ein Zusammenhang mit dem dreieckigen Hrungnir-Herzen denkbar, was dann wohl als eine Gleichsetzung des Thors-Hammers mit dem Herzen des Tyr-Hrungnir aufzufassen wäre.

Es ist auffällig, daß Thor barfuß und bis auf seinen Hut vollständig nackt ist. Auch die Statuetten des Gottes Freyr sind stets unbekleidet, aber mit Hut. Möglicherweise ist dies ein Hinweis darauf, daß er sich im Jenseits befindet, denn auf den beiden Goldhörnern von Gallehus (400 n.Chr.) sind die Personen im Diesseits bekleidet und die Personen im Jenseits unbekleidet dargestellt.

Warum Thor und Freyr jedoch stets einen Spitzhut tragen, ist unklar – vielleicht weil einst die hohen Gold-Spitzhüte die Abzeichen der Priester gewesen sind?

I 16. h) Die Thor-Statuette von Lund

Thor; Lund, Schweden

Die Statuetten des Thor lassen sich meistens leicht anhand des Hammers, den er hält, identifizieren. Bei dieser schwedischen Statuette ist ihre Deutung als Thor jedoch unsicher, da zwar der Stil des Hammers, aber nicht der Hammerkopf zu sehen ist. Wie bei der Statue von Akureyi scheint der Bart in den Stiel des Hammers überzugehen. Vielleicht ist auch der gesamte „Stab", den Thor hält, nur sein Bart ...

I 16. i) Der Hammer von Uppland

Hammer von Uppland

In Uppland in Schweden wurde ein kleiner Hammer aus Bernstein gefunden, der von seiner Form her den beiden Hämmern auf dem Gosforth-Kreuz und auf dem Runenstein von Altuna entspricht.

Die Länge seines Stieles ist ein wenig zu kurz, um wirklich praktisch zu sein – aber der kurze Stiel des Thor-Hammers wird auch in der schriftlichen Überlieferung beschrieben.

I 16. j) Der Runenstein von Stenkista

Thor-Hammer, Scania

Detail (verstärkte Linien)

Auf dem Runenstein von Stenkista in Södermannland in Schweden bildet wie bei sehr vielen anderen Runensteinen eine Schlange einen Kreis rings um die Bildfläche, auf der sich wie auf einem Schriftband die Runen-Inschrift befindet.

Da die Schlange die Gestalt der Toten auf ihrer Reise in das Jenseits war, ist sie hier der „Postbote", der den in Runen geschrieben „Brief an den Toten" in das Jenseits bringt.

Von dieser Schlange aus zweigen am oberen Ende des Steines drei „Ranken" ab, aus deren „Brezel"-Ornament heraus sich nach unten hin der Thor-Hammer bildet. Diese Form der Einbeziehung des Thor-Hammers in die Schlange erinnert an die isländische Thor-Statuette, bei der der Hammer gewissermaßen aus Thors Bart herauswächst.

Das „Brezel"-Ornament ist eine Stilisierung des Gesichtes des ehemaligen Göttervaters Tyr bzw. später des Donnergottes Thor (siehe „Brezel-Ornament" in Band 64). Der Hammer auf diesem Bild wird durch dieses Ornament ausdrücklich als „Thors Hammer" gekennzeichnet.

I 16. k)   Der Runenstein von Aby

Runenstein von Aby, Schweden

Auf dem Stein von Aby in Uppland in Schweden wurde der Thorshammer als der Leib und die Arme eines Menschen aufgefaßt, an den oben noch der Kopf und unten zwei Schlangen als Beine angefügt wurden.

Diese Gestalt auf diesem Toten-Gedenkstein ist somit ein Mensch (Menschenkopf), der die Kraft des Thor hat (Hammer) und auf dem Weg in das Jenseits ist (Schlangen).

Vielleicht ist auch Thor selber gemeint, der sich dann wohl auf einer Jenseitsreise befindet. Diese Abbildung würde dann dem Bild auf dem Runenstein von Stenkista entsprechen, auf dem das obere Stielende des Hammers in das stilisierte Gesicht des Thor übergeht.

Runenstein von Altuna

I 16. l)   Der Runenstein von Altuna

Auf dem Runenstein von Altuna, der um ungefähr 900 n.Chr. hergestellt worden ist, hält Thor einen normalen Hammer (das Modell „Fäustel") in seiner rechten Hand.

I 16. m) Der Thor-Hammer von Laberg

*Runenstein von Laberg
Dänemark*

Auf diesem schlichten Stein aus Laberg in Dänemark befinden sich die Runen ebenfalls auf einem Schriftband, das hier jedoch nicht als Schlange gestaltet worden ist.

Am Ende beider Inschriften, also links oben und rechts unten befindet sich je ein Thor-Hammer, den man an diesen Stellen wohl als eine Art besonders kräftiges Ausrufezeichen auffassen kann.

Beide Hämmer haben einen recht kurzen Stiel.

Die Vorderseite des oberen Hammers läuft spitz zu, sodaß die Aufsicht auf den Hammerkopf fünfeckig ist.

I 16. n) Der Runenstein von Ramsundberg

Runenstein von Ramsundberg, Schweden

Nicht jeder Hammer, der auf einem Stein dargestellt worden ist, ist ein Thor-Hammer. Auf dem Stein von Gök sind z.B. Szenen aus der Sigurd-Sage und aus der Wieland-Mythe dargestellt worden.

Auf diesem Stein sind folgende Motive zu sehen:
- außen der Drache Fafnir;
- rechts darunter Sigurd, der Fafnir tötet;
- rechts der Baum mit den Vögeln und Sigurds Roß Grani;
- oben in der Mitte der stilisierte Kopf (er steht falsch herum) des Göttervaters, der wohl Odin ist, unter dessen Schutz Sigurd steht;
- links daneben Sigurd, der sich seinen verbrannten Finger ableckt;
- das Schmiedewerkzeug (Hammer, Zange u.a.) des Wieland (Sigurd und Wieland haben zusammen bei dem Schmied Mimir gelernt);
- links der Wolf und der durch Wieland enthauptete Königssohn (Sohn des Loki-Nidud).

I 16. o)   Der Runenstein von Gök

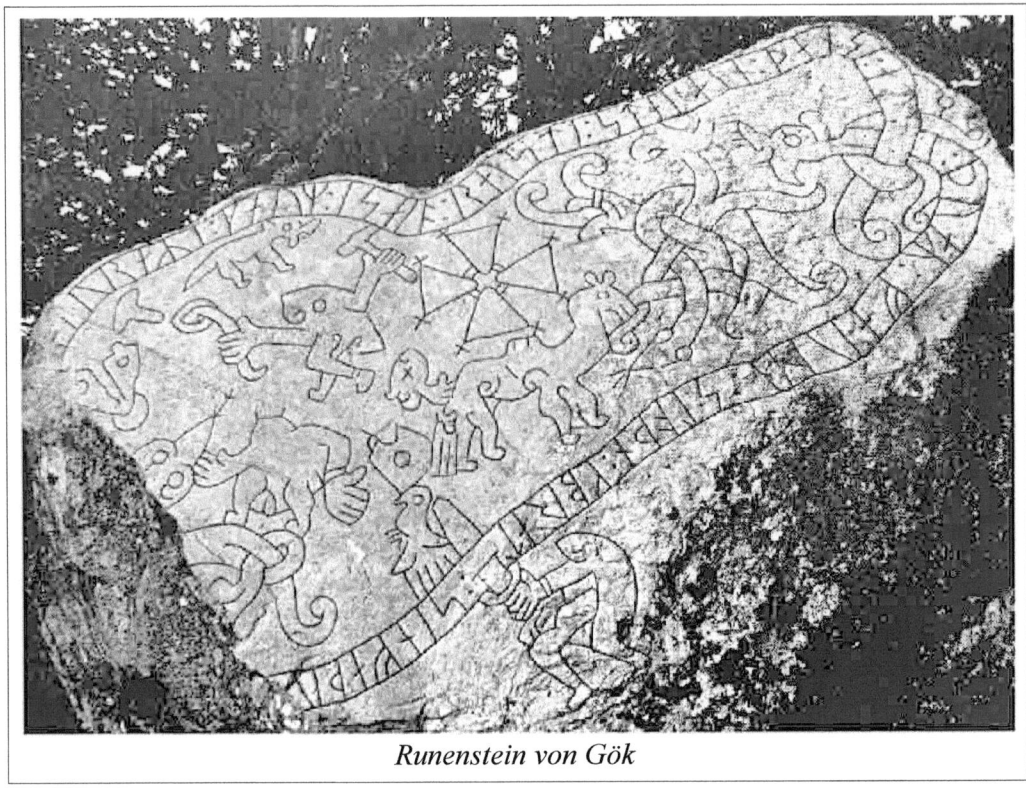

Runenstein von Gök

Auf diesem Runenstein ist dieselbe Szene wie auf dem vorigen zu sehen. Von rechts nach links sind auf diesem Stein folgende Motive abgebildet:
- der Kopf des Drachen Fafnir mit dem Schriftband;
- das Sonnensymbol des Sonnengott-Göttervaters (Draupnir-Kreuz);
- oben ein Wolf; darunter Wieland mit Hammer, Feile und Ring; unten einer der Vögel, denen Sigurd gelauscht hat; ganz unten Sigurd, der Fafnir ersticht;
- oben links ein stilisierter Kopf, der wohl Odin darstellt; daneben ein Schmiedewerkzeug; darunter ein weiterer Schlangenkopf; rechts darunter einer der enthaupteten Söhne des Königs Loki-Nidud aus der Wieland-Mythe; rechts neben diesem Toten liegt dessen Kopf.

I 16. p) Der Thor-Hammer von Uppland

Dieser als Amulett getragene Thor-Hammer stammt aus Uppland in Schweden.

An ihm ist sein sehr kurzer Stiel auffällig, der auch in der Skaldskaparmal beschrieben wird:

„Dem Thor gab er den Hammer und sagte, er möge so stark damit schlagen, als er wolle, was ihm auch vorkäme, ohne daß der Hammer Schaden nähme; und wohin er ihn auch werfe, so solle er ihn doch nicht verlieren, und nie solle er so weit fliegen, daß er nicht in seine Hand zurückkehre, und wenn es ihm beliebe, solle er so klein werden, daß er ihn im Busen verbergen könne. Er habe nur den Fehler, daß sein Stiel zu kurz geraten sei."

I 16. q) Der Thor-Hammer von Laby

Thor-Hammer von Laby

Der kurze Stiel des Mjöllnir war anscheinend ein wesentliches Merkmal des Mjöllnir, da es bei vielen Thor-Hämmern zu sehen ist.

I 16. r) Die Thor-Hämmer von Innvik

Thor-Hammer von Innvik

Für diejenigen, die ganz sicher gehen wollten, gab es auch das Multi-Mjöllnir-Amulett, das aus gleich neun Thor-Hämmer bestand. Die Neunzahl läßt vermuten, daß dieses Amulett mit der Jenseitsreise zu tun hatte – ähnlich wie die Hämmer auf den Runensteinen von Aby, Laberg und Scania.

Auch diese neun Hämmer haben einen zu kurzen Stiel.

I 16. s) Der Thor-Hammer von Fitjar

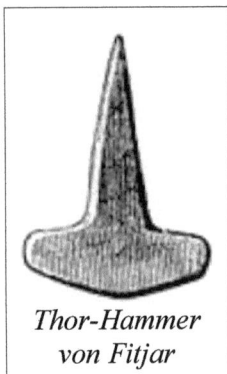
Thor-Hammer von Fitjar

Dieser aus Silber gefertigte Thor-Hammer aus Fitjar in Hordaland in Norwegen ist eine sehr einfache Form des Mjöllnir.

An ihm fallen zwei Dinge auf: zum einen der spitz zulaufende „Dorn", der aussieht, als ob er in einen Stiel o.ä. gesteckt werden müßte, und die Form des Hammerkopfes, an dem kein Stielende zu sehen ist, das durch das Metall nach vorne herausragt, sondern der auf der Vorderseite „flach-spitz" zuläuft.

Insbesondere diese Vorderseite des Hammerkopfes ist recht Hammer-untypisch.

I 16. t) Der Thor-Hammer von Uppland

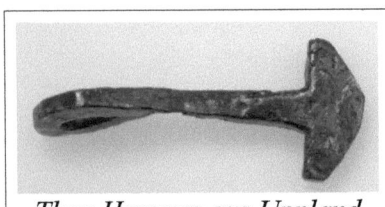
Thor-Hammer aus Uppland

Dieselbe Form des Hammers findet sich auch bei diesem Thor-Hammer aus Uppland in Schweden, der als Amulett getragen wurde.

Sein Hammerkopf läuft jedoch etwas spitzer zu, sodaß er kaum noch wie ein Hammer wirkt.

I 16. u) Der Thor-Hammer von Södermannland

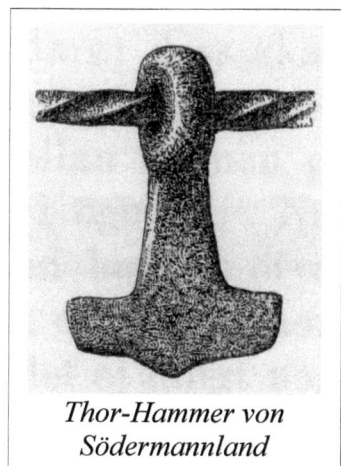

Thor-Hammer von Södermannland

Dieser Thor-Hammer aus Södermannland in Schweden weist eine kleine Abweichung von den bisherigen Hämmern auf: Der Hammerkopf ist nicht fünfeckig, sondern trapezförmig mit einem an der Spitze angesetzten flachen Dreieck.

Die abgeschrägten Enden des Hammerkopfes sind für den Gebrauch dieses „Gerätes" als Hammer völlig ungeeignet. Da solch eine Schräge aber beabsichtigt gewesen sein muß, da es sonst keinen Grund gäbe, den Hammer, der ja ein jedem Schmied bestens bekanntes Werkzeug ist, so „falsch" herzustellen, muß es etwas gegeben haben, worauf der Schmied, der dieses Mjöllnir-Amulett hergestellt hat, hinweisen wollte.

Durch seine Form wirkt dieser Thor-Hammer so, als ob man ihn in eine Hohlform einfügen und in ihr drehen sollte, d.h. in eine Schale mit schrägem Rand und einer Vertiefung in der Mitte.

I 16. v) Der Thor-Hammer von Sandby

Die Stirnseiten des Hammerkopf dieses Thor-Hammers aus Sandby in Skane in Schweden sind in die entgegengesetzter Richtung wie bei dem vorigen Hammer aus Södermannland abgeschrägt.

Dies spricht dagegen, daß der Thors-Hammer eine Hohlform als Gegenstück besaß, die zumindestens in der Vorstellung der Germanen zu dem Thor-Hammer dazugehört haben müßte.

I 16. w) Der Thor-Hammer aus Lugnas

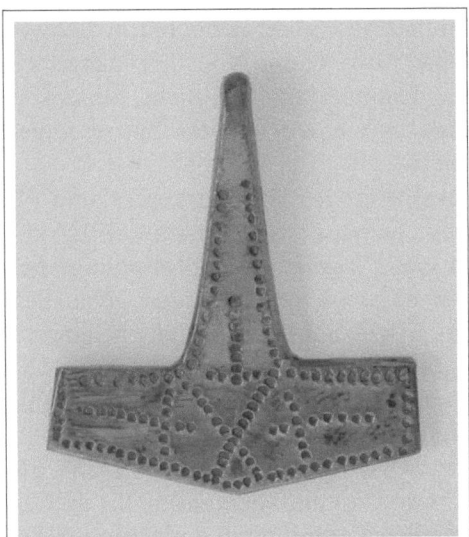

Thor-Hammer aus Lugnas (Replik)

Diese Replik eines Thor-Hammers aus Lugnas in Västergötland in Schweden hat dieselbe Grundform wie der von Fitjar.

Falls das Punkt-Muster nicht nur rein ornamental sein sollte, sondern sich auf das Aussehen oder die Verwendung des dargestellten Gegenstandes bezieht, dann könnten die drei mittleren Linien andeuten, daß der dargestellte Hammer im Querschnitt nicht quadratisch war wie ein normaler Hammer, sondern eher wie ein Karo. Wenn man diesen Hammer an seinem Stiel in der Hand halten würde, würde man demnach nicht auf eine flache Seite des Hammerkopfes, sondern auf eine Kante blicken.

Das Kreuz in der Mitte wirkt wie eine Verschnürung oder wie eine hervorstehende Spitze. Dieses Gerät wäre dann wohl eine Art Schaber.

I 16. x) Der Thor-Hammer von Roemersdal

Thor-Hammer aus Roemersdal

Dieser Thor-Hammer aus Roemersdal auf Bornholm in Dänemark hat dieselbe Grundform wie der Thor-Hammer aus Lugnas, aber ein abweichendes Punkt-Muster.

Auch dieses Ornament könnte darauf hinweisen, daß dieses flache Amulett eine Art Schaber darstellen soll, daß an der unteren Seite nicht flach ist, sondern eine Kante hat.

Die obere Punktreihe auf dem Hammerkopf besteht aus 15 Punkten, die untere aus 17. Diese beiden Zahlen haben vermutlich keine tiefere Bedeutung.

Es gibt somit schon mehrere Hinweise darauf, daß der Thor-Hammer nicht nur ein Hammer, sondern auch noch ein anderes Gerät ist:
- der kurze Stiel,
- der spitz zulaufende Stiel, der in einem Holzgriff gesteckt haben könnte,
- die fünfeckige oder manchmal fast dreieckige Form des Hammerkopfes, d.h. die „nach unten" hin spitz zulaufende Vorderkante des Hammerkopfes, die sehr untypisch für Hämmer ist, und
- die möglicherweise Schaber-artige Unterkante des Hammerkopfes.

Angesichts der Herleitung des Namens „Mjöllnir" von den Worten für „mahlen", „Mehl", „Müller" und ähnlichem liegt die Vermutung nahe, daß der Thor-Hammer mit einem Mahl-Gerät assoziiert worden ist.
Die einfachste aller Mühlen besteht aus einem großen, flachen Stein, auf den man die Körner legt, und einem kleinen, runden Stein, den man über die Körner reibt. Als Assoziation zu Mjöllnir kommt der kleine Reibstein in Frage, da der große Stein, auf dem gemahlen wird, eher dem Amboß als dem Hammer entspricht.

einfache Mühle:
Muldenstein und runder Reibstein

einfache Mühle:
Muldenstein und länglicher Reibstein

Diese archaische Mühle wurde deutlich effektiver, als man Vorrichtungen ersann, durch deren Hilfe man den oberen Mühlstein kreisen lassen konnte, weil dadurch in kürzerer Zeit und mit weniger Kraftaufwand das Korn gemahlen werden konnte.
Derartige Mühlen bestanden zunächst einfach aus einem Muldenstein mit hohem Rand und einem in ihn eingepaßten Reibstein, in dessen Rand ein senkrechter Stab befestigt war, an dem man den Reibstein drehen konnte. Später fügte man dem Muldenstein in der Mitte noch ein Loch hinzu, durch das das Mehl nach unten hin in eine darunterstehende Schale herausfallen konnte.

tiefer Muldenstein mit Öffnung in der Mitte

Handdrehmühle mit seitlicher Öffnung im Schalenstein (im rechten Bild vorne)

Die Form des Thor-Hammers würde in etwa dem Querschnitt der Reibsteins entsprechen, die man in solch einer Mühle benutzt – allerdings befindet sich der Stiel bei einem Hammer in der Mitte und nicht an seiner Seite. Der kurze Stiel an dem Reibstein würde auch den kurzen Stiel des Mjöllnir erklären.

Es wäre also gut denkbar, daß die überlieferte Form des Thor-Hammers als Mischform eines Hammer und des Reibsteines einer Handdrehmühle entstanden ist.

Dies ist auch insofern plausibel, als daß zu dem von den Worten für „Mehl," „mahlen" usw. abgeleitete Name „Mjöllnir" auch ein entsprechendes Bild gehören sollte, das die Grundlage für diese Namensbildung gewesen ist.

unterer Mühlstein „Napoleonshut"

Es gab auch eine spezielle Form des unteren Mühlensteines, der Ähnlichkeit mit dem Hammerkopf des Mjöllnir hat und daher vielleicht ebenfalls mit ihm assoziiert wurde: der sogenannte „Napoleonshut". Dieser untere Mühlstein wurde in späterer Zeit so genannt, weil er einem Zweispitz ähnelt. Die obere Fläche dieser Art von Mühlstein ist ein längliches Rechteck. Nach unten hin läuft er spitz zu, sodaß er von der Seite her dreieckig ist.

I 16. y) Der Thor-Hammer von Slotsmöllan

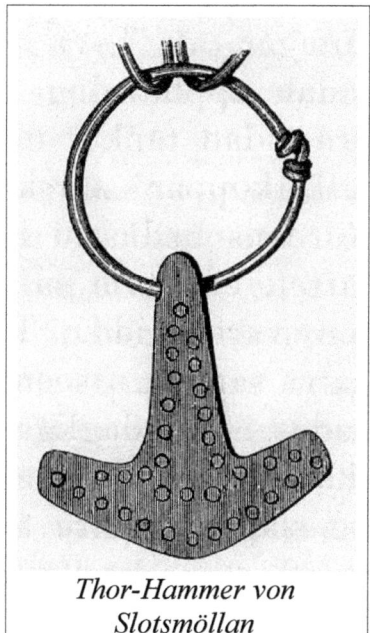

Thor-Hammer von Slotsmöllan

Dieser Thor-Hammer aus aus Slotsmöllan in Halland in Schweden wirkt noch stärker wie ein Schaber, weil auch die Stiel-Seite des Hammerkopfes gebogen statt gerade ist.

An dem Punkt-Muster fallen lediglich die drei nebeneinanderstehenden Punkte in der Mitte auf.

Die Anzahl der Punkte ist regelmäßiger, als es auf den ersten Blick den Anschein hat:

Anzahl der Punkte auf dem Thor-Hammer	
Lage der Punkte	*Anzahl*
oben in der Mitte	1
von oben nach links außen	3·3 = 9
von oben nach rechts außen	3·3 = 9
quer in der Mitte	3
unten in der Mitte	1
von links außen nach unten zur Mitte	2·3 = 6
von rechts außen nach unten zur Mitte	2·3 = 6

Dem Schmied, der diesen Thor-Hammer hergestellt hat, ist offenbar die Betonung der „3" und ihrer Vielfachen „6" und „9" wichtig gewesen, die demnach ein wichtige Qualität des Mjöllnir darstellen.

I 16. z) Der Thor-Hammer von Moheda

Auf diesem Thor-Hammer aus Moheda in Smaland in Schweden findet sich ein sehr markantes weiteres Element: ein dreifaches Dreieck, das aus einem großen Dreieck, einem in dieses eingefügtes kleines Dreieck sowie drei Punkten besteht. Hier ist die „3" noch deutlicher betont als auf dem Thor-Hammer von Slotsmöllan.

Diese Dreiecke erinnern stark an die einfachsten Formen des Hrungnir-Herzens, das ein Symbol der Sonne und ihres Zyklus sowie der Seele ist (siehe „Hrungnir-Herz" in Band 67).

Die „3·3" stellt sicherlich die „Jenseits-9" dar.

Insgesamt sind 13 solcher Dreiecke zu sehen. Vermutlich hat diese Zahl jedoch keine tiefere Bedeutung, da die „13" ansonsten bei den Germanen kaum eine Symbolik besessen hat und man dann, wenn die „13" wichtig gewesen wäre, auch eine symmetrische Anordnung dieser Dreieck zu drei Viergruppen auf dem Stiel und auf den beiden Hammerkopf-Seiten sowie einem Dreieck in der Mitte des Hammerkopfes erwarten sollte.

I 16. aa) Der Thor-Hammer von Gärsnäs

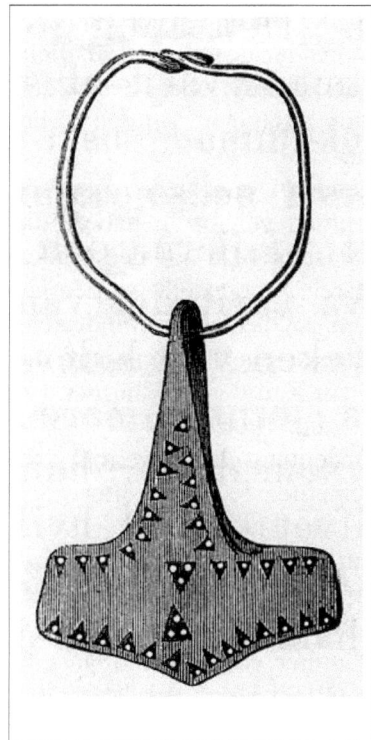

Auch auf diesem Thor-Hammer aus Gärsnäs in Skane in Schweden finden sich Dreiecke. Die Dreiecke am Außenrand haben je einen Punkt in ihrer Mitte; die beiden Dreiecke im Zentrum haben jeweils drei Punkte in ihrem Zentrum. Auch hier scheint die „3" eine wesentliche Bedeutung zu haben.

Die Anzahl der Dreiecke ist hier nicht so regelmäßig wie die Anzahl der Punkte auf dem Thor-Hammer von Slotsmöllan:

Dreiecke auf dem Thor-Hammer		
Lage der Dreiecke	*Anzahl*	*Innen-Punkte*
oben in der Mitte	1	1
von oben nach links außen	9	1
von oben nach rechts außen	10	1
von links außen nach unten Mitte	6	1
von rechts außen nach unten Mitte	7	1
unten in der Mitte	1	1
in der Mitte oben	1	3
in der Mitte unten	1	3

Wenn man einmal davon absieht, daß die beiden rechten Linien aus Dreiecken jeweils ein Dreieck „zuviel" enthalten (10 statt 9; 7 statt 6), finden sich hier genau dieselben Anzahlen wie auf dem Thor-Hammer von Slotsmöllan.

größeres Goldhorn von Gallehus

Die beiden dreifach gepunkteten Dreiecke im Zentrum finden sich in ganz ähnlicher Form auch auf dem größeren der beiden Goldhörner von Gallehus, die um 400 n.Chr. hergestellt worden sind. Aus dem Zusammenhang der Bilder auf diesen beiden Goldhörnern ergibt sich, daß die beiden Platten mit den drei Punkten vermutlich die Tore zur Unterwelt sind (siehe „Jenseitsreise" in Band 49 und „Goldhörner von Gallehus" in Band 57).

Auch das Tor zu dem Hügelgrab des Freyr soll der Heimskringla zufolge drei Löcher gehabt haben.

Die Anordnung der beiden dreifach gepunkteten Dreiecke auf dem Thor-Hammer von Gärsnäs sieht diesen beiden „Klappen" des Jenseitstores ausgesprochen ähnlich: beide haben jeweils drei Punkte, beide „blicken" zueinander, und der obere der beiden ist jeweils ein wenig nach rechts verschoben. Diese beiden „Klappen" wurden wahrscheinlich als „Loki", d.h. als „Luken-Deckel" bezeichnet.

Die beiden dreifach gepunkteten und zueinander weisenden Dreiecke scheinen somit für damaligen Germanen eine ganz konkrete Bedeutung gehabt zu haben, die möglicherweise noch konkreter war als nur „Tor zum Jenseits". Da auf den beiden Goldhörnern von Gallehus mit vielen Bildern die Jenseitsreise dargestellt worden ist, die der Hauptbestandteil der Fürsten-„Krönung" gewesen ist, besteht zumindestens die Möglichkeit, daß diese dreifach gepunkteten Dreiecke ein Hinweis auf die Jenseitsreise zu dem Göttervater gewesen sind – dies ist zur Zeit der Goldhörner Tyr gewesen und im Zusammenhang mit dem Thorshämmern dann Thor.

Falls diese Deutung stimmen sollte, hätte sich die Bedeutung der „zweimal drei Punkte" von einem Sonnen/Tyr-Symbol zu einem allgemeinen Königs/Göttervater-Symbol verschoben.

Die drei Punkte auf dem Thor-Hammer von Slotsmöllan, die „dreifachen Dreiecke" auf dem Thor-Hammer von Moheda und die dreifach gepunkteten Dreiecke auf dem Thor-Hammer von Gärsnäs werden recht sicher dieselbe Symbolik haben.

Der Jenseitsweg läßt sich anhand der beiden Thor-Hämmer von Slotsmöllan und Gärsnäs auch in Zahlen beschreiben. Wenn man davon ausgeht, daß der Weg vom Ende des Stieles zu dem Hammerkopf hin führt, dann sieht dieser Weg wie folgt aus:

- Der Jenseitsweg beginnt mit der „1"
- und führt dann mithilfe der „9" den Stiel entlang bis hin zu den beiden Enden des Hammerkopfes;
- von dort führt die „6" zum unteren Ende des Hammerkopfes,
- wo der Weg wieder in einer „1" endet.
- Das Thema des gesamten Weges oder auch sein Ziel sind die beiden Dreiecke mit den drei Punkten im Zentrum, die möglicherweise der Eingang (Westen) und der Ausgang (Osten) aus dem Jenseits sind.

Es wäre ist gut denkbar, daß die „9" den Weg in die Unterwelt, die „6" den Weg zurück in das Diesseits und die „3" die Sonne dargestellt hat – aber das ist vorerst nur eine „begründete Arbeitshypothese", die jedoch mit der allgemeinen Symbolik dieser drei Zahlen bei den Germanen übereinstimmt.

I 16. ab) Der Thor-Hammer von Palstorp

Thor-Hammer von Palstorp

Auf diesem Thor-Hammer aus Palstorp in Skane in Schweden finden sich neben der bereits bekannten spitzen Form des Stieles und der fünfeckigen Form des Hammerkopfes einige neue Elemente:

- die Verdickung am oberen Ende des Stieles, auf der die Öse sitzt, durch die der Halsreif läuft;
- das Oval und die beiden Schnörkel auf dem Hammerkopf;
- die jeweils zwei Punkte am Ende der beiden Enden des Hammerkopfes; und
- das doppelt gezeichnete Stiel-Dreieck, in dem sich fünf Punkte befinden.

I 16. ac)   Der Thor-Hammer von Bredsätra

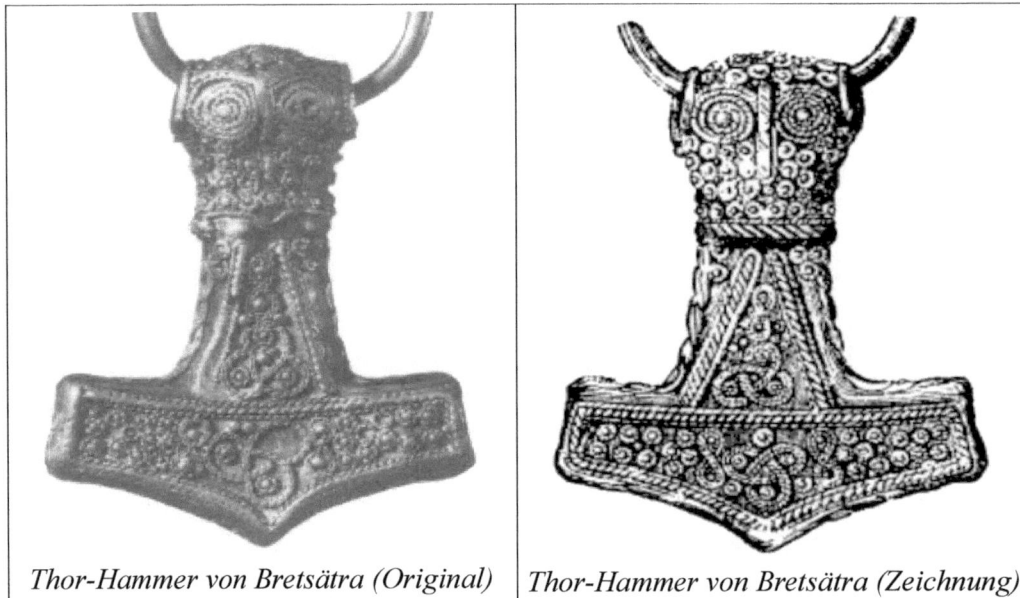

| Thor-Hammer von Bretsätra (Original) | Thor-Hammer von Bretsätra (Zeichnung) |

Dieser auf sehr aufwendige Weise aus Silber gefertigte und vergoldete Thor-Hammer aus Bredsätra in Öland in Schweden hat dieselbe Form wie die vorherigen Thor-Hämmer: den nach oben spitz zulaufenden Stiel und den fünfeckigen Hammerkopf.

Zusätzlich befindet sich auf der „Spitze" des Stieles noch ein weiteres Element, das in geometrischer Hinsicht eine oben quer aufliegende liegende Röhre ist und das von seiner Gestaltung her einen Kopf darstellt. Seine „Ohren" sind die beiden Röhrenöffnungen, die Augen und die Nase sind aus gezwirntem Draht bzw. aus einem Metallplättchen aufgeschweißt worden. Aus dem „Mund" dieses Kopfes kommt der Hammerstiel heraus, der dadurch zu der „Zunge" dieses Kopfes wird. Dieser Kopf entspricht der „Verdickung" an dem Thor-Hammer von Palstorp.

Diese „Hammer-Zunge" erinnert an den Bart der isländischen Thor-Statuette, der in den Händen des Donnergottes in den Stiel des Hammers übergeht. Auch auf den beiden Darstellungen des Thor-Hammers auf dem Runenstein von Stenkista und auf dem Runenstein von Aby geht der Hammer in die Gestalt des Thor über – der Hammer ist der Leib des Thor, an den Gesicht und Beine angefügt werden, während die Arme durch die beiden Hammerkopf-Enden dargestellt werden.

Die Aussage dieser Bilder ist deutlich: „Thor ist der Hammer!"

Sowohl auf dem Hammerstiel als auch auf dem Hammerkopf des Thor-Hammers von Bretsätra befindet sich in der zentralen Position ein dreifache Schlinge, die sicherlich Hrungnir-Herzen sind. Die Hrungnir-Herzen entsprechen den Dreiecken und den Gruppen aus drei Punkten auf den Thor-Hämmern von Slotsmöllan, Moheda und Gärsnäs.

Neben beiden Hrungnir-Herzen befinden sich eine bzw. zwei „8"-Formen.

Von den beiden äußeren Enden des Hammerkopfes führen jeweils 6 Punkte zur unteren Mitte und auch zur oberen Mitte des Hammerkopfes – was genau der Anzahl an Punkten an dem „unteren Weg" auf den Thor-Hämmern von Slotsmöllan und Gärsnäs entspricht. Die Symbolik der „6" scheint also recht eindeutig gewesen zu sein.

Aus dem Mund dieses Kopfes kommen folglich drei Dinge: 1. der Hammer, 2. das Gerät, das die Form des Hammers so deutlich modifiziert hat (Mühlstein), und 3. das Hrungnir-Herz, das ein Symbol der Sonne und der Seele ist. Das, was aus dem Mund herauskommt, ist auch die Stimme – was bei Thor auch der Donner ist, der dem Lärm beim Zuschlagen mit Mjöllnir assoziiert worden ist.

Da diese vier Dinge aus dem Mund des Kopfes kommen, muß das Wesen, zu dessen Kopf dieser Mund gehört, die Quelle dieser drei Dinge sein. Die Quelle des Hammers ist vermutlich Thor, die Quelle des noch nicht sicher gedeuteten Gerätes ist unbekannt, und die Quelle des Hrungnir-Herzens ist der Sonnengott-Göttervater Tyr.

Die Vorstellung, daß etwas aus dem Mund eines Gottes herauskommt, wurde auch bei einer Art von stilisiertem Kopf dargestellt, der vermutlich der Göttervater sein soll. Am deutlichsten ist dies bei dem linken Gesicht aus Gol zu sehen, aus dessen Mund ein Schwert zu kommen scheint – Tyrs Schwert?

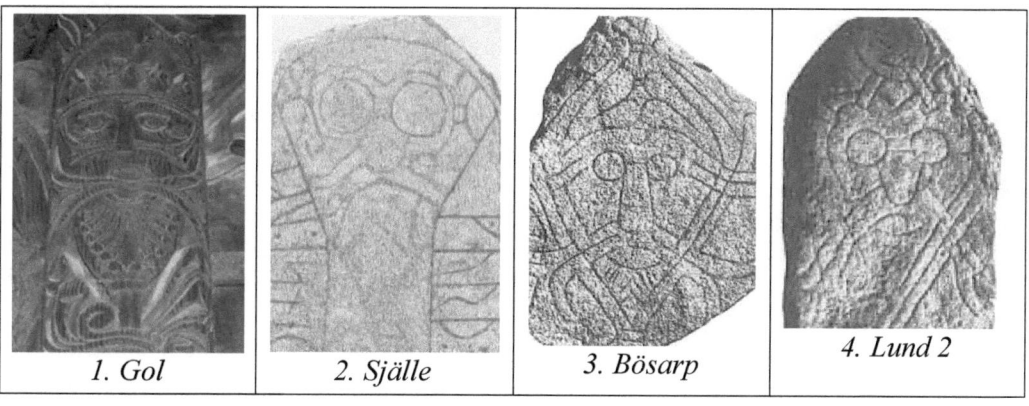

1. Gol   *2. Själle*   *3. Bösarp*   *4. Lund 2*

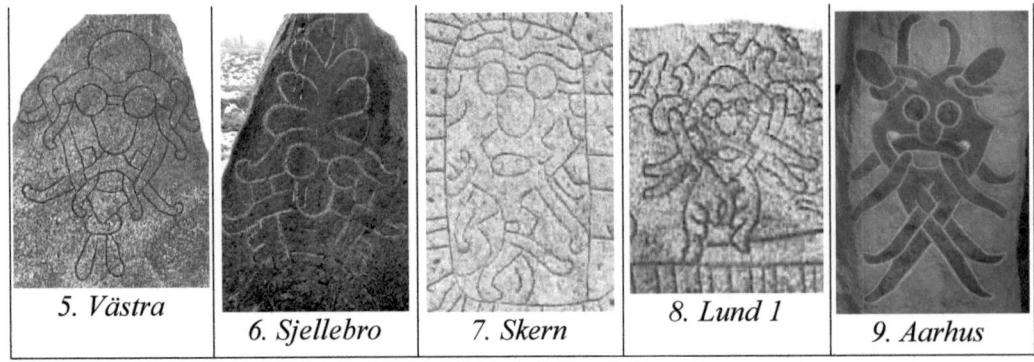

| 5. Västra | 6. Sjellebro | 7. Skern | 8. Lund 1 | 9. Aarhus |

I 16. ad)   Der Thor-Hammer von Odeshög

Thor-Hammer von Odeshög

Auch dieser Thorhammer aus Odeshög in Östergötland in Schweden hat einen Kopf, dessen Augen, Brauen und Nase sehr stark herausgearbeitet worden sind. Zusätzlich befindet sich auf dem Scheitel eine Linie, die von vorne nach hinten verläuft.

Diese Schädel-Linie ist von einigen Maskenhelmen bekannt, auf der die Kundalini-Schlange von hinten über den Scheitel nach vorne kriecht und zwischen den Augenbrauen in dem „Drittes Auge" genannten Chakra endet – so wie die Uräus-Schlange an der Krone des Pharaos (siehe auch „Helm" in Band 66).

Das „S"-förmige Ornament auf dem Stiel fand sich auch auf dem Thor-Hammer von Palstorp. Ob es eine tiefere Bedeutung hat, ist unklar.

Auf dem Hammerkopf ist ein Kreis und eine „8" zu sehen, neben der sich links und rechts wiederum eine „8" befindet.

I 16. ae) Der Thor-Hammer von Scania

Thor-Hammer von Scania (Original)

Thor-Hammer von Scania (Zeichnung)

Dieser Thor-Hammer aus Scania in Schweden hat die klassische Form des Mjöllnir: einen kurzen, spitz zulaufenden Griff und einen fünfeckigen Hammerkopf.

Der Kopf ist zu einem „Querbalken" ausgedehnt worden. Dieser Kopf ist ein Vogelkopf. Seinem Schnabel nach zu urteilen ist er entweder ein Raubvogel oder ein „Kernbeißer", also ein Vogel, der harte Schalen knacken kann und der sich von Körnern u.ä. harten Speisen ernährt.

Anscheinend sollte dieser „Hammer-Mühlstein" die Getreidekörner so gut zerkleinern wie ein Vogelschnabel. Diese Art von Symbolik ist auch von anderen Funden aus früherer Zeit bekannt. So hat z.B. eine Sichel aus der frühen Jungstein in Mesopotamien die Gestalt eines Gazellenkopfes, damit diese Sichel die Getreidehalme so gut schneidet, wie es die Gaszellenzähne tun.

Der „Querbalken" dieses Mjöllnir wirkt wie ein Griff des „Hammer-Mühlsteines". Evtl. ist er jedoch einfach die Ausweitung der Öse für die Kette zu einer Röhre.

An der Oberseite des Querbalkens befinden sich zwei aus dem Balken herausragende Bögen. Die Schnörkel an den äußeren Löchern, aus denen die beiden Bögen herauskommen, gleichen den Schnörkeln auf dem Stiel des Thor-Hammers von Odeshög.

Unter dem Raubvogelschnabel ist ein langer Kringel zu sehen, der eine Zunge, ein Wurm oder eine Schlange sein könnte. In dem Kreis, den der Kringel bildet, befindet sich ein durchgehendes Loch.

Von dem Raubvogelkopf reihen sich jeweils 9 Punkte aneinander, die nach unten zu dem Hammerkopf führen – diese Anzahl entspricht der Anzahl der Punkte auf den Thor-Hämmern von Slotsmöllan und Gärsnäs. Auf der rechten Seite des Thor-Hammers von Scania sind am unteren Ende dieser Punkte-Reihe vermutlich vermutlich drei Punkte abgebrochen.

Dieser Thor-Hammer ist so dick und so aufwendig gearbeitet, daß man weitere Merkmale des „Gerätes" erwarten könnte, die aber nicht vorhanden sind. Die Deutung der Ornamente auf den Thor-Hämmern von Lugnas und Roemersdal als Merkmale eines „Schabers" ist somit weiterhin sehr unsicher.

I 16. af)   Der Thor-Hammer von Mandemark

Thor-Hammer Mandemark

Dieser Thors-Hammer aus Mandemark in Dänemark hat einen ähnlichen Vogelkopf wie der Hammer aus Scania. Auch dieser Vogel hat einen kräftigen „Kernbeißer-Schnabel".

Auf diesem Vogelkopf befinden sich jedoch drei Striche, die in je einem Punkt enden, was sehr an die dreifach gepunkteten Dreiecke, die „dreifachen Dreiecke", die drei Punkte und die Hrungnir-Herzen auf den vorigen Thor-Hämmern erinnert.

Auf dem Stiel und dem Hammerkopf sind lediglich Ornamente angebracht worden.

I 16. ag) Der Thor-Hammer von Ash

Thor-Hammer von Ash

Bei diesem Thor-Hammer aus Ash in Großbritannien ist der Hammerkopf in der Form eines Wolfskopfes gestaltet worden. Auf dem Stiel des Hammers sind vier Punkte eingeschlagen worden.

Anscheinend konnte der Kopf des Hammers mit einem Wolf verglichen werden – vielleicht weil seine Wirkung als genauso zerstörerisch wie ein Wolfsbiß angesehen wurde.

I 16. ah) Das Thorwald-Kreuz

Thorwald-Kreuz, Isle of Man

Auf diesem Kreuz mit christlich-germanisch gemischter Symbolik, das um ca. 900 n.Chr. auf der Isle of Man hergestellt worden ist, sind die die beiden Hammer-Enden und das vordere Stiel-Ende wie bei der Thor-Statuette von Akureyri gleich gearbeitet worden – allerdings eckig und nicht rund.

Durch diese Gestaltung wirkt Thors Hammer ein wenig wie ein christliches Kreuz. Möglicherweise haben die Germanen versucht, auf Thor nicht nur die Macht der anderen germanischen Götter, sondern auch die des Christus zu übertragen …

I 16. ai) Thor-Hammer aus Island

Thor-Hammer aus Island

Auch in diesen isländischen Thor-Hammer ist ein Tierkopf eingebaut worden – möglicherweise ebenfalls ein Wolf.

Die drei „unteren" Enden des Hammers haben ähnliche Verdickungen wie der Hammer der Thor-Statuette aus Kureyri in Island und der auf dem Gosforth-Kreuz dargestellte Hammer.

Durch die Verdickung am Hals des Tierkopfes entsteht ein gleichseitiges Kreuz, während die kreuzförmige Öffnung in der Mitte ein ungleichseitiges christliches Kreuz ist. Das gleichseitige Kreuz könnte auch eine Assoziation zu dem Draupnir-Kreuz sein, das auf die frühgermanischen Sonnensymbole zurückgeht, die aus einem Kreis mit einem Kreuz in ihm bestanden.

I 16. aj) Cormac-Saga

In dieser Saga wird Thor als „Schwinger des Donners" umschrieben. Da Thor seinen Hammer schwingt, zeigt diese Umschreibung deutlich, daß der Hammer dem Donner gleichgesetzt worden ist bzw. daß der Hammer als die Ursache des Donners angesehen wurde.

Auf dieser Reise erwarben sich die Brüder großen Ruhm und spät im Sommer, als der Winter nahte, entschlossen sie sich, nach Norwegen zu fahren. Sie hatten kalte Winde und an den Segeln hingen Eiszapfen, aber die Brüder standen immer am Bug.
Auf dieser Fahrt dichtete Cormac das folgende Lied:

„O schüttle mir jenen Reim aus dem Schutzzelt,
Deinem Sänger ist es kalt an seinem Liegeplatz;
Denn die Hügel sind alle verhüllt, liebe Skadi,
in dem alten grauweißen Schleier in dem Fjord.
Der, den man den Schwinger des Donners nennt,
den wünschte ich genauso eisig und kalt;
aber er verläßt nicht die Seite seiner Dame
– genausowenig wie ein Lindwurm sein Gold verläßt."

„Immer denkst Du an sie," sprach Thorgils, *„und dennoch wolltest Du sie nicht haben, als Du konntest."*

„Das lag mehr an Hexerei," antwortete Cormac, *„als an irgendeinem Mangel an Treue von mir."*

Die Liege- oder Schlafplatz und das Schutzzelt beziehen sich auf das große Zelt, das in der Mitte der Drachenboote aufgespannt wurde und unter dem die Wikinger schliefen.

I 16. aj)   Hervor-Saga

In dieser Saga findet sich ein Rätsel, in dem der Lärm der Hammerschläge eine wichtige Rolle spielt. „Gestumblindi" ist Odin; „König Heidrek" ist Tyr.

Da sprach Gestumblindi:

„Wer ist der Laute,
der auf dem harten Weg reitet,
den er auch schon zuvor gezogen ist?
Er küßt hart:
jener, der zwei Münder hat
und nur über Gold wandert.
König Heidrek,
denk über dieses nach!"

„Gutes Rätsel, Gestumblindi – aber ich weiß es. Es ist ein Hammer, der für die Bearbeitung von Gold benutzt wird. Er schreit laut auf, wenn er hart auf den Amboß trifft, der sein Weg ist."

I 16. ak)   Heimskringla

Die Ähnlichkeit des Thor-Hammers und des Christus-Kreuzes ist auch den Germanen aufgefallen, wie der folgende Bericht aus der Heimskringla zeigt.
Der Gegenstand in der Hand der Männerstatuette aus Akureyri in Island wird jedoch recht sicher kein Kreuz sein, da zumindestens der ringförmige Griff sehr Kreuz-untypisch ist. Er könnte eher noch ein Draupnir-Ring, also ein Sonnensymbol sein,

das Thor dann von Tyr übernommen haben müßte. Allerdings ist ein einzelnes solches Symbol eine recht unsichere Grundlage für eine solche Vermutung.

In dem folgenden Text war König Hakon bereits zum Christentum übergetreten, aber sein Volk feierte noch die alten germanischen Feste, was für den König einige Schwierigkeiten mit sich brachte.

In der nächsten Erntezeit, auf den Winter zu, fand auf Hlader ein Opferfest statt, zu dem auch der König kam. Es war immer seine Gewohnheit gewesen, wenn er an einem Ort war, an dem geopfert wurde, sein Mahl alleine oder mit einigen wenigen seiner Männer in einem kleinen Haus einzunehmen. Seine Lehnsleute murrten jedoch darüber, daß er an dieser freudigsten aller Zusammenkünfte der Menschen nicht auf seinem Hochsitz saß.
Der Jarl sagte, daß der König diesmal auf seinen Hochsitz kommen sollte. Und der König setzte sich auch auf seinen Hochsitz. Als nun der erste Kelch gefüllt wurde, sprach Jarl Sigurd einige Worte über ihm, segnete ihn in Odins Namen und trank dem König aus dem Horn zu; danach nahm der König das Horn und zog das Zeichen des Kreuzes über ihm.
Da Sagte Kar von Gryting: „Was will der König damit, daß er das macht?"
Jarl Sigurd erwiderte: „Der König macht, was ihr alle macht, die ihr eurer Kraft und Stärke vertraut. Er segnet den vollen Kelch im Namen Thors, indem er das Zeichen des Hammers über ihm macht, bevor er trinkt."
Man schwieg an diesem Abend über diesen Vorfall. Als sich am nächsten Tag die Leute zu Tische setzten, drängten die Lehnsleute den König sehr, von dem Pferdefleisch zu essen, aber als er dies unter keinen Umständen tun wollte, wollten sie, daß er zumindestens von der Suppe trank; und als auch dies entschieden ablehnte, bestanden sie darauf, daß er zumindestens von dem Fett probierte und daß sie ihn, wenn er sich weigerte, ergreifen würden.
Da kam Jarl Sigurd und stiftete Frieden zwischen ihnen, indem er den König bat, seinen Mund über den Griff des Kessels zu halten, auf dem sich der fette Dampf des kochenden Pferdefleisches abgesetzt hatte, woraufhin der König ein leinenes Tuch über den den Griff legte und dann seinen Mund darüber öffnete und dann zu seinem Hochsitz zurückkehrte – aber damit war keine der beiden Parteien zufrieden.

In welchem Ausmaß Mjöllnir als „Gegen-Symbol" zu dem christlichen Kreuz aufgefaßt worden ist, läßt sich nur schwer einschätzen, aber der Thor-Hammer hat zumindestens in der Zeit der Christianisierung auch diese Funktion gehabt.

I 16. a1)   Übersicht über die Hammer-Formen

Im Folgenden sind diese vielen verschiedenen Formen des Thors-Hammers noch einmal zusammengestellt worden:

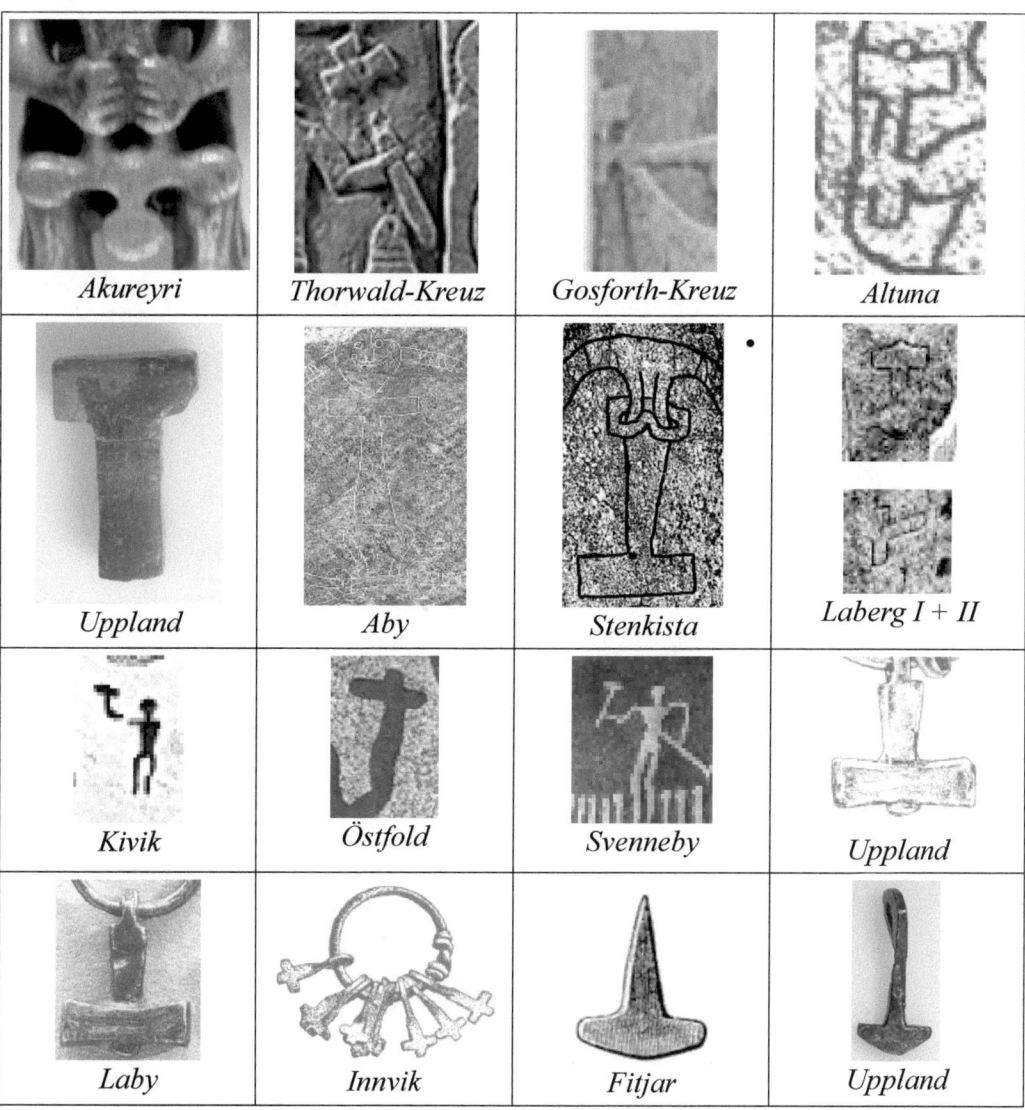

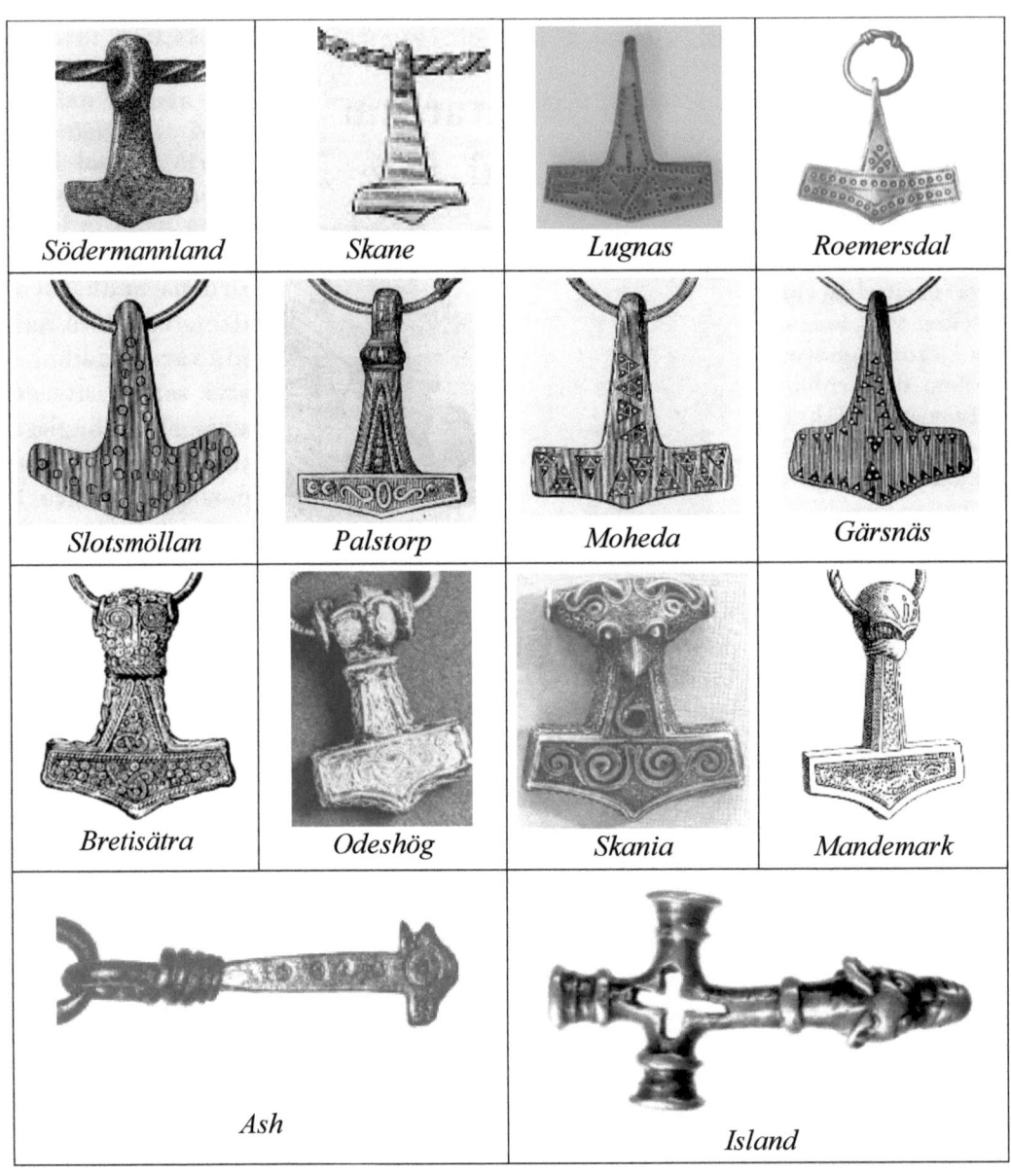

Diese Thors-Hämmer haben eine ganze Reihe von Merkmalen, die in den meisten Fällen mehrmals vorkommen. Die Thor-Hämmer, die mehrere Merkmale aufweisen, wurden in der folgenden Übersicht auch mehrfach gezählt. Insgesamt wurden 31 Thor-Hämmer in diese Betrachtung miteinbezogen. Die Merkmale wurden entsprechend ihrer Häufigkeit angeordnet.

Merkmale der Thor-Hämmer	
Merkmal	*Häufigkeit*
kurzer Stiel	23
spitzer Stiel	14
normaler Hammerkopf	9
normaler Hammerkopf mit flacher Spitze statt Stielende	8
9 Punkte vom Stielende zum Ende des Hammerkopfes	7
fünfeckiger Hammerkopf	6
normaler Hammer („Fäustel")	6
6 Punkte vom Ende des Hammerkopfes zur Hammerspitze	5
„S"-förmiges Ornament	4
zum Stiel hin abgeschrägte Hammerenden (/◘\ )	4
Kreis-Ornament, Loch	3
Hammer in Thors Hand	3
drei runde o.ä. Hammer-untypische Hammerkopf-Enden	3
2x: 3 Punkte; Dreieck mit 3 Punkten; 3-faches Dreieck; Hrungnir-Herz	3
1x: 3 Punkte; Dreieck mit 3 Punkten; 3-faches Dreieck; Hrungnir-Herz	2
Menschenkopf	2
Vogelkopf	2
8 Punkte vom Ende des Hammerkopfes zur Hammerspitze	2
7 Punkte vom Ende des Hammerkopfes zum Stielansatz	2
„8"-förmiges Ornament	2
Mittellinien auf Stiel und Hammerkopf als Ornament	2
Hammer = Leib des Thor	2
Wolfskopf	1
Hammerkopf als Wolfskopf	1

Verdickung am Stielende (statt Kopf)	1
sehr langer Stiel	1
7 Punkte vom Ende des Hammerkopfes zur Hammerspitze	1
Vogel-„Zunge"	1
Ranken-Ornament	1
ringförmiger Griff	1
der Hammerstiel wächst aus Thors gegabeltem Bart heraus	1
9 Thor-Hämmer an einem Ring	1
zur Spitze hin abgeschrägte Hammerenden (\◘/)	1

Das häufigste Merkmal (23x) ist der kurze Stiel des Mjöllnir, der zeigt, daß es im Zusammenhang mit dem Thor-Hammer eine andere prägende Assoziation als die des Hammers gegeben haben muß, die das Aussehen des Mjöllnir in gut zwei Dritteln seiner Darstellungen geprägt hat. Wahrscheinlich wird dies der Griff der Handmühle gewesen sein, von der „Mjöllnir" auch seinen Namen erhalten hat, der „Mahler, Mühle" bedeutet und später zu „Zermalmer" umgedeutet worden ist.

Bei 14 Versionen des Thorshammers findet sich ein spitz zulaufender Stiel, der entweder so geformt ist oder auf einem breiten Stiel durch ein spitzes Dreieck angedeutet wird. Er ist offenbar ein weiteres wesentliches Merkmal des Thor-Hammers – das offensichtlich nichts mit dem Griff eines Hammers zu tun hat.

Der spitz zulaufende Hammerstiel könnte evtl. dem kurzen Stiel entsprechen, aber da der Griff an einer Handmühle ein einfacher Stab ist und kein spitzer Stab, muß er eine andere Ursache haben.

In 5 Fällen kommt der Hammer aus dem Mund eines Menschen oder eines Vogels heraus. Dazu kommt noch ein weiterer Hammer, bei dem der Kopf nur durch eine Verdickung am Stiel-Ende des Hammers angedeutet worden ist.

Bei den beiden Menschenköpfen kommt der Hammer aus deren Mund hervor, während der Hammer bei der Thor-Statuette aus dem Bart des Donnergottes hervorwächst". Diese „Bart-Variante" könnte allerdings dadurch entstanden sein, daß der Schmied nicht der Statue des Thor einen Hammer in den Mund stecken wollte, was bei einer so konkreten Darstellung des Donnergottes ja ziemlich unpassend wirken würde. Im Gegensatz dazu wird der Hammer durch den stilisierten Kopf an seinem Stiel-Ende aufgewertet.

In der Kombination mit den Menschen und Vogelköpfen und mit dem Bart des Thor scheint dieser spitze Stiel anzudeuten, daß der Hammer aus Thor bzw. aus diesem

Menschen oder Vogel wie dessen Zunge herauskommt. Da das Zuschlagen mit dem Hammer als die Ursache des Donner angesehen wurde, läßt sich das Hervorkommen des Hammers aus Thors Mund und der spitze Stiel des Hammers am besten als Thors „Donner-Stimme" deuten – vermutlich wurde auch das Zuschlagen mit dem Hammer als die Ursache des Donners angesehen.

Auf zwei Darstellungen ist der Hammer Thors Leib.

Bei 4 Thor-Hämmern sind die Enden des Hammerkopfes so abgeschrägt, daß sie ungefähr parallel zu den Seiten des spitz zulaufenden Stieles liegen (/◘\ ). Vermutlich kann man dies als eine zusätzliche Betonung der Schräge des Stieles ansehen, durch die der Eindruck des „Herauskommen" des Hammers aus dem Mund des Thor bzw. des Vogels verstärkt werden soll.

Unter den 31 betrachteten Versionen des Mjöllnir findet sich nur ein einziger Hammerkopf, dessen Enden in entgegengesetzter Richtung zu den Stiel-Seiten (\◘/) abgeschrägt worden ist.

8 Hammerköpfe haben an ihrer Vorderseite, also dort, wo bei einem Hammer noch ein kleines Stück des Stieles aus dem Eisen herausragt, eine kleine Erhöhung in der Form eines flachen Dreieckes. Diese Form ist vermutlich eine Angleichung der Form des Hammerkopfes an den oberen Mühlstein in einer Handmühle, dessen Unterseite in der Mitte einer wenig konisch herausragt.

Die 6 fünfeckigen Hammerköpfe werden ebenfalls Angleichungen an den oberen Mühlstein sein, sodaß der Hammer in insgesamt 14 Fällen, also in knapp der Hälfte aller Darstellungen, einen oberen Mühlstein andeutet.

Die Auffassung des Mjöllnir als eines Mahlsteines ist offenbar ein wesentlicher Aspekt des Thor-Hammers.

Der Vogelkopf, aus denen bei zwei Varianten des Mjöllnir der Stiel des Hammers hervorkommt, kann auf zwei Weisen gedeutet werden: Entweder sollte der Hammer-Mühlstein das Korn so gut zerkleinern wie ein „Kornbeißer"-Vogel oder dieser Vogel stellte den Seelenvogel des Thor dar. Da der Donnergott in seinen Mythen jedoch nirgendwo in Vogelgestalt auftritt, ist die „Kornbeißer"-Deutung wahrscheinlicher.

Auf je einem der Thor-Hämmer ist ein kreisförmiges Ornament, ein elliptisches Ornament bzw. eine runde Durchbohrung zu finden. Das durchgebohrte Loch wird von der langen Zunge eines der beiden Vögel, aus denen zwei der Hämmer hervorkommen, umringelt.

Diese drei „runden Formen" könnten evtl. das Loch in dem unteren Mahlstein darstellen, aber auch der Schoß der Erdgöttin wäre als Bedeutung denkbar. Beides ist jedoch nur eine Vermutung, die zwar zu der übrigen Symbolik passen würde, aber eben nicht sicher ist.

Auf 9 Darstellungen hat der Hammer des Thor einen normalen Hammerkopf.

Mjöllnir ist demnach in ca. einem Drittel der Fälle als ein normaler Hammer angesehen worden.

6 von diesen Thor-Hammern haben auch einen Stiel von normaler Länge und stellen somit einen normalen „Fäustel"-Hammer dar.

In 3 Fällen hält Thor Mjöllnir in seiner Hand.

Bei 7 der Thor-Hämmer finden sich 9 Punkte, die vom Stielende bis zum Ende des Hammerkopfes 9 Punkte aufweisen. Diese sieben neun-Punkt-Linien sind einzeln gezählt – es gibt drei Thor-Hämmer, die links und rechts eine solche Punktlinie zu 9 Punkten haben, und einen Hammer, der auf einer Seite 9 und auf der anderen 10 Punkte hat (Irrtum des Schmiedes?).

Die Punktreihen auf diesen vier Hämmern stellen vermutlich den Weg ins Jenseits dar oder haben zumindestens einen Jenseitsbezug. Dies wird zum einen Thors Kampf mit der Regenräuberschlange in der Wasserunterwelt sein und zum anderen ist aber auch ein Bezug zum Getreide wahrscheinlich, da sich das Getreide, d.h. das Saatgut, das dem geernteten, also „toten" Getreide entnommen wird und sich im Winter in der Unterwelt befindet. Auch das zu Mehl gemahlene Getreide ist „tot".

Der Ring, an dem 9 Thor-Hämmer hängen, wird vermutlich sowohl ein Hinweis auf diese Reise ins Jenseits sein. Die neun Hämmer sind sicherlich auch als eine Verstärkung der Wirkung des Hammer-Amulettes durch die neunfache Vervielfältigung des Mjöllnir aufzufassen.

Bei den Thor-Hämmern finden sich insgesamt 5 Linien mit 6 Punkten, die von dem Ende des Hammerkopfes zu der Spitze des Hammerkopfes führen, also zu der Stelle, an der bei einem normalen Hammer der Stiel ein kleines Stückchen aus dem Eisen herausragt. Zwei Hämmer haben je links und rechts eine solche 6er-Reihe und ein Hammer hat auf der einen Seite eine 6er-Reihe und auf der anderen eine 7er-Reihe (Irrtum des Schmiedes?).

Bei einem Hammer finden sich an dieser Stelle auch zwei Reihen mit acht statt mit sechs Punkten.

Bei einigen Versionen des Mjöllnir sind auch Punktreihen mit deutlich mehr Punkten zu sehen, bei denen offensichtlich nicht auf die Anzahl geachtet wurde, da sich links und rechts deutlich verschiedene Anzahlen von Punkten befinden. Diese Punktreihen umgeben zudem oft als eine einzige durchgehende Punktlinie den gesamten Rand des Hammers.

Wenn die 9er-Reihen den Weg in das Jenseits darstellen, dann müßten die 6er-Reihen eigentlich den Weg zurück in das Diesseits symbolisieren.

Auf fünf Hämmern, also auf immerhin einem Sechstel der betrachteten Versionen des Mjöllnir, wurde in der Mitte eine „3" dargestellt: durch drei Punkte, durch ein

Dreieck mit drei Punkten, durch ein dreifaches Dreieck oder durch ein Hrungnir-Herz. In dreien dieser fünf Fälle wurden in das Hammer-Amulett zwei solcher Dreiecke eingeprägt, die sich „anblicken".

Diese Dreiecke sind vermutlich die beiden Jenseitstore im Osten (Sonnenaufgang) und im Westen (Sonnenuntergang). Symbolisch gehören sie somit zu den Linien, die aus 9 Punkten (Reise ins Jenseits) und aus 6 Punkten (Reise ins Diesseits) bestehen.

Auf 4 Thor-Hämmern findet sich ein „S"-förmiges Ornament. Ob dies eine Bedeutung hat oder eben nur ein Ornament ist, ist unklar. Es findet sich sowohl auf dem spitzen, stilisierten Hammerstiel als auch auf dem Hammerkopf.

Möglicherweise ist dieses „S" eine offene Variante des Ornamentes auf 2 Thor-Hämmern, das wie eine „8" geformt ist.

Die Gestalt beider Symbole könnte ähnlich dem Yin-Yang-Zeichen den steten Wandel insbesondere der Jahreszeiten darstellen und dadurch auch auf Aussaat und Ernte hinweisen. Diese Bedeutung des „S" und der „8" ist zwar denkbar, aber keinesfalls sicher.

Die 3 runden oder in anderer Weise verzierten Enden des Hammerkopfes und seiner vorragenden Vorderseite (Stiel-Ende) sind in zwei Fällen recht sicher eine Angleichung des Thor-Hammers an ein Kruzifix. Auch der Hammer in den Händen der Thor-Statuette von Akureyri muß wohl in dieser Weise gedeutet werden, da es keine Hinweise auf eine andere Bedeutung dieser drei gleichen Enden gibt.

Auch der überlange Stiel eines dieser beiden Kruzifix-Hämmer läßt sich am besten durch die Assoziation zu dem christlichen Kreuz erklären. Die Vorstellung, daß Thor einen Vorschlaghammer mit langem Stiel, dessen Hammerkopf drei gleiche Enden hat, benutzt, ist nicht sehr wahrscheinlich.

Eine interessante Variante des Mjöllnir sind auch die 2 „Wolf-Hämmer".

Bei einem dieser Hämmer endet der Stiel in einem Wolfskopf – allerdings kommt der Hammer nicht aus dem Mund des Wolfes heraus, sondern der Stiel geht in den Hals des Wolfes über. Dieser Wolf ist also keine Entsprechung zu dem Menschen- und dem Vogelkopf. Es ist beachtenswert, daß dieser Hammer wie ein Kruzifix gestaltet worden ist.

Vielleicht hat der Schmied in diese Symbolik alle Kräfte hineinlegen wollen, die ihm bekannt waren, um es so wirksam wie möglich zu machen: Thor, Fenrir und Christus.

Bei dem zweiten Hammer ist der Hammerkopf selber als Wolfskopf gestaltet worden.

Diese beiden Wolfs-Hämmer sollten vermutlich so heftig zuschlagen, wie ein Wolf zubeißt.

Bei 2 Varianten der mit Punkten versehenen Thor-Hämmer findet sich eine gepunktete Mittellinie auf dem Stiel und auf dem Hammerkopf. Vermutlich sind sie nur Ornamente, da sich keine Merkmale eines Hammers oder eines Mahlsteines erkennen lassen, die durch diese Mittellinien dargestellt worden sein könnten.

Dasselbe gilt für das Ranken-Ornament, daß sich bei einem der Hämmer findet.

Der ringförmige oder zweifache Griff des Mjöllnir, den die Thor-Statuette von Akureyri in ihren Händen hält, findet sich nur an dieser Stelle. Der Stiel könnte evtl. einfach deshalb zweigeteilt worden sein, damit Thor ihn in beiden Händen halten und Mjöllnir aus Thors gegabeltem Bart herauswachsen konnte. Allerdings hätte sich diese Haltung des Thor einfacher mit einem ungegabelten Bart und einem Hammer mit einem einzelnen normalen Stiel darstellen lassen.

Der einzige Ring, der sich auf den Runensteinen und in den Felsritzungen der Germanen findet, ist Draupnir, der letztlich die morgendliche Wiedergeburt der Sonne darstellt. Dieser Ring ist des öfteren mit einem Kreuz kombiniert worden, das sowohl das alte Kreuz der vier Himmelsrichtungen in dem Horizont-Kreis sein wird, das das Sonnensymbol (Kreis-Kreuz) in den Felsritzungen bildete, als auch das christliche Kreuz.

Das christliche Kreuz und der Draupnir-Ring der Germanen bzw. der Torque der Kelten blieben auch in der Zeit, in der das Christentum zu der allgemeinen Religion in Nordeuropa geworden war, als „Keltisches Kreuz" erhalten, bei dem der Schnittpunkt der beiden Balken des Kreuzes von einem Kreis umgeben wird.

Somit könnte der kreisförmige Stiel des Hammers der Thor-Statuette das Draupnir-Kreuz und eine Variante des keltischen Kreuzes darstellen. Der Draupnir-Ring ist zwar eigentlich ein Symbol des Sonnengott-Göttervaters Tyr, das dann von seinem Nachfolger Odin übernommen wurde, aber Thor hatte ja, wie die bisherigen Betrachtungen zeigen, (wie die Wikinger allgemein) keine großen Hemmungen, alles zu ergreifen, was ihm hilfreich erschien.

Der Schmied dieser Thor-Statuette scheint wie der Schmied des „Wolfs-Kruzifixes" versucht zu haben, eine möglichst umfassende Symbolik in die von ihm hergestellte Statuette bzw. in Mjöllnir miteinzubeziehen.

I 16. am)   Das Wappen von Thorsas

Wappen von Thorsas

Das Wappen der schwedischen Stadt Thorsas („der Ase Thor") besteht aus einem aufrechten, roten Thor-Hammer auf ockergelbem Grund unter einem roten Dach. Der Hammer hat zusätzlich einen kleinen „Sockel" erhalten.

Nach den Regeln der Heraldik bedeutet die ocker-gelbe Farbe „große Ambition" und „hohe Ziele". Diese Grundfarbe eines Wappens nennt man in der Heraldik „Pelzwerk".

Die Farbe Rot bedeutet „Kraft, Krieger". Die Farbe, mit der auf dem „Pelzwerk" gemalt wird, wird in der Heraldik „Tinktur" genannt.

Dieses Wappen drückt also das Streben eines starken Kriegers nach hohen Zielen aus – was durchaus passend für Thor ist.

Ein Dach ist Ausdruck für Schutz und ein rotes Dach für „starken, mächtigen Schutz" – Thor ist „Midgards Beschützer". Durch Thors starken Schutz (rotes Dach) gedeiht die Welt der Menschen, d.h. in diesem Fall der Ort Thorsas.

Das Bild auf einem Wappen wird „gemeine Figur" genannt – in diesem Fall der Hammer des Donnergottes. Er symbolisiert sowohl die Stärke des Thor und somit den Donner als auch das Mehl, daß Thor den Menschen bringt und dadurch ihre Ernährung sichert.

Der Hammer steht aufrecht, was bedeutet, daß er aktiv ist und nicht nur eine Möglichkeit, ein Potential darstellt – der aufrechte Hammer ist die tatsächliche Tat.

Der Sockel, der an den Stiel des Hammers angefügt ist, gibt diesen Taten Stabilität und Beständigkeit.

Dieses Stadtwappen ist offenbar von einem sehr selbstbewußten Gemeinderat an einen der Heraldik kundigen Zeichner in Auftrag gegeben worden.

Es stellt die Qualitäten des Thor dar: ein starker Krieger, der die ihm anvertrauten Menschen beschützt und ernährt.

I 16. an)   Gesta danorum

In dieser halb historischen, halb mythologischen „Geschichte der Dänen" ist Thor zu dem Helden Halfdan geworden, der den Riesen-Berserker Hardbeen mit einem riesigen Hammer erschlägt.

Halfdan erschlug Hardbeen mit einem Hammer von wundersamer Größe.

I 16. ao)   Gesta danorum

In diesem Text kämpft Thor gegen Hother, d.h. gegen eine Saga-Variante des Asen Hödur. In dieser Saga findet sich eine spät entstandene Erklärung für den kurzen Stiel des Hammers des Thors, der hier jedoch eine Keule und kein Hammer ist.

Mit dieser ausweichenden Antwort wies sie (die Göttin/Königstochter Nanna) *Baldurs Antrag ab und webte geschickte Ausreden, um seine Hand nicht ergreifen zu müssen.*

Als Hother dies von König Gewar hörte, beklagte er sich lange bei Helgi über Balders Unverschämtheit. Beide wußten nicht, was sie tun sollten, und zerbrachen sich ihr Hirne über verschiedene Pläne, denn das Gespräch mit einem Freund an einem Tag der Sorgen läßt das Herz weniger krank sein, auch wenn dadurch die Gefahren nicht beseitigt werden können.

Unter all den Sehnsüchten ihrer Seelen setzte sich schließlich die Leidenschaft des Kampfes durch und es wurde eine Seeschlacht mit Balder ausgefochten. Man sollte es für einen Kampf der Menschen mit den Göttern halten, da Odin und Thor und das ganze Heilige Heer der Götter für Balder kämpfte. Dort konnte man einen Kampf beobachten, in dem sich menschliche und göttliche Macht miteinander vermischten.

Aber Hother war in seine stahlabweisende Rüstung gekleidet und griff die dichtesten Gruppen der Götter an. Er bedrängte sie so hart, wie ein Sohn der Erde nur die Mächte des Himmels bedrängen konnte. Thor schwang jedoch seine Keule mit unvorstellbarer Macht und zerschlug alle Schilde, die sich ihm entgegenstellten, und rief genausolaut seinen Feinden entgegen, daß sie ihn angreifen sollten, wie seinen Freunden, daß sie ihm Rückendeckung geben sollten. Keine einzige Art der Rüstung widerstand seinem Angriff und niemand, der von ihm einen Schlag erhielt, überlebte. Was auch immer seinen Schlag abwehrte, zerbrach; weder Schild noch Helm konnte die Wucht seines Schlages aushalten; weder Körpergröße noch Kraft half.

Deshalb hätten die Götter den Sieg erlangt, wenn Hother, dessen Reihen bereits zurückgefallen waren, nicht vorgesprungen wäre und Thors Keule am Griff abgeschlagen und dadurch nutzlos gemacht hätte. Als die Götter diese Waffe verloren hatten, flohen sie kopflos davon.

Es widerspricht dem allgemeinen Glauben, daß sich die Menschen gegen die Götter durchsetzen können – auch all die alten Geschichten beschwören, daß die Götter die Mächtigeren sind.

Der Thor-Hammer Mjöllnir, der bereits seit den frühen germanischen Felsritzungen bekannt ist, hat mehrere Funktionen und Symboliken:

Er ist die Waffe des Thor.

Das Zuschlagen mit dem Hammer erzeugt den Donner.

Der Donner wird auch als der Hammer selber aufgefaßt.

Der Hammer, der aus dem Mund des Thor hervorkommt, ist die Donner-Stimme des Thor – aus diesem Grund ist der Hammerstiel spitz (wie bei den Sprechblasen in einem Comic).

Er ist der obere Mühlstein einer Handmühle – deswegen ist sein Stiel kurz und sein Hammerkopf fünfeckig und aus diesem Grund wird er auch „Mjöllnir", d.h. „Mahler, Mühle" genannt. Der Kernbeißer-Vogelkopf, aus dem der Hammer manchmal herauskommt, symbolisiert vermutlich die Effektivität, mit der Mjöllnir das Getreide zermahlt.

Er wurde mit der Jenseitsreise des Thor beim Kampf mit Jörmungandr sowie mit der Jenseitsreise des Getreides zwischen Ernte und Aussaat assoziiert – dies wurde durch die 9 Punkte auf dem Weg ins Jenseits (Ende des Hammerstieles => Seite des Hammerkopfes), die 6 Punkte auf dem Weg ins Diesseits (Seiten des Hammerkopfes => vordere Mitte des Hammerkopfes) sowie die beiden Jenseitstore (Dreieck, drei Punkte u.ä.) symbolisiert.

Er war ein wichtiges Amulett.

Der Hammerkopf wurde einem Kruzifix angeglichen, um dem Hammer auch die Kraft des Christus zu geben.

Der Hammerkopf oder das Stiel-Ende wurde in einigen wenigen Fällen als Wolfskopf gestaltet, um dem Amulett auch noch die verheerende Stärke des Fenris-Wolfes zu verliehen.

Die Thrym-Mythe zeigt, daß der Hammer des Thor auch zu einer „Brautweihe" bei der Hochzeit benutzt wurde. Mjöllnir könnte daher auch ein Symbol für den Penis des Thor gewesen sein – diese Symbolik könnte er evtl. von Freyr übernommen haben.

Thor ist somit der starke Beschützer und zugleich der Ernährer der Menschen.

I 17. Keule und Hammer

I 17. a) Der Runenstein von Sanda

Als neuer Aspekt für Thor und auch für Mjöllnir ergibt sich aus dem Runenstein von Sanda, daß Thor statt eines Hammers auch eine Keule als Waffe tragen konnte.

in der Mitte von links nach rechts: Odin mit Speer, Thor mit Keule, Freyr mit Sichel
Runenstein von Sanda auf Gotland (Schweden)

I 17. b) Der erste Hammer

Die Frage, ob der Donnergott zunächst ein „Hammergott" oder ein „Keulengott" gewesen ist, läßt sich recht einfach entscheiden. Da die Versteppung der südrussischen Ebene, in der die frühen Indogermanen lebten, um 6000 v.Chr. begann, wird es den Donnergott als Kämpfer gegen die Regenräuberschlange seit ca. 5500 v.Chr. gegeben haben.

Seit ca. 5000 v.Chr. wurde Kupfer für die Herstellung von Schmuck und für einige Werkzeuge benutzt. Da Stein jedoch deutlich härter als Kupfer ist, spielten die aus Kupfer hergestellten Gegenstände nur eine untergeordnete Rolle. Ab 4500 v.Chr. wurden auch Gold, Silber und Zinn zur Herstellung von Schmuck benutzt.

Erst um 2500 v.Chr. wurde die Bronze entdeckt, aus der man auch härtere Werkzeuge und vor allem auch Schwerter, Brustpanzer u.ä. herstellen konnte. Ab 2000 v.Chr. kam dann das noch härtere Eisen hinzu.

Es gab zwar auch schon in der Jungsteinzeit vereinzelt Hämmer mit einem steinernen Hammerkopf und einem Holzgriff, aber die eigentlichen Hämmer, die wirksam bei der Metall- und Holzbearbeitung verwendet werden konnten, gibt es erst ab 2500 v.Chr.

Da das Bild eines Schmuck herstellenden Goldschmiedes recht unpassend für einen Donnergott ist und der Hammer als wirksames Werkzeug erst seit ca. 2500 v.Chr. existiert, wird die Keule und nicht der Hammer die ursprüngliche Waffe des Donnergottes gewesen sein.

Der „leise Lärm", den ein Goldschmied verursacht, ist auch als Gleichnis für den Donner ausgesprochen ungeeignet – im Gegensatz zu dem „lauten Lärm" eines Eisen- oder Bronzeschmiedes, der der erste Beruf gewesen ist, dessen Tätigkeit wirklich weithin hörbar gewesen ist.

Der Beruf des Grobschmiedes entstand genau zu der Zeit, zu der die Indogermanen damit begannen, ihr Gebiet auszuweiten und sich in einzelne Völker zu differenzieren. Es wäre also noch so gerade möglich gewesen, daß der Donnergott noch in der ursprünglichen indogermanischen Mythologie den Hammer als zweite Waffe neben der Keule ergriffen hat.

I 17. c) Der Hammer des Donnergottes

Für die Keule als dem ursprünglichen Werkzeug bzw. der ursprünglichen Waffe spricht auch, daß die Keule als Waffe des Donnergottes, Göttervaters oder Helden bei den Indogermanen weit verbreitet gewesen ist. Zu diesen Göttern bzw. Helden zählen u.a. der nordgermanische Thor, der südgermanische Donar, die vier keltischen Götter Dagda, Taranis, Smertrios und Sucellus, der griechische Herakles, der römische Herkules, der indische Indra und der hethitische Tarhunt.

Von Herakles-Herkules ist bekannt, daß seine Keule auch als Amulett getragen wurde und als Wachstums- und Fruchtbarkeitssymbol angesehen worden ist. Dies entspricht der Verwendung des Thor-Hammers bei der Brautweihe im Thrym-Lied.

Es gab auch bei anderen Völkern, die wie die Indogermanen von den frühjungsteinzeitlichen Ackerbauern in Mesopotamien abstammen, vereinzelt einen Donnergott, der aber nur eine geringe Bedeutung hatte und meist eher ein Sturmgott war. In ihren Mythen gibt es nicht den Kampf um den Regen mit der Riesenschlange.

Der wichtigste nicht-indogermanische Donnergott ist der sumerische Ishkur gewesen, der von den Akkadern Haddu oder Hadadau, von den Akkadern Adad und von den Phöniziern Adados genannt wurde. Dieser Name, der „Donner" bedeutet, ist wahrscheinlich mit dem indogermanischen Name „Tar" des Donnergottes verwandt, der seinerseits von dem Wort „ter" für „zittern, schütteln, Angst" abgeleitet worden ist. „Tar" ist somit der „Schreckliche", der „Angsteinflößende" und der, „der den Himmel erzittern läßt".

Hadad war vor allem ein Stier- und Himmelsgott, der mit dem Regen und der Fruchtbarkeit verbunden war. Der Stier symbolisiert seine Zeugungskraft, die mit dem Regen gleichgesetzt wurde. Dieser Stier entspricht den Ziegenböcken des Thor. Dieser Gott trug in der einen Hand ein Blitz-Bündel und ins einer anderen Hand eine Keule oder eine Axt. Er hatte auch den Beinamen „Ramman", d.h. der „Donnerer".

Da es schon immer Gewitter gegeben hat und der Blitz und der Donner zu den eindrücklichsten Naturphänomenen zählen, werden beide auch schon immer mit dem Himmelsgott assoziiert worden sein. Die Keule als das Werkzeug, mit dem der Himmelsgott den Donner erzeugt, war eine naheliegende Assoziation – zumal man sich den Himmel aufgrund der Eisen-Meteoriten, die man als herabgefallene Stücke des Himmels auffaßte, als eine eiserne Halbkugel vorstellte … auf der sich mit einer Keule leicht ein großer, donnernder Lärm erzeugen ließ …

Der eigenständige, spezielle Donnergott, der mit einer Riesenschlange um den Regen kämpft, ist jedoch eine rein indogermanische Entwicklung.

Auch in Mesopotamien gab es zumindestens im letzten Jahrtausend vor Christus auch schon Amulette in Keulen-Form, die sich vermutlich auf den Himmels- und Donnergott beziehen.

I 17. d)   Das Opfermoor von Niederdorla

Die frühesten bekannten germanischen Keulen, die eine religiöse Bedeutung haben, stammen aus dem Opfermoor in Niederdorla.

I 17. e) Das Keulen-Amulett

In der Zeit zwischen 100 n.Chr. und 300 n.Chr. verbreitete sich die Herkules-Keule als Amulett im gesamten Römischen Reich bis hin nach Großbritannien. Sie waren 3-5cm lang und wurden meistens aus Gold angefertigt. In Köln wurde ein solches Keulen-Amulett gefunden, daß die Inschrift „DEO HER", d.h. „Gott Herkules" trug.

Zu dieser Zeit wird auch der germanische Thor manchmal eine Keule getragen haben, denn der römische Historiker Tacitus schrieb um 100 n.Chr. über die Germanen: *„Sie sagen, daß sie einst Herkules (Thor) besucht hat; und wenn sie in die Schlacht ziehen, singen sie als erstes von allen Helden über ihn."*

Während der germanischen Völkerwanderungszeit zwischen 500 und 800 n.Chr. verbreitete sich die Keule des südgermanischen Donnergottes Donar als Amulett in ganz Europa. Sie wird von ihrer Symbolik her der Herkules-Keule entsprochen haben, was jedoch nicht bedeutet, daß sie eine Umdeutung der Herkules-Keule gewesen ist, da alle indogermanischen Völker im damaligen West-, Süd- und Mitteleuropa, also die Griechen, die Römer, die Kelten und die Germanen den „Gott mit der Keule" kannten.

Die Herkules-Keulen werden allerdings trotzdem die Inspiration zu der Herstellung der Donar-Keulen gewesen sein. Die Germanen werden dieses magische Hilfsmittel entsprechend den speziellen Bildern in ihrer eigenen Mythologie umgedeutet haben.

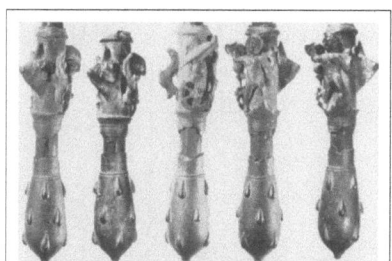

keltisch-römische Herkules-Keulen; Willingham-Moor, Cambridgeshire

Auch die Kelten in Großbritannien, die die Herkules-Keulen als Amulett von den Römern kennenlernten, formten diese entsprechend ihrem eigenen Stil um fügten dem Amulett Tierköpfe, Menschen und das Sonnenrad hinzu. Diese Zusätze könnten wiederum die Inspiration für die Menschen-, Vogel- und Wolfsköpfe an den Thor-Hämmern gewesen sein, die von den Germanen entsprechend ihrer Mythologie umgedeutet wurden – wobei die grundlegenden Strukturen in den Mythen der Griechen, Römer, Kelten und Germanen dieselben gewesen sind.

Die Donar-Keulen wurden am Unterlauf der Elbe „erfunden" und breiteten sich von dort mit den Wanderungen der Germanen während der Völkerwanderungszeit über ganz Europa aus.

Diese Donar-Keulen wurden aus Hirschgeweih-Spitzen, Knochen und Holz hergestellt. Die bei den Römern üblichen Materialien Bronze, Silber und Gold wurden hingegen nur sehr selten verwendet. Diese Keulen wurden mit einfachen Strichmustern und Kreisen verziert – sie waren sehr viel schlichter als die entsprechenden römischen und keltischen Amulette.

Im Unterschied zu den Herkules-Keulen der Römer und der Kelten wurden die Donar-Keulen ausschließlich in Frauengräbern gefunden. Aus ihrer Lage im Grab ergibt sich, daß sie als Gürtelanhänger oder als Ohrring getragen worden sind.

Die Donar-Keulen wurden oft zusammen mit den Schneckenhäuser der Tigerschnecken gefunden, die besser als „Kauri-Muschel" bekannt sind und aus dem indischen Ozean stammen. Da diese Muscheln ein Symbol der Vagina sind, könnten die Donar-Keulen ein Symbol des Penis gewesen sein. Auch die Herkules-Keule ist schon ein Symbol der Fruchtbarkeit gewesen. Dies könnte ein Hinweis auf einen Zusammenhang mit der Wiederzeugung und der Wiedergeburt sein.

Die Verwendung der Keule als Waffe scheint bei den Germanen im Zusammenhang mit der Donar-Keule keine Rolle gespielt zu haben, da sich dieses Amulett - bei Frauen findet. Dies paßt gut zu der im Thrym-Lied berichteten Verwendung des Thor-Hammers bei der Brautweihe.

Zwischen 700 n.Chr. und 1000 n.Chr., also während der einsetzenden Christianisierung, ersetzte der Thor-Hammer nach und nach die Donar-Keule. Dies liegt wahrscheinlich einfach daran, daß die Südgermanen, die den Donar verehrten, deutlich früher christianisiert wurden als die Nordgermanen, die den Thor verehrten. Daher hatte das Amulett der Donnergott-Keule ab 800 n.Chr. nur noch im Norden einen Rückhalt und konnte nur noch dort ohne die Gefahr einer Bestrafung durch die Kirche verwendet werden.

Es wäre denkbar, daß die Keule auch eine Assoziation zu einem Mörser beinhaltet hat, der dann eine Analogie zu dem Mühlrad-Mjöllnir wäre – aber dies ist nur eine vage Vermutung, die nicht durch archäologische Funde gestützt wird.

I 17. f) Gesta danorum

Um 1.185 n.Chr. wurde der Mönch Saxo von seinem Bischof damit beauftragt, eine Geschichte Dänemarks zu schreiben. Sein Beiname „grammaticus" bedeutet, daß er des Schreibens mächtig war. Der Titel der daraufhin von dem Mönch verfaßten mehrbändigen Schrift lautet „Gesta Danorum" („Geschichte der Dänen").

Im dritten Band erscheinen Odin, Thor und Baldur (Balder) als Gott, Hödur (Hother) und Nanna jedoch als Menschen. Aus der Götter-Mythe ist in der Gesta Danorum eine Heldensage geworden. Die Auffassung der heidnischen Götter als Könige und Helden früherer Zeiten war um 1200 n.Chr. in Nordeuropa weit verbreitet.

Die folgende Szene ist die Umdeutung und Ausweitung des Mordes des Hödur an Baldur zu einer Schlacht.

In dieser bereits angeführten Stelle benutzt Thor die Keule des südgermanischen

Donar.

Thor schwang jedoch seine Keule mit unvorstellbarer Macht und zerschlug alle Schilde, die sich ihm entgegenstellten, und rief genausolaut seinen Feinden entgegen, daß sie ihn angreifen sollten, wie seinen Freunden, daß sie ihm Rückendeckung geben sollten. Keine einzige Art der Rüstung widerstand seinem Angriff und niemand, der von ihm einen Schlag erhielt, überlebte. Was auch immer seinen Schlag abwehrte, zerbrach; weder Schild noch Helm konnte die Wucht seines Schlages aushalten; weder Körpergröße noch Kraft half. Deshalb hätten die Götter den Sieg erlangt, wenn nicht Hother, dessen Reihen bereits zurückgefallen waren, nicht vorgesprungen wäre und Thors Keule am Griff abgeschlagen und dadurch nutzlos gemacht hätte.

Die Keule ist vermutlich die älteste Waffe. Sie eignete sich von der Art ihres Gebrauches gut zur Erklärung der Art und Weise, auf die der Donnergott den Donner erzeugte. Da es in den Mythen mehrerer nostratischer Völker (Europa, Naher Osten, Nordost-Afrika) wegen den vom Himmel herabfallenden Meteore (die aus Eisen bestehen) die Vorstellung gibt, daß der Himmel aus Eisen besteht, könnte der Donner als ein Schlagen mit einer Keule auf die eiserne Himmelskuppel angesehen worden sein.

Der Name dieses Donnergottes war „Tar" – der „Angsteinflößende", der „Schreckliche" und „der den Himmel erzittern läßt".

Um 7000 v.Chr. zog gründeten die Bauern, die in Mesopotamien ihre Felder bestellten, neue Siedlungen in der südrussischen Steppe nördlich des Kaukasus. Als dort ab 6000 v.Chr. der Regen deutlich nachließ, bildete sich die Mythe von dem Streit zwischen dem Donnergott und der Riesenschlange um den Regen, der die sommerlichen Dürren verursachte.

Ab 2500 v.Chr. tauschte Tar seine Keule teilweise gegen einen Schmiedehammer ein, da die damals entdeckte Verarbeitung von Bronze, aus der Werkzeuge und Waffen hergestellt wurden, gut zu dem kriegerischen Charakter des Donnergottes paßten.

Ab 2000 v.Chr. gab es dann durch die Entdeckung der Verarbeitung des Eisens auch die heute üblichen Hämmer.

Die Keule blieb jedoch bei vielen indogermanischen Donnergöttern die bevorzugte Waffe.

In der Zeit von 100-300 n.Chr. wurde die Herkules-Keule als Symbol für Fruchtbarkeit und vermutlich auch für Stärke im ganzen Römischen Reich benutzt.

Die Keulen und der Holzhammer aus dem Opfermoor in Niederdorla waren vermutlich Opfergaben der Germanen an ihren Donnergott.

Zwischen 500 und 800 n.Chr. war die Donar-Keule in ganz Europa ein beliebtes Amulett – jedoch ausschließlich bei Frauen, was auf einen Zusammenhang mit der Fruchtbarkeit hinweist. Diese Bedeutung ist auch von der Herkules-Keule bekannt.

In der Zeit von 700-1000 n.Chr. ersetzte der Thor-Hammer die Donar-Keule. Er war eher ein Symbol der Stärke des Thor, aber die Fruchtbarkeits-Symbolik hat sich auch im Norden erhalten können, wie die Brautweihe im Thrym-Lied zeigt.

I 18. Thor, Odin und Freyr

Thor wurde in Uppsala, das der skandinavische Hauptkultort gewesen ist, zusammen mit Odin und Thor verehrt.

Die Betrachtung der Texte und Abbildungen dazu läßt auch noch einen weiteren Aspekt des Mjöllnir sichtbar werden.

I 18. a) Hamburgische Kirchengeschichte

Der Bischof Adam von Bremen berichtet in seiner um ca. 1050 n.Chr. verfaßten „Hamburgischen Kirchengeschichte" u.a. auch über den Kult des Thor in Uppsala:

Jetzt wollen wir von dem Aberglauben der Schweden einiges sagen. Dieses Volk hat einen sehr berühmten Tempel, der Ubsola heißt und nicht weit von der Stadt Sictona liegt.

In diesem Tempel, der ganz mit Gold geschmückt ist, betet das Volk die Bildsäulen dreier Götter an, und zwar so, daß der mächtigste von ihnen, Thor, mitten im Gemache seinen Thron hat; rechts und links sitzen Wodan und Fricco.

Die Deutungen derselben sind folgende. „Thor, sagen sie, hat den Vorsitz in der Luft, er lenkt Donner und Blitz, gibt Winde und Regen, heiteres Wetter und Fruchtbarkeit.

Der andere, Wodan, d. h. die Wut, führt Kriege, und gewährt dem Menschen Tapferkeit gegen seine Feinde.

Der dritte ist Fricco; er spendet den Sterblichen Frieden und Lust."

Sein Bild stellen sie auch mit einem ungeheuren männlichen Gliede versehen dar.

Den Wodan aber formen sie gewappnet, wie die unseren den Mars zu bilden pflegen.

Thor aber scheint mit seinem Scepter den Jupiter vorzustellen.

Sie verehren auch vergötterte Menschen, die sie wegen außerordentlicher Taten mit der Unsterblichkeit beschenken, wie sie das nach dem Leben des heiligen Ansgar mit dem Könige Herich gemacht haben.

Allen ihren Göttern nun halten sie besondere Priester, welche die Opfer des Volkes darbringen.

Wenn Pest und Hungersnot drohen, wird dem Götzen Thor geopfert, wenn Krieg dem Wodan, wenn eine Hochzeit zu feiern ist, dem Fricco.

Das „Szepter" des Thor ist entweder sein Hammer oder die Donar-Keule.

I 18. b) Der Wandteppich von Skog

Auf diesem um ca. 1150 n.Chr. in Schweden hergestellten Wandteppich sind drei Gestalten zu sehen, die wahrscheinlich die germanische Götterdreiheit, d.h. Odin, Thor und Freyr sind.

Das mit verschiedenfarbigen Wollfäden in einfachem Kreuzstich auf weißes Leinen gestickte Bild ist ca. 40cm breit und ca. 180 cm lang.

Teppich von Skog, 1150 n.Chr., Schweden

In der Mitte ist eine Stabkirche abgebildet, in der sich Menschen versammelt haben. Einige stehen noch vor der Kirche, während im Glockenturm drei „Glöckner" zu sehen sind. Sowohl der Klang der Glocken als auch die beiden Drachenköpfe am Giebel der Stabkirche sollten die „bösen Geister" vertreiben – zu dieser Zeit vermutlich die heidnischen Götter.

Von rechts nahen Pferde, auf denen teilweise Reiter sitzen. Dies können Kirchgänger sein, aber evtl. auch Feinde der Kirche.

Links sind Vierbeiner zu sehen, die evtl. Löwen sein könnten. Diese Tiere sind vermutlich die Boten der drei Gestalten auf der linken Seite. Die Deutung der Tiere hängt davon ab, ob diese drei Männer als „gut" oder als „böse" angesehen wurden.

Die drei Männer könnten die drei heiliggesprochenen Könige Olaf von Norwegen, Knud von Dänemark und Erik von Schweden sein. Dann wären die Löwen die Symbole der Stärke dieser Könige, die die Kirche beschützt.

Diese drei Männer könnten aber durchaus auch eine Verbindung zu der Götterdreiheit sein, die in der germanischen Religion an vielen Stellen vorkommt: Odin, Wili und We; Odin, Hönir und Loki; Odin, Thor und Freyr u.a. Sie repräsentieren die drei Stände. Vermutlich wird für die Stickerinnen dieses Teppichs die Dreiheit Odin, Thor und Freyr am naheliegendsten gewesen sein, da diese in Uppsala verehrt wurden, wie der Bischof Adam von Bremen berichtet.

Diese Götterdreiheit erscheint auch in der Völsi-Saga als der heilige König Olaf und seine beiden Begleiter. Sie sitzen dort zunächst still im Dunkeln – so wie Götterstatuen ...

Detail des Wandteppichs aus der Stabkirche von Skog

Die Gestalt auf der linken Seite hat nur ein Auge – ihr linkes Auge fehlt. Sie könnte daher Odin sein. Dazu würde auch der (Welten-)Baum links neben der Gestalt passen. Die silberne Axt ist das Zeichen des St. Olaf, weil er angeblich mit einer Axt getötet worden ist. Die Gestalt auf der linken Seite ist somit der als St. Olaf „getarnte" Odin.

Die mittlere Gestalt könnte St. Knud sein, der in einer Kirche erschlagen wurde und möglicherweise aus diesem Grund meistens ein Kruzifix in seiner Hand hält. Dem Bericht des Adam von Bremen zufolge war die mittlere der drei Statuen im Tempel von Uppsala die des Gottes Thor. Das Kruzifix des St. Knud könnte somit auch der Hammer des Thor sein.

Es bliebe somit für die rechte Gestalt St. Erik bzw. der Gott Freyr. St. Erik hat kein besonderes Attribut, an dem man ihn erkennen könnte, aber es wird über ihn berichtet, daß nach seinem Tod neben seiner Leiche eine Quelle entsprang, die sich heute neben dem neuen Dom von Uppsala befindet. Der Verdacht liegt nahe, daß es sich bei dieser Quelle um die heilige Quelle neben dem Tempel von Uppsala handelt. Dies würde St. Erik dem vermuteten Hauptgott von Uppsala in der Zeit vor 500 n.Chr., also dem Freyr gleichsetzen. Dazu paßt gut, daß St. Erik in für ihn ganz untypischer Weise in seiner rechten Hand eine Kornähre hält – es ist allerdings nicht ganz sicher, ob es sich bei dem länglichen Gegenstand wirklich um einen Halm mit Ähre handelt. Eine solche Ähre würde gut zu dem Fruchtbarkeitsgott Freyr passen.

Es hat somit den Anschein, als ob die drei Heiligen Olaf, Knud und Erik die Kirche von Skog genauso beschützt haben wie die drei Götter Odin, Thor und Freyr den nur 150 km weiter südlich gelegenen Tempel von Uppsala.

Man kann aufgrund dieses Wandteppichs wohl davon ausgehen, daß man im Tempel von Uppsala wie auf dem Wandteppich von Skog Thor in der Mitte, Odin links von ihm und Freyr rechts von ihm gesehen haben wird.

Für die Deutung dieser drei Männer als Heilige oder als Götter spricht auch das Podest, auf dem sie stehen – es wird wohl zugleich das Podest der drei Götter in Uppsala als auch das Podest für die drei Heiligen in Skog darstellen.

Man kann sich natürlich fragen, wie die Germanen das Verhältnis zwischen den drei Göttern und den drei Heiligen gesehen haben werden. Vermutlich wird das Bild der drei Götter Thor, Odin und Freyr so prägend für die damaligen religiösen Vorstellungen der Germanen in der Nähe von Uppsala gewesen sein, daß man bei dem Gedanken an beschützende Heilige zunächst einmal dieses Bild vor Augen hatte und die drei Götter in drei Heilige verwandelte, die dann den einen oder anderen Aspekt der drei Götter bewahrten.

Götter und Heilige		
Odin mit Weltenbaum	Thor mit Hammer	Freyr mit Ähre
St. Olaf mit Axt	St. Knud mit Axt	St. Erik

I 18. c) Der Runenstein von Sanda

Auf dem bereits angeführten Runenstein von Sanda auf der Insel Gotland in Schweden findet sich ebenfalls drei Männer dargestellt, die die drei Götter von Uppsala sein könnten.

Die Inschrift ist lediglich eine Widmung und zählt vermutlich die Namen der Männer auf, für die dieser Stein errichtet worden ist: „Hrodvisl und Frabjorn und Gunnbjorn". Diese drei Namen lauten ins Deutsche übersetzt: „Ruhm-Pfeil und Fernreisen-Bär und Kampf-Bär". Die drei Namen sind sehr kriegerisch und zeigen das damalige

Männer-Ideal: ein Berserker („Kampf-Bär") zu werden, als Krieger in die Ferne zu reisen („Fernreisen-Bär") und dort in Kämpfen Ruhm zu erwerben („Ruhm-Pfeil"). Man kann wohl davon ausgehen, daß diese drei Männer auf einer Raubfahrt gefallen sind.

Runenstein von Sanda auf Gotland (Schweden)

Die drei Männer in der Mitte tragen die typische Wikinger-Kleidung: einen halblangen Umhang („hekla") mit an ihn angenähter spitz zulaufender Mütze („skotthufa" = „schmale Mütze"), die manchmal in einem Bommel endet.

Die vordere Gestalt hält einen Speer, die mittlere eine Keule und die hintere eine Sichel. Dies entspricht ganz dem Wandteppich von Skog: links ist Odin mit seinem Speer Gungnir, in der Mitte ist Thor, der seinen Hammer gegen eine Keule eingetauscht zu haben scheint, und rechts ist Freyr, der mit einer Sichel für eine reiche Ernte sorgt. Dies entspricht der Anordnung der Götter auf dem Wandteppich von Skog und dem Bericht des Adam von Bremen, dem zufolge die Statue des Thor in der Mitte stand.

Die Runen stehen auf einer zweiköpfigen Schlange, die sozusagen der „Postbote" ist, der die Botschaft in das Jenseits bringt, da die Jenseitsreisenden die Gestalt einer Schlange bzw. eines Drachen annahmen. Die Köpfe der beiden Schlangen sind links und rechts am Rand des Steines unter den beiden Ecken zu sehen. Sie sind nur wenig stilisiert worden. Genaugenommen ist hier nur die innere Begrenzungslinie des Runenbandes als Schlange gestaltet worden.

Das Schriftband selber endet in zwei Rauten, die möglicherweise Speerspitzen sind – dann wäre das Spruchband ein Speer. Die beiden Rauten könnten aber auch lediglich Ornamente sein, da ein „Runenspeer" ansonsten nicht bekannt ist. Vielleicht ist die Raute auch ein stark stilisierter Schlangenkopf.

Die äußere Begrenzungslinie des Runenbandes läuft um den ganzen Stein herum und bildet an den beiden unteren Ecken jeweils ein Hrungnir-Herz, das ursprünglich das Herz und somit die Seele des Sonnengott-Göttervaters Tyr dargestellt hat.

Dieses Symbol findet sich auch noch einmal oben rechts. Oben links ist eine Gans oder ein Schwan zu sehen, der das beliebteste Seelensymbol der Indogermanen gewesen ist. Somit ist zum einen der Rahmen des Bildes durch zwei Seelensymbole markiert und zum anderen die obere Szene von zwei Seelensymbolen eingerahmt. Das Thema dieses Runensteines sind somit die Seelen der drei toten Männer im Jenseits.

Der sitzende Mann auf der rechten Seite oberen Szene mit dem Speer könnte Odin sein. Der stehende Mann links von ihm stellt vermutlich einen der drei Toten dar. Die Szene könnte eine Art Willkommensgeste sein, bei der der Gast in Walhalla den Speer des Odin berührt. Diese Deutung ist allerdings recht unsicher, da von einem solchen Brauch ansonsten nichts bekannt ist.

Die linke Gestalt könnte dann Odins Frau Frigg, die Göttin Freya oder eine Walküre sein – was letztlich alles die Jenseitsgöttin, die den Toten ihre Wiedergeburt schenkt, ist. Dazu paßt, daß sich bei ihr die Gans befindet, da die Göttin den Toten im Jenseits als Seelenvogel wiedergebiert.

Die komplexe „Ranke" rechts unten ist ein Drache, dessen Kopf sich in der unteren rechten Ecke befindet. Links unten befindet sich eine fast identische Ranke, der allerdings der Drachenkopf fehlt. Der Drache ist wieder ein Symbol der Toten im Jenseits.

Als letztes findet sich noch hinter Freyr eine „Krone", über der ein Kreis schwebt. Der Kreis könnte eine Sonne sein und die „Krone" eine Reihe von spitzen Bergen. Beides zusammen könnte ein Symbol des Sonnenaufganges und somit der Wiedergeburt sein. Vielleicht gehört die Sonne auch zu dem Gott Freyr, hinter dem sie sich befindet, da Freyr u.a. durch seinen golden leuchtenden Eber Gullinborsti eng mit der Sonne verbunden gewesen ist. Zudem ist das Gleichnis zwischen der aufgehenden Sonne, dem keimenden Getreide und der Wiedergeburt der Seelen im Jenseits ein grundlegender Bestandteil der Mythen aller Völker, die Ackerbau betreiben.

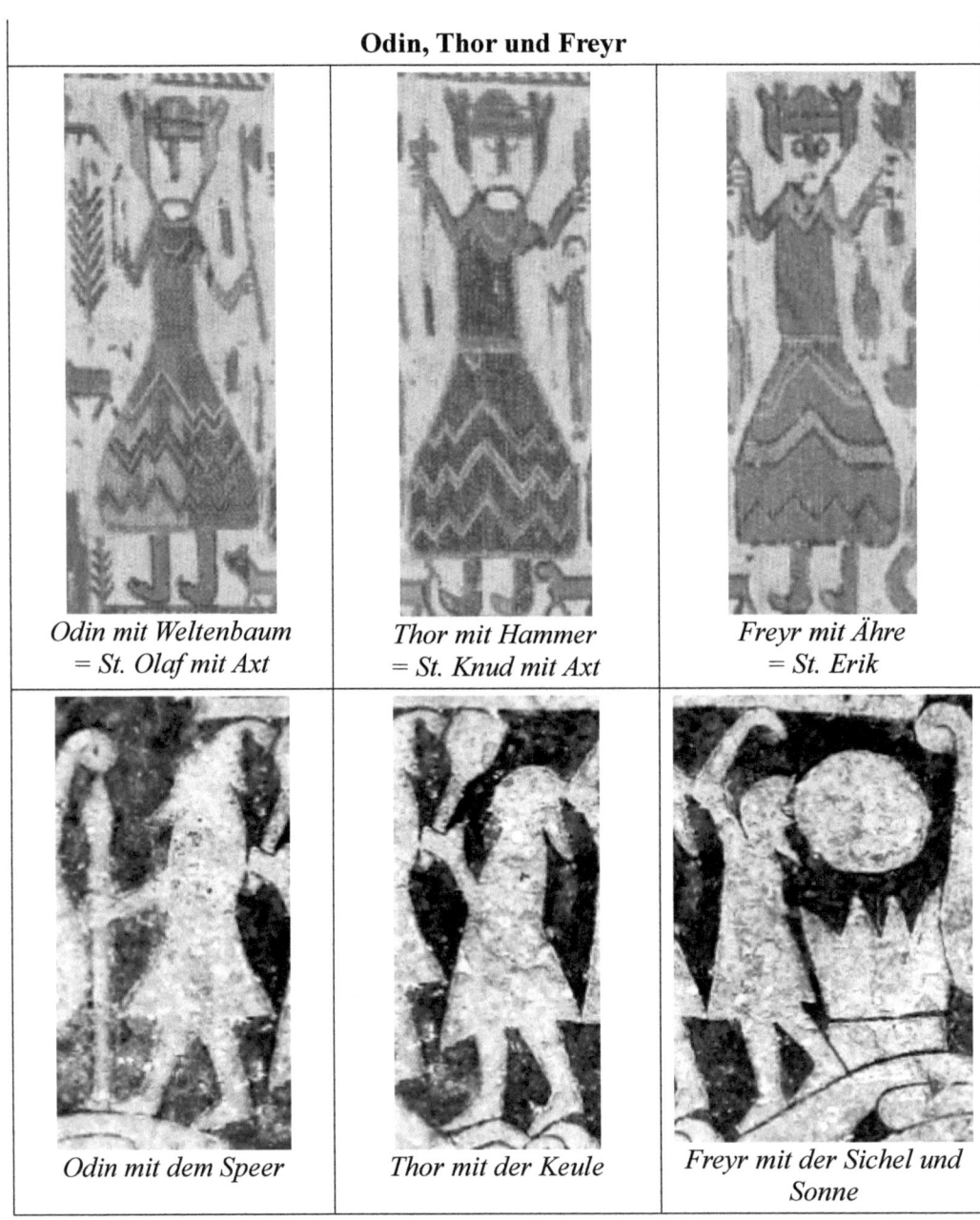

Odin, Thor und Freyr

Odin mit Weltenbaum = St. Olaf mit Axt	*Thor mit Hammer = St. Knud mit Axt*	*Freyr mit Ähre = St. Erik*
Odin mit dem Speer	*Thor mit der Keule*	*Freyr mit der Sichel und Sonne*

Diese Dreiheit findet sich an verschiedenen Stellen in der germanischen Mythologie, woran sich der große Einfluß von Uppsala erkennen läßt. So erscheinen nur bei diesen drei Göttern sowie bei Sif, der Frau des Thor, halbgöttliche Priester in den Mythen, die als „Diener" oder „Gottessohn" bezeichnet werden – so wie dies bei fast allen Völkern üblich ist: Odin – Hermod, Thor – Thialfi, Freyr – Skirnir sowie Sif – Röskwa. Es gibt jedoch noch einige kleine Überreste anderer Priester-Diener wie Atli, der zu Tyr gehört (siehe Band 37).

Auch die von den beiden Zwergen Brokk und Sindri hergestellten sechs magischen Gegenständen für die Götter, über die in der Skaldskaparmal berichtet wird, gehören diesen drei bzw. vier Gottheiten.

	Die Götter von Uppsala: Odin, Thor und Freyr			
Quelle	*Odin*	*Thor und Sif*		*Freyr*
		Thor	*Sif*	
Adam von Bremen	außen	Mitte		außen
Wandteppich von Skog	links	Mitte		rechts
Runenstein von Sanda	links	Mitte		rechts
Priester(in)	Hermod	Thialfi	Röskwa	Skirnir
Geschenk des Brokk	Ring Draupnir	Hammer Mjöllnir		Eber Gullinborsti
Geschenk des Sindri	Speer Gungnir		Haar der Sif (Getreide)	Schiff Skidbladnir

Thor wurde als der Hauptgott von Uppsala angesehen und Odin sowie Freyr als ihm untergeordnete Götter. Daher besteht der begründete Verdacht, daß die Skalden, die die „pro Thor"-Lyrik, also das Hymir-Lied, das Geirröd-Lied, das Hrungnir-Lied und ähnliche Dichtungen verfaßt haben, zu den Priestern von Uppsala gehörten oder zumindestens von ihnen inspiriert worden sind.

Die Stellung des Thor in Uppsala scheint im Widerspruch zu vielen der Mythen zu stehen, die in der Lieder-Edda und in der Prosa-Edda überliefert worden sind, denn in diesen Texten ist Odin der Göttervater und der oberste Gott. Vielleicht sahen aber auch die Priester von Uppsala Odin noch immer als den Göttervater an, der jedoch immer weiter in den Hintergrund gerückt ist.

Solche Entwicklungen finden sich in vielen Religionen: Bei den Kelten trat der Held Cú Chulainn zunehmend an die Stelle seines Vaters, des Sonnengottes Lugh, als die früheren Mythen nach und nach zu halbhistorischen Sagen über Helden und Könige wurden. Bei den Griechen nimmt der Zeus-Sohn Herakles diese Position ein. Bei den Germanen scheint auch der Odin-Sohn Thor eine solche Stellung innegehabt zu haben – und ebenfalls der Odin-Schützling Sigurd (Siegfried).

Der junge Sohn des Göttervaters (Cú Chulainn, Herakles, Thor/Sigurd) war der wiedergeborene alte Göttervater und daher stärker als sein Vater (Lugh, Zeus, Odin).

Diese in vielen Mythologien auftretende Entwicklung findet sich auch im Christentum, in dem zwar Gott Vater das höchste Wesen ist, aber Gott Sohn, also Christus, die die Religion prägende Gestalt ist.

I 18. d) Asen-Heitis

Von einem namentlich nicht bekannten Skalden ist eine Strophe mit den Namen („Heitis") der Asen verfaßt worden, in der als erste Einheit Odin („Yggr"), Thor und Freyr aufgeführt werden.

Ich werde euch
die Asen-Heitis sagen:
Dies sind Yggr und Thor
und Yngvi-Freyr,
Vidar und Baldur,
Vali und Heimdall,
das sind Tyr und Njörd,
weiterhin Bragi,
Hödur, Forseti,
und schließlich ist da noch Loki.

Thor wurde zusammen mit Odin und Freyr sowie vermutlich auch mit Sif in dem skandinavischen Haupttempel in Uppsala verehrt. Dort wurde er als der wichtigste Gott angesehen: Seine Statue stand in der Mitte, links neben ihm Odin und rechts neben ihm Freyr.

Die Priester dieser drei Götter sowie die Priesterin der Sif sind die einzigen bekannteren Priester und Priesterinnen, die in den Mythen der Germanen zu „Halbgöttern" wurden: Thor – Thialfi, Odin – Hermodr, Freyr – Skirnir und Sif – Röskwa.

Diese drei Götter von Uppsala sowie Thors Frau Sif erhalten in den Mythen die magischen Gegenstände von den Zwergen, die einst die beiden Söhne des Tyr („Alcis") gewesen sind: Thor – Mjöllnir, Sif – goldene Haare (Getreide), Odin – Gungnir und Draupnir, sowie Freyr – Skidbladnir und Gullinborsti. Dieses Schmieden der sechs magischen Gegenstände ist eine Umdeutung des Neuschmiedens des Schwertes für den ehemaligen Göttervater Tyr durch seine beiden Söhne.

Thor hat seine führende Stellung vermutlich als „wiedergeborener Odin" erhalten – die Göttersöhne hatten aufgrund der Wiedergeburtssymbolik bei den Indogermanen allgemein die Tendenz, an die Stelle ihrer Väter zu treten.

Thor trug manchmal auch eine Keule statt eines Hammers als seine Waffe und als sein Symbol.

I 19.   Thor der Flußüberquerer

In den Mythen des Donnergottes spielt die Überquerungen von Flüssen eine große Rolle.

So muß Thor z.B. das „Große Wasser" überqueren, um zu dem Riesen Geirröd zu gelangen. Dort heißt dieser Fluß „Wimur", was in etwa „wasserreicher Fluß" bedeutet.

Dieses „Große Wasser" trennt das Diesseits vom Jenseits – entweder als Jenseitsfluß („Gjallar") oder als Meer.

I 19. a)   Grimnir-Lied

In diesem Lied wird näheres über diese Flüsse berichtet:

Körmt und Örmt und beide Kerlaug
Watet Thor täglich,
Wenn er reitet Gericht zu halten
Bei der Esche Yggdrasil;
Denn die Asenbrücke steht all in Lohe,
Heilige Fluten flammen.

„Körmt" leitet sich möglicherweise von „kar" für „bettlägrig" (wegen Krankheit o.ä.) ab und würde dann wohl in etwa „Flußbett des krankmachenden Stromes" im Sinne von „Krankheits-Fluß" bedeuten. Dies wäre ein passender Name für den Jenseitsfluß.

„Örmt" leitet sich vermutlich ebenfalls durch eine „-mt"-Endung von dem Wort „Ör" für „Pfeil" ab.

Die an einer Krankheit gestorbenen Menschen überquerten auf ihrer Reise ins Jenseits anscheinend den „Krankheits-Fluß" Körmt und die in einem Kampf gestorbenen Menschen den „Pfeil-Fluß" Örmt. Beide Flüsse sind natürlich letztlich derselbe Jenseitsfluß. „Körmt und Örmt" könnten ursprünglich zwei Beinamen des Gjallar („Tosender") gewesen sein.

„Kerlaug" ist ein recht humorvoller Name für einen Fluß, da er sich aus „ker" für „Tonne, Bottich, Kelch" und „laug" für „baden" zusammensetzt – er bedeutet somit „Badewanne". Daß es zwei „Badewannen" und nicht nur eine gegeben hat, läßt vermuten, daß die beiden Kerlaug-Flüsse eine Analogie zu „Körmt und Örmt" sein könnten.

Die ursprünglichen Mythen des Thor legen eigentlich nahe, daß Thor nur zweimal im Jahr und nicht „täglich" den Jenseitsfluß überquert: einmal im Herbst, wenn er den Regen von der Riesenschlange aus der Unterwelt zurückholt und evtl. ein zweites Mal im Frühjahr, wenn er von der Riesenschlange besiegt wird und diese den Regen mit in die Unterwelt nimmt.

Die tägliche Flußüberquerung ist hingegen ein Motiv des Sonnengott-Göttervaters Tyr gewesen, da die Sonne täglich auf- und untergeht. Da der Kampf des Göttervaters gegen die Schlange bzw. Loki in der Unterwelt nicht genau von dem Kampf des Donnergottes mit diesen beiden Wesen unterschieden wurde, vermischten sich sowohl der Göttervater mit dem Donnergott als auch die Mythe von dem Tod und der Wiedergeburt der Sonne mit der Mythe vom Raub des Regens. Auf diese Weise wird Thors „tägliche Flußüberquerung" entstanden sein.

Da „Körmt und Örmt" deutlich als „Todesflüsse" erkennbar sind und „die beiden Kerlaug" wohltuende „Badewannen" darstellen, werden die beiden Kerlaug die „Lebensflüsse" sein. Der Jenseitsfluß wurde anscheinend seiner Funktion nach oder zumindestens sein Name wurde je nach dem Vorgang an ihm differenziert: Die beiden „Todesflüsse" Körmt und Örmt im Westen sein, wo die Sonne untergeht, und die beiden „Lebensflüsse" Kerlaug im Osten, wo die Sonne aufsteigt. Körmt und Örmt stellen somit auch ein „Wasser-Grab" dar und die beiden „Kerlaug" den Schoß der Göttin, die die Sonne am Morgen wiedergebiert.

„Badewanne" ist zwar eine reichlich saloppe Bezeichnung für den alle (wieder-)gebärenden Schoß der Göttin, aber angesichts des doch recht rustikalen Humors der Wikinger ist eine solche Umschreibung nicht undenkbar. Vielleicht ist dieser Flußname auch eine Assoziation zu dem Schwitzhütten-Ritual gewesen, das auch die ursprünglichen Indogermanen durchgeführt haben und daß sich u.a. bei den Slawen, den Griechen, den Persern und vermutlich auch den Kelten recht lange hat erhalten können.

Dies ist allerdings lediglich eine Hypothese, die zum einen darauf beruht, daß den Germanen in früher Zeit die Schwitzhütte gekannt haben werden und ihre Nachbarn, die Slawen sie bis in historische Zeit hinein ausgiebig verwendet haben („Banja"), und die zum anderen darauf gründet, daß die Schwitzhütte den Bauch von Mutter Erde darstellt und die Ritual-Teilnehmer somit am Ende der Zeremonie von der Erdgöttin wiedergeboren werden (näheres findet sich in meinem Buch „Schwitzhütten").

Die „Asenbrücke" ist die Regenbogenbrücke, die von Midgard auf der Erde nach Asgard im Himmel führt.

Die „Asenbrücke" und die „Heiligen Fluten", „die in Flammen stehen", sind aus der Kombination der beiden Jenseitsgrenzen-Bilder „Regenbogenbrücke" und „Fluß" mit dem Feuer der Morgensonne, also mit dem Morgen- und Abendrot, entstanden. Das Blau des Regenbogens wurde als Fluß angesehen und das Rot über dem Blau als Flammen. Dieses mythologische Bild paßt zu der Deutung der Flüsse Körmt und Örmt als den beiden Todesflüssen im Osten und der beiden Kerlaug-Flüsse als der

Geburtsflüsse im Osten, die abends bzw. morgens von der Sonne überquert werden.

Auch hier hat Thor wieder die Symbolik des ehemaligen Sonnengott-Göttervaters Tyr übernommen.

I 19. b) Gylfis Vision

Zu den eben betrachteten Versen aus dem Grimnir-Lied fügt Snorri Sturluson noch einige Erläuterungen hinzu:

Unter der dritten Wurzel der Esche, die zum Himmel geht, ist ein Brunnen, der sehr heilig ist, Urds Brunnen genannt: da haben die Götter ihre Gerichtsstätte; jeden Tag reiten die Asen dahin über Bifröst, welche auch Asenbrücke heißt.
Die Pferde der Asen haben diese Namen. Sleipnir, das beste, hat Odin; es hat acht Füße; das andere ist Glad; das dritte Gyllir, das vierte Gier, das fünfte Skeidbrimir, das sechste Silfrintopp, das siebente Sinir, das achte Gils, das neunte Falhofnir, das zehnte Gulltopp, das elfte Lettfeti. Baldurs Pferd ward mit ihm verbrannt.
Thor geht zu Fuß zum Gericht und watet über folgende Flüsse:

Könnt und Örmt und beide Kerlaug
Watet Thor täglich,
Wenn er hinfährt Gericht zu halten.
Bei der Esche Yggdrasil.
Denn die Asenbrücke steht all in Lohe,
Heilige Fluten flammen.

In diesem Text wird das tägliche Überqueren der vier Flüsse durch Thor mit dem Thing der Götter begründet.
Es ist beachtenswert, daß Thor als einziger nicht reitet, sondern zu Fuß kommt. Dieses Bild des Wanderers stammt letztlich von der Sonne, die in früher Zeit als Himmelswanderer angesehen worden ist, bevor sie zu einem Seefahrer, dann zu einem Streitwagenfahrer und schließlich zu einem Reiter wurde. Auch in der Geirröd-Mythe durchwatet Thor den Wimur zu Fuß.
Die Übernahme der alten Sonnensymboliken durch Thor durchzieht seine gesamten Mythen.

I 19. c) Harbard-Lied

Das Überqueren des „Großen Wassers" durch Thor muß ein so geläufiges Motiv gewesen sein, daß man es sogar als Hintergrundszene für das Aufzählen von verschiedenen Taten des Thor und des Odin benutzen konnte.

Der Schamanengott Odin erscheint in diesem Zusammenhang als der Jenseitsfährmann. Allerdings ist er nicht besonders hilfsbereit, wie man es von ihm erwarten könnte, sondern ausgesprochen störrisch – denn sonst hätte der Dialog zwischen Thor und Odin nicht entstehen können.

Das Motiv des Jenseitsfährmannes hat sich aus der Funktion des Schamanen als dem Begleiter der Seelen der Toten auf ihrem Weg ins Jenseits sowie dem Motiv des Jenseitsflusses ergeben. Dieses Motiv ist schon sehr alt und reicht mindestens bis in die mittlere Jungsteinzeit zurück, da es sich u.a. bei den Indogermanen, den Sumerern und den Ägyptern findet.

Die christliche Variante des Jenseitsfährmannes ist der Heilige Christopherus – den man allerdings 1984 aus der Liste der Heiligen gestrichen hat, da er lediglich eine von den „Heiden" übernommene mythologische Gestalt und keine reale Person gewesen ist. Dies wird St. Christopherus aber wohl nicht davon abhalten, weiterhin die Autofahrer zu beschützen, die sich eine Christopherus-Plakette in ihr Auto kleben, weil sie zwar keine Flüsse, aber die gefährlichen Straßen überqueren müssen ...

„Harbard" ist einer der vielen Beinamen des Odin und bedeutet „Graubart".

Thor kam von der Ostfahrt her an einen Sund; jenseits stand der Fährmann mit dem Schiff.

Thor rief:
„Wer ist der Gesell der Gesellen, der überm Sunde steht?"

Ein Sund ist das relative flache Meer zwischen zwei Inseln oder zwischen dem Festland und einer Insel.

Harbard:
„Wer ist der Kerl der Kerle, der da kreischt überm Wasser?"

Thor:
„Über den Sund fahr mich, so füttre ich Dich morgen.
Einen Korb hab ich auf dem Rücken, bessere Kost gibt es nicht.
Eh ich ausfuhr aß ich in Ruh
Hering und Hafermus: davon hab ich noch genug."

Thor mit einem Korb auf seinem Rücken scheint ein geläufiges Motiv gewesen zu sein, denn auch in der Hrungnir-Mythe wird berichtet, daß Thor in seinem Korb auf seinem Rücken den Aurvandil aus dem „Elivagar" („Eiswogen") genannten Jenseits geholt hat. In der Erzählung über Skrymir trägt Thialfi den Rucksack des Thor mit der Wegzehrung.

Möglicherweise kennzeichnet dieser Rucksack den Thor vor allem als Wanderer – was vermutlich zu der Symbolik des „Sonnenwanderers" des Tyr gehört.

Allerdings ist ein Rucksack mit Speisen etwas, das jeder Wanderer braucht. Thor ist jedoch der einzige Gott, bei dem solch ein Speise-Rucksack erwähnt wird.

Harbard:
„Allzu vorlaut rühmst Du Dein Frühmahl;
Du weißt das Weitere nicht:
Traurig ist Dein Hauswesen, tot wird Deine Mutter sein."

Thor:
„Das hör ich nun hier, was das Schlimmste scheint
Jedem Mann, daß meine Mutter tot sei."

Thors Mutter ist die Riesen/Göttin Jörd, also die Erde selber. Diese kann eigentlich nicht tot sein. Außerdem wird ansonsten nirgendwo von einem Tod der Jörd berichtet. Der Tod der Sonne wurde jedoch mit dem *„Rand der Rindr"* assoziiert, also mit dem Ende Midgards am Horizont, wie es in „Odins Rabenzauber" heißt.

Möglicherweise ist das Motiv von Jörds Tod eine Verdrehung des Todes des Sonne, deren Symbolik Thor zunehmend übernommen hat.

Odin sagte diese vermutliche Lüge vermutlich deshalb dem Thor, um ihn zu peinigen. Allerdings lügt Odin ansonsten in diesem Lied nicht, sodaß in dieser Szene möglicherweise tatsächlich mehrere Mythen arg miteinander vermischt worden sind, um zu der passenden Aussage zu gelangen. Auch der Tod der Sonnengöttin beim Ragnarök, die dann anschließend als ihre eigene Tochter wiedergeboren wird, wäre eine denkbare Zutat zu dieser Szene, da dies das einzige Motiv eines Göttinnen-Todes in den germanischen Mythen ist.

Falls diese Deutung zutreffen sollte, wäre der Skalde, der das Harbard-Lied verfaßt hat, schon sehr frei mit den alten Mythen umgegangen. Für einen recht neuen Entstehungszeitpunkt dieses Liedes spricht auch die ziemlich freie Versform, in der es verfaßt worden ist.

Harbard:
„Du hältst Dich nicht, als hättest Du guter Höfe drei:
Barbeinig stehst Du in Bettlersgewand,
Nicht einmal Hosen hast Du an."

Es ist auch ansonsten nicht bekannt, daß Thor drei Höfe besitzen würde. In den anderen Texten wohnt er in der Halle Bilskirnir in Thrudwang.
Vermutlich ist Thors Kleidung von seiner langen Reise sehr zerschlissen. Der Hinweis auf die fehlende Hose klingt allerdings schon sehr nach einer gezielten Beleidigung des Thor durch Odin.

Thor:
„Steure nur her die Eiche, die Stätte zeig ich Dir,
Doch wem gehört das Schiff, das Du hütest am Land?"

Harbard:
„Hildolf heißt er, der mich's zu halten bat,
Der ratkluge Recke, der in Radsei-Sund wohnt.
Er widerriet mir, Strolche und Roßdiebe zu fahren:
Nur ehrliche Leute und die mir lange kund sind.
Sag Deinen Namen, wenn Du über den Sund willst."

„Hildolf" bedeutet „Kampfwolf" und könnte ein Beiname von Odin selber sein, da er ein Kriegsgott ist und von Wölfen begleitet wird. Noch besser würde dieser Name jedoch zu Tyr passen, da die Wolfskrieger („Ulfhedinn") eine alte indogermanische Tradition sind und Odin als Schamanengott mit den Bärenkriegern („Berserker") verbunden war.
Der Name „Radsei" setzt sich möglicherweise aus „radd" für „Stimme" und aus „seidir" für „Ritualtrank-Braukunst" zusammen. Falls dies zutreffen sollte, wäre „Radsei" eine Kenning für „Galdr", also für die Kunst, rituelle Lieder mit magischer Wirkung singen zu können. Dies wäre wiederum eine passende Umschreibung für Odin, der als Schamanengott auch die Zauberlieder wie z.B. die für die Beschwörung von Toten kennt. Der „Radsei-Sund" bedeutet somit möglicherweise „Meerenge des Odin". Harbard gibt sich zwar nicht direkt zu erkennen, aber umschreibt seinen

angeblichen Herrn in Begriffen, die gut auf ihn selber passen.
Diese Deutung von „Radsei" ist jedoch sehr unsicher.

Thor:
„Den sag ich Dir frei, obgleich ich hier friedlos bin,
Und all mein Geschlecht. Ich bin Odins Sohn,
Meilis Bruder und Magnis Vater,
Der Kräftiger der Götter; Du kannst mit Thor hier sprechen.
Ich habe zu fragen nun: Wie heißest Du?"

„Friedlos" bedeutet, daß Thor sich in Feindesland, d.h. im Land der Riesen befindet, die ihn fürchten und bekämpfen – wenn auch ohne Erfolg.
Odin verweigert dem Thor offenbar seine Rückkehr von Utgard nach Asgard. Der „Radsei-Sund" entspricht somit dem Jenseitsfluß Gjallar und auch Körmt und Örmt, den beiden „Flüssen des Lebens und der Wiedergeburt". Da ist Odin-Harbard an diesem Fluß der Fährmann ist, hat er die Macht, Thor die Rückkehr nach Asgard zu verweigern.
Es sieht so aus, als ob ein „pro-Odin"-Skalde dieses Lied verfaßt und sich als dritte Partei in den Streit darum, wer von den drei Göttern Tyr, Odin und Thor der Mächtigste und daher auch der Göttervater ist, eingemischt hätte.

Harbard:
„Harbard heiß ich,
ich hehle den Namen selten."

Thor:
„Was solltest Du ihn hehlen, wenn Du schuldlos bist?"

Harbard:
„Obschon ich nicht schuldlos bin, schütz ich mich doch leicht
Vor einem wie Du bist; mein Ende wüßt ich denn nah."

Odin kennt Thors Kraft und fürchtet sie, aber es fällt ihm leicht, sich vor ihm zu schützen – er ist Thor folglich überlegen.

Thor:
„Es dünkt mich beschwerlich zu Dir hinüber
Durchs Wasser zu waten: und mein Gewand zu netzen;
Sonst, Lotterbube, lohnt ich wahrlich
Deine Stachelreden, stünd ich überm Sund."

Dies ist ein sehr ungewöhnliches Verhalten für Thor und auch für jeden Wikinger – im Geirröd-Lied watet Thor durch die heftige Strömung des Wimur ... und hier wird er beinahe als wasserscheu beschrieben.

Harbard:
„Hier will ich stehen und Dich erwarten.
Du fandst wohl keinen Dir härteren seit Hrungnirs Tod."

An dieser Stelle wird es nun völlig offensichtlich, daß die Motivation des Skalden, dieses Lied zu verfassen, der Vergleich zwischen Thor und Odin ist, wobei er eindeutig Odin als den wirklichen Göttervater ansieht. Tyr-Hrungnir wird von dem Skalden nebenbei durch die Erwähnung seines Todes als möglicher Göttervater ausgeschlossen.

Diese Streitlieder über die Rangfolge der drei verschiedenen „Göttervater" (oder vier, wenn man Magni Thor-Sohn mitzählt), hat ein Vorbild in den Lobliedern auf die verstorbenen Fürsten und Könige, in denen diese ebenfalls jeweils über alle anderen gestellt wurden. Daher sind diese „lyrischen Kämpfe" lediglich die Anwendung einer Tradition aus dem Bereich der Fürsten auf den Bereich der Götter.

Da die Skalden für beide Arten von Liedern zuständig waren und zudem die Könige und Fürsten als die Nachkommen der Götter angesehen wurden, war eine solche Übertragung kaum vermeidbar – zumal eine solche Entscheidung über die Herrschaft in Asgard durch einen Kampf mit Waffen (oder mit Lyrik) ganz dem kriegerischen Charakter der Wikinger entsprach.

Thor:
„Des gedenkst Du nun, daß ich mit Hrungnir stritt,
Dem starkherzigen Riesen, dem von Stein das Haupt war;
Doch ließ ich ihn stürzen, in Staub sinken.
Was tatest Du derweil, Harbard?"

Harbard:
„Ich war bei Fiölwar fünf volle Winter
Auf einem Eiland, das Allgrün heißt.
Wir fochten und fällten die Feinde da,
Versuchten manches und freiten Mädchen."

Der Name „Fiölvar" bedeutet „Viel-Kämpfer" und könnte durchaus eine Odin-Kenning sein.

Die Insel „Allgrün" erinnert an die Riesin Laufey („Laubinsel"), die Lokis Mutter ist – „Laufey" wird wie „Hel" sowohl die Jenseitsgöttin als auch den Jenseitsort bezeichnet haben. Während „Hel" sich auf das unterirdische Grab-Jenseits bezieht, ist „Laufey" ein Name für das Inseljenseits im Westen (Kelten: Avalon; Griechen: Atlantis).

Der „Vielkämpfer" auf der Insel „Allgrün" ist offensichtlich der Totengott Odin in seiner Halle Walaskialf, deren Name „Toteninsel" bedeutet. Ein „skialf" ist ein Schelf, also eine flache Insel, die bei Flut unter Wasser ist – und die meist in einem Sund liegt, als dessen Herr sich Odin im Harbardlied bereits indirekt bezeichnet hat.

Thor:
„Wie ward es Da
mit euren Weibern?"

Harbard:
„Wir hatten zierliche Weiber, wären sie zahmer gewesen;
Wir hatten hübsche Weiber, wären sie uns holder gewesen.
Aber Stricke wanden sie am Strand aus Sand,
Gruben den Grund
Aus tiefem Tal.
Ich allein war allen überlegen mit List,
Lag bei sieben Schwestern und genoß im Scherz ihre Gunst.
Was tatest Du derweil, Thor?"

Die „Weiber" sind offensichtlich zunächst wild und abweisend gewesen und waren zauberkundig, da sie „Stricke aus Sand" winden konnten. Der „Strand" und der „tiefe Tal-Grund" könnten Bilder für das Insel-Jenseits und für das unterirdische Jenseits sein.

Odin gelang es jedoch, sie zu überlisten und das Lager mit ihnen zu teilen. Diese „Weiber" sind offenbar eine Vervielfachung der Wiederzeugungsgöttin als „Geliebte" im Jenseits. Sie entsprechen Rindr, Menglöd u.a., zu denen Odin auch nur mit Mühe gelang (Menglöd), und die er erst durch Zauber dazu brachte, sich mit ihm zu vereinen (Rindr).

Die „sieben Schwestern" sind vermutlich eine Variante der „neun Schwestern", die die Mütter des Heimdall sind, der eine Variante des Göttervaters ist. Diese Schwestern sind die Jenseitsgöttin – die „sieben" bzw. die „neun" ist hier ein Art Adjektiv mit der Bedeutung „zum Jenseits gehörend".

Thor:
„Ich tötete Thiazi, den übermütigen Riesen,
Auf warf ich die Augen des Sohnes Ölwaldis
An den heitern Himmel:
Die wurden meiner Werke größte Wahrzeichen,
Allen Menschen sichtbar seitdem.
Was tatest Du derweil, Harbard?"

Das Töten des Thiazi entspricht dem Töten des Hrungnir – beide Riesen sind der Jenseits-Tyr. In der Thiazi-Mythe sind es jedoch die Asen, die Thiazi töten, ohne das Thor besonders erwähnt wird. In der „Lokasenna" behauptet Loki von sich, der erste beim Ermorden des Thiazi gewesen zu sein – und hier behauptet Thor, den Tyr-Thiazi getötet zu haben. Derjenige, der den ehemaligen Göttervater Thiazi getötet hatte, erwarb sich den größten Ruhm und zudem den Anspruch auf den Vorsitz der Götter. Loki erntete allerdings vor allem den Zorn der Thiazi-Tochter Skadi.

In den alten, Tyr-zentrierten Mythen tötet Loki den Tyr – in den neuen, Odinzentrierten Mythen tötet Thor den Tyr.

In der Skaldskaparmal ist es Odin, der Thiazis Augen (vermutlich Sonne und Mond) an den Himmel emporwarf – was auch gut paßt, da Odin der Nachfolger des Tyr-Thiazi ist. Offenbar hat Thor zwischenzeitig auch dieses Augen-Motiv von Odin „erobert", um seinen Anspruch auf die Stellung als höchster Gott weiter zu untermauern.

Harbard:
„Allerlei Liebeskünste übt ich bei den Nachtreiterinnen,
Die ich mit List ihren Männern entlockte.
Ein harter Riese, denke ich, ist Hlebard gewesen:
Er gab mir seinen Stab, und ich raubte ihm den Verstand."

Die „Nachtreiterinnen" („myrkrida") sind die hochgeachteten Seherinnen-Priesterinnen, die schon halb zu gefürchteten Hexen umgedeutet worden sind – das Wort

„Hexe" ist eine Vereinfachung des Wortes „Hagazussa" („Zaunreiterin"), das eine Parallele zu „Nachtreiterin" ist. Mit ihnen ist wieder die Wiederzeugungsgöttin als Jenseits-Geliebte gemeint. Das Urbild der Nachtreiterin ist Hel-Hyrrokkin, die in der Nacht auf ihrem Bruder, dem Fenris-Wolf, reitet und ihren zweiten Bruder, die Midgardschlange, als Zaumzeug benutzt.

Der Name „Hlebard" bedeutet „Meeres-Bart" oder auch „Leopard" im Sinne von „Raubtier, Ungeheuer". Sein „Stab" wird der Stab der Priester und Seher sein. Ein bärtiger Riese im Meer mit einem Zauberstab kann wieder nur Tyr im Jenseits sein. Er gab dem Odin sein Zauberstab-Szepter, als Odin von ihm die Stellung des Göttervaters übernahm. Das „Rauben des Verstandes" durch Odin kann man vermutlich als Umschreibung für „Töten" auffassen.

Eine ganz ähnliche Mythe gibt es bei den Kelten: Der Göttervater Dagda begegnete nach dem Tod seines Sohnes eines Tages drei Brüdern, die drei magische Gegenstände besaßen – einen Stab, der Leben nehmen und geben konnte, einen Umhang, der unsichtbar macht, und ein Hemd, das ewige Gesundheit verleiht. Mithilfe einer Lüge nahm er den drei Brüdern diese Gegenstände ab und tötete sie mit dem Stab. Sein Sohn überredete seinen Vater jedoch, nachdem ihn dieser mit dem Zauberstab wiederbelebt hatte, auch den drei Brüdern ihr Leben wiederzugeben. Den Zauberstab gab Dagda jedoch nie wieder her.

Es scheint so, also ob es dieselbe Mythe auch in Bezug auf Odin gegeben hätte:

Die Mythe von Stab des Göttervaters			
Volk	*1. Besitzer*	*Übergang*	*2. Besitzer*
Germanen	Tyr-Hlebard mit dem Zauberstab	Odin nimmt Hlebard den Stab ab und tötet ihn	Odin besitzt den Zauberstab
Kelten	drei Brüder mit dem magischen Stab, Hemd und Umhang	Dagda tötet die drei Brüder, nimmt sich den Stab und holt die drei Brüder später wieder ins Leben zurück	der Göttervater Dagda besitzt den Zauberstab, der Leben und Tod gibt

Der Unsichtbarkeits-Umhang entspricht dem Tarn-Cape des Zwerges Alberich, der irrtümlich meist als „Tarnkappe" übersetzt wird. Das magische Hemd entspricht dem Unverletzbarkeits-Hemd aus einigen Isländer-Sags sowie Sigurds unverletzlicher Haut.

Die Symbolik des magischen Stabes, der durch einen Mord an einen neuen Besitzer gelangt, scheint ein altes indogermanisches Thema zu sein, das mit dem Übergang zu einem neuen Göttervater verbunden war.

Dieses Stab-Motiv bildet auch das Hauptthema in dem letzten Band von J.K.

Rowlings sieben „Harry Potter"-Romanen.

Thor:
„Gute Gabe galtst Du mit üblem Lohn."

Harbard:
„Die Eiche muß fallen, sonst fertigt man den Kahn nicht;
Jeder sorgt für sich.
Was tatest Du derweil, Thor?"

Thor:
„Ich war im Osten, überwand der Riesen
Böswillige Bräute, da sie zum Berge gingen.
Übermächtig würden die Riesen, wenn sie alle lebten,
Mit den Menschen wäre es aus in Midgard.
Was tatest Du derweil, Harbard?"

Während Odin die Riesinnen verführt, tötet Thor sie: Mit Odin ist der Göttinnen-Aspekt der Jenseits-Geliebten verbunden, während mit Thor der Göttinnen-Aspekt der gefürchteten Toten-Herrin assoziiert wurde. Bei Odin findet sich noch das alte Wiederzeugungs- und Wiedergeburts-Motiv, während Thor alle Probleme durch das Zuschlagen mit seinem Hammer löst.

Harbard:
„Ich war in Walland, des Kampfs zu warten,
Verfeindete Fürsten, dem Frieden wehrend.
Odin hat die Fürsten, die da fallen im Kampf,
Thor hat der Thräle Geschlecht."

„Walland" bedeutet „Totenland". Dies ist vermutlich mit „Walhalla", dem Saal des Kriegsgottes Odin identisch.
Die „Thräle" sind die Leibeigenen.
Odin ist der Totengott der Fürsten und Krieger und ist daher Thor, dem Totengott der Leibeigenen, übergeordnet.

Thor:
"Unter die Asen teiltest Du ungleich die Menschen,
Hättest Du der Wünsche Gewalt."

Harbard:
"Thor hat Macht genug, aber nicht Mut.
Aus feiger Furcht fuhrst Du in den Handschuh,
Trautest nicht mehr Thor zu sein.
Nicht wagtest Du nur, so warst Du in Not,
Zu niesen noch zu furzen, daß es Fialar hörte."

Dies ist eine dezente Anspielung auf die Skrymir-Mythe. „Fialar" bedeutet „der sich versteckt" – dieser Name paßt eigentlich nicht so recht zu Skrymir („Angeber"). Vielleicht hat dieser Name aber auch keine tiefere Bedeutung, sondern ist nur einer der vielen abfälligen Riesen-Namen.

Thor:
"Harbard, Schändlicher! Zu Hel schickt ich Dich,
Möcht ich über den Sund setzen."

Harbard:
"Was solltest Du überm Sund,
wo Du nichts zu schaffen hast?
Was tatest Du weiter, Thor?"

Thor:
"Ich war im Osten und wehrte einem Fluß;
Da griffen Swarangs Söhne mich an.
Sie schlugen mich mit Steinen und schadeten mir nicht.
Sie mußten bald zuerst mich bitten um Frieden.
Was tatest Du derweil, Harbard?"

„Swarang" bedeutet „Antworter". Da es auch Schwerter mit diesem Namen gab, könnte dieser Name auch „der nichts unbeantwortet läßt" und somit „Rächer" bedeuten. Falls es nicht noch eine unbekannte Thor-Mythe mit einem Riesen Swarang gibt, wird diese Strophe eine Anspielung auf die Geirröd-Mythe sein, in der Thor auch einen Fluß durchwatet.

Harbard:
„Ich war im Osten mit einer zu kosen,
Spielte mit der Schneeweißen und sprach lange mit ihr.
Ich erfreute die Goldschöne; der Scherz gefiel der Maid."

Diese „Maid" wird Gunnlöd, Rindr, Grid oder eine andere von Odins Riesin-Geliebten sein. Ihre Beschreibung als „Schneeweiße" und „Goldschöne" erinnert sehr an die Beschreibung der Mutter des Tyr im Hymir-Lied, die dort sehr wahrscheinlich die Jenseits-Geliebte des Göttervaters ist.

Diese Namen haben sich später in den Märchen zu „Schneeweißchen", „Schneewittchen" und „Goldmarie" weiterentwickelt, die noch immer im Jenseits (bei Frau Holle, bei den Zwergen) waren.

Thor:
„Da hattet ihr willige Weiber."

Harbard:
„Da hätt ich bedurft, Thor, Deiner Hilfe,
Die Schleierweiße zu entwenden."

Auch im Havamal berichtet Odin von einem fehlgeschlagenen Versuch, eine Frau, die vermutlich Gunnlöd ist, zu verführen. Möglicherweise ist auch hier Gunnlöd gemeint.

Thor:
„Die hätt ich Dir gewährt, wär dazu Zeit gewesen."

Harbard:
„Ich hätte Dir auch vertraut; oder hättest Du mich betrogen?"

Thor:
„Bin ich denn ein Fersenzwicker wie ein alter Schuh im Frühjahr?"

Harbard:
„Was tatest Du weiter, Thor?"

Thor:
„Berserkerbräute bändigt ich auf Hlesey:
Das Ärgste hatten sie getrieben, betrogen alles Volk."

„Berserkerbräute" wird eine Umschreibung für „Riesinnen" sein.
„Hlesey" ist eine Insel im Nordosten von Dänemark. Der Name „Hlesey" wurde jedoch auch oft im Sinne von „Jenseitsinsel" benutzt – auf der plausiblerweise auch Riesinnen lebten.

Harbard:
„Unrühmlich tatest Du, Thor, daß Du Weiber tötetest."

Der unausgesprochene Spott des Odin, daß Thor nur Frauen töten kann, ist nicht zu überhören …

Thor:
„Wölfinnen waren es, Weiber kaum.
Sie zerschellten mein Schiff, das ich auf Pfähle gestellt,
Trotzten mir mit Eisenkeulen und vertrieben Thialfi.
Was tatest Du derweil, Harbard?"

Dies ist die einzige Stelle, an der von einem Schiff oder einer Seefahrt des Thor die Rede ist. Daher wird dies wohl eine Ausweitung einer anderen Mythe sein, in der die Überquerung des Großen Wassers durch Thor zu einer Schifffahrt umgedeutet worden ist. Die Erwähnung des Thialfi spricht dafür, daß die Geirröd-Mythe gemeint ist, auch wenn dort nirgendwo eine Flucht des Thor-Priesters erwähnt wird.
Allerdings muß auch Thors Fahrt über das Meer zu dem Land, in dem Thor, Loki und Thialfi auf Skrymir getroffen sind, eine Schifffahrt gewesen sein, auch wenn dies nicht ausdrücklich gesagt wird.

Harbard:
„Ich war beim Heere, das eben hierher
Kriegsfahnen erhob den Speer zu färben."

Thor:
„Des gedenkst Du nun,
Wie Du auszogst uns zur großen Last."

Harbard:
„Das büß ich Dir gern mit goldnen Handringen
Nach Schiedsrichterspruch, der uns versöhnen mag."

Thor:
„Woher hast Du nur die Hohnreden all?
Ich hörte niemals so höhnische."

Harbard:
„Von den alten Leuten lernt ich sie,
Die in den Wäldern wohnen."

Thor:
„Du gibst den Gräbern zu gute Namen,
Wenn Du sie Wald-Wohnungen nennst."

Harbard:
„So denk ich von dieser Art Dinge nun einmal."

Thor:
„Deine Wortklugheit kommt Dir noch übel,
Wenn ich durchs Wasser wate.
Lauter als ein Wolf wirst Du aufschrein,
Wenn ich Dich mit dem Hammer haue."

Harbard:
„Sif hat einen Buhlen, Du wirst ihn bei ihr finden:
Der erfahre Deine Kraft, das frommt Dir mehr."

Mit dem „Buhen" wird Loki gemeint sein, der zusammen mit Sif den Gott Ullr als Sohn hatte. Sif ist die Göttin, die in den älteren Versionen der Mythen des Donnergottes abwechselnd Tyr und Loki wiedergeboren haben wird, wodurch die Jahreszeiten entstanden sind.

Thor:
„Du redest nach Deines Mundes Rat, nur recht mich zu kränken.
Verworfner Wicht! Ich weiß, daß Du lügst."

Harbard:
„Und ich sage, so ist's! Säumig betreibst Du die Fahrt.
Schon wärst Du weit, Thor, wenn Du rasch zögest."

Thor:
„Harbard, Schändlicher! Du hast mich hier so lang verweilt."

Harbard:
„Dem Asathor, habe ich gedacht, würde nicht so leicht
Ein Viehhirt die Fahrt verwehren."

Thor:
„Einen Rat will ich Dir raten; rudere die Fähre hierher.
Hab ein Ende der Hader! Hole den Vater Magnis."

Harbard:
„Fahr nur weg vom Sund, verweigert bleibt Dir die Fahrt."

Thor:
„Weise mir nur den Weg, willst Du mich nicht
Über den Sund setzen."

Harbard:
„Geringes verlangst Du, doch lang ist der Weg:
Eine Stunde zum Stocke, zum Stein eine andre.
Den linken Weg wähle bis Du Werland erreichst.
Da trifft Fiörgyn ihren Sohn Thor:
Die wird ihm der Verwandten Wege zeigen
Zu Odins Land."

„Fiörgyn" ist ein anderer Name für die Erdgöttin Jörd.

Thor:
„Komm ich heute noch hin?"

Harbard:
„Du erreichst es mit Eil bei noch obenstehender Sonne,
Wenn ich erst von dannen ging."

Thor:
„Kurz wird noch unser Gespräch, da Du nur spöttisch sprichst.
Die verweigerte Überfahrt lohne ich ein andermal."

Harbard:
„Fahr immer zu in übler Geister Gewalt!"

Thor überquert am Abend im Westen die beiden „Todes-Flüsse" Körmt („Krankenbett-Fluß") und Örmt („Pfeil-Fluß") und am Morgen im Osten die beiden „Lebens-Flüsse" Kerlaug („Badezuber"). Diese Symbolik der nächtlichen Jenseitsreise hat Thor von dem Sonnengott-Göttervater übernommen. „Krankheit/Alter" und „Pfeil" sind die beiden möglichen Todesarten – friedlich im Bett oder im Kampf.

Das Jenseits wird auch „Hlesey", also „Meeres-Insel", genannt.

Diese Flüsse durchwatet Thor zu Fuß – wie in der Geirröd-Mythe den Jenseitsfluß Wimur. Lediglich im Harbard-Lied will Thor von dem Jenseitsfährmann Odin-Harbard übergesetzt werden. Ansonsten ist Thor ein Wanderer: Er wird nirgendwo als Reiter und nur an zwei Stellen, d.h. in der Skrymir-Mythe und im Harbard-Lied als Reisender auf einer „Fähre" bezeichnet – zudem wird diese Fährfahrt in der Skrymir-Mythe nur angedeutet, während sie im Harbard-Lied vollständig mißlingt …

Wegen seiner langen Wanderungen trägt Thor auf seinem Rücken einen Speise-Korb, in dem er auch bei seiner Rückkehr aus dem Osten den Aurvandil trug. Da Aurvandil die Morgenstern-Venus ist, ist auch dies ein Teil der früheren Symbolik des Sonnengott-Göttervaters Tyr, denn der Morgenstern ist der Ankündiger des Sonnenaufganges.

Zu den Ostland-Fahrten des Thor gehört das Töten des Göttervater-Riesen und der Jenseitsgöttin-Riesin als fester Bestandteil dazu.

In dem offensichtlich von einem „pro-Odin"-Skalden verfaßten Harbard-Lied wird Thor auf viele Weisen von Odin verspottet.

Thor wird in diesem Lied „Sohn der Fiörgyn" genannt. Fiörgyn ist demnach wie Jörd die Erdgöttin.

I 20. Thor und Jörd

Thor ist der „Sohn der Erde", d.h. der Sohn der Erdgöttin, die meistens als „Jörd" bezeichnet wird.

I 20. a) Gylfis Vision

Jörd war Odins Tochter und seine Frau und von ihr gewann er seinen erstgebornen Sohn: das ist Asathor; er besitzt Kraft und Stärke, weshalb er über alles Lebendige siegen kann.

Jörd als Tochter des Odin läßt vermuten, daß er hier die Symbolik der Skadi als Tochter des Tyr übernommen hat – vermutlich sind beide Erdgöttinnen identisch miteinander.

Bei der Absetzung des Tyr als Göttervater ist der Krieger Tyr ein Sohn des Odin geworden, der alte, sterbende Tyr wurde zu dem Tyr-Riesen im Jenseits und die Rolle des jungen, wiedergebornen Tyr wurde von Thor übernommen, wodurch dieser wie zuvor Tyr zum „Sohn der Erde" wurde – natürlich mit Odin und nicht mit Tyr als Vater.

I 20. b) Skaldskaparmal

„Wie soll man die Erde umschreiben?"
„So: Indem man sie 'Fleisch des Ymir' und 'Mutter des Thor' nennt, 'Tochter des Onarr', 'Odins Braut' ... ."

Thor ist auch hier der Sohn des Odin und der Jörd.

I 20. c) Noregs Konungatal

Dieses Stammbaum-Lied wurde um 1047 von dem Skalden Jon Lopt-Sohn verfaßt. In diesem Lied wird Jörd mehrmals als „Odins Bettgenossin" umschrieben – Thor, der Sohn der beiden wird jedoch nicht ausdrücklich erwähnt.

Der tapfere Herr herrschte
für drei und siebzig Jahre
über die Bettgenossin
des Thundr,
bevor die einzige Tochter
des Anführers kam,
um ihm
das Leben zu rauben.

  Herr = König
  Thundr = Odin; dessen Bettgenossin = Jörd = die Erde = das Reich des Königs
  Anführer = Loki; dessen Tochter = Hel

Der hart-herrschende
Jarl Hakon
erhielt Hars Frau
nach Haralds Tod.
Dieser Herr
herrschte
über Thundrs Bettgenossin
für dreizehn und zwanzig Jahre.

  Har = Odin; dessen Frau = Jörd = Erde = Königreich

Jarl Eirikr,
dem Ruhm verliehen wurde,
herrschte zwölf Jahre
über Yggs Maid,
bevor der Herr,
der seine Freunde bereicherte,
von dem Land fort
nach Westen über das Meer zog.

  Ygg = Odin; dessen Maid = Jörd = Erde = Königreich
  nach Westen ziehen = sterben (der Sonne in das Jenseits folgen; Seebestattung wie Baldur)

*Doch Olaf
der Sanftmütige
hatte einen kühnen
und freigiebigen Sohn.
Magnus herrschte
über Yggs Maid
für zehn Jahre
nach der Zählung der Leute.*

Ygg = Odin; dessen Maid (Frau) = Jörd = die Erde = Königreich

I 20. d)   Skaldskaparmal

So sang Hallfredr Ärger-Skalde:

*„Im Rat wurde beschlossen,
daß des Königs Rat-weiser Freund
das grün-bewaldete Land heiraten sollte,
die einzige Tochter des Onar."*

Die Krönung eines Fürsten oder Königs war eine symbolische Hochzeit mit der Landesgöttin (Jörd, Skadi), die hier als „Tochter des Onar" umschrieben wird.

Und er sang weiterhin:

*„Dem mutigen Herr der Raben-Heimat
wurde die breitgesichtige Braut des Odin,
das Land, mit dem königlichen
Waffen-Ratschlag anverlobt."*

Raben-Heimat = Berge; Herr der Berge = Fürst
breitgesichtige Braut des Odin = Jörd (die weite Fläche der Erde = breitgesichtig)
Waffen-Ratschlag = Kampf und Sieg
anverlobt = symbolische Hochzeit des Königs mit der Landesgöttin (Jörd, Skadi).

Die Wiedergeburt des ehemaligen Sonnengott-Göttervaters Tyr wurde in den Krönungszeremonien der Fürsten als Element ihrer Jenseitsreise verwendet, wodurch die Fürsten zu den „Kindern der Erdgöttin" wurden.

Dies Motiv findet sich dann später als die Vereinigung des Eroberers mit der Tochter des von ihm besiegten Königs wieder.

Vermutlich ist das alte Motiv der Wiedergeburt des ehemaligen Sonnengott-Göttervaters Tyr durch die Erd- und Jenseitsgöttin auch der Ursprung der Geburt des Thor durch die Erdgöttin. So wie sich in den alten Mythen vor 500 n.Chr. der alte Tyr im Jenseits mit der Göttin vereint hat und dann von ihr wiedergeboren wurde, so hat sich in den neuen Mythen nach 500 n.Chr. Odin mit der Göttin vereint, woraufhin dann sein Sohn Thor geboren worden ist, der die Rolle des jungen Tyr übernommen hat.

I 20. e) Skaldskaparmal

So sang Eyvindr Skkalden-Verderber:

Nun war das leuchtende Gold
in dem Leib der Mutter
des Feindes der Riesen verboren.

Feind der Riesen = Thor; dessen Mutter = Jörd; deren Leib = Erde; das Gold in ihr = Grabschatz

I 20. f) Skaldskaparmal

So sang Thjodolfr von Hvini:

Jörds Sohn fuhr zu dem Stahl-Spiel
(Hoch türmte sich der göttliche Zorn
in dem Geist von Meilis Bruder empor!)
und der Mond-Weg erzitterte unter ihm.

Jörds Sohn = Thor
Stahl-Spiel = Kampf (gegen den Tyr-Riesen)
Meilis Bruder = Thor
Mond-Weg = Himmel (Thor fährt im Ziegenwagen über den Himmel)

I 20. g) Heimskringla: Die Jahreszeiten in Norwegen

Die zyklische Vereinigung des ehemaligen Sonnengott-Göttervaters Tyr mit der Erdgöttin wurde mit der Zeit zu einer gemeinsamen Wiedergeburt von Gott und Göttin. Da diese Vereinigung und Wiedergeburt ein zyklischer Vorgang war, wurden die beiden zu Geschwistern und zu ihren eigenen Eltern, was wiederum zu dem Motiv des Inzest führte (siehe „Inzest" in Band 51).

Daher kann Jörd, der diese Symbolik von Tyr und Skadi/Jörd übernommen hat, auch als Mutter des Odin erscheinen.

Es ist Mittsommer, doch tiefer Schnee
liegt auf der Brust der Mutter des Odin:
Wie die Lappländer müssen wir unser Vieh
in Ställen und Schuppen anbinden.

Mutter des Odin = Jörd; deren breite Brust = Weite des Landes

I 20. h) Harbard-Lied

Harbard:
„Geringes verlangst Du, doch lang ist der Weg:
Eine Stunde zum Stocke, zum Stein eine andre.
Den linken Weg wähle bis Du Werland erreichst.
Da trifft Fiörgyn ihren Sohn Thor:
Die wird ihm der Verwandten Wege zeigen
Zu Odins Land."

„Fiörgyn" ist ein anderer Name für die Erdgöttin Jörd.

Zusammenfassung

Jörd ist weitestgehend mit Skadi identisch und teilt deren Symbolik der Wiedergeburts-Mutter der Sonne (Tyr). Nach der Absetzung des ehemaligen Sonnengott-Göttervaters Tyr durch Thor und Odin um 500 n.Chr. übernahm Odin die Rolle des alten Tyr im Jenseits, der sich mit der Erdgöttin wiederzeugt, und Thor die Rolle des jungen Tyr, als der der alte Gott von der Erdgöttin wiedergeboren wird.

I 21.   Thor und Sif

Eine so grundlegende Symbolik wie die des Mjöllnir als Mahlstein sollte auch in den Mythen des Donnergottes Thor wiederzufinden sein. Diese vermutete Funktion des Thor als „Müller" o.ä. paßt zwar zu seiner Kenning „Beschützer von Midgard", aber dies ist kein besonders spezifischer Hinweis auf die vermutete Ernährer-Funktion des Thor.

Wesentlich präziser ist da schon seine Ehe mit Sif, da deren goldenes Haar das Symbol des reifen Getreides ist. Hier findet sich die „klassische" Rollenverteilung aus der damaligen Zeit: Sif ist die Verkörperung der Fruchtbarkeit der Felder sowie des Getreides selber, während Thor der Verteidiger der Felder und des Getreides ist – und in einer Nebenfunktion, die in den Mythen jedoch entweder nicht ausgestaltet worden oder in Vergessenheit geraten ist, ist er auch der Müller.

I 21. a)   Skaldskaparmal

In diesem von Snorri Sturluson verfaßten Lehrbuch über die Skaldenkunst der Germanen wird auch über die Entstehung des Hammers Mjöllnir und über die Mythe der Haare der Sif berichtet.

Loki, Laufeyjas Sohn, hatte der Sif in hinterlistiger Weise alles Haar abgeschoren.

Dies ist eine der vielen Varianten des Streites zwischen dem Göttervater bzw. später Thor auf der einen Seite und Loki auf der anderen Seite. Das Streitobjekt ist dabei eine der Göttinnen, die die Jenseits-Geliebte des Göttervaters ist (Freya, Idun oder Sif), oder einer der Gegenstände, die die Jenseitsreise und die Wiedergeburt symbolisierten wie der Göttermet, der Ring Draupnir oder Iduns Äpfel.

Da auch das Getreide jeden Herbst bei der Ernte „stirbt" und im Frühjahr beim Keimen der Saat „wiedergeboren" wird, wird Sifs goldenes Haar sehr wahrscheinlich das reife Getreide sein. Auch der endlose Streit zwischen dem Göttervater bzw. dem Donnergott und Loki ist mit dem Getreide verbunden, da dieser Streit die mythologische Erklärung für die Entstehung der Jahreszeiten ist.

Für diese Deutung von Sifs Haar spricht auch, daß Loki mit Sif den Gott Ullr gezeugt hat, denn der ursprüngliche Streit zwischen Tyr und Loki um die Göttin (Sif) ist ein wesentlicher Bestandteil dieser Mythe, da nur die Göttin den jeweils toten Gott in der Unterwelt wiedergebären konnte, worauf hin es zu einem Machtwechsel zwischen Tyr und Loki und daher auch zu einem Wechsel der Jahreszeiten kam.

Als Thor das gewahrte, ergriff er Loki und würde ihm alle Knochen zerschlagen haben, wenn er nicht geschworen hätte, von den Schwarzelfen zu erlangen, daß er der Sif Haare von Gold machte, die wie anderes Haar wachsen sollten.

Die „Schwarzalfen" sind die Zwerge. Beide Begriffe bezeichneten ursprünglich die Ahnen im Jenseits.

Da die Zwerge in Hügelgräbern bzw. unter der Erde wohnen, soll Sifs Haar aus der Unterwelt zurückkommen – so wie auch das Getreide im Frühjahr als Keime aus der Erde zurückkehrt.

Darauf fuhr Loki zu den Zwergen, die Iwaldis Söhne heißen. Diese machten das Haar und zugleich Skidbladnir und den Spieß Odins, der Gungnir heißt.

„Iwaldi" bedeutet „Allherrscher". Dies ist offensichtlich ein Beiname des Göttervaters. Als Vater von zwei Zwergen wird er sich auch selber in der Unterwelt befinden, d.h. tot sein. Der Zwerg Iwaldi wird daher mit den Riesen Hymir, Geirröd, Thrym und Hrungnir identisch sein – er ist der ehemalige Göttervater Tyr.

Dieser Gott, der ursprünglich bei allen Indogermanen der Göttervater gewesen ist, hatte zwei Söhne, die als zwei Menschen und auch als zwei Schimmel erscheinen konnten. Die Verwandlung von Menschen in Hengste war durch die Wiederzeugungssymbolik, bei der sich die Toten bzw. der Göttervater in ein männliches Herdentier verwandelte, ein allen Indogermanen geläufiges Motiv.

Diese beiden Pferde-Söhne zogen den Streitwagen des Göttervaters. am bekanntesten sind sie als die beiden griechischen Dioskuren oder als ihre römischen Entsprechungen Kastor und Pollux. Bei den Germanen wurden sie „Alcis", d.h. „Elche" genannt, denn bei den Germanen und bei den Kelten waren oft Hirsche die Opfertiere und auch die im Kult verwendeten Wagen, auf denen die Statue einer Gottheit oder der Metkessel stand, wurde oft von zwei zahmen Hirschen gezogen (siehe auch Band 12).

Da der Göttervater jeden Abend bzw. Herbst starb, starben auch seinen beiden Pferde-Söhne mit ihm, sodaß alle drei zu Riesen bzw. zu Zwergen im Jenseits wurden.

Dort schmiedete der ehemalige Göttervater Tyr sein bei seinem Tod am Abend zerbrochenes Schwert neu. Daraus entstand bei den Germanen der Schmied Wieland, bei den Griechen der Schmiedegott Hephaistos, bei den Römern Vulcanus usw.

Die beiden Pferde-Söhne übernahmen bei den Germanen die Schmiedearbeiten von ihrem Vater Tyr und wurden dadurch zu Zwerg-Schmieden. Sie waren zudem zauberkundig, da das Sonnenschwert des Tyr ein magisches Schwert war, wie das selbstkämpfende Schwert des Freyr zeigt, das sehr wahrscheinlich eine Übertragung von Tyr auf den ansonsten sehr friedlichen Gott Freyr gewesen ist. Das Schwert ist zudem ein Sonnenschwert wie das Schwert des Tyr-Surtur zeigt, das wie die Sonne leuchtet.

Bei der Absetzung des Tyr durch Odin lag es nahe, seine Symbolik auf den neuen Göttervater zu übertragen. Aufgrund der Systematik der Priesterschaft von Uppsala wurde das Neuschmieden des Schwertes des Tyr in der Unterwelt durch seine beiden Söhne zu der Herstellung der magischen Gegenstände der drei in Uppsala verehrten Götter Thor, Odin und Freyr sowie der Haare von Thors Frau Sif erweitert.

Da verwettete Loki sein Haupt mit dem Zwerge, der Brock heißt, daß dessen Bruder Sindri nicht drei ebenso gute Kleinode machen könnte, wie diese wären.

Diese Szene ist zunächst einmal recht unmotiviert, denn Loki hatte seine Aufgabe bereits erfüllt, nachdem Sindri die goldenen Haare der Sif hergestellt hatte. Vermutlich sollte diese Szene vor allem erklären, warum statt einem letztlich sechs magische Gegenstände hergestellt wurden.

Diese Wette ermöglicht auch erst die Schlußszene des zugenähten Mundes des Loki, die wahrscheinlich ein älteres Motiv ist, da es zum einen sehr archaisch wirkt und zum anderen Lokis Gesicht mit seinem zugenähten Mund auch in Herdsteine eingraviert worden ist, was bei einem relativ jungen Motiv eher unwahrscheinlich wäre, da ein Herdstein als zentraler Alltagsgegenstand doch sehr weit von priesterlichen Systematisierungen entfernt ist.

Und als sie zu der Schmiede kamen, legte Sindri eine Schweinshaut in die Esse und gebot dem Brock zu blasen und nicht eher aufzuhören, bis er aus der Esse nähme, was er hineingelegt. Aber sobald Sindri aus der Schmiede gegangen war und Brock blies, setzte sich eine Fliege auf seine Hand und stach ihn. Dennoch hörte er nicht auf mit Blasen bis der Schmied das Werk aus der Esse nahm. Da war es ein Eber mit goldenen Borsten.

Aus der Schweinshaut entstand der Eber Gullinborsti. Das „Blasen" bezieht sich auf den Blasebalg, durch den das Feuer erst ausreichend heiß wird, um Metall zum Schmelzen zu bringen.

Erst wettet Loki mit dem Zwerg Brokk und dann versucht er ihn daran zu hindern, seine Wette zu gewinnen. Dies entspricht der Riesenbaumeister-Mythe, in der Loki nicht die beiden Zwerg-Söhne, sondern den Göttervater-Riesen selber dran hindert, seine Wette mit den Göttern zu gewinnen. Bei dieser Gelegenheit „erschafft" Loki Odins achtbeiniges „Doppelpferd" Sleipnir, zu dem die beiden Pferde-Zwillinge des ehemaligen Göttervaters Tyr zusammengefaßt wurden, da Odin es vorzog zu reiten, aber natürlich nicht mit weniger „PS" unterwegs sein konnte als vor ihm Tyr.

Diese Wette zwischen den beiden Tyr-Söhnen und Loki sowie die unfaire Behinderung des Wettkampfes durch Loki ist eine Umdeutung des früheren endlosen, zyklischen Jahreszeiten-Kampfes zwischen Tyr und Loki.

Darauf legte er Gold ins Feuer und gebot ihm, zu blasen und nicht eher mit Blasen abzulassen, bis er zurückkäme. Er ging hinaus; aber die Fliege kam wieder, setzte sich jenem auf den Hals und stach nun noch einmal so stark; doch fuhr er fort zu blasen bis der Schmied aus der Esse einen Goldring zog, der Draupnir heißt.
Darauf legte er Eisen in die Esse und hieß ihn blasen und sagte, alles sei vergebens, wenn er mit Blasen innehielte. Da setzte sich ihm eine Fliege zwischen die Augen und stach ihm in die Augenlider, und als das Blut ihm in die Augen troff, daß er nichts mehr sah, griff er schnell mit der Hand zu, während der Blasebalg ruhte, und jagte die Fliege fort. Da kam der Schmied zurück und sagte, beinahe wäre das nun völlig verdorben, was in der Esse läge. Darauf zog er einen Hammer aus der Esse.

Dies ist die Erklärung der Priester von Uppsala für den kurzen Stiel des Mjöllnir – und wieder einmal ist Loki der Schuldige …

Alle diese Kleinode legte er darauf seinem Bruder Brokk in die Hände und hieß ihn damit gen Asgard fahren, die Wette zu lösen.
Als nun er und Loki ihre Kleinode brachten, setzten sich die Götter auf ihre Richterstühle, und es sollte das Urteil gelten, das Odin, Thor und Freyr sprächen.

Diese „Richterstühle" sind nicht nur die Sitze der drei Götter Thor, Odin und Freyr in Asgard, sondern auch ihre Sitze im Tempel von Uppsala.

Da gab Loki dem Odin den Spieß Gungnir, dem Thor das Haar für Sif und dem Freyr den Skidbladnir und nannte die Eigenschaften dieser Kleinode, daß der Spieß nie sein Ziel verfehle, das Haar wachse, sobald es auf Sifs Haupt komme, und Skidbladnir immer Fahrwind habe, sobald die Segel aufgezogen würden, wohin man auch fahren wollte; und zugleich könne man das Schiff nach Belieben zusammenfalten wie ein Tuch und in der Tasche tragen.

Das magische Haar der Sif wächst, sobald es mit ihrem Haupt in Berührung kommt – das entspricht genau der Saat, die zu wachsen beginnt, wenn sie in die Erde gesät wird. Sif ist offenbar auch eine Erdgöttin.
In diesem Zusammenhang ist es wohl auch kein Zufall, daß Thors Mutter die Erdgöttin Jörd ist und der Donnergott so oft als „Sohn der Erde" bezeichnet wird. Seine Verbindung mit Sif und sein Beiname „Sohn der Erde" bringen ihn recht nah an das alte Bild des Korngottes, das bei den Indogermanen in den gut 3500 Jahren (7000-2500 v.Chr.), in denen sie fast ausschließlich von der Viehzucht gelebt haben,

verlorengegangen ist.

Darauf brachte Brokk seine Kleinode hervor und gab dem Odin den Ring und sagte, in jeder neunten Nacht würden acht ebenso kostbare Ringe von ihm niederträufeln.
Dem Freyr gab er den Eber und sagte, er renne durch Luft und Wasser Tag und Nacht, schneller als irgendein Pferd, und nie wäre es so finster in der Nacht oder im Dunkelwald, daß es nicht hell genug würde, wohin er auch führe, so leuchteten seine Borsten.
Dem Thor gab er den Hammer und sagte, er möge so stark damit schlagen, als er wolle, was ihm auch vorkäme, ohne daß der Hammer Schaden nähme; und wohin er ihn auch werfe, so solle er ihn doch nicht verlieren, und nie solle er so weit fliegen, daß er nicht in seine Hand zurückkehre, und wenn es ihm beliebe, solle er so klein werden, daß er ihn im Busen verbergen könne. Er habe nur den Fehler, daß sein Stiel zu kurz geraten sei.
Da urteilten die Götter, der Hammer sei das Beste von allen Kleinoden und die beste Wehr wider die Hrimthursen, und sie entschieden die Wette dahin, daß der Zwerg gewonnen habe.

Da Thor der Hauptgott von Uppsala gewesen ist, war sein Hammer natürlich auch der wichtigste magische Gegenstand der Götter. Angesichts der halb-räuberischen Lebensweise der Wikinger, die sie von ihren indogermanischen Viehzüchter-Ahnen geerbt hatten, ist es auch nicht verwunderlich, daß die stärkste Waffe auch der wichtigste Gegenstand gewesen ist. Auch in dieser Hinsicht ist Thor an die Stelle des Tyr getreten, da sein Hammer die Funktion des Schwertes des Tyr übernommen hat.
Dieser Übergang vom Schwert zum Hammer wird am ausführlichsten in der Geirröd-Mythe beschrieben.

Da erbot sich Loki, sein Haupt zu lösen; aber der Zwerg antwortete, darauf dürfe er nicht hoffen. So nimm mich denn, sagte Loki; aber als jener ihn fassen wollte, war er schon weit fort, denn Loki hatte Schuhe, die ihn durch Luft und Wasser trugen.
Da bat der Zwerg den Thor, ihn zu ergreifen, und dieser tat es. Da wollte der Zwerg Lokis Haupt abhauen, aber Loki sagte, nur das Haupt sei sein, nicht der Hals.
Da nahm der Zwerg einen Riemen und ein Messer und wollte Löcher in Lokis Lippen schneiden und ihm den Mund zusammennähen; aber das Messer schnitt nicht. Da sagte er, besser wäre es, wenn er seines Bruders Ahle hätte, und in dem Augenblick, als er sie nannte, war sie bei ihm und durchbohrte jenem die Lippen. Da nähte er ihm den Mund zusammen und riß den Riemen am Ende der Naht ab. Der Riemen, womit er dem Loki den Mund zusammennähte, hieß Wartari (Lippenreißer).

Das Zunähen des Mundes des Loki wird eine Variante der dreimonatigen Gefangenschaft des Loki sein, während der in Midgard Sommer war – bis sich Loki im Herbst wieder befreite.

I 21. b) Das Verhältnis zwischen Thor und Sif

Thor und Sif werden an allen Stellen, an denen darüber etwas gesagt wird, als ein Paar bezeichnet.
Thor und Sif treten jedoch nirgendwo in einer gemeinsamen Handlung auf, sodaß die Vermutung naheliegt, daß beide ein „thematisches Paar" sind.
Dafür sprechen auch mehrere andere Indizien:

- Sif ist die Korngöttin und Thor ist ein „Müller", wie der Name seines Hammers Mjöllnir („Mahler, Mühle") zeigt. Thor ist ursprünglich wahrscheinlich auch ein Beschützer der Felder und ein Segner der Felder gewesen (durch den von ihm zurückgeholten Regen).
- Sif hat zwei Kinder: mit Thor die Göttin-Riesin Thrudr und mit Loki den Gott Ullr. Dies entspricht der Regenstreit-Mythe, in der sich der Donnergott Thor und der Jenseitsgott Loki abwechselnd die Frau rauben (und somit beide Kinder von ihr haben).
- Thor ist der „Sohn der Erde", was gut zu einem mit dem Getreide assoziierten Gott paßt, da dieses jedes Frühjahr aus der Erde emporwächst.
- Thor hat auch mit der Erdgöttin Jarnsaxa zwei Söhne: Magni und Modi. Er ist also nicht allzu eng an Sif gebunden – und hat zudem mit zwei Erdgöttinnen Kinder.

Das gemeinsame Thema von Thor und Sif ist die Ernährung der Menschen: Sif ist die Korngöttin und Thor der Beschützer der Felder, der Gott des Regens und durch seinen „Mühlstein-Hammer" auch der Müller.
Thor und Sif sind vermutlich nur deshalb ein Götterpaar, weil beide mit dem Getreide verbunden sind – Sif als Korngöttin und Thor als „Müller" und als „Beschützer und Segner der Felder".

I 22. Thor und die Pferde-Zwillinge

Der ehemalige Sonnengott-Göttervater Tyr hatte zwei Söhne, die zwischen der Gestalt von Menschen und der Gestalt von Pferden wechseln konnte. Ihre griechische Entsprechung, die Dioskuren, die die Söhne des Zeus sind, sind deutlich bekannter als die beiden Alcis („Elche, Hirsche") der Germanen.

Die beiden Alcis haben als die beiden Rosse vor Tyrs Sonnen-Streitwagen die Gestalt von zwei Schimmeln mit goldener Mähne, goldenem Schweif, goldenen Zähnen und goldenen Hufen – zwei wahrhaft prachtvolle Rosse …

Thor hat anscheinend der Vollständigkeit halber auch diese beiden Söhne des Tyr getötet und dieses Brüder-Motiv dann in seine eigenen Mythen übernommen, wo sie dann „Magni" und „Modi" heißen.

I 22. a) Chronik der Angelsachsen

In der „Chronik der Angelsachsen" wird um 664 n.Chr. über einen Mann berichtet, der „Thunor" genannt wird und sehr wahrscheinlich mit Thor identisch ist. Da die „Chronik der Angelsachsen" aus christlicher Sicht geschrieben ist, muß man auch zwischen den Zeilen des Textes lesen, um etwas über den Donnergott herauszufinden.

Die geschichtliche Situation im Königreich von Kent, in der über „Thunor" berichtet wird, sah wie folgt aus:

Eadbald war seit 616 n.Chr. König von Kent aus der Dynastie der Oiscingas. Er und seine zweite Frau Ymme, die die Tochter eines Frankenkönigs war (vermutlich Chlothar II), hatte zwei Söhne: Earconberht I und Eormenred. Eadbald beteiligte seinen Sohn Eormenred an der Herrschaft.

Nach dem Tod seines Vaters Eadbald um 640 n.Chr. wurden Earconberht I und Eormenred gemeinsam die Könige von Kent.

Eormenred heiratete Oslava und hatte mit ihr fünf Kinder: die Söhne Aethelred und Aethelberht sowie die Töchter Eormenburh, Eormengyth und Aethelthryth. Wie damals üblich wuchsen Ethelred und Ethelberht nicht bei ihrem Vater auf, sondern wurden von ihrem Onkel Earconberht I erzogen. Eormenred war der erste König von Kent, der zum Christentum übertrat.

Eormenred starb vor seinem Bruder Earconberht I – um 664 n.Chr. oder nicht lange davor. Nachdem auch Earconberht I gestorben war, übernahm dessen Sohn Ecgberht die Krone von Kent und ließ seine beiden Vettern Ethelred und Ethelberht ermorden und war dadurch zum alleinigen Thronfolger geworden. Die beiden Brüder wurden später heiliggesprochen.

Thunor, der Mörder der Brüder, starb bei einem Reitunfall auf der Insel Thanet und wurde dort unter einem Hügelgrab bestattet – in den späteren christlichen Heiligenlegenden, soll ihn die Erde wegen seiner Untat verschlungen haben.

Die Schwester Eormenburh der beiden ermordeten Brüder wurde nicht getötet, sondern erhielt von Ecgberht die Insel Thanet an der Ostspitze von Kent als Buße für den Mord an ihren beiden Brüdern – dieses Land hatte vorher Eormenburhs Vater Eormenred gehört … Eormenburh wurde später unter dem Namen „Mildred" heiliggesprochen.

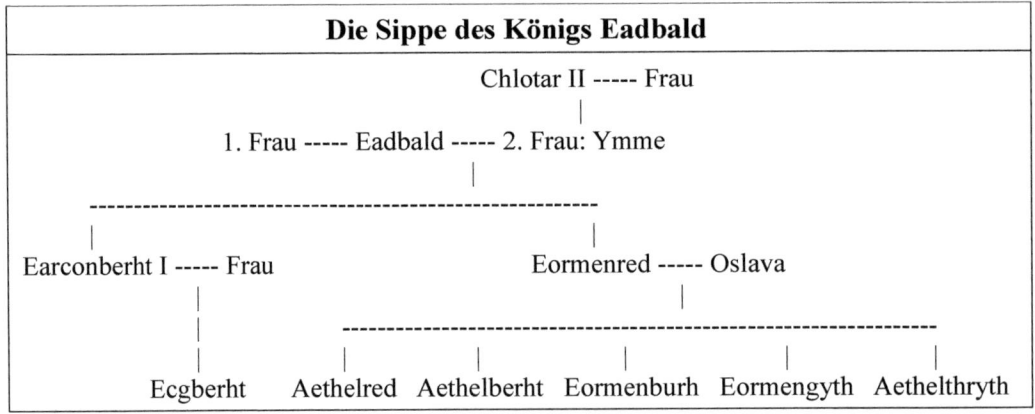

In der von christlichen Mönchen verfaßten „Chronik der Angelsachsen" heißt es über diese Ereignisse wie folgt:

England war in diesem (7.) *Jahrhundert nicht nur reich an Männern, sondern auch an Frauen von hohem Ruf, denn Tugend ist überall erreichbar – davon ist kein Volk, keine Zeit und kein Geschlecht ausgeschlossen. Dies wurde insbesondere durch die Frauen dieser Zeit bewiesen – einige der auffälligsten von ihnen werden wir nun den Lesern in ihrer richtigen Reihenfolge vorlegen. Wir werden mit Kent beginnen, von wo aus das Licht der Glaubens und der Tugend zuerst zu den benachbarten Ländern verbreitet wurde.*

Neben anderen wurde auch das Nonnenkloster von Kent auf der Themse-Insel, also an dem Ort, an dem Augustinus an Land ging, von Ecgbert, König von Kent, errichtet, damit durch die ständigen Gebete der heiligen Jungfrauen, die er nach dort sandte, der Mord an Ethelbert und Ethelbright, den Söhnen des ersten christlichen Königs von Kent, gesühnt würde.

Eormenred hinterließ diese beiden Söhne bei seinem Tod in sehr jungem Alter. Er hatte sie der Obhut und der Ausbildung ihres Vetters Ecgberht, dem Sohn des Earconberht, anvertraut.

Ein gewisser Thymmuis, ein sehr verschlagener Mann, hörte nicht damit auf, dem Ecgberht vorzuschlagen, die beiden Königskinder zu vernichten, die, wenn sie selber einst erwachsen wären, ihn selber und seine ganze Sippe töten würden. Ecgberht, der schließlich von diesen unverschämten Vorschlägen überzeugt wurde, soll schließlich die beiden Jugendlichen durch die Hand dieses Schurken getötet haben.

Später wurde Ecgberht jedoch, nachdem er die Ungeheuerlichkeit seines Verbrechens betrachtete, zu einem wundervollen Reuigen.

Der blutige Henker fiel jedoch unter der göttlichen Rache, denn er starb einen elenden Tod, indem er sich den Nacken brach, als er von seinem Pferd stürzte. Einige Autoren versichern, daß der Ort, an dem dies geschah, in Erinnerung daran „Thummerland" genannt wurde. Dieser Ort liegt auf der Insel Thanet, auf der die heiligen Leichname (der beiden Brüder) bestattet wurden, die später unter der Herrschaft des Ethelred Edgar-Sohn zu dem Kloster von Ramsey überführt wurden.

Der Name „Thunor", der auch „Thummer" und „Thymmuis" geschrieben wurde, ist die angelsächsische Form von „Donar/Thor". Da es unwahrscheinlich ist, daß damals ein Mann den Namen eines germanischen Gottes trug, ohne daß dieser Teil einer Zusammensetzung wie z.B. „Thor-Stein" war, liegt der Verdacht nahe, daß hier eine Thor-Mythe in die historische Geschichte eingeflochten worden ist.

Der Mord an zwei Brüdern oder Zwillingen ist ein bei den Germanen weitverbreitetes Motiv, das sich u.a. auch im Wieland-Lied, in der Völsungen-Saga und in der Nibelungen-Sage findet. Das ursprüngliche Motiv wird der Tod der beiden Pferde-Zwillinge sein, die als die Söhne des ehemaligen Sonnengott-Göttervaters Tyr waren zusammen mit ihrem Vater am Abend bzw. im Herbst starben.

In der germanischen Überlieferung erscheint lediglich im Wieland-Lied eine Schilderung ihres Todes. Dort sind sie jedoch bereits als die Söhne des Königs Loki-Nidud umgedeutet worden und werden aus Rache an Loki von Wieland-Tyr ermordet. Der Mord an den Zwillings-Söhnen des Göttervaters Tyr ist sehr wahrscheinlich ein Bestandteil des Mordes des Thor an seinen Pflegeeltern Loricus und Hlora, die eine Umdeutung seiner Eltern, also des Tyr und seiner Frau, sein werden. In der Angelsachsen-Chronik ist daraus ein Mord an den beiden Pflege-Söhnen des eigenen Vaters geworden.

Das Motiv des Thor für den Mord an seinen (Pflege-)Eltern und für den Mord des Thunor an den beiden Königssöhnen ist dasselbe: das Bestreben, selber König zu werden, bzw. bei Thunor, das Königtum des eigenen Königs abzusichern. Ursprünglich ist der Grund für diesen dreifachen Mord jedoch der Sieg des Wintergottes Loki über den Sommergott Tyr und seine beiden Söhne gewesen.

(Zu den Zwillingsbrüdern siehe auch den Band 12 über die „Alcis").

Um 650 n.Chr. und wohl auch schon vorher hat es vermutlich eine Mythe gegeben, in der Thor („Thunor") nicht nur den ehemaligen Göttervater Tyr (die späteren Tyr-Riesen), sondern auch dessen beide Pferde-Söhne ermordet.

I 23. Thors Söhne

Thor hat zwei Söhne mit der Riesen/Erdgöttin Jarnsaxa („Eisenmesser"). Sie heißen Magni („Starker") und Modi („Mutiger").

I 23. a) Skaldskaparmal

In diesem Buch des Snorri Sturluson werden Magni und Modi als die Söhne des Thor bezeichnet:

„Mit welchen Bildern soll man den Namen des Thor umschreiben?"
„Mit diesen: Man soll ihn ... ... Vater des Magni und des Modi ... ... nennen."

I 23. b) Die Vision der Seherin

Die beiden Söhne des Thor gehören zu den Göttern, die nach dem Ragnarök wiederkehren.

Da es ausschließlich Göttersöhne sowie der Priestergott Hönir sind, die nach dem Ragnarök noch weiterleben, kann man davon ausgehen, daß diese Söhne in früheren Versionen diese Mythe als ihre wiedergeborenen Väter aufgefaßt worden sind.

Ein weiterer Hinweis auf diesen Ursprung der am Ende der „Vision der Seherin" geschilderten Ereignisse ist es, daß die beiden Thor-Söhne den Hammer ihres Vaters erben und ihn benutzen. Bei einer „normalen Bestattung" des Thor wäre es auch plausibel gewesen, wenn der Hammer dem Thor mit ins Hügelgrab gelegt worden wäre.

Widar und Wali walten des Heiligtums,
Nachdem Surturs Lohe verlosch.
Modi und Magni sollen Miölnir schwingen
Und zu Ende kämpfen den Krieg.

Widar und Wali sind Söhne des Odin.
„Surts Lohe" ist eine Umschreibung für den Ragnarök.

I 23. c) Hrungnir-Mythe

Auch in der Hrungnir-Mythe erscheint Magni als der wiedergeborene Thor, da er als einziger stark genug ist, das Bein des Tyr-Riesen Hrungnir von Thor fortzuheben.

Magni und Modi sind der wiedergeborene Thor – dies gilt insbesondere für Magni.

Das Wiedergeburtsmotiv stammt bei Thor aus dessen Kampf mit der Regenräuberschlange, in dessen Verlauf jeden der beiden einmal im Jahr den anderen besiegt und tötet – Thor besiegt Jörmungandr am Beginn der Regenzeit im Herbst und die Riesenschlange besiegt den Donnergott zu Beginn der Dürre im Frühjahr. An die Stelle des Motivs des ersehnten Regens in der südlichen Heimat der Indogermanen trat bei den im Norden lebenden Germanen der ersehnte Sommer.

Der Kampf zwischen Tyr und Loki hat letztlich denselben Ursprung. Beide Versionen des endlosen, zyklischen Kampfes haben sich nach der Absetzung des Tyr durch Thor und Odin miteinander vermischt.

Die Zweizahl der Tyr-Söhne ist recht sicher durch die beiden Alcis-Söhne des Tyr inspiriert worden.

I 24.   Thors Tochter Thrudr

Der Name „Thrudr" bedeutet „Starke". Dies ist ein passender Name für eine Tochter des Donnergottes.

I 24. a)   Thor-Lied

In diesem Lied, das der Skalde Eysteinn Valdason um ca. 1000 n.Chr. verfaßt hat, wird Thor als „Thrudrs Vater" umschrieben:

Thrudrs Vater starrte durchdringend
auf den Ring des steilen Weges,
als die Heimstatt des Fisches
gegen das Boot brandete.

Der *„steile Weg"* sind die Utgard-Berge rings um das Weltmeer, in dessen Mitte Midgard, die Welt der Menschen liegt. *„Der Ring des steilen Weges"* ist die Midgardschlange, die rings um Midgard kreisförmig im Meer liegt.
Die *„Heimstatt des Fisches"* ist das Meer.
Kenning-freie Übersetzung der Strophe: *„Thor starrte Jörmungandr durchdringend an, während die Wogen gegen das Boot schlugen."*

I 24. b)   Skaldskaparmal

Im Skaldskarpamal, dem in der Edda enthaltenen Skalden-Lehrbuch, werden Umschreibungen für die Göttin Sif angeführt:

„Wie soll man Sif umschreiben?"
„Indem man sie Frau des Thor ... ... und Mutter der Thrudr nennt."

I 24. c)   Thorsdrapa

Der Skalde Eilifir Godrunason scheint in dem von ihm um ca. 985 n.Chr. gedichteten Lied davon auszugehen, daß Thor und Thrudr voneinander getrennt worden sind, was an die anderen „Göttinnenraub-Mythen" erinnert, die auf dem ewigen Streit zwischen Loki und den Göttervater beruhen.

In diesem Lied wird Thor mit der folgenden Kenning umschrieben:

der, der Thrudr sehr vermißt

Die Umschreibung des Thor als „der Thrudr sehr vermißt" klingt, wenn man die ansonsten üblichen Formulierungen der Skalden mitbedenkt, nicht so, als ob Thrudr Thors Tochter sei, sondern eher als wenn sie seine Geliebte wäre.

Es scheint also einst eine andere Auffassung des Verhältnisses zwischen Thor und Thrudr gegeben zu haben, in der sie nicht Vater und Tochter sondern ein Gott und seine Geliebte gewesen sind.

Dies könnte ein Hinweis auf eine Wiedergeburts-Mythe sein, dann in ihnen die Väter zu Geliebten und Söhnen werden und die Mütter zu Geliebten und Töchtern (siehe auch „Inzest" in Band 51).

I 24. d) Ragnarsdrapa

In diesem Lied, das der Erfinder der Skaldenkunst Bragi Boddason der Alte um ca. 840 n.Chr. für den Fürsten Ragnar verfaßt hat, wird gesagt, daß Thrudr geraubt worden ist. Thrudr scheint demnach einst wie Freya, Sif und Idun eine „geraubte Göttin" gewesen zu sein, was wiederum bedeutet, daß sie auch wie diese Göttinnen eine „Jenseits-Geliebte", also eine „Göttin der Wiedergeburt" gewesen ist, die man als Riesin auffaßte, weil sie sich im Jenseits befand.

Sowohl der Skalde Bragi Boddason (840 n.Chr) als auch der Skalde Eilifir Godrunason (985 n.Chr.) kannten eine Mythe, in der Thrudr dem Thor geraubt wurde. Diese Mythe muß so bekannt gewesen sein, daß die beiden Skalden den Gott Thor durch Anspielungen auf diese Mythe umschreiben konnten.

Willst Du hören, Raben-Kessel,
wie ich die Flecken-bedeckte Sohlen-Klinge
des Diebes der Thrudr
und meinen Fürsten mit Geschick preise?

„Raben-Kessel" ist ein Personenname („Hrafna-Ketill"), mit dem der Skalde Bragi den Fürsten Ragna Lodbröck, für den er sein Lied vorträgt, anspricht. Da der Fürst jedoch „Ragnar" und nicht „Hrafnaketill" heißt, wird dies eine Umschreibung sein, die in etwa „Kessel mit dem Göttermet des Rabengottes Odin" bedeutet und daher sowohl den Fürsten als den bezeichnen, der seinen Gästen Met anbietet, als auch eine Anspielung darauf ist, daß die Großzügigkeit des Fürsten es erst ermöglicht, daß der Skalde Bragi seine durch die Inspiration des Göttermets entstandenen Verse dichten und vortragen kann.

Die *„Sohlen-Klinge"* ist ein Schild: Die *„Klinge"* ist eine Waffe und die Waffe, die sich unter der *„Sohle"* befindet, ist der Schild des Riesen Hrungnir, auf die er sich stellte, als er von Thor angegriffen wurde.

Die Beschreibung des Schildes als *„Flecken-bedeckt"* bezieht sich wohl auf die Bilder auf ihm.

Es ist offensichtlich Hrungnir gewesen, der einst Sif geraubt hat. Die bereits zitierte Strophe aus „Die Vision der Seherin" zeigt, daß es auch die Vorstellung gegeben hat, daß Freya von Hrungnir geraubt worden ist. Das Rauben von Freya und Sif wird auch als die Absicht des Riesenbaumeisters berichtet. Somit ist der Ursprung des Raubes der Thrudr die Vereinigung des Göttervaters Tyr mit der Göttin der Wiedergeburt (Freya, Sif, Idun, Thrudr, Gunnlöd, Menglöd u.a.) im Jenseits. Um diese Göttin der Wiederzeugung und der Wiedergeburt haben sich Tyr und Loki endlos gestritten.

I 24. e) Alwis-Lied

Im Alwis-Lied wirbt ein Zwerg um eine nicht mit Namen genannte Tochter des Thor, die aber wohl Thrudr sein wird, da nirgendwo eine andere Tochter des Thor erwähnt wird. Untypischerweise fordert Thor den Zwerg Alwis daraufhin zu einem Rätselwettkampf statt zu einem Hammerkampf heraus. Thor zieht den nächtlichen Rätselstreit solange hinaus, bis den Zwerg ein Sonnenstrahl trifft und er deshalb zu Stein erstarrt. Eigentlich wäre eine solche List eher von Odin zu erwarten …

Auch dieses mythologische Motiv ist hier auf Thor übertragen worden.

Dem Alwis-Lied könnte ein älteres Lied zugrundeliegen, in dem Odin der Rätselsteller war, die Muttergöttin Sif die umworbene Braut im Jenseits gewesen ist und Alwis symbolisch für alle Toten im Jenseits gestanden hat. Diese Szene würde dann u.a. Svipdags Reise zu Menglöd, Odins Reise zu Gunnlöd und Freyrs Werbung um die Riesin Gerda entsprechen: die Suche nach der Göttin im Jenseits, mit der sich die Toten im Jenseits wiederzeugten.

Der Name „Alwis" des Zwerges bedeutet „Allwissender". Dies ist ein Titel, der nur dem Göttervater selber zusteht, d.h. dem Odin und vor ihm dem Tyr. Da Thor in den Edda-Liedern viele der Riesen tötet, die den ehemalige Göttervater Tyr im Jenseits verkörpern (Hrungnir, Riesenbaumeister, Thrym u.a.), könnte auch der Zwerg Alwis, den Thor durch eine List tötet, seinen Ursprung in dem am Abend bzw. im Herbst gestorbenen „alten Göttervater" haben. Der an jedem Abend bzw. in jedem Herbst sterbende ehemalige Sonnengott-Göttervater Tyr wurde dadurch zu einem Totengeist, d.h. zu einem Riesen, einem Zwerg oder einem Alfen – genauer gesagt zu dem König der Riesen (Thrym, Utgardloki, Thiazi u.a.), zu dem Zwergenkönig (Alberich u.a.) oder dem König der Alfen (Wieland).

Odin bemüht sich mehrfach darum, seine Überlegenheit über den Tyr-Riesen durch einen Rätselwettstreit zu beweisen (Hervor-Saga, Wafthrudnir-Lied, Havamal u.a.).

Alwis (Tyr):
„Gedeckt sind die Bänke: so sei die Braut nun
Mit mir zu reisen bereit.
Für allzuhastig hält man mich wohl;
Doch daheim: wer raubt uns die Ruhe?"

Thor:
„Wer bist Du, Bursche? Warum so bleich um die Nase?
Hast Du bei Leichen gelegen?
Vom Thursen ahn ich etwas in Dir:
Solch eine Braut gebührt Dir nicht!"

Die beiden letzten Zeilen zeigen, daß für die Germanen Zwerge und Thursen (Riesen) letztlich dieselbe Kategorie von Wesen waren: Wesen aus Utgard, also der Unterwelt, d.h. Totengeister.

Alwis (Tyr):
„Alwis heiß ich, unter der Erde
Steht mein Haus im Gestein.
Warnen will ich den Wagenlenker:
Breche niemand festen Bund."

Das Haus des Zwerges befindet unter der Erde, weil er ein Wesen der Unterwelt ist. Sein Haus ist letztlich das Hügelgrab, das aus Felsen erbaut (*„im Gestein"*) und dann mit Erde bedeckt wurde (*„unter der Erde"*).

Der *„Wagenlenker"* ist der Donnergott Thor, dessen Streitwagen von zwei Ziegen gezogen wurde.

„Alwis" bedeutet *„Alles-Wissender"*. Der Name des Zwerges entspricht recht genau Odins Namen *„Fiölswin"*, der *„Viel-Wissender"* bedeutet. Thors Sieg über den Zwerg Alwis am Ende dieses Liedes ist somit nicht nur ein Sieg über Tyr, sondern auch über seinen Vater Odin.

Thor:
„Ich will ihn brechen: die Braut hat der Vater
Allein zu gewähren Gewalt.
Ich war nicht daheim, da sie Dir verheißen ward;
Kein anderer der Götter gibt sie."

Es scheint so, als ob Thrud dem Alwis von jemand anderem, evtl. von deren Mutter Sif, versprochen worden ist – was Thor jedoch kurzerhand für null und nichtig erklärt. Die patriarchale Familienordnung der Germanen zur Zeit der Edda ist hier offensichtlich. Vielleicht haben auch nur Alwis und Thrudr sich einander versprochen.

Alwis:
„Wer ist der Recke, der sich rühmt zu schalten
Über die blühende Braut?
Als Landstreicher lästert Dich niemand:
Wer hat Dich mit Ringen beraten?"

Alwis zweifelt die Autorität des Thor an und will zunächst einmal wissen, wer er eigentlich ist. Die Anspielung auf den Landstreicher soll wohl bedeuten, daß Alwis keinen Streit mit Thor will und ihn zu beruhigen versucht, indem er ihm sagt, daß er ihm nichts vorwirft, aber sich der Autorität des Thor in Bezug auf Thrudr versichern will. Die Ringe des Thor sind vermutlich sein Herrschaftszeichen und das Symbol seines Wohlstandes.

Thor:
„Wingthor heiß ich, der weitgewanderte,
Sidgranis Sohn.
Wider meinen Willen erwirbst Du das Mädchen nicht
Und auch nicht das Jawort."

„Wingthor" bedeutet „der (seinen Hammer) schwingende Thor". „Sidgrani" ist ein Beiname des Odin und bedeutet „der mit dem langen Schnauzbart".

Alwis:
„So wünsch' ich denn Deine Bewilligung
Und das Jawort zu gewinnen.
Besser zu haben als zu entbehren
Ist mir das mehlweiße Mädchen."

Thor:
„*Des Mädchens Minne mag ich Dir,*
Weiser Gast, nicht weigern,
Kannst Du aus allen Welten mir kund tun
Was ich zu wissen wünsche."

Alwis:
„*Versuch es, Wingthor, da Du gesonnen bist*
An des Zwerges Wissen zu zweifeln.
Alle neun Himmel hab ich durchmessen
Und weiß von allen Wesen."

… … …

Schließlich erstarrt Alwis wie ein Troll zu Stein, weil er über dem Rätselraten (das sich über 25 Strophen erstreckt) nicht darauf geachtet hat, vor dem Sonnenaufgang wieder unter der Erde zu sein:

Thor:
„*Aus einer Brust alter Kunden*
Vernahm ich nie so viel.
Mit schlauen Listen verlorst Du die Wette.
Der Tag verzaubert Dich, Zwerg:
Die Sonne scheint in den Saal."

Auch Thrud („Stärke") ist ursprünglich die Wiedergeburts-Muttergöttin in ihrem Aspekt als Jenseits-Geliebte bei der Wiederzeugung gewesen, bevor sie wie viele andere Göttinnen auch dem Göttervater bzw. hier dem Donnergott untergeordnet worden ist und dabei zu seiner Tochter wurde – diese Dynamik läßt sich in sehr vielen Mythologien beobachten.

Dabei hat auch das Wiedergeburtsmotiv mitgewirkt, durch das der wiedergeborene (Sonnen-)Gott und die Jenseitsgöttin zu ihren eigenen Kindern wurden (siehe auch „Inzest" in Band 51).

I 25. Thor und die beiden Schwestern

In den Mythen des Thor treten mehrmals Paare von Göttinnen oder Riesinnen auf. Es wäre daher denkbar, daß diese Szenen kein Zufall sind, sondern einen gemeinsamen mythologischen Ursprung haben.

I 25. a) Geirröd-Mythe

In der bereits betrachteten Geirröd-Mythe heben die beiden Riesinnen Gjalp und Greip den Thor, der auf einem Stuhl in der Höhle des Geirröd sitzt, zur Decke empor, um ihn dort zu zerquetschen – woraufhin Thor die beiden Riesinnen zu Boden drückt und ihnen die Wirbelsäule bricht.

Das Zerbrechen des Nackens auf einem „Gerichts-Stein" war eine übliche Hinrichtungs- und evtl. auch Opfermethode bei den Germanen.

Das Emporheben auf einem Stuhl zur Decke erinnert an das Emporfliegen des Seelenvogels des Sehers bzw. der Seherin auf dem Seher-Stuhl zum Himmel.

Da die Kombination dieser beiden Motive und die Art und Weise, in der die beiden Riesinnen den Thor töten wollen, recht merkwürdig und umständlich ist, liegt der Verdacht nahe, daß es bei dieser Szene um die Umdeutung eines früheren Motivs aus den Mythen des ehemaligen Göttervaters Tyr-Geirröd handelt, da diese Szene in seiner Halle stattfindet. Dieses frühere Motiv könnte die Jenseitsreise an den Himmel empor zu dem ehemaligen Sonnengott-Göttervater Tyr sein.

Da Thor den Tyr-Riesen in vielen Mythen tötet, kann man davon ausgehen, daß man aus dem Töten der beiden Riesinnen schließen kann, daß es sich bei ihnen um zwei ehemalige Göttinnen handelt, die auf freundliche Weise mit Tyr verbunden gewesen sind.

I 25. b) Odin-Mythen

Im Gegensatz zu Thor, der den Tyr-Riesen nach der Absetzung des ehemaligen Göttervaters Tyr tötet, übernahm Odin fast die vollständige Symbolik des Tyr. Man könnte also vermuten, daß sich auch bei ihm die beiden Göttinnen finden.

Es treten in seinen Mythen zwar keine Schwestern auf, aber sowohl Frigg als auch Freya sind seine Geliebten bzw. seine Frauen. Da dies die beiden wichtigsten Göttinnen sind, könnten sie die Nachfolgerinnen der beiden ehemals mit Tyr verbundenen Göttinnen sein – sicher ist dies jedoch nicht, da beide Göttinnen bis zu der

Aufspaltung der Germanen in die Nord- und Südgermanen um 750 v.Chr. noch miteinander identisch gewesen sind.

Bei Odin fallen zudem seine Reisen in das Jenseits und seine Vereinigungen mit den Riesinnen, zu denen er dort gelangt auf: Gunnlöd, Rindr, Jörd u.a. Möglicherweise haben sich in Odins Mythen die beiden Göttinnen, die mit Tyr verbunden waren, auch vervielfältigt: die eine von ihnen wurde zu den Asgard-Göttinnen Freyr und Frigg, die andere zu den Utgard-Riesinnen Gunnlöd, Jörd, Rindr usw.

Falls dies zutreffen sollte, dann haben die beiden Göttinnen, die mit Tyr assoziiert gewesen sind, vermutlich das Diesseits und das Jenseits verkörpert – wahrscheinlich als zwei Aspekte derselben Göttin.

Solch ein Göttinnenpaar findet sich auch in vielen frühen Religionen wieder, da es sich auf die grundlegende Einteilung der Welt in das Reich der Leben und in das Reich der Toten bezieht, in denen die Menschen beide male Hilfe von der Muttergöttin erhofften. In Ägypten waren diese Göttinnen-Schwestern u.a. Isis und Nephthys, Nut und Tefnut, Mafdet und Seshat, Neith und Selket u.a. In Sumer erscheint dieses Göttinnenpaar als Inanna und Ereshkigal.

Diese Deutung der beiden Schwestern ist bei den Germanen ist jedoch unsicher.

<u>I 25. c) Die Saga über Sturlaug den Mühen-Beladenen</u>

Es gibt immerhin eine Erwähnung eines Tempels, in der Thor zusammen mit Frigg und Freya verehrt worden ist – allerdings auch zusammen mit Odin. Thor wurde in diesem Tempel zwar als der Hauptgott angesehen, aber es ist natürlich trotzdem möglich, daß Frigg und Freya vor allem mit Odin verbunden waren. Vielleicht ist das Göttinnen-Paar aber auch ein übergeordnetes mythologisches Motiv gewesen, sodaß sich die beiden Göttinnen sowohl auf Odin als auch auf Thor bezogen haben können.

Snaelaug sprach: „Zunächst einmal müßt ihr wissen, daß es in Bjarmaland einen bestimmten Tempel gibt. Er ist dem Thor und dem Odin, der Frigg und der Freya geweiht."

<u>I 25. d) Frigg, Freya und Fulla</u>

Möglicherweise sind Freya und ihre Schwester Fulla einst auch solch ein Göttinnenpaar gewesen, da „Fulla" („Fülle") eine Umschreibung für die Göttin Gefion („Geberin") gewesen sein könnte. Beide Namen waren auch schon Bestandteile der

Namen der germanisch-keltisch-römischen Matronen. Der goldene Haarreif der Fulla und der „Schmuck" der Frigg sind vermutlich identisch mit dem goldenen Halsreif Brisingamen der Freya.

Fulla wurde auch als die Dienerin der Frigg angesehen.

Möglicherweise ist Fulla ursprünglich eher ein Aspekt von Frigg und Freya gewesen, der sich dann verselbständigt hat.

I 25. e)   Menja und Fenja

Die beiden Riesinnen Fenja und Menja sind der Jenseits-Aspekt von Frigg und Freya, d.h. die „Riesinnen-Seite" dieser beiden Göttinnen.

„Fenja" bedeutet „die zum Sumpf" gehört – Friggs Saal heißt „Fensalir", d.h. „Sumpf-Saal".

„Menja" bedeutet „die zum Schmuck" gehört – Freyas Halsreif heißt „Brisingamen", d.h. „strahlender Schmuck".

Diese beiden Göttinnen-Riesinnen, die Frigg und Freya entsprechen, machen es recht wahrscheinlich, daß Gjalp und Greip ebenfalls aus Frigg und Freya entstanden sind.

I 25. f)   Njals-Saga

In dieser Sage wird über einen Tempel des Gottes Thor und der beiden Göttinnen-Schwestern Thorgerdr und Irpa berichtet.

Während nun der Jarl Gudbrand's Gast war, kam Hrap zur Nachtzeit zu einem Tempel, den Gudbrand gemeinschaftlich mit dem Jarl besaß. Er betrat denselben und beraubte Thor, Thorgerdr Hölgabrudr und Irpa, deren Bildsäulen dort standen, ihrer goldenen Ringe und ihres übrigen Schmucks, darauf schleppte er die Altarbilder hinaus und zündete das Gebäude an.

Der Name „Thorgerdr" bedeutet „Beschützerin des Thor" oder „geschützter Bereich des Thor", vermutlich im Sinne von „Tempel des Thor". Ihr Beiname „Hölgabrudr" bedeutet „Braut des Heiligen" – „Helgi" ist einst ein Beiname des Tyr gewesen. Sie scheint somit Thors Frau oder Geliebte zu sein, die ihn zudem beschützt. Dies würde der Jenseits-Muttergöttin als Wiederzeugungs-Geliebter und als Beschützerin entsprechen. Sie ist somit eine Analogie zu Freya und ihre Wurzeln reichen bis in die Tyr-Mythen vor 500 n.Chr. zurück.

I 25. g)   Thor, Sif und Jarnsaxa

Schließlich fällt auf, daß Thor zwei Frauen hat: Sif und Jarnsaxa. Dazu kommt noch Thrudr, die von einer Geliebten zu einer Tochter des Thor umgedeutet worden ist. Sie könnte evtl. mit Jarnsaxa identisch gewesen sein oder mit ihr ein früheres Göttinnenpaar gebildet haben.

I 25. h)   Sinthgunt und Sunna

Das älteste bekannte Göttinnenpaar aus den germanischen Mythen sind die beiden Schwestern Sinthgunt („Gang zur Schlacht") und Sunna („Sonne"), über die in den Merseburger Zaubersprüchen berichtet wird.

I 25. i)   Heimskringla

Schließlich nahmen die alten Götter Abschied von den Menschen – zumindestens in den Geschichten, die man sich erzählte. Diese Art von neuen Legenden wurden vor allem von König Olaf Tryggvason verbreitet, der in Norwegen das Christentum zur allgemeinen Religion gemacht hatte.

In dem folgenden Text spricht Thor selber, der sich selber „Rotbart" nennt, zu König Olaf Tryggvason:

Er erwiderte: „Damit beginne ich, Herr, daß dieses Land, an dem wir nun entlangsegeln, in alten Zeiten von Riesen bewohnt war. Aber die Riesen kamen einmal raschen Todes um, sodaß sie fast alle zugleich starben und niemand mehr übrig blieb als zwei Weiber.

Danach siedelten sich Leute aus östlichen Landen hier an, aber die großen Weiber fügten ihnen großen Verdruß und manche Gewalttätigkeit zu und bedrängten die Leute, die das Land besiedelt hatten, in ihrer Lage so lange, bis sie sich zuletzt entschlossen, diesen 'roten Bart' um Hilfe anzurufen.

Sogleich ergriff ich meinen Hammer und schlug sie beide tot, und das Volk dieses Landes blieb dabei, mich um Beistand anzurufen, wenn es not tat, bis Du, König, alle meine Freunde vernichtet hast, was wohl der Rache wert wäre!"

Dabei schaute er auf den König zurück und lächelte bitter, indem er sich so schnell über Bord stürzte, als wenn ein Pfeil ins Meer schösse, und niemals sahen sie ihn wieder.

Diese beiden Riesinnen könnten Frigg-Fenja und Freya-Menja gewesen sein.

Möglicherweise hat der ehemalige Sonnengott-Göttervater Tyr zwei Frauen gehabt (Frigg und Freya), die den Diesseits- und den Jenseitsaspekt der Muttergöttin verkörpert haben, mit der sich Tyr in jeder Nacht bei seiner Wiederzeugung vereint hat und von der er an jedem Morgen wiedergeboren worden ist.

Als Tyr von seiner Position als oberster Gott verdrängt wurde, hat Odin diese beiden Göttinnen als Frau und Geliebte übernommen.

Im Zusammenhang mit Thor sind die beiden Göttinnen jedoch zu den Riesinnen Fenja (Frigg) und Menja (Freya-Menglöd) bzw. Gjalp und Greip umgedeutet worden, die von Thor wie der Göttervater-Riese selber und auch seine beiden Pferde-Söhne getötet worden sind – Thor hat sicherheitshalber die ganze Sippe des Tyr ausgelöscht.

Das Motiv der beiden hilfreichen Göttinnen war jedoch so stark, daß es auch im Kult und in den Mythen des Thor als Thorgerdr Hölgabrudr und Irpa bzw. als Sif und Jarnsaxa weiterbestand.

Diese Deutung ist jedoch unsicher, da „Frigg" nur der südgermanische Name der Freya ist. Ein sicheres älteres Göttinnenpaar ist hingegen Freya und Hel – aber auch hier handelt es sich letztlich um dieselbe Göttin des Jenseits, die einmal als Wiederzeugungs-Geliebte ersehnt und einmal als Totenherrin gefürchtet ist.

Man kann somit zwar deutlich sehen, daß es im Zusammenhang mit Thor ein Göttinnenpaar gegeben hat, und ebenso, daß es in den früheren jungsteinzeitlichen Religionen eine Göttinnenpaar gegeben hat, aber es ist unklar, wie alt dieses Motiv bei den Germanen ist.

Es ist durchaus denkbar, daß dieses Motiv erst entstanden ist, als die Nordgermanen um 500 n.Chr. die Götter der Südgermanen (Odin, Frigg u.a.) übernommen haben.

I 26.   Thors Stiefsohn

Über Thors Verhältnis zu seinem Stiefsohn Ullr ist so gut wie nichts bekannt. Ullrs Mutter ist Thors Frau Sif, aber wer Ullrs Vater ist kann nur indirekt erschlossen werden.

I 26. a)   Skaldskaparmal

Das Verhältnis zwischen Thor und Ullr wird u.a. diesem von Snorri Sturluson verfaßten Lehrbuch der Skaldenkunst beschrieben:

„Welche Bilder soll man verwenden, um den Namen des Thor zu umschreiben?"
„Folgende: Man soll ihn Stiefvater des Ullr nennen, … … … ."

Da sich diese Verwandtschaftsbezeichnung des Thor zu Ullr zur Bildung einer Kenning für den Donnergott eignete, wird dieses Verhältnis zwischen den beiden Göttern schon länger bestanden haben.

I 26. b)   Lokasenna

In diesem Lied wird das Geheimnis um den Vater des Ullr gelüftet:

Da trat Sif vor und schenkte dem Loki Met in den Eiskelch und sprach:

„Heil Dir nun, Loki, den Eiskelch lang ich Dir
Firnen Metes voll,
Daß Du mich eine doch von den Asenkindern
Ungelästert lassest."

Jener nahm den Kelch, trank und sprach:

„Du einzig bliebest verschont, wärest Du immer keusch
Und dem Gatten ergeben gewesen.
Einen weiß ich und weiß ihn gewiß,
Der auch den Hlorridi zum Hahnrei machte
– und das war der listige Loki."

„Firn" bedeutet „eisgekühlt".

Ein *„Hahnrei"* ist ein Mann, dessen Frau fremdgegangen ist.

Der Ursprung dieser Szene ist der Streit zwischen Thor und Loki um die Herrschaft und um die Göttin Sif. Es ist gut möglich, daß Thors Frau Sif und Lokis Frau Sigyn ursprünglich einmal dieselbe Göttin gewesen sind, die sich schließlich in zwei Gestalten mit zwei Namen aufgespalten hat, wodurch etwas mehr Ruhe und Ordnung in Asgard einkehrte.

Evtl. ist Angurboda, mit der Loki die Hel sowie Jörmungandr und Fenrir zeugt, die gefürchtete Schattenseite der Sif/Sigyn – ähnlich dem Schwesternpaar Freya und Hyndla (Hel).

Thors Stiefsohn Ullr ist der Sohn der Sif und des Loki. Dieses Motiv ist ein Teil des Streites des Donnergottes mit Jörmungandr/Loki um den Regen bzw. den Sommer sowie um die Göttin der Wiedergeburt.

I 27. Thors Pflege-Eltern

Thor wurde nicht von seinen Eltern Odin und Jörd, sondern von zwei Riesen aufgezogen.

I 27. a) Skaldskaparmal

Da Thor mithilfe der Nahmen seiner Pflege-Eltern umschrieben werden konnte, muß auch dieses Motiv recht bekannt gewesen sein, obwohl darüber in der schriftlichen Überlieferung kaum etwas zu finden ist.

„Mit welchen Bildern soll man den Namen des Thor umschreiben?"
„Mit diesen: Man soll ihn ... ... Pflege-Sohn des Vingnir und der Hlora ... ... nennen."

I 27. b) Der Name „Vingnir"

Der Name „Vingnir" bedeutet „Schwingender". Auch der Penis eines Hengstes oder Stieres wurde als „vingull", also „Schwingender, Wippender" bezeichnet. Auch der Stier selber konnte „Vingnir" genannt werden.

Dieser Name wird aus der Wiederzeugungssymbolik stammen. Sowohl Tyr als (Pflege-)Vater des Thor und als Jenseits-Riese als auch Odin und Thor sind als „Vingnir" bezeichnet worden.

I 27. c) Thulur

In diesen Namens-Listen findet sich unter *„Jötun-Heiti"* („Namen der Riesen") auch der Name *„Vingnir"*.

Vingnir als Riese würde zu der Hypothese passen, daß Thor der wiedergeborene Vingnir ist – so wie Magni der wiedergeborene Thor ist. Dazu paßt gut, daß auch Thor selber „Vingnir" genannt worden ist.

I 27. d) Odins Nofn

In diesem Gedicht, daß aus der Aufzählung von 51 Beinamen („Nofn") des Odin besteht, wird auch „Vingnir" aufgeführt.

Nun sollen Odins Namen
gepriesen werden:
Atridi, Audun
und Aldaföðr,
... ...
... ...
Vingnir, Rognir.
... ...
... ...

Es stellt sich natürlich die Frage, ob diese 51 Beinamen des Odin alle in erster Linie Bezeichnungen des Odin gewesen sind oder ob sich unter diesen Namen nicht auch solche befinden, die ursprünglich für andere Götter verwendet wurden und von Odin übernommen worden sind. Vor allem die Namen des ehemaligen Göttervaters Tyr sind in dieser Aufzählung zu erwarten, da so gut wie die gesamte Mythologie des Tyr auf Odin übertragen wurde, als er dessen Stellung als Göttervater übernommen hat.

Da Odin der Vater des Thor ist, ergibt es keinen Sinn, ihn unter einem anderen Namen auch als den Pflegevater des Thor zu bezeichnen. Weiterhin wird Odin seinen Sohn Thor kaum einfach irgendwelchen Riesen zur Erziehung übergeben haben. Der einzige „besondere Riese", der dafür in Frage käme, ist „Tyr im Jenseits".

Diese Deutung legt wiederum den Verdacht nahe, daß Thor einst der Sohn des Tyr gewesen ist und Odin auch dieses Verwandtschaftsverhältnis zu Thor von dem ehemaligen Göttervater übernommen hat. Vermutlich hat das Bild des Thor Tyr-Sohn solch ein Gewicht gehabt, daß es sich nicht einfach auflösen ließ, weshalb es dahingehend umgedeutet wurde, daß Thor ab 500 n.Chr. zwar der leibliche Sohn des Odin war, aber trotzdem weiterhin bei Tyr-Vingnir blieb, der dadurch vom leiblichen Vater des Thor zu dessen Pflegevater wurde.

„Vingnir" könnte ursprünglich einfach „Zeugender" oder auch „der sich selber Wiederzeugende" bedeutet haben.

I 27. e) Haustlöng

Auch in diesem Lied ist „Vingnir" ein Riese:

Der harte Splitter des Wetzsteines
des Besuchers der Frauen
von Vingnirs Leuten zischte zu dem Sohn der Erde
und in seinen Gehirn-Grat.

Ein „*Splitter des Wetzsteines*", den Hrungnir als Waffe verwendete, flog Thor in den Kopf und blieb dort stecken.

„*Vingnir*" ist vermutlich ein Beiname des Tyr, denn dann wären „*Vingnirs Leute*" die Riesen und der „*Besucher der Riesen-Frauen*" folglich ein Riese – in diesem Fall vermutlich Hrungnir.

Der „*Sohn der Erde*" ist Thor, da seine Mutter die Erdgöttin Jörd ist.

Thors „*Gehirn-Grat*" ist sein Schädel. Mit dem hier als „Grat" übersetzen germanischen Wort sind solche Dinge wie ein Bergrücken, ein Firstbalken und andere „obenliegenden Teile eines Ganzen" gemeint.

Kenning-freie Übersetzung der Strophe: „*Ein harter Splitter des Wetzsteines des Hrungnir flog zu Thor und blieb in seinem Schädel stecken.*"

I 26. f)　Der Name „Hlora"

Dieser Name der Ziehmutter des Thor bedeutet „die Laute" – ein typischer Riesenname. Möglicherweise wurde er mit Thors Beinamen „Hlorridi" („Lauter Reiter", „Streitwagenfahrer") assoziiert.

I 27. g)　Edda-Prolog

In seiner Einleitung zur Edda berichtet Snorri Sturluson über Thor, die Göttin Sif und auch über die Pflegeeltern des Thor.

In diesem Vorwort werden die Götter entsprechend der um 1200 n.Chr. in Europa üblichen Ansicht als Könige der Vorzeit angesehen. Snorri versucht auch, die Mythen der Germanen in Übereinstimmung mit der Überlieferung der Griechen zu bringen.

Einer ihrer Könige wurde Munon oder Mennon genannt; und er war mit der Tochter des Hochkönigs Priam verheiratet, mit derjenigen, die Troan genannt wurde. Sie hatten ein Kind mit dem Namen Tror, den wir Thor nennen.

Mit „Munon/Mennon" könnte Agamemnon, der König von Mykene und Oberbefehlshaber der Griechen in ihrem Krieg gegen Troja, gemeint sein – das wäre ein passender Vater für die griechische Variante des Thor in der Deutung des Snorri.

Priamos war der letzte König von Troja, also der Gegner des Agamemnon. Für die Germanen könnte der Trojanische Krieg eine Entsprechung zu dem Krieg zwischen den Asen und den Wanen in der germanischen Götterwelt gewesen sein. Dann würde Thor in sich die Essenz der Griechen und der Trojaner bzw. der Asen und der Wanen vereinen – was gut zu der Auffassung des Thor als der obersten Gottheit passen würde.

Vielleicht assoziierte Snorri den Trojanischen Krieg auch zutreffenderweise mit dem Streit zwischen Tyr und Loki um die Jenseitsgöttin – aber das ist unwahrscheinlich.

Der Name „Troan" hat vermutlich die Bedeutung „Trojanerin". In der Sage über den Trojanischen Krieg ist Klytaimnestra die Frau des Agamemnon. Sie ist die Schwester der Helena, deren Entführung durch Paris den Trojanischen Krieg ausgelöst hat.

Er wurde in Thrakien von einem gewissen Kriegsfürsten mit dem Namen Loricus aufgezogen. Als er jedoch zehn Winter alt war, nahm er die Waffen seines Vaters an sich.

Thrakien liegt nordöstlich von Griechenland an der Westküste des Schwarzen Meeres. Die Thraker waren die nächsten Verwandten der Griechen.

„Loricus" ist die männliche Form (mit lateinischer Endung) zu dem Frauennamen „Lora", der eine verkürzte Schreibweise von „Hlora" ist. „Loricus" bedeutet „der Milde/Warme" und ist ein Hinweis darauf, daß es sich bei ihm um den „Sommergott" Tyr gehandelt haben könnte.

Er war so schön anzusehen, wenn er inmitten anderer Männer war, wie Elfenbein, das in Eichenholz eingelegt worden ist, und sein Haar war strahlender als Gold.

Als er zwölf Winter alt war, hatte er das volle Maß seiner Kraft erreicht; da konnte er ohne Mühe zehn Bärenfelle auf einmal von der Erde aufheben. Und er erschlug den Fürsten Loricus, seinen eigenen Pflegevater, und zusammen mit ihm seine Pflegemutter Lora oder Glora und machte Thrakien, das wir Thrudheim nennen, zu seinem eigenen Reich.

Loricus und Lora in dem Edda-Prolog entsprechen offensichtlich Vingnir und Hlora in der Skaldskaparmal.

In dieser Sage wird als Grund für den Mord des Thor an seinen Pflegeeltern angegeben, daß er selber König des Reiches sein wollte. Diese erfrischende Ehrlichkeit in der Überlieferung paßt völlig zu Thors Ermordungen der verschiedenen Erscheinungsformen des Tyr-Riesen, dem er ebenfalls als „junger Gott" und als Herrscher in Asgard nachfolgen will.

Man wird daher davon ausgehen können, daß Vingnir-Loricus und Hlora-Lora der ehemalige Göttervater Tyr und seine Frau (vermutlich Freya-Idun) sind.

Es scheint somit eine einheitliche Namensgebung in dieser Pflegefamilie des Thor, also bei Thor seinen Zieheltern gegeben zu haben:

Hloricus (Loricus, Vingnir = alter Tyr) ----- **Hlora** (Lora, Glora = Freya)

|

Zieheltern

↓

Hlorridi (Thor = wiedergeborener Tyr)

Diese spezielle Form des Familiendramas, insbesondere der Vatermord, ist in den Mythen der Indogermanen in mehreren Varianten weit verbreitet:

Bei den Griechen hat Zeus seinen Vater Kronos mit Met betäubt und ihn gefesselt auf die Jenseitsinsel verbannt, um selber Götterkönig zu werden. Zuvor hatte Kronos seinen Vater Uranos kastriert.
(Uranos → Kronos → Zeus)

Dieselbe Mythe findet sich auch bei den Hethitern: Der Korngott Kumarbi kastrierte seinen Vater Anu und verschluckte versehentlich etwas Samen aus dessen Penis, wodurch er nach einer Weile den Wettergott Teshshup gebar. Er versuchte daraufhin vergeblich, seinen Sohn zu töten, sodaß dieser schließlich den Kumarbi besiegte und selber zum Göttervater wurde.
(Anu → Kumarbi → Teshshup)

Bei den Indern findet sich der Kampf der jungen Deva-Götter gegen die alten Asura-Riesen. Dies entspricht dem Kampf des Thor gegen die Riesen.
(Asuras → Devas)

Bei den Kelten kämpfen die Götter („Tuatha de Danan" = „Volk der Göttin Dana") gegen die Fomoire-Riesen.
(Fomoire → Tuatha de Danan)

Ein weiterer Vatermord aus den Mythen der Germanen ist das Töten des Urriesen Ymir durch Odin und seine beiden Brüder. Diese drei Asen sind zwar nur spätere Nachkommen des Ymir und nicht die Söhne des Urriesen, aber das Thema ist dasselbe.

(Ymir → Asen)
(Loricus/Tyr, Lora → Thor)

Der Mord des Thor an seinen (Pflege-)Eltern ist ein mythologisches Thema, das noch von den ursprünglichen Indogermanen, die um 2800 v.Chr. in der südrussischen Steppe lebten, stammt.

Snorris Herleitung des Namens „Thrudheim" von „Thrakien" in dem oben angeführten Text ist natürlich nicht zutreffend.

Thors Haare und vermutlich auch Sein Bart werden hier nicht als „rot", sondern als „golden" bezeichnet. Die Bezeichnung „rot" liegt vermutlich darin begründet, daß die Germanen Gold als „rot" bezeichnet haben. Thor wird daher wohl eher goldblond als rotblond gewesen sein – auch wenn ein roter Bart gut zu seiner cholerischen Art passen würde.

Danach zog Thor fern und weit durch die Lande und suchte jeden Ort auf der Erde auf und überwand ganz alleine alle Berserker und Riesen und einen Drachen, den größten aller Drachen, sowie viele Ungeheuer.

Dieser größte aller Drachen ist Jörmungandr, der in der ursprünglichen Mythe der Indogermanen die Regenräuberschlange gewesen ist.

In der Nordhälfte seines Reiches fand er die Prophetin, die Sibil genannt wird und die wir Sif nennen, und heiratete sie.

Über den Stammbaum der Sif kann ich nichts berichten; sie war die schönste aller Frauen und ihr Haar war wie Gold.

Ihr Sohn war Loridi, der seinem Vater glich; dessen Sohn war Einridi, dessen Sohn Vingethor, dessen Sohn Vingener, dessen Sohn Moda, dessen Sohn Magi, dessen Sohn Seskef, dessen Sohn Bedvig, dessen Sohn Athra (den wir Annar nennen), dessen Sohn Itermann, dessen Sohn Heremod, dessen Sohn Skjaldun (den wir Skjöld nennen), dessen Sohn Bjaf (den wir Bjarr nennen), dessen Sohn Jat, dessen Sohn Gudolfr, dessen Sohn Finn, dessen Sohn Friallaf (den wir Fridleifr nennen), dessen Sohn war der, der Voden genannt wird, den wir Odin nennen: Er war ein Mann, der weit bekannt war für seine Weisheit und alle seine Vollkommenheiten.

Die Namen der drei ersten Nachkommen des Thor und der Sif, also „*Loridi*" („lauter Reiter/Streitwagenfahrer"), „*Einridi*" („einzelner Reiter/Streitwagenfahrer") und „*Vingethor*" („(der den Hammer) schwingende Thor") sind bekannte Beinamen des Donnergottes.

Als Ururenkel des Thor und der Sif folgt „*Vingener*". Dieser Name ist nur eine andere Schreibweise für „*Vingnir*". Man kann daher vermuten, daß auch dieser Name wie die drei vorigen Namen ein Beiname des Thor gewesen ist.

Auf diese vier Beinamen des Thor folgen seine beiden Söhne Modi und Magni, die in dieser Genealogie als sein Urururenkel Moda und dessen Sohn Magi angesehen werden.

Athra/Annar, der Urenkel des Magi, ist in den Mythen der Germanen einer der drei Männer der Göttin Nott („Nacht") und hat mit ihr die Erdgöttin Jörd gezeugt, die in den Mythen die Mutter des Thor ist. Diese Genealogie versucht offenbar, verschiedene Götter zu einer Folge zusammenzustellen, an deren Anfang Thor steht, der daher der wichtigste Gott gewesen ist.

Der Enkel des Annar Jörd-Vater ist Skjöld, der in den Mythen der Germanen sonst der Sohn des Odin und der Mann der Göttin Gefiun ist. Er ist der Urahn der dänischen Könige.

Skjölds Urururururenkel „*Voden*" ist Wotan-Odin. Er ist in diesem Stammbaum der Nachkomme des Thor in der 18. Folge-Generation. Odin wird in dieser Genealogie eindeutig dem Thor untergeordnet. Hier ist der Aufstieg des Thor zu der obersten Gottheit wieder einen Schritt weiter entwickelt worden – im Hrungnir-Lied traute sich Thor lediglich, das von dem ehemaligen Göttervater Tyr-Hrungnir erbeutete Roß seinem Sohn Magni statt seinem Vater Odin zu schenken.

Die Pflegeeltern Vingnir (Loricus) und Hlora (Lora) des Thor sind der ehemalige Göttervater Tyr und seine Frau Freya. Sie werden in den alten Tyr-zentrierten Mythen vor 500 n.Chr. ursprünglich die leiblichen Eltern des Thor gewesen und erst zu dessen Pflegeeltern umgedeutet worden sein, als Odin zum Göttervater und dabei auch zum Vater des Thor geworden war.

In dieser Erinnerung an die alten Mythen des Tyr hat sich auch das alte indogermanische Thema des Mordes des Königssohnes an seinem Vater erhalten können: Thor tötet Vingnir und Hlora und übernimmt deren Reich. Dies ist der Kern der vielen Morde des Thor an den Tyr-Riesen.

Der Ursprung dieses Vatermord-Motivs ist die Wiedergeburt des alten, am Abend sterbenden Sonnengott-Göttervaters, der dann am Morgen als junger Göttervater wiedergeboren wird. In dieser Mythe werden sich zwei ältere Motive miteinander verbunden haben:

1. das Motiv des Todes des alten Göttervaters und dessen Wiedergeburt als sein eigener, mit dem Vater identischer Sohn;

2. der Kampf im Jenseits, den es in zwei Varianten gab:

        a) der Streit des Regen- und Donnergott mit der Regenräuberschlange um den geraubten Regen;
        b) den nächtlichen bzw. winterlichen Kampf des Sonnengott-Göttervater gegen die Jenseitsweg-Schlange, die ursprünglich nur ein Symbol dieses Weges gewesen ist, aber schließlich durch ihre Assoziation mit dem Tod selber zu einer tödlichen Bedrohung geworden ist.

Durch die Kombination der Wiedergeburt des Sonnengott-Göttervaters mit dem Schlangen-Kampf wurden auch die Wechsel zwischen dem alten und dem neuen (wiedergeborenen) Göttervater zu einem Kampf, d.h. zu einer Ermordung des „alten Königs" durch den „jungen König".

In der Version dieser Mythe, die im Edda-Prolog berichtet wird, ist auch Odin ganz deutlich dem Thor untergeordnet worden und wird als später Nachkomme des Thor-Ahnherrn angesehen.
Thor wird im Edda-Prolog als der Sohn des Königs der Griechen (Agamemnon) und der Tochter des Königs von Troja (Priamos) angesehen. Diese beiden Könige waren die Heerführer im Trojanischen Krieg, der von den Germanen vermutlich mit dem Krieg zwischen den Asen und den Wanen assoziiert wurde (und nicht, wie es zutreffend wäre, mit dem Kampf zwischen Tyr und Loki). Als Sohn bzw. Enkel dieser beiden Könige verkörpert Thor in dieser Genealogie auch die Essenz der Griechen und der Trojaner, d.h. der Asen und der Wanen.
Thor wird auf diese Weise möglicherweise (unbeabsichtigt) auch dem weisesten aller Wesen, dem Kwasir, gleichgesetzt, den die Asen und die Wanen nach ihrem Friedensschluß aus ihrem Speichel erschufen.

I 28. Thor und Thialfi, Sif und Röskwa

Thialfi und Röskwa gehören nicht zur Sippe des Thor und der Sif, aber sie sind als deren Priester bzw. Priesterin dennoch eng mit ihm und mit Sif verbunden.

I 28. a) Skaldskaparmal

In der Skaldskaparmal wird gesagt, daß Thor der „Herr" des Thialfi und der Röskwa ist.

„*Welche Bilder soll man benutzten, um den Namen Thor zu umschreiben?*"
„*Folgende: Man soll ihn ... ... Herr des Thialfi und der Röskwa ... ... nennen.*"

I 28. b) Der Name „Thialfi"

Der Name leitet sich „thewa-alfar" her und bedeutet „Diener-Elf". Zu dieser Deutung paßt, daß Thialfi in dem Lied „Thorsdrapa" als „Alf" bezeichnet wird. Thialfi ist folglich nach seinem Verhältnis zu Thor benannt worden.

Von insgesamt zwölf Runensteinen sind Männer mit dem Namen „Thialfi" bekannt. Es ist offenbar etwas Wünschenswertes gewesen, ein „Diener-Elf" d.h. vermutlich ein „Thors-Diener" zu sein.

Der „Diener eines Gottes" ist eine Umschreibung für „Priester", die sich in sehr vielen Religionen findet. Schon im alten Ägypten war „hem-netjer" („Gottesdiener") einer der wichtigsten Priestertitel. Aus dieser Vorstellung leitet sich auch der deutsche Begriff „Gottesdienst" her.

Da ein „Alf" der Geist eines Toten im Jenseits ist und die Hauptaufgabe eines Priesters die Verbindung von Diesseits und Jenseits ist, paßt auch dieser Namensbestandteil des Thialfi gut zu dieser Deutung. Diese Vorstellung findet sich u.a. auch in dem Wort „Religion" wieder, das „Rück-Verbindung" bedeutet.

I 28. c) Der Name „Röskwa"

Der Name von Thialfis Schwester „Röskva" bedeutet „wachsen, reifen". Er entspricht somit zumindestens inhaltlich dem Namen „Groa" („grünen, wachsen") der Mutter des Sonnengottes Tyr-Svipdag. Röskva könnte somit evtl. eine Verbindung zu der Erdgöttin Groa-Jörd haben. Dazu würde gut passen, daß Jörd die Mutter des Thor ist.

Wenn Thialfi der erste Priester des Thor und somit das Urbild aller Thor-Priester gewesen ist, sollte Thialfis Schwester Röskwa die erste Priesterin von Thors Frau Sif gewesen sein. Röskvas Name, der „Reifende" bedeutet, paßt ausgesprochen gut zu der Korngöttin Sif und ihrem goldenen „Getreide-Haar".

I 28. d) Gylfis Vision

Die Mythen-Trilogie über Thialfi, Skrymir und Utgardloki beginnt mit der Erzählung über die Begegnung zwischen Thor, Thialfi und Röskwa. Die beiden anderen Teile dieser Trilogie sind bereits in den vorigen Kapiteln dargestellt worden.

Da sprach Gangleri: „Ein gutes Schiff ist Skidbladnir und gar große Zauberei mag dazu gehört haben, es so kunstreich zu schaffen. Aber ist es dem Thor auf seinen Fahrten nie begegnet, daß er so Starkes und Mächtiges fand, das ihm an Kraft und Zauberkunst überlegen war?"

Har antwortete: „Wenige, glaube ich, wissen davon zu sagen und große Gefahren hat er doch bestanden; aber wenn es sich je begab, daß etwas so stark oder mächtig war, daß es Thor nicht besiegen konnte, so ist es besser, nicht davon zu reden, denn es gibt viele Beispiele dafür und Gründe genug zu glauben, daß Thor der Mächtigste sei."

Har äußert hier einen erstaunlich modernen Gedanken, der sehr an „positives Denken" und an „Urvertrauen in die Götter" erinnert.

Da sprach Gangleri: „So scheint es ja, als hätte ich euch nach einem Dinge gefragt, worauf niemand antworten könne."
Da sprach Jafnhar: „Wir haben von Begebenheiten sagen hören, deren Wahrheit uns kaum glaublich dünkt; aber hier sitzt der in der Nähe, welcher getreuen Bericht davon geben mag (Thor), und Du darfst glauben, daß er jetzt nicht zum erstenmal lügen wird, der nie zuvor gelogen hat."
Da sprach Gangleri: „Hier will ich stehen und hören, ob ich von diesen Geschich-

ten Bescheid erhalte, denn im anderen Fall erkläre ich euch für überwunden, wenn ihr keine Antwort wißt auf meine Frage."

Gangleri und Odin (Har, Jafnhar, Thridi) führen hier einen speziellen Rätselstreit aus, der im Erzählen von Geschichten besteht.

Da sprach Thridi: „Offenbar ist es nun, daß er diese Geschichten wissen will, obwohl uns bedünkt, es sei nicht gut davon zu sprechen. Du hast also zu schweigen.

Dieser Einschub soll natürlich vor allem die Leser neugierig machen …

Der Anfang dieser Erzählung ist nun, daß Ökuthor („Wagen-Thor") ausfuhr mit seinem Wagen und seinen Böcken und mit ihm der Ase, der Loki heißt.
Da kamen sie am Abend zu einem Bauern und fanden da Herberge. Zur Nacht nahm Thor seine Böcke und schlachtete sie; darauf wurden sie abgezogen und in den Kessel getragen. Und als sie gesotten waren, setzte sich Thor mit seinem Gefährten zum Nachtmahl.
Thor bat auch den Bauern, seine Frau und beide Kinder, mit ihm zu speisen. Des Bauern Sohn hieß Thialfi und die Tochter Röskwa. Da legte Thor die Bocksfelle neben den Herd, und sagte, der Bauer und seine Hausleute möchten die Knochen auf die Felle werfen.

Thialfi und Röskva sind zu Beginn der Geschichte einfache Bauernkinder.

Thialfi, des Bauern Sohn, hatte das Schenkelbein des einen Bocks, das schlug er mit seinem Messer entzwei, um zum Mark zu kommen.

Hier geht Thialfi mit einem der Knochen der Ziegenböcke auf eine Weise um, die ihm nicht erlaubt gewesen ist, wie sich gleich herausstellen wird.

Thor blieb die Nacht da und am Morgen stand er vor Tag auf, kleidete sich, nahm den Hammer Miölnir und erhob ihn, die Bocksfelle zu weihen. Da standen die Böcke auf; aber dem einen lahmte das Hinterbein. Thor sah es und sagte, der Bauer oder seine Hausgenossen müßten unvorsichtig mit den Knochen des Bocks umgegangen sein, denn er sehe, das eine Schenkelbein wäre zerbrochen.

Das Nicht-Beschädigen der Knochen von Thors beiden Ziegenböcken ist offenbar ein sinnvolles Tabu gewesen, da die Böcke nur aus den heilen Knochen wieder gesund neu entstehen konnten.

Es braucht nicht weitläufig erzählt zu werden, da es ein jeder begreifen kann, wie der Bauer erschrecken mochte, als er sah, daß da Thor die Brauen über die Augen sinken ließ, und wie wenig er auch von den Augen noch sah, so meinte er doch, vor der Schärfe des Blicks zu Boden zu fallen.

Thor faßte den Hammerschaft so hart mit den Fingern an, daß die Knöchel davon weiß wurden.

Der Bauer gebärdete sich, wie man denken mag, so, daß alle seine Hausgenossen entsetzlich schrien und alles, was sie hatten, zum Ersatz boten.

Als Thor ihren Schrecken sah, ließ er von seinem Zorn, beruhigte sich und nahm ihre Kinder Thialfi und Röskwa zum Vergleich an: die wurden nun Thors Dienstleute und folgen ihm seitdem überall.

Symbolisch und magisch gesehen besteht die Verbindung zwischen Thor und Thialfi sowie Röskva in den geopferten Ziegenböcken. Es stellt sich daher die Frage, welche Bedeutung diese beiden Ziegenböcke mit den Namen Tanngnjostr („Zähneknisterer") und Tanngrisnir („Zähneknirscher") haben.

Die Herdentiere waren bei vielen Völkern die Opfertiere bei Bestattungen. Dies liegt daran, daß Herdentiere aufgrund der großen Anzahl, in der sie auftreten, als fruchtbar und zeugungskräftig angesehen wurden und die Identifizierung der Toten mit einem für sie geopferten Herdentier daher die erfolgreiche Wiederzeugung der Toten absichern sollte.

Der Beginn der „Karriere" des Thialfi und der Röskwa ist das Ziegenopfer und das Erlernen der Regeln, die dabei beachtet werden müssen. Die Durchführung dieses Opfers ist eine der wichtigsten Aufgaben der germanischen Priester gewesen.

> Thialfi („Diener-Alf") ist der erste Priester des Thor gewesen und seine Schwester Röskwa („Reifende") die erste Priesterin von Thors Frau, der Korngöttin Sif.

I 29. Thor und Loki

Die beiden Götter Thor und Loki sind die Repräsentanten von Diesseits und Jenseits, von Leben und Tod, von Sommer und Winter, von Aufrichtigkeit und List. Ihr Streit um die Jahreszeiten und um die Göttin und ihr Wiedergeburtssymbol prägt einen großen Teil der Mythen dieser beiden Götter.

I 29. a) Redewendung aus Jütland

In Jütland (Nord-Dänemark) hat sich sich die mit Thor verbundene Jahreszeiten-Mythe in einem Monatsnamen und in einer Redewendung erhalten können.

Der Monat, in dem der Frühling zurückkehrt, also der März, wird *„Läkke"* oder *„Thor"* genannt.

Dazu gibt es folgenden Spruch:

„Der Läkke-Mann mit seinem langen Bart holt das Kind von der Wand fort."

bzw.:

„Thor mit seinem langen Bart holt das Kind von der Wand fort."

Dieser Spruch bedeutet, daß Thor den Frühling bringt und daß dann die Kinder wieder aus dem Haus („Wand") herauskommen und draußen sein können.

Thor ist der Gott, der im März den Winter vertreibt. In früheren Versionen dieser Vorstellung besiegt Thor bzw. Tyr den Loki und sperrt in ihn die Unterwelt, wodurch der Sommer, d.h. die Zeit der Herrschaft des Sonnengott-Göttervaters und des Donnergottes zurückkehrt.

I 30.   Die Halle des Thor

Thors Halle selber trägt den Namen „Bilskirnir". Sie steht in einer Gegend mit dem Namen „Thrudwang".

I 30. a)   Skaldskaparmal

Der Name der Halle des Thor erscheint u.a. in der Liste der geläufigsten Kenningar des Donnergottes:

„*Welche Bilder soll man benutzen, um den Namen des Thor zu umschreiben?*"
„*Diese: Man soll ihn ... ... Besitzer von Bilskirnir ... ... nennen.*"

„Bilskirnir" bedeutet „Blitzstrahl" – ein passender Name für den Wohnort eines Donnergottes …

I 30. b)   Grimnir-Lied

Der Name der Halle des Thor wird im Grimnir-Lied bestätigt:

Odin:
„*Fünfhundert Wohnungen und viermal zehn
Weiß ich in Bilskirnirs Bau.
Von allen Häusern, die Dächer haben,
Glaub ich meines Sohns das größte.*"

Die „540", also die Anzahl der Wohnungen in Thors Halle, findet sich auch bei Odins Saal Walhalla, der 540 Türen hat.
Diese gleiche Zahl der Türen bei Bilskirnir und Walhalla paßt zu der Aussage aus dem Harbard-Lied überein, daß die toten Fürsten zu Odin gelangen und die toten Leibeigenen zu Thor.
Die Zahl „540" läßt sich in „$1^1 \cdot 2^2 \cdot 3^3 \cdot 5$" zerlegen, wobei „$1^1 \cdot 2^2 \cdot 3^3 = 108$" bei den Indern eine sehr heilige Zahl ist. Der Ursprung der „5" in diesem Zusammenhang ist jedoch unklar (siehe auch den Band 47 über die Symbolik der Zahlen). Die Zahl „540" ist anscheinend die „Zahl der Totenhalle".

I 30. c) Gylfis Vision

In „Gylfis Vision" wird am Ende der Reise des Thor zu dem Riesen Utgardloki (Tyr) beschrieben, daß Thor auf dem „Thrudvangr", also auf den „Thrudr-Feldern" wohnt, auf denen seine Halle Bilskirnir („Blitzstrahl") steht.

Da kehrte er um und zog seines Weges bis er wieder nach Thrudwang kam.

Es wäre seltsam und vollkommen unüblich, wenn Thor sein Heimatland „Thrud-Gefilde" nach seiner Tochter Thrudr benannt hätte. Der Name „Thrudwang" spricht eher dafür, daß das Land einst der Thrudr gehört hat, was bedeuten könnte, daß sie eine Erdgöttin und die Mutter des Thor gewesen ist. Thrud und seine Mutter, die Erdgöttin Jörd, werden also einst identisch gewesen sein.

Die Tochter des Donnergottes müßte dann entweder eine Erdgöttin oder eine Jenseitsgöttin gewesen sein – was in der germanischen Mythologie kaum einen Unterschied macht. Diese Deutung stimmt mit den Betrachtungen über die Tochter des Thor in einem der früheren Kapitel überein.

Die Halle des Thor könnte daher ursprünglich die Jenseitshalle der Erdgöttin gewesen sein – also die Grabkammer in einem Hügelgrab.

I 30. d) Grimnir-Lied

Grimnir (Odin) sagt bei der Beschreibung der Halle seines Sohnes Thor u.a., daß diese Halle nah bei den Asen und den Alfen steht. Da die Alfen die Totengeister im Jenseits sind, liegt auch Thrudheim im Jenseits – was der bisherigen Deutung von „Thrudr" und „Thrudwang" entspricht.

Heilig ist das Land, das ich liegen sehe
Den Asen nah und den Alfen.
Dort in Thrudheim soll Thor wohnen
Bis die Götter vergehen.

Das „Feld" („wang" => deutsch: „Anger") als Bild für das Jenseits war den Germanen durchaus geläufig. So wird z.B. in der Saga über Eirik den Weitfahrenden das Jenseits als die „Todlosen Felder" bezeichnet.

I 30. e) Heimskringla

Auch in der Heimskringla wird berichtet, daß Thor in Thrudwang wohnt:

Njörd wohnte in Noatun, Freyr in Uppsala, Heimdall in den Himmelsbergen, Thor in Thrudwang, Baldur in Breidablick.

I 30. f) Thor-Lied

Schon um ca. 950 n.Chr. hat Gamli Gnävadar-Skalde Thors Halle erwähnt:

Bilskirnirs Herr,
dessen Herz niemals Verrat plante,
schlug den Erd-Fisch
mit dem Zerstörer des Schluchten-Wals nieder.

Bilskirnir = Thors Halle; deren Herr = Thor
Erd-Fisch = Jörmungandr
Wal = großes Lebewesen; Schluchten = Felsen = Hügelgrab-Grabkammer; Grabkammer-Wal = Riese, insbesondere der Tyr-Riese im Jenseits; Zerstörer des Tyr-Riesen = Thors Hammer

---

Die Halle des Thor heißt „Bilskirnir" („Blitzstrahl") und liegt in „Thrudwang" („Felder der Thrudr") – der Donnergott war auch der Gott der Blitze und er hatte sein Heim auf Thrudrs Land, d.h. in der Unterwelt errichtet.

Sowohl Thors Halle Bilskirnir als auch Odins Saal Walhalla werden durch ihre 540 Räume bzw. Türen charakterisiert. Sie sind das Totenreich der Krieger bzw. der Leibeigenen.

Thor ist folglich auch ein Totengott – ursprünglich wird er wohl der tote Donnergott im Reich der Jenseitsgöttin Thrudr gewesen sein, der von Jörmungandr oder von Loki zu Beginn einer jeden sommerlichen Dürre und später im Norden zu Beginn eines jeden Winters getötet worden ist.

I 31.   Der Kult und die Priester des Thor

Über keinen anderen Gott ist soviel über den Kult und die Priester, die ihn ausüben, bekannt wie über den Donnergott. Dies zeigt, wie wichtig er in der späten Zeit der germanischen Religion gewesen ist.

Die folgenden Berichte über den Kult des Thor sind so gut wie möglich chronologisch angeordnet.

I 31. a)   Die skandinavischen Felsritzungen

(1800-500 v.Chr.)

Aus den skandinavischen Felsritzungen der Germanen läßt sich nur ersehen, daß es einen „großen Mann mit Hammer" gegeben hat.

Über den Kult dieser Gestalt, wenn es denn tatsächlich der Donnergott ist, läßt sich aus diesen Abbildungen lediglich schließen, daß er möglicherweise mit einem Gott mit Schwert und Schild auf einem Schiff, vermutlich dem damaligen Göttervater Tyr (vermutlich damals Thors Vater), assoziiert gewesen ist. Diese Deutung der Felsritzungen ist zwar wahrscheinlich, aber keineswegs vollkommen sicher.

Mann mit Schild und Hammer
Östfold

Schiff mit einem Mann mit Schwert und Hammer sowie einem Mann mit Schwert und Schild
Svenneby

Vermutlich ist der „Mann mit dem Hammer" auf den skandinavischen Felsritzungen der Donnergott Thor der Germanen.

Thor ist wahrscheinlich der Sohn des Tyr, also des „Mannes mit Schild und Schwert" gewesen.

I 31. b) Das Hügelgrab von Kivik

(1000 v.Chr.)

Hügelgrab von Kivik, Schweden

Die Abbildung des Hammer-Mannes in diesem Hügelgrab, in dem um ca. 1000 v.Chr. ein Fürst bestattet worden ist, zeigt immerhin, daß in der Bestattungszeremonie auch ein Hammer vorkam – allerdings wohl nur in einer untergeordneten Rolle.

Die links abgebildete Szene wurde bereits in dem Kapitel über Thors Hammer Mjöllnir besprochen.

Die unterste Bilder-Reihe bezieht sich vermutlich auf den Unter- und Aufgang der Sonne (Tyr), die seit spätestens der frühen Jungsteinzeit das Urbild für Tod und Wiedergeburt gewesen sind.

Die mittlere Reihe zeigt acht Priester – vermutlich beim Brauen des rituellen Mets.

Die oberste Reihe stellt vermutlich ebenfalls ein Ritual dar, das allerdings nicht sicher zu deuten ist. Der dritte Mann von rechts hält einen Hammer. Es wäre denkbar, daß er den zur Wiederzeugung benötigten Penis des Toten darstellt – aber das ist unsicher.

Möglicherweise ist der „Mann mit dem Hammer" in der Ritual-Abbildung in dem Grab von Kivik ein Priester des Thor und dessen Hammer ein Penis-Symbol.

I 31. c)   Das Opfermoor von Niederdorla

(100 v.Chr. – 1300 n.Chr.)

Der Fund eines Holzhammers und einiger Keulen in dem Opfermoor von Niederdorla in Thüringen gibt ebenfalls kaum Auskunft über den Kult des Thor. Möglicherweise waren sowohl der Holzhammer als auch die Keulen Opfergaben an Thor, die durch den See bzw. später das Moor als Jenseitstor nach Asgard gesandt wurden.
Dieser Kultplatz wurde von 800 bis 100 v.Chr. von den Kelten und von 100 v.Chr. bis noch nach 1200 n.Chr. von den Germanen benutzt.

Der Holzhammer und die Keulen aus dem Opfermoor von Niederdorla könnten Opfergaben oder Symbole des Donnergottes gewesen sein.

I 31. d)   Tacitus: Germania

(100 n.Chr.)

Tacitus war ein römischer Historiker, der um 100 n.Chr. mehrere Werke u.a. über die Germanen verfaßt hat.

Von allen Göttern verehren sie am meisten den Merkur. Ihm dürfen an bestimmten festgelegten Tagen sogar Menschen geopfert werden. Herkules und Mars besänftigen sie mit Tieren, die die üblichen Opfer sind.

Einige der Sueben opfern in derselben Weise auch der Isis. Ich habe wenig über den Grund und die Entstehung dieses nicht-einheimischen Brauches herausfinden können – falls nicht ihr Kultsymbol, das wie ein Liburnerschiff gestaltet ist, darauf hinweist, daß dieser Kult aus dem Ausland zu ihnen gekommen ist.

Für die übrigen Götter finden sie es vollkommen unpassend, sie innerhalb geschlossener Mauer oder in der Gestalt von Menschen zu verehren, da sie himmlische Wesen sind.

Sie weihen ganze Wälder und Haine den Gottheiten und nennen sie die Wohnort der betreffenden Gottheit. Diese Gottheiten können in der Kontemplation und in der inneren Verehrung gesehen werden.

Die genannten römischen Gottheiten sowie die ägyptische Isis werden wahrscheinlich folgende ihnen entsprechenden germanischen Gottheiten gewesen sein: Merkur – Odin (Jenseitsführer), Herkules – Thor (Hammergott/Keulengott), Mars – Tyr (Schwertgott) und Freya/Frigg – Isis (Muttergöttin).

Das verbindende Element zwischen Thor und Herkules wird deren große Kraft sowie die Keule gewesen sein.

Die von den Wikingern berichteten Tieropfer gab es offensichtlich auch schon zu dieser Zeit. Die Menschenopfer sind auch aus späterer Zeit bekannt.

Thor wird hier nicht dem Jupiter, sondern dem Herkules gleichgesetzt – es wird also seine Kraft betont und nicht sein Donner. Interessanterweise erscheint hier noch Tyr als dritter Gott, obwohl Odin bereits der wichtigste Gott und daher wohl auch der Göttervater ist. Dies läßt zumindestens vermuten, daß Odin bei den Südgermanen nur allmählich zum Göttervater aufgestiegen ist und nicht wie später um 500 n.Chr. bei den Nordgermanen Tyr mit einem „Staatsstreich" abgesetzt hat.

Tacitus berichtet hier mehrere Dinge über den Kult des Thor und anderer Gottheiten:

- Die Götter wurden mit Ausnahme der „Isis" in Heiligen Wäldern oder Heiligen Hainen verehrt.
- Den Göttern wurden Tiere geopfert.
- Es scheint keine menschengestaltigen Götterstatuen gegeben zu haben – vielleicht waren Tacitus die damaligen Tempel (die er selber erwähnt) und die Statuen in ihnen auch lediglich nicht genau bekannt.
- Der Kontakt zu den Gottheiten wurde durch Meditation und innere Visionen („Traumreise") hergestellt. Dies entspricht den Jenseitsreisen der Seher und Seherinnen sowie dem Utiseta.

I 31. e) Tacitus: Germania

(100 n.Chr.)

An einer anderen Stelle beschreibt Tacitus den „Kriegsgesang" der Germanen:

Man sagt, daß auch Herkules bei ihnen gewesen ist und daß sie ihn als den ersten aller tapferen Männer besingen, die in den Kampf ziehen.

Sie haben auch Lieder, durch deren Vortrag, der bei ihnen Bardit genannt wird, sie die Herzen entflammen und sie die Geschicke in der bevorstehenden Schlacht bereits in diesem Gesang ahnen. Denn entsprechend dem Lärm der Schlacht drängen sie mutig vorwärts oder schrecken zittend zurück.

Das, was sie ausstoßen, klingt nicht so sehr wie Singen, sondern wie ein Ausdruck der Stärke. Sie streben einen grimmigen und rauen Ton an, mit einem unterbrochen und unregelmäßigen Brummen – weshalb sie ihre Schilde vor ihre Münder halten, sodaß die Stimme durch die Resonanz zu größerer Fülle und Kraft anschwellen kann.

Dieses „Bardit" erinnert an die Bezeichnung der keltischen Druiden-Sänger, die „Barden" genannt werden.

Das von Tacitus berichtete Singen der Germanen in ihre Schilder vor der Schlacht gleicht den Beschreibungen der Methode der Berserker, wenn sie in ihre Kampfekstase geraten wollen, da sie dabei schreien, stampfen und in ihren Schildrand beißen. Diese Kampfekstase wird auch mehrfach von Thor berichtet, von dem es dann heißt, daß er „in seine Asenstärke fuhr".

Tacitus zufolge wurde Thor schon damals als der „Tapferste aller Männer" angesehen.

I 31. f) Tacitus: Annales

Tacitus berichtet auch über einen Heiligen Hain, der dem Thor geweiht war:

Caesar Germanicus erfuhr nach Überschreiten der Weser aus dem Bericht eines Überläufers, dass Arminius ein Schlachtfeld ausgewählt habe, daß auch andere Stämme in einen dem Hercules heiligen Hain zusammengekommen seien und einen nächtlichen Angriff auf das Lager wagen würden.

Thor besaß um 100 n.Chr. Heilige Haine.

I 31. g) Titus Livius

(179 n.Chr.)

Dieser römische Historiker berichtet, daß der Germanenstamm der Bastarnen einen von den Thrakern besetzten Berg erstürmen wollten, aber dann flohen, als ein Gewitter über sie hereinbrach. Die Bastarnen erklärten dem Titus, daß die Götter ihre Flucht verursacht hätten.

Man kann zumindestens vermuten, daß sie das Gewitter als ein Einmischen des Thor in ihren Kampf aufgefaßt haben.

Gewitter könnten von den Germanen um 179 n.Chr. als Willensäußerung des Thor angesehen worden sein.

I 31. h) Frühe Thor-Steine

(100-300 n.Chr.)

Auf zehn Weihesteinen, vier Armreifen und zwei Münzen aus dieser Zeit finden sich lateinische Inschriften, die sich vermutlich auf Thor/Donar beziehen. Sieben dieser Weihesteine stammen aus dem Siedlungsgebiet des Germanenstammes der Bataver, die in der Gegend von Nijmegen lebten, also am Niederrhein in etwa auf der Höhe der heutigen Grenze zwischen Deutschland und den Niederlanden. Je ein weiterer Stein wurde in Rom, Dakien und Schottland gefunden – die Verehrung des Donar ist offenbar weit verbreitet gewesen.

Die Anhänger dieses Gottes sind sowohl Germanen als Römer gewesen sein. Auf einem Stein wird ein Legionär und auf einem anderen ein Centurio als Stifter genannt. Die meisten Stifter tragen jedoch germanische Namen.

Thor/Donar wird auf diesen Steinen und Münzen meistens als „Herkules Magusanus" bezeichnet. Dieser Name bedeutet vermutlich „Thor/Donar der Starke". Aus dem Beinamen „Magusanus" hat sich möglicherweise der Name von Thors Sohn Magni gebildet.

„Herkules Magusanus" wird meistens mit Keule, Löwenfell und den Äpfeln der Hesperiden abgebildet. Diese Äpfel entsprechen den Äpfeln der Idun.

Die Inschriften lauten:

Weihestein von Rom, Provinz Roma, aus dem Jahr 219:

für Herkules Magusanus – wegen der Rückkehr unseres Herrn Marcus Aurelius Antonius Pius, dem erfolgreichen Kaiser mit seiner einzigartigen Reiterei, von den batavischen und thrakischen Bürgern aus der Provinz Untergermanien – das Gelübde wurde gerne und aus freiem Willen am Monatsersten des Oktobers unseres Herrn Antonius Augustus II und des Konsuls Tineio Sacerdote II erfüllt

Dieser Stein ist von der Reiterei des Kaisers Antonius Pius nach der glücklichen Rückkehr von einem Feldzug gestiftet worden. Herkules Magusanus wird daher wohl der Reiterei vor der Schlacht um Hilfe angerufen worden sein. Der Weihestein an ihn ist der ihm versprochene Dank für seine Hilfe.

Weihestein von Mumrills in Schottland, Provinz Britannia:

dem Herkules Magusanus geweiht von Valerius Nigrinus von den beiden Reitereien der Tungerer

Die Tungerer sind ein Germanenstamm am Niederrhein. Auch hier der Weihestein von einem germanischen Mitglied der römischen Reiterei gestiftet worden.

Weihestein von Bonn, Provinz Germania inferior:

dem Herkules Magusanus von Quintus Clodius Marvellinus, Centurio der 1. Legion „Treue Truppen der Minerva" – das Gelübde wurde gerne und aus freiem Willen erfüllt

Diesmal ist es ein römischer Centurio, der dem Herkules Magusanus einen Weihestein versprochen hat, wenn er ihm hilft – vermutlich ebenfalls in einer Schlacht.

Weihestein von Xanten, Provinz Germania inferior:

dem Herkules Magusanus von Licuius Vibius Castus, ehemals in der 30. Legion

Dies ist ein weiterer Weihestein eines Legionärs an Herkules. Die Verbindung des Herkules Magusanus und somit des „starken Donar" mit dem Militär ist offensichtlich.

Weihestein von Köln-Deutz, Provinz Germania inferior:

für unseren Herrn Herkules Magusanus und für die Matronen Abirenibus und Silvano und die Orts-Göttin Diana Mahalineis, für den Siegreichen Merkur und außerdem allen ähnlichen Göttern und Göttinnen ... Postreiter und ... Dirmesus-Veteran, zudem Verwalter/Vorsteher einer Anzahl Britannier mit ...

Diese unvollständig erhaltene Inschrift scheint entweder ebenfalls von einem Mitglied des römischen Heeres oder von einem hohen Beamten zu stammen.

Der Anlaß für die Errichtung dieses Weihesteines wird leider nicht mitgeteilt. Angesichts der vielen Gottheiten, an die sich der Römer wendet, scheint er eher ein generelles als ein spezielles Anliegen gehabt zu haben. Dieser Weihestein wird wohl kein Dank für eine gesund überlebte Schlacht sein.

Der „Siegreiche Merkur" könnte Odin sein.

Weihestein von Ruimel, Provinz Germania inferior:

dem Magusanus Herkules gestiftet von Flavius Vihirmatis Sohn des Ober-Beamten der Provinz der Batater – das Gelübde wurde gerne und aus freiem Willen erfüllt

Bei diesem Stein ist ein Beamter und kein Militär der Stifter – was natürlich weder ausschließt, das Flavius vor seiner Beamtenkarriere ein Legionär oder Centurio gewesen ist, noch daß Flavius von Herkules während seiner Beamten-Laufbahn Hilfe in einem Kampf benötigt hat.

Weihestein von Elten, Provinz Germania inferior:

dem Herkules Magusanus und der Haevae, von Ulpius Lupio und Ulpia Ammava für Kinder – das Gelübde wurde gerne und aus freiem Willen erfüllt

Dieser Stein wurde von einem ehemals kinderlosen Ehepaar dem Herkules und der Haevae gestiftet, das sich Kinder gewünscht und auch erhalten hat. Vermutlich war in diesem Fall eher die Göttin Haevae als der Gott Herkules der Wunscherfüller – es sei denn, daß Herkules-Donar als besonders zeugungskräftig gegolten hat und sein Hammer schon damals auch ein Penis-Symbol gewesen ist.

Weihestein von Domburg, Provinz Germania inferior:

dem Herkules Magusanus von Marcus Primitius Tertius – das Gelübde wurde gerne und aus freiem Willen erfüllt

Hier wird über den Grund der Errichtung nichts gesagt – es ist lediglich bekannt, daß es sich bei dem Bittsteller um einen Mann gehandelt hat.

Herkules Magusanus bzw. „Thor/Donar der Starke" wurden von den Germanen in der römischen Legion anscheinend vor allem vor Kämpfen um Hilfe angerufen.

I 31. i) Ammanianus Marcellinus

(378 n.Chr.)

Ammanianus berichtet über die Schlacht von Adrianopel, daß die Goten flohen, als während der Schlacht ein Gewitter begann.
Auch in diesem Fall könnte das Gewitter als der Zorn des Thor angesehen worden sein.

Dieser Bericht bestätigt die Vermutung, daß die Germanen Gewitter als Thor-Omen aufgefaßt haben.

I 31. j) Thorsberger Moor

(ca. 50-450 n.Chr.)

Der Bezug zu dem Gott Thor besteht bei diesem Moor im Norden von Schleswig-Holstein vor allem in dem Namen des Moores.
Dieser Fundort gleicht den drei dänischen Opfermooren von Nydam (240-450 n.Chr.), Illerup Adal (200-450 n.Chr.) und Vimose (100-400 n.Chr.). Der Name „Vimose" bedeutet entweder „Weidenmoor" oder „Heiliges Moor".
In allen vier Mooren wurden vor allem Waffen versenkt, bei denen es sich sehr

wahrscheinlich um Kriegsbeute handelt, da es jeweils nur wenige, aber umfangreiche Opferungen gab. Die Waffen stammten sowohl von Germanen als auch von Römern.

In Illerup Adal fand sich auch ein Massengrab von 200 Personen, die vermutlich getötete Kriegsgefangene sind.

Diese Kriegsbeute und diese Kriegsgefangenen werden dem Gott geopfert worden sein, der die Germanen vor der Schlacht um Hilfe angerufen haben werden. Dies könnte zu der damaligen Zeit entweder Tyr oder Thor gewesen sein. Der Name Thorsberger Moor läßt vermuten, daß zumindestens dieses Moor dem Thor geweiht gewesen ist.

Das Moor von Nydam liegt sehr nah bei dem Thorsberger Moor, während Illerup Adal im Norden von Dänemark und Vimose auf der dänischen Insel Fünen liegt. Sowohl das Thorsberger Moor als auch das Moor von Nydam liegen in dem Siedlungsgebiet der Angeln, weshalb man ein übereinstimmendes Opferverhalten vermuten kann – wahrscheinlich werden die Kriegsbeute-Opfer in beiden Mooren dem Thor geweiht gewesen sein.

Es ist gut denkbar, daß auch die Kriegsbeute in den beiden anderen Mooren dem Thor gewidmet gewesen ist, aber dies ist nicht sicher.

Diese Opferungen sind anfangs zeitgleich mit den Weihesteinen für Herkules Magusanus, sodaß zumindestens zu dieser Zeit Thor ein wichtiger oder auch der einzige Kriegsgott der Germanen gewesen zu sein scheint. Die Rolle des Schwertgottes Tyr zu dieser Zeit läßt sich nicht genauer erfassen.

Die Opferungen in dem Thorsberger Moor endeten, als der Germanenstamm der Angeln, der dort gelebt hatte, zusammen mit den Sachsen nach England zog.

Die in dem Thorsberger Moor versenkten Waffen und in einem Fall auch die getöteten Kriegsgefangenen sind vermutlich dem Thor geopfert worden. Dasselbe wird auch auf die Opferfunde im Nydamer Moor zutreffen, das ebenfalls im Stammesgebiet der Angeln lag.

Möglicherweise sind auch die Opfergaben aus den Mooren von Illerup Adal und von Vimose dem Thor gewidmet gewesen – vielleicht jedoch auch dem Tyr.

I 31. k) Die Fibeln von Nordendorf

(ca. 650 n.Chr.)

In Nordendorf bei Augsburg wurden in einem Gräberfeld der Alemannen zwei Bügelfibeln gefunden, in deren Unterseite Runen eingraviert worden sind.

Die Fibeln von Nordendorf				
Fibel I		*Fibel II*	
Oberseite	Unterseite	Oberseite	Unterseite
	1. Zeile: awa leubwiniu 2. Zeile: logaþore wodan wigiþonar		1. Zeile: birln io elk

Inschrift der Fibel I:

Die erste Zeile stellt entweder zwei Frauennamen, einen Frauennamen und eine Verwandtschaftsbezeichnung oder oder eine Schutzformel dar. Die letzte dieser Varianten ist angesichts des Inhalts der zweiten Zeile am wahrscheinlichsten.

Deutung 1: *awa* (Frauenname) *leubwiniu* (Frauenname)
Deutung 2: *awa* (Frauenname) *leubwiniu* (liebe Freundin)
Deutung 3: *awa* (Großmutter) *leubwiniu* (Frauenname)
Deutung 4: *awa* („beschütze") *leubwiniu* (Frauenname)

In der zweiten Zeile werden drei Götter aufgezählt:

1. Name: *„logathore"* = Möglicherweise ist mit diesem Namen Loki/Lodur gemeint. Es wäre auch die Deutung „Feuer-Thor" denkbar, aber sie ist unwahrscheinlich, weil der dritte Name *„wigithonar"* eindeutig Thor bezeichnet. Es ist auch ein Schreib- oder Interpretationsfehler denkbar, durch den das Wort „logether" für „Zauberer" zu „logathore" geworden ist. „Logether" war auch eine (fälschliche) Übersetzung für „Mars", sodaß „lagathore" evtl. den ehemaligen Göttervater Tyr (Mars)

bezeichnen sollte.
2. Name: „*wodan*" = Wotan, Odin
3. Name: „*wigithonar*" = Kampf-Donar (die oft zu findende Deutung als „Weihe-Donar" müßte „*wihithonar*" lauten)

Die drei angerufenen Götter wären dann der ehemalige Göttervater sowie die beiden neuen höchsten Götter, was für 650 n.Chr. durchaus denkbar wäre.

Die Inschrift bedeutet wahrscheinlich: *„Mögen Tyr, Wodan und Kampf-Donar die Leubwinia beschützen!"*

Da sich diese Inschrift auf einer Fibel befindet, die offensichtlich einer Frau gehörte und man mit solchen Fibeln den Umhang zusammenhielt, sollten die drei Götter Logathore, Wodan und Kampf-Donar die Leubwinia auf magische Weise genauso vor allem Unheil bewahren wie der Umhang sie vor Regen und Kälte schützte.

<u>Inschrift der Fibel II:</u>

Die Inschrift auf dieser Fibel ist sehr kurz und lautet: „*birl(i)n io elk*". Sie bedeutet „*Bär und Elch/Hirsch*".

Das schmalen Ende dieser Fibel ist dazu passend als Tierkopf geformt worden. Es fragt sich, welche Absicht mit dieser Inschrift verbunden ist. Der Bär hat als Qualität Stärke und der Elch/Hirsch ist vermutlich mit der Schnelligkeit, aber auch mit den bei Bestattungen geopferten Herdentieren assoziiert worden.

Die Stärke des Bären könnte der Kraft der drei Götter entsprechen, die Leubwinia schützen sollten. Der Bär könnte mit den Berserkern („Bärenfell-Leuten") und deren Schutzgott Odin-Wotan assoziiert worden sein.

Die Aufgabe des Hirsches ist hingegen weniger leicht zu erfassen. Falls er der „Sonnenhirsch" des Tyr sein sollte, d.h. wenn der Hirsch damals noch eng mit dem Göttervater assoziiert worden ist, könnte der Hirsch sich auch auf die Hilfe durch den Göttervater beziehen. Dazu würde passen, daß die beiden Söhne des ehemaligen Sonnengott-Göttervaters, die in Pferdegestalt seinen Streitwagen ziehen, in einem Bericht des Tacitus auch als „Alcis" („Elche, Hirsche") bezeichnet worden sind:

„Bei den Nahanarvalern zeigt man einen Hain, eine uralte Kultstätte. Vorsteher ist ein Priester in Frauentracht. Die Gottheiten, so wird berichtet, könnte man nach römischer Auslegung Kastor und Pollux nennen. Ihnen entsprechen sie in ihrem Wesen: sie heißen Alkis. Es gibt keine Bildnisse, keine Spur weist auf einen fremden Ursprung des Kultes, gleichwohl verehrt man sie als Brüder, als Jünglinge."

Von den Kelten ist aus derselben Zeit bekannt, daß sie manchmal zahme Hirsche als Zugtiere vor ihre Prozessionswagen spannten. Auch die Druiden waren eng mit dem

Hirsch verbunden wie die Abbildungen des Cernunnos und die Freundschaft des Merlin mit den Hirschen bzw. seine Hirschgestalt zeigen.

Es ist somit durchaus denkbar, daß die zwei Inschriften auf den beiden Fibeln von Nordendorf letztlich dasselbe aussagen: „Mögen die starken Götter den Träger dieser Fibel beschützen!" Bei der Fibel I werden die Götter direkt angesprochen, während sie bei der Fibel II indirekt durch den Bären (Wodan) und durch den Hirsch (Göttervater: Tyr oder Wodan; Tyr-Söhne: Alcis) angesprochen werden.

Thor wurde um 650 n.Chr. als „Kampf-Gott" („Wigithonar") angesehen und zusammen mit Wodan-Odin und mit dem nicht sicher identifizierten Logathore (evtl. Tyr) auf Fibel-Inschriften um Schutz gebeten.

I 31. l) Chronik der Angelsachsen

(664 n.Chr.)

Der Bericht über den Mord des „Thunor" („Thor") an den beiden Königssöhnen in der „Chronik der Angelsachsen" ist bereits in dem Kapitel „Thor und die Pferde-Zwillinge" beschrieben worden.

Um 664 n.Chr. und wohl auch schon vorher hat es vermutlich eine Mythe gegeben, in der Thor („Thunor") nicht nur den ehemaligen Göttervater Tyr (die späteren Tyr-Riesen), sondern auch dessen beide Pferde-Söhne („Alcis") ermordet.

I 31. m) Die Donar-Eiche

(723 n.Chr.)

Um 723 n.Chr. hat der später heiliggesprochene Bonifatius eine den Germanen heilige Eiche bei Fritzlar in Nordhessen gefällt und aus ihrem Holz eine Petrus-Kapelle errichten lassen, um den Stamm der Chatten davon zu überzeugen, daß ihre Götter nicht wirklich real waren.

In der „Vita Bonifatii" heißt es darüber:

Auf ihren Rat hin legte er in Gegenwart seiner Brüder die Axt an eine Eiche von ungeheurer Größe, die von den Heiden als Jupiter-Eiche bezeichnet wurde und an einem Ort stand, der Geismar genannt wird.

Die Eiche wurde im Original „robur Iovis", also „Jupiter-Eiche" genannt. Der germanische Gott Thor wurde wegen seiner Wichtigkeit, aber vor allem wohl wegen seiner Blitze oft dem römischen Jupiter gleichgesetzt.

Die Deutung des „Jupiter" als „Thor" ist an dieser Stelle auch deshalb sehr wahrscheinlich, weil es bei den Indogermanen einen weitverbreiteten Namen für den Donnergott gegeben hat, der im indogermanischen „perkunos" heißt und von dem Wort „perkus" für „Eiche" abgeleitet ist.

Einige Zeit später beklagte sich Bonifatius in einem Brief an Papst Gregor III darüber, daß einige erst vor kurzer Zeit bekehrte Männer, die z.T. zu christlichen Priestern geweiht worden waren, wieder damit begonnen hatten, dem Jupiter (Thor) und dem Merkur (Wotan/Odin) zu opfern.

> Um 723 n.Chr. war dem Thor eine Eiche geweiht. Dies entspricht dem zweiten indogermanischen Namen „perkunos" („Eiche") des Donnergottes.

I 31. n) Paulus Diakonus

(ca. 725-799 n.Chr.)

Paulus Diakonus war ein langobardischer Missionar und Historiker. In einem in Versen geschriebenen Briefwechsel mit Karl dem Großen, in dessen Auftrag er die Dänen missionieren sollte, erwähnt Paulus recht verächtlich auch Thor und Odin.

Karl der Große betont in den Briefen vor allem die Ablehnung der wilden Heiden gegenüber dem Christentum, während in den Briefen des Paulus vor allem die Furcht vor den Dänen zu spüren ist.

Die betreffende Stelle, die sich auf den König der Dänen bezieht, lautet:

„Die Furcht vor Karl (dem Großen) *wird ihn* (den König der Dänen), *wenn er ihn* (Paulus Diakonus) *als Bürger des Frankenlandes erkannt hat, davon abhalten, ihm auch nur ein Haar zu krümmen: er wird sich unterwerfen: wenn nicht, wird man ihn schon bald mit auf den Rücken gefesselten Händen herbeiführen und Thonar* (Thor) *und Waten* (Wotan = Odin) *werden ihm nicht helfen."*

> Die Formulierung „Thonar und Waten" (statt „Waten und Thonar") um ca. 770 n.Chr. könnte bedeuten, daß Thor bereits der wichtigere Gott gewesen ist.

I 31. o)   Das sächsische Taufgelöbnis

(ca. 780 n.Chr.)

In dem Taufgelöbnis der Sachsen aus der Zeit Karls des Großen erscheinen drei Götter, von deren Kult sich der Täufling ausdrücklich lösen mußte.

„ ... und ich entsage ... dem Donar und Woden und Saxnot und allen Unholden."

Es ist beachtenswert, daß auch hier wieder Thor/Donar an erster Stelle erscheint. Thors zentrale Position in dem Tempel von Uppsala um ca. 1000 n.Chr., in dem er in der Mitte zwischen Odin und Freyr steht, scheint damals nicht neu gewesen zu sein, sondern auch schon 200 Jahre zuvor und 500 km weiter südlich bestanden zu haben.

> Auch in dem sächsischen Taufgelöbnis von 780 n.Chr. wird Donar-Thor vor Woden-Odin genannt.

I 31. p)   Indiculus superstitionum et paganiarum

(ca. 780 n.Chr.)

Von diesem „Kleinen Verzeichnis des Aberglaubens und des Heidentums" ist leider nur das Deckblatt mit das Kapitelverzeichnis erhalten geblieben. Dieses Buch wurde zur Zeit der Sachsen-Missionierung Karls des Großen verfaßt.
Einige dieser Kapitelüberschriften beziehen sich direkt oder indirekt auch auf den Gott Thor:

6. *„ Über Waldheiligtümer, die sie Nimidas nennen"*
7. *„ Über das, was sie an bestimmten Steinen tun"*
8. *„ Über Heiligtümer Merkurs* (Odin) *und Jupiter* (Thor)*"*
12. *„ Über Gesänge"*

18. „Über ungenau zu lokalisierende Orte, die sie als Heiligtümer verehren"
20. „Über Feiern, die sie für Jupiter (Thor) und Merkur (Odin) veranstalten"
22. „Über Stürme, Stierhörner und Schnecken"

Aus diesen Kapitelüberschriften des um 780 verfaßten Buches kann man ersehen, daß es die folgenden Dinge gegeben hat:

- Thor-Heiligtümer,
- Thor-Feste,
- evtl. dem Thor geweihte Haine,
- evtl. dem Thor geweihte Steine (siehe den Namen „Thorsten" = „Thor-Stein"),
- evtl. Gesänge an Thor (wie die, über Tacitus berichtet hat),
- evtl. eine Assoziation zwischen den Stürmen und Thor.

Diese Darstellung aus dem Jahr 780 n.Chr. entspricht recht genau den Beschreibungen des Tacitus 680 Jahre zuvor.

I 31. q) Solomon und Saturn

(850 n.Chr.)

In dem Gedicht „Solomon und Saturn" wurde der in diesem Gedicht auftretende Gott Jupiter zur besseren Verständlichkeit für die Angelsachsen als „Thunor" (Thor/Donar) übersetzt.

Dies ist eine sehr deutliche Bestätigung dafür, daß damals der germanische Thor mit dem römischen Jupiter gleichgesetzt wurde. Der Grund dafür könnten die Blitze des Thor und des Jupiter sein, aber es ist auch recht wahrscheinlich, daß Thor auch damals schon als sehr wichtiger Gott angesehen worden ist, da er sonst nicht dem Göttervater der Römer hätte gleichgesetzt werden können.

Thors Aufstieg zur Macht, der sich in der germanischen Überlieferung so deutlich beobachten läßt, hat vermutlich nicht erst in der Wikingerzeit begonnen. In der frühen Römerzeit bis ca. 300 n.Chr. wurde Donar-Thor noch „Herkules Mogusanus" genannt, aber ab spätestens 650 n.Chr. wurde er dem Jupiter gleichgesetzt.

Es folglich den Anschein, daß Thor bis 300 n.Chr. noch als Sohn des germanischen Göttervaters (Tyr) angesehen wurde, da Herkules der Sohn des Jupiter ist.

Ab spätestens 650 n.Chr. ist Thor jedoch entweder selber als der Göttervater betrachtet worden oder seine Blitzsymbolik ist stärker in den Vordergrund getreten, sodaß er aus diesem Grunde dem Jupiter gleichgesetzt werden konnte. Da jedoch schon um 179 n.Chr. durch Titus Livius und um 378 n.Chr. von Ammanianus Marcellinus berichtet wird, daß die Germanen einen Kampf beendeten und flohen, wenn ein Gewitter begann, muß die Bedeutung der Blitze und des Donners des Thor schon immer sehr groß gewesen sein.

Folglich muß Donar-Thor in der Zeit von 300-650 n.Chr. vom Sohn des Göttervaters zumindestens zu einem „Göttervater-Anwärter" aufgestiegen sein. Aus dieser Zeit stammt vermutlich auch die Mythe des Mordes des Thor an seinen Pflegeeltern Loricus und Hlora, die vermutlich eine verharmlosende Variante des Mordes des Thor an dem Göttervater selber, der in den späteren Mythen zu dem „Tyr-Riesen" wurde, sind.

Der Mord des Thunor an den Brüdern Ethelred und Ethelberht, über den in der „Chronik der Angelsachsen" berichtet wird, wäre dann damals noch ein recht neues Motiv gewesen, das mit der Absetzung des Tyr als Göttervater durch Thor und Odin zusammenhing.

In dem Gedicht „Salomon und Saturn" findet sich die Redewendung *„Der Donner zerschmettert ihn mit feuriger Axt"*. Dieses Bild wird sich recht sicher auf Thor beziehen, der der „Donner" ist. Seine „feurige Axt" werden seine Blitze sein.

Die Mythe über Thors Mord an dem Göttervater und seinen beiden Pferde-Söhnen ist vermutlich in der Zeit zwischen 300-650 n.Chr. entstanden, in der Thor vom Göttersohn zum Göttervater aufgestiegen ist.

Diese Mythe wird eine Umdeutung des allabendlichen bzw. allherbstlichen Todes des Göttervaters und seiner beiden Söhne gewesen sein.

Thors Blitz wurde als „feurige Axt" aufgefaßt.

I 31. r) Eine angelsächsische Redewendung

(ca. 500-1200 n.Chr.)

Im Angelsächsichen gab es eine Redewendung, die „thunnorad" lautete. „Thunno" ist der Donner" und „rad" ist der Ritt oder die Fahrt. Dieser Begriff bezieht sich offenbar auf die Fahrt des Donar-Thor in seinem Streitwagen über den Himmel, wobei dessen rumpelnden Räder den Donner verursachten.

Diese „Donner-Fahrt" ist zum einen ein Hinweis darauf, wie wichtig der Donner in den Vorstellungen über Donar-Thor gewesen ist, und zum anderen wird man aus ihr auch schließen können, daß schon damals das Bild des Streitwagen-fahrenden Donnergottes gegeben haben wird. „Rad" bedeutet zwar sowohl „Fahrt" als auch „Ritt", aber da der Donnergott nirgendwo als Reiter erscheint, ist die Deutung des „rad" als „Fahrt" deutlich wahrscheinlicher.

Es ist jedoch nicht sicher, daß der Wagen des Thor auch schon damals von zwei Ziegenböcken gezogen worden ist, da die beiden Böcke vor allem als die Totenopfer-Tiere der armen Leute in die Vorstellungen über den Gott Thor gelangt sind. In den Opfermooren wie z.B. dem in Niederdorla in Thüringen finden sich Knochen von Pferden, Schafen, Rindern, Ziegen, Hirschen und Schweinen. Da auch schon für die vorchristliche Zeit germanische Ziegenopfer nachgewiesen sind, könnte Thor zur Zeit der Angelsachsen daher durchaus schon in einem von Ziegenböcken gezogenen Wagen gefahren sein – sicher ist dies jedoch nicht.

In der Zeit zwischen 500 n.Chr. und 1200 n.Chr. hat es bei den Angelsachsen die Vorstellung gegeben, daß der Donner durch die Fahrt des Donar-Thor in seinem Streitwagen über den Himmel entstand. Dieses Bild ist u.a. auch aus den Liedern Haustlöng (850 n.Chr.) und Thorsdrapa (985 n.Chr.) bekannt.

I 31. s) Der Name „Donnerstag"

(800-1000 n.Chr.)

Der „Donnerstag" ist ein „Donars-Tag". Thor entsprach am besten dem römischen Jupiter, dem der Donnerstag geweiht gewesen ist.

Der Wochentags-Name „Donnerstag" ist zwischen 800 n.Chr. und 1000 n.Chr. von den Germanen in Analogie zu dem „Iovis dies" („Jupiter-Tag") der Römer gebildet worden.

Der „Donars-Tag" bestätigt die Gleichsetzung von Thor mit Jupiter.

I 31. t) Landnamabok und Eyrbyggia-Saga

(884 n.Chr.)

Im Jahr 884 n.Chr. ist Thorolf, über den im Folgenden berichtet wird, in Island angelangt.

Im 12. Kapitel des „Buches über die Besiedlung Islands" und in der Eyrbyggia-Saga, die beide über Thorolf berichten, finden sich die ersten ausführlicheren Beschreibungen des Thor-Kultes.

Thorolf lebte ursprünglich auf der Insel „Groß" in Hordarland in Westnorwegen. Er hieß ursprünglich „Rolf", aber hatte sich wegen seiner Verehrung des Thor in „Thorolf" umbenannt. Er war ein großer und kräftiger Fürst und hatte einen langen Bart, weshalb er Groß-Bart genannt wurde – was zugleich der „Bärtige von der Insel Groß" und „Langbart" bedeutete. Weil er einem von König Harald Schönhaar Verbannten Hilfe gewährte, lag er im Streit mit seinem König.

In dem folgenden Text besteht aus sich gegenseitig ergänzenden Textstellen aus dem Landnamabok und aus der Eyrbyggia-Saga.

Thorolf Ornolf-Sohn wohnte auf der Insel „Groß". Er wurde „Großbart" genannt. Er brachte den Göttern oft Opfer dar und vertraute auf Thor.

Thorolf Groß-Bart veranstaltete ein großes Opfer und frug Thor, seinen geliebten Freund, ob er mit dem König Frieden schließen oder das Land verlassen und an einem anderen Ort sein Glück versuchen solle. Die Worte wiesen Thorolf nach Island.

Daraufhin beschaffte er sich ein großes Schiff, das alle seine Habe aufnehmen konnte, und bereitete es für die Island-Fahrt vor. Er nahm seine Sippe und alles Gerät aus seinem Haushalt mit sich und es entschlossen sich auch viele seiner Freunde mit ihm zu ziehen.

Thorolf zerlegte den Tempel des Thor und nahm fast das gesamte Holz mit sich auf seiner Fahrt nach Island und ebenso die Erde unter dem Sitz, an dem Thor saß.

Der „Sitz des Thor" ist sein Hochsitz, also sein Thron. Die beiden Pfosten der Rückenlehne dieses Sitzes wurden wie die Tempeltore „Öndvegis-sula", also „Seelenweg-Säulen" genannt und wurden das Jenseitstor aufgefaßt, durch das u.a. die Götter in ihre Statuen und die Ahnen zu den Fürsten auf ihren Hochsitzen kamen.

Diese Pfosten („öndvegis-sula") waren mit Schnitzereien verziert und mit Figuren beschnitzt, die fast immer den Kopf des Thor und früher einmal vermutlich den des Tyr darstellten. Diese Pfosten wurden mit religiöser Ehrfurcht betrachtet. Viele der Skandinavier, die nach Island auswanderten, nahmen ihre Hochsitze mit.

Es sind keine Säulen oder Torpfosten bekannt, die sicher irgendeinem anderen Gott als Thor geweiht gewesen sind. Dies läßt vermuten, daß diese Säulen die Eiche repräsentierten, von der bei vielen indogermanischen Völkern der Name für den Donnergott (indogermanisch: „perkunos") abgleitet worden ist.

Diese Säulen waren die Zeichen der Stammesherrschaft des Fürsten als Kriegsführer und auch als Priester. Diese beiden Funktionen sind in der historischen Zeit bei den Germanen in einer Person vereint gewesen – das Urbild für diese Verbindung ist der Schamanen- und Kriegsgott Odin.

Wenn ein Anführer gestorben und seine Bestattung durchgeführt worden war, setzte sich der Sohn in einer Zeremonie auf den Hochsitz und trat dadurch die Nachfolge seines Vaters an. Wenn der Vater eines gewaltsamen Todes gestorben war, setzte sich der Sohn erst nachdem er seinen Vater gerächt hatte auf den Hochsitz.

In der Heimskringla wird berichtet, daß in Schweden, Norwegen und Dänemark der König bei Festen auf dem Hochsitz in der Mitte der Bank und seine Königin links neben ihm saß.

Der norwegische König Olaf der Stille, der von 1066-1093 n.Chr. regierte, verlegte den Hochsitz von der Bankmitte zu der Stirnseite der Halle, sodaß der König nun beide Bänke entlang blicken konnte. Dies ist die Anordnung, die auch in den meisten mittelalterlichen Burgen üblich gewesen ist.

Danach segelte Thorolf in das Hauptmeer und hatte guten Wind und erreichte schließlich Land. Er segelte südwärts und westlich um die Rauch-Landzunge („Reekness") herum. Dann legte sich der Wind und sie sahen, daß zwei große Buchten in das Land einschnitten.

Das „Hauptmeer" ist der Atlantik.

Als er in den Westen von Breit-Fjord kam, warf er seine Hochsitz-Pfosten über Bord, in die Thor geschnitzt war. Und er betete über den Pfosten zu Thor, daß dieser sie dort an Land treiben lassen solle, wo Thor wünschte, daß Thorolf sich niederlassen soll. Er gelobte, daß er das gesamte Land, daß er sich zu eigen nehmen würde, dem Thor weihen und nach ihm benennen würde.

Ingolf Ernson, der erste Siedler in Island, warf seine Hochsitz-Säulen vor Island ins Meer und errichtete sein Langhaus an der Stelle, an der sie an Land geschwemmt wurden, obwohl dies ein sehr karger Ort war und Ingolf bereits sehr viel fruchtbarere Gegenden auf Island gesehen hatte. Diesem Beispiel folgten die meisten Siedler, die ihm folgten, bis Island dichter besiedelt war und man andere Regelungen erdenken mußte.

Es ist sogar bekannt, daß ein Siedler nach fünfzehn Jahren noch einmal umzog, nachdem seine Pfosten endlich am Strand entdeckt worden waren.

Siehe auch „Hochsitz und Hochsitz-Säulen" in Band 57.

Danach segelte Thorolf in den Fjord und gab ihm einen Namen und nannte in Breit-Fjord. Er ließ sich an der Südseite in der Nähe der Mitte des Fjordes nieder, denn an diesem Ort entdeckte er, daß Thor dort an Land gespült worden war. Dieser Platz wurde deswegen später „Landzunge des Thor" genannt.

Sie gingen etwas weiter Insel-einwärts von der Landzunge aus gesehen in der Bucht an Land, die heute Tempel-Bucht genannt wird. Dort errichtete er sein Haus und dort baute er einen großen Tempel und weihte ihn dem Thor und heute wird dieser Ort „Tempelstätte" genannt.

Vor Thorolfs Zeit ist dieser Fjord nur sehr dünn oder wahrscheinlich überhaupt nicht besiedelt gewesen. Thorolf nahm Land vom Staff-Fluß landeinwärts bis zum Thor-Fluß in Besitz und nannte dieses Land „Landzunge des Thor" („Thorsness").

Er hatte eine so große Ehrfurcht vor dem Felsen, der auf der Landzunge stand und den er „Heiligen Felsen" („Helgafell") nannte, daß er bestimmte, daß niemand ungewaschen dorthin blicken dürfe und daß dieser Ort so heilig sei, daß nichts auf diesem Berg zerstört werden dürfe, weder Vieh noch Menschen, sofern sie nicht aus sich heraus dort sterben sollten.

Der „Helgafell" ist ein kleiner Basalt-Berg, der im Norden und Osten steil aufragt, aber im Süden und Westen flach und meist mit Gras bewachsen ist.

An diesem Ort lebte später auch der berühmte und einflußreiche Gode Snorri, der wie sein Urgroßvater Thorolf ein Thor-Priester war.

Bei dem „Helgafell" wurde auch eine der ersten Kirchen Islands errichtet und an diesen Ort zog auch das Kloster von Flatey um.

Für sich selber errichtete er ein großes Haus in der „Tempelbucht" („Tempelwick"), das er „Tempelstätte" nannte.

Dort ließ er einen großen Tempel erbauen und es wurde ein mächtiges Haus. Es hatte eine Tür in der Seitenwand – näher an dem einen Ende als an dem anderen.

Innerhalb der Tür standen die Pfosten seines Hochsitzes und in ihnen waren Nägel, die „Gottes-Nägel" genannt wurden.

Dort innen gab es einen großen „Bucht-Platz". Am fernen Ende des Hauses jedoch gab es ein weiteres Haus in der Art wie heute der Chor einer Kirche ist und dort stand mitten auf dem Boden ein kastenförmiges Podest in der Art eines Altars und auf ihm lag ein Ring ohne Verschlußstelle (also kein offener Reif), der 20 Unzen (570g) wog und auf den alle Männer ihre Eide ablegen mußten und den der Anführer bei allen Männer-Treffen an seinem Arm tragen mußte.

Auf diesem Podest stand der Blut-Kelch, der benutzt wurde, um das Blut in ihm, das „Hlaut" („Blutopfer") genannt wurde, zu versprenkeln. Dieses Blut war das Blut, das aus den Tieren herausgeflossen war, die für die Götter geopfert worden waren. Und rings um dieses Podest standen die Götter an diesem heiligen Platz.

Diese Tempel-Beschreibung gleicht weitgehend den Stabkirchen in Skandinavien. Die erste von ihnen von um ca. 850 n.Chr. in Haithabu in der Nähe von Flensburg errichtet. Ab 1000 wurden diese Kirchen auch in Norwegen und Schweden erbaut.

Die Ähnlichkeit des Grundrisses der germanischen Tempel mit den Stabkirchen bedeutet jedoch nicht, daß die germanischen Tempel von christlichen Kirchen inspiriert worden sein müssen, denn die meisten Elemente ergeben sich aus dem Kult selber: der Versammlungsraum, der Altar und die „Götternische". Es gibt allerdings auch ganz andere Tempel-Grundrisse wie z.B. die Gangtempel im alten Ägypten oder die konzentrischen Pyramiden-Tempel der Azteken.

Die Stabkirchen enthalten auch mehrere nichtchristliche Elemente, die auf eine eigenständige Tradition der Germanen hinweisen. Zu ihnen gehören:

- das vielstufig und komplex geformte Dach,
- die Betonung der Senkrechten in der Architektur, die in der damaligen Romanik noch nicht vorhanden war und erst später in der Gotik entwickelt wurde,
- die Drachen an den Ecken der Dächer,
- die runden, „eingerahmten" Bilder, die auf die Schilde der Germanen zurückgehen, auf denen mythologische Szenen abgebildet waren,
- die Flechtschnitzereien usw.

Ein Einfluß der christlichen Kirchen auf die germanischen Tempel ist zwar nicht auszuschließen, aber doch eher unwahrscheinlich, da sich beide Religionen feindselig gegenüberstanden.

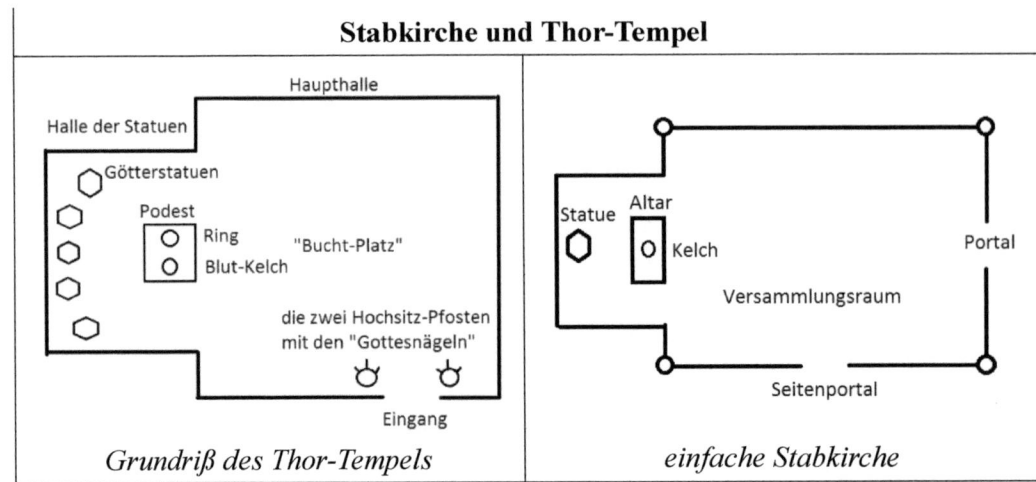

Grundriß des Thor-Tempels — *einfache Stabkirche*

Alle Männer dieses Bezirks mußten Abgaben an diesen Tempel bezahlen und waren daran gebunden, dem Tempel-Priester in allem, was er tat, als seine Lehensleute zu folgen.

Und der Anführer, d.h. der Tempel-Priester, war daran gebunden, auf den Tempel zu achten und ihn zu erhalten und auch für die Opferfeste in ihm zu sorgen.

Sie (Thorolf und seine Sippe) *hatten den Glauben, daß sie nach ihrem Tod in den Heiligen Berg eingehen würden.*

Dort auf dieser Landzunge, an der Thor (d.h. die Säule, in die das Gesicht des Thor geschnitzt worden war) *an Land geschwemmt worden war, hielt Thorolf alle Gerichtsversammlungen ab und dort traf sich auch die Landversammlung* (der Gesetzes-Rat). *Dies geschah auf den Rat aller Männer dieses Landes, d.h. denen, die dem Thorolf untergeben waren und die den Tempelbezirk bildeten, deren Priester Thorolf war.*

Während des Things durften die Männer sich auf keinen Fall auf diesem Land erleichtern (d.h. auf diesem Land ihre Notdurft verrichten). *Für diesen Zweck war eine Klippe bestimmt, die die Dreck-Klippe genannt wurde, denn dieses Land war so heilig, daß es nicht beschmutzt werden sollte.*

Als Thorolf jedoch gestorben und sein Sohn Thorstein noch jung war, gingen sie (um sie beim Namen zu nennen: Thorgrim, Sohn von Kallak dem Alten, und sein Schwiegersohn Asgeir und ihre Sippe) *nicht mehr zu der Klippe, um ihre Notdurft zu verrichten.*

Die Thorness-Leute gestatteten jedoch nicht, daß sie einen so heiligen Ort beschmutzten, und deshalb kämpften sie (um sie beim Namen zu nennen: Thorstein Dorsch-Beißer und Thorgeir Öse) *dort auf dem Thing wegen der Klippe und einige Männer fielen dort und noch viele mehr wurden verwundet, bevor sie voneinander getrennt werden konnten.*

Thord der Schreier beruhigte sie und weil keine der beiden Seiten nachgeben wollte und der Heilige Ort durch das Blut des tödlichen Kampfes beschmutzt worden war, wurde beschlossen, das Thing an einen anderen Platz zu verlegen und es auf der Landzunge abzuhalten, wo es noch heute stattfindet.

Dort befand sich ein großer Thor-Tempel und dort steht auch noch immer der Thor-Stein, über denen sie diejenigen Männer zerbrachen, die sie opferten, und nah dabei lag der Schicksals-Ring („dómhríngr"), an dem Leute verbannt oder für das Opfer bestimmt wurden.

Dieser Opferplatz ist bis heute erhalten geblieben. Der „dómhríngr" („Schicksalsring") liegt in der Nähe einer größeren Anzahl von quadratischen Grundmauern, auf denen einst die Hütten gestanden haben, in denen die Teilnehmer des Things während der Beratungen wohnten.

Der Opferplatz selber liegt an einem Ort, der heute versumpft ist, sodaß von den Steinen an diesem Platz nur noch der obere Teil zu sehen ist.

Dieser Ort besteht aus einem Kreis von ca. 11m Durchmesser, der aus großen Steinen besteht. Auf diesen Steinen haben vermutlich die wichtigeren Personen, die an dem Thing teilnahmen, oder die Richter gesessen.

In der Mitte befindet sich ein großer, länglicher Stein mit einer scharfen Kante an der Oberseite, an der wahrscheinlich den geopferten Menschen das Genick gebrochen wurde.

Dorthin verlegte Thord der Schreier dem Rat der Männer aus diesem Viertel und auch die Viertel-Versammlung (das Thing dieser Gegend).

Island war in vier Viertel eingeteilt, von denen jedes einen speziellen Beschützer hatte: der Osten einen Riesen, der Süden einen Stier, der Westen einen Adler und der Norden einen Drachen. Diese vier Tiere finden sich noch heute auf einigen isländischen Münzen.

Thorsness ist der Thingplatz von West-Island, der daher von dem Adler beschützt wird.

Der Sohn von Thorolf Großbart war Hallstein, der Priester der Männer vom Dorsch-Fjord. Er war der Vater des Sehers Thorstein des Schwarzen. Die Mutter von Thorstein dem Schwarzen war Osk, Tochter von Thorstein dem Roten.

Ein weiterer Sohn von Thorolf war Thorstein Dorsch-Beißer. Er hatte Thora, die Tochter von Olaf dem Ängstlichen zur Frau, die die Schwester von Thord dem Schreier war. Deren Söhne waren Thorgrim, Vater von Snorri dem Priester, und Bork der Große, der von Asgeir erschlagen wurde.

... ...

Thorstein Dorsch-Beißer wurde ein Mann von beachtlicher Größe. ... ... Thora gebar ihm einen Sohn, der Grim genannt wurde, und besprenkelte ihn mit Wasser. Diesen Jungen gab Thorstein dem Thor und sagte, daß er ein Tempelpriester werden solle und nannte ihn Thorgrim.

... ...

Über den Tod des Thorstein Thorolf-Sohn wird später folgendes berichtet:

In demselben Herbst fuhr Thorstein hinaus zu Hoskulds Insel, um einen Vorrat an Fischen zu fangen.
Es begab sich, daß in demselben Herbst einer der Schäfer des Thorstein losging, um nach seiner Herde nördlich des Helgafell zu schauen.
Er sah, daß der Hügel an seinem (steilen) *Nordende offenstand und in dem Hügel* (der wie ein Hügelgrab ist) *sah er große Feuer und hörte einen großen Lärm von dort und das Aneinanderstoßen von Trinkhörnern. Da lauschte er, um die fernen Worte zu verstehen und er hörte, daß sie Thorstein und seine Schiffs-Gefährten willkommen hießen und ihn auf dem Hochsitz gegenüber seinem Vater* (Thorolf Großbart) *Platz zu nehmen.*
Der Schäfer erzählte diese Vorwarnung am Abend Thora, der Frau des Thorstein. Sie sagte nur wenig dazu, aber sie sagte, daß dies die Ankündigung von schlimmen Nachrichten sein könnte.
Am folgenden Morgen kamen Männer von Hoskulds Insel und brachten die Botschaft, daß Thorstein Dorsch-Beißer beim Fischen ertrunken war. Die Männer fanden, daß dies ein großes Unglück sei.

... ...

Zu dieser Zeit wohnte Arnkel, Sohn des Thorolf Halt-Fuß, in Tierbau-Statt beim Vadils-Kopf. Er war der größte und stärkste aller Männer, ein großer Gesetzes-Mann und sehr weise, und er war ein guter und ehrlicher Mann, und mehr als alle andere, selbst in jenen Gegenden, mit Freunden und Kühnheit gesegnet. Er war zudem ein Tempelpriester und hatte viele Thing-Männer.

... ...

Snorri war von normaler Größe und eher schlank, angenehm anzuschauen, aber mit einer undurchschaubaren Miene und von heller Haut, blondem Haar und rotem

Bart. ... ... Er war nun der Wärter des Tempel dort, weshalb er Snorri der Priester genannt wurde. Und er wurde ein großer Anführer.

Im Landnamabok wird berichtet, daß auch Aud die Tiefsinnige den Helgafell als Jenseitstor bzw. das Jenseits selber ansah:

Sie verehrte die Götter am Kreuz-Hügel (der spätere christliche Name des Helgafells), *an dem sie Kreuze aufgerichtet hatte, als sie getauft und Christin wurde. Ihre Sippe verehrte in späterer Zeit diese Hügel sehr und es wurde dort ein Heiligtum aufgebaut, wenn die Zeit der Opferungen begann. Sie glaubten, daß sie in diese Hügel hinein sterben würden und daß Thord der Schreier dort* (begraben) *lag.*

- Man stellte dem Thor zu wichtigen Anlässen Fragen und befolgte dann die „Worte", die man von ihm als Antwort erhielt. Leider wird nicht gesagt, ob diese Antworten dem Fragenden durch eine Seherin, einen Traum oder eine andere Methode mitgeteilt wurden.
- Thor besaß Tempel, die man bei der Auswanderung zerlegte und mitnahm.
- Der wichtigste Teil des Tempels scheint der Hochsitz gewesen zu sein, an dem sich zwei Pfosten befanden, deren oberes Ende als Thor-Kopf geschnitzt wurde. Auch die Erde unter diesem Hochsitz wurde bei einem Umzug des Tempels mitgenommen.
- Die Island-Auswanderer warfen diese Thor-Pfosten ins Meer und siedelten dann dort, wo sie angespült wurden. Selbst wenn die Pfosten erst 15 Jahre später angeschwemmt wurden oder wenn sie an einer kargen Stelle gefunden wurden, befolgte man diese Weisung des Thor.
- Der Tempel ist ein großes Haus mit einem zweiten anschließenden, kleineren Gebäude – ähnlich dem Chor einer Kirche. Die Tür befand sich an einer der Seiten des größeren Gebäudes näher an dem von dem „Chor" fernen Ende. Innerhalb der Tür befanden sich die beiden Pfosten des Hochsitzes, in die „Gottesnägel" geschlagen wurden – der dazugehörige Brauch ist unbekannt. In dem großen Haus befand sich ein „Bucht-Platz" – evtl. ist damit der Versammlungsplatz gemeint. Im Chor befand sich ein Altar, auf dem der Eid-Ring und der Blutopfer-Kelch lagen. Rings um den Altar standen die Statuen der Götter.
- Alle Menschen in einem Tempel-Bezirk mußten Abgaben für den Unterhalt des Tempels zahlen.
- Der Fürst eines Bezirkes war zugleich der Priester des zu diesem Bezirk gehörenden Tempels. Dies entspricht der Auffassung des Gottes Odin, der zugleich Götter-

vater, Kriegsgott und Schamanengott (Priester) ist.
- Es gab einen großen Opferstein in einem Steinkreis, der „Schicksalsring" genannt wurde und für „Menschenopfer" an Thor, die vermutlich Hinrichtungen waren, benutzt wurde.

I 31. u) Landnahme-Buch

(ca. 900 n.Chr.)

Einst lebte ein Mann namens Darreiche Krähe zusammen mit seinem Vater Ofeig Zottelbart, der der Sohn von Stier-Thorir gewesen war. Vater und Sohn bereiteten ihr Schiff für die Auswanderung nach Island vor.

Als sie jedoch in Sichtweite Islands kamen, ging Hreidar zum Mast und sagte, daß er nicht die Hochsitz-Säulen des Thor über Bord werfen werde, denn er fand, daß es eine unsinnige Sache sei, die eigenen Taten auf solch einen Brauch aufzubauen.

Stattdessen wolle er lieber Thor darum bitten, daß er ihn zu dem Land führe, daß er suche und daß er lieber um dieses Land kämpfen wolle, wenn dies nötig sei.

Es war damals üblich, die Hochsitz-Säulen, die sozusagen als die Wohnung der Ahnen und des Thor angesehen worden sind, über Bord zu werfen, sobald Island in Sicht kam, und dann dort zu siedeln, wo diese Säulen an Land geschwemmt wurden.

Das schon beschriebene Mast-Orakel bei der Einwanderung in Island ist weit verbreitet gewesen.

I 31. v) Die Saga über die Siedler von Eyre

(ca. 900 n.Chr.)

Thorstein Dorsch-Beißer hatte einen Sohn, der Bork der Dicke genannt wurde. Eines Sommers, als Thorstein fünfundzwanzig Jahre alt war, gebar Thora ihm ein Kind, das Grim genannt und mit Wasser besprenkelt wurde. Diesen Junge weihte Thorstein dem Thor und sagte, daß er ein Tempel-Priester werden solle und nannte ihn Thorgrim.

mit Wasser besprenkeln = die germanische Taufe
Thorgrim = Thor-Maskenhelm

Der Besitzer eines Tempels („Gode") bestimmten einen seiner Söhne als seinen Nachfolger als Thor-Priester.

I 31. w)   Der Monat „Thorri"

(deutlich vor 1000 n.Chr., also vor der Christianisierung)

Der vierte Wintermonat, also der erste nach Mittwinter, wurde „Thorri", also „Thor-Monat" genannt. Da dies der Monat ist, an dem die Tage wieder länger werden, könnte dies mit der Kraft des Thor assoziiert worden sein – obwohl es eigentlich der Sonnengott-Göttervater ist, der wieder stärker wird. Die Übernahme der Mythen des Tyr durch Thor ist jedoch geradezu ein Standard-Motiv in der Religionsgeschichte der Germanen.

In Jütland wurde später der März „Läkke" („Heiler, Heilender") genannt, womit Thor gemeint ist.

Der erste Monat nach der Julnacht (Mittwinter) wurde „Thorri" („Thor-Monat") genannt. Das dem zugrundeliegende Motiv ist vermutlich die Vorstellung des starken Thor gewesen, der den Winter und die Dunkelheit vertreibt.

I 31. x)   Das Thorri-Opfer

(deutlich vor 1000 n.Chr., also vor der Christianisierung)

Das große Opferfest zu Mittwinter (Julnacht) wurde „Thorra-blot" genannt. Dieses Fest war jedoch auch mit dem Gott Freyr verbunden und wird in früherer Zeit vor allem ein Fest der wiedergeborenen Sonne und somit des Sonnengott-Göttervaters Tyr gewesen sein.

Auch das Julfest selber wurde „Thorri-Opfer" genannt, was zeigt, daß auch hier Thor an die Stelle des ehemaligen Sonnengott-Göttervaters Thor getreten ist.

I 31. y) Runenstein-Inschriften

(920-1020 n.Chr.)

Auf vier Runensteinen findet sich die folgende Formel:

„Thor wigi thaessi runar"

Aus dem Zusammenhang ergibt sich, daß mit diesem Satze etwas Gutes gemeint ist, um das Thor gebeten wird.

„Thaessi" bedeutet „diese" und die „runar" sind die Runen.

Das interessante Wort ist das Verb „wigi", das in dieser Formel stets mit „weihen" übersetzt wird, obwohl es jedoch eigentlich „wihi" lauten müßte. Die Übersetzung dieses Verbes mit „kräftigen, stärken" ergibt jedoch durchaus einen Sinn. Der Spruch würde dann „Thor stärke diese Runen!" bedeuten. Dies wäre eine „Weihung" der Runen im Sinne einer „Aktivierung" durch die in sie fließende Kraft des Thor.

Auf dem Runenstein von Virring findet sich eine Variante dieser Formel:

„Thor uiki thisi kuml!"

Die beiden Worte „thisi kuml" bedeuten „dieser Grabhügel". Da bei einem solchen Objekt in diesem Satz die Übersetzung von „uiki" mit „stärken" keinen Sinn ergibt, muß dieses Verb hier so etwas wie „schützen" bedeuten, was auch ein Aspekt von Thors Stärke ist. Die übliche Übersetzung mit „weihen" ist hingegen sowohl ungenau als auch unpassend, da ein Grabhügel eigentlich kein geweihter, also mit zusätzlicher Lebenskraft versehener oder mit einer Gottheit verbundener Gegenstand ist.

Die Übersetzung dieser Formel wird daher „Thor schütze diesen Grabhügel!" lauten.

Thor wurde auch angerufen, damit er durch seine Kraft die in einen Stein eingemeißelten Runen „aktiviert".

Dies entspricht der weitverbreiteten Vorstellung, daß die Staute einer Gottheit zunächst nur Holz oder Stein ist und erst durch das Hereinrufen der Gottheit in diese

> Statue zu einem „Leib der Gottheit" wird.

I 31. z) Heimskringla

(ca. 955 n.Chr.)

Das Opferfest des König Hakon, über das in Snorris Geschichtswerk „Heimskringla" („Erdkreis") berichtet wird, ist bereits in dem Kapitel über Thors Hammer „Mjöllnir" dargestellt worden.

In diesem Bericht versucht Jarl Sigurd, um einen Streit zu vermeiden, den Männer des Königs Hakon zu erklären, daß das Kreuz-Zeichen, daß König Hakon über seinem Trank zog, der Hammer des Thor sei.

Die betreffende Stelle lautet:

Als nun der erste Kelch gefüllt wurde, sprach Jarl Sigurd einige Worte über ihm, segnete ihn in Odins Namen und trank dem König aus dem Horn zu; danach nahm der König das Horn und zog das Zeichen des Kreuzes über ihm.

Da sprach Kar von Gryting: „Was will der König damit, daß er das macht?"

Jarl Sigurd erwiderte: „Der König macht, was ihr alle macht, die ihr eurer Kraft und Stärke vertraut. Er segnet den vollen Kelch im Namen Thors, indem er das Zeichen des Hammers über ihm macht, bevor er trinkt."

> Das christliche Kreuz und der Hammer des Thor standen sich während der Zeit der Missionierung als Symbole der beiden Religionen gegenüber.

I 31. aa) Dudo von Saint-Quentin

(965-1043 n.Chr.)

Der Dekan Dudo berichtet über die Germanen, daß sie dem Thor Menschenopfer darbrachten. Es ist jedoch unsicher, ob er aus seiner christlichen Sicht wirklich das berichtet hat, was er sicher wußte oder eher das, was er befürchtete, von den Heiden glaubte oder nur vom Hörensagen kannte.

Siehe dazu auch „Menschenopfer" in Band 64.

Ihm (Thor) *brachten sie nicht etwa Haustiere, auch nicht Viehherden, ebenso wenig Wein oder Feldfrüchte dar, sondern sie opferten immer Menschenblut; denn sie hielten es unter allen Opfern für das wertvollste.*

An einer zweiten Textstelle ist nur allgemein von Opfern, aber nicht von Menschenopfern die Rede:

Wenn sie (die Normannen) *auf Beutezüge und Heerfahrten auszogen, pflegten sie früher im Dienst an ihrem Gott Thor zu opfern.*

> Möglicherweise hat es Menschenopfer an den Gott Thor gegeben – aber das ist unsicher.

I 31. ab) Nials-Saga

(960-1020 n.Chr.)

In dieser Sage wird über einen Tempel des Gottes Thor und der beiden Göttinnen-Schwestern Thorgerdr und Irpa berichtet.

Während nun der Jarl Gudbrand's Gast war, kam Hrap zur Nachtzeit zu einem Tempel, den Gudbrand gemeinschaftlich mit dem Jarl besaß. Er betrat denselben und beraubte Thor, Thorgerdr Hölgabrudr und Irpa, deren Bildsäulen dort standen, ihrer goldenen Ringe und ihres übrigen Schmucks, darauf schleppte er die Altarbilder hinaus und zündete das Gebäude an.

> Die Statuen des Thor und auch die der anderen Gottheiten in den Tempeln trugen wertvollen Schmuck.

I 31. ac) Die Geschichte über Steuerruder-Björn

(ca. 980 n.Chr.)

Styrbjörn opferte auf das Drängen seines Ziehvaters Ulf und des Heeres hin dem Thor. In dieser Nacht wurde ein rotbärtiger Mann in Styrbjörns Kriegslager gesehen, der Folgendes sprach:

„Styrbjörn,
der Verderber des Armrings,
der den Frieden verletzt,
läßt mich nicht in Ruhe.
Ich bin wütend auf den Lenker der Schwerter.
Diese Saat wird zuletzt dem siegdurstigen Heer beibringen,
Wunden zu verbinden.
Die Speere der gelobten Männer sind gerötet."

rotbärtiger Mann = vermutlich Thor
Verderber des Armringes = freigiebiger Mann = Krieger
Lenker der Schwerter = Krieger, Fürst

Dem Thor wurde für Erfolg in der Schlacht geopfert.

I 31. ad) Vellekla

(ca. 980 n.Chr.)

Der Skalde Einar Klingel-Waage schreibt, daß der König für die Pflege der Tempel und der zu ihnen gehörigen Ländereien zuständig gewesen ist:

Der Volks-Führer befahl, daß die Tempel-Ländereien
des Thor und der anderen Götter heilig gehalten werden.

Der Gode und später der König war für die Erhaltung der Tempel verantwortlich.

I 31. ae) Vellekla

(ca. 980 n.Chr.)

Dieses Loblied hat der Skalde Einarr Klingel-Waage für Jarl Hakon verfaßt. Eine Strophe aus ihm wird auch in der Saga über König Harald Tryggvason zitiert.
Das Folgende ist die Übersetzung von einmal 2 Strophen und einmal 1 Strophe aus der Vellekla, die insgesamt 37 Strophen lang ist.
Jarl Hakon war ein überzeugter Anhänger der alten germanischen Religion. Er ließ die zuvor zerstörten germanischen Tempel wieder aufbauen.

„Jarls Hakon der Gute und Weise,
erbaute all die Tempel,
er erbaute Thors Tempel aufs neue,
die überall im Land zerstört worden waren.
Seine kühnen Krieger, die auf dem Schlachtfeld
in der Ebene starben,
können nun Thor dem Donnergott berichten,
daß nun für die Götter alles wieder gut wird.

Der starke Krieger opfert nun wieder
das Blut-Opfer;
der Schild-Träger ruft nun wieder
in Lokis Spiel Odins Namen an.
Die grüne Jörd gibt wieder ihre Gaben
so wie es in den alten Zeiten gewesen ist,
da der tapfere Speer-Brecher
die heilgen Schreine neu errichtet hat."

… … …

„Der Feind derer, die flohen,
frug die Götter auf der Ebene um Rat
und erhielt die Antwort,
daß der Tag schlachten-günstig war:
da sah der Schlachten-Lenker,
wie mächtig die Stark-Rippen waren:
die Götter des Tempels
verminderten die Leben in Gotland."

„Stark-Rippen" ist eine unklare Kenning für „Götter" – vielleicht: „die mit dem starken Atem"?

> Die Tempel wurden von den Goden (Großgrundbesitzer), den Jarlen (Grafen) und den Königen errichtet.

I 31. af) Die Saga über König Olaf den Ruhmreichen Tryggva-Sohn

(995-1000 n.Chr.)

Das Thema, daß sich durch diese Saga als roter Faden hindurchzieht, ist die Auseinandersetzung zwischen den Anhängern der alten germanischen Religion und dem neueingeführten Christentum.

Als nun völlige Stille herrschte, trat Olafs Ankläger vor, machte das Zeichen des Thor und sprach.

Zeichen des Thor = Hammer (Er wurde sehr wahrscheinlich ähnlich dem christlichen Kreuz in die Luft gezeichnet.)

… … …

Er schwor bei dem Hammer des Thor, daß die Tat nicht übertroffen werden können.

Diese Aussage muß man sich vermutlich als den folgenden Satz vorstellen: „Beim Hammer des Thor! Das kann man nicht mehr überbieten!"

… … …

Olaf ging jeden Tag in den Tempel und verneigte sich in der demütigen Verehrung der heidnischen Götter und nahm an den Ritualen und Zeremonien seines Glaubens teil und opferte sogar dem Thor und dem Odin. Das geschnitzte Bildnis des Odin war ihm wie den meisten Nordmännern heilig. Wenn er schwor, schwor er bei dem Zeichen des Hammers des Thor.

… … …

Alle schrien zu dem Meeresgott Niörd und nicht weniger zu Thor und Odin um Hilfe, daß sie sie aus ihrer Gefahr erretten sollen, doch der tobende Sturm dauerte die ganze Nacht und den ganzen folgenden Tag über an.

… … …

Da frug der König, wie ihr Gott aussähe und Gudbrand antwortete, daß er die Gestalt des Thor habe und einen Hammer in seiner Hand halte und daß er von großer Gestalt und innen hohl sei und daß sich unter ihm eine Empore befände, auf der er stehe, wenn er außerhalb des Tempels stehe.

… … …

„Lege jetzt diesen neuen Aberglauben, den Du angenommen hast, ab – diesen Glauben an einen Gott, den man nicht sehen kann – und preise die Größe des Thor!"

… … …

„Thor herrscht noch immer bei den Seeräubern im hohen Norden. Ich habe gehört, daß in Salten ein großer Wikinger lebt, der in der Magie bewandert ist. Er ist ein Zauberer und er hat Macht über den Wind und das Meer und er und seine große Horde von Heiden verehren noch immer Odin und Thor mit Blut-Opfern."

… … …

„Sprich kein weiteres Wort mehr über diesen Christen-Glauben, den Du angenommen hast, denn sonst werden wir – Beim Hammer des Thor und bei den Raben des Odin! – über Dich herfallen und Dich aus dem Land vertreiben so wie wir es mit Hakon dem Guten getan haben!"

… … …

Der Schwiegersohn des Sven Gabelbart, Olaf der König der Schweden, hatte bei Thors Hammer geschworen, daß er die Beleidigung seiner Mutter Sigrid der Stolzen, rächen werde.

… … …

„Vorwärts, meine tapferen Christen! Heute kämpfen wir für den Glauben Christi! Christi Kreuz gegen Thors Hammer! Christen gegen Heiden!"

- Thors Hammer war das Gegenstück zu dem Kreuz der Christen, Man machte auch das Zeichen des Hammers in ähnlicher Weise wie die Christen das Kreuz.
- Man schwor u.a. bei Thors Hammer.
- Es gab Thor-Statuen.
- Dem Thor wurde geopfert.
- Thor wurde um Hilfe in Gefahr angefleht.

I 31. ag) Die Saga über Olaf den Ruhmreichen Tryggvason

(995-1000 n.Chr.)

König Olaf hörte dieser Rede geduldig zu und erklärte sich bereit, sein Versprechen zu halten. Daher betrat er, von vielen seiner Männer begleitet, den Tempel, der ein großes und prächtiges Gebäude war. Seine Türe war aus geschnitzter Eiche und der Türgriff an ihr hatte die Form eines großen goldenen Ringes, den Jarl Hakon dort angebracht hatte.

Im Inneren waren zwei große Räume. Der erste oder äußere von ihnen war der Raum, in dem die Opferfeste gefeiert wurden; der innere war der heiligere, denn dort standen die heidnischen Götter auf ihren Podesten. Die Wände waren mit Wandteppichen behangen und mit wertvollen Metallen und mit Edelsteinen geschmückt. Selbst das Dach war mit Goldplatten bedeckt.

Alle, die eintraten, waren ohne Waffen, denn niemand durfte durch diese Tür treten, wenn er ein Schwert oder eine andere Waffe bei sich trug. Der König jedoch trug einen Stock mit einem schweren goldenen Knauf.

Er sah den Bauern dabei zu, wie sie das Feuer für das Opfer bereiteten, aber bevor sie damit fertig waren, ging er in den inneren Raum und betrachtete die Statuen der Götter. Dort saß die Gestalt des Thor mit seinem Hammer in seiner Hand und mit goldenen und silbernen Ringen an ihm. Er war in einem Streitwagen aus Gold, vor den eine Paar Ziegen gespannt waren, die aus Holz und Silber gefertigt worden waren.

„Welcher Gott ist das?" frug Olaf die Bauern, die nahe bei ihm standen.

„Das ist unser Gott Thor," antwortete einer der Häuptlinge, „er ist der am meisten verehrte der Götter außer Odin. Das Flammen seiner Augen sind die Blitze, das Rumpeln der Räder seines Wagens ist der Donner und die Schläge seines Hammers ertönen laut im Erdbeben. Er ist der machtvollste aller Götter."

„Und dennoch," sprach Olaf, „scheint er mir aus nichts Stärkerem als Holz gemacht zu sein. Ihr nennt ihn machtvoll, doch ich meine, daß selbst ich machtvoller

bin als er!"

Als er diese Worte sprach, erhob er seinen Goldknauf-Stab und während sie alle auf ihn blickten, schlug er Thor mit einem so heftigen Schlag, daß er von seinem Sitz stürzte und auf dem Boden in Stücke zerbrach. Zugleich zerschlugen Olafs Männer all die anderen Statuen in dem Raum, während an der Tempeltür Eisenbart angegriffen und getötet wurde.

Olaf raubte viele der Schätze dieses Tempels und ließ dann das Gebäude bis auf die Grundfesten niederreißen. Keiner der Bauern wagte ihm Widerstand zu leisten. Nach Eisenbarts Tod hatten sie keinen Anführer mehr, der kühn genug war, um sich dem König zu widersetzen. Daher schworen sie am Ende alle ihren heidnischen Bräuchen ab und unterwarfen sich dem Gebot des Königs, das Christentum anzunehmen.

> Zumindestens in einem Tempel stand eine Statue des Thor, der seinen Hammer in seiner Hand hielt und mit goldenen und silbernen Ringen geschmückt war. Er stand in einem goldenen Streitwagen, der von einem Ziegenpaar gezogen wurde, das aus Holz und Silber angefertigt worden war.
>
> Die Blicke seiner Augen wurden als Blitze angesehen und das Rumpeln der Räder als Donner. Seine Hammerschläge sind das Erdbeben.

I 31. ah) Heimskringla

(995-1000 n.Chr.)

Auch der folgende Text berichtet über dieselbe Episode aus der Christianisierung Trondheims durch König Olaf:

Da trat König Olaf mit einigen seiner Männer und einigen seiner Frei-Bauern in den Tempel. Der König ging dahin, wo die Götter waren. Dort saß Thor, der am höchsten geschätzte unter allen Göttern, mit Gold und Silber geschmückt.

Da erhob der König seine mit Gold eingelegte Axt, die er in seinen Händen trug, und schlug damit Thor so heftig, daß dieser von seinem Sitz rollte. Da traten die Männer des König hinzu und warfen all die Götter von ihren Sitzen. Und während der König im Tempel war, wurde außerhalb der Tempeltore Eisenbart von den Männern des Königs getötet.

Aus diesem Bericht ergeben sich mehrere Dinge:
- In den Tempeln wurden fast immer mehrere Götter verehrt, da kaum ein Tempel bekannt ist, in der nur eine einzelne Statue stand (wie z.B. in dem Freyr-Tempel des Hrafnkel Freysgodi).
- In dem Tempel von Trondheim scheinen mehr als nur drei Statuen gestanden zu haben („all die Götter").
- Thor war der wichtigste Gott in dem Tempel von Trondheim.
- Die Statue des Thor war mit Gold und Silber geschmückt. Dabei handelt es sich vermutlich um Armreifen, Ketten u.ä., so wie es auch in der Njals-Saga über die Statue der Göttin Thorgerdr berichtet wird.
- Die Tempel waren mit Toren verschlossen.
- Die Tempel waren so groß, daß es ihnen einen besonderen Ort gab, an denen die Statuen standen. Die Tempel waren folglich nicht nur kleine Kapellen, deren ganzer Innenraum von den Statuen eingenommen wurde.

I 31. ai) Heimskringla

(995-1000 n.Chr.)

Die Germanen vertrauten vor allem auf Thor, der ihnen, wie es in diesem Bericht heißt, immer geholfen hatte. Offensichtlich wandte man sich in allen Nöten vor allem an den Donnergott.

Da rief Gudbrand sie zu einem Thing zusammen und sprach zu ihnen:
„Ein Mann, den sie Olaf nennen, ist nach Loar gekommen und will uns einen anderen Glauben aufzwingen als den, den wir bisher gehabt haben, und er will allen unseren Göttern das Genick brechen. Er sagt, daß er einen viel größeren und mächtigeren Gott hat und daß es ein Wunder ist, daß die Erde unter ihm nicht auseinanderbricht und daß es ebenso ein Wunder ist, daß unsere Götter ihn ungestraft umherlaufen lassen, wenn er solche Dinge erzählt.
Dieses weiß ich gewiß: Wenn wir Thor aus unserem Tempel, der auf diesem Hof steht, holen und mit uns tragen, wird Olafs Gott zerschmelzen und er und seine Männer werden zu Nichts werden, wenn Thor auf sie blickt."
Alle ihm untergebenen Bauern riefen einhellig, daß Olaf niemals mit seinem Leben davonkommen solle, wenn er jemals zu ihnen käme. Und sie glaubten, daß er es niemals wagen würde, weiter nach Süden durch dieses Tal zu ziehen.

> Die Germanen in Norwegen vertrauten vor allem auf den Gott Thor, als darum ging, sich gegen das Christentum und gegen König Olaf zu schützen, da er ihnen stets in allen Nöten geholfen hatte.
>
> Es scheint den Brauch gegeben zu haben, die Statue des Thor bei einem Kampf auf die Feinde blicken zu lassen, damit sie aus Angst vor ihm fliehen.

I 31. aj) Die Saga über Olaf Tryggvason

(995-1000 n.Chr.)

In der Saga über König Olaf, der der erste christliche König von Norwegen gewesen ist, muß man stets mit einer christlichen Umdeutung der alten Mythen und Vorstellungen rechnen, da König Olaf alles daran setzte, den alten Glauben auszulöschen.

Eine beliebte Methode dieses Königs oder seiner Helfer ist es gewesen, Geschichten zu erzählen, in denen die Götter selber Abschied von den Menschen nahmen – zumindestens hätte diese Art von Geschichte bei König Olaf ihren plausibelsten Ursprung.

Für diese Annahme spricht auch, daß in dieser Art von Geschichten die alten Götter nicht einfach verboten oder zu einem Irrtum erklärt werden, wie man es von christlichen Missionaren erwarten könnte, sondern daß der Wechsel zum Christentum eher wie der Wechsel von einem schwächeren zu einem stärkeren Helfer erscheint. Dies ist eher eine germanische Betrachtungsweise.

In einem gewissen Winternacht hatte der König in seiner Halle ein Fest veranstaltet. Seine Gäste hatten viel getrunken und die grauhaarigen Skalden hatten bis in die späten Stunden hinein gesungen und rezitiert.

Schließlich saß Olaf alleine beim Feuer und die Türen waren verschlossen. Er saß in seinem Eichen-Hochstuhl und blickte in die Glut im Feuer. Plötzlich schwang die Tür auf und ein Stoß kalter Nachtluft wehte herein. Er blickte auf und sah auf der Türschwelle einen sehr alten Mann mit einem Umhang, auf dem Schneeflocken lagen. Olaf sah, daß der Fremde nur ein Auge hatte.

„O blasser und frierender Graubart," rief der König aus, „komm, wärme Deine Gedärme mit einem Kelch mit gewürztem Ale. Fürchte Dich nicht. Setz Dich hier an meine Seite in den Schein des Feuers."

Der alte Gast folgte diesen Worten, leerte den Trank in großen Zügen und streckte seine runzligen Hände zum Feuer hin. Dann begann er zum König zu sprechen und erzählte ihm von Dingen, die viele Hundert Jahre zuvor geschehen waren und von

Ländern, von denen dem König selbst die Namen fremd waren. Und es hatte den Anschein, als ob seine Geschichte nie ein Ende finden würde.

Schließlich kam Bischof Sigurd herein und erinnerte Olaf daran, daß die Nacht fast vorüber war und daß es Zeit für ihn sei, schlafen zu gehen. Aber der Gast sprach immer weiter und der König lauschte ihm wie verzaubert, bis ihn der Schlaf überkam und sein Kopf zur Seite sank. Doch selbst in seinem Schlaf glaubte er noch immer die Stimme des alten Graubart zu hören, die über Asgard und den Ruhm von Walhalla erzählte.

Als König Olaf erwachte, war es heller Morgen und er war alleine bei der erloschenen Glut auf der nun schwarzen Feuerstelle. Er frug nach seinem Gast und gebot allen seinen Leuten, ihn zu rufen, aber der Gast konnte nirgendwo gefunden werden und niemand hatte ihn gesehen. Sie sahen, daß die Tore fest verschlossen waren, die Wachhunde im Hof schliefen und daß es im Schnee keinerlei Fußspuren gab. Alle sagten, daß kein solcher Gast die Halle betreten hatte und daß König Olaf dies geträumt haben mußte.

Da rief Olaf den Bischof an seine Seite, bekreuzigte sich und sprach: „Das war kein Traum, den ich hatte. Ich weiß, daß mein Gast nicht wiederkehren wird, und doch weiß ich, daß er hier gewesen ist. Der Sieg unseres Glaubens ist nun gewiß. Odin der Große ist tot, denn der einäugige Fremde war sein Geist!"

So sicher war König Olaf, daß die Macht des Odin gebrochen war, daß er nach diesem Ereignis nicht mehr so eifrig missionierte, denn er glaubte, daß er den christlichen Glauben bereits fest verankert hatte. Er sagte zu dem Bischof, daß es die alten Götter nicht mehr gäbe und daß Christus nun der einzige Herrscher sei.

„Nein, so ist es nicht," antwortete der Bischof, „denn Thor herrscht noch immer unter den Seefahrern im hohen Norden. Ich habe gehört, daß im Salten-Fjord ein großer Wikinger-König lebt, der geschickt in der Zauberkunst ist. Er ist ein Magier, denn er hat Macht über den Wind und das Meer, und er und seine große Horde von Heiden verehren noch immer Odin und Thor und bringen ihnen Blutopfer dar. Rand ist sein Name und er ist der Herr der ganzen Godoe-Inseln."

Die Verehrung von Odin und Thor hat sich anscheinend am längsten halten können – aber vielleicht sind diese beiden Götter auch nur die bekanntesten Götter gewesen und werden deshalb erwähnt.

Thor scheint von dem Bischof, der König Olaf beriet, am meisten gefürchtet worden zu sein. Dies paßt dazu, daß es Mischformen des Mjöllnir und des Kruzifixes gab und daß teilweise die Mjöllnir-Kettenanhänger zu einem Anti-Christentum-Symbol geworden waren.

I 31. ak)   Thor-Statue von Akureyri

(1050 n.Chr.)

Thor, Akureyri

Diese um ca. 1050 n.Chr. hergestellte 6,4cm hohe Bronze-Statuette aus Akureyri in Eyrarland in Island stellt den Gott Thor mit seinem Hammer Mjöllnir dar. Da er nackt ist, befindet er sich im Jenseits. Sein Spitzhut scheint ein allgemeines Symbol für „Gott" zu sein, da auch die Statuetten des Gottes Freyr diesen Hut tragen und ansonsten nackt sind.

Diese Statuette zeigt, daß es sehr wahrscheinlich auch eine private Verehrung des Thor gegeben hat, bei der man solche kleinen Statuetten und keine großen Statuen wie in den Tempeln benutzte.

> Diese kleine Statuette des Thor ist ein Hinweis darauf, daß der Donnergott sehr wahrscheinlich nicht nur in den Tempeln, sondern auch privat verehrt wurde.

I 31. al)   Das Amulett von Sigtuna

(ca. 1050 n.Chr.)

In Sigtuna in Schweden wurde ein kupfernes Amulett mit der folgenden Inschrift gefunden:

„Thur sarri thu, thursa trutin!"

„Thur" = Thor
„sarri" = verwunden („sar" = Wunde)
„thu" = Dich
„Thursa" = Thurse, Riese
„trutin" = Herr, Herrscher

Der Spruch bedeutet folglich: „Möge Thor Dich, Herr der Riesen, verwunden!" Dieser „Herr der Riesen" ist offensichtlich der Tyr-Riese in der Unterwelt, der inzwischen offenbar als die Ursache allen Übels angesehen worden ist – weshalb Thor zu dem Allheilmittel geworden ist ...

> Der Tyr-Riese wurde als die Quelle allen Unheils angesehen, weshalb man Thor zu Heilung und Hilfe anrief.

I 31. am) Canterbury-Zauberspruch

(1073 n.Chr.)

In einer Handschrift aus Canterbury findet sich ein ganz ähnlicher Zauberspruch. Er lautet:

„Thur uigi thik, thursa trutin!"

Das erste Wort ist der Name „Thor", das dritte Wort bedeutet „Dich", und die beiden letzten Worte lauten übersetzt „Herr der Riesen".
Das Verb „uigi" ist hingegen nicht so einfach zu übersetzen. Es entspricht dem Namen „Wigithonar", der meist mit „Weihe-Thor" übersetzt wird. Wenn diese Übersetzung zutreffen sollte, müßte der Name jedoch „Wihithonar" lauten. „Wigi" hat hingegen die Bedeutung „Kampf, Stärke".
Die Übersetzung des Zauberspruches als „Thor stärke Dich, Herr der Riesen!" stände jedoch in völligem Widerspruch zu den Thor-Mythen, in denen der Donnergott die ehemaligen Göttervater in seiner Gestalt als „König der Riesen" tötet. Auch ein „Weihen" dieses Riesenkönigs durch Thor ergäbe denselben Widerspruch.
Daher wird „uigi" sich wohl auf Thor beziehen, der seine Kraft einsetzt, um etwas zu erreichen – uigi wird daher „kämpfen", „verletzten" und „töten" bedeuten.
Somit kann man diesen Zauberspruch folgendermaßen übersetzen:

„Thor verfluche und vernichte Dich, Herr der Riesen!"

Diese Übersetzung entspricht dem vorigen Zauberspruch aus Sigtuna.
Es bleibt die Frage, in welchem Zusammenhang man diesen Zauberspruch angewendet hat.
Vermutlich hat man irgendein Übel als durch den „Herrn der Riesen" verursacht angesehen. Dies könnte eine Krankheit, schlechtes Wetter, Überfälle und vieles mehr gewesen sein. Der Zauberspruch würde dann der Vernichtung der Ursache dieses Mißstandes dienen. Es ist allerdings recht ungewöhnlich, daß in diesem Spruch das eigentliche Übel, um das es geht, nicht erwähnt wird. Dies läßt sich am ehesten dadurch erklären, daß dieser Zauberspruch als Universal-Schutz gedacht gewesen sein könnte.

Der Tyr-Riese wurde als die Quelle allen Unheils angesehen, weshalb man Thor zu Heilung und Hilfe anrief.

I 31. an) Adam von Bremen

(1075 n.Chr.)

Eine wichtige Quelle zu dem Kult des Thor, des Odin und des Freyr ist die „Hamburgische Kirchengeschichte" des Bischofs Adam von Bremen.

Jetzt wollen wir von dem Aberglauben der Schweden einiges sagen. Dieses Volk hat einen sehr berühmten Tempel, der Ubsola heißt und nicht weit von der Stadt Sictona liegt.

Dieser Tempel lag in Uppsala in der Nähe der südschwedischen Stadt Sigtuna.

In diesem Tempel, der ganz mit Gold geschmückt ist, betet das Volk die Bildsäulen dreier Götter an, und zwar so, daß der mächtigste von ihnen, Thor, mitten im Gemache seinen Thron hat; rechts und links sitzen Wodan und Fricco.

Der Tempel ist ganz mit Gold ausgeschmückt gewesen. Dies wird auch von einigen Hallen der Götter berichtet wie z.B. von Gimle.
Hier wird das erste mal explizit ausgesprochen, daß Thor der mächtigste Gott der

Germanen gewesen ist. Dies ließ sich allerdings auch schon an dem Wechsel seiner Gleichsetzung mit dem Göttervater-Sohn Herkules (bis 300 n.Chr.) zu seiner Gleichsetzung mit dem Göttervater Jupiter (ab 650 n.Chr.) schließen.

Thor wird als Teil einer Dreiheit angesehen. Solche Dreiheiten sind in der germanischen Mythologie vor allem bei den Göttern weitverbreitet. Diese „3" stellt zwar auch die drei Stände, aber wohl auch drei Aspekte des Lebens, drei Formen des Jenseits und noch einiges mehr dar.

Der Wandteppich von Skog und der Runenstein von Sanda zeigen, daß vom Betrachter aus gesehen Odin links neben Thor saß und Freyr rechts neben ihm. In fast allen Tempeln, von denen es Beschreibungen gibt, stehen die Statuen von mehreren Gottheiten.

Die Deutungen derselben sind folgende:
Thor, sagen sie, hat den Vorsitz in der Luft, er lenkt Donner und Blitz, gibt Winde und Regen, heiteres Wetter und Fruchtbarkeit.
Der andere, Wodan, d. h. die Wut, führt Kriege, und gewährt dem Menschen Tapferkeit gegen seine Feinde.
Der dritte ist Fricco; er spendet den Sterblichen Frieden und Lust. Sein Bild stellen sie auch mit einem ungeheuren männlichen Gliede versehen dar.
Den Wodan aber formen sie gewappnet, wie die unseren den Mars zu bilden pflegen.
Thor aber scheint mit seinem Szepter den Jupiter vorzustellen.

Es fällt auf, daß Thor zwar der Gewittergott ist, daß er aber für gutes Wetter und die Fruchtbarkeit (vermutlich der Felder) zuständig ist.

Thors „Jupiter-Szepter" wird sein Hammer Mjöllnir gewesen sein. Da Adam von Bremen diesen Hammer nicht als solchen beschreibt, scheint die Thor-Statue von Uppsala einen „Mahlstein-Mjöllnir" und keinen „Fäustel" in seinen Händen gehalten zu haben.

Sie verehren auch vergötterte Menschen, die sie wegen außerordentlicher Taten mit der Unsterblichkeit beschenken, wie sie das nach dem Leben des heiligen Ansgar mit dem Könige Herich gemacht haben.
Allen ihren Göttern nun halten sie besondere Priester, welche die Opfer des Volkes darbringen.
Wenn Pest und Hungersnot drohen, wird dem Götzen Thor geopfert, wenn Krieg dem Wodan, wenn eine Hochzeit zu feiern ist, dem Fricco.

Thor wurde offenbar als ein Gott, der für die Gesundheit und die Ernährung der Menschen zuständig ist, angerufen. Dies ist eigentlich der Tätigkeitsbereich des

Gottes Freyr, aber er entspricht der Deutung des Hammers Mjöllnir als Mahlstein und der Ehe des Thor mit der Korngöttin Sif.

Adam von Bremen ist der erste, der über diese Seite des Thor berichtet, aber vermutlich ist dieser Aspekt des Thor schon älter. Da Thor zwischen 300 n.Chr. und 650 n.Chr. den Vorsitz der germanischen Götter und die Motive aus den Mythen seines Vorgängers Tyr übernommen hat, wäre es gut denkbar, daß er in dieser Zeit auch Motive aus den Mythen anderer Göttervater wie dem „Himmelskönig" Freyr oder dem Heimdall, dem Begründer der sozialen Ordnung, übernommen hat.

Wenn diese Deutung zutreffen sollte, müßte auch die Deutung des Mjöllnir als Mahlstein aus der Zeit zwischen 300 n.Chr. und 650 n.Chr. stammen. Diese Umdeutung könnte sich jedoch schon länger angebahnt haben, da Thor auch der Gott des Wetters gewesen ist, das für die Landwirtschaft von ausschlaggebender Bedeutung ist.

Auch pflegt alle neun Jahre ein allen schwedischen Landen gemeinsames Fest in Ubsola gefeiert zu werden. In Bezug auf dieses Fest findet keine Befreiung von Leistungen statt. Die Könige und das Volk, alle schicken ihre Gaben nach Ubsola, und – was grausamer ist als jegliche Strafe – diejenigen, die bereits das Christentum angenommen haben, kaufen sich von jenen Zeremonien los.

Das Opfer nun ist folgender Art. Von jeder Gattung männlicher Geschöpfe werden neun dargebracht, mit deren Blut es Brauch ist, die Götter zu sühnen. Die Körper aber werden in dem Haine aufgehängt, der zunächst am Tempel liegt. Dieser Hain ist nämlich den Heiden so heilig, daß jeder einzelne Baum durch den Tod oder die Verwesung der Geopferten geheiligt erachtet wird. Dort hängen auch Hunde und Rosse neben den Menschen, und von solchen vermischt durcheinanderhängenden Körpern habe er, erzählte mir ein Christ, zweiundsiebzig gesehen.

Übrigens sind die Lieder, die bei der Vollziehung eines solchen Opfers gesungen zu werden pflegen, vielerlei und unehrbar und darum besser zu verschweigen.

Da dieses Fest allen Göttern in Uppsala gewidmet gewesen zu sein scheint, läßt sich aus ihm nicht Spezielles über den Kult des Thor ableiten.

Leider hat Adam von Bremen die Lieder, die im Tempel von Uppsala gesungen wurden, nicht überliefert – was aus seiner Sicht durchaus verständlich ist. Zumindestens scheint eine Vielfalt an Liedern ein wichtiger Bestandteil des Kultes gewesen zu sein.

Leider ist auch Adams Bezeichnung der Lieder als „unehrbar" nicht besonders klar, da letztlich alle heidnischen Lieder aus seiner Sicht „unehrbar" sein mußten. Da dem Bischof wohl insbesondere Blutopfer und sexuelle Anspielungen als anstößig gegolten haben werden, könnte es sein, daß diese Kult-Lieder auch auf die Tieropfer und auf die Wiederzeugung sowie evtl. Freyrs großen Penis Bezug genommen haben.

... ...

Adalward also, der glühend vor Eifer das Evangelium zu verkünden Schweden betrat, brachte alle, die in Sictona und in der Umgegend waren, in kurzer Zeit zum christlichen Glauben. Auch verband er sich insgeheim mit dem Bischof von Sconien, dem sehr frommen Egino, dahin, daß sie zusammen jenen Tempel der Heiden besuchen wollten, der Ubsola heißt, ob sie etwa Christo eine Frucht ihrer Arbeit daselbst darbringen könnten; denn gerne wollten sie Qualen aller Art erdulden, wenn sie nur jenes Haus zerstören könnten, welches der Hauptsitz des Aberglaubens der Barbaren ist. Denn wenn dies niedergerissen oder besser abgebrannt wäre, so würde, meinten sie, die Bekehrung des ganzen Volkes erfolgen.

Als indessen der sehr fromme König Steinkel von dieser Absicht der Bekenner Gottes unter dem Volke murmeln hörte, brachte er sie schlau von diesem Unternehmen ab, indem er versicherte, sowohl sie selbst würden sofort zum Tode verdammt, als auch er aus dem Reiche vertrieben werden, weil er solche Frevler in das Vaterland eingeführt hätte, und vielleicht würden dann auch, wie man das unlängst in Sclavanien (Slawenland) erlebt habe, alle die, die jetzt noch gläubig wären, ins Heidentum zurückfallen. Die Bischöfe nun pflichteten diesen Vorstellungen des Königs bei, durchreisten aber alle Städte der Gothen und zerbrachen die Götzenbilder und gewannen viele Tausende von Heiden dem Christentume.

Diese Passage in der „Hamburgischen Kirchengeschichte" zeigt noch einmal, wie wichtig der Tempel von Uppsala gewesen ist und daß es viele Götterstatuen gegeben haben muß.

... ...

Um dieselbe Zeit, heißt es, soll einer aus Anglien, Namens Wolfred, von der Liebe zum Herrn getrieben, Schweden besucht und das Wort Gottes den Heiden mit großer Kühnheit verkündigt haben. Als er durch seine Predigt viele zum christlichen Glauben bekehrt hatte, hub er an, über einen Götzen dieses Volkes namens Thor, dessen Bild in der Volksversammlung der Heiden aufgerichtet stand, den Bannfluch auszusprechen, und zugleich ergriff er eine Axt und schlug dasselbe in Stücke. Für diese kühne Tat aber ward er sofort mit tausend Wunden durchbohrt und seine Seele fuhr, des Märtyrerlorbeers würdig, gen Himmel. Seinen Leichnam verstümmelten die Barbaren und versenkten ihn nach mancherlei Verhöhnung in einen Sumpf.

Die Statue des Thor scheint ein fester Bestandteil einer Versammlung gewesen zu sein. Es läßt sich jedoch nicht erkennen, ob die Versammlung bei einer Thor-Statue in einem Tempel stattfand, oder ob die Statue des Thor zu dem Versammlungsort geholt worden war. Auf jeden Fall wird die Versammlung unter dem Schutz des Thor gestanden haben.

… … …

Über Gotland, Schweden und Grönland:

Die Bewohner dieses Landes geben sich zum Teil für Christen aus, haben aber weder Glauben, noch Beichte, noch Taufe. Zum Teil aber verehren sie, obgleich sie ebenfalls Christen sind, den Jupiter (Thor) *und den Mars* (hier wohl Odin und nicht Tyr).

Thor war der wichtigste und mächtigste Gott in dem „goldenen Tempel" von Uppsala. Seine Statue stand in der Mitte zwischen denen des Odin und des Freyr.
Thor wurde als der Gott der Luft, des Donners, der Blitze, des Windes und des Regens angesehen.
Man rief ihn um gutes Wetter, Nahrung und Gesundheit an. Dieser Charakterzug erscheint hier zum ersten mal. Der Hammer des Thor scheint ein „Mühlstein-Mjöllnir" gewesen zu sein, da er von den Christen nicht eindeutig als Hammer erkannt wurde.
Es gab offenbar viele Götterstatuen.
Manchmal fanden auch „Versammlung mit einer Thor-Statue" statt, was bedeuten wird, daß die Versammlung unter dem Schutz und der Herrschaft des Thor gestanden haben wird.
Im Kult wurden viele verschiedene Lieder gesungen.

I 31. ao) Gisli-Saga

(ca. 1150 n.Chr.)

Über dem, der Thors grimme Maske trug,
schmolz Schicht für Schicht der tiefe Schnee.

Das Schmelzen des Schnees auf dem Hügelgrab wird an dieser Stelle als Geschenk des Gottes für seinen ehemaligen Priester, der in diesem Grab liegt, aufgefaßt.
Was mit „Thors grimmiger Maske" gemeint ist, ist nicht ganz sicher – vermutlich

ein Maskenhelm, den man im Kampf oder bei Ritualen trug. Ursprünglich ist dies der Sonnen-Maskenhelm des Tyr gewesen, aus dem dann das Gold im Mund des Tyr-Thiazi, die Goldzähne des Heimdall, der Goldhelm des Odin und anscheinend auch ein Helm des Thor geworden ist.

> Die genaue Bedeutung der Umschreibung des Todes als „Thors grimmige Maske tragen" ist unsicher. Evtl. bezieht sie sich auf einen Maskenhelm.

I 31. ap) Segensspruch

(ca. 1150 n.Chr.)

Aus Island ist ein auf zwei Stäbe geritzter Segensspruch überliefert worden, in dem Thor und Odin angerufen werden. Thor wird wieder als der erste Gott genannt.

Gesund seist Du	*Heil ser thu*
und guten Sinnes.	*ok i hugum godum.*
Möge Thor Dich annehmen.	*Thorr thik thiggi.*
Möge Odin Dich sich zu eigen machen.	*Odinn thik eigi.*

Das Original ist mit unregelmäßigen Verslängen und ebenfalls unregelmäßigem Stabreim, der in den beiden letzten Zeilen deutlich dichter ist (vier statt zwei Reime), verfaßt worden. Dies könnte darauf schließen lassen, daß die beiden letzten Zeilen aus einem älteren Ritual stammen und hier zur Stärkung des Zauberspruches eingefügt worden sind.

Da die beiden letzten Verse die Form des „Galdrlag" („Zauberspruch-Form"), d.h. des grammatischen und inhaltlichen Reimes haben, also parallel mit gleicher Aussage aufgebaut sind, könnte es auch sein, daß der häufigere Stabreim der Verstärkung des Zaubers dienen sollte.

Der Zweck dieses Spruches scheint ein allgemeiner Segen und Schutz durch Thor und Odin zu sein.

Die Schlichtheit dieses Segensspruches läßt vermuten, daß er aus einem bäuerlichen Zusammenhang stammt und nicht aus dem höfisch-priesterlichen Kreis.

Der Segensspruch ist durch seine Konzentration auf das Wesentliche (Gesundheit und frohen Mut) sowie durch den Bezug auf Thor und Odin recht kraftvoll, was durch den dichten Stabreim, der generell Initiative ausstrahlt, noch verstärkt wird.

Das Wesen des Thor und des Odin entsprechen in diesem Spruch der Schilderung des Charakters des Donnergottes durch Adam von Bremen: Die beiden Götter werden um Gesundheit und frohen Mut gebeten.

I 31. aq)   Zwei Segen gegen Fallsucht

(ca. 1150 n.Chr.)

Aus dieser Zeit sind zwei Segen gegen Fallsucht erhalten geblieben („Pariser Segen", Emmeraner Segen"), die beide mit fast derselben althochdeutschen Formel beginnen:

1. „*Donerdutigo dietewigo*"

„Donar, Vertrauter, Tat-kräftiger"
(das „wigo" entspricht dem „wigi" in „Wigi-Thonar")

2. „*Donerdutiger dietmahtiger*"

„Donar, Vertrauter, Tat-mächtiger"
(das „mahtig" entspricht dem Namen „magni" des Sohnes des Thor und dem römisch-germanischen Herakles-Beinamen „Magu-sanus")

Diese Anrufungsformel des Thor betont seine Stärke und seine Hilfsbereitschaft („Vertrauter").

I 31. ar)   Gesta danorum

(1175 n.Chr.)

Der Mönch Saxo der Schriftkundige hat in seiner „Geschichte der Dänen" an mehreren Stellen den nordgermanischen Ausruf „Bei Thor!" durch „*Bei Herkules!*" in die damals der gebildeten Schicht geläufigere griechische Mythologie übersetzt.

> Aus der Schwurformel „Ich schwöre bei Thor, daß ..." wurde mit der Zeit der Ausruf des Erstaunens „Bei Thor!"

I 31. as) Hyndla-Lied

(ca. 1200 n.Chr.)

Die Lieder-Edda, aus der auch das Hyndla-Lied stammt, wurde um ca. 1200 n.Chr. niedergeschrieben, aber die Lieder selber sind deutlich älter. Das genaue Datum, an dem sie verfaßt wurden, läßt sich jedoch nicht mehr feststellen – bzw. ist sehr umstritten.
Im Hyndla-Lied sagt Freya zu ihrer „Schwester" Hyndla (Hel), daß sie dem Thor opfern werde – so als ob Freya keine Göttin, sondern eine einfache Frau sei. Dies bedeutet aber nicht, daß es sich um ein relativ neues Lied handelt, denn auch die schon recht alte Thiazi-Mythe beginnt mit einem Opfer von Odin, Hönir und Loki an den Adler-Seelenvogel des Tyr-Thiazi – das Opferritual bildete auch einen festen Bestandteil der Mythen.

Freyja:
Dem Thor werd' ich opfern, werde erflehen,
Daß er günstig immerdar sich Dir erweise,
Ob freilich kein Freund der Riesenfrauen.

> Aus diesen Versen ergibt sich lediglich der Brauch, im Zusammenhang mit Bitten an die Götter ihnen auch ein Opfer zu bringen. Solche Bitten wurden anscheinend als eine Art „Tauschhandel" angesehen.

I 31. at)　Gylfis Vision

(1220 n.Chr.)

Die Schriften des Snorri Sturluson, die dieser um ca. 1220 n.Chr. verfaßt hat, sind die mit Abstand umfangreichste Quelle über die Religion und auch über die Geschichte der Germanen. Sein Ansatz war vor allem der eines Historikers und eines Bewahrers der alten Traditionen, auch wenn er selber schon Christ war.

In seinen Schriften hat er daher so gut wie immer auf ältere Schriften oder mündliche Überlieferungen zurückgegriffen, sodaß so gut wie alles, was durch ihn erhalten bewahrt worden ist, deutlich älter ist als er selber. In der Regel ist jedoch im allgemeinen lediglich das Datum, zu der eine Mythe oder Geschichte das erste mal niedergeschrieben worden ist, mit einiger Sicherheit bekannt.

Da wurde Baldurs Leiche hinaus auf das Schiff getragen und als sein Weib Nanna, Neps Tochter, das sah, da zersprang sie vor Jammer und starb. Da wurde sie auf den Scheiterhaufen gebracht und Feuer darunter gezündet, und Thor trat hinzu und weihte den Scheiterhaufen mit Miölnir, und vor seinen Füßen lief der Zwerg, der Lit hieß, und Thor stieß mit dem Fuß nach ihm und warf ihn ins Feuer, daß er verbrannte.

Thor weihte auch die Scheiterhaufen bei der Bestattung mit seinem Hammer, was ein Hinweis auf einen Zusammenhang mit der Wiederzeugung und der Wiedergeburt sein könnte.

Thors Ermordung des Zwerges Lit („Farbe") bei Baldurs Bestattung könnte ein Überrest aus dem Brauch der frühen Indogermanen sein, bei der Bestattung ihrer Fürsten eine Frau und Diener zu töten und ihm als Geleit ins Jenseits mitzugeben. Vielleicht besteht auch ein Zusammenhang zu Thors Ermordung der beiden Söhne des Tyr, die als Zwerge angesehen wurden.

I 31. au)　Die Saga über Hallfredr Ärger-Skalde

(ca. 1250 n.Chr.)

Da kamen die Schiffs-Gefährten überein, daß sie einen Eid ablegten, daß sie eine große Geldsumme dem Frer geben würden, wenn sie Wind nach Schweden erhielten, oder dem Thor oder dem Odin, wenn sie Island erreichten.

Man bat Thor und Freyr und Odin vor Schiffsreisen manchmal um eine gute Fahrt und versprach ihnen eine Geldspende für ihren Tempel, wenn sie die Bitte erfüllten.

I 31. av)   Die Saga über Hallfredr Ärger-Skalde

(ca. 1250 n.Chr.)

„Er muß noch immer seine Gewohnheit beibehalten haben, heimlich zu opfern – er trägt ein Thor-Amulett aus Walroß-Bein in seinem Geldbeutel."

Es gab Thor-Amulette aus Walroß-Knochen – vermutlich haben sie Thors Hammer dargestellt.

I 31. aw)   Die Saga über Hallfredr Ärger-Skalde

(ca. 1250 n.Chr.)

Gegen mich werden Freyr und Freya
– letztes Jahr habe ich Njörds Betrug an mir beendet;
sollen doch die Teufel Grimnir um Gnade bitten! –
wütend sein und ebenso der mächtige Thor.
Nur von Christus werde ich Gnade erbitten.

Thor wurde explizit als „mächtig" bezeichnet.

I 31. ax)   Die Saga über Thorstein Hausmacht

(ca. 1250 n.Chr.)

Dann kam König Geirröd zu ihnen und gebot ihnen, auf seine Gesundheit zu trinken. Sie tranken zuerst aus dem „Weißling-Horn", dann aus dem „Erinnerungs-

Kelch" und danach wurden die Trinksprüche an Thor und Odin gesprochen und für sie getrunken.

Die Bezeichnung „Weißling-Horn" bezieht sich auf die beiden Söhne des Tyr-Geirröd, die einst vor der Absetzung des Tyr als Göttervater 500 n.Chr. in der Gestalt von zwei Schimmeln („Alcis") den Sonnen-Streitwagen des Tyr gezogen haben.
Der „Erinnerungs-Kelch" wird zum Gedenken an die Ahnen getrunken.
Thor wird hier wie fast immer vor Odin genannt.

> Thor wird fast immer vor Odin genannt – es heißt so gut wie immer „Thor und Odin" und nicht „Odin und Thor".

I 31. ay)   Die Saga über Gold-Thorir

(ca. 1250 n.Chr.)

Die Tempel des Thor und vermutlich auch die der anderen Götter wurden bisweilen an Orten errichtet, an denen es ein Omen gegeben hatte.

Hallstein und die Leute von Reykjanes hatten einen Thortempel dort im Westen errichtet, nachdem ein großer Baum an sein Land getrieben war, als er geopfert hatte.

> Die Deutung eines Baumes, der nach einem Opfer an Thor an das Ufer getriebenen wurde, als Omen ist sicherlich eine Assoziation zu den Pfeilern, die die Auswanderer bei ihrer Ankunft ins Meer warfen und dann ihr neues Heim dort errichteten, wo dieser Pfeiler angeschwemmt wurde.
> Auch eine Assoziation zu den beiden angeschwemmten Holzstämmen, aus denen die Asen die beiden ersten Menschen Ask und Embla erschufen, ist denkbar.

I 31. az) Die Saga über Bosi und Herraud

(ca. 1300 n.Chr.)

Bei Zeremonien und Festen wurde den Göttern und den Ahnen zu Ehren getrunken. Das heutige „Anstoßen" und die Sprüche „Zum Wohl!" und „Prost!" sind die Reste dieses Brauches und der Trinksprüche, die mit ihm verbunden waren.

König Godmund saß auf seinem Hohen Sitz und der Bräutigam neben ihm. Hraerek bediente die Braut. Es ist nicht niedergeschrieben worden, wie die Anführer saßen, aber es ist bekannt, daß Sigurd auf der Hochzeit die Harfe spielte.

Als die Trinksprüche vorgebracht wurden, spielte Sigurd derart, daß die Leute sagten, daß sie so etwas noch nie gehört hätten. Aber er sprach, daß dies nur der Anfang sei. Der König bat ihn, nicht an Mühe zu sparen.

Als der Erinnerungs-Kelch, der dem Thor geweiht war, hereingebracht wurde, veränderte Sigurd die Melodie. Da begann alles, was lose war, sich zu bewegen: Messer und Teller und alles, was niemand festhielt und die meisten der Leute erhoben sich von ihren sitzen und wiegten sich auf dem Boden hin und her. Dies ging so für eine lange Zeit.

Dann kam der Trinkspruch, der sich an alle Götter wendete. Sigurd veränderte wieder die Melodie und spielte so laut, daß es ein Echo in der Halle gab.

Alle, die in der Halle waren, standen auf außer dem Bräutigam und der Braut und dem König und alle bewegten sich in der Halle umher. Dies ging so für eine lange Zeit.

Der König frug, ob er noch andere Melodien kenne, aber er sprach, daß es noch ein paar kleine gäbe und er schlug vor, daß sich alle erst einmal ausruhten. Da ließen sich die Leute nieder um zu trinken.

Er spielte die „Menschenfresserin-Melodie" und die „Traum-Werkstatt" und das „Plünderungs-Lied".

Als nächstes kam der Trinkspruch an Odin. Da öffnete Sigurd seine Harfe und sie war ganz mit Gold ausgeschlagen. Dann spielte er die Melodie, die „Halstuch-Zerrer" genannt wird und alle Halstücher der Frauen erhoben sich in die Luft und tanzten über den Querbalken des Daches. Die Frauen und die Männer sprangen auf und nichts blieb an seinem Platz.

Als die Trinksprüche beendet waren, wurden die Trinksprüche an Freya vorgebracht, die zu dem letzten Kelch, der getrunken wurde, gehörten. Da legte Sigurd seine Finger an die Saite, die quer zu allen anderen Saiten liegt und bat den König sich für die Melodie, die „machtvoller Schlag" genannt wird, vorzubereiten. Der König war so erschrocken, daß er aufsprang und ebenso die Braut und der Bräutigam und niemand tanzte ausgelassener als sie. Dies ging so für eine lange Zeit.

Da nahm Smidur die Braut und tanzte nur um so ausgelassener.

> Zu dem Kult des Thor und auch der anderen Götter gehörte der ihnen gewidmete Trank, vor dem möglicherweise auch eine Bitte an die Gottheit ausgesprochen wurde.

I 31. ba) Kjalnesinga-Saga

(ca. 1350 n.Chr.)

Die meisten Beschreibungen von Tempeln sind nicht besonders reich an Details:

Thorgrim ließ einen großen Tempel in seinem umhegten Hofplatz errichten. ... Da stand in der Mitte Thor und andere Götter zu beiden Seiten.

> In den meisten Tempeln stand Thor in der Mitte und anscheinend einige weitere Götterstatuen neben ihm. Es werden nur gelegentlich konkrete Zahlen angegeben (meistens zwei weitere), aber solche Formulierungen wie „andere Götter" lassen vermuten, daß es in den Tempeln durchaus auch größere Gruppen von Götterstatuen gegeben hat.

I 31. bb) Die Saga über Sturlaug den Mühen-Beladenen

(ca. 1350 n.Chr.)

In dieser Saga wird ein Tempel beschrieben, in dem ein Auerochsen-Horn lag, daß Sturlaug für König Harald beschaffen sollte, damit dieser die Fehde, die er mit Sturlaug hatte, für beendet erklärt.

„Bjarmaland" ist das Gebiet am Südufer des Weißen Meeres zwischen dem heutigen Finnland und Rußland. Dort liegt die Mündung der nördlichen Dvina.

Die Küste rings um das Weiße Meer, das nur einen relativ schmalen Zugang zu dem Nordmeer hat, ist in den Sagas der Germanen ein Bild für das Jenseits, in dem Hel in der Gestalt einer „bösen Riesin" wohnt. Der Fluß Dvina hat manchmal die

Symbolik des Jenseitsflusses Gjallar.

Die Reisen nach Bjarmaland waren eine in die Bilderwelt der Wikinger übertragene Jenseitsreise.

Snaelaug sprach: „Zunächst einmal müßt ihr wissen, daß es in Bjarmaland einen bestimmten Tempel gibt. Er ist dem Thor und dem Odin, der Frigg und der Freya geweiht.

Vermutlich sind diese vier die wichtigsten Gottheiten aus der Sicht des Verfassers dieser Saga gewesen.

Er ist mit viel Geschick aus dem wertvollsten Holz angefertigt worden. Der Tempel hat eine Tür, die nach Nordwesten weist, und eine Tür, die nach Südwesten weist. Dort innen ist nur Thor. Das Auerochsen-Horn liegt vor ihm auf einem Tisch.

Dies ist eine seltsame Beschreibung, denn wenn der Tempel den vier Gottheiten geweiht war, sollten sie eigentlich auch alle vier dort anwesend sein. Diese seltsame Formulierung macht aber auf jeden Fall deutlich, daß Thor als die wichtigste Gottheit angesehen wurde.

Die beiden Türen liegen also im rechten Winkel zueinander (Nordwest und Südwest) – so wie dies auch bei vielen Stabkirchen der Fall ist. Bei dem Thor-Tempel beim Helgafell, der im Landnamabok beschrieben wird, befand sich die Türe an der Seitenwand an dem Ende, das fern von den Statuen war. Möglicherweise ist bei den Stabkirchen die Seitentür der germanischen Tempel mit der Stirnseiten-Tür der christlichen Kirchen kombiniert worden – aber diese Deutung der beiden Türen ist unsicher.

Nur Sturlaug darf eintreten, denn nur er hat genügend Glück, aber selbst er darf das Horn nicht mit bloßen Händen berühren, denn es ist voller Gift und Zauberkraft."

Dieses Horn scheint somit ein „magisches Horn" zu sein, d.h. vermutlich ein Ritual-Horn oder ein goldenes Horn wie die beiden Goldhörner von Gallehus. Das Gift in ihm könnte eine Umdeutung des Göttermets, der ursprünglich die ewige Jugend im Jenseits und in historischer Zeit die Dichterkunst gegeben hat. Durch die Assoziation dieses Mets mit der Jenseitsreise ist es selber zu einer Ursache des Todes, d.h. zu Gift geworden.

... ...

Dann kamen sie nach Bjarmaland und zu dem Fluß Dvina. Westlich des Flusses sahen sie landeinwärts weite Ebenen und einen herrlichen Tempel, der so strahlte, daß er ein Leuchten über die ganze Ebene auszubreiten schien, denn er war mit Gold und Edelsteinen geschmückt.

Der „Goldene Tempel" ist ein so häufiges Motiv, daß es sehr wahrscheinlich ist, daß es in den Tempeln der Germanen wirklich viel Gold gab. Auch die Halle des Tyr und die des Odin waren golden, mit Gold verkleidet oder hatten ein goldenes Dach.

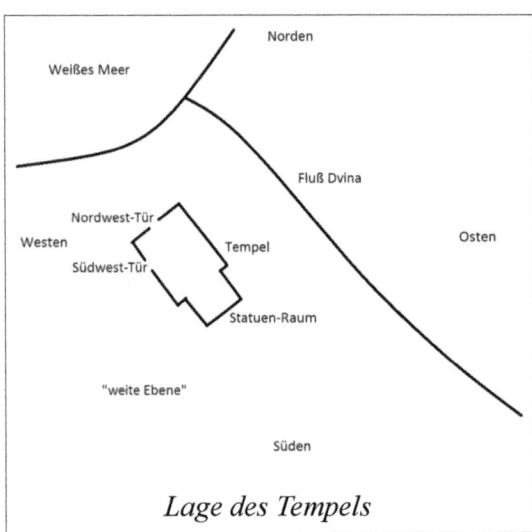

Lage des Tempels

Die Germanen erbauten ihre Hallen und Tempel in der Regel parallel zu den Straßen und Flüssen, an denen sie lagen. Da die Dvina von Südosten nach Nordwesten fließt und der Tempel der Beschreibung zufolge auf dem Westufer der Dvina lag und die beiden Türen im rechten Winkel zueinander an der Stirnseite und an der Längsseite befanden, kann man daraus die Lage des Tempels rekonstruieren – vorausgesetzt, daß der Verfasser dieser Saga ortskundig war oder zumindestens die Lage der Dvina und die Regeln, nach denen die Hallen und Tempel der Germanen gebaut wurden, kannte.

Die Stirnseiten-Tür des Tempels muß entweder im Nordwesten oder im Südwesten gelegen haben, was bedeutet, daß der Tempel entweder in der Richtung Nordwest-Südost oder Südwest-Nordost ausgerichtet gewesen ist. Im ersten Fall läge der Tempel parallel zum Lauf der Dvina, im zweiten Fall jedoch im rechten Winkel zu ihr – die Stirnseiten-Tür des Tempels befand sich somit im Nordwesten. Das bedeutet, daß sich die Seitentür, wenn man den Tempel durch die Stirnseitentür betrat, rechts (im Südwesten) befand. Der Statuen-Raum des Tempels befand sich somit im Südosten des Tempels.

Sturlaug sprach: „Laßt uns das Schiff so wenden, daß sein Heck zum Land weist und laßt es uns nur mit einem Strick vertäuen – falls wir es eilig haben sollten. Und die Stangen sollen bereitliegen, damit wir uns schnell hinausstaken können. Alle sollen zur Abfahrt bereit sein. Franmar und ich werden an Land gehen."

Sie gingen an Land zusammen mit Hrolf Vorsteher und gingen zu dem Tempel. Und als sie ihn erreichten, waren die Türen an genau den Stellen, wie es ihnen beschrieben worden war. Sie betraten ihn durch die Türen an der Nordwestseite, da nur diese geöffnet waren.

Sie traten also wie bei fast den meisten christlichen Kirchen durch die Stirnseiten-Tür des Tempels.

Da sahen sie, daß gleich hinter der Schwelle eine Grube mit Gift war und dahinter ein starker Querbalken, der den Eingang versperrte. Und hinter der Tür waren Mauern rings um die Grube, damit im Inneren Tempel nichts von dem vielen Gift zerstört wurde.

Möglicherweise ist die Beschreibung dieses Tempels mit der Grabkammer eines Hügelgrabes vermischt worden, da es normalerweise Gräber sind, die von den Wikingern geplündert wurden. Dazu würde auch passen, daß Sturlaug dem Rat der Snaelaug zufolge alleine in den Tempel gehen soll, denn auch die Grabräuber stiegen in den Sagas stets alleine in die Kammer hinab.
Die Gruben und das Gift könnten durch Beschreibungen der Unterwelt der Hel inspiriert worden sein.

Als sie die Tempeltüren erreicht hatten, kam Hrolf Vorsteher zu ihnen. Sturlaug frug ihn, warum er gekommen sei.
Hrolf sprach: „Ich wollte mir nicht den Ruhm vorenthalten, mit euch in den Tempel gegangen zu sein."
„Dazu wirst Du nicht viel Gelegenheit haben," sprach Sturlaug, „denn ich gehe alleine in den Tempel."
„Willst Du mir den Ruhm vorenthalten?" sprach Hrolf.
„Das ist nicht mein Grund dafür." sagte Sturlaug.
Da blickte er in den Tempel und sah den sehr hohen Thor auf dem Ehrenplatz sitzen. Vor ihm stand ein wertvoller Tisch, der mit Silber überzogen war.

Dies ist der „Tisch", der auch in dem im Landnamabok beschriebenen Thor-Tempel vor den Götter-Statuen steht.

Auf dem Tisch vor Thor sah er das Auerochsen-Horn. Es war schön wie Gold und voller Gift.
Auf ihm standen ein Tafl-Brett und Tafl-Figuren, die alle aus Gold angefertigt worden waren.

Anstelle des Ringes und des Blutkelches wie im Landnamabok liegt hier das Horn auf dem Tisch und neben ihm das Tafl-Spiel, das auch in dem Lied „Die Vision der Seherin" beschrieben wird und das nach dem Ragnarök von den überlebenden

Göttersöhnen auf dem Idafeld wiedergefunden wird. Es wurde recht wahrscheinlich als Orakel verwendet.

Möglicherweise ist die Beschreibung „schön wie Gold" eine vage Erinnerung daran, daß es einst große goldene und reich mit mythologischen Szenen verzierte Trinkhörner wie die beiden, die in Gallehus gefunden wurden, gegeben hat.

Daneben hingen schimmernde Kleider und goldene Ringe auch an Stangen.

Die Ringe werden dem Ring entsprechen, der auch im Landnamabok beschrieben wird. Derartige Ringe fand man auch im Ullr-Tempel in Lilla Ullevi. Sie entsprechen auch Odins Ring Draupnir und vermutlich auch Freyas Halsreif Brisingamen und Fullas Haarreif. Da alle diese Ringe aus Gold waren, werden auch die Tempel-Ringe in der Sturlaug-Saga aus Gold gewesen sein.

Die „schimmernden Kleider", die wie die Ringe an Stangen hingen, werden wohl kaum die Priester-Garderobe gewesen sein, sondern eher Kleider, die man den Statuen anzog.

In dem Tempel waren sechzig Frauen.

Die 60 Frauen gehörten, wie aus dem folgenden Text zu ersehen ist, zum „Kultpersonal". Dies zeigt, wie groß die Halle gewesen sein muß. Wenn man davon ausgeht, daß in dem Tempel bei einem Ritual mindestens doppelt so viele „Laien" wie Angehörige der Priesterschaft Platz gefunden haben werden, müssen mindestens 200 Menschen in der Tempelhalle Platz gefunden haben. Sie muß demnach ohne den an die „Versammlungshalle" anschließenden „Götterraum" mindestens 15m x 8m groß gewesen sein, d.h. eine Fläche von 120 m² gehabt haben – eher mehr.

Die Stabkirchen, die architektonisch gesehen wahrscheinlich viele Elemente der germanischen Tempel übernommen haben, haben Versammlungsräume („Kirchenschiff"), die zwischen 5-8m breit und 6-9m lang sind, also eine Fläche von 30-72m² haben.

Vermutlich ist die Anzahl von „60 Frauen" daher ein wenig übertrieben, da nicht anzunehmen ist, daß die Stabkirchen deutlich kleiner als die vorherigen Tempel der Germanen gewesen sind.

Die an das „Schiff" anschließenden Altarräume der Stabkirchen sind 3-3,5m breit und 3-4m lang, d.h. sie haben eine Fläche von 10-12m². Vermutlich wird der „Statuenraum" in den germanischen Tempeln ähnlich groß gewesen sein. Möglicherweise war er im Verhältnis zum Versammlungsraum etwas breiter als der „Chor" einer Stabkirche, da in ihm mehrere Götterstatuen nebeneinander oder vielleicht auch im Halbkreis standen. Bei den vier „hohen" Statuen des Thor, des Odin, der Frigg und der Freya, die in dem in dieser Saga beschriebenen Tempel stehen, wäre eine Breite von

3m schon sehr eng – zumal die Stauten auf ihren Hochsitzen saßen.

Eine von ihnen ragte über alle anderen empor. Sie war groß wie ein Riese, so blau wie der Tod und so dick wie eine Stute, mit schwarzen Augen und von verschlagenem Aussehen. Trotz allem war sie eine gut gekleidete Frau. Sie diente an der Tafel.

Diese Schilderung der Riesin-Priesterin als erschreckend und vor allem als „blauhäutig" zeigt, daß sie die Riesin Hel ist, von der in „Gylfis Vision" gesagt wird, daß sie „halb schwarz, halb menschenfarbig" ist.

Diese „blaue Riesin" Hel erinnert sehr an die blaue Göttin Kali der Inder, die ebenfalls die gefürchtete Göttin des Todes ist.

Als sie Sturlaug sahen, sangen sie folgende Weise:

„Hier kommt Sturlaug
der Mühen-Beladene,
er sucht das Horn
und einen Hort von Ringen.
Hier in dem Horn
an dem Heiligen Fest
sind Schätze und Gold.
Wir sind ihm übel gesonnen!"

Dann antwortete die Priesterin und sprach: „Er wird niemals lebend von hier gehen, wenn ich dies irgendwie erreichen kann und wenn mein Glaube und meine Gebete erhört werden!"

In der Gestalt der Riesin hat sich offenbar die Vorstellung über Hel mit der Erinnerung an die (Ober-)Priesterin in den Tempeln vermischt.

Das „Antwort" der Priesterin muß sich auf den Gesang der sechzig Frauen beziehen, da Sturlaug nichts gesagt hat. Dies könnte eine Erinnerung an Wechselgesänge zwischen der Hohen-Priesterin und den Sängerinnen sein – allerdings ist auch eine Anregung aus dem christlichen Kult keineswegs auszuschließen.

Dann sang sie:

*„Im Grab wird unser Gast
seine Rast erhalten,
und viele Wunden
werden seine Ruhe stören.
Dann wird das Fleisch
von Sturlaug dem Mühen-Beladenen
abgenagt werden
von den Messern des Gaumens!"*

Dieses „Lied" ist vermutlich ein Zauberspruch bzw. ein Fluch – was aus damaliger Sicht und vor allem, wenn er von einer Priesterin ausgesprochen wird, letztlich dasselbe ist.

Die „Messer des Gaumens" sind die Zähne.

Danach machte sich Sturlaug bereit, um hineinzugehen und verbat seinen Eid-Brüdern, ihm zu folgen.
In dem Tempel standen drei Felsen, so hoch wie die Rippen eines Mannes, und zwischen ihnen waren tiefe Gruben voller Gift, sodaß er über sie springen mußte, um zu dem Platz zu gelangen, an dem das Auerochsen-Horn lag.

Diese Giftgruben sind vermutlich durch den Jenseitsfluß und durch das Gift der Schlangen an der Decke der Halle der Hel inspiriert worden.

Die Felsen, die bis zu den Rippen eines Mannes ragten, d.h. ca. 1,20m hoch waren, könnten durch die Gerichtssteine angeregt worden sein, von denen der auf dem Helgafjell im Landnamabok beschrieben wird. Diese drei Felsen erinnern an die drei Felsen, an die Loki in der Unterwelt gefesselt worden ist.

Das Horn wird ursprünglich das Trinkhorn für den Göttermet gewesen das, das u.a. im Julnacht-Ritual benutzt wurde und daher durchaus einen berechtigten Platz auf dem Altar hatte.

Da nahm Sturlaug Anlauf und sprang kühn und wohlbehalten über alle drei Felsen hinweg hinein, ergriff schnell und ohne weitere Behinderung das Horn von dem Tisch und lief zurück.
Die Priesterin stand rot vor Wut da und hielt ein zweischneidiges Kurzschwert in ihrer Hand. Er konnte an seinen Schneiden etwas wie Feuer brennen sehen.

Das Feuer an dem Schwert weist zum einen darauf hin, daß das Schwert mit dem Jenseits zu tun hat, da man durch die Waberlohe, die auf die Bestattungsfeuer zurückgeht, in das Jenseits gelangte und weil den Vorstellungen der Germanen zufolge auch die Hügelgräber nachts, wenn die Toten erwachten, in Flammen standen. Zum anderen könnte das Flammenschwert auch eine Variante des Sonnenschwertes des Tyr-Surtur ein.

Möglicherweise ist auch das Sonnenschwert des Tyr noch längere Zeit ein Kultgegenstand in den germanischen Tempeln gewesen – so wie das Schwert, das in dem „Altar" am Ufer des Opfermoores von Niederdorla steckte.

Sie schrie ihn fürchterlich an und knirschte mit ihren Zähnen, obwohl sie davor zurückschreckte, ihn tatsächlich anzugreifen.

Diese Beschreibung erinnert ein wenig an Berserker, die sich in Ekstase schreien und stampfen.

Als Sturlaug zu den Felsen kam, sah er Hrolf Vorsteher über die Felsen springen. Hrolf rannte dorthin, wo Thor und Odin waren, packte das Tafl-Spiel und steckte es sich in die Tasche und rannte durch die Tempel-Halle zum Ausgang.

Das Tafl lag auf dem Silber-Tisch („Altar") vor den Götter-Statuen.

Da erblickte er die Priesterin, die ihm hinterherrannte und mit ihren Zähnen knirschte und knurrte. Da sprang er, um über die Felsen zu gelangen, aber die Priesterin packte ihn an seinem Gewand, riß ihn empor und schmetterte ihn gegen einen der Felsen, sodaß sein Rückgrat zerbrach. So starb der sehr mutige Hrolf Vorsteher.

Diese Szene bestätigt sowohl die Deutung der Felsen als der Gerichts- und Hinrichtungssteine als auch die Deutung der Riesin-Priesterin als Hel, die von einer Totengöttin zu einer Todesgöttin, d.h. zu einer Todesbringerin umgedeutet worden ist.

Danach rannte die Priesterin hinaus und schrie und tobte und brüllte derart schrecklich, daß ihre Flüche von jeder Klippe und jedem Hügel ringsherum widerhallten. Da erblickte sie Sturlaug und jagte hinter ihm her und griff ihn an. Er verteidigte sich gut und mit großem Mut und viel Geschick.
In dem Moment sah Sturlaug eine Gestalt aus dem Wald kommen, dann eine andere und noch eine dritte und dann kamen sie aus allen Richtungen. Sturlaug zog sich zurück, aber sie griff umso heftiger an, als sie die anderen herbeieilen sah.
Da griff er sie mit Hrolf Vorstehers Geschenk an und jagte es glatt durch sie hindurch, sodaß ihre Spitze zwischen ihren Schultern herausragte. Sie zuckte so heftig zurück, daß er die Hellebarde aus seinen Händen verlor und dort blieb wo sie war –

aber sie starb auf der Stelle.
Sturlaug rannte zum Schiff zurück und durchschnitt das Halteseil.

Gut, daß Sturlaug für den Fall einer Flucht vorgesorgt hatte ...

> In dieser Saga finden sich mehrere Hinweise auf den Kult des Thor:
>
> - In den Tempeln gab es einen Ort, an dem die Götterstatuen standen.
> - Die Statuen trugen Schmuck und evtl. auch Kleider.
> - auf dem „Altar" konnte auch das Trinkhorn und das Tafl-Orakel liegen.
> - Die Tempel werden in etwa die Größe und Form einer Stabkirche gehabt haben – evtl. ohne den Turm, obwohl auch die germanischen Seherinnen manchmal auf Türmen wohnten.
> - In dem Tempeln wurden Thor, Odin, Frigg und Freya verehrt. Thor ist der Erstgenannte dieser vier Götter und es wird gesagt, daß nur Thor im Tempel anwesend war.
> - Der Tempel war mit Gold und Edelsteinen geschmückt – die Edelsteine sind ansonsten nicht bezeugt, aber das Gold scheint ein wichtiges Element der Tempel gewesen zu sein. Das „Leuchten", da von dem Tempel ausging, kann zum einen seine „Ausstrahlung" gewesen sein, zum anderen aber auch das Leuchten der Sonne, auf das zumindestens das Gold des Tyr-Tempels Gimle hinweisen soll.
> - Der Gerichtsstein scheint mit dem Tempel assoziiert worden zu sein und wird daher wohl wie bei dem Helgafell nahe bei den Tempeln gelegen haben – was eine mögliche Vermischung der Hinrichtungen und der Menschenopfer an die Göttern in den späteren Sagas gefördert haben wird.
> - Die Tempel hatten zumindestens manchmal zwei Türen wie bei einigen Stabkirchen (eine an der Längsseite und eine an der Stirnseite). Möglicherweise ist dies eine Kombination der christlichen Stirnseiten-Tür mit der germanischen Längsseiten-Tür, wie sie sich auch bei den Fürsten-Hallen und den Langhäusern, in denen die Germanen lebten, findet.

I 31. bc)   Redewendung aus Smaland

(1880 n.Chr.)

In Smaland sagte eine alte Frau noch um 1880 n.Chr. zu einem kleinen Jungen, der sich vor den Blitzen fürchtete:

„Fürchte Dich nicht, Kleiner – das ist nur Freya, die mit Stahl und Feuerstein Feuer macht, um zu sehen, ob der Roggen schon reif ist. Sie ist immer freundlich zu den Leuten und sie macht das nur, um zu helfen. Sie ist nicht wie Thor, der die Leute und das Vieh tötet, wenn er schlecht gelaunt ist."

Diese Vorstellung war am Ende des 19. Jahrhunderts in Schweden noch weit verbreitet.

Um 1880 n.Chr. wurde Thor in Südschweden noch immer als Donnergott angesehen – er war allerdings zu einer jähzornigen und gefürchteten Gestalt geworden.

I 31. bd)   Redewendung aus dem Rheinland

(1970 n.Chr.)

Eine alte Frau beruhigte kleine Kinder, wenn sie sich vor dem Donner des Gewitters fürchteten, damit, daß sie ihnen sagte:

„Da ist nur Petrus am Kegeln – jetzt hat er alle Neune getroffen!"

St. Petrus hat in vielen Gegenden von Thor das Amt des „Wettergottes" übernommen.

In heutiger Zeit wird der Donner in manchen Gegenden wie dem Rheinland noch immer mit Petrus assoziiert, der die Nachfolge von Thor als „Wettergott" angetreten hat.

I 31. be)   Zusammenfassung: Der Kult des Thor

Aus vorchristlicher Zeit ist über den Kult und die Priester des Thor nur wenig bekannt. Thor wird bereits seinen Hammer bzw. seine Keule besessen haben, die auch im Kult eine Rolle gespielt haben wird, da dies auch von anderen indogermanischen Völkern wie den Hethitern bekannt ist und zumindestens der „Hammer-Mann" aus dem Hügelgrab von Kivik an einer Bestattung teilnimmt. Auch der Holzhammer und die Keulen aus dem Opfermoor von Niederdorla sprechen für diese Annahme.

Vermutlich fuhr Thor („großer Mann mit Hammer") zur Zeit der skandinavischen Felsritzungen, also um 1800-500 v.Chr., zusammen mit dem damaligen Sonnengott-Göttervater Tyr („großer Mann mit Schwert") auf dem Sonnenschiff über den Himmel.

Auch das rituelle Trinken ist ein von fast allen Indogermanen bekanntes Ritual und könnte daher auch ein Bestandteil des vorchristlichen Thor-Kultes gewesen sein.

Die Tieropfer sind ebenso ein so gut wie allen Indogermanen bekanntes Ritual. Seinen Ursprung hat dieser Brauch in den Opferung eines Herdentieres für den Toten bei der Bestattung. Dieses Tier wurde mit ihm identifiziert und dadurch dessen Zeugungskraft auf den Toten übertragen, um dessen Wiederzeugung abzusichern. Es ist zumindestens gut denkbar, daß diese Opferungen, die sich eigentlich auf die Toten und auf den ebenfalls an jedem Abend sterbenden Sonnengott-Göttervater beziehen, schon früh auch auf die anderen Götter übertragen worden sind – zumindestens sind sie schon von den Hethitern um 1400 v.Chr. gut bekannt.

Um 100 n.Chr. hatten die Germanen noch keine Götterstatuen und verehrten die Götter in Wäldern oder in Heiligen Hainen. Lediglich die Muttergöttin besaß einen Tempel. Es ist zumindestens ein Heiliger Hain des Thor bekannt. Es ist allerdings nicht sicher, ob Tacitus, der dies berichtet, über eine umfassende Kenntnis der germanischen Religion verfügt hat.

Von dem damaligen Kult sind zwar Tieropfer für die Götter sowie Umzüge der Muttergöttin bekannt, aber nichts Spezifisches über den Kult des Donnergottes. Es gab damals auch die Tradition der Meditation und der inneren Kontaktaufnahme mit den Göttern.

Die Technik der Kampfekstase wird zu dieser Zeit noch zu dem Sonnengott-Göttervater Tyr gehört haben, aber es könnten auch schon Assoziationen zu Thor bestanden haben. Die überlieferte Ekstasetechnik ist ein wildes Singen und Brummen in den vor den Mund gehaltenen Schild. Die Kampfekstase des Thor wird später in der Edda als „in seine Asenstärke fahren" umschrieben.

Das Gewitter wurde als eine Mitteilung des Donnergottes an die Menschen angesehen – was z.B. zum Beenden von Schlachten führte.

Thor wurde dem Herkules Magusanus gleichgesetzt. Dieser „Thor der Starke" wurde vor allem von Legionären, die aus den Reihen der Germanen rekrutiert worden waren, um Hilfe vor Schlachten angerufen. Dabei wurde dem Thor ein Gedenkstein versprochen, der dann, wenn der Legionär überlebte, von ihm nach dem Kampf aufgestellt wurde.

Durch die Gleichsetzung des Thor mit Herkules Jupiter-Sohn ergibt sich, daß Thor um diese noch als Sohn des Göttervaters (vermutlich Tyr) angesehen worden ist.

Zwischen 200 n.Chr. und 500 n.Chr. wurden die im Krieg erbeuteten Waffen und manchmal auch die Kriegsgefangenen zerbrochen bzw. getötet und in einem Moor versenkt, d.h. ins Jenseits zu den Göttern gesandt. Aufgrund des Namens des Thorsberger Moors könnten diese Opfer an den Donnergott gerichtet gewesen sein.

Um 650 n.Chr. nannte man den Donnergott „Kampf-Donar" und bat ihn generell um Schutz.

Es gab um diese Zeit bereits eine Mythe, in der Thor die beiden Pferde-Söhne des Sonnengott-Göttervaters Tyr tötete – und vermutlich auch den Göttervater selber.

Dem Thor war die Eiche geweiht, von der bei den vielen indogermanischen Völkern auch ein Beiname des Thor abgeleitet worden ist (indogermanisch: „perkunos"). Daher wird die Eiche dem Thor auch schon in vorchristlicher Zeit heilig gewesen sein.

Ab 800 n.Chr. wird fast immer die Formulierung „Thor und Odin" benutzt, was zeigt, daß Thor der wichtigere Gott gewesen ist.

Um diese Zeit gab es wie zuvor dem Thor geweihte Haine, Eichen und Steine sowie Thor-Feste und für Thor bestimmte Gesänge.

Die Formulierung „Heiligtümer" in den Kirchenschriften ist recht unpräzise – es könnten Tempel gemeint sein, aber da der einzige frühe Hinweis auf einen germanischen Tempel der der Muttergöttin ist, die Tacitus mit Isis gleichsetzt, ist dies recht unsicher.

Es gab die Vorstellung, daß der Donner durch Thors Fahrt in seinem Streitwagen über den Himmel entstand.

Für die Zeit ab 900 n.Chr. sind deutlich mehr Details zu dem Kult des Thor bekannt:

Zu dieser Zeit hat es Tempel des Thor und vermutlich auch anderer Götter gegeben. Sie bestanden aus einem ca. 6m x 8m großen Versammlungsraum sowie einem angrenzenden Raum für die Götterstatuen, der ca. 3m x 3,5 m groß war. Die Tür an die Versammlungshalle befand sich wie bei den Langhäusern der Germanen an einer der beiden Seitenwand näher an dem von dem Statuenraum entfernten Ende dieser Wand. Innen neben der Tür standen manchmal die Säulen eines Hochsitzes, in denen sich „Götternägel" befanden, deren Funktion nicht näher bekannt ist.

Die Tempel hatten in etwa die Größe und das Aussehen der Stabkirchen. Sie waren vor allem mit Schnitzereien und mit Gold geschmückt. In deutlich geringerem Maße wurde auch Silber und evtl. Edelsteine verwendet. Mehrere Hallen der Götter wurde ausdrücklich „golden" genannt.

In dem Statuenraum befanden sich in der Regel mehrere Statuen, wobei Thor fast immer in der Mitte stand, da er der wichtigste Gott gewesen ist. Links neben ihm (vom Betrachter aus gesehen) scheint Odin seinen Platz gehabt zu haben und rechts Freyr. Das läßt vermuten, daß die Göttinnen Frigg und Freya bzw. Thorgerdr und Irpa, die zusammen mit Thor in einem Tempel standen, ebenfalls auf beiden Seiten neben Thor standen. In dem Tempel, der dem Thor, dem Odin, der Frigg und der Freya geweiht gewesen ist, wird vermutlich in der Mitte Thor, links neben ihm Odin, links außen Odins Frau Frigg und rechts außen Freya auf ihren Hochsitzen gesessen haben. Da oft die Höhe der Statuen betont worden ist, könnte man vermuten, daß sie mindestens lebensgroß gewesen sind.

Die Statuen des Thor haben zumindestens z.T. seinen Hammer in seiner Hand gehalten, da dies von Adam von Bremen so beschrieben wird und auch bei allen Statuetten der Fall ist. Manchmal stand die Statue des Thor auch auf seinem von zwei Ziegenböcken gezogenen Streitwagen.

Der Hochsitz scheint nach der Statue der wichtigste Teil des Tempels gewesen zu sein. In die beiden Pfosten der Hochsitze, auf denen die Herren einer Halle saßen, waren Thor-Gesichter geschnitzt, was zeigt, daß der Herr der Halle, der auch der Thor-Priester war, unter dem Schutz des Thor stand und dessen Vertreter unter den Menschen gewesen ist. Die Statuen trugen Schmuck, insbesondere Ringe und evtl. auch Kleidung.

Vor den Statuen stand ein Tisch, auf dem sich mehrere Ritualgegenstände befinden konnten:

- Der goldene Armreif, auf den Eide abgelegt wurden und den der Priester-Fürst beim Thing und vermutlich auch bei Ritualen immer an seinem Arm trug. Dieser Ring ist offenbar das Symbol der Verbindung zu den Göttern gewesen.
- Der Kelch, in dem das Blut der Opfertiere aufgefangen und dann im Raum versprenkelt wurde.
- Das Trinkhorn für den Ritual-Met.
- Das Tafl-Orakel.

Der Kult selber bestand aus Gesängen, vom Priester gesprochenen Worten, Tieropfern, gemeinsamem Trinken, gemeinsamem Essen des gekochten Fleisches der Opfertiere und vermutlich noch weiteren, nicht bekannten Elemente.

Die Tempel wurden von allen, die zu einem Tempel-Bezirk gehörten, gemeinsam durch Abgaben unterstützt. Die Organisation des Tempels lag in den Händen des Priester-Fürsten.

Die kleinen Statuetten des Thor und anderer Gottheiten lassen vermuten, daß es auch einen privaten Kult gegeben hat, bei dem diese kleinen, meist aus Bronze gefertigten Figuren verwendet wurden.

Es gab Thor-Orakel, über die jedoch nichts genaueres überliefert worden ist. Vermutlich gab es nicht nur das Tafl als Orakel-Methode, sondern auch Visionen durch Seher, Seherinnen und vermutlich auch Fürsten.

In der Nähe der Tempel befand sich der Opferstein, auf dem Menschen hingerichtet oder den Götter geopfert wurden, indem man ihr Genick zerbrach. Dieser Opferstein lag in der Mitte eines Steinkreises, der „Schicksalsring" genannt wurde.

Es gab verschiedene Rituale und Feste, die mit Thor verbunden gewesen sind:

- Dem Thor wurde geopfert.
- Es gab Trinkrunden, die an Thor gerichtet waren.
- Die Island-Auswanderer warfen ihre Thor-Pfosten ins Meer und siedelten dann dort, wo sie angespült wurden.
- Schutzzauber, bei denen man mithilfe eines Amuletts Thor um Hilfe gegen den Tyr-Riesen bat, den man für alles Übel verantwortlich machte.
- Es gab Thor-Amulette aus Walroß-Knochen – vermutlich haben sie Thors Hammer dargestellt.
- Das Jul-Fest, das eigentlich die Wiedergeburt des Sonnengott-Göttervaters Tyr ist, wurde Torri-Fest genannt und der darauf folgende Monat „Torri". Hier hat Thor die Symbolik des Tyr übernommen.
- Thor wurde angerufen, damit er durch seine Kraft die in einen Stein eingemeißelten Runen „aktivierte".
- Thor weihte auch die Braut bei der Hochzeit und den Scheiterhaufen bei der Bestattung. Dieses „Weihen" wird vor allem ein „Verleihen von Kraft" angesehen worden sein.
- Möglicherweise schwor man „beim Hammer des Thor".
- Der Thor-Hammer war das „Gegen-Symbol" zum christlichen Kruzifix.
- Aus der Eid-Formel „Ich schwöre bei Thor, daß …" wurde mit der Zeit der Ausruf des Erstaunens „Bei Thor!"
- Bei Bitten an Thor opferte man ihm in der Regel etwas.
- Möglicherweise gab es den Brauch, die Statue des Thor im Kampf

mitzunehmen – vielleicht auch nur als kleine Figur auf einer Standarte wie dies von den Kelten bekannt ist.

- Man bat Thor und Freyr und Odin vor Schiffsreisen manchmal um eine gute Fahrt und versprach ihnen eine Geldspende für ihren Tempel, wenn sie die Bitte erfüllten.

Der Besitzer eines Tempels („Gode") bestimmten einen seiner Söhne als seinen Nachfolger als Thor-Priester.

Die Tempel wurden von den Goden (Großgrundbesitzer), den Jarlen (Grafen) und den Königen errichtet.

Der Gode und später der König war für die Erhaltung der Tempel verantwortlich.

Thors Hammer war das Gegenstück zu dem Kreuz der Christen. Man machte auch das Zeichen des Hammers in ähnlicher Weise wie die Christen das Kreuz.

Die Blicke seiner Augen wurden als Blitze angesehen und das Rumpeln der Räder als Donner. Seine Hammerschläge sind das Erdbeben.

Thor wurde explizit als „mächtig" bezeichnet.

Die genaue Bedeutung der Umschreibung des Todes als „Thors grimmige Maske tragen" ist unsicher. Evtl. bezieht sie sich auf einen Maskenhelm.

In Südschweden hat sich bis um 1900 n.Chr. die Auffassung des Donners als des Lärms des Thor halten können.

Im Rheinland kann man noch heute vereinzelt die humorvoll gemeinte Vorstellung finden, daß der Donner entsteht, wenn Petrus, der Thors Nachfolger als „Wettergott" ist, beim Kegeln „alle Neune" trifft.

I 32. Tyr, Odin, Thor, Freyr und Heimdall

Aus den bisherigen Betrachtungen über den Gott Thor ergibt sich die Frage nach dem Verhältnis zwischen den fünf Göttern, die den Charakter eines „höchsten Gottes" haben.

Der ursprüngliche Göttervater der Germanen ist bis mindestens 600 v.Chr, aber wahrscheinlich auch noch bis ungefähr 300 n.Chr. Tyr gewesen.
Heimdall ist sehr wahrscheinlich spätestens um 500 n.Chr. aus einem Beinamen des Tyr entstanden.
Odin („Merkur") wurde um 100 n.Chr. von Tacitus als der wichtigste Gott der Südgermanen bezeichnet.
Zwischen 300 n.Chr. und 600 n.Chr. wurde Thor zu dem wichtigsten Gott der Südgermanen – es hieß stets „Thor und Odin".
Um 500 n.Chr. setzten Thor und Odin den nordgermanischen Tyr als Göttervater ab. Odin wurde dadurch auch bei den Nordgermanen zum Göttervater, aber Thor blieb der mächtigste Gott.
Vermutlich ist Freyr als Gott des Wetters, der Ernten, der Fruchtbarkeit und des Wohlstandes bei den nordgermanischen Bauern sehr beliebt gewesen und ist daher um 500 n.Chr. als dritter Gott neben Thor und Odin in dem Tempel von Uppsala verehrt und als dritter der drei höchsten Götter unter der Führung des Thor angesehen worden.
Spätestens ab 850 n.Chr. und vor allem in Island wurde Thor zu dem deutlich die ganze germanische Religion dominierenden Gott.

	Der oberste Gott der Germanen				
Zeit	*Gott*				
	Tyr	*Heimdall*	*Odin*	*Thor*	*Freyr*
Indogermanen bis 2800 v.Chr.	Dhyaus			Tar, Sohn des Dhyaus	Gott der Wiederzeugung
Germanen: 2800-600 v.Chr.	Diar			Tar, Sohn des Diar	Gott der Wiederzeugung und der Fruchtbarkeit

Zeit	Der oberste Gott der Germanen				
	Gott				
	Tyr	Heimdall	Odin	Thor	Freyr
Mysterien: 600-200 v.Chr.	Diar		Norden: -	Tar, Sohn des Diar	Gott der Wiederzeugung und der Fruchtbarkeit
			Süden: der Mysterien-Priester wird zu dem Gott Odin		
Göttervater Odin: 200 v.Chr. - 300 n.Chr.	Norden: Tyr		Norden: -	Norden: Thor, Sohn des Tyr	Norden: Gott der Wiederzeugung und der Fruchtbarkeit
	Süden: Tyr tritt in den Hintergrund		Süden: Odin wird zum Göttervater	Süden: Thor wird zu Odins Sohn	Süden: vermutlich unbedeutend
Thors Aufstieg: 300-500 n.Chr.	Norden: Tyr	Norden: Beiname des Tyr	Norden: -	Norden: Thor, Sohn des Tyr	Norden: Gott der Wiederzeugung und der Fruchtbarkeit
	Süden: „Thor und Odin"		Süden: „Thor und Odin"	Süden: Thor wird zu Odins Sohn	Süden: vermutlich unbedeutend
Absetzung des Tyr: 500 n.Chr.	Norden: der junge Tyr wird zu einem Odin-Sohn und der alte Tyr zum Jenseits-Riesen	Norden: Heimdall wird eigenständiger Gott	Odin ist der neue Göttervater	Norden: Thor übernimmt die Rolle des „jungen Sonnengottes" von Tyr und tötet den „alten Sonnengott-Riesen"	Norden: Freyr neben Thor und Odin
	Süden: „Thor und Odin"	Süden: -	Süden: „Thor und Odin"	Thor wird Odins Sohn	Süden: vermutlich unbedeutend

	Der oberste Gott der Germanen				
Zeit	*Gott*				
	Tyr	*Heimdall*	*Odin*	*Thor*	*Freyr*
500-1000 n.Chr.	Norden: „Thor und Odin"	Norden: Heimdall wird Odins Sohn	Norden: „Thor und Odin"	Norden: Thor wird zum wichtigsten Gott	Norden: Freyr neben Thor und Odin
	Süden: Missionierung	Süden: -	Süden: Missionierung	Süden: Missionierung	Süden: Missionierung
1000-1300 n.Chr.	Missionierung	Missionierung	Missionierung	Missionierung	Missionierung

I 33. Thor und König Gram

König Gram zeichnet sich dadurch aus, daß er eine Keule als Waffe benutzt. Es könnte daher gut sein, daß dieser König einen Teil der Symbolik des Thor übernommen hat. Über ihn wird vor allem der „Geschichte der Dänen" berichtet.

Die Deutung des Königs Gram als Thor ist auch deshalb wahrscheinlich, da der Mönch Saxo der Schriftkundige, der die „Geschichte der Dänen" verfaßt hat, so wie es damals üblich war, die Götter als Könige der Vorzeit aufgefaßt hat.

I 33. a) Gesta danorum

Gram war der König der Dänen. Sigtryg war der König der Schweden. Beide waren Erzfeinde.

Gram gleicht aufgrund seiner Keule dem Thor und war zudem über seinen Vater Skiöld ein Enkel des Odin – statt ein Sohn wie Thor. Gram bedeutet „Wut, Rage, Krieger, König" – das wäre ein passender Beiname für den „Starken Thor" als neuen Göttervater.

Sigtrygg bedeutet „Sieg-sicher" und war ein Beiname des Odin. Es könnte sein, daß der schwedische König hier die Nachfolge des Odin und vor allem des Tyr angetreten hat, denn wie der ehemalige Göttervater Tyr durch Thor getötet wird, so wird auch Sigtryg durch Gram getötet.

Es scheint zudem die Vorstellung gegeben zu haben, daß der Schwertgott-Göttervater Tyr unbesiegbar war. Da er als Sonnengott-Göttervater jedoch jeden Abend bzw. jeden Herbst starb, konnte er nicht ganz unbesiegbar sein. Daraus entstand dann das Motiv, daß er nicht mit dem Schwert oder durch Eisen besiegt werden konnte, sondern nur durch etwas ganz Besonderes und Ungewöhnliches (siehe auch „Netz" in Band 67).

Nachdem Gram von den Sehern gehört hatte, daß Sigtryg nur durch Gold besiegt werden könnte, befestigte er sofort Gold am dicken Ende einer Keule, bewaffnete sich damit in dem Krieg, mit dem er den König angriff und erreichte sein Ziel.

Diese Heldentat wurde von Bess mit den begeisterten Versen eines Lobgesanges besungen:

„Gram, der Schwinger der kostbaren Keule,
der nicht den Stahl benutzte,
ließ Schläge auf den ausgestreckten Stahl regnen
und schlug mit einem Stock die Lanzen der Mächtigen fort.

*Er folgte dem Orakel und dem Willen der Götter
und warf den machtlosen Ruhm der Schweden nieder,
tötete ihren König
und zerschmetterte ihn mit dem steifen Gold.*

*Denn er hatte die Kriegskünste bedacht:
er führte in seiner Faust das rotglänzende Holz
und er ließ siegreich mit einem heldenhaften Schlag
den gefallenen Anführer sich am Boden winden.*

*Scharfsinnig überwand er mit der Härte des Goldes
den, dem Urd verkündete,
daß er nicht von Stahl getötet werden kann;
ohne Schwert führte er Krieg mit dem wertvolleren Metall.*

*Dieser Schatz, durch den sein Erfinder Ehre erlangt
und den Gipfel des Ruhms erreicht hat,
soll in Zukunft nah und fern
in noch hellerem Glanz erscheinen."*

Diese Keule macht den Eindruck, als ob sie eine goldüberzogene Thor-Keule aus einem der Tempel des Donnergottes wäre, die die unbezwingbare Macht des Donnergottes verkörpert.

Das Gold scheint generell ein Hinweis darauf zu sein, daß etwas zu den Göttern gehört. Der Ursprung dafür wird in der Sonnensymbolik liegen, die bei dem ehemaligen Göttervater Tyr wie bei allen indogermanischen Göttervätern noch recht ausgeprägt gewesen ist. Das Gold ist weltweit aufgrund seiner Farbe und wohl auch aufgrund seiner Seltenheit ein Symbol der Sonne.

> König Gram von Dänemark ist vermutlich eine Saga-Version des Donnergottes Thor mit seiner Keule, der den zu einem Schwedenkönig umgedeuteten Tyr-Riesen tötet.

I 34. Das Bewoulf-Epos

Im Beowulf-Epos ist Thor zu dem Helden Beowulf („Bienen-Wolf" = „Bär") geworden, der den Tyr-Riesen Grendel („der in der Tiefe") und dessen Mutter (die Jenseitsgöttin) tötet. Dafür taucht er in eine Halle tief unten in einen Sumpf, die Friggs Halle Fensalir („Sumpfsaal") und Sagas Halle Sökkvabek („Unterwasser-Halle") entspricht.

Die zweite wichtige Tat des Beowulf ist das Töten eines Drachen, bei dem der Held jedoch auch selber stirbt. Dieser Kampf geht evtl. auf den Kampf zwischen Thor und Jörmungandr zurück.

Diese beiden Szenen aus dem sehr langen Beowulf-Epos werden zum einen in dem Kapitel „Grendel" in Band 5 und zu anderem in Band 41 über die „Drachen und Schlangen" ausführlich dargestellt und besprochen.

I 35. Thor und Sigurd

Sigurd (Siegfried) ist der Schützling des Odin: Sigurds Schwert Gram stammt von seinem Vater Sigmund, der es von Odin erhalten hat; Odin lehrte Sigurd auf der Seefahrt zu dem Rache-Kampf für seinen ermordeten Vater Kampfkunst und Omendeutung; er half ihm, sein Pferd Grani zu finden; er zeigte ihm, wie er den Drachen Fafnir töten konnte usw.

Sigurds Waffe ist das Schwert. Da Grani beim Tod seines Vaters von Odin zerbrochen und von dem Zwerg Regin für Sigurd neugeschmiedet wurde, findet sich an dieser Stelle die Symbolik des Schwertgottes und ehemaligen Göttervaters Tyr.

Der Charakter des Sigurd ist jedoch der des Thor: Mit seiner Kraft löst er jedes Problem (siehe auch den Band 38 über „Sigurd").

Sigurd ist ein „Halbgott" wie der griechische Herakles, der römische Herkules, der keltische Cú Chulainn und der indische Rama. Er ist durch die Übertragung des wiedergeborenen Göttervaters, also des Göttersohnes, von der Mythe in die Sage entstanden.

Die Vermischung bzw. Kombination der Mythen verschiedener wichtiger Götter ist typisch für diese Halbgötter. Die wichtigsten Motive in der Sigurd-Sage und ihre Herkunft sind in der folgenden Tabelle aufgeführt:

Herkunft der Motive der Sigurd-Sage				
Sigurd	*Tyr*	*Odin*	*Thor*	*Baldur*
Fluch des Ringes Andvari	zyklischer Tod	Jenseitsreise	Jenseitsreise	zyklischer Tod
Schwert Gram	Sonnenschwert	(Übermittler)		
Zerbrechen des Schwertes beim Tod seines Vaters Sigmund	Zerbrechen des Schwertes beim Tod des Tyr			
als Baby ausgesetzt (Jenseitsreise)	Reise als Sonne durch die Unterwelt (Jenseitsreise)	Odins Reise zu Gunnlöd u.a. (Jenseitsreise)	Reise zu den Riesen (Jenseitsreise)	Reise zur Hel und Rückkehr nach dem Ragnarök (Jenseitsreise)
Stärke			Stärke	

| \multicolumn{5}{c}{**Herkunft der Motive der Sigurd-Sage**} |
Sigurd	*Tyr*	*Odin*	*Thor*	*Baldur*
Roß Grani	Alcis, Svadilfari, Gullfaxi, Gulltop	Sleipnir		
Neuschmieden des Schwertes durch den Zwerg Regin	Neuschmieden des Schwertes durch Wieland-Tyr oder seine beiden Zwerg-Söhne			
Töten des Drachen	morgendliche Wiedergeburt (nachts war Tyr ein Drache)	Verwandlung in eine Schlange bei der Reise zu Gunnlöd		
Unverletzbarkeit durch das Drachenblut	(fast) unbesiegbar		Stärke	
Vereinigung mit Brünhild	Vereinigung mit Freya-Idun	Vereinigung mit Frigg, Freya, Jörd, Gunnlöd, Rindr	Vereinigung mit Sif, Jarnsaxa	Vereinigung mit Nanna
Ermordung durch Hagen	abendlicher Tod			Mord durch Loki/Hönir

Sigurd hat von Thor vor allem die Position des Sohnes des Göttervaters sowie seine Stärke und Unbesiegbarkeit erhalten.

I 36. Mit „Thor" gebildete Personennamen

Im Landnamabok tragen 25% der aufgeführten Personen Namen, die mit „Thor" gebildet worden sind. Daneben finden sich nur 0,1% Personen mit Namen, die mit „Freyr" gebildet worden sind und kein einziger „Odin"-Name.

Eine ähnliche starke Thor-Verehrung wie in Island findet sich auch in Norwegen, aus dem die meisten isländischen Siedler gekommen waren.

Aus den Begriffen, die mit dem Namen „Thor" zu einem Personennamen kombiniert worden sind, ergeben sich die (positiven) Assoziationen, die man damals mit dem Gott Thor verband.

I 36. a) Liste der Thor-Namen

1. Mit „Thor" gebildete Personennamen - der Gott Thor -		
Name		*Bedeutung*
Mann	*Frau*	
Thor, Tor, Torgni, Torgny, Torur, Tosse, Tossu	Thora, Thorina, Tora, Thorine, Torina, Torine, Torinna, Torinne, Toran, Torö	Thor
Asthor, Astor		Asen-Thor (Ase = Gott)
Thoralf, Thorälf, Toralf, Toralv, Toralvur	Toralfa	Thor, der Alf (Thor im Jenseits)
	Thordis, Tordis	Thor-Dise („Dise" = „Göttin, Norne")
Thorny, Torny		junger (wiedergeborener) Thor
Torsven		junger Thor

Diese 6 Namen kennzeichnen Thor als Asen (Gott) oder Alfen (Ahn), was in der germanischen Mythologie kein allzugroßer Unterschied gewesen ist.

Der mit „Dis" gebildete Frauenname ist wohl als Analogie zu „Ase" aufzufassen, da Thor männlich ist. Evtl. könnte dieser Name auch eine Umschreibung für die Göttinnen Sif, Thorgerdr, Irpa und Jarnsaxa sein, die im Kult oder in den Mythen mit Thor verbunden gewesen sind.

Der „junge Thor" entspricht dem Jüngling Thor, der zu dem Tyr-Vater Hymir reist und mit ihm angeln geht. Der Name „junger Thor" wird in Analogie zu dem wiedergeborenen und daher jungen Tyr entstanden sein.

2.
Mit „Thor" gebildete Personennamen
- der helfende Thor -

Name		Bedeutung
Mann	*Frau*	
Berthor, Bergthor, Bertor, Bergtor, Thorberg, Thorbiörg, Thorbärg, Torberg, Torbergur, Torborg, Torbjörg	Bergthora, Bergtora, Thorborg	Helfender Thor („ber" = „bergen" = „schützen, helfen")
Thorfast, Thorvast, Thorvat, Torfast		Thor (gibt) Halt („fast" = „fest, sicher")
	Thorun, Thoran, Torun, Torunn	Thor-Liebe, Thor-Segen (unter dem Schutz des Thor stehen)
Thord, Tord, Tordar, Thordh, Tordh, Thori, Thordher, Thordur, Thorfred, Thorfridh, Thorrid, Thorth, Thuri, Torfrid, Torfridur, Tordur, Torid	Thorfridh, Thori, Thorid, Thorith, Thuri, Thurinna, Tordine, Tordly	vermutlich: Freund Thor

	Tordny, Torgni, Torgny	junger (wiedergeborener) Freund Thor
Thorald, Torald, Toraldur, Torry		König Thor (ald = vald = Walter = Herrscher)
Torvard		Thor-Wächter, Thor der Wächter
Thormund, Tormund, Tormundur		Thor-Hand (Nachbildung des Tyr-Beinamens „Godmund")
Tormann		Thor-Mann
Thorgot, Thorgut, Thrugot, Thurgot, Torgot		Thor-Gote (Gote = einer vom Stamm der Goten) = Thor-Mann
Thorlaf, Thorleif, Thorleifr, Thorlof, Thorlaeifr, Torlif, Thorlef, Thorlejf, Thorlejv, Thorlof, Torleiv, Torleivur, Torleif, Torlof	Thorlef	Thor-Erbe
Torgestur, Torgjest		Gast des Thor
	Torvor, Torvör	Thor-Frau
Thorgardh, Torgard, Thorgarth, Torgjerd, Torgal	Thorgard, Thorgerd, Thorgärd, Thorgärdh, Thorgaerd, Torgerd, Torgärd, Torgine	durch Thor geschützter Bereich (Haus, Halle, Tempel)
Eydtor		Wohlstand des Thor (diese Funktion hat Thor vermutlich von Freyr übernommen)

Diese 15 Namen beziehen sich generell auf Hilfe (3), auf Schutz (3), auf die Verbindung zu Thor (7), auf den geschützten Bereich (1) und auf den Wohlstand (1).

3.
Mit „Thor" gebildete Personennamen
- der starke Kämpfer Thor -

Name		Bedeutung
Mann	*Frau*	
Torveig		Stärke des Thor
Thormod, Torm, Thormodh, Tormod, Thormoth, Tormodur		Mut/Kampf-Ekstase des Thor, Asenkraft des Thor (gehört eigentlich zu Odin)
Thorben, Thorbern, Thorbiorn, Torben, Thorbjörn, Thorbera, Torbern, Tobernus, Torbjörn	Torbera	Thor-Bär
Thorolf, Thorulf, Torulf, Torolf, Torov, Torolv, Torolvur, Torulv, Toru, Toruv		Thor-Wolf (Wolf = Ulfhedinn (Wolfsfell-Männer) = Kampfekstase-Krieger; sie gehörten einst zu Tyr)
Torhedin		Thor-Fell (vermutlich eine Übernahme der Wolfsfelle der Ulfhedinn oder der Bärenfelle der Berserker)
	Thorbritt, Torbritt	Stärke des Thor (von keltisch Brighid (Göttin); zu keltisch „brigh" = hoch, mächtig; englisch „bright")
Thorhvat		männlicher, tatkräftiger Thor
Sigthor, Sigtor		siegreicher Thor
Thorlak, Thorlek, Torlacus, Torlak, Torleik, Torlek		Thor-Kämpfer
Torar		Thor-Heer

	Thorgun, Thrugun, Torgun, Torgunn, Torgund	Thor-Kampf
Thorild, Torild	Thorhild, Thorild, Torhild, Torhilda, Torild, Torilde, Torill	Thor-Kampf
Thorbrand, Torbrand, Torbrandur		Thor-Schwert (Brand, Flamme = Schwert; eigentlich gehört das Schwert zu Tyr)
Thorgeir, Thorger, Torgeir, Torger, Torgjer, Torje, Torjei, Torjer,		Thor-Speer (eigentlich gehört der Speer zu Odin)
Torodd, Toroddur		Thor-Speerspitze
Thorgrim, Torgrim, Thorgrimm, Torgrimur		Thor-Helm („grim" = Gesichtsmaske, ein das Gesicht bedeckender Helm)
Thorgny		Thor-Kampflärm
Thormar, Tormar		Ruhm des Thor

Diese 18 Kampf-Namen zeigen deutlich, daß Thor die Funktion des Kriegsgottes von Tyr und Odin übernommen hat.

Thor ist der starke Gott (2), der das Schwert des Tyr (1) und den Speer des Odin (2) besitzt und der sich mit einem Helm (1) schützt. Er ist zu dem Herrn der Berserker des Odin (1) und der Ulfhedinn des Tyr (1) geworden und besitzt daher auch das Fell (1), das das Abzeichen dieser Ekstasekämpfer (1) ist. Thor ist der siegreiche (2) und ruhmreiche (1) Kämpfer (5).

Die mit „Thor" gebildeten Namen spiegeln die Tendenz in den Mythen des Donnergottes wider, den Tyr zu töten, seinen Vater Odin hintanzustellen und sich selber zum obersten Gott zu erheben.

4.
Mit „Thor" gebildete Personennamen
- der Kult des Thor -

Name		Bedeutung
Mann	*Frau*	
Thore, Thorer, Tori, Thorir, Thorvi, Thorvil, Thorvildh, Thorwith, Thorwe, Thorwie, Thura, Thure, Thurer, Thurir, Tore, Torer, Toresius, Torir, Torinus, Torenius, Torvil, Torvill, Torvild	Tore, Tori, Torie, Torvi, Tory	Thor-Priester („e" ist die Kurform von „ver")
Torarin	Torana	Thor-Adler (der Adler ist der Seelenvogel des Göttervaters Tyr und danach des Odin und schließlich auch des Thor)
Thorvid, Thorvidh, Torvid	Torfa	Thor-Baum (Baum = Mann oder Thor-Eiche)
Thorwald, Thorvald, Thorry, Torvald, Torvaldur, Torval, Torvall	Torvalda	Thor-Wald (evtl. ein Heiliger Hain)
Thorkel, Thorkell, Thorketil, Thorkil, Thorkaetil, Thorkild, Throkil, Torkil, Torkel, Torkjel, Torkjell, Torkild		Thor-Kessel (Ritual-Kessel)

Thorsten, Thorstein, Thorsteinn, Steintor, Tostein, Tosten, Toste, Tosti, Torste, Torstein, Torsteinn, Torsten, Torsti, Toro, Torro, Tosti	Steintora, Torstine	Thor-Stein (Opfer-Stein, Gerichts-Stein)
Thorhall, Torhall, Torhalla, Torhallur		Thor-Stein („hall" = flacher Stein = Gerichtsstein, Opferstein, Altar) oder Thor-Halle
Thorlögh, Torleygur	Thorlaug, Thorlög, Thorlögh, Torlaug, Torleyg, Torlög	Thor-Eid
Thorgil, Thorgils, Thorgisl, Thrugels, Thrugils, Torgil, Torgils, Torgisl, Torgjuls, Torjuls, Torjus, Torri, Torris		Thor-Eid oder Thor-Pfeil

Diese 10 mit „Thor" gebildeten „Kult"-Namen zeigen, wie wichtig die Verehrung des Donnergottes bei den Germanen gewesen ist.

Die Priester des Thor (1) riefen dessen Seelenvogel (1) wie zuvor den Seelen-Adler des Tyr und des Odin zu seiner Eiche (1), in seinen Heiligen Hain (1) oder in seinen Tempel (1). Dort tranken sie den Met aus dem Kessel (1) bzw. aßen aus ihm das in ihm gekochte Fleisch der Opfertiere. An dem Stein des Thor (2) wurde Gericht gehalten und dort wurden auch Eide (2) abgelegt.

5.
Mit „Thor" gebildete Personennamen
- sonstige Namensbildungen -

Name		Bedeutung
Mann	*Frau*	
Havtor, Thorhaf		Meeres-Thor („haf" = „Meer"; deutsch: „Haff")
Thorfin, Thorfinn, Thorfinnur, Torfin, Torfinn, Torfinnur	Torfina	Thor der Wanderer („Finne" bedeutete „Wanderer, Nomade")
	Ingithora	Yngvi-Thor (Yngvi = Stammesgott; mit Freyr gleichgesetzt)
Torre		der Monat Torri (Januar), Thor-Monat
Kristtor		Christus-Thor (ein recht neuer Name)

Das Meer könnte sich auf die Flußdurchquerungen (1) bei den Wanderungen (1) in das Jenseits zu den Riesen in den Mythen des Thor beziehen. Seine Verbindung mit Yngvi-Freyr (1) entspricht seinem Geben von Wohlstand, da die Fülle ursprünglich eine Gabe des Freyr gewesen ist. Mit dem Namen „Torri" (1) könnte evtl. Thors Sieg über den Winter, d.h. über Loki-Jörmungandr assoziiert worden sein – aber das ist unsicher. Die Verbindung von „Thor" mit „Christus" (1) ist eine relativ neue Namensbildung.

Diese Personennamen lassen sich nun in einer Übersicht zusammenfassen:

mit „Thor" gebildete Personennamen: Übersicht			
„Thor"-Namen (54 = 100 %)	Kampf (18 = 35%)	Krieger (9)	Kämpfer (5)
		Ekstase-Kämpfer (4)	Ekstasekrieger (2)
			Bär/Berserker (1)
			Wolf/Ulfhedinn (1)
		Waffen (4)	Speer des Odin (2)
			Schwert des Tyr (1)
			Helm (1)
		Stärke (2)	
		Sieg (2)	
		Ruhm (1)	
	Hilfe (15 = 27%)	Verbundenheit mit Thor (7)	
		Hilfe (3)	
		Schutz (3)	
		geschützter Bereich (1)	
		Wohlstand (1)	
	Kult-Namen (10 =18%)	Heiliger Ort (3)	Donar-Eiche (1)
			Heiliger Hain (1)
			Tempel (1)
		Thor-Stein (2)	
		Eide (2)	
		Priester (1)	
		Seelenvogel (1)	
	Gott (6 = 11%)	Gott (5)	Thor (1)
			Ase (1)
			Alfe (1)
			junger Thor (2)
		Göttin (1)	Dise (1)
	sonstige (5 = 9%)	Jenseitsreise (2)	Meer (1)
			Wanderer (1)
		Yngvi-Freyr (1)	
		Torri (1)	
		Christus (1)	

Der „helfende Kampf" des Thor hat ca. 2/3 der mit „Thor" gebildeten Personen inspiriert. Dies paßt gut zu den Mythen des Donnergottes.

Auffällig sind vor allem die vielen Namen des Thor, die sich auf seinen Kult beziehen und ca. 1/5 der Namen ausmachen. Die Ursache dieses großen Anteils liegt vermutlich darin begründet, daß Thor denjenigen seine Hilfe gab, die an seinem Kult teilnahmen, d.h. die ihm opferten.

Die beliebtesten Namen lassen sich an der Anzahl der Variationen, die es von diesem Namen gibt, erkennen:

„Thor"-Namen mit mindestens 10 Varianten des Namens		
Name	*Bedeutung*	*Anzahl der Varianten*
Thorvi	Thorpriester	28
Thorfridh	Freund Thor	25
Thorlögh/Thorgil	Thor-Eid	20
Thorstein	Thor-Stein	18
Thor	Thor	17
Thorleif	Thor-Erbe	15
Thorberg, Bergthor	helfender Thor	14
Thorgard	durch Thor geschützter Bereich	13
Thorgunn/Thorhild	Thor-Kampf	12
Thorkell	Thor-Kessel	12
Thorbjörn	Thor-Bär	10
Thorulf	Thor-Wolf	10

Bei dieser Betrachtungsweise fällt auf, daß der kämpfende Thor sehr stark in den Hintergrund tritt. Von den Personennamen, die sich auf den „Kampf-Thor" beziehen, gibt es nur 3 Namen mit insgesamt 32 Varianten. Die übrigen Namen 9 Namen mit ihren 163 Varianten beziehen sich auf den Kult des Thor und auf das Vertrauen in ihn.

Es hat den Anschein, als ob der Alltag der Wikinger deutlich weniger durch die Kämpfe geprägt gewesen ist, als es die Sagas vermuten lassen, die eben nur die spektakulären Dinge berichten. Daher sind auch die „Thor"-Namen vor allem durch den Wunsch nach Schutz und Hilfe im Alltag geprägt gewesen. Vermutlich haben die damaligen Germanen Thor vor allem um gute Ernten, um sichere Reisen u.ä. gebeten, weshalb diese schlichten Wünsche auch am stärksten die Namensbildung und die Namenswahl geprägt haben.

Schließlich kann man noch betrachten, wie sich die mit „Thor" gebildeten Namen von Männern und Frauen unterscheiden:

	Mit „Thor" gebildete Frauennamen	
Name	*Bedeutung*	*Anzahl der Varianten*
Thora	Thor	10
Thorfridh	Freund Thor	8
Thorgard	geschützter Bereich des Thor, Thor-Tempel	8
Thorhild	Thor-Kampf	7
Thorlaug	Thor-Eid	6
Thorgunn	Thor-Kampf	5
Torvi	Thor-Priesterin	5
Thorun	Thor-Segen	4
Bergthora	bergender/schützender Thor	3
Tordny	junger Freund Thor	3
Thordis	Thor-Göttin	2
Torvör	Thor-Frau	2
Thorbritt	Stärke des Thor	2
Steintora	Thor-Stein	2
Toralfa	Thor-Alf	1
Thorlef	Thor-Erbin	1
Torbera	Thor-Bär	1
Torana	Thor-Adler	1
Torfa	Thor-Baum	1
Torvalda	Thor-Herrscher	1
Torfina	Thor-Herrscher	1
Ingithora	Yngvi-Thor	1

Auf Thor selber und auf seine Hilfe beziehen sich 12 Namen mit insgesamt 44 Namensvarianten: Thor (10), Freund Thor (8), durch Thor geschützter Bereich (8), Thor-Segen (4), schützender Thor (3), junger Freund Thor (3), Thor-Göttin (2), Thor-Frau (2), Thor-Alf (1), Thor-Erbin (1), Thor-Herrscher (1) und Yngvi-Thor (1).

Auf den Kult des Thor beziehen sich 6 Namen mit insgesamt 16 Namensvarianten: Thor-Eid 6, Thor-Priesterin 5, Thor-Stein 2, Thor-Adler, (1)Thor-Baum und (1)Thor-Herrscher (1).

Auf den „Kampf-Thor" beziehen sich 4 Namen mit insgesamt 15 Namensvarianten: Thor-Kampf (7), Thor-Kampf (5), Thor-Stärke (2) und Thor-Bär (1).

Somit wurden 18 der Frauennamen, die in insgesamt 60 Varianten bekannt sind, von dem Kult des Thor und der sich daraus ergebenden Hilfe des Donnergottes abgeleitet. Lediglich 4 Frauennamen mit insgesamt 15 Varianten beziehen sich auf die Kämpfe des Thor.

Mit „Thor" gebildete Männernamen		
Name	*Bedeutung*	*Anzahl der Varianten*
Thorvi	Thor-Priester	23
Thorfrid	Freund Thor	17
Thorstein	Thor-Stein (Kult-Stein)	16
Thorleif	Thor-Erbe	14
Thorgil	Thor-Eid (Thor-Priester) oder Thor-Pfeil	13
Thorketil	Thor-Kessel (Kultkessel)	12
Bergthor	helfender Thor	11
Thorulf	Thor-Wolf	10
Thorbjörn	Thor-Bär	9
Thorgeir	Thor-Speer	8
Thor	Thor	7
Thorwald	Thor-Wald = Thor-Heer	7
Thormodh	Mut des Thor	6
Thorlak	Thor-Kämpfer	6

Thorfinn	Thor-Wanderer	6
Thoralf	Thor-Alfe	5
Thorgot	Thor-Gote = Thor-Mann	5
Thorgardh	Thors Schutzbereich	5
Thorfast	Thor (gibt) Halt	4
Thorald	König Thor	4
Thorgrim	Thor-Maskenhelm	4
Thorhall	Thor-Opferstein	4
Thormund	Thor-Hand	3
Thorvid	Thor-Baum = Thor-Mann	3
Thorbrand	Thor-Schwert	3
Asthor	Asen-Thor	2
Thorny	junger (wiedergeborener) Thor	2
Thorgestur	Thors Gast	2
Thorild	Thor-Kampf	2
Sigthor	Sieg-Thor	2
Torodd	Thor-Speerspitze	2
Thormar	Thor-Ruhm	2
Thorlögh	Thor-Eid (Thor-Priester)	2
Havthor	Meeres-Thor	2
Torsven	junger Thor	1
Torvard	Thor der Wächter	1
Tormann	Thor-Mann	1
Eydtor	Wohlstand des Thor	1
Torveig	Stärke des Thor	1
Torhedin	Thor-Fell	1
Thorhvat	tatkräftiger Thor	1

Torar	Thor-Heer	1
Thorgny	Thor-Kampflärm	1
Torarin	Thor-Adler	1
Torre	der Frühlingsmonat „Thor"	1
Kristtoe	Christus-Thor	1

Bei den Männernamen ist das Ergebnis nicht so einfach zu deuten.

Es gibt 6 Kult-Namen mit insgesamt 70 Varianten (11,7 Varianten pro Name). Es hat also nicht viele sich auf den Kult beziehenden Männernamen gegeben, aber diese wenigen waren sehr beliebt. 38 von diesen Namens-Varianten, also 54% bedeuten schlicht „Thor-Priester": „Thor-Priester" (23), „Thor-Eid" (13) und eine zweite Variante von „Thor-Eid" (2).

Der Name „Thor-Kessel" (12) bezieht sich auf den Kessel, in dem das Opferfleisch gekocht wurde, und wird wohl „Mann des Thor-Opferkessels" im Sinne von „Priester" bedeuten. Somit haben 50 der 70 Varianten der Kult-Namen, also 71% die Bedeutung „Priester". Offensichtlich war es etwas sehr Erstrebenswertes gewesen, ein Thor-Priester zu sein ...

Die beiden anderen Namen beziehen sich auf den Opferstein: „Thor-Stein" (16) und „Thor-Opferstein" (4). Auch diese beiden Namen haben zumindestens eine so starke Assoziation zu dem Thor-Priester gehabt, daß man letztlich alle diese 70 Namens-Varianten als „Thor-Priester" auffassen kann.

Die 8 Namen, die sich auf Thor als Helfer beziehen, haben 55 Varianten (6,9 Varianten pro Name). Hier gibt es sowohl Namen mit sehr vielen als auch mit sehr wenigen Varianten. Die drei beliebtesten Namen stellen Thor als den Freund, den Vater („Thors Erbe") und den Helfer des Mannes dar, der mit diesem Namen benannt worden ist. Diese Namen sind „Freund Thor" (17), „Thor-Erbe" (14), „helfender Thor" (11), „Thors Schutzbereich" (5), „Thor (gibt) Halt" (4), „Thors Gast" (2), „Thor der Wächter" (1) und „Thor-Mann" (1). Die Assoziationen scheinen sich bei den Kult-Namen auf den Priester, den Opferstein und den Opferkessel beschränkt zu haben.

Die größte Gruppe der Thor-Männernamen ist die der Kämpfer. Dabei fällt auf, daß diese 19 Namen nur 74 Varianten haben. Während die sechs Kult-Namen im Schnitt 11,7 Varianten haben, haben die 20 Kampfnamen im Schnitt nur 3,9 Varianten, woraus man schließen könnte, daß die Kult-Namen dreimal so beliebt wie die Kampfnamen gewesen sind. Die Kampf-Namen boten anscheinend eine weitaus größere Auswahl an Motiven, mit denen man diese Namen bilden konnte, während sich die

Assoziationen bei den Kult-Namen auf den Priester, den Opferstein und den Opferkessel beschränkt haben.

12 Namen mit nur 25 Varianten (2,1 Varianten je Name) bezeichnen den Mann als Thor-Krieger: „Thor-Wald" im Sinne von „Thor-Heer" (7), „Thor-Kämpfer" (6), „Thor-Gote" im Sinne von „Thor-Mann" (5), „Thor-Baum" im Sinne von „Thor-Mann" (3), „Thor-Kampf" (2), „Thor-Heer" (1) und „Thor-Kampflärm" (1).

Die 3 Namen, die sich auf die Kampf-Ekstase beziehen, haben 20 Varianten (6,7 Varianten pro Name). Wenn man den einen Namen, der nur in einer Variante vorkommt, nicht mitrechnet, sind es sogar 9,5 Varianten pro Name. Offensichtlich waren die Ekstasekampf-Namen sowohl schlicht und immer gleich gebildet als auch sehr beliebt: „Thor-Wolf" (10), „Thor-Bär" (9) und „Thor-Fell" (1).

Ähnlich, aber nicht so deutlich ausgeprägt wie bei den Kampfekstase-Namen sieht es bei den 17 Varianten der 4 Waffen-Namen aus. Bei ihnen finden sich 4,3 Varianten pro Name: „Thor-Speer" (8), „Thor-Maskenhelm" (4), „Thor-Schwert" (3) und „Thor-Speerspitze" (2).

Unter den 5 Namen, die sich auf Eigenschaften des Thor beziehen, ragt der „Mut des Thor" deutlich heraus. Diese 5 Namen haben 12 Varianten, also im Schnitt 2,4 Varianten: „Mut des Thor" (6), „Sieg-Thor" (2), „Thor-Ruhm" (2), „Stärke des Thor" (1) und „tatkräftiger Thor" (1).

7 Namen mit 22 Varianten bezeichnen Thor als Gottheit (3 Varianten pro Name): „Thor" (7), „Thor-Alfe" (5), „König Thor" (4), „Asen-Thor" (2), „junger (wiedergeborener) Thor" (2), „junger Thor" (1) und „Thor-Adler" (1). Der Name „Thor" wird in den meisten Fällen wohl als Kurzform eines der üblichen zweiteiligen Namen entstanden sein.

Schließlich gibt es noch die 3 Namen, die nicht sicher zu deuten sind bzw. die aus Übertragungen von Tyr-Mythen auf Thor entstanden sind und die 11 Varianten haben (3,7 Varianten pro Name): „Thor-Wanderer" (6), „Thor-Hand" (3) und „Meeres-Thor" (2).

3 Namen mit je 1 Variante lassen sich nicht den übrigen Gruppen zuordnen: „Wohlstand des Thor" (1), „Frühlingsmonat 'Thor'" (1) und „Christus-Thor" (1).

Die Männer sind also mit 6 sehr beliebten Namen (70 Varianten = 11,7 pro Name) als „Thor-Priester" benannt worden, mit 8 ebenfalls recht beliebten Namen (55 Varianten = 6,9 pro Name) unter den Schutz des Thor gestellt worden, und mit 38 vielfältigen Namen (136 Varianten = 3,6 pro Name) als „Krieger" bezeichnet worden, wobei die beiden „klassischen" Kampfekstase-Namen in dieser Gruppe deutlich an Beliebtheit herausragen (9,5 Varianten pro Name).

Unter den übrigen 18 Namen, die 40 Varianten haben (2,2 Varianten pro Name) fällt nur der „Mut des Thor" mit 6 Varianten und „Thor-Alf" mit 5 Varianten auf.

I 36. b) Ynglinga-Saga

In der Ynglinga-Saga berichtet schon Snorri Sturluson über die mit „Thor" gebildeten Personennamen:

Nach Odin bildete man den Namen 'Audun', und so nannten die Menschen ihre Söhne; die Namen 'Tore' oder 'Toraren' waren nach Thor gebildet, und auch mit anderen Begriffen wurde Thor im Namen verbunden; und so entstanden Namen wie 'Steintor' oder 'Havtor' und mancherlei andere.

Aus den mit „Thor" gebildeten Personennamen ergibt sich, daß sich sowohl die Männer als auch die Frauen in ihrem Alltag, der auch die Namen prägte, die die Germanen ihren Kindern gaben, von Thor vor allem Schutz und Hilfe bei den alltäglichen Sorgen erhofften. Um diese Hilfe von Thor zu erhalten, nahmen sie an dem Kult des Thor teil.

Ein sehr beliebter Name war „Thor-Priester", was auf das hohe Ansehen des Thor-Kultes schließen läßt.

I 37.   Mit „Thor" gebildete Ortsnamen

Die mit „Thor" gebildeten Ortsnamen können über die Verbreitung des Verehrung des Donnergottes und über die Art seines Kultes Aufschluß geben.

Da es sehr viele mit „Thor" gebildete Personennamen gegeben hat, läßt sich oft nicht sicher sagen, ob mit „Thor" bei der Namensgebung eines Ortes der Donnergott selber oder eine Person mit einem „Thor"-Namen gemeint gewesen ist. So ist z.B. „Thorlakshöfn" in Island wahrscheinlich nach einem Bauern mit dem Namen „Thorlak" benannt worden.

I 37. a)   Liste der Thor-Ortsnamen

Die folgende List enthält einige Beispiele von „Thor"-Ortsnamen. Ein vollständiges Verzeichnis ist schwierig zu erstellen, da es zwar viele kleine Höfe, Felder, Wälder, Landzungen u.ä. gibt, deren Name mit „Thor" gebildet worden sind, aber diese in keinen Verzeichnissen aufgelistet sind.

Die folgende Liste enthält überproportional viele Namen aus Deutschland und England, deren „Thor"-Ortsnamen am einfachsten zu erfassen sind. Die meisten mit „Thor" gebildeten Ortsnamen finden sich jedoch in Norwegen, Schweden und Island.

Mit „Thor" gebildete Ortsnamen		
Ort	*Bedeutung des Ortsnamens*	*Lage des Ortes*
Thorslundr	Thors Heiliger Hain	Dänemark (sehr häufig)
Thorshag	Thors Heilgier Hain	Norwegen
Thundersley	Thors Heiliger Hain	England: Essex
Thunres lea	Thors Heiliger Hain	England (Angelsachsen)
Thunorslege	Thors Heiliger Hain	England (Angelsachsen)
Coill Tomair	Heiliger Hain des Thor/Taranis	Irland
Thorshof	Thor-Tempel	Süd-Norwegen (sehr häufig)
Thorsve	Thor-Tempel	Norwegen
Thorshöfn	Thor-Tempel	Norwegen
Donnerschwee	Donar-Tempel	Deutschland: Niedersachsen

Sonnerswehe	Donar-Tempel	Deutschland: Niedersachsen
Donnerswede	Donar-Tempel	Deutschland: Niedersachsen
Donnerberg	Donar-Berg	Deutschland: Rheinland-Pfalz
Thorsborg	Thor-Berg	Schweden
Thorsbiörg	Thors-Berg	Norwegen
Thordal	Thor-Tal	Huldar-Saga
Thurstable	Thor-Säule	England
Thors Well	Thor-Quelle	England: Yorkshire
Thorsa	Thors-Fluß	Island
Thorsbro	Thors-Brücke	Schweden
Torshavn	Thor-Hafen	Hauptstadt der Faröer-Inseln
Thorsness	Landzunge des Thor	Island
Thornesslönd	Thors-Landzungen-Land	Island
Donnersreuth	Donars-Rodung	Deutschland: Franken
Thunres Feld	Thors Feld	England (Angelsachsen)
Thundersfield	Thors Feld	England: Surrey
Thorsager	Thors-Acker	Dänemark
Thorsmörk	Thors-Hain	Island
Thorr	Thor (?)	Deutschland: NRW
Donnern	Donar (?)	Deutschland: Niedersachsen
Donnersdorf	Donar(?)-Dorf	Deutschland: Bayern
Donnerstedt	Donar(?)-Stadt	Deutschland: Niedersachsen

Es fällt auf, wieviele dieser „Thor"-Orte entweder nach einem Thor-Tempel oder einem Heilgen Hain des Thor benannt worden sind. Dies paßt zu den Personennamen, von denen sich auch sehr viele auf Thor-Priester beziehen.

Auch die beiden häufigsten „Thor"-Ortsnamen, also „Thorslundr" („Thors Heiliger Hain") und „Thorshof" („Thor-Tempel") beziehen sich auf die heiligen Orte des Thor.

I 37. b)   Die ältere Version der Huldar-Saga

König Hjörvard der Wikinger war ein Urenkel von König Odin. Als seine Frau niederkam, rief er seine eigene Pflegemutter, die Völva Hleidr zu Hilfe, ein Weib aus dem Geschlechte der Äsir. Mit ihrem Beistand kam der Knabe Hildibrandr zur Welt, den sie dann mit Zustimmung seiner Eltern mit sich in ihre Höhle nimmt, um ihn dort aufzuziehen und nach erreichtem 10. Jahr diesen zurückzugeben.

Diese Höhle lag in einem Seitenthal an der Mündung des von Unholden bewohnten Thor-Tales.

Aus den mit „Thor" gebildeten Ortsnamen ergibt sich, daß der Kult des Thor sehr weit verbreitet gewesen sein muß. Der Schwerpunkt dieses Kultes lag in Norwegen, Schweden und Island.

I 38. Mit „Thor" gebildete Tiernamen

I 38. a) Der Fuchs

In Island wurde bis ins 19. Jahrhundert hinein eine bestimmte Sorte Fuchs „Holtathorr", also „Wald-Thor" genannt.
Dieser Name beruht wahrscheinlich auf der Assoziation zwischen dem roten Bart des Thor und dem roten Fell des Fuchses.

I 38. b) Jakob Grimm: Deutsche Mythologie

Über die mythologische Bedeutung von Käfern finden sich lediglich in dem deutschen Brauchtum einige Hinweise, die von Jakob Grimm gesammelt worden sind und sich in seiner „Deutschen Mythologie" befinden:

Einen bedeutsameren lernten wir schon kennen: donnerguegi, donnerpuppe, in unverkennbarem bezug auf Donar, dessen heiligen baum der käfer am liebsten bewohnt, und damit scheint der in Scandinavien verbreitete ausdruck, westergötländisch torbagge, schwedisch tortyfvel, norwegisch tordivel, jütländisch torr, torre, für käfer überhaupt zu stimmen.

Zwar ist keine isländische geschweige altnordische form, welche Thôrr darböte, aufzuzeigen, doch tor kann sich wie in torsdag und tordön verhalten; bagge bedeutet juvenis, puer, des gottes diener, was sich später in dyfvel = diefvul, teufel wandelte.

Afzelius versichert, dem Thor sei der torbagge heilig gewesen, seine larve heiße in Norrland mulloxe (erdochse, jenes schweizerische donnerpuppe? vergleiche iötunoxi) und wer einen auf dem rücken (ofvältes) liegenden mistkäfer, der sich selbst nicht zu helfen vermag, wieder auf die füße legt, soll nach nordländischem volksglauben damit sieben sünden sühnen.

Das klingt sehr alterthümlich, und ich verwerfe die vorgetragene deutung von tordyfvel nicht vorschnell, so falsch sie scheint. denn das angelsächsische tordvifel ist offenbar aus tord stercus (engl. turd) und jenem vifel zusammengefügt, auch dem dänisch skarnbasse, skarntorre, mistkäfer analog, folglich verlangen tordyfvel, torbasse dieselbe deutung, obgleich allen nordischen mundarten das einfache tord und vivel gebricht. die isländische hat tordivel in torfdifill, gleichsam torfteufel (von torf gleba) umgeändert. auch das neuniederländische tor, torre käfer, drektorre mistkäfer muß erwogen werden.

Wer hat aber selbst zappelnde käfer rücklings liegen sehn und nicht mitleidig umgestülpt? dem schröter, den es mit donner und feuer in bezug setzt, mag auch das deutsche volk besondre ehre angethan haben.

Die Bezeichnung des Fuchses als „Wald-Thor" beruht wahrscheinlich lediglich auf der roten Farbe des Bartes des Thor und des Fells des Fuchses.

Der skandinavische Name „Thor-Diener" für „Käfer", der später zu „Thor-Teufel" umgebildet wurde, bezog sich ursprünglich auf einen Käfer, der auf der Eiche, die dem Thor heilig war, lebte. Die Larven der Käfer wurden „Jötun-Ochse", also „Stier der Riesen" genannt.

Dem entspricht bei den Südgermanen der Käfername „Donnerpuppe".

Dieser „Thor-Käfer" ist sehr wahrscheinlich der Mistkäfer. Die christliche Vorstellung, daß dem, der einem auf dem Rücken liegenden Mistkäfer wieder auf die Beine verhilft, sieben Sünden vergeben werden, könnte auf eine ältere germanische Vorstellung zurückgehen, in der Thor dem Betreffenden etwas Gutes tut.

Dieser Brauch erinnert an die ägyptische Vorstellung, daß der Mistkäfer („Skarabäus") die Sonne über den Himmel rollt. Sollte dies tatsächlich eine sehr alte Vorstellung sein, die sich bei den Germanen in den Mythen des ehemaligen Sonnengott-Göttervaters Tyr erhalten hat und dann auf Thor übertragen worden ist?

I 39. Mit „Thor" gebildete Pflanzennamen

Mit „Thor" gebildete Pflanzennamen sind noch seltener als die mit „Thor" gebildeten Tiernamen.

I 39. a) Jakob Grimm: Deutsche Mythologie

Aus Magns lexicon hole ich aber noch einige andere merkwürdige pflanzennamen nach. die viola Martis, französisch violette de Mars, heißt in Island Týsfiôla, Týrsfiôla, was baare übersetzung des lateinischen namens scheint, der weniger den gott als den monat ausdrückt, neuhochdeutsch merzviole. wichtiger ist das norwegische Tyrihialm (Tyris galea) oder Thoralm, Thorhialm (Thori galea), Thorhat (Thori pileus) für aconitum, wozu das neuhochdeutsche eisenhütlein, schwedisch und dänisch stormhat (sturmhut) stimmt, es scheint einer ähnlichkeit der blumengestalt mit dem helm oder hut abgesehn: die pflanze heißt aber auch wolfskraut, dänisch ulveurt, englisch wolfbane, dänisch ulvebane, ulvedöd, was sich auf Týrs kampf mit dem wolf deuten und wiederum mit jenem wolfsbast, garou vergleichen läßt, da auch andre benennungen zwischen daphne und aconitum schwanken. ja wolfsbast darf an die dem Fenrisûlfr angelegte fesseln lädîng (dänisch leding), drômi und gleipnir gemahnen.

Noch ein name für daphne wurde schon angegeben: Wielandsbeere, neben dem nordischen Velandsurt für den heilkräftigen baldrian (die valeriana), so daß die deutung wieder auf einen der größten helden unsers alterthums führt, dessen vater der heilkundige Wate war.

Die Märzviole (Märzveilchen) hieß ursprünglich „Mars-Veilchen" und dann „Tyr-Veilchen" (Tyr = Mars). Sie wurde als Helm des Tyr und später des Thor, der nach der Absetzung des Tyr als Göttervater einen Teil von dessen Symbolik übernahm, aufgefaßt.

Auch der Bezug zu Fenrir, der einst die Gestalt des Tyr als Wolfskrieger („Ulfhedinn") und später die seines Feindes gewesen ist, sowie die Verbindung zu Wieland (Tyr als Schmied im Jenseits) sprechen für eine Verbindung mit dem ehemaligen Göttervater Tyr.

Die blaue Farbe der Blume könnte mit dem blauen Mantel der vornehmen Germanen assoziiert worden sein, den möglicherweise einst auch Tyr getragen hat.

Als Frühlingsblume könnte das Veilchen schließlich die Rückkehr des Sonnengott-Göttervaters Tyr aus dem Jenseits dargestellt haben.

I 40. Thor in Zaubersprüchen

In den Zaubersprüchen und Schutz-Inschriften tritt Thor recht unspezifisch als mächtiger Gott auf.

I 40. a) Der Runenstein von Sonder Kirkeby

Auf diesem Stein befindet sich eine schlichte Weihe-Inschrift:

Thor weihe diese Runen!

I 40. b) Der Runenstein von Virring

Die Inschrift auf diesem Stein ist ebenso schlicht und einfach:

Thor weihe diesen Gedenkstein!

I 40. c) Isländischer Segen

Der folgende, bereits erwähnte Segen ist um ca. 1200 n.Chr. niedergeschrieben worden, aber er reicht vermutlich bis vor den offiziellen Übertritt Islands zum Christentum um 1000 n.Chr. zurück.

Gesund seist Du
und guten Sinnes.
Möge Thor/Donar Dich annehmen.
Möge Odin/Wodan Dich sich zu eigen machen.

I 40. d) Der Runenstein von Glavendrup

Auf diesem Stein steht am Ende der Inschrift ein Fluch gegen alle Denkmals-

Schänder oder Denkmals-Räuber:

Möge Thor diese Runen weihen!
Möge der, der diesen Stein beschädigt oder ihn fortschafft,
um ihn zu einem Gedenkstein eines anderen zu machen,
ein Reti werden!

Ein „Reti" ist ein Seidr-Brauer, womit ein Zauberer, aber auch die weibliche Rolle bei der Homosexualität gemeint gewesen ist, die als äußerst erniedrigend angesehen wurde und hier offensichtlich die größtmögliche Drohung darstellt.

I 40. e) Die Fibel von Nordendorf

Auf der Rückseite dieser bereits besprochenen Fibel, die um ca. 550 n.Chr. hergestellt worden ist, ist die folgende Runen-Inschrift eingeritzt worden:

Logathore
Wodan
Wigithonar
Awa Leubwinie

„*Wodan*" („Wotan") ist Odin.
„*Wigithonar*" bedeutet „Kampf-Donar".
„*Logathore*" ist hingegen schwierig zu deuten. Die Deutung als „Loki" ist unwahrscheinlich, weil dies sprachlich nicht paßt und Odin, Thor und Loki in den Mythen auch nirgendwo als Dreiheit auftreten.

In den altenglischen Texten wird das griechisch-lateinische „cacomicanos" („Unruhestifter") und auch das lateinische „marsius" („Schlangenzauberer") mit „logther, logether" übersetzt. Beides klingt nach einer Grundbedeutung „Zauberkundiger" für „logathore". Das lateinische Wort „marsius" könnte auch mit „mars" verwechselt worden sein, wodurch dann der ehemalige Göttervater Tyr als „logathore" umschrieben worden sein könnte.

Für eine christliche Interpretation dieses Namens im Sinne von „übler heidnischer Zauberer" ist 550 n.Chr. deutlich zu früh. Es würde zwar passen, Odin als „Zauberer" zu bezeichnen, aber Thor erscheint nirgendwo in seinen Mythen als Magier – er löst seine Probleme normalerweise mit seinem Hammer …

Der ehemalige Göttervater Tyr ist in der Völkerwanderungszeit, in der diese Fibel hergestellt worden ist, durch Odin und Thor abgelöst worden. Es wäre also denkbar, daß in dieser Inschrift der ehemalige Göttervater und die beiden neuen Herren in Asgard angerufen werden sollten.

„Awa" („kleine Mächtige") ist ein Frauenname und ebenso „Leubwini" („liebe Freundin"). Falls das „e" am Ende von „Leubwinie" eine lateinische Genitiv-Endung („-i") sein sollte, könnte Awa die Tochter von Leubwini sein – das ist jedoch ungewiß.

Die Inschrift lautet diesen Betrachtungen zufolge dann übersetzt:

Tyr, Wotan, Kampf-Donar: (helft, beschützt) *Awa, die Tochter der Leubwini!*

I 40. f) Heilungs-Zauber aus Canterbury

In einem Manuskript aus Canterbury, das um 1073 n.Chr. fertiggestellt worden ist, findet sich der folgende Zauberspruch, der üblicherweise wie folgt übersetzt wird:

Gyril, Wund-Verursacher – fort mit Dir! Du bist entdeckt worden!
Möge Thor Dich segnen, Herr der Riesen, Gyril, Wund-Verursacher!

Gegen Blutvergiftung.

„Gyril" ist vermutlich die Personifizierung des Eiters. Der Name könnte eine Bildung zu „gear" für „Wehr, Zaun, Garten, Haus" oder zu „géar" für „Jahr", evtl. auch zu „cyre" für „Kür, Wahl, Wille" sein. Es ist auch die Kurzform „Gyril" zu dem Namen „Geirhild" mit der Bedeutung „Schwertkampf" möglich – wobei dies jedoch ein Frauennamen ist …

Da man in einem Heilungszauber eigentlich keine Ironie erwarten sollte, muß der Segen des Thor für den Riesen-König (Tyr = Thrym, Hymir, Geirröd), den Thor in den Mythen und Liedern ansonsten erschlägt, hier ernst gemeint sein: Der Segen des Thor soll anscheinend den Krankheits-Riesen zufriedenstellen.

Da Thor jedoch mit seinem Hammer weiht, könnte „weihen" hier auch im übertragenden Sinne als „zerstören" benutzt worden sein.

Möglicherweise ist hier auch wieder einmal nicht genau zwischen „wihi" für „Weihen" und „wigi" für „bekämpfen" unterschieden worden.

Das angelsächsische Original lautet:

kuril sarthura far thu – nu funtin is!
tu thur uigi thik thursa trutin, kuril sarthuara!
uithr athrauari.

Das Verb „uigi" ist die angelsächsische Variante des Festland-germanischen „wigi" und nicht des Verbes „wihi". Das Verb „uigi" ist eine andere Schreibweise für „wiga, wigan, wigian" für „kämpfen".
Die richtige Übersetzung muß also wie folgt lauten:

Gyril, Wund-Verursacher – fort mit Dir! Du bist entdeckt worden!
Möge Thor Dich vernichten, Herr der Riesen, Gyril, Wund-Verursacher!

Gegen Blutvergiftung.

I 40. g) Die Saga über Olaf den Ruhmreichen

An einem Tag, als die Schiffe unter geblähten Segeln westwärts fuhren, brach plötzlich ein Sturm über sie herein – mit bitter-kaltem Wind aus dem Norden, der die See schnell zu hochaufragenden Wogen auftürmte.
Der Hagel und der Schnee fiel so dicht, daß die Männer am Bug des Schiffes von denen am Heck verborgen waren. Die See brach über die Bordwand herein und überschwemmte das Deck und den Laderaum, sodaß die Männer in der Bilge ständig mit Schöpfkellen und Eimer beschäftigt waren.

Bilge: Raum über dem Kiel des Schiffes, in dem sich das eingedrungene Wasser sammelt

Alle schrien nach dem Meeresgott Njörd um Hilfe und nicht weniger auch nach Thor und Odin, damit sie sie aus ihrer Gefahr erretteten.
Doch der wütende Sturm tobte die ganze Nacht hindurch und auch den ganzen nächsten Tag und die ganze Zeit stand Olaf am Steuerruder des Schiffes und hielt tapfer dem Sturm stand und hielt den Bug seines Schiffes nach Norden gerichtet, damit er die sich auftürmenden Wogen spaltete.

I 40. h) Galdrabok

(Island, ca. 1600 n.Chr.)

In diesem Grimoire (Zauberbuch) finden sich u.a. Runen-ähnliche Namenszeichen für die „Väter des Galdr" („Väter der Magie"), die z.T. den germanischen Göttern entsprechen.

Es ist schwer zu sagen, wie weit die Tradition dieser Symbole zurückreicht – sie könnten sich evtl. aus den Inschriften auf den Runenstäben entwickelt haben.

Diese Namenszeichen stellen offensichtlich menschliche Leiber, d.h. den Körper der jeweiligen Gottheit dar. Die Deutung der einzelnen Elemente dieser Zeichen ist jedoch abgesehen von Rücken, Füßen, Armen und Kopf recht unsicher. Der Kreis könnte das Herz oder das Sonnengeflecht sein. Die Bedeutung der übrigen Linien, die die Gottheiten voneinander unterscheiden, sind jedoch sehr unklar.

Die „Väter des Galdr"		
Freyr	*Fiölnir (Odin)*	*Fengur*
Thundur (Donner = Thor)	*Thekkur (= Thökk = Loki)*	*Thumul (= Thrym = Tyr?)*

I 40. i) „Zauberspruch, um eine Frau zum Schweigen zu bringen"

(Galdrbok, Island, ca. 1600 n.Chr.)

Wenn Du nicht willst, daß (eine Frau) über das redet, was Du (mit ihr?) getan hast, dann nimm diesen Stab 'Homa' und lege ihn in ihr Getränk – dann wird sie nicht verraten können. Und Du mußt dieses Zeichen an Deiner Brust tragen.
Und sprich:

> *„Helft mir dabei, all ihr Götter:*
> *Thor, Odin,*
> *Frigg, Freya,*
> *Satan, Beelzebub*
> *und all' ihr Götter und Göttinnen,*
> *die in Walhalla wohnen!*
> *In Deinem mächtigsten Namen, Odhinn!"*

Homa = Name des Symbols

I 40. j) „Ein weiterer Zauberspruch, um einen Dieb zu finden"

(Galdrbok, Island, ca. 1600 n.Chr.)

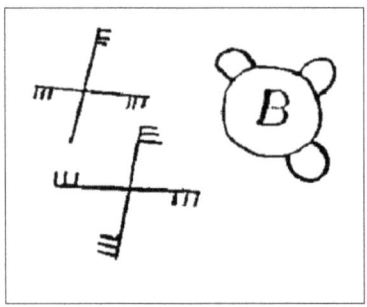

Wenn jemand auf eine andere Weise herausfinden will, wer ihn bestohlen hat, dann muß er diesen Stab mit einem Messer mit Holzgriff auf dem Boden einer Schüssel machen.
Lasse Blut von unter Deinem großen Zeh und von Deiner rechten Hand fließen und tropfe es rings um den Stab.
Dann nimm reines Wasser mit Schafgarbe, die darauf gestreut ist. Das Wasser sollte man in der Mittsommernacht nach Mitternacht geschöpft haben und man sollte es mit Handschuhen schöpfen, sodaß nichts davon auf die Hände gerät. Das Kraut sollte genau wie der Stab mit Blut beschmiert werden.
Dann bitte bei der ruhmreichen großen Macht des Krautes und der niemals

endenden Wirkung seiner Kraft, daß die Götter Raphael, ihren mächtigsten Diener, als Hilfe senden und daß er sich hier bei Deinem mächtigsten Namen Thor, Frigg, Beelzebub, Odhinn, zeigt.

Lies danach drei Vaterunser.

I 40. k) „Pfurz-Runen"

(Galdrbok, Island, ca. 1600 n.Chr.)

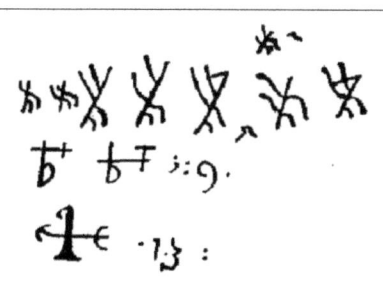

Wie dieser Fluch zeigt, sind Blähungen offensichtlich ein ernsthaftes Problem gewesen …

Schreibe diese Stäbe mit Deinem eigenen Blut auf eine weiße Kalbshaut; nimm das Blut von Deinem Schenkel und sprich:

„Ich schreibe Dir acht Asen-Runen, („ass"-Rune)
neun Not-Runen, („naudh"-Rune)
dreizehn Riesen-Runen, („thurs"-Rune)
die Deinen Bauch mit üblem Kot und Gas plagen werden,
und sie alle werden Deinen Bauch mit großem Pfurzen plagen!
Mögen sie Dich von Deinem Platz vertreiben
und Deine Eingeweide platzen lassen!
Möge Dein Pfurzen niemals enden,
weder am Tag noch in der Nacht!
Du wirst so schwach wie der Feind Loki sein,
der von allen Göttern zusammen gebunden wurde!
Bei Deinem mächtigsten Namen
Herr, Gott, Geist,
Erschaffer,
Odhinn, Thor,
Erlöser,
Freyr, Freya,
Oper, Satan, Beelzebub,
ihr Helfer,

mächtiger Gott,
die ihr beschützt mit den Gefährten
von Oteos, Mors, Notke, Vitales."

In den Zaubersprüchen wurde Thor für verschiedene Dinge angerufen:
  - zur Weihung von Runeninschriften (2x)
  - für allgemeinen Schutz (2x)
  - zum Schutz von Runensteinen (Fluch für die Denkmalsschänder)
  - zur Heilung von Blutvergiftung (Vernichtung des Tyr-Riesen)

In einem Zauberspruch wird Thor zusammen mit anderen Göttern angerufen:
  - in Seenot (zusammen mit Njörd und Odin)

Um ca. 1600 n.Chr. erscheint Thor zusammen mit anderen Göttern in den Grimoires der Zauberer:
  - Thor zusammen mit Freyr, Odin, Loki, Tyr, Frigg und Freya sowie dem Erzengel Raphael und den beiden Teufeln Satan und Beelzebub

I 41. Jakob Grimm: Deutsche Mythologie

Den über wolken und regen gebietenden, sich durch wetterstrahl und rollende donner ankündigenden gott, dessen keil durch die lüfte fährt und auf der erde einschlägt, bezeichnete die sprache des alterthums mit dem worte Donar selbst, altsächsich Thunar, angelsächsich Thunor, altnordisch Thôrr.

Die naturerscheinung heißt altnordisch þruma oder duna, beide sind weiblich, gleich dem gothischen þeihvô, das vielleicht aus finnischer sprache übernommen wurde. dem gott legten die Gothen wol den namen Thunrs bei?

Das schwedische tordön, dänisch torden (tonitru), bei Harpestreng noch thordyn, thordun, ist aus der benennung des gottes und jenem duna zusammengesetzt, altnordisch Thôrduna?

Ganz auf ähnliche weise entspringt der schwedische ausdruck åska (tonitru, fulmen), im westgothischen gesetz åsikkia aus âsaka, der wagen oder das fahren des gottes, von âs, deus, divus und aka vehere, vehi, schwedisch åka. auf Gotland sagt man Thorsåkan, Thors fahren für donner, und das altnordische reið bezeichnet nicht nur vehiculum, sondern auch tonitru, reiðarslag, reiðarþruma donnerschlag und blitz. denn das fahren eines wagens über ein gewölbe kommt dem gerassel und krach des donners am allernächsten.

Diese vorstellung ist so natürlich, daß sie sich bei mehrern völkern ausgebreitet findet: δοκεῖ ὄχημα τοῦ Διὸς ἡ βροντὴ εἶναι. Hesychius s. v. ελασίβροντα. auch dem heutigen Krainer ist des donners rollen gottes fahren.

Thôrr wird in der edda, außer der benennung Asaþôrr, durch Ökuþôrr, d. h. wagenthôrr näher bezeichnet, seinem wagen sind zwei böcke vorgespannt. zwar haben auch andere götter ihren wagen, namentlich Oðinn und Freyr, allein Thôrr ist in eigentlichem sinn der fahrend gedachte; niemals kommt er, gleich Oðinn reitend vor, noch wird ihm ein pferd beigelegt: er fährt entweder oder geht zu fuß. es heißt ausdrücklich, daß er zu gericht gehe.

Noch heute pflegt das volk in Schweden, wenn es donnert, zu sagen: godgubben åker (der gute alte fährt), gofar åkar, goffar kör (der gute vater fährt). aus scheu wurde des gottes eigentlicher name nicht mehr ausgesprochen, oder seine väterliche güte sollte hervorgehoben werden (der alte gott, dänisch vor gamle fader. Den blitz nennt der Norwege Thors varme (Thors wärme).

Donner, blitz und regen gehen unter allen naturerscheinungen vorzugsweise von gott aus, sie werden als seine handlung, sein geschäft angesehen. Bei großem lärm und gepolter ist die redensart gewöhnlich: man könnte unsern herrgott vor dem tosen nicht donnern hören; in Frankreich: le bruit est si fort, qu'on n'entend pas dieu tonner. schon im roman de Renart:

font une noise si grant
quen ni oist pas dieu tonant.

et commença un duel si grant,
que len ni oist dieu tonant

lor poins deterdent, lor paumes vont batant,
ni oissiez nis ame dieu tonant.

nes dieu tonnant ni possiez oir
auch im roman de Maugis

de la noyse quils faisoyent neust lon pas ouy dieu tonner.

Besonders aber wird der donner dem zürnenden und strafenden gott zugeschrieben, Donar gleicht in dieser eigenschaft des zorns und der strafe wiederum dem Wuotan. bei gewitter pflegt das volk den kindern zu sagen: der liebe gott zürnt; in Westfalen: use hergot kift; in Franken: draußen ist gott, der zankt; in Baiern: der himmeltatl greint.
In Eckstroms gedicht zu ehren der grafschaft Honstein heißt es:

gott der herr muß warlich from sein
daß er nicht mit donner schlegt drein.

Die nemliche vorstellungsweise bei den lettischen und finnischen völkern.
Lettisch: wezzajs kahjâs, wezzajs tehws barrahs (der alte vater hat sich auf die füße gemacht, er keift). unter diewas (gott), diewaitis (lieber gott, göttlein) denken sich die Litthauer vorzugsweise den donnernden: diewaitis grauja! diewaitis ji numuße.
Ehstnisch: wanna issa hüab, wanna essä wäljan, mürrisep (der alte vater brummt). ›unser herr gott zankt‹; ›der himmel führt krieg‹.
An diesen Donar der Germanen fügt sich nun bedeutsam der gallische Taranis, dessen namen uns Lucan überliefert hat, in allen celtischen sprachen lebt noch das wort taran für donner, irisch toran, womit man die altnordisch form Thôrr, wenn die assimilation aus RN leichter scheint, unmittelbar zusammenhalten mag. doch gewährt eine alte inschrift auch Tanarus = Taranis. die irische benennung des donnerstags dia Tordain (dia ordain, diardaoin) wurde vielleicht aus einer germanischen entlehnt.
Ebenso herscht in dem lateinischen Jupiter (wörtlich: gott vater, diespiter) die idee des donnerers vor; den dichtern gilt Tonans für Jupiter und lateinische dichter des mittelalters bedienen sich gern dieses namens für den christlichen gott. dem begegnen ausdrücke der vulgarsprache: celui qui fait toner, qui fait courre la nue. eine

inschrift: Jovi tonanti. der griechische, donner und blitz (κεραυνός) sendende Zeus heißt κεραύνειος, Ζεὺς ἔκτυπε, Διὸς κτύπος.

Weil er sie aber von der höhe des himmels herab entsendet, führt er zugleich den namen ἄκριος, und wird auf dem berggipfel (ἄκρις) wohnend gedacht. Zeus thront auf dem Olymp, dem Athos, Lycaeus, Casius und auf andern bergen Griechenlands und Kleinasiens.

Ich muß aber hierbei gewicht legen darauf, daß der donnernde gott vorzugsweise als ein väterlicher aufgefaßt erscheint, als Jupiter und Diespiter, als far und tatl. denn es hängt damit zusammen, daß auch die ihm geheiligten berge die benennungen Etzel, Altvater, Großvater in mehrern gegenden empfiengen. Thôrr selbst hieß zugleich Atli d. i. großvater.

Ein hoher berg, über den von ältester zeit die hauptstraße nach Italien zieht, in der kette zwischen den grajischen und penninischen alpen, der heutige sanct Bernhard, hieß im frühen mittelalter mons Jovis. so häufig in den fränkischen annalen, die ihn als via Julii Caesaris, modo mons Jovis bezeichnet; bei angelsächsichen schriftstellern munt Jofes, bei Älfred muntgiov, in unserer kaiserchronik monte job.

Benennung und cultus führen schon auf die zeit der Römer zurück; die alpenbewohner verehrten einen Peninus deus, oder eine Penina dea: neque montibus his ab transitu Poenorum ullo Veragri, incolae jugi ejus, norunt nomen inditum, sed ab eo (deo), quem in summo sacratum vertice peninum montani adpellant. - quamvis legatur a poenina dea, quae ibi colitur, alpes ipsas vocari.

Eine auf dem sankt Bernhard gefundne inschrift sagt ausdrücklich: Lucius Lucilius deo Penino, opt. max. donum dedit, und hieraus folgt, daß man unter diesem gott sich den Jupiter dachte. vergleiche Jupiter apenninus. Ζεὺς καραιός bei Hesych. den namen mons Jovis gebrauchen die classiker nie, auch die tabula Antonini benennt bloß den summus Penninus und den Penni lucus; zwischen dem 4. und 7. jahrhundert scheint dafür Jovis mons aufgekommen, vielleicht mit rücksicht auf den gallischen oder gar deutschen sinn, in dem dieser gott damals aufgefaßt wurde. man erinnere sich jenes deutschen îsarnodori auf dem nicht weit abgelegnen Juragebirge.

Mit völliger sicherheit dürfen wir solche bergnamen in Deutschland selbst auf die verehrung des einheimischen gottes beziehen. allbekannt ist der Donnersberg (mont tonnerre) in der Rheinpfalz an der grenze der alten grafschaft Falkenstein, zwischen Worms, Kaiserslautern und Kreuznach, ihn nennt eine urkunde von 869 Thoneresberg. ein andrer Thuneresberg liegt in Westfalen an der Diemel unweit Warburg in mitten der dörfer Wormeln, Germete und Welda; die älteste seiner meldung thuende urkunde ist vom jahre 1100. im mittelalter dauerte da noch ein großes volksgericht fort, das ursprünglich sicher an die heiligkeit des ortes geknüpft wurde: comes ad Thuneresberhc; comitia de Dunrisberg; a judicio nostro Thonresberch.

Gerade in der nähe dieses berges steht die heilige eiche, deren schon gedacht wurde, wie das robur Jovis bei dem hessischen Geismar unfern von einem Wuotansberg. allem anschein nach konnte beider götter cultus dicht neben einander gepflogen werden. auf dem hessischen Knüllgebirge findet sich eine Donnerkaute; im Bernerland ein Donnerbühel, Tonrbül genannt in Justingers Berner chronik.

Wahrscheinlich sind noch in andern gegenden Deutschlands Donnersberge aufzufinden. eines im Regensburger gebiet gedenkt eine urkunde von 882 unter dem namen Tuniesberg. Ried nennt einen Sifridus marschalcus de Donnersperch, Otto de Donersperg, Duonesberc, Tunniesberg. auf dem Thüringer walde zwischen Steinbach und Oberhof am rennsteig ein Donershauk. Die Donares eih, das robur Jovis, war der dem blitzesendenden gott vorzüglich heilige baum, dessen in den deutschen wäldern eine unendliche fülle wuchs.

Auch in Scandinavien mangelt es nicht an Thôrs namen tragenden bergen und felsen: Thors klint in Ostgotland, Thorsborg in Gotland. aus Norwegen, wo dieser gott vorzugsweise verehrt wurde, sind mir jedoch keine bekannt. In Vermland pflegt der gemeine mann die südwestliche himmelsgegend, aus der im sommer die meisten gewitter aufsteigen, Thorshåla, des Donners höle, zu nennen.

Aber die slavischen Donnersberge sind nicht zu übersehen. bei Milleschau in Böhmen ein Hromolan, von hrom, donner, nach andern dialecten grom; in Steiermark ein Grimming, d. h. slavisch germnik, altslavisch gr"mnik (donnersberg, vergleiche slovenisch gr'mi, es donnert, serbisch grmi).

Einer der steilsten berge der steirischen alpe, nicht weit davon ein flüßchen genannt der Donnersbach. Mit einem andern wort also drücken die Slaven gott und naturerscheinung aus, jenen altslavischen durch Perun, polnisch Piorun, böhmisch Peraun; bei den Südslaven scheint es früher ausgestorben, lebt aber noch in ableitungen und ortsnamen fort, Dobrowsky führt es auf die wurzel peru, ferio, quatio zurück, und vielleicht hat dieser passende sinn eben zur entstellung der echteren wortform beigetragen. ich möchte ihr ein ausgefallnes k zutrauen: der litthauische, lettische, altpreußische donnergott heißt Perkunas, Pehrkons, Perkunos, und eine menge von ortsnamen sind damit zusammengesetzt. lithauisch Perkunas grauja (Perkunas donnert), Perkunas musza (Perkunas schlägt); lettisch Pehrkons sperr (der donner schlägt ein). das slavische perun wird heutzutage weniger persönlich verwendet, und mehr vom blitzstrahl gebraucht.

Schon Procop (de bello gothico) sagt von den Sclavenen und Anten: θεὸν μὲν γὰρ ἕνα τὸν τῆς ἀστραπῆς δημιουργὸν ἁπάντων κύριον μόνον αὐτὸν νομίζουσιν εἶναι, καὶ θύουσιν αὐτῷ βόας τε καὶ ἱερεῖα ἅπαντα. Wiederum war dem Perun die eiche geweiht und alte urkunden bestimmen nach ihr die grenzen (do perunova duba), und die eichel hieß den Römern juglans d. i. joviglans, Jovis glans, des väterlichen gottes frucht; der blitz soll gern in eichen einschlagen.

Perkun gemahnt nun an jenen morduinischen donnergott Porguini, noch merkwürdiger an einen gothischen ausdruck, der freilich wie er bei Ulfilas erscheint, alle personification eingebüßt hatte. das gothische neutrum faírguni bedeutet berg, ὄρος.

wie wenn es vorzugsweise der Donnersberg gewesen und ein verlornes Faírguns des gottes name wäre? man dürfte die bedeutung von faírguni = mons unverändert behalten, und in das masculinum Faírguns oder Faírguneis, folglich in Perkunas, den sinn jenes ἄκριος legen? ein schicklicher nebenname für den donnergott. Fergunna, dessen endung an Patunna anklingt, bezeichnet im chronicon moissiacense anno 805 keinen einzelnen ort, sondern das erzgebirge, und Virgunnia den waldgebirgstrich zwischen Ansbach und Ellwangen.

Wolfram sagt von seinem waltswenden: der Swarzwalt und Virgunt müesen dâ von œde ligen. in zusammensetzungen, ohne welche es völlig untergegangen wäre, kann das althochdeutsche virgun, angelsächsich firgen entweder bloß den begrif des bergigen, waldigen enthalten oder auf einen verdunkelten gottesnamen bezogen werden. wie es darum stehe, daß mit faírguni, virgun, firgen göttlichverehrte wesen zusammenhängen, ergibt sich offenbar aus dem altnordischen Fiörgyn, genitiv Fiörgynjar, worunter in der edda Thôrs mutter, die göttin Erde verstanden wird; und außer ihr tritt noch ein männlicher Fiörgynn, genitiv Fiörgvins, Fiörgyns auf, als vater der Frigg, Oðins gemahlin.

In allen diesen wörtern muß man faírg, firg, fiörg, als wurzel annehmen, und nicht abtheilen faír-guni, fir-gun, fiör-gyn. Nun sind zwar alle Anzeis, alle Aesir, auf bergen thronend und auch Firgun dürfte für mehrere gelten, vorzugsweise wird aber dieser name von Donar und seiner mutter in anspruch genommen werden können, wie Perun, Perkun lehren und hernach noch die bedeutung berg und fels für hamar bestätigen soll. Wie Zeus ενάκριος so hieß Pallas, seine tochter, ακρία, ορεστέρα Γᾶ, μᾶτερ αυτοῦ Διός; der mythus überträgt von dem vater auf mutter und tochter. Von des Donners mutter wissen noch die märchen und unbedenklich sind die sagen von dem teufel, seinem bad und seiner großmutter vergröberung heidnischer vorstellungen des donnergottes. Lasicz meldet: Percuna tete mater est fulminis atque tonitrui, quae solem fessum ac pulverolentum balneo excipit, deinde lotum et nitidum postera die emittit. teta drückt sonst eben matertera, nicht mater aus.

Die christliche mythologie hat unter slavischen und einzelnen asiatischen völkern das geschäft des donnerers auf den propheten Elias übertragen, der im wetter gen himmel fährt, den ein wagen mit feuerrossen in empfang nimmt (II. buch der könige 2, 11). in den serbischen liedern heißt er ausdrücklich gromovnik Ilija, blitz und donner (munja und grom) sind in seine hand gegeben, und er verschließt sündhaften menschen die wolken des himmels, daß sie keinen regen zur erde fallen lassen:

sie hânt och die wal,
daz sie den regin behabin betalle.
swenne in gevalle
unt in abir lâzin vliezen,
ir zungin megin den himel besliezen
unt widir ûftuon,
sô si sich wellint muon.

Die Litthauer nennen den tag Mariae verkündigung, serbisch blagovjest (25. merz), Elyjôs diena, Ilyjos diena, an welchem es anfange oder aufhöre zu regnen. man deutet es aus ilyja: es regnet ein. sollte aber dies nicht eher aus Eliastag entsprungen sein? Eliassagen der Walachei und der Bukowina stehen zum kampf des Elias mit dem Antichrist.

Auch dies letzte ist dem Alten Testament gemäß und ebenso in der altdeutschen dichtung aufgefaßt worden:

quedent sum giwâro, Helias sîs ther mâro,
ther thiz lant sô tharta, then himil sô bisparta,
ther iu ni lias in nôtin regonon then liutin,
thuangta si giwâro harto filu suâro.

Was aber besonders beachtet werden muß, in der durch das ganze mittelalter verbreiteten sage von erscheinung des Antichrists kurz vor dem weltende (deren auffallende berührung mit dem altnordischen mythus von Surtr und Muspellsheim noch im verfolg besprochen werden soll) nimmt Helias wiederum des nordischen donnergotts stelle ein. Thôrr siegt über die große schlange, hat sich aber kaum neun schritte von ihr entfernt, als er durch ihren giftanhauch getroffen todt zu boden sinkt. Nach dem althochdeutschen gedicht Muspilli erliegen zwar der Antichrist und der teufel, allein auch Elias empfängt im kampf schwere wunden:

doh wânit des vilu gotmanno
daz Elias in demo wîge arwartit:
sâr sô daz Eliases pluot
in erda kitriufit,
sô inprinnant die perga,

Von seinem auf den boden triefenden blut gerathen die berge in brand und der jüngste tag wird noch durch andere zeichen verkündet. wir müsten die vorstellung von dem teufel, dem Antichrist, Elias und Enoch in ihrer ganzen vollständigkeit, wie sie etwa im 7. und 8. jahrhundert umgieng, kennen, um diese analogie zwischen Elias und dem Donar der Heiden sicher auffassen zu können. in der christlichen überlieferung ist nichts, was eine verwundung, und gar tödtliche, des Elias anzunehmen berechtigte.

Noch merkwürdiger aber wird die vergleichung dadurch, daß auch halbchristliche kaukasische völker den Elias als donnergott verehren. einen blitzerschlagnen preisen die Osseten glücklich und glauben, Elias (Ilia) habe ihn zu sich genommen; die hinterbliebenen erheben freudengeschrei, singen und tanzen um den leichnam, alles strömt herzu, schließt sich dem reihen an und singt: ›o Ellai, Ellai eldaer tschoppei!‹ (o Elias, Elias herr der felsengipfel). neben dem steinhaufen des grabhügels wird eine große stange mit dem fell eines schwarzen ziegenbocks aufgerichtet, denn auf diese weise opfern sie dem Elias überhaupt. Sie flehen den Elias an ihre felder fruchtbar zu machen und den hagel davon abzuhalten. Schon Olearius berichtet, daß die caspischen Circassier auf Eliastag ziegen opfern und das fell an einer stange unter gebeten aufspannen. Ja selbst die Muhamedaner nennen in ihren gebeten zu abwendung eines gewitters den namen Iljas.

Wie nun in jenen serbischen liedern die jungfrau Maria neben Elias auftritt, ist sie es vorzüglich, die im mittelalter um regen angefleht wurde. Die chronisten gedenken einer regenprocession im Lüttichschen um das jahr 1240 oder 1244; dreimaliger umgang des clerus und volks (nudis pedibus et in laneis) blieb ohne erfolg, weil man bei anrufung aller heiligen der mutter gottes vergessen hatte. als nun der chor der heiligen sich bei gott um regen verwendete, widersprach Maria; in neuer procession wurde ein feierliches salve regina gesungen: et cum serenum tempus ante fuisset, tanta inundatio pluviae facta est, ut fere omnes, qui in processione aderant, hac illacque dispergerentur. den Litthauern ist die heilige göttin (diewaite szwenta) regengöttin.

Das heidenthum richtete vermutlich die bitte um regen, statt an Elias und Maria, an den donnergott. ich entsinne mich gleichwol auch aus der altnordischen sage keiner stelle, worin von verleihung des erflehten regens durch Thôrr die rede wäre; bloß daß er unwetter sendet, wenn er zürnt, wird Olafs Tryggvasonar saga erzählt. wir dürfen aber seine allgemeine ähnlichkeit mit Zeus und Jupiter (dem ὑέτιος, pluvius, ὗε Ζεὺς συνεχές) und die verbreitung des votis imbrem vocare unter benachbarten völkern in anschlag bringen.

Eine beschreibung, die Petron von der römischen regenprocession macht, trifft nahe mit der vorhin aus dem mittelalter gegebnen zusammen: antea stolatae ibant nudis pedibus in clivum, passis capillis, mentibus puris, et Jovem aquam exorabant; itaque statim urceatim (als gösse man mit mulden) pluebat, aut tunc aut nunquam, et omnes ridebant, uvidi tanquam mures.

Das einfach schöne regengebet der Athener hat Mark Antonin (εις ευατόν) aufbewahrt: ευχὴ Ἀθηναίων, ὗσον, ὗσον, ὦ φίλε Ζεῦ, κατὰ τῆς ἀρούρας τῆς Ἀθηναίων καὶ τῶν πεδίων.

Das litthauische gebet lautete nach Lasicz: *Percune devaite niemuski und mana dirwu (so bessere ich für 'diewu'), melsu tawi, palti miessu, cohibe te Percune, neve in meum agrum calamitatem immittas* (einfacher: schlage nicht ein in meinen acker), *ego vero tibi hanc succidiam dabo.*

Die altpreußische formel soll gelautet haben: *diewas Perkunos absolo mus!* (schone unser), litthauisch: *apsaugok mus!*

Ich setze allem diesem das ausführlichere ehstnische gebet an die seite, wie es noch im 17 jahrhundert Gutslaff einen alten bauer sprechen hörte:

›lieber Donner (*woda Picker*), wir opfern dir einen ochsen,
der zwei hörner und vier klauen hat,
und wollen dich bitten um unser pflügen und säen,
daß unser stroh kupferroth, unser getraide goldgelb werde.
stoß anderswohin alle schwarzen, dicken wolken
über große sümpfe, hohe wälder und breite wüsten.
uns pflügern und säern gib aber fruchtbare zeit und süßen regen.
heiliger Donner (*pöha Picken*), bewahre unsern acker,
daß er trage gut stroh unterwärts, gute ähren überwärts
und gut korn innenwärts‹.

Picker oder Picken würde im heutigen ehstnisch lauten *Pitkne*, was dem finnischen *pitkäinen* donner, vielleicht auch Donner, näher kommt, in Hüpels ehstnischem wörterbuch steht indessen *pikkenne* donner, und *pikne* donner. gewöhnlich nennen die Finnen ihren donnergott Ukko, die Ehsten aber auch Turris, offenbar nach dem nordischen Thôrr.

Da vom regen und gewitter fruchtbarkeit der fluren abhängt, so erscheinen Pitkäinen und Zeus als die älteste gottheit ackerbauender völker, von deren güte sie das gedeihen ihrer saatfelder und früchte erwarten. ausdrücklich legt auch Adam von Bremen dem Thor donner und blitz verbunden mit der herschaft über wetter und früchte bei: *Thor, inquiunt, praesidet in aere, qui tonitrua et fulmina, ventos imbresque, serena et fruges gubernat.*

Hier berührt sich also seine verehrung mit der des Wuotan, welchem gleichfalls die ernter huldigten, wie auf der andern seite Thor neben Oðinn kriegsthaten verrichtet, und seinen theil der beute empfängt.

In der altnordischen auffassung haben sogar Thors siege und kämpfe mit den riesen sein friedliches amt in schatten gesetzt. Doch Wuotans kraftvollstem sohn, dessen mutter die Erde selbst ist, der auch Perkunos heißt, muß schon dieser abkunft wegen unmittelbarer bezug auf den feldbau gegeben werden. er reinigt das wetter, entsendet fruchtbaren regen und sein heiliger baum gewährt die nährende eichel. Thôrs minni wurde für das gedeihen der äcker getrunken.

Gleich Zeus und Jupiter wurde ohne zweifel auch der deutsche donnergott mit langem barte vorgestellt. noch ein dänischer reim nennt ihn: Thor med sit lange skiäg. *in den altnordischen sagen erscheint er aber mit näherer bestimmung überall rothbärtig, was auf die feurige lufterscheinung des blitzes bezogen werden muß: wenn der gott zürnt, bläst er in seinen rothen bart und donner schallt durch die wolken. fornaldur sögur heißt er ein schlanker, schöner, rothbärtiger jüngling:* mikill vexti ok ûngligr, friðr sŷnum ok rauðskeggjaðr; maðr rauðskeggjaðr. *hilfsbedürftige menschen riefen seinen rothen bart an:* landsmenn tôko þat rað at heita â þetta hit rauða skegg. *beim zürnen schüttelt er den bart:* reiðr var þâ, scegg nam at hrîsta, scör nam at dŷja; *allgemeiner ist der ausdruck:* lêt sîga brŷnnar ofan fyrir augun.

*Von seinem göttlichen zorn (*âsmôðr*) ist öfter die rede:* Thôrr varð reiðr. *Zumal merkwürdig ist die erzählung von Thôrs begegnung mit könig Olaf, seine macht erscheint da schon halb gebrochen und vor der neuen lehre weichend; als die Christen nahten, ermahnt den Thôrr ein anhänger zu tapferm widerstand:* þeyt þû î môt þeim skeggrödd þîna *(blas ihnen deinen bartruf, die stimme deines bartes, entgegen).* þô gengu þeir ût, ok blês Thôrr fast î kampana ok þeytti skeggraustina *(da giengen sie aus, Thor blies stark in den bart, und erregte die sprache seines barts),* kom þâ þegar andviðri môti konûngi svâ styrkt, at ekki mâtti við halda *(alsbald kam ein unwetter gegen den könig, daß er sich nicht in der see halten konnte).*

Dieser rothe bart des donnerers ist in flüchen der späteren zeit unvergessen, und zwar unter dem friesischen volk, ohne allen äußeren zusammenhang mit der nordischen vorstellung: ›diis ruadhiiret donner regiir!‹ *(deß walte der rothhaarige donner) rufen noch heute die Nordfriesen aus. wenn in der isländischen sprache der fuchs* holtaþôrr *(waldthôrr) genannt wird, bezieht sich das vermutlich auf sein rothes haar.*

Die alten sprachen unterscheiden drei acte der naturerscheinung: das leuchten, fulgur, αστραπή, *den schall,* tonitrus, βροντή, *und das einschlagen,* fulmen, κεραυνός.

Den leuchtenden schein nennen wir blitz, die ältere sprache gebrauchte sowol das einfache plih, *mittelhochdeutsch* blic, *als* plechazunga *(coruscatio) aus* plechazan, *dem frequentativ von* plechên *(fulgere) abgeleitet; man sagte auch* plechunga. Pleccateshêm, *ein ort, heute Blexen; mittelhochdeutsch* blikze *(fulgur); die* blikzen und die donerslege sint mit gewalte in sîner pflege.

So setzt lôhazan *(micare, coruscare), gothisch* láuhatjan *ein* lôhên, *gothisch* láuhan *voraus. der Gothe bildete von derselben wurzel sein* láuhmuni (αστραπή), *der Sachse aus* blic *ein* blicsmo *(fulgur). angelsächsich* leoma *(jubar, fulgur), altnordisch* liomi, *schwedisch* ljungeld, *dänisch* lyn.

Bezeichnend schildert eine preußische volkssage das gewitter so: der mit der blauen peitsche verfolgt den teufel (d. i. die riesen). denn zumal die blaue flamme schien göttlich, bei ihr wird geflucht; nordfriesisch ›donners blöskên (blauer schein) help!‹ *und Schärtlins fluch war:* blau feuer!

Außer donar *hätte der althochdeutschen sprache zu gebot gestanden* caprëh (fragor) von prëhhan (frangere). mittelhochdeutsch dafür öfter *klac* und *krach*, von *krachen* (crepare): *mit krache gap der doner duz*; und da *krachen* synonym ist mit *rîzen* (eigentlich krachend bersten), steht auch *wolkenrîz* (femininum) für donner; *gegenrîz*; *reht als der wilde dunrslac von himel kam gerizzen. der chlafondo doner; der chlafleih heizet toner; der doner stet gespannen.* das gothische femininum *þeihvô* vergleiche ich dem finnischen *teuhaan* (strepo), *teuhaus* (strepitus, tumultus), es bedeutet also die lärmende, tosende. einige niederdeutsche mundarten haben die benennung *grummel* für donner, nach dem slavischen *grom, hrom*.

Für den begrif von *fulmen* besitzen wir nur zusammensetzungen, wo nicht das bloße donner in dieser bedeutung steht: *sluoc alse ein doner; hiure hât der schûr (das wetter) erslagen*; gewöhnlich *donnerschlag, blitzschlag.* althochdeutsch *bligscuz, fulgurum jactus*; mittelhochdeutsch *blickeschoz, blicschoz; fiurin donerstrâle; donreslac; ter scuz tero fiurentûn donerstrâlo* (ardentis fulminis), *erscozen mit tien donerstrâlôn*; mittelhochdeutsch *wetterstrahl, blitzstrahl, donnerstrahl.* mittelhochdeutsch *wilder donerslac.* wie der blitz *das wilde feuer* genannt wird.

Wie also dem blitzenden gott rothes haar, dem donnernden der wagen, so wird dem einschlagenden geschoß und waffe beigelegt. hier scheint mir aber die vorstellung von geschoßnen pfeilen: *wilder pfil der ûz dem donre snellet; doners pfile* erst den κήλιος Διός, *telis Jovis* nachgeahmt; der deutsche Donar wirft eigentlich keilförmige steine vom himmel herab. *ez wart nie stein geworfen dar (in die hohe burg), er enkæme von der schûre. ein vlins von donrestrâlen. ›ein herze daz von vlinse ime donre gewahsen wære‹; ›sô slahe mich ein donerstein!‹.*

In der heutigen sprache *donnerkeil*, schwed. *åskvigg*, und nach dem volksglauben fährt mit dem zündenden blitz aus der wolke zugleich ein schwarzer keil tief wie der höchste kirchthurm in den erdboden nieder. so oft es aber von neuem donnert, beginnt er der oberfläche näher zu steigen, nach sieben jahren ist er wieder oben auf der erde zu finden. jedes haus, in dem er aufbewahrt wird, ist vor gewitterschaden sicher, und sobald ein gewitter naht, fängt er an zu schwitzen. solche steine heißen auch *donneräxte, donnersteine, donnerhämmer, albschoße, strahlsteine, teufelsfinger*, englisch *thunderbolt*, schwedisch *Thors vigge*, dänisch *torðenkile, tordenstraale*; in heidengräbern gefundne steinhämmer und steinmesser führen denselben namen. Saxo grammaticus: ›*inusitati ponderis malleos, quos joviales vocabant, ... prisca virorum religione cultos ... cupiens enim antiquitas tonitruorum causas usitata rerum similitudine comprehendere, malleos, quibus coeli fragores cieri credebat, ingenti aere complexa fuerat*‹.

Auch dem Jupiter war der silex (flins) heilig und schwörende faßten ihn. Aus jener benennung elbischer geschoße möchte ich zusammenhang der elbgeister mit dem donnergott, in dessen dienst sie zu stehn scheinen, folgern.

Die nordische mythologie legt dem Thôrr ausdrücklich einen wunderbaren hammer zu, *Miölnir* (tudes, contundens) genannt, den er gegen die riesen schleudert; er heißt *auch pruðhamar (starker hammer) und hat die eigenschaft nach dem wurf von selbst in die hand des gottes zurückzukehren.*

Diesen hammer, wenn er durch die luft fährt (er hann kemr â lopt.), kennen die riesen, seinem wurf gehen blitz und donner voraus: því næst sâ hann (der riese Hrûngnir) eldîngar oc heyrði þrumur stôrar, sâ hann þâ Thôr î âsmôði, fôr hann âkaflega oc reiddi hamarin oc kastaði.

Augenscheinlich ist es der nach blitz und donner niederfahrende, schmetternde keil, den man sich aber als dem gott immer verbleibende waffe dachte; daher vielleicht jenes emporsteigen des keils aus der erde.

Saxo stellt ihn als eine keule (clava) ohne grif dar, aber meldet, daß Hother dem Thor das manubium clavae in der schlacht abgeschlagen habe, was zu der eddischen erzählung von der verfertigung des hammers stimmt, wo ihm als gebrechen angerechnet wird, daß sein schaft zu kurz sei (at forskeptit var heldr skamt).

Kunstfertige zwerge haben ihn geschmiedet, und er war, jenes fehlers unerachtet, ihr meisterstück. Saxo wird dem Thôr eine torrida chalybs beigelegt. Bemerkenswerth drückt sich Frauenlob von gott vater aus: ›der smit ûz Oberlande warf sînen hamer in mîne schôz‹. Der göttliche hammer galt für ein heiliges geräth, mit dem bräute und leichen geweiht werden; das hammerzeichen segnet, wie bei den Christen das zeichen des kreuzes, und der einschlagende blitz galt im mittelalter noch lange für die glückliche, einweihende vorbedeutung eines unternehmens. mit dem hammer weiht Thôrr knochen und belebt sie von neuem.

Vorzüglich wichtig und die verbreitung des altheidnischen glaubens bestätigend scheint mir aber das schöne gedicht der edda hamars heimt (mallei recuperatio), dessen inhalt darauf beruht, daß Thôrs hammer von einem riesen entwendet und acht meilen tief in die erde verborgen wird: ›ek hefi Hlôrriða hamar umfôlginn âtta röstom for iörð neðan‹, das hängt unverkennbar zusammen mit dem angeführten volksglauben, der donnerkeil fahre tief in die erde und brauche sieben (neun) jahre um wieder auf die oberfläche zu rücken, er steigt gleichsam jedes jahr eine meile aufwärts.

Aber Thrymr, der durse gott, þursa drôttinn, der den hammer wieder zu sich geholt hatte, scheint selbst mit Thôrr identisch, und ein älterer naturgott, in dessen händen vor ankunft der âsen der donner gewesen war; das zeigt sein name, der von þruma tonitru abzuleiten ist. das zusammengesetzte wort þrumketill (nach Biörn: aes tinniens) verhält sich wie das bekanntere þôrketill.

Ein anderes zeugnis für die gemeinschaft des mythus vom donnergott zwischen Scandinavien und dem übrigen Deutschland kann das wort hammer selbst ablegen. hamar bedeutet ursprünglich einen harten stein, felsen, und dann erst das daraus verfertigte geräth; das altnordische hamarr hat noch beiderlei sinn rupes und malleus, sahs wiederum ist steinmesser, folglich das lateinische saxum. dieser name schickt sich ganz besonders für ein werkzeug, womit der berggott Donar, jener Faírguneis, alle seine thaten vollbringt.

Weil nun des gottes hammer einschlägt und die flüche ›der donner schlage dich‹ oder ›der hammer schlage dich!‹ gleichviel aussagten, so entsprang in einigen, zumal niederdeutschen gegenden, nach dem untergang des gottes Donar, eine personification des wortes Hamar mit dem begriffe Tod oder Teufel. ›dat die de Hamer!‹ ›i vor den Hamer!‹ ›de Hamer sla!‹ sind noch jetzt unter dem volk gangbare redensarten, in welchen man Hamer mit Düvel vertauschen kann, die aber sämtlich auf den mit dem hammer einschlagenden gott zurückgeführt werden müssen.

Ebenso heißt es ›dat is en Hamer, en hamersken kerl‹, ein verteufelter, verwegener, listiger mensch. (noch heute: "Das ist ja der Hammer!"). *de Hamer kennt se all! (der teufel kenne sie alle).*

Hemmerlein, meister Hämmerlein bedeutete den bösen geist. hierbei zu erwägen ist auch die in flüchen übliche verbindung der namen: donner und teufel! welche beide den alten gott meinen. in Dänemark versteht das volk unter gammel Thor den teufel, in Schweden betheuerte man lange mit Thore gud. Die Litthauer verehrten einen übergroßen hammer.

Außer dem hammer hatte Thor auch die megingiarðar, fortitudinis, roboris cingula und die iarngreipr, chirotecas ferreas. er hann spennr þeim (megingiörðum) um sik, þá vex honum âsmegn hâlfu. - þá spenti hann megingiörðum.

Die megingiarðar mahnen an Laurîn: zebrechent sîn gürtelîn, do hât er von zwelf man kraft. ein gürtel verleiht sterke und wisheit und weist den rechten weg. ein gürtel der den hunger stillt. vergleiche schmachtrieme. eine victoriae zona kennt Saxo den stärkegürtel Thors gleicht das blaue band in norske folkev.

... ...

Alterthümlicher war die übertragung einzelner eigenschaften und namen des heilands, oder jüdischchristlicher sagen auf den heidnischen gott; namentlich der mythus von Leviathan auf Iörmungandr. wie Christus durch seinen tod die ungeheure schlange überwältigte, besiegte Thôrr den miðgarðsorm, und beiden kommen ähnliche epitheta zu. die ähnlichkeit der zeichen des kreuzes und hammers dazu genommen, würde es nicht befremden, wenn die neubekehrten Deutschen unter Christus sich auch noch den herrn des donners und verleiher des regens vorgestellt hätten. desto leichter konnte die anwendung auf Maria., gottes mutter, gemacht werden; wirklich nennt der älteste troubadour Raynouard Christus noch den herrn des donners (Ihesus del tro).

Ein neapolitanisches märchen im pentamerone personificiert donner und blitz (truone e lampe) als einen schönen jüngling, den bruder sieben spinnender jungfrauen und den sohn einer alten bösen mutter, die keinen höheren schwur hat, als ›pe truone e lampe‹. auch in dieser überlieferung, ohne daß ich sie äußerlich mit der deutschen in verbindung setzen möchte, erhält sich die idee eines gütigen, wohlthätigen donnergottes, keines feindlichen und teuflischen.

... ...

Thor heißt hafra dróttinn im Hymislied. seine böcke heißen tanngniostr und tanngrisnir, dente frendens, was an lateinisch nefrendes = arietes oder porci nondum frendentes erinnert, die noch keine zähne haben. tanngniostr ist auch beiname für einen mann.

Es ist wichtig, daß dem teufel, d. h. des donnergottes jüngeren stellvertreter auch die erschaffung der geiße und böcke beigelegt wird, und wie Thôrr die abgegessnen knochen der böcke bei seite legen und aufheben läßt, damit er sie neu beleben könne; so hat nach dem glauben der Schweizerhirten die ziege etwas teuflisches, sie ist vom teufel erschaffen, namentlich gelten ihre füße für teuflisch und werden nicht gegessen.

Ob dem deutschen donnergott vorzugsweise böcke und ziegen geopfert wurden? das altrömische, etruskische bidental (von bidens, lamm) bezeichnet die stelle, wo der blitz eingeschlagen und einen menschen getödtet hatte: ein lamm muste da dem Jupiter geopfert werden; den menschen verbrannte man nicht, sondern begrub ihn.

Wenn die Osseten und Circassier ihrem donnerer gerade so bei der vom blitz getroffenen leiche eine ziege opfern und das fell an einer stange aufrichten, so wird dadurch noch um viel wahrscheinlicher, daß das langobardische ziegenopfer keinem andern als dem Donar gegolten habe. denn der gebrauch des fellaufhängens war langobardisch und galt auch bei anderm anlaß, wie demnächst dargethan werden soll. In Kärnten gilt blitzerschlagnes vieh für gottgeweiht, niemand, selbst die ärmsten nicht, wagt davon zu essen.

... ...

Es ist wahrzunehmen, daß Thôrr in einzelnen eddischen liedern mit besondern namen erscheint. zwar in Lokaglepsa und Harbardslioð heißt er Thôrr, Asaþôrr, in Hamarsheimt aber Vingþôrr, Hlôrriði (daneben auch Thôrr), in Alvismâl immer Vîngþôrr, in Hymisqviða Veorr und Hlôrriði; von den umschreibungen vagna verr (curruum dominus), Sifjar verr, Oðins sonr abgesehn. Hlôrriði ist schon besprochen.

Vîngþôrr wird von vængr ala geleitet, gleichsam Schwingdonner, der beschwingte, geflügelte, aera quatiens? das scheint noch sehr ungewis, er heißt sonst auch fôstri Vîngnis und in den stammtafeln tritt dieser Vîngnir neben ihm auf.

Zumal wichtig ist aber Veorr, das außer Hymisqv. nur noch Sæmingar und nicht anders als im nominativ singular vorkommt; es gehört wol zu jenem ve und wih, kündigt also ein heiliges, geweihtes wesen an und ist verschieden von Ve, gen. Vea, die althochdeutsche form wäre Wihor, Wihar?

So wie Oðinn in die fremde, nach Morgenland gewandert dargestellt wurde, ist auch Thôrr auf ostfahrten begriffen: Thôrr var î austrvegi; â austrvega; fôr or austrvegi: ec var austr; austrförom þinom scaltu ald-regi segja seggjom frâ. auf diesen reisen bekämpfte und erschlug er die riesen: var hann farinn î austerveg at berja tröll.

Dies deutet wiederum auf den alten, damals noch unverschollenen zusammenhang germanischer völker mit Asien; das fara î austrveg wird noch von andern helden berichtet, z. b. der stamm der Skilfingar ausdrücklich in jene ostgegend gesetzt (sû kynslôð er î austrvegum); Iötunheim, die riesenwelt war da gelegen.

Thôrr galt nach Oðinn für den mächtigsten und stärksten aller götter, die edda stellt ihn als Oðins sohn dar, was ganz von der römischen auffassung abweicht, die den Jupiter als Mercurs vater annimmt; stammtafeln lassen freilich den Thôrr als ahnen Oðins erscheinen.

Gewöhnlich wird Thôrr gleich neben Oðinn, zuweilen vor ihm genannt, vielleicht war er noch mehr als Oðinn gefürchtet. Regner, bei Saxo bekennt: se, Thor deo excepto, nullam monstrigenae virtutis potentiam expavere, cujus (Thor) virium magnitudini nihil humanarum divinarumque rerum digna possit aequalitate conferri.

Er ist der eigentliche landesgott, landâs (patrium numen) der Norweger und âss alleinstehend gilt vorzugsweise von ihm, wie auch der begrif ans (jugum montis) gerade an Faírguneis gemahnt: seine tempel und bildseulen sind in Norwegen und Schweden die häufigsten, âsmegin, göttliche stärke, wird besonders von ihm verstanden. daher so häufig der ausdruck: Thôr blôta; hêt â Thôr; trûði â Thôr, wenn der heidnische glaube überhaupt bezeichnet werden soll.

Auswandernden weist er die neue wohnstelle an: Thôrr vîsaði honum. aus Landnâmabôk wäre noch manches über Thors cultus anzuführen: þar stendr enn Thôrs steinn; gânga til frêtta við Thôr; Thôrr wird zumeist verehrt, dann Freyr und dem entsprechen die eigennamen Thôrviðr and Freyviðr in einem geschlecht; bedeutet dieses viðr arbor? und etwas priesterliches? nie begegnet Oðinviðr, aber ein Týviðr ist als pflanzenname beigebracht.

Thôrs hammer hatte die mark, die ehe, die runen (wie auf den steinen ausdrücklich gesagt wird) zu weihen. Ich habe gewiesen, wie vielfach Thôrr in den teufel der Christen übergieng, und es kann nicht befremden, daß er zugleich etwas plumpes und riesisches annahm, denn auch der riese ward zum teufel. der feind und verfolger aller riesen zur zeit der Asen erschien den Christen selbst als tölpel und wirft mit den riesen steine um die wette.

Aber schon in der eddischen Thrymsqviða ißt und trinkt Thôrr unmäßig wie ein riese, und die norwegische volkssage läßt ihn auf der hochzeit tonnen biers ansetzen. vergleiche das sprichwort: mundi enginn Asathôr afdrecka.

Umgedreht ist Thrymr, der alte gute riese schon dem namen nach ein Donar. Sehr ausgebreitet im Norden war die anmutige sage vom hobergsgubbe, den ein armer mann zu gevatter bittet, der sich aber zu kommen weigert, als er hört, daß auch Thor oder Tordenveir eingeladen sei, doch sendet er reiches geschenk. bei aller abweichung erscheint in der anlage dieser fabel gewisse ähnlichkeit mit der vom gevatter tod, da auch der tod ein teufel, folglich riese ist.

Eben darum suchen überlieferungen, die noch zur christlichen zeit hafteten, alles gehässige auf ihn zu werfen und ihn als teuflisches wesen darzustellen von schlimmerer art als Oðinn.

Finnr schleppt Thôrs bildseule zu Olaf, spaltet und verbrennt sie, die asche mengt er in brei und gibt ihn den hunden zu fressen: ›es ist billig daß hunde den Thôr essen, wie er selbst seine söhne aß‹. das ist schmähung, die edda weiß nicht das mindeste davon; sie erzählt vielmehr, daß Môði und Magni ihren vater überleben. Einzelne wiedergeborne sagen, z. b. die von erschaffung der wölfe und geiße machen aus Wuotan den guten gott, aus Donar den teufel.

Seit der bekanntschaft mit römischer götterlehre setzen die schriftsteller den deutschen donnergott und Jupiter gleich. nicht nur dies Jovis heißt angelsächsisch Thunresdäg, sondern auch Latona, Jovis mater Thunres môdur; capitolium wird von den Isländern Thôrshof übertragen. Umgekehrt versteht Saxo unter Jupiter den einheimischen Thor, den Jupiter ardens, meinte er Donar? Jener kinderfressende Thôrr scheint baare verwechselung mit Saturn, Jupiters vater? wie jener nordische genealogie Thôrr Oðins ahne ist. des presbyter Jovi mactans, der sacra und feriae Jovis ist schon erwähnung geschehen.

Letzner erzählt: alle jahr, sonnabends nach laetare kommt auf den kleinen Hildesheimer domhof ein bauersmann sonderlich dazu bestellt, und bringt mit sich zwei hölzer, jegliches einer klafter lang, daneben zwei andere kleinere kegelförmig gespitzte. die beiden großen setzt er gegeneinander in die erde, die kegel oben darauf. bald und in der eile versammeln sich dahin allerlei buben und jung gesindlein und werfen mit steinen oder stöcken die kegel von den klötzen herab; andere setzen sie wieder auf und das abwerfen geht von neuem an. unter diesen kegeln sind die heidnischen, teuflischen götzen zu verstehen, welche die christlich gewordnen Sachsen niedergeworfen haben.

Des namens der götzen wird hier geschwiegen, einer davon muß aber damals schon, wie noch später, Jupiter geheißen haben. unter den bäuerlichen abgaben zu Hildesheim kommt bis auf unsere zeit ein Jupitergeld vor. das dorf Großenalgermissen hatte jährlich 19 grocshen 4 pfennig unter dieser benennung an den todtengräber der domkirche zu entrichten: ein Algermisser bauer muste jedes jahr einen vier fuß hohen, fußdicken, achteckigen klotz in einen sack gesteckt auf den domhof bringen. die schüler bekleideten diesen klotz mit mantel und krone, griffen den nun so genannten Jupiter erst von der einen, dann von der andern seite mit steinwürfen an und verbrannten ihn endlich.

Dies nicht selten von unordnungen begleitete volksfest wurde mehrmals untersagt, ausgestellte wachen sollten das verbot wirksam machen; zuletzt erließ die königliche kammer das Jupitersgeld. Jenes dorf Algermissen hatte sich vielleicht bei einführung des christenthums durch seine anhänglichkeit an den alten glauben die strafe der abgabe zugezogen. Das werfen nach den klötzen soll verachtung ausdrücken? in der Schweiz heißt das bekannte steinwerfen auf dem wasser auch Heiden werfen (sonst: den herrgott lösen, vater und mutter lösen).

Ich betrachte freilich als ganz unausgemacht, ob dieser Jupiter bis auf den Thunar der alten Sachsen zurückgeführt werden dürfe. der gebrauch wird nur durch protocolle der letzten jahrhunderte bewährt, und frühere bestimmte zeugen treten dafür nicht auf; aber selbst der abweichende letznerische bericht läßt eine uralte volkssitte vermuten, die, wenn auch Jupiter nichts damit zu schaffen hat, der aufzeichnung werth scheint. die zeitbestimmung laetare erinnert an das allgemein in Deutschland verbreitete todaustreiben, wovon ich im verfolg handeln werde, und auch dabei kommt ein werfen nach dem aufgesteckten tod vor. Soll der kegel den heiligen hammer vorstellen?

Unverkennbarer überrest der verehrung des gottes ist die noch bis auf die neuste zeit unausgerottete besondere heilighaltung des donnerstags unter dem volk, wie sie schon in frühen denkmälern des mittelalters angegeben ist: ›nullus diem Jovis in otio observet‹; ›de feriis quae faciunt Jovi vel Mercurio‹; ›quintam feriam in honorem Jovis honorasti‹; donnerstags abends darf nicht gesponnen und nicht gehauen werden. die Ehsten legen dem donnerstag höhere heiligkeit als dem sonntag bei. Welche strafe den frevler traf, läßt sich aus folgendem aberglauben entnehmen, der freilich schon den geheiligten christlichen tag an die stelle des heidnischen setzt: wer am sonntag trinitatis (dem nächsten nach pfingsten) arbeitet oder etwas (an diesem tag) geflicktes und gestricktes an sich trägt, wird vom donner erschlagen.

wir sâzen unde wâben
dô die lantliute êrten disen tac. . . .
schiere runnen diu weppe von bluote,
daz ez uns des werkes erwante.

Ein armes mädchen spinnt auf unser frauentag, der faden klebt ihr an zunge und lippe. die während der sonntagskirche flachs wickeln, werden versteinert. auch am Gertrudstag und Berhtentag war spinnen verboten. ebenso bei den Griechen am Bacchustage. das an solchen heiligen tagen gesponnene garn hat gleichwol besondere kraft. vergleiche das teigtalken an der heiligen samstag nacht. dagegen wieder: si quis die dominico boves junxerit et cum carro ambulaverit, dexterum bovem perdat (lex Bajuvarriorum).

Wenn Jupiter auf diese weise im achten jahrhundert gefeiert war, wenn das capitulare von 743 für nöthig fand, ein ›ec forsacho Thunare‹ ausdrücklich zu gebieten, und vieles, was sich auf seinen dienst bezieht, noch später unausgetilgt fortdauerte; so läßt sich nicht bezweifeln, daß er auch schon früher von unsern vorfahren für einen wirklichen gott, und einen ihrer größten, gehalten wurde.

Vergleichen wir ihn mit Wuotan, so ist dieser geistiger und erhabner, Donar hat eine derbe, sinnliche kraft voraus, die ihn gerade der besondern verehrung einzelner stämme empfehlen muste; gebete, schwüre, flüche erhielten sein andenken öfter und länger als irgend eines andern gottes; aber nur ein theil des griechischen Zeus ist in ihm begriffen.

> Jakob Grimm führt noch einige Beobachtungen über Thor an, die in den bisherigen Betrachtungen kaum oder gar nicht aufgetreten sind:
>
> - Thor ist der Regengott. Dies ist ein alter Charakterzug, der noch aus seinen indogermanischen Zeiten stammt, in denen sich der Donnergott (Thor) mit der Riesenschlange (Jörmungandr) um den Regen stritt.
> Als Regen- und Donnergott waren die Berge der Wohnort des Thor, weshalb viele Berge nach ihm benannt worden sind.
>
> - Thors Hammerschlag entspricht dem Blitz. Ursprünglich scheint dies ein Werfen eines Donnerkeils (Steinkeil, Faustkeil, Steinaxt) gewesen zu sein, aus dem dann der Hammer geworden ist. Da Thor die Blitze niemals ausgehen, scheint der Donnerkeil bzw. der Hammer stets zu Thor zurückzukehren.
> Das Motiv, daß der Hammer acht Meilen tief unter der Erde liegen kann (Thrym-Lied) bzw. daß der Donnerkeil nach acht Jahren wieder an die Erdoberfläche zurückkehrt, erinnert an die acht Ringe, die jede neunte Nacht von Odins Ring Draupnir abtropfen – die „8" wird hier nur die Zahl der Vollkommenheit sein, d.h. ein Hinweis darauf, daß der Ring des Odin bzw. der Hammer des Thor unbeschädigt aus der Unterwelt zurückkehrt.
> Donnerkeil und Hammer haben ihre gemeinsame Wurzel in dem Wort „Hammer", daß ursprünglich „harter Stein" bedeutet hat.
> Thor weihte mit seinem Hammer – aber auch mit seinem Blitz. Dies zeigt noch einmal, daß Hammer, Blitz und Donnerkeil in symbolischer Hinsicht identisch gewesen sind.
>
> - Thors roter Bart wird oft erwähnt. Ob er eine spezielle Symbolik gehabt hat, ist unklar.
>
> - Da sich die Vorstellungen über den Donnergott nur schwer durch die Missionare ausrotten ließen, wurde ein Teil der Thor-Mythen auf den christlichen Heiligen „Elias den Feurigen" übertragen.

I 42. Zusammenfassung

Der Name „Thor", der auf indogermanisch „Tar" zurückgeht, bedeutet „Zitternder", vermutlich im Sinne von „der Erschreckende". Sein Name ist dem indogermanischen Wort für „Donner" klanglich ähnlich gewesen, weshalb der Name des Donnergottes wohl auch als „Donner" aufgefaßt worden ist – zumal er die Menschen eben mit seinem Donner erschreckte.

Um 7000 v.Chr. gründeten die Bauern, die in Mesopotamien ihre Felder bestellten, neue Siedlungen in der südrussischen Steppe nördlich des Kaukasus. Als dort ab 6000 v.Chr. der Regen deutlich nachließ, bildete sich die Mythe von dem Streit zwischen dem Donnergott und der Riesenschlange um den Regen, der die sommerlichen Dürren verursachte.

Aus diesem zyklischen Kampf, den im Frühjahr die Riesenschlange und im Herbst der Regen- und Donnergott gewinnt, ist in der „Vision der Seherin" der endgültige Tod des Thor geworden.

Als Regen- und Donnergott waren die Berge der Wohnort des Thor, weshalb viele Berge nach ihm benannt worden sind.

Die herbstliche Reise des Donnergottes in die Wasserunterwelt, in der er von der Regenräuberschlange die Wolken zurückholt, ist später in der „Edda" zu dem Überqueren des Jenseitsflusses geworden.

Der Donnergott erscheint überall, wo die Farbe seines Bartes erwähnt wird, als rotbärtig – vielleicht ist dies eine Assoziation zu dem „Feuer" der Blitze gewesen.

Ab 2500 v.Chr. tauschte Tar seine Keule teilweise gegen einen Schmiedehammer ein, da die damals entdeckte Verarbeitung von Bronze, aus der Werkzeuge und Waffen hergestellt wurden, gut zu dem kriegerischen Charakter des Donnergottes paßten.

Die Keule blieb jedoch bei vielen indogermanischen Donnergöttern die bevorzugte Waffe. Da der Donnergott von den Indogermanen „Perkunos" („Eiche") genannt wurde und „Tar" eher ein Beiname gewesen zu sein scheint, kann man wohl davon ausgehen, daß die Keule des Donnergottes aus Eichenholz gefertigt worden war.

Vermutlich ist das Ritual des Trinkens des Unsterblichkeits-Mets schon früh aus dem Kult des Sonnengott-Göttervaters auch auf andere Götter einschließlich des Donnergottes übertragen worden.

Der Brauch der Opferung eines Herdentieres, dessen Zeugungskraft durch seine Tötung auf den Verstorbenen übertragen wurde, um dessen Wiederzeugung abzusichern, reicht bis in die vorindogermanische Zeit zurück. Dieses Ritual wurde schon in den allerersten indogermanischen Überlieferungen, also in den Palastarchiven der Hethiterkönige, auch im Kult des Sonnengott-Göttervaters Shiun verwendet, der u.a. dem germanischen Tyr und dem griechischen Zeus entspricht, da der Sonnengott jeden Abend ins Jenseits reiste und am Morgen aus ihm zurückkehrte. Diese Tieropfer werden vermutlich schon früh auch auf den Kult anderer Götter übertragen worden sein. Insbesondere im Kult des Donnergottes wird dieses Ritual schon früh verwendet worden sein, weil auch der Donnergott in jedem Herbst in das Jenseits reiste und in jedem Frühjahr bei dem Kampf mit der Regenräuberschlange starb.

Als der Teil der Indogermanen, der später zu den Germanen wurde, um 2000 v.Chr. von der südrussischen Steppe aus nach Skandinavien zog, trat an die Stelle der Bedrohung durch die sommerliche Dürre die Bedrohung durch die winterliche Kälte. Dadurch wurde mit Thors Tod durch Jörmungandr nicht mehr der Raub der Regenwolken, sondern der „Fimbulwinter" („Mächtiger Winter") assoziiert.

Um 100 n.Chr. hatten die Germanen noch keine Götterstatuen und verehrten die Götter in Wäldern oder in Heiligen Hainen. Lediglich die Muttergöttin besaß einen Tempel. Es ist zumindestens ein Heiliger Hain des Thor bekannt. Ein wichtiges Element des Götterkultes waren die Tieropfer.
Thor-Donar wurde von den Römer dem Herkules gleichgesetzt, was bedeutet, daß Thor noch als der Sohn des damaligen Göttervaters Tyr angesehen wurde. Der Donnergott wurde jedoch als Kämpfer angesehen, da die bei den Germanen rekrutierten Legionäre den Thor-Herkules vor einer Schlacht um Hilfe anriefen.

Zwischen 200 n.Chr. und 500 n.Chr., also in der frühen Völkerwanderungszeit, die durch den Einfall der Hunnen ausgelöst worden war, opferten die Germanen die im Krieg erbeuteten Waffen und z.T. auch die Kriegsgefangenen ihren Göttern, indem sie sie in einem Moor versenkten. Zumindestens eins dieser Moore war dem Thor geweiht.
Thor hat sich durch seine Anrufungen während der vielen Schlachten in der Völkerwanderungszeit vom Donnergott zum obersten Gott entwickeln können.
Dies spiegelt sich in den „Mord des Tyr-Riesen"-Mythen wider und auch darin, daß Thor bei den Germanen am meisten verehrte Gott gewesen ist.

In den vielen Schlachten und Kämpfen während der Völkerwanderungszeit (375-

568 n.Chr.) scheint Thor so oft um Hilfe angerufen worden zu sein, daß er schließlich zu dem wichtigsten Gott wurde und den Titel „Kampf-Donar" erhielt. Ihm war die Eiche heilig.

Die Wichtigkeit des Donnergottes in den Kriegen zwischen den Germanen und den Hunnen bzw. zwischen den sich aus der Flucht der östlichen Germanenstämme vor den Hunnen ergebenden Kämpfe zwischen verschiedenen Germanenstämmen führte dazu, daß sich das Bild des „Thor-Fürsten" entwickelte. Dieses Motiv entstand aus dem Wunsch, daß der Anführer des Stammes so stark und erfolgreich wie der Donnergott sein möge.

Das Ergebnis dieses in der damaligen kriegerischen Zeit lebenswichtigen Bestrebens war eine Übertragung der Götter-Mythen in den Bereich der Königs-Sagen, wodurch das Ideal des Göttersohnes und Halbgottes entstand, der stark wie Thor war. Die beiden wichtigsten von ihnen waren Sigurd und Starkad. Ein weiterer dieser „Thor-Halbgötter" war der dänische König Gram.

Dies Wichtigkeit des „starken Thor" für die damaligen Fürsten und Stämme der Germanen führte dazu, daß das alte Motiv des jungen morgendlichen Sonnengott-Göttervaters, der seinen Vater, den alten abendlichen Sonnengott-Göttervater tötet, um die Herrschaft zu übernehmen, auf Thor übertragen wurde, der auf diese Weise zu dem jungen Göttervater wurde, der den alten Göttervater tötet. Während in der ursprünglichen Mythe der alte und der junge Göttervater identisch miteinander sind, führt das Ersetzen des jungen Tyr durch den jungen Thor zu einem Dynastiewechsel.

Durch diesen „Regierungswechsel" wurde auch Thor zu einem wiedergeborenen Gott, dessen Sohn wie alle jungen Göttersöhne stärker als sein Vater war. Dieses Motiv hat sich in der Hrungnir-Mythe erhalten, in der nur Thors Sohn Magni in der Lage war, das Bein des Riesen Hrungnir von Thor fortzuheben.

Der alte Göttervater Tyr wurde wie bei allen Indogermanen als ein Riese im Jenseits aufgefaßt – entsprechend wurde z.B. Kronos, der Vater des Zeus, als ein Titan (Riese) im Jenseits angesehen.

Thors Mord an dem alten Tyr-Riesen wurde zu dem wichtigsten Motiv in den späteren Thor-Mythen. Dieser Tyr-Riese erscheint im Zusammenhang mit Thor als Hrungnir, Geirröd, Thrym, Thrivaldi, Grendel und als Riesenbaumeister, die letztlich alle von Thor getötet werden. Zwei weitere wichtige Tyr-Riesen sind Thiazi und Surtur.

Eine der direktesten Darstellungen des ursprünglichen mythologischen Sachverhaltes findet sich in dem Bericht über dem Mord des Thor an seinen Pflegeeltern Vingnir-Loricus und Hlora-Lora. Sein Motiv war das Erlangen der Herrschaft ...

Zusammen mit seinen (Pflege-)Eltern wurden auch die beiden Söhne des Tyr von Thor getötet: die beiden Pferde-Zwillinge, aus denen in den Mythen des Odin das achtbeinige „Doppelpferd" Sleipnir wurde.

Die beiden Göttinnen-Schwestern Frigg und Freya wurden in den Odin-Mythen zu dessen Frauen bzw. Geliebten. In den Thor-Mythen wurden sie zu den Riesinnen Gjalp und Greip, die Thor in der Halle des Tyr-Geirröd tötete. Im Kult des Thor blieben die beiden Göttinnen-Schwestern als Thorgerdr Hölgabrudr und Irpa erhalten. Vermutlich ist auch die spätere Thor-Tochter Thrudr ursprünglich eine dieser beiden Göttinnen gewesen, da Thors Halle auf ihrem Land steht und sie einst seine Geliebte gewesen ist.

Der Schamanengott Odin ist während der Völkerwanderungszeit ebenfalls an der Absetzung des Tyr als Göttervater beteiligt gewesen und wurde nun als der Vater des Thor angesehen.

Odin hat fast alle Motive aus den Mythen des Tyr übernommen, während Thor eher die eigenen Mythen entsprechend den Mythen des Tyr umgestaltet hat:

- Während der Völkerwanderungszeit erweiterte sich der Kampf des Donnergottes mit Jörmungandr zu dem Kampf des Thor mit dem Tyr-Riesen.

- Aus der Reise des Thor im Herbst zu der Riesenschlange in die Unterwelt, die den Regen geraubt hatte, wurde dadurch, daß er dem Tyr auf den Thron folgte, entsprechend der Sonnensymbolik eine tägliche Reise in die Unterwelt. Dieses Motiv wird in der Edda berichtet, in der Thor täglich den Jenseitsfluß überquert. Diese Flußüberquerungen spielen auch bei seinen Reisen zu dem ehemaligen Göttervater, den er ermorden will, eine große Rolle.

- Thor übernimmt von dem Sonnengott-Göttervater das alte Sonnenbild des Wanderers – es ist allerdings nicht ganz sicher, ob Thor vorher ein Wanderer oder Streitwagenfahrer gewesen ist.

- In der Hymir-Mythe erschient Thor als „junger Gott", d.h. als wiedergeborener Sonnengott-Göttervater Tyr.

- Tyr ist als Urbild der Wiedergeburt (Sonnenaufgang) recht sicher auch ein Totengott gewesen. Diese Funktion wurde sowohl von Odin als auch von Thor übernommen – sie ist allerdings bei Odin deutlich ausgeprägter als bei Thor. Vermutlich stammen auch die 540 Türen bzw. Räume in den Sälen des Odin und des Thor noch aus einer Vorstellung über die Halle des Tyr.

- Die Wiedergeburt des Sonnengott-Göttervaters ist bei vielen indogermanischen Völkern mit einer Verletzung assoziiert gewesen – auch der Göttervater ging nicht ohne Wunde aus seinen Kämpfen hervor. Bei Tyr ist dies seine abgebissene Hand, bei Odin sein fehlendes Auge und bei Thor schließlich der Splitter von dem Wetzstein des Hrungnir, der ihm bei seinem Kampf mit diesem Tyr-Riesen im Kopf stecken blieb.

- Tyr wurde jeden Morgen in der Unterwelt durch die Jenseitsgöttin wiedergeboren. Tyrs Gegner ist der Jenseitsgott Loki, der in den ursprünglichen Mythen vermutlich auch seinen Tod verursacht hat.
Thor kämpfte mit der Regenräuberschlange.
Da sich sowohl Loki als auch Jörmungandr im Jenseits befanden, lag eine Verbindung der beiden nahe – Loki wurde als der Vater der Riesenschlange angesehen.
Als Thor den Tyr und seine Sippe tötete, wurde Loki als Feind des Tyr zu seinem Verbündeten. Daher erscheint Loki in der Edda immer wieder als der Feind der Tyr-Riesen (Thiazi, Thrym) und als Gehilfe des Thor, wenn dieser in das Jenseits reist, um den Tyr-Riesen zu töten.

- Der Streit des Donnergottes mit der Riesenschlange um den Regen weitete sich bereits bei den ursprünglichen Indogermanen zu einem Raub der „schönsten Frau" (die Jenseitsgöttin als Wiederzeugungs-Geliebte) und der Rinder aus. Dieses „Frauenraub"-Motiv ist das grundlegende Themen der Nationalepen aller indogermanischen Völker. Die bekannteste dieser Mythen ist vermutlich der Raub der schönen Helena, der zum trojanischen Krieg führte.
Diese Raub-Symbolik wurde auch in die Mythen des Sonnengott-Göttervaters übertragen.
Während ursprünglich die Riesenschlange (Jörmungandr) und der Jenseitsgott (Loki) die Gegenspieler des Göttervaters (Tyr) und des Donnergottes (Thor) gewesen sind, wurde seit der Machtübernahme des Thor Tyrs einstiger Gegner Loki zum Verbündeten des Thor und Tyr folglich zu dem demjenigen, der die Göttin raubte. Dies ist die Grundstruktur der überlieferten Mythen des Tyr-Riesen: Tyr-Thiazi raubt Idun, Thrym verlangt Freya als Lösegeld für Mjöllnir, Hrungnir droht Freya und Sif zu entführen und der Riesenbaumeister will Freya als Lohn für seine Arbeit erhalten.
Dieser Frauenraub war eine plausible Motivation dafür, daß Thor den „Frauenräuber" Tyr erschlug.
Dieses Motiv findet sich auch in der Sage über König Alf, dem von Starkad (Tyr) dessen Frau Alfhild (Freyr), die „schönste aller Frauen" geraubt hat. Thor holt sie ihm jedoch zurück.

- Da sich Tyr und Loki gegenseitig immer wieder die Göttin-Geliebte raubten, hatten beide Götter auch Kinder mit dieser Göttin. Das führte bei der Übernahme der Tyr-Mythen durch Thor dazu, daß Thor mit seiner Frau Sif die Thrudr zur Tochter hatte und daß Sif mit Loki „fremdgegangen" war und den Gott Ullr gebar.

- Das Neuschmieden des am Abend beim Tod des Tyr zerbrochenen Schwertes in der Unterwelt wird in der Geirröd-Mythe zu dem Schmieden von Thors Hammer Mjöllnir umgedeutet.

- Thor raubt Hymirs Kessel und bringt diesen zu den Asen, wodurch er den Kult des Hymir beendet, den er zudem auch noch tötet.

- Sowohl in der Halle des Tyr-Hymir als auch in der Halle des Tyr-Geirröd zerbricht Thor eine Säule. Da diese Säulen in den Hallen der Fürsten das Allerheiligste gewesen sind, da sie die Verbindung zu den Göttern und den Ahnen verkörperten, ist auch dieses Motiv eine sehr gründliche Vernichtung des ehemaligen Göttervaters und seines Kultes.

- Der von Thor getötete Stier des Hymir wird mit dem Stier, den Odin, Hönir und Loki zu Beginn der Mythe des Tyr-Thiazi dem Göttervater opfern, identisch sein. Thor raubt dem Hymir also auch dessen Opfergaben.

- Die Waffen des Tyr-Hymir sind ein Schild und ein Wetzstein. Der Schild ist der Sonnenschild des Tyr und der Wetzstein diente dem ehemaligen Göttervater, der auch ein Schwertgott war, vermutlich zum Schleifen seines Schwertes und auch zum nächtlichen Neuschmieden seines Schwertes.

- Der Name des Tyr-Riesen „Geirröd" bedeutet „Speerschutz", was eine Umschreibung für „Schild" ist und sich auf den Sonnenschild des Tyr beziehen wird. Dieser Schild ist in der Edda zu einem Schutz vor der Hitze der Sonnengöttin umgedeutet worden und soll sich vor ihr auf ihrem Streitwagen befinden. Dies ist nicht weit von dem ursprünglichen Bild des am Himmel strahlenden Sonnenschildes entfernt.

- Thor zerstört das Herz des Hrungnir, das ein Symbol der Seele und der Wiedergeburt gewesen ist.

- Thor wird von Grid, der Geliebten seines Vaters Odin und Mutter seines

Halbbruders Widar, durch das Überreichen von Stab, Gürtel und Handschuhen zum Priester geweiht. Auch dies Motiv könnte er aus der Jenseitsreise des Tyr übernommen haben.

In diesen Zusammenhang gehört vermutlich auch das von Thor mehrfach berichtete Weihen mit seinem Hammer, das vermutlich an die Stelle des Weihens mit dem Priesterstab getreten ist.

Der Hammer des Thor scheint auch ein Penis-Symbol gewesen zu sein, was vermutlich auf die Wiederzeugungs-Symbolik zurückzuführen ist.

- Das Werfen des Zehes des Aurvandil („Morgenstern") an den Himmel stammt ebenfalls aus den Mythen des ehemaligen Sonnengott-Göttervater, da der Morgenstern (Venus) der Ankünder des Erscheinens der Sonne war.

- Die Kampfekstase, die einst mit dem Göttervater-Kriegsgott Tyr verbunden gewesen sein wird, wurde sowohl von dem Schamanengott Odin als auch von dem Donnergott Thor übernommen. Das ursprüngliche indogermanische Motiv für das Eintreten in die Kampfekstase ist die Verwandlung in einen Wolf (Ulfhedinn) gewesen. Daraus wurde in den Mythen des Thor das „Fahren in die Asenkraft". Da die große magische Kraft der Schamanen bei allen Völkern durch das Großraubtier verkörpert wurde, wandelten sich die Vorstellungen über die Wolfs-Kampfekstase im Zusammenhang mit Odin zu einer Bären-Kampf-Ekstase (Berserker).

- Thors Hammerschlag entspricht dem Blitz. Ursprünglich scheint dies das Werfen eines Donnerkeils (Steinkeil, Faustkeil, Steinaxt) gewesen zu sein, aus dem dann der Hammer geworden ist. Da Thor die Blitze niemals ausgehen, scheint der Donnerkeil bzw. der Hammer stets zu Thor zurückzukehren.

Das Motiv, daß der Hammer acht Meilen tief unter der Erde liegt (Thrym-Lied) bzw. daß der Donnerkeil nach acht Jahren wieder an die Erdoberfläche zurückkehrt, erinnert an die acht Ringe, die jede neunte Nacht von Odins Ring Draupnir abtropfen – die „8" wird hier nur die Zahl der Vollkommenheit sein, d.h. ein Hinweis darauf, daß der Ring des Odin bzw. der Hammer des Thor unbeschädigt aus der Unterwelt zurückkehrt.

Donnerkeil und Hammer haben ihre gemeinsame Wurzel in dem Wort „Hammer", daß ursprünglich „harter Stein" bedeutet hat.

Thor weihte mit seinem Hammer – aber auch mit seinem Blitz. Dies zeigt noch einmal, daß Hammer, Blitz und Donnerkeil in symbolischer Hinsicht identisch gewesen sind.

Thor wurde stets als erster vor Thor genannt – es heißt so gut wie immer „Thor und Odin" und nicht „Odin und Thor". Teilweise wurde Thor auch als der Urahn des Odin und nicht Thor als der Sohn des Odin aufgefaßt.

Thor übernahm auch von Odin das Emporwerfen der Thiazi-Augen (Sonne und Mond), die dann am Himmel zu Sternen wurden. Dies ist eine Variante des Emporwerfens des Zehes des Aurvandil (Morgenstern).

Thors Hammer ist die Waffe, mit der er erst Jörmungandr und später dann auch den Tyr-Riesen bekämpft. Der Donner ist zum einen das Zuschlagen mit dem Hammer und zum anderen auch die Stimme des Thor.

Die Absetzung des Tyr durch Thor blieb nicht ohne Widerspruch, sodaß auch Mythen entstanden, in denen Thor dem Tyr-Riesen entweder unterlegen ist (Skrymir, Utgardloki) oder lächerlich gemacht wird (Thrym-Lied).
Es gab auch eine Auseinandersetzung zwischen Thor und Odin um den Vorrang, der allerdings keine große Bedeutung hatte (Harbard-Lied, Hrungnir-Lied).

Thor war jedoch nicht nur ein Kriegsgott. Dies zeigt sich am deutlichsten darin, daß seine Frau die Korngöttin Sif war und daß der Name seines Hammers „Mjöllnir" „Mahler, Mühle" bedeutet. Thor war als Donnergott auch der Gott des Regens und der Vertreiber des Winters sowie als Kriegsgott vermutlich auch der Beschützer der Felder.
Die Vorstellung, daß Thor der Sohn der Erdgöttin Jörd ist, paßt gut zu seiner Frau, der Korngöttin Sif: Thor kehrt wie das Getreide bei seiner Wiedergeburt aus der Erde zurück.
Zwischen 500 und 800 n.Chr. war die Donar-Keule in ganz Europa ein beliebtes Amulett – jedoch ausschließlich bei Frauen, was auf einen Zusammenhang mit der Fruchtbarkeit hinweist. Diese Bedeutung ist auch von der Herkules-Keule bekannt.

Um 800 n.Chr. war Thor der wichtigste Gott der Germanen. Es gab dem Thor geweihte Haine, Eichen und Steine sowie Thor-Feste und für Thor bestimmte Gesänge.

In der Zeit von 700-1000 n.Chr. ersetzte der Thor-Hammer endgültig die Donar-Keule.

Um 900 n.Chr. wurde Thor in dem schwedischen Haupttempel in Uppsala als der wichtigste Gott zusammen mit Odin und Freyr sowie vermutlich auch mit seiner Frau Sif verehrt.

Spätestens zu dieser Zeit wurden die Priester dieser vier Gottheiten zu einem Bestandteil der Mythen und zu einer Art von Halbgöttern: Thialfi Thor-Priester, Hermodr Odin-Priester, Skirnir Freyr-Priester und Röskwa Sif-Priesterin.

Das Motiv des Neuschmiedens des Schwertes des Tyr durch seine beiden Pferde-Söhne, die im Jenseits als Zwerge (Totengeister) erscheinen, wurde zu der Herstellung der sechs magischen Gegenstände der in Uppsala verehrten Gottheiten umgedeutet: der Hammer des Thor, das goldene Getreide-Haar der Sif, der Speer und der Ring des Odin sowie der Eber und das Schiff des Freyr.

Spätestens ab 900 n.Chr. hat es Thor-Tempel gegeben. Vorher wurde lediglich um 100 n.Chr. von Tacitus von Tempeln der Muttergöttin („Isis") berichtet.

Diese Tempel bestanden aus einem großen Versammlungsraum und einem daran anschließenden kleineren Raum für die Statuen und den Altar. Die Tür befand sich seitlich an dem großen Raum. Diese Tempel könnten in etwa wie die späteren Stabkirchen ausgesehen haben – die Stabkirchen enthalten viele sonst im Christentum nicht übliche Bauelemente. Diese Hallen waren mit Schnitzereien und mit Gold geschmückt. Die Statuen trugen Schmuck und evtl. Kleider. Thor war in fast allen Tempeln der zentrale und wichtigste Gott. Die Statuen des Thor hielten den Hammer in ihrer Hand. Manchmal stand die Thor-Statue in seinem Tempel auch auf seinem von zwei Ziegenböcken gezogenen Streitwagen.

Der Kult des Thor bestand u.a. aus Tieropfern, dem Versprenkeln des Blutes der Tiere in dem Raum und auf die Ritualteilnehmer, dem Verspeisen des gekochten Fleisches der Opfertiere, dem Trinken von Met o.ä., Gesängen, Bitten, Orakelbefragungen und Eiden.

Neben dem öffentlichen Kult des Thor wird es wahrscheinlich auch eine private Verehrung des Donnergottes gegeben haben. In diesem Zusammenhang waren, wie die mit „Thor" gebildeten Personen- und Ortsnamen zeigen, nicht der Kampf, sondern der Schutz und die Hilfe des Thor bei den alltäglichen Sorgen wichtig. Der Donnergott ist somit um 900 n.Chr. zu einem Universalgott geworden. Aus diesem Zusammenhang werden auch die kleinen Thor-Statuetten stammen.

Man bat Thor und Freyr und Odin vor Schiffsreisen manchmal um eine gute Fahrt und versprach ihnen eine Geldspende für ihren Tempel, wenn sie die Bitte erfüllten.

Es gab Thor-Amulette aus Walroß-Knochen – vermutlich haben sie Thors Hammer dargestellt.

Der Tyr-Riese wurde als die Quelle allen Unheils angesehen, weshalb man Thor zu Heilung und Hilfe anrief.

Die Blitze wurden als die Blicke der Augen des Thor aufgefaßt und der Donner als das Rumpeln der Räder des Thor-Streitwagens. Thors Hammerschläge verursachen auch die Erdbeben.

Der Besitzer eines Tempels („Gode") bestimmte einen seiner Söhne als seinen Nachfolger als Thor-Priester.

Der Gode und später der König war für die Erhaltung der Tempel verantwortlich.

Die Tempel wurden von den Goden (Großgrundbesitzer), den Jarlen (Grafen) und den Königen errichtet.

Die genaue Bedeutung der Umschreibung des Todes als „Thors grimmige Maske tragen" ist unsicher. Evtl. bezieht sie sich auf einen Maskenhelm.

Aus der Schwurformel „Ich schwöre bei Thor, daß …" wurde mit der Zeit der Ausruf des Erstaunens „Bei Thor!"

Thor wurde explizit als „mächtig" bezeichnet.

Ab ungefähr 1000 n.Chr. wurde der Thorshammer, nachdem die Isländer auf ihrem All-Thing beschlossen hatten, das Christentum als allgemeine Religion anzunehmen, aber jedem freizustellen, an welchen Gott er sich im Privaten wandte, zu einem Symbol des Widerstandes gegen das Christentum.

In Südschweden hat sich bis um 1800 n.Chr. die Auffassung des Donners als des Lärms des Thor halten können.

Petrus hat in vielen Gegenden die Nachfolge des Thor als „Wettergott" angetreten.

Da sich die Vorstellungen über den Donnergott nur schwer durch die Missionare ausrotten ließen, wurde ein Teil der Thor-Mythen auf den christlichen Heiligen Elias übertragen.

II Thor in der indogermanischen Überlieferung

Die folgende Tabelle zeigt den Stammbaum der Indogermanen. Die Namen für die gemeinsamen Vorfahren der verschiedenen Völker wie „Tocharo-Romanen" sind künstliche Bezeichnungen, da nicht bekannt ist, wie sich die betreffenden Völker selber genannt haben. Die Differenzierung dieser Völker fand in etwa zwischen 2800 v.Chr. und 1800 v.Chr. statt.

Indo-germanen	West-Indo-germanen	Balto-Slawen				Balten
						Slawen
		Tocharo-Germanen	Tocharo-Romanen	Kelto-Romanen		Kelten
						Römer
				Tocharer		
			Germanen			
	Süd-Indo-germanen					Lyder
		Hethito-Luwier	Hethito-Palaier			Hethiter
						Palaier
			Luwier			
	Ost-Indo-germanen	Gräco-Thraker				Thraker
						Griechen
		Indo-Skythen				Skythen
			Indo-Armenier			Armenier
				Indo-Mitanni		Mitanni
					Indo-Perser	Perser
						Inder

Im Folgenden sind nur die Völker aufgeführt, von denen etwas über das hier betrachtete Thema bekannt ist.

II 1.   Der Donnergott bei den Kelten

II 1. a)   Taranis

Der keltische Donnergott Taranis ist eng mit dem germanischen Thor verwandt. Der Keulengott erscheint getrennt von ihm als Sucellus.

Taranis (Felsritzung, Norditalien)

Taranis (Kessel von Gundestrup)

Taranis

Taranis (Le Chatelet, Frankreich)

Taranis ist der einzige Gott, der auf dem Kessel von Gundestrup sicher zu identifizieren ist, da das Rad der Fhirinne (Richtigkeit) sein Zeichen ist. Er hält fast immer auch eine Keule in seiner anderen Hand. Sein Name bedeutet „Donner".

Er gleicht sehr dem germanischen Hammergott Thor, dessen Name ebenfalls „Donner" bedeutet. Da auch der dem Tyr entsprechende keltische Göttervater Dagda eine Keule als sein Zeichen trägt, hat es offenbar eine Gleichsetzung von Dagda und Taranis gegeben. Dafür spricht auch, daß der Göttervater Dagda wie der germanische Thor rotbärtig gewesen sein soll. Die Römer setzten Taranis ihrem Göttervater Jupiter gleich, was die enge Verbindung zwischen Dagda und Taranis bestätigt.

Diese enge Verwandtschaft des Göttervaters Dagda mit dem Donnergott Taranis, der in seiner Hand eine Keule oder einen Hammer hält, läßt sich bei den indogermanischen Völkern mehrfach beobachten.

Taranis ist seinen Attributen zufolge zum einen mächtig (Keule) und zum anderen nutzt er seine Kraft, um die „Fhirinne" genannte Ordnung (Rad) in der Welt aufrechtzuerhalten.

Das indogermanische Motiv des Kampfes des Donnergottes gegen die Riesen, die aus der Erde stammen, findet sich bei den Kelten in dem Kampf der Tuatha de Danan gegen die Fomoire wieder. Auch der germanische Thor kämpfte oft gegen verschiedene Riesen.

Auch dieses Thema reicht daher wahrscheinlich bis in die Zeit der frühen Indogermanen zurück, zumal es z.B. auch von den Griechen (Zeus gegen die Titanen) und Indern (Devas gegen die Asuras) bekannt ist.

II 1. b) Succelus

Ein weiterer keltischer Hammergott ist Succelus:

Nantosuelta und Succelus

Nantosuelta und Succelus

Sucellus

Sucellus

Der Name Sucellus bedeutet „der gut zuschlägt". Er scheint daher ein Aspekt des Donnergottes Taranis zu sein – zumal er wie sein germanischer „Kollege" Thor einen Hammer als Zeichen trägt.

Seine Keule entspricht auch der des Dagda und der Krug, den er oft in seiner Hand hält, hat dieselbe Bedeutung wie der Kessel des Dagda.

Sucellus ist daher wie Taranis ein Aspekt des Dagda.

Manchmal erscheint Sucellus auch mit einem Löwenfell über Kopf und Rücken, das er wohl von dem ihm sehr ähnlichen griechischen Herakles übernommen hat, der ebenfalls ein Keulen-(Halb-)Gott gewesen ist.

II 1. c) Smertrios

Es gibt noch einen dritten keltischen Hammer- und Keulengott, dessen Name „Smertrios" lautet:

Smertrios (Seefahrersäule, Paris)

„Keulengott"
(Südengland, Jungsteinzeit)

Smertrios ist als Keulengott eine weitere Variante des Donnergottes, der mit einer Schlange kämpft – so wie auch der germanische Thor gegen die Midgardschlange streitet. Sein Name bedeutet „Fett" – vielleicht als Anspielung auf reichliche Nahrung?

Der Kampf des Smertrios gegen die Riesenschlange ist ein Motiv, das in den späteren keltischen Mythen nicht mehr aufzufinden ist, das aber wie auch der Kampf des Donnergottes Taranis gegen die Erdriesen eine genaue Parallele zu dem Kampf des germanischen Donnergottes gegen die riesige Midgardschlange und gegen die Riesen ist.

Der in Südengland in den Kreidefelsen eingegrabene 50x50m große „Keulengott" dürfte auch ein Verwandter des Donnergottes sein.

Taranis, Sucellus und Smertrios sind vermutlich drei verschiedene beschreibende Namen des Donnergottes, der seinerseits mit dem Himmelsgott Dagda gleichgesetzt worden ist.

II 2. Der Donnergott bei den Römern

Der Keulengott der Römer ist Herkules, den sie von den Griechen übernommen haben.

Der Donnergott der Römer ist ihr Göttervater Jupiter.

II 3. Der Donnergott bei den Kelto-Romanen
(die gemeinsamen Vorfahren der Kelten und Römer)

Der Göttervater und der Donnergott werden bei den Römer gar nicht und bei den Kelten nur wenig unterschieden. Der keltische Donnergott ist ein Hammer- und Keulengott, während der keltische Göttervater stets eine Keule benutzt. Das „Donner-Werkzeug" des Jupiter ist nicht bekannt.

II 4. Der Donnergott bei den Germanen

Der Name des Thor geht auf indogermanisch Tar („Donner") zurück. Thor ist ein junger Gott, da er vor allem als Sohn des Odin in Erscheinung tritt. Er führt einen endlosen (zyklischen) Kampf gegen die Riesenschlange Jörmungandr.

Die Ziegen des Thor, die er verspeisen und aus deren Fell und Knochen er sie neu zum Leben erwecken konnte, sind ein deutlicher Hinweis auf eine frühere Todes- und Wiedergeburtssymbolik – wie bei einem Wettergott, der nur während der Hälfte des Jahres herrscht, auch zu erwarten ist.

Er ist auch mit dem Getreideanbau und mit dem Mahlen des Korns verbunden.

Der indogermanische Name „Perkunos" des Donnergottes findet sich nur noch als der Name des Vaters der Frigg wieder, der „Fjörgyn" lautete.

II 5. Der Donnergott bei den Germano-Romanen
(die gemeinsamen Vorfahren der Kelten, Römer, Tocharer und Germanen)

Der Donnergott wurde mit einem von der indogermanischen Wurzel „Tar" abgeleiteten Namen bezeichnet. Er ist z.T. der Sohn des Göttervaters und somit ein junger, wiedergeborener Gott. Er benutzt einen Hammer oder eine Keule zum Erzeugen des Donners.

II 6. Der Donnergott bei den Slawen

Perun, der Gott des Donners, des Feuers, der Berge, und der Eiche war der höchste Gott der Balten. Man stellte ihn sich wie den germanischen Thor als einen zotteligen Mann mit kupferfarbenem Bart vor, der in einem von einem Ziegenbock gezogenen Streitwagen über den Himmel fuhr. Er benutzte steinerne Waffen und er war der Beschützer der Pferde. Perun trug wie Thor eine große Axt oder einen Hammer, mit dem er alle bösen Geister und Feinde vertreibt und der stets in seine Hand zurück-kehrt.

Der slawisch-germanische Donnergott mit dem Ziegenwagen hat eine wichtige Wurzel offenbar in dem Ziegenmann (Pan, Faunus, Porewit), der ursprünglich der mit dem Ziegenbock identifizierte Tote im Jenseits (Wildnis) war.

Perun hatte auch die Symbolik des indogermanischen Dhyaus übernommen: Er war der oberste Gott, der Blitzgott und er wurde als Adler auf dem Weltenbaum dargestellt. Unter den Wurzeln des Weltenbaumes (Unterwelt) hauste die Regenräuberschlange Veles, der ständig dem Perun die Rinder, die Kinder und die Frau stahl. Perun jagte ihn mit seinen Blitzen und Veles verwandelte sich in verschiedene Tiere, bis Perun den Veles schließlich in die Unterwelt zurückverbannte.

Die mächtigste Waffe des Perun sind die goldenen Äpfel, die den Tod bringen – die offensichtlich eine Umdeutung der Äpfel der Göttin sind, die nun nicht mehr im Jenseits die Wiedergeburt bringen, sondern selber zur Ursache des Todes geworden sind … ein häufig anzutreffender Übergang in der indogermanischen Mythologie. Diese Äpfel entsprechen Evas Apfel im Paradies.

Perun ist mit der Sonnengöttin verheiratet, die er aber mit Veles teilen muß, d.h. Perun und Veles sind abwechselnd bei ihr in der Unterwelt und teilen sich folglich auch die Herrschaft im Diesseits: Veles hat die Trockenzeit und Perun die Regenzeit für sich.

Dadurch, daß diese Wiedergeburtsgöttin die Sonnengöttin ist, wir deutlich, daß diese Mythe auch mit dem indogermanischen Sonnengott-Göttervater Dhyaus zusammenhängt.

Der Kampf zwischen dem Adler Perun und der Schlange Veles gleicht sowohl dem Adler und der Schlange auf dem germanischen Weltenbaum sowie besonders den Auseinandersetzungen zwischen Thor und Jörmungandr sowie später zwischen Thor und Loki.

Im Altrussischen ist der Donnergott „Perkunu" genannt worden.

II 7.   Der Donnergott bei den Balten

Der Name des baltischen Perkunas leitet sich wie der des slawische Perun von dem indogermanischen „perk" („Eiche, Berg, Blitz") ab.

In Lithauen gab es die Vorstellung, daß der Donner entweder durch Steine, die vom Himmel herabfallen („Perkuno akmuo" = Donnersteine) oder durch die herabsausende Steinaxt des Donnergottes verursacht wird.

II 8.   Der Donnergott bei den Balto-Slawen
(die gemeinsamen Vorfahren der Balten und Slawen)

Die Balto-Slawen verehrten den Donnergott Perun/Perkunas, der gegen die Regenräuberschlange kämpft. Beide rauben sich gegenseitig die Göttin der Wiedergeburt – wie bei den Germanen Thor und der Tyr-Riese.

II 9.   Der Donnergott bei den West-Indogermanen
(die gemeinsamen Vorfahren der Kelten, Römer, Tocharer, Germanen, Balten und Slawen)

Der Donnergott wurde sowohl mit einem von der indogermanischen Wurzel „tar" als auch mit einem von der Wurzel „perk" abgeleiteten Namen bezeichnet.

Er führte mit der Riesenschlange einen endlosen, zyklischen Kampf um den Regen und die Wiedergeburtsgöttin, Dieser Kampf läßt die Jahreszeiten entstehen.

II 10. Der Donnergott bei den Hethitern

Der hethitische Donnergott wurde „Tarhunt" („Sieger", „Eroberer") genannt. Er war eng mit dem Wettergott Teshshup verbunden bzw. mit diesem identisch.

Teshshup trug oft einen Donnerkeil, eine Doppelaxt oder eine große Keule. Vielleicht ist auch der große Hammer, den die Soldaten bei dem Kriegsvorbereitungsritual trugen, ein Symbol des Wettergottes – dann wäre er vermutlich als eine Variante der Doppelaxt anzusehen. Da auch die Doppelaxt des griechischen Gottes Zeus Sturm erzeugte und dies auch ein Merkmal von Thors Hammer Mjölnir ist, ist diese Herleitung des Hammersymbols recht wahrscheinlich.

Auch die Keule könnte mit dem Wettergott Teshshup verbunden gewesen sein. Zumindestens trägt sie auch der hethitische König als eines seiner Symbole.

Teshshups größte Tat war sein Sieg über die Riesenschlange Illuyanka. Sie ist vermutlich mit dem Meeresungeheuer Hedammu, das wahrscheinlich auch eine Riesenschlange ist und mit dem er ebenfalls gekämpft hat, identisch. Die Ähnlichkeit mit dem Kampf zwischen Thor und Jörmungandr ist nicht zu übersehen.

Bereits um 3.000 v.Chr. fand sich in Anatolien bei Tell Halaf eine 3,45m hohe Steinstatue eines „doppelten Mannes" mit Keule und Bart, der nach links schaut und dessen Rückseite genauso wie seine Vorderseite aussieht. Die beiden Vorderseiten sprechen für eine Platzierung dieses Gottes am Tor zwischen den Welten – was eine sterbende und eine wiedergeborene Variante dieses Gottes nahelegt. Die Keule dieses Gottes könnte dann wie der Hammer des germanischen Thor unter anderem ein Symbol des Penis des Gottes sein – den er für seine Wiederzeugung benötigt hat. Die Keule ist sozusagen das Hilfsmittel, durch das dieser Gott als junger Gott aus der Unterwelt zurückkehren kann.

Interessant ist auch die Herkunft des Teshshup: Der Gott Kumarbi biß seinem Vater, dem Himmelsgott Anu, den Penis ab und verschluckte versehentlich ein Teil des Samens und gebar daraufhin den Teshshup. Die Ähnlichkeit mit Uranos, Kronos und Zeus ist nicht zu übersehen.

Tarhunna mit Hörnerhelm kämpft mit einem Speer gegen Illuyanka

Tarhunna mit Hörnerhelm kämpft mit einem Speer gegen Illuyanka (Detail)

Tarhunt mit Hörnerhelm, Trauben und Ähren

Tarhunt mit Axt und dreifachem Donnerkeil (Blitz)

Tarhunt mit Hörnerhelm, Keule und drei Ähren oder Blitzbündel

Teshshup oder Tarhunt mit Hörnerhelm als Stier-Mensch mit Speer

Tarhunt mit Flügeln und Hörnerhelm

Tarhunt mit Hörnerhelm und Speer und Keule

Tarhunt mit Hörnerhelm

Tarhunt mit Hörnerhelm und Speer auf zwei Tieren (Enten?)

Auf diesen Abbildungen trägt der hethitische Donnergott fast immer einen Hörnerhelm. Auf einer Abbildung hat er Flügel.

In seinen Händen hält er einen Speer und/oder eine Keule, seltener eine Axt, sowie ein Blitzbündel. Des weiteren befinden sich in seinen Händen manchmal auch drei Ähren sowie Weintrauben.

Keule, Axt und Speer sind seine Waffen, die vermutlich seinen Blitzen entsprechen.

Sein Hörnerhelm und seine Stiergestalt kennzeichnen ihn als wiedergeborenen Gott, da der für ihn geopferte Stier im Jenseits seine Zeugungskraft bei seiner Wiederzeugung absichern sollte. Tarhunt wird manchmal auch von seinem heiligen Stier begleitet. Auch Tyr, Odin und Thor wurden „Vingul", d.h. „Stier/Pferde-Penis" genannt.

Seine Flügel kennzeichnen ihn als Seelenvogel, d.h. letztlich als wiedergeborenen Gott.

Die Ähren und die Weintrauben zeigen, daß Tarhunt auch als Fruchtbarkeitsgott angesehen worden ist – so wie auch Thor ein „Müller" und der Mann der Korngöttin Sif war. Vermutlich ist diese Eigenschaft des Donnergottes sowohl aus seiner Wiederzeugungssymbolik durch die Assoziation zu der Fruchtbarkeit der Felder als auch durch sein Zurückholen des Regens entstanden.

In manchen Texten wird berichtet, daß Tarhunt einen Streitwagen besaß, der von den beiden Rossen Seri und Hurri gezogen wurde, auf denen er manchmal auch ritt. Diese beiden Rosse entsprechen den beiden Rossen vor dem Streitwagen des hethitschen Göttervaters Shiun, der die hethische Variante des germanischen Tyr ist.

Ein weiterer hethitscher Donnergott war Telipinu. Er war wie Thor auch ein Eichengott. Er ist der Sohn des Tarhunt und der Sonnengöttin von Arianna – der junge, wiedergeborene Donnergott Tarhunt.

II 11. Der Donnergott bei den Luwiern

Der Donnergott hieß auch bei den Luwiern, die mit den Hethitern nah verwandt sind, „Tarhunt". Er wurde auch auf dieselbe Weise dargestellt. Teshshup-Tarhunt wurde von den Luwiern auch „Deus tronitus", d.h. „Donnergott" genannt.

Seit ca. 1850 v.Chr. sind mit „Tarhunt" gebildete Personennamen bekannt. Die meisten dieser sehr beliebten Namen sind aus „Tarhunt" und einem zweiten Wort zusammengesetzt – sie entsprechen den germanischen Thor-Namen wie „Thorstein".

Tarhunt mit Hörnerhelm, Axt, Blitzbündel und Schwert; auf einem Stier stehend; über ihm die Flügelsonne; Aleppo, Nordwest-Syrien

II 12. Der Donnergott bei den Süd-Indogermanen
(die gemeinsamen Vorfahren der Hethiter, Palaer, Luwier und Lyder)

Der Donnergott Tarhunt trug auf seinem Kopf einen Hörnerhelm und in seinen Händen eine Keule oder eine Axt sowie einen Speer und ein Blitzbündel. An seiner Seite hängt manchmal ein Schwert. Er steht auf einigen Abbildungen auf einem Stier. Zu ihm gehören des weiteren Kornähren und Weintrauben. Auf einer Darstellung ist er mit Flügeln abgebildet worden.

Vermutlich gehört auch der große Hammer, den die Hethiter in ihren Prozessionen mit sich trugen, zu Tarhunt.

Der Donnergott ist ein sterbender und wiedergeborener Gott, wie sich an seinen

Mythen (drei Generationen von Himmels- und Donnergöttern), dem Stier (Wiederzeugung) und seinen Flügeln (Seelenvogel, Wiedergeburt) zeigt. Dieser Zyklus zeigt sich auch in seinem Kampf mit der Riesenschlange.

Er ist anscheinend auch ein Korngott.

II 13. Der Donnergott bei den Persern

Bei den Persern läßt sich der Donnergott in den Überlieferungen nur noch erahnen, aber nicht mehr sicher nachweisen.

<u>Zend-Avesta, Aban Yast:</u>

Bei den Persern ist es Kereshepa, der mit dem Meeresungeheuer Gandarewa kämpft. Diese beiden werden Thor und Jörmungandr entsprechen.

„Bringe Ardvi Sura Anahita ein Opfer dar, o Spitama Zarathustra ... ... "
Ihr brachte Keresapa, der viel-herzige, ein Opfer hinter den Vairi Pisanah dar, das aus hundert männlichen Rossen, tausend Stieren und zehntausend Lämmern bestand.
Er bat sie um eine Gunst und sprach: „Gewähre mir dies, o gute, aller-wohltätigste Ardvi Sura Anahita: Daß ich den Gandarewa mit den goldenen Fersen überwinden möge, auch wenn alle Ufer des Ses Vouru-Kasha überkochen; und daß ich zu der Festung des Feindes der weiten, runden Erde, deren Enden in der Ferne liegen, hinaufstürmen kann."
Ardvi Sura Anahita gewährte ihm diese Gnade, da er Trankopfer darbrachte, Geschenke gab, opferte und sie anflehte, daß er ihr diese Gunst erweisen möge.

Ardvi Sura Anahita = Göttin des Wassers
Vairi Pisanah = Tal südlich von Kabul
Die Zahl der Opfertiere wird wohl kaum wörtlich genommen werden dürfen.

In den jüngeren Mythen ist Gandarewa ist ein Ungeheuer, das im Meer, in den Bergen und in den Tälern lebt. Sein Kopf erhob sich bis zur Sonne empor und er stieß an den Himmel und er konnte zwölf Männer auf einmal verschlingen. Keresapa kämpfte neun Tage und Nächte lang mit ihm und zerrte ihn schließlich aus dem Meer hervor und erschlug seinen Kopf mit seiner Keule.

Die „9 Tage und Nächte" sind wie die „neun Schritte" des Thor vor seinem Tod nach seinem Kampf mit Jörmungandr ein Hinweis auf das Jenseits bzw. auf die Jenseitsreise.

In den indischen Veden ist Gandharva der Hüter des Soma-Trankes.

Zend-Avesta, Yasna 9 (Hom Yast):

In einem Gespräch zwischen dem Religionsgründer Zarathustra und dem personifizierten Göttertrank Haoma wird über weitere „Drachenkämpfe" berichtet:

In der Stunde des Havani kam Haoma zu Zarathustra, während er dem heiligen Feuer diente und seine Flamme weihte, während er die heiligen Gathas sang.

Havani: morgens zwischen 6Uhr und 10Uhr
Der Haoma-Trank ist hier wie der Soma-Trank bei den Indern und Kwasir bei den Germanen personifiziert. Dies scheint demnach ein altes Element in den indogermanischen Mythen zu sein.
Auch bei den Indern erscheinen das heilige Feuer (Agni) und der Ritual-Trank (Soma) als Paar, wobei bei den Indern beide personifiziert worden sind.

Und Zarathustra frug ihn: „Wer bist Du, o Mann, der Du in der gesamten erschaffenen Welt von allen, die ich gesehen habe, der Schönste in Deinem eigenen Leib bist, Du herrlicher Unsterblicher?"

Die Germanen haben Kwasir Weisheit, aber keine Schönheit zugeschrieben. Da dieser persische Text 1800 Jahre älter als die Kwasir-Mythe ist, könnte die Schönheit des personifizierten Göttermets in der germanischen Überlieferung verlorengegangen sein.

Daraufhin antwortete Haoma, der heilige, der den Tod in die Ferne vertreibt: „Ich bin Haoma, der heilige, und vertreibe den Tod in die Ferne. Bete zu mir, o Spitama, bereite mich für das Trinken. Lobpreise mich in Deinen Hymnen wie die anderen Saoshyant-Hymnen."

Auch das Haoma ist wie das indische „Soma amrita" („Soma Nicht-Tod"), der griechische „Nektar ambrosia" („Nektar Nicht-Tod") und ursprünglich auch der germanische Götter-Met ein Unsterblichkeitstrank.
Spitama = Zarathustra

Da sprach Zarathustra: „Haoma sei gepriesen! Welcher Mensch, o Haoma, hat Dich als erster für die erschaffene Welt zubereitet? Welcher Segen wurden ihm angeboten? Welche Gunst hat er erhalten?"

Die beiden letzten Fragen, die inhaltlich dasselbe bedeuten, sind ein Beispiel für das archaische lyrisch-rhetorische Stilmittel des „inhaltlichen Reims", der in Sumer, Assur, Babylonien usw. sehr beliebt gewesen ist und sich vereinzelt auch in Ägypten findet. Bei den Germanen hieß er „Galdrlag", d.h. „Zaubergesang-Form".

Da antwortete mir Haoma, er, der heilige, der den Tod in die Ferne vertreibt: „Vivanghvant war der erste Mensch, der mich in der erschaffenen Welt zubereitet hat. Dieser Segen wurde ihm gegeben, diese Gunst wurde ihm gewährt: daß ihm der Sohn, der Yima war, geboren wurde, der, der der Glänzende genannt wurde, der mit den zahlreichen Herden, der glanzvollste von allen, die bisher geboren worden sind, der Sonnengleiche unter den Menschen, der durch seine Macht sowohl die Herden als auch die Menschen vom Tod befreit hat, der sowohl die Pflanzen als auch die Gewässer von der Trockenheit befreit hat, durch den die Menschen unvergängliche Speisen essen konnten.
Während der Herrschaft des Yima des Bewegungs-schnellen gab es weder Kälte noch Hitze, es gab kein Alter und keinen Tod, keinen Dämonen-erschaffenen Neid. In ihrer Gestalt und in ihrem Aussehen gingen die beiden, Sohn und Vater, wie Fünfzehnjährige einher, solange Yima, der Sohn des Vivanghvant, der mit den vielen Herden, herrschte."

Vivanghvant war der Vater des Yima, also des ersten Menschen. In Indien ist Vivasvat hingegen der Vater des Yama (Urriese), des Manu (Urahn der Menschen) und z.T. sogar der Götter. Man kann also davon ausgehen, daß Vivanghvant und Vivasvat einst der Sonnengott-Göttervater Dhyaus gewesen sind, zumal Vivanghvant unter dem Namen „Vihvavant" an anderen Textstellen auch als Sonnengott auftritt und sein Name „Aufleuchtender" bedeutet.

Der Sonnengott-Göttervater als Vater des ersten Menschen (Yima) entspricht in etwa der häufigen germanischen Gleichsetzung des Tyr-Riesen im Jenseits mit dem Urriesen Ymir. Auch dies scheint somit ein altes Motiv zu sein. Zu der Yima-Mythe siehe den Band 33 über den Urriesen Ymir.

Der Unsterblichkeits-Trank stellt offensichtlich den Tod-losen Zustand wieder her, der unter Yima, dem ersten Herrscher bestanden hat: das „goldene Zeitalter" und das „Paradies".

(Zarathustra) *„Wer war der zweite Mann, o Haoma, der Dich für die erschaffene Welt bereitet hat? Welcher Segen wurden ihm angeboten? Welche Gunst hat er* *erhalten?"*

Daraufhin gab Haoma, der heilige, der den Tod in die Ferne vertreibt, die Antwort: „Athwya war der zweite, der mich für die erschaffene Welt zubereitet hat. Dieser Segen wurde ihm gegeben, diese Gunst wurde ihm gewährt: daß ihm ein Sohn geboren wurde – Thraetaona aus der Sippe der Helden, der den Drachen Dahaka erschlug, den dreimäuligen und dreiköpfigen, den sechsäugigen, den mit den tausend Kräften, mit gewaltiger Macht, ein Dämon der Daevas, der übel für unsere Siedlungen ist, und hinterhältig, den der üble Geist Angra Mainyu als den mächtigsten Drugk gegen die erschaffene Welt und für den Tod der Siedlungen und um die Heime von Asha zu zerstören, erschaffen hat."

In Indien erscheint Thraetaona als Traitana in derselben mythologischen Funktion wie in Persien. Sein Name ist mit „Thrita", d.h. „Dreifacher" verwandt, was vermuten läßt, daß es sich bei ihm um den Sonnengott handelt. Als Urenkel des Sonnengottes Vivanghvant wäre er vermutlich der wiedergeboren Sonnengott-Göttervater.

In den ältesten indischen Schriften erschlug Thrita den Drachen Ahi, was dann später zu dem Sieg des Donnergottes Indra über den Drachen Vritra wurde. Die Version des Kampfes des Sonnengottes mit der Riesenschlange findet sich auch bei den Griechen in dem Kampf des Apollon gegen die Python-Schlange von Delphi.

Angra Mainyu entspricht dem Loki. Ein Drugk ist ein böser Geist, was in etwa den germanischen Riesen entspricht.

(Zarathustra) *„Wer war der dritte Mann, o Haoma, der Dich für die erschaffene Welt bereitet hat? Welcher Segen wurden ihm angeboten? Welche Gunst hat er erhalten?"*

Daraufhin gab Haoma, der heilige, der den Tod in die Ferne vertreibt, die Antwort: „Thrita, der hilfreichste der Samas, war der dritte Mann, der mich für die erschaffene Welt zubereitet hat. Dieser Segen wurde ihm gegeben, diese Gunst wurde ihm gewährt: daß ihm zwei Söhne geboren wurden, Urvakhshaya und Keresaspa, der eine ein Richter, der die Ordnung erhält, der andere ein Jüngling von großem Einfluß, Ring-gekrönt, Keulen-tragend:
Er, der den gehörnten, Menschen-verschlingenden und Rosse-verschlingenden Drachen tötete, den Giftigen, der von grüner Farbe ist, über den so dick wie Daumen sind, grünliches Gift zur Seite fließt, auf dessen Rücken Keresaspa einst sein Fleisch zum Mittagsmahl in einem eisernen Kessel gekocht hat, woraufhin der Tödliche, Versengte, Erschrockene aufsprang und das Wasser ausschüttete, als es kochte. Kopfüber floh der erschrockene, mannhafte Keresaspa."

Die beiden Brüder Urvakhshaya und Keresaspa sind wahrscheinlich mit ihrem Vater Thrita/Traitana/Thraetaona identisch.

Offenbar gab es eine zumindestens z.T. humorvolle Mythe über einen Mann, der ohne es zu merken sich auf einen riesigen, grünen Drachen gesetzt hat, sein Mittagsmahl auf dem Drachen gekocht hat, wodurch der Drache angesengt worden ist und aufgesprungen ist – woraufhin anscheinend beide geflohen sind.

Zend-Avesta, Yasna 17:

Der Blitz wurde als eine Form des Feuers angesehen:

Wir verehren Dich, das Feuer, o Ahura Mazdas Sohn!
Wir verehren das Feuer, das vor Ahura Mazda und vor den Königen ist,
und das Körper-Feuer, das gut und freundlich ist,
und das Pflanzen-Feuer, das sehr wohltuend und hilfreich ist,
und das Blitz-Feuer in den Wolken, das förderlich ist,
und das Feuer überall in der Welt, das aller-reichlichst ist,
und das Nairya-sangha, das Yazad der Königs-Ahnenreihe,
und das Feuer, das der Hausherr aller Häuser und von Mazda erschaffen worden ist:
den Sohn des Ahura Mazda, den heiligen Herrn der Ritual-Ordnung,
zusammen mit allen Feuern.

Verethragna:

Der kriegerische Gott Verethragna („Zerstörer der Widerstände"), der des öfteren im Zend-Avesta erscheint, läßt sich nur dadurch als eine Form des Donnergottes erkennen, das sein Name auch ein Beiname des indischen Donnergottes Indra ist.

II 14. Der Donnergott bei den Indern

II 14. a) Parjanya

Möglicherweise gab es in Indien einst einen Wetter- und Donnergott mit dem Namen „Parjanja", der mit dem westindogermanischen „Perkunos" identisch sein könnte.

Dem Gott Parjanya sind im Rig-Veda drei Hymnen gewidmet und wird noch an 23 weiteren Stellen in anderen Hymnen erwähnt.

Rig-Veda 7, 101:

An Parjanya

Heb an die drei Stimmen, die dem Licht vorangehen, die das Süßes spendende Euter melken!
Das Kalb erzeugt er, den Keim der Pflanzen; der Stier brüllt alsbald nach seiner Geburt.
Der Mehrer der Pflanzen und der Wasser, der Gott, der über die ganze Welt gebietet, er möge den dreifach schützenden Schutz, das dreifältige, überlegene Licht uns gewähren.
Bald wird er eine unfruchtbare Kuh, bald gebiert er; nach Belieben wandelt er seinen Leib.
Die Mutter empfängt die Milch des Vaters. Dadurch gedeiht der Vater, dadurch der Sohn.
Auf dem alle Welten ruhen, die drei Himmel, von dem dreifach die Gewässer strömen – drei Kufen zum Begießen träufen nach allen Seiten die Überfülle des Süßen.
Diese Rede für den Selbstherrscher Parjanya soll seinem Herzen recht nahe gehen; er möge sich daran erfreuen.
Erquickende Regen sollen uns gesandt werden; die gottbehüteten Pflanzen sollen gute Beeren tragen.
Er ist der besamende Stier aller Pflanzen; in ihm ist die Seele dessen, was geht und steht.
Diese Wahrheit soll mich schützen zu hundertjährigem Leben. – Behütet ihr uns immerdar mit eurem Segen!

Parjanya ist der Gott des Viehs und der Ackerpflanzen. Er untersteht keinem anderen Gott („Selbstherrscher").

Rig-Veda 7, 102:

An Parjanya

Stimmet an den Gesang auf Parjanya, des Himmels Sohn, den Belohner!
Er soll uns Weide zu verschaffen suchen.

*Parjanya, der den Keim der Pflanzen, die Leibesfrucht der Kühe,
der Rosse und der Weiber bereitet,
Ihm opfert in den Mund die süßeste Spende!
Er bereite uns andauerndes Labsal.*

Parjanya ist der Sohn des Himmelsgottes (Dhyaus). Er ist der wohltätige Gott der Nutzpflanzen und des Viehs sowie der Fruchtbarkeit der Frauen.

Rig-Veda 5, 83:

An Parjanya

*Rufe mit diesen Lobesworten den Starken an, preise Parjanya, bitte ihn unter
  Verbeugung her!
Brüllend legt der rasch gewährende Bulle seinen Samen als Keim in die Pflanzen.
Er zerschlägt die Bäume und erschlägt die Unholde; die ganze Welt hat vor ihm
  Furcht, der die große Waffe führt.
Auch der Schuldlose geht dem Bullenstarken aus dem Wege, wenn Parjanya
  donnernd die Übeltäter erschlägt.
Wie der Wagenfahrer mit der Peitsche auf die Rosse schlagend, läßt er seine
  Regenboten erscheinen.
Von Ferne erheben sich der Donnerklang des Löwen, wenn Parjanya das
  regenbringende Gewölk erschafft.
Die Winde wehen los, Blitze fallen, die Pflanzen richten sich auf, die Sonne quillt
  über.
Jedwedem Wesen wird Erquickung, wenn Parjanya mit seinem Samen der Erde
  aufhilft.
Bei dessen Walten die Erde sich neigt, bei dessen Walten alles, was Hufe hat, hüpft,
  bei dessen Walten die bunten Pflanzen sprießen,
Du Parjanya, gewähre uns Deinen großen Schutz!
Ihr Maruts, spendet uns des Himmels Regen, lasset des Hengstes Strahlen
  hervorquellen.
Komm näher mit diesem Gedonnere, die Wasser herabgießend, unser Vater Asura!
Brülle, donnere, leg den Keim, fliege umeher mit Deinem Wasserwagen!
Zieh tüchtig den aufgebundenen Schlauch nach unten! Höhen und Niederungen
  sollten gleich werden.
Zieh den großen Eimer empor, gieß ihn aus! Entfesselt sollen die Bäche vorwärts
  eilen.
Netze Erde und Himmel mit Schmalz! Den Kühen sollen eine gute Tränke haben.*

Wenn Du, Parjanya, brüllend, donnernd die Bösewichter erschlägst, so jubelt Dir alles, was da auf Erden ist, zu.
Du hast es regnen lassen, hör auch fein auf! Du hast die Wüsten passierbar gemacht, Du hast die Pflanzen zur Speisung hervorgebracht und fandest für die Geschöpfe ein Dankgebet.

Parjanya ist stark und besitzt eine 'große Waffe', weshalb sich die ganze Welt vor ihm fürchtet, obwohl er die Menschen beschützt. Er wirft Bäume um und erschlägt die Ungeheuer. Er fährt in einem 'Wasser-Wagen' donnernd über den Himmel und gießt als Stier seinen Samen, der der Regen ist, über die Erde aus.

Rig-Veda 5, 53:

Eure Wagen benötige ich zur Freude, o raschspendende Maruts, die wie die Himmel mit Regen kommen.
Wenn die gabenschönen Herren für den Opferspender des Himmels Eimer heraufgezogen haben, so lassen sie den Parjanya über beide Welten sich ergießen.
Des Parjanya Ströme gehen über das trockene Land.
Die freigemachten Ströme ergießen sich mit ihrer Flut in den Luftraum wie Kühe, wie Rosse am Ende des Weges laufend, wenn ihre Schecken vom Wege abbiegen.

Parjanya ist ein Gott des Regens.

Rig-Veda 10, 98:

Brihaspati! Nimm für mich irgend eine Götterform an: Ob Du Mitra oder Varuna bist oder Pusan, ob Du mit den Aditya's, den Vasu's bist oder von den Marut begleitet, veranlasse Parjanya für Santanu zu regnen!

Parjanya ist der Regengott.

Rig-Veda 10, 98:

Du, Agni, den des Risitisena Sohn Devapi, der menschliche Opferpriester, inbrünstig angezündet hatte,
treibe, von allen Göttern ermuntert, den regenbringenden Parjanya an!

Der Feuergott Agni ist der Opferpriester der Götter. Er wird hier darum gebeten, den Parjanya zu senden, damit es wieder regnet.

Rig-Veda 7, 103:

Nachdem sie ein Jahr lang still dalagen wie Brahmanen, die ein Gelübde einhalten, haben die Frösche jetzt von Parjanya geweckt ihre Stimme erhoben.

Parjanya bringt die Regenzeit und läßt daher auch die Frösche wieder quaken.

Rig-Veda 5, 63:

Eure Zaubermacht erstreckte sich bis zum Himmel: Es wandelt die Sonne, das Licht, die buntfarbige Waffe.
Dies verhüllt ihr durch das Gewölk, durch den Regen am Himmel. Parjanya! Deine süßen Tropfen brechen hervor.
Die Maruts schirren ihren leichten Wagen zur Prunkfahrt an wie ein Held auf den Beutezügen nach Rindern, o Mitra und Varuna.
Grelle Donner durchziehen die Lüfte. Ihr beiden Allherrscher, netzet uns mit der Milch des Himmels!
Parjanya läßt fein seine erquickende, grelle, schreckhafte Stimme ertönen, o Mitra und Varuna.
Die Maruts kleiden sich fein mit Zauberkunst in Wolken; ihr beide lasset den rötlichen, makellosen Himmel regnen!

Parjanya ist der Gott des Regens, des Donners und vermutlich auch der Blitze.

Rig-Veda 6, 49:

Parjanya und Vata, ihr Bullen der Erde, belebet die Wasserquellen! Ihr, die Wahrheit erhörenden Seher,
Ihr Wagenlenker der lebenden Welt, machet alles was lebt, dem geneigt, an dessen Loblied ihr Freude habt!

Vata ist der Windgott.

Der Wagenlenker Parjanya ist der 'Stier der Erde', d.h. er befruchtet sie durch seinen Regen.

Rig-Veda, 7, 35:

Parjanya, schenke unseren lebenden Wesen Glück; sei uns zum Glück der heilsame Herr der Äcker.

Parjanya ist der Gott der Äcker.

Rig-Veda 4, 57:

Sei geneigt, Du holde Ackerfurche; wir loben Dich, auf daß Du uns hold seiest; auf daß Du uns gute Frucht bringest.
Indra soll die Ackerfurche festlegen, Pusan soll sie einhalten. Sie soll uns milchreich auch jedes weitere Jahr Milch geben.
Zum Glück sollen unsere Pflugscharen die Erde umpflügen, zum Glück die Pflüger mit ihren Zugtieren kommen.
Glück soll Parjanya durch Honig und Milch bringen; Glück bringet uns, Suna und Sira!

Parjanaja ist ein Gott des Glücks und vermutlich auch ein Gott der guten Ernten.

Rig-Veda 6, 52:

Parjanya labe uns durch die Pflanzen!

Parjanya ist ein Gott des Getreides, des Gemüses und des Obstes.

Rig-Veda 6, 50:

Parjanya und Vata, sollen uns die Nahrung anschwellen lassen.

Parjanya ist als Gott des Regens und der Fruchtbarkeit auch ein Gott der Nahrung.

Rig-Veda 10, 65:

Parjanya und Vata, die wasserquellenden Bullen, Indra und Vayu, Varuna, Mitra, Aryaman.
Die Götter Aditya's, Aditi rufen wir, die irdischen Götter, die himmlischen und die im Wasser sind.

    Hier werden wieder Parjanya und Vata als die beiden Regengötter angerufen. Beide werden als Stiere dargestellt.

Rig-Veda 6, 52:

Agni und Parjanya – erhört unsere Verse, unser Loblied bei dieser Anrufung, ihr leicht zu Rufenden!
Der eine erzeuget den Speisesegen, der andere den Keim. Gewähret uns Speisegenüsse, die Kinder im Gefolge haben!

    Parjanya ist der Gott der Nahrung und des Keimens der Pflanzen.

Rig-Veda 9, 2:

Für uns läutere Dich, o Saft, nach Indra verlangend, mit dem Erguß der Süßigkeit, wie der regenbringende Parjanya!

    Der Saft ist der Göttertrank „Soma". Der Soma soll reichlich wie der Regen fließen.
    Parjanya ist der Regengott.

Rig-Veda 9, 21:

Diese schnellen Somasäfte sind wie die siegesgewohnten Wagen als frei laufende Renner vorwärts getrieben worden.
Diese sind breit wie die Winde, wie die Regengüsse des Parjanya, ausgelassen wie die Lohen des Feuers.

    Auch hier wünscht sich der Kult-Sänger, daß der Soma-Trank so reichlich wie Parjanyas Regen fließt.

Rig-Veda 9, 82:

Parjanya ist der Vater des befiederten, des belaubten Büffels;
im Mittelpunkt der Erde, auf den Bergen hat er seinen Wohnsitz genommen.
Auch die verschwisterten Gewässer sind zu den Kühen geeilt.
Mit den Steinen kommt er in Berührung, wenn das Opfer zugerichtet ist.

> Hier wird die Zubereitung des Soma beschrieben.
> Die Steine sind die Preßsteine.
> Der Büffel ist der Hügel, auf dem das Soma gepreßt wird und der hier offenbar dem Weltenberg verglichen wird.
> Die beiden Gewässer sind das Wasser, in dem der Soma-Preßsaft gelöst ist, und die Milch, die diesem Saft hinzugefügt wird.
> Parjanya wird hier als „Vater des Büffels" bezeichnet, womit der dem Weltenberg entsprechende Somapressungs-Hügel in der Mitte der Erde gemeint ist. Der Büffel erinnert zudem an die enge Verbindung des hethitischen Tarhunt mit dem Stier.

Rig-Veda, 9, 112:

Den Soma in Saryanavat soll Indra, der Vritratöter, trinken, sich Kraft zulegend,
wenn er eine große Heldentat vollbringen will. Fließe für Indra ringsum ab, o Saft!
Läutere Dich, Herr der Weltpole, Du belohnender Soma aus Arjika!
Unter aufrichtiger Rede, mit Wahrhaftigkeit, mit Glauben und Inbrunst ausgepreßt,
  fließe für Indra ringsum ab, o Saft!
Den von Parjanya großgezogenen Büffel brachte die Tochter des Surya mit.
Ihn nahmen die Gandharvas in Empfang; sie legten diesen Saft in den Soma. Fließe
  für Indra ringsum ab, o Saft!
Recht redend, Du Rechtglänzender, wahr redend, Du Wahrhandelnder, Gläubigkeit
  redend, o König Soma,
vom Verrichter zurechtgemacht, o Soma, fließe für Indra ringsum ab, o Saft!

> Der Sonnengott Surya ist der Bruder des Donnergottes Indra und des Feuergottes Agni. Die Morgenrot-Göttin Ushas ist seine Schwester und seine Geliebte, d.h. ursprünglich die Göttin der Wiedergeburt (die „Gerdr" der Germanen). Surya ist der Sohn des Sonnengott-Göttervaters Dhyaus und der Erdgöttin Prithivi.
> Suryas Tochter ist Yamuna. Sie ist die Göttin des Yamuna, des größten Nebenflusses des Ganges, der parallel zu diesem verläuft und daher „Zwil-

ling" genannt worden ist. „Tochter des Surya" ist hier somit eine Umschreibung für „Wasser".

Der Büffel ist hier die Somapflanze, die mit dem Wasser vermischt wird.

Rig-Veda 10, 67:

Bullenhaft ist das Opfer, bullenhaft müssen die Opferwürdigen sein, bullenhaft die Götter, bullenhaft die Opferbereiter.
Bullenhaft sind Himmel und Erde, die ordnungsvollen, bullenhaft Parjanya, bullenhaft die wie die Bullen Singenden.

Die Gestalt des Stieres gehörte offenbar fest zu Parjanya.

Rig-Veda 10, 169:

Erquickend soll der Wind die Kühe anwehen, sie sollen die nahrhaften Kräuter abgrasen und die fetthaltigen, belebenden Wasser trinken.
Sei unserer umherwandelnden Speise gnädig, Rudra!
Den Gleichfarbigen, Verschiedenfarbigen, Einfarbigen, deren Namen Agni durch das Opfer kennt,
die die Angiras' mit heißem Bemühen hierher gebracht haben, denen gewähre, Parjanya, Deinen großen Schutz!
Die sich selbst den Göttern zum Opfer darbrachten, deren Farben alle Soma kennt, von Milch strotzend, fruchtbar schenke sie uns, Indra, in unseren Kuhstall!
Prajapati hat mir diese, mit allen Göttern, mit den Vätern eines Sinnes, geschenkt und die Holden in unseren Stall getrieben.
Mit deren Nachwuchs möchten wir zusammen wohnen.

Parjanya ist der Gott der Rinder.

Rig-Veda 8, 6:

Indra, der an Kraft groß ist wie der regenbringende Parjanya,
hat sich an des Vatsa Lobliedern erbaut.

Parjanya muß als sehr mächtig angesehen worden sein, da man die Kraft des Indra der Kraft des Parjanya vergleichen konnte. Das läßt vermuten, daß der Donnergott Indra eine Weiterentwicklung des Donner- und Regengottes Parjanya ist.

Rig-Veda 8, 12:

Der Gott, der aus der Ferne zur Freundschaft für uns bereit ist,
der Du wie der den Regen des Himmels ausbreitende Parjanya groß geworden bist.

Auch hier wird Indra („Gott") dem Regengott Parjanya verglichen.

Rig-Veda 8, 21:

Denn wie Parjanya mit Regen, so fährt er fort, Tausende, Zehntausende zu verschenken.

„Er" ist Indra, der auch in diesem Vers dem freigiebigen Parjanya verglichen wird.

Rig-Veda 8,102:

Ich rufe den wie der Wind brausenden Seher, die wie Parjanya brüllende Macht an, den Agni, der sich in das Meer einhüllt.

Hier wird auch der Feuergott Agni („Seher") dem Parjanya verglichen. Parjanya muß also vor der Zeit, in der das Rig-Veda niedergeschrieben wurde (ca. 1500-1200 v.Chr.), einmal ein wichtiger Gott gewesen sein, da sonst nicht gleich zwei der wichtigste Götter des Rig Veda (Agni und Indra) dem Parjanya verglichen werden würden, um diese Götter als groß und wichtig darzustellen.

Rig-Veda 6, 75:

Dem giftbestrichenen, dessen Kopf ein Hirschhorn und dessen Hals von Eisen ist, dem göttlichen Pfeil aus Parjanya's Samen mache ich diese hohe Verbeugung.

Hier wird ein Pfeil dem Regen („Samen") des Parjanya verglichen.

Parjanya ist ein Regengott. Sein Name wird als „Regenwolke" aufgefaßt, aber es ist denkbar, daß sein Name mit dem westindogermanischen „Perkunos" identisch ist. Er fährt in einem „Wasser-Wagen" über den Himmel und bringt den Regen. Er erscheint mehrfach zusammen mit dem Windgott Vata. Vermutlich ist Parjanya auch der Gott des Donners und der Blitze gewesen.

Als Regenbringer ist Parjanya auch der Gott des Viehs und der Ackerpflanzen und zudem auch der Gott der Fruchtbarkeit der Frauen. Er läßt die Pflanzen keimen und bringt den Menschen gute Ernten.

Er ist wie der germanische Thor der Sohn des Himmelsgottes Dhyaus und der Erdgöttin Prithivi. Wie Thor besitzt auch Parjanya eine „große Waffe" und erschlägt mit ihr die Ungeheuer – damit wird vermutlich die Regenräuberschlange Vritra gemeint sein, die der Riesenschlange Jörmungandr der Germanen entspricht. Da Parjanya auch Bäume umwirft, muß er auch ein Sturmgott sein – ebenfalls wie Thor.

Parjanya wurde als Stier angesehen und sein Same als der Regen, mit dem er die Erde befruchtet. Dieses Motiv sieht nach einer ehemaligen Wiederzeugungs- und Wiedergeburts-Mythe aus, in der sich der Gott in der Gestalt eines Stieres mit der Erd- und Jenseitsgöttin vereint hat. Parjanya wäre dann der wiedergeborene Gott und Dhyaus sein Vater, der sich zur im Jenseits mit der Erdgöttin vereint hat. In derselben Weise ist auch Thor der Sohn des Tyr/Odin und der Erdgöttin Jörd. Parjanya ist schließlich zu dem Schutzgott der Rinder geworden.

Das Motiv des reichlichen Regens, der von Parjanya gebracht wurde, wurde in den Soma-Hymnen als Bild für den reichlich fließenden Preßsaft verwendet. Der Preßhügel wurde dem Weltenberg verglichen und „Büffel" genannt, was eine Anspielung auf Parjanya als Stier in der Unterwelt (Weltenberg = Hügelgrab) sein könnte.

Parjanya untersteht keinem anderen Gott. Parjanya muß als sehr mächtig angesehen worden sein, da man die Kraft des Indra der Kraft des Parjanya vergleichen konnte. Das läßt vermuten, daß der Donnergott Indra eine Weiterentwicklung des Donner- und Regengottes Parjanya ist. Auch Agni wurde dem Parjanya verglichen. Parjanya muß also vor der Zeit, in der das Rig-Veda niedergeschrieben wurde (ca. 1500-1200 v.Chr.), einmal ein wichtiger Gott gewesen sein, da sonst nicht gleich zwei der wichtigsten Götter des Rig Veda dem Parjanya verglichen werden würden, um diese Götter als groß und wichtig darzustellen.

Parjanya entspricht somit sehr genau dem indogermanischen Donnergott, der der Sohn des Göttervaters und der Erdgöttin und zugleich auch der wiedergeborene Göttervater ist. Er besiegt die Regenräuberschlange und befreit dadurch den Regen.

II 14. b) Indra

Schon der Zeit, in der das Rig-Veda von den indischen Priestern niedergeschrieben worden ist (1500-1200 v.Chr.), hat Indra die Rolle des Donnergottes übernommen. Indras Name bedeutet „Starker, Mächtiger" und könnte einst ein Beiname des Regengottes Parjanya gewesen sein, der dessen Kampf mit der Regenräuberschlange und seinen Sieg über sie in den Vordergrund gestellt hat. Auch Thor ist ausdrücklich „der Mächtige" genannt worden.

Die Keule als Waffe findet sich zunächst in der Hand des Indra und später als eines der Symbole des Vishnu.

Im Rig-Veda erscheint die riesige Regenräuberschlange als Vritra, die von Indra getötet wird, weil sie die Kühe und das Wasser (Regen) in einem Felsen gefangenhielt: Die Schlange, die im Sommer herrscht und den Regen in der Unterwelt gefangen hält, wird im Herbst von dem Himmelsgott erschlagen und der Regen dadurch befreit. Auch der slawische Schlangengott Veles raubt dem Donnergott Perun jedes Jahr wieder seine Rinder (und seine Frau). Bei den Germanen befreit ebenfalls der Göttervater (Odin) die Rinder, die in der Unterwelt gefangengehalten werden.

Der Name „Vritra" bedeutet „Umhüller" und bezieht sich darauf, daß diese Schlange den Regen „umhüllt" und „gefangenhält". Es könnte auch sein, daß ihr Name eine Parallele zu Jörmungandr („Erdumgürter") ist – dann wäre auch Vritra ursprünglich eine solche Riesenschlange gewesen. Der Name „Indra" bedeutet auch „Fluß" – Indra war der Gott des Regens, der am Ende der Trockenzeit wieder den Regen und somit auch die Flüsse (vor allem den Indus) befreite.

Bevor Indra zum Kampf gegen Vritra zog, trank er eine große Menge Soma – diese Assoziation der Schlange mit dem Göttertrank findet sich auch bei Odins Reise in Schlangengestalt in die Unterwelt.

Indra zerstörte bei dem Kampf gegen Vritra alle seine 99 Paläste in der Unterwelt – diese Zahl wird als Steigerung der „9" anzusehen sein, die wie bei den Germanen ein „Adjektiv" mit der Bedeutung „zum Jenseits gehörend" gewesen ist.

Der oberste Gott Tvastri fertigte für Indra den Blitzstrahl und Vishnu schuf ihm mit drei großen Schritten einen Kampfplatz. Der Blitz ist das Symbol des Donnergottes und die „3" ist wieder das Symbol des Zyklus, von dem dieser Kampf gegen die Schlange ein Bestandteil ist. Indra überredete zudem Varuna, Soma und den Feuergott Agni, ihm bei dem Kampf gegen Vritra zu helfen, was ihm auch gelang, obwohl die drei zuvor zu Vritra gehalten hatten und ihn „Vater" genannt haben.

Vritra ist also ursprünglich mit drei Göttern verbündet gewesen: mit dem Feuergott Agni, der zu Beginn eines jeden Rituales das Tor zum Jenseits öffnete, mit dem Gott Soma, der die Verkörperung des Trankes der Unsterblichkeit war, und mit Varuna, dem Gott des Himmelsmeeres, das als Jenseits angesehen wurde.

Vritra, Agni, Soma und Varuna bilden somit zusammen die Wasserunterwelt (Varuna), in die durch das Feuertor (Agni) der Schlangenweg führt (Vritra) und wo die Jenseitsreisenden dann den Unsterblichkeitstrank (Soma) trinken.

In einer Fassung dieser Mythe verschlingt Vritra den Indra, aber die anderen Götter bringen die Schlange dazu, den Göttervater wieder auszuwürgen. Dies erinnert zum einen an die Reise des Wikingers Eirek, der durch das Maul eines Drachen ins Paradies gelang, und zum anderen an den biblischen „Jonas im Walfisch".

Vishnu gelang es, zwischen Indra und Vritra einen Waffenstillstand auszuhandeln, der Indra verbot, den Vritra mit nichts, daß aus Metall, Holz oder Stein war oder das trocken oder naß war sowie weder am Tag noch in der Nacht anzugreifen. Daraufhin tötet Indra den Vritra mit dem Schaum der Meereswogen zur Zeit der Dämmerung.

Eine ganz ähnliche Szene findet sich auch im keltisch-walisischen Mabinogion, in dem der Sonnengott Lug, der dort „Lleu Law Gyffes" genannt wird, nicht bei Tag und nicht bei Nacht, nicht im Haus und nicht außer Haus, nicht reitend und nicht gehend, nicht bekleidet und nicht nackt, und mit keiner in erlaubter Weise gefertigten Waffe getötet werden konnte. Er konnte nur bei Sonnenuntergang in ein Netz gekleidet mit einem Fuß auf einem Kessel und mit dem anderen auf einer Ziege stehend mit einem Speer, der während eines ganzen Jahres immer zur Zeit der Messe gefertigt wurde, getötet werden.

Fast dasselbe Motiv findet sich auch bei den Germanen in den Mythen der Walküre Aslaug Sigurd-Tochter, die auch „Kraka" genannt worden ist.

Bei diesen leicht absurd anmutenden Szenen handelt es sich vermutlich um weiter ausgeformte Versionen des „unbesiegbaren Sonnengott-Helden", der eigentlich unverletzbar ist, weil er eben der stärkste aller Götter ist, der aber dennoch jeden Abend wieder in der Unterwelt versinken muß. Daher muß dieser Gott irgendeinen Schwachpunkt haben, den aber kein normaler Menschen finden kann.

Der von Vishnu zwischen Indra und Vritra ausgehandelte Waffenstillstand entspricht somit dem Eid, den Frigg allen Wesen abnahm, um ihren Sohn Baldur zu schützen.

In einer späteren Fassung dieser Mythe ist es der Hirtengott Krishna, der die Schlange Kaliya tötet.

Der Name des Gottes Varuna, der im Rig-Veda der Gott des Himmels, der Wasser des Himmelsmeeres, des Gesetzes und der Unterwelt ist, leitet sich von dem indogermanischen Wort „wel" für Schlange ab. Dies läßt sich noch daran erkennen, daß er auf einem Drachen reitet (der oft ein wenig wie eine Eidechse aussieht).

Varuna ist noch kein Drachentöter, sondern ein Drachenfreund – er stammt also noch aus der älteren mythologischen Schicht, in der die Schlangen noch der Helfer auf dem Weg ins Jenseits waren. In dieser Hinsicht entspricht er dem keltischen Cernunnos sowie dem griechischen Hermes und Äskulap, die ebenfalls von einer Schlange begleitet werden.

Die Schlange hat sich in dieser älteren Bedeutung im Kundalini-Yoga erhalten können, in dem die Lebenskraft im Menschen als eine im untersten Chakra ruhende Schlange dargestellt wird. Die Aufgabe des Yogis besteht darin, diese Schlange zu erwecken und zum obersten Chakra aufsteigen zu lassen. Dies entspricht dem Aufsteigen zu dem Schlangengott Varuna im Himmel, also einer Jenseitsreise.

Es gab und gibt in Indien viele Schlangenwesen und Schlangengötter, die „Naga", d.h. „Schlange" genannt werden. Sie sind entweder Schlangen, Menschen mit Schlangenköpfen, Schlangen mit Menschenoberleib oder mehrköpfige Schlangen. Die Nagas sind also in Schlangen verwandelte Menschen – wie Odin und Fafnir. Die Nagas können daher auch jederzeit eine rein menschliche Gestalt annehmen.

Die Nagas besitzen große magische Fähigkeiten und sind die Wächter aller Übergänge wie Türen, Tore und Fenster und insbesondere des Jenseitstores. Die drei wichtigsten Nagas sind:

- Shesha, der die Erde trägt (Ähnlichkeit mit Jörmungandr),
- Ananta, die Schlange in den Urwassern, auf der Vishnu ruht, wenn er die Welt zwischen zwei Existenzen in sich zurückgenommen hat (Aufenthalt im Jenseits zwischen zwei Leben),
- der Schlangenkönig Vasuki, der den Göttern half, das Amrita („Unsterbliches") genannte Soma herzustellen, und
- der Nagakönig Mucalinda, der seine vielen Köpfe über Buddha ausbreitete, als es während dessen Meditation wochenlang heftig regnete (der Nagakönig ist Buddhas erwachte Kundalini).

Wie bei den Germanen hat auch bei den Indern der Donnergott (Thor/Indra) den ehemaligen Sonnengott-Göttervater (Tyr/Dhyaus) abgesetzt.

Die Wichtigkeit des Donnergottes zeigt sich auch daran, daß von den 1088 Liedern des Rig-Veda 284 Lieder, also 26,1%, an den Donnergott Indra gerichtet sind. Dies ist der größte Anteil, der auf eine einzelne Gottheit oder ein einzelnes Thema entfällt.

Indra ist der Sohn des Himmelsgottes Dhyaus und der Erdgöttin Prithivi. Diese drei Gottheiten sind mit Thor, Tyr und Freya identisch – die Namen „Tyr" und „Dhyaus" haben denselben Ursprung und ebenso die Namen „Freya/Frigg" und „Prithivi". Auch Thor wird einst der Sohn des Tyr gewesen sein, bevor dieser von Thor und Odin abgesetzt worden ist.

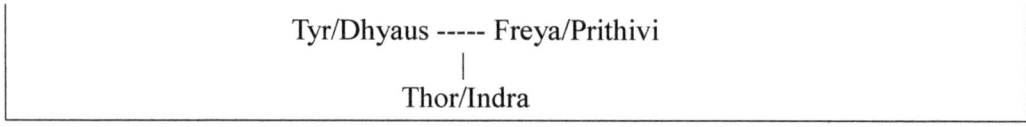

Indra trennte gleich nach seiner Geburt Himmel (Dhyaus) und Erde (Prithivi) und erschuf so die Welt. Dies scheint eine recht alte Mythe zu sein, da sie weit verbreitet ist und sich u.a. auch bei den Ägyptern findet. Aus Himmel und Erde ist bei den Germanen Muspelheim (Himmel) und Niflheim (Erde) geworden.

Indra entthronte seinen Vater und wurde selber der Herrscher der Welt. In derselben Weise hat auch Thor seinen Ziehvater Loricus (Tyr) getötet, um selber der Allherrscher zu werden.

Indra ist der Gott der Krieger, die nach ihrem Tod zu ihm in seinen Palast „Amaravati" („Stadt der Unsterblichkeit") auf dem Gipfel des Weltenberges Meru gelangen. Dieser Palast entspricht Tyrs goldener Halle Gimle und Odins Saal Walhall. Dort werden die Krieger von den (männlichen) Gandharvas und den (weiblichen) Apsaras bedient und unterhalten, die in etwa den Walküren in Walhall entsprechen.

Indra wurde „Verethragna", d.h. „Zerstörer der Widerstände" genannt und ist unter diesem Namen auch von den Persern verehrt worden. Das Wort „verethra" ist mit dem Namen „vritra" der Riesenschlange identisch, sodaß man „Verethragna" etwas freier auch mit „Schlangentöter" oder „Drachentöter" übersetzen kann.

Indra wird im Rig-Veda wie der germanische Thor als „der Mächtige" umschrieben. Diese Macht ist offenbar die wichtigste Eigenschaft des indogermanischen Donnergottes gewesen.

Die folgenden Texte sind nur einige wenige Beispiele aus den insgesamt 284 an Indra gerichteten Hymnen und den vielen weiteren Erwähnungen des Indra im Rig-Veda.

<u>Rig-Veda, 1, 11:</u>

Herr des Donners, Du hast die an Rindern reiche Höhle des Vala aufgebrochen.

> „Vala" ist eine anderer Name für die Riesenschlange Vritra.
> Die Höhle ist eine Grabkammer in einem Hügelgrab, d.h. die Unterwelt.
> Die Schlange hielt den Regen und die Rinder gefangen. Selbst in der germanischen Heimskringla wird noch berichtet, daß Odin genau wußte, wo unter der Erde die Rinder gefangengehalten werden. Dieses Motiv, das auch von den Slawen bekannt ist, ist offenbar sehr alt.

<u>Rig-Veda 1, 8:</u>

Von Dir, Indra, unterstützt, können wir den Donnerkeil erheben
und alle unsere Feinde im Kampf besiegen!

Indra ist wie Thor der Gott des Sieges.

Rig-Veda 6, 39:

Er zerbrach das noch nie zerbrochene Rückgrat des Vala. Mit Worten der Macht unterwarf er Panis.

> „Vala" ist die Riesenschlange.
> „Panis" ist ein anderer Name für sie.
> „Worte der Macht" sind Zaubersprüche. Auch Thor ist ein Priester-Zauberer, denn er kann weihen.

Rig-Veda 10, 26:

O Pusan, mögen Deine Ziegen die Deichsel Deines Streitwagens hierher lenken!
Der Freund aller Bittenden – das bist Du, der in alter Zeit Geborene, mächtig und beschützend!
Möge der herrliche Pusan unseren Streitwagen mit seiner Kraft und Macht antreiben!
Möge er unseren Vorrat an Nahrung vermehren und alle unsere Rufe hören!

> Pusan ist der Mann der Sonnengott-Tochter Surya. Daher ist Pusan zwar nicht der Sohn des Sonnengott-Göttervaters wie Indra, aber immerhin dessen Schwiegersohn. Entweder sind beide einst derselbe Gott gewesen oder der Donnergott hat bisweilen den Ziegen-Streitwagen des Pusan übernommen. Pusan ist ein Jenseitsführer, was u.a. auch zu den Jenseitsreisen des Thor paßt.
> Pusan besitzt wie der hethitische Tarhunt einen goldenen Speer und ist wie Thor ein bärtiger Mann. Pusan entspricht von seiner Tätigkeit als Seelenführer dem griechischen Hermes und dem germanischen Odin. Von seinem Namen her entspricht er dem griechischen Pan, der der Sohn des Hermes ist – so wie Thor der Sohn des Tyr/Odin ist. Odin ist von den Römern dem Hermes verglichen worden.
> Dies sind zwar keine genauen Übereinstimmungen und schon gar keine Identität von Thor/Indra und Pusan, aber es gibt doch eine enge Verflechtung zwischen beiden, die u.a. dazu führte, daß Thor seinen Ziegenwagen erhalten hat.

Rig-Veda 1, 32:

*Ich will die mannhaften Taten des Indra vortragen: die erste, die er, der Donner-
Träger, vollbracht hat.
Er hat den Drachen erschlagen, dann die Wasser befreit und das Bett der Bergströme
gegraben.
Er hat den Drachen erschlagen, der auf dem Berg gelegen hat – sein himmlischer
Donnerkeil ist von Tvahstar erschaffen worden.*

>Die von Indra befreiten Wasser sind die Himalaya-Flüsse, die in den Bergen von Regen gefüllt werden.
>Tvashtar („Bildner, Erschaffer") hat u.a. den Donnerkeil für Indra und den Opferkelch für die Götter geschmiedet. Er ist eine Form des Prajapati („Allvater"), der wiederum mit dem Sonnengott-Göttervater Dhyaus identisch ist. Er entspricht dem germanischen Wieland, also Tyr in der Unterwelt als Schmied. Tvashtars Tochter ist die Frau des Sonnengottes Vivasvat und die Mutter der beiden Ashvin-Pferdezwillinge (Germanen: „Alcis"), die den Sonnen-Streitwagen ihres Vaters ziehen. Tvashtar ist offenbar der alte Sonnengott-Göttervater in der nächtlichen bzw. herbstlichen Unterwelt.
>So wie er sein bei seinem Tod zerbrochenes Sonnenschwert in der Unterwelt neuschmiedet, so schmiedet er auch den Donnerkeil seines Sohnes Indra. Dies entspricht dem Schmieden des Thor-Hammers durch Tyr-Geirröd.

Rig-Veda 4, 17:

*Dein Vater Dhyaus sieht Dich als einen Helden an: aller-edelst war das Werk von
Indras Erschaffer,
von dem, der den starken Herrn des Donnerkeiles erzeugte, der brüllt und standfest
wie das Fundament der Erde ist!*

Rig-Veda 1, 174:

*Möge die Sonne ihr Streitwagen-Rad in unsere Nähe rollen lassen und möge der
Donnerer ausziehen, um unsere Feinde anzugreifen!*

>Hier werden der Sonnengott-Göttervater (Dhyaus/Tyr) und sein Donnergott-Sohn (Indra/Thor) gemeinsam um Hilfe angerufen.

Rig-Veda 4, 30:

O Indra, Vritra-Töter, niemand ist besser, mächtiger als Du:
Wahrlich, es gibt niemanden wie Dich!
Wie Streitwagen-Räder folgen Dir all diese Menschen nach:
Du bist für ewig als der Große berühmt!
Nicht einmal alle versammelten Götter konnten Dich im Krieg besiegen, Indra,
als Du die Tage im Vergleich zu Nächten verlängert hast.
Für die, die unterdrückt waren, und für Kutsa in seinem Kampf
hast Du die Räder des Sonnen-Streitwagens gestohlen.
Als Du, Indra, alleine kämpfend, die wütende Götter besiegt hast,
hast Du die getötet, die gegen Dich gekämpft haben.
Du hast für einen sterblichen Mann, Indra den Lauf der Sonne beschleunigt,
und hast Etasa mit Macht geholfen.
Was? Bist Du nicht der Vritra-Töter, Maghvan, der Schrecklichste in seiner Wut?
Du hast auch das Ungeheuer zum Schweigen gebracht.
Und auch diese Heldentat hast Du, Indra, vollbracht:
Du hast die Herrin, des Himmels Tochter, die Übles wollte, tot niedergeworfen.
Du, Indra, Mächtiger, hast Usas vernichtet, die Himmels-Tochter,
als sie sich in ihrem Stolz erhoben hat.
Da floh Usas voller Angst von ihrem zerstörten Streitwagen,
als der starke Gott ihn zerstört hat.
Da lag dieser Streitwagen der Usas in Stücke zerbrochen in Vipas
und sie floh in die Ferne.
Du, Indra, hast durch Deine magische Kraft den überflutenden Strom aufgehalten,
der das ganze Land überschwemmen wollte.
Kühn hast Du den Schatz, den Susna angesammelt hatte, ergriffen und fortgetragen,
als Du seine Festung zerstört hast.
Du, Indra, hast weiterhin Kulitaras Sohn Sambara getötet,
den Dasa, auf dem hohen Hügel.
Von den Dasa Varcins hast Du hunderttausend und die Fünf getötet,
wie die Felgen eines Rades hast Du sie zerbrochen.
Da hat Indra, der Herr der Helden, der Mächtige, der unverheirateten Frau Sohn,
den Ausgestoßenen, dazu gebracht, in sein Lob einzustimmen.
So hat der weise Indra, der Her der Macht, Turvasa und Yadu,
die die Flut gefürchtet haben, in Sicherheit gebracht.
Arna und Citraratha, die beide Aryas waren, hast Du, Indra, rasch getötet,
auf der anderen Seite des Sarayu.
Du, Vritra-Töter, hast die beiden Verlorenen geleitet, den Blinden und den Lahmen.
Niemand kann diesen Segen von Dir erhalten.
Für Divodasa, der Opfergaben dargebracht hat, hat Indra

hundert Festungen aus Stein zerstört.
Er hat die dreißigtausend Dasas mit seiner magischen Macht und seinen Waffen
Dabhiti zuliebe in den Schlaf geschickt.
Deshalb bist Du, Vritra-Töter, für alle der Herr der Rinder,
Du Erschütterer aller Dinge, die es gibt.
Indra, welche Tat Du auch immer an diesem Tag vollbringen willst,
es gibt niemanden, der Dich daran hindern kann!
O Wachsamer, möge Aryaman der Gott Dir alle guten Dinge geben!
Möge Pusan, Bhaga und der Gott Karulati Dir alle schönen Dinge geben!

Diese Hymne an Indra zeigt, daß er eine sehr große Ähnlichkeit mit Thor hat und alle Ungeheuer tötet – die Riesenschlange, die zur Feindin umgedeutete Jenseitsgöttin und alle anderen anderen Feinde. Solche Listen der erschlagenen Feinde wie bei Indra gibt es auch bei Thor.

in den Schlaf schicken = töten

II 15.   Der Donnergott bei den Indo-Persern
(die gemeinsamen Vorfahren der Inder und Perser)

Der Donnergott ist vor allem von den Indern als Parjanya und als Indra bekannt. Er ist der Regengott, der Erntegott, der Stier, der Drachentöter und der vollkommene Krieger. Zu ihm in seinen Palast kommen die gefallenen Krieger nach ihrem Tod.

II 16.   Der Donnergott bei den Mitanni

Die Mitanni waren ein Volk in Nordost-Mesopotamien, deren Oberschicht indogermanische Eroberer waren. Sie verehrten wie die Inder den Gott Indra. Leider ist jedoch kaum etwas über ihre Religion bekannt.

II 17.   Der Donnergott bei den Indo-Mitanni
(die gemeinsamen Vorfahren der Inder, Perser und Mitanni)

Der Donnergott ist vor allem von den Indern als Parjanya und als Indra bekannt. Er ist der Regengott, der Erntegott, der Stier, der Drachentöter und der vollkommene Krieger. Zu ihm in seinen Palast kommen die gefallenen Krieger nach ihrem Tod.

II 18.   Der Donnergott bei den Armeniern

Der armenische Donnergott hieß Torq oder Dory. Das ist dasselbe Wort wie das hethitische „Tar-hunt" oder das germanische „Thor".

II 19.   Der Donnergott bei den Armeno-Indern
(die gemeinsamen Vorfahren der Inder, Perser, Mitanni und Armenier)

Der Donnergott ist vor allem von den Indern als Parjanya und als Indra bekannt. Er ist der Regengott, der Erntegott, der Stier, der Drachentöter und der vollkommene Krieger. Zu ihm in seinen Palast kommen die gefallenen Krieger nach ihrem Tod.

II 20.   Der Donnergott bei den Skythen

Der skythische Gott Targitaos hat Ähnlichkeit mit Herakles und kämpfte mit verschiedenen Ungeheuern, wobei er von einer Göttin begleitet wurde, die einen Frauenoberleib und einen Schlangenunterleib hatte. Die erste Silbe seines Namens wird vermutlich mit dem indogermanischen „tar" für Donner identisch sein. Die Schlangengöttin als seine Begleiterin weist daraufhin, daß er in die Unterwelt reiste. Diese Schlange entspricht vermutlich der gehörnten Schlange des keltischen Cer-nunnos, der gehörnten Schlange des babylonischen Marduk und der Uräus-Schlange des Pharaos und des ägyptischen Sonnengottes Re – sie ist die Kundalini.

Als Gott, der in die Unterwelt reist, von einer Schlange begleitet wird, eine Schlangengöttin als Begleiterin hat und mit Ungeheuern kämpft, wird Targitaos wohl wie Thor ein sterbender und wiedergeborener Wettergott sein.

II 21. Der Donnergott bei den Skytho-Indern
(die gemeinsamen Vorfahren der Inder, Perser, Mitanni, Armenier und Skythen)

Der Donnergott ist bei diesen Völkern vor allem als Parjanya und als Indra, aber auch als „Tar" und als „Torq" bekannt. Er ist der Regengott, der Erntegott, der Stier, der Drachentöter und der vollkommene Krieger. Zu ihm in seinen Palast kommen die gefallenen Krieger nach ihrem Tod.

II 22. Der Donnergott bei den Griechen

Der junge, Thor-ähnliche Gott der Griechen ist Herakles, der sich seine Unsterblichkeit erst noch erringen mußte. Dabei zeigt sich in den zwölf Arbeiten noch deutlich die Symbolik der Sonne, die durch die zwölf Tierkreiszeichen läuft – von denen stets die Hälfte unter der Erde, also in der Unterwelt liegt. Auch Herakles ist ein Keulengott.

Bei den Griechen ist der Göttervater Zeus selber der Donnergott gewesen – wie Jupiter bei den Römern. Er hat die Blitze mit seiner Doppelaxt erzeugt.

Zeus als Donnergott ist gut belegt:

Illias 1, 219:

Sprach's, und hemmte die nervichte Hand an dem silbernen Hefte,
Stieß in die Scheide zurück das große Schwert, und verwarf nicht
Athenens Gebot. Sie wandte sich drauf zum Olympos,
In den Palast des donnernden Zeus, zu den anderen Göttern.

Illias 1, 609:

Auch Zeus ging zum Lager, der Donnergott des Olympos.

Illias 1, 353:

Sollte mir Ehre doch der Olympier jetzt verleihen,
Der hochdonnernde Zeus! Doch er ehret mich nicht, auch nicht ein wenig!

Illias 1, 511:

über Zeus und Thetis:
*Jene sprach's; ihr erwiderte nichts der Wolkenversammler;
Lange saß er und schwieg.*

Griechen, 700 v.Chr.

Wie der Fund eines Hammerkopfes zeigt, benutzten die Griechen in früherer Zeit in ihren Ritualen einen kunstvoll geschmiedeten Hammer.

Dieser Hammer weist einige interessante Details auf:

- Er ist sehr aufwendig hergestellt worden und mit vielen kleinen Elementen versehen, was deutlich zeigt, daß es sich um einen Symbol-Hammer und nicht um ein Werkzeug handelt.
- Der Hammer ist so gearbeitet worden, daß er auch mit seinem hölzernem Stil (wenn dieser nicht allzulang gewesen ist) auf der Schlagfläche des Hammers stehen konnte, wodurch er z.B. auf einem Altar in ansprechender Weise stehen konnte.
- An den Seiten der Stielhalterung befinden sich Stierköpfe. Diese Stiere sind von dem hethitischen Tarhunt gut bekannt.
- Von dem vorderen Ende der Stielhalterung ragen zwei Bögen nach oben und hin-ten, die sehr an zwei Ziegenhörner erinnern. Dies könnte den Ziegen vor dem Wagen des Thor und des indischen Pushan entsprechen. Vielleicht gab es auch einen Zusam-menhang zu dem goldenen Gorgo-Schild, der aus Ziegenfell hergestellt worden ist.
- Auf diesen Bögen sitzen fünf Vögel, die Seelenvögel sein werden und den Flügeln des hethitischen Tarhunt entsprechen werden.
- Vorne zwischen den beiden Bögen scheint eine Schildkröte zu sitzen. Aus dem Panzer einer Schildkröte hat der Seelenführer Hermes den Klangkörper der ersten Leier erschaffen.

- Die Bedeutung des Stabes mit einer Verdickung, der von dem hinteren Ende der Stielhalterung noch hinten oben ragt, ist unklar.

Dieser Hammer steht somit sehr wahrscheinlich mit der Jenseitsreise (Schildkröte), der Wiederzeugung (Stier, Ziegenbock) und der Wiedergeburt (Seelenvögel) in Verbindung. Dies stimmt mit den Mythen des indogermanischen Donnergottes überein. Es bleibt die Frage, wer diesen Hammer in seiner Hand geschwungen hat – vermutlich der Donnerer Zeus.

II 23. Der Donnergott bei den Thrakern

Der thrakische Donnergott trug den Namen Perkon – dies ist einer der „Eichen"-Namen des Donnergottes. Bei den Germanen ist von diesem Namen nur die Donar-Eiche und der Name „Fiörgyn" von Friggs Vater geblieben. (In „Fiörgyn" ist das „P" ist zu einem „F" und das „k" zu einem „g" geworden.)

Herakles war auch eng mit der thrakischen Mythologie verbunden und einige der Erzählungen über ihn haben mit den thrakischen Königen Kadmos, Lykurgos, Diomedes und dem thrakischen Sänger Orpheus zu tun.

II 24. Der Donnergott bei den Gräko-Thrakern
(die gemeinsamen Vorfahren der Griechen und Thraker)

Von den Griechen und Thrakern ist kein einheitlicher Donnergott bekannt. Die Thrakern kannten den Donnergott Perkon, während bei den Griechen Zeus selber der Donnerer gewesen ist. Vermutlich ist auch bei den Gräco-Thrakern der Donnergott (Perkon) der Sohn des Göttervaters (Zeus) gewesen.

II 25. Der Donnergott bei den Ost-Indogermanen
(die gemeinsamen Vorfahren der Inder, Perser, Mitanni, Armenier, Skythen, Griechen und Thraker)

Der Donnergott war bei ihnen sowohl in der der „Tar"-Variante als auch in der „Perk"-Variante bekannt.

Er war der Regengott, der Erntegott, der Stier, der Drachentöter und das Vorbild der Krieger. Als Waffe benutzte er Keule, Hammer, Axt und Speer.

II 26. Der Donnergott bei den Indogermanen

Der indogermanische Donnergott hatte zwei Namen: „Perk" und „Tar". Das Substantiv „Perk" bedeutet „Eiche", „Berg" sowie „Berg mit Nadelbäumen". „Perk" ist auch mit „per" („Blitz, Blitzschlag") und „perg" („hacken, fällen") verwandt.

Aus diesen Bedeutungen ergibt sich ein Gott des Blitzes und des Donners im Himmel, zu dem die Eiche als Weltenbaum und der Berg als Weltenberg führen.

Der zweite Name „Tar" des Donnergott leitet sich vermutlich von dem indogermanischen Wort „tarh" für „kämpfen" ab. Ein Zusammenhang mit „tauros" für „Stier", der vermutlich als „Wilder, Kämpfer" benannt worden ist, ist denkbar.

Das indogermanische Wort „(s)tenh" für „Donner" hat sich zumindestens im Westen nach und nach mit der Wurzel „tar" vermischt, sodaß der Name „Thor" auf beide Wurzeln zurückgeht.

Der Donnergott ist Sohn des Himmelsgottes Dhyaus gewesen, der auch der Sonnengott-Göttervater ist. Die Mutter des Donnergottes ist die Erdgöttin Prithivi. Sehr wahrscheinlich ist der Donnergott ursprünglich der junge, wiedergeborene Sonnengott-Göttervater Dhyaus gewesen.

Dhyaus ist als Sonnengott am Abend bzw. im Herbst gestorben und hat in der Unterwelt die Gestalt einer Ahnen-Schlange angenommen. Dieses Motiv findet sich u.a. in der Schlangen-Verwandlung des Tyr, des Odin und des Zeus auf ihrer Reise in das Jenseits.

Diese Schlange ist auch als der Weg der Sonne durch das Jenseits angesehen worden und wurde dadurch zu einer Riesenschlange, die vom westlichen Horizont unter der Erde hindurch bis zum östlichen Horizont reichte.

Aus diesem Motiv entstand dann später der Kampf des Sonnengottes mit der Riesenschlange, der sich z.B. in Zeus Kampf mit der Riesenschlange Typhon erhalten hat. Vermutlich hat sich dieses Motiv schon recht früh gebildet, da es außer von den Indogermanen auch von den Sumerern und den Ägyptern bekannt ist.

Als um 6000 v.Chr. eine allgemeine Trockenzeit begann, frug man sich, wo der Regen geblieben war. Da man davon ausging, daß der Regen wie das Quellwasser aus der Erde kam, mußten die Wolken unter der Erde, also in der Unterwelt gefangengehalten werden. Dies konnte jedoch nicht durch die Große Mutter geschehen sein, da diese den Menschen wohlgesonnen war. So kam als Regenräuber nur die Riesenschlange infrage, die bereits teilweise zu einem Sonnenfeind geworden war.

Der Himmels- und Sonnengott wurde im Frühjahr wiedergeboren und starb im Herbst, während der Regen im Frühjahr geraubt und im Herbst zurückgebracht wurde. Es konnte also nicht der Himmelsgott selber sein, der den Kampf mit der Regenräuberschlange führte, da dieser im Herbst starb, wo er doch eigentlich die Riesenschlange besiegen sollte.

Daher wurde der Kampf mit der Regenräuberschlange von dem Sonnengott-Göttervater Dhyaus abgetrennt und auf seinen Sohn übertragen. Dies war jedoch nur möglich, indem man den Sonnensohn aus seinem Jahreslauf-Zyklus herausnahm. So entstand neben dem jungen, wiedergeborenen Sonnengott-Göttervater ein zweiter junger Himmelsgott.

Dieser Gott hatte als zentrales Merkmal seinen Kampf mit der Regenräuberschlange. Dieser junge Gott mußte zudem auch der Regengott sein, denn in dieser ganzen neu entstehenden Mythe ging es schließlich um den ausbleibenden Regen.

Da dieser junge Regengott gegen die Riesenschlange kämpfte, lag es nahe, auch Blitz und Donner von dem Himmelsgott-Göttervater Dhyaus auf den Regengott zu übertragen. Der Sieg des Regengottes über die Regenräuberschlange konnte jeder sehr anschaulich in den heftigen Spätsommergewittern miterleben.

In manchen Mythologien wie z.B. der der Griechen ist Zeus noch der Blitzeschleuderer und der Donnerer, während in anderen Mythologien wie der der Germanen Thor diesen Aspekt vollständig übernommen hat.

Als Waffe hat der Regen- und Donnergott die Keule seines Vaters, des Himmelsgottes Dhyaus erhalten, mit der vermutlich zuvor auch schon dieser den Donner auf dem eisernen Himmelsgewölbe erzeugt hat.

Durch die Schmiedekunst, die dem Sonnengott-Göttervater Dhyaus in der nächtlichen bzw. winterlichen Unterwelt zugeordnet worden war, ist aus der Keule des Donnergottes, der noch immer der Sohn des Dhyaus gewesen ist, ein Schmiedehammer geworden.

Diese Herkunft des Hammers zeigt sich auch darin, daß das indogermanische Wort „kmen" für „Himmel" die Bedeutung „Stein, Hammer, Amboß" gehabt hat – von diesem Wort stammt sowohl das deutsche Wort „Himmel" als auch das deutsche Wort „Hammer" ab. Bei einem solchen Ursprung dieser beiden Worte läßt sich die Vorstellung des durch Schläge mit einen Schmiedehammer auf dem Himmel erzeugten Donners kaum noch vermeiden …

Als Regengott ist der Donnergott auch ein Gott des Ackerbaues und der Viehzucht gewesen.

Der Donnergott starb im Frühjahr durch die Riesenschlange und wurde im Herbst wiedergeboren und beendete dann die durch die sommerliche Dürre geprägte Herrschaft der Schlange.

Daher enthielten die Mythen des Donnergottes auch die Wiederzeugungssymbolik, d.h. die Gestalt des Stiers bei der Wiederzeugung, und die Wiedergeburtssymbolik, d.h. die Gestalt des Seelenvogels. Beide Motive sind auch schon vorher in den Mythen des jungen, wiedergeborenen Sonnengottes enthalten gewesen.

Der Zyklus der Wiedergeburt wurde entsprechend der Symbolik der Indogermanen als eine Folge von drei Generationen dargestellt, die sich u.a. bei den Hethitern als „Anu – Teshshup – Tarhunt", bei den Griechen als „Uranos – Kronos – Zeus" und bei den Germanen als die drei Inkarnationen des Tyr-Helgi findet.

Möglicherweise stellte man sich den Donnergott schon damals bärtig und mit auffälligen Haaren dar, da Thor als Rotbart bezeichnet wurde und Indra als blond mit einem blondem Bart beschrieben wird. Da die Germanen jedoch das Gold als „rot" bezeichneten, könnte Thors „roter Bart" eigentlich ein „goldener Bart" sein und mit dem des Indra übereinstimmen. Der Bart des slawischen Donnergottes wurde als „kupferfarben" beschrieben. Auffälligerweise ist der Donnergott der einzige indogermanische Gott, dessen Bart betont wird.

Möglicherweise stammt das Motiv der goldblonden Haare und des goldblonden Bartes noch aus den Mythen des jungen Sonnengott-Göttervaters, zu dem „goldene" Haare und ein „goldener" Bart gut passen würden, da die Rosse vor seinem Sonnen-Streitwagen zwei Schimmel waren, die zumindestens bei den Germanen goldene Schweife, Mähnen, Hufe und Zähne hatten.

Der Namens-Stammbaum des indogermanischen Donnergottes							
Indo-germanen **Tar, Perk**	*Süden* **Tar**	*Lydo-Hethiter* **Tarhunt**				*Lyder*	
						Luwier **Tarhunt**	
						Hethiter **Tarhunt**	
	Westen **Tar, Perk**	**Tar, Perk**	**Tar, Perk**			*Armenier* **Tar**	
			Perk, Verethragna			*Indien* **Parjanya, Indra, Verethragna**	
						Iraner (Perser) **Verethragna**	
			Skythen **(Papaios?)**				
		Gräco-Thraker **Tar**				*Griechen* **(Zeus)**	
						Thraker **Tar**	
	Süd-osten **Tar, Perk**	**Tar**	**Tar**	**Tar**		*Römer* **Jupiter tonans**	
					Kelten **Taranis**	*Festland* **Taran**	
						Gallien **Toran/Taran**	
					Großbritannien, Irland **Toran**	*Großbritannien*	
						Irland **Tuireann**	
					Tocharier (Nordwestchina)			
			Germanen **Thunaraz**	*Nordgermanen* **Thunrar**		*Altnordisch* **Thorr**	
						Angelsachsen **Thunor**	
						Sachsen **Thunaer**	
						Althochdeutsch **Thorr**	
				Südgermanen **Donar**				
		Balto-Slawen **Perk**				*Balten* **Perk**	
						Slawen **Perkunos**	

III Thor bei den Nachbarn der Indogermanen

Die Sami im nördlichen Skandinavien, die nicht zu der indogermanischen, sondern zu der uralischen Sprachfamilie gehören, kennen einen Donnergott mit dem Namen Horagalles, dessen Frau den Namen Ravdna trägt. Dieser Göttin war die Eberesche heilig.

In der Skaldskarpamal wird dieser Baum mit der Kenning „Rettung des Thor" umschrieben, weil sich Thor bei seiner Fahrt zu dem Riesen Geirröd an einer Eberesche festgeklammert hat und sich dadurch retten konnte.

IV Der Donnergott in der Jungsteinzeit

Um die Frühgeschichte des Donnergottes zu erforschen, ist es hilfreich, die Donnergötter bei den Verwandten der Indogermanen zu betrachten, also bei den Völkern, die wie die Indogermanen von den frühen Jägern in Mesopotamien abstammen, die dort in der Zeit von 10.500-8.000 v.Chr. die Tempel von Göbekli Tepe und Nevali Cori errichtet haben und ab ca. 8.700 v.Chr. mit dem Ackerbau begonnen haben.

Durch den Ackerbau entstand ein wichtiges neues Gleichnis in den Mythen, das die Mythen aller Ackerbaukulturen auf der Erde geprägt hat:

Das Korn-Mensch-Gleichnis					
Mensch	*Getreide*	*Sonne*	*Jahreszeit*	*Tageszeit*	*Richtung*
Zeugung	Aussaat	Zeugung	Winter	Nacht	Norden
Geburt	Keimen	Geburt	Frühjahr	Morgen	Osten
Leben	Wachstum	Leben	Sommer	Mittag	Süden
Tod	Ernte	Tod	Herbst	Abend	Westen

Als Zyklus betrachtet wurde die Zeugung zu einer Wiederzeugung und die Geburt zu einer Wiedergeburt.

Aufgrund dieses Motivs ist der junge, wiedergeborene Sonnengott-Göttervater, aus dem der Donnergott entstanden ist, dem jungen, wiedergeborenen Korngott sehr ähnlich – obwohl sich beide in den meisten frühen Mythologien deutlich voneinander unterscheiden lassen.

IV 1. Sumer

Der sumerische Sturmgott Ishkur ist der früheste bekannte Donnergott. Er spielte noch keine große Rolle in der sumerischen Mythologie.

Einen von anderen Gottheiten unterscheidbaren jungen Gott gab es bei den Sumerern noch nicht: Dumuzi ist sowohl als der sterbende Vegetationsgott als auch der wiedergeborene Vegetationsgott – beide sind noch identisch.

IV 2. Elamo-Drawiden

Aus der elamitischen Mythologie ist kein junger Gott bekannt. Die beiden Aspekte des Vegetationsgottes Khumban werden wie der sumerische Dumuzi noch als zwei verschiedene Phasen aus dem Zyklus eines Gottes erlebt worden sein.
Ein Donnergott ist nicht bekannt.

IV 3. Semiten / Afro-Asiaten

Vermutlich gab es bei ihnen nur den einen sterbenden und wiedergeborenen Gott und noch keinen jungen Gott, der sich erst später entwickelte. Die Entwicklung des jungen Gottes nahm bei den Semiten und den Ägyptern einen unterschiedlichen Weg.
Ein Donnergott ist nicht bekannt.

IV 4. Semiten

In den semitischen Religionen ist der Donnergott recht häufig zu finden. Er ist in der Regel noch der Wettergott selber, der sich aus dem Himmelsgott als Befruchter der Erde gebildet hat.

semitische Donnergötter		
Volk	*Gottesname*	*Bedeutung*
ursemitisch	Haddu, Hadadu	„Donnerer"
akkadisch	Adad	„Donnerer"
phönizisch	Adados, Baclu	„Donnerer"
ugaritisch	Ba'al	„Herr"

Neben dem indogermanischen Donnergott gab es auch bei den Semiten, die wie die Indogermanen von den frühen Ackerbauern in Mesopotamien abstammen, einen Sturm-, Regen- und Donnergott, der sich von seinen Mythen her jedoch von dem indogermanischen „Tar" unterscheidet und eher ein Herrschergott ist. Er wurde Haddu, Hadadu, Adad oder Adados genannt, was alles „Donner" bedeutet.
Es ist zwar denkbar, daß dieser Name auch mit dem indogermanischen „Tar"

verwandt ist, aber dies ist sehr unsicher.

Der semitische Donnergott trug auch den Beinamen „Ramman", was ebenfalls „Donner" bedeutet. Dieser Name ist möglicherweise mit einem anderen indogermanischen Wort für den Donner verwandt, das „ghromos" lautet und von dem Verb „ghrem" für „grollen, stöhnen" abgeleitet ist.

Hadad ist als Gott des Regens, der Blitze und des Donners sowie allgemein des Wetters auch der Gott der Fruchtbarkeit. Im Gegensatz zu dem indogermanischen Donnergott ist er aber auch der Gott der Dürren und des Verderbens.

Hadad ist der oberste Gott gewesen. Da der oberste Gott auch bei den Semiten der Sonnen- und Himmelsgott gewesen ist, ist auch er ein „sterbender und wiedergeborener Gott" und erscheint folglich wie der indogermanische Donnergott zusammen mit dem Stier, der seine Gestalt bei seiner Wiederzeugung ist.

Hadads Titel „Herr der Erde" ist als „König der Welt" gemeint und nicht als „Förderer der Fruchtbarkeit" wie bei dem indogermanischen Donnergott.

Wie Indra wohnt Hadad auf dem Weltenberg, der ein bis in die frühe Jungsteinzeit zurückreichendes Motiv ist.

IV 5. Ägypten

In Ägypten hat sich dieselbe ältere Form der Mythe bewahrt wie in Sumer und Elam, in der es keinen jungen und alten Osiris, sondern nur den einen sterbenden und wiedergeborenen Gott gab. Allerdings wurde der Falkengott Horus, der die Seele des Osiris war, zunehmend eigenständiger, sodaß er schließlich der eigentliche Königsgott wurde. Dadurch wurde er zu dem ersten jungen Gott in der gesamten ägyptischen Mythologie.

Ein Donnergott ist nicht bekannt. Der Donner erscheint lediglich als ein untergeordnetes Merkmal des Wildnisgottes Seth.

IV 6. Zusammenfassung

Die Verschiedenartigkeit dieser Mythen und die unterschiedliche Einordnung des Donners in die Mythen zeigt, daß die Donnergott-Mythen der Indogermanen erst nach ihrer Trennung um 7.000 v.Chr. von den mesopotamischen Ackerbauern entstanden sind.

Um 7.000 v.Chr. ist ein Teil der mesopotamischen Bauern über den Kaukasus in die südrussische Steppe nördlich des Schwarzen Meeres und des Kaspischen Meeres gezogen und hat sich dort im Verlauf der nächsten 3.200 Jahre zu den Indogermanen weiterentwickelt.

Der entscheidende Anstoß zu dieser Entwicklung ist die um 6.000 v.Chr. beginnende und bis heute anhaltende Trockenzeit gewesen, durch die Bauern in der südrussischen Steppe sich vermehrt von der Viehzucht statt vom Ackerbau ernähren mußten, was letztlich zu einer kriegerischen Lebensweise geführt hat.

Der semitsche Donnergott ist wahrscheinlich eine Parallelentwicklung zu dem indogermanischen Donnergott, auch wenn er Ähnlichkeiten mit dem indogermanischen Donnergott hat.

IV Die Biographie des Thor

Altsteinzeit (bis 50.000 v.Chr.)

Für diese frühe Zeit lassen sich immerhin drei Dinge finden, die eine Wurzel des späteren Donnergottes gewesen sind. Dies ist zum einen der Vater, der als Vorbild, von dem man „Leben lernt", sehr wichtig gewesen sein wird, und zum anderen der Stand der Sonne als Hilfe bei der Orientierung auf der Jagd und auf Wanderungen.

Das dritte ist das Erlebnis der eigenen Seele bei einem Nahtod – dabei tritt man aus dem eigenen Körper aus („Astralreise"), schwebt über ihm und sieht ihn von oben her. Wegen diesem Schweben wird die Seele weltweit als Vogel dargestellt. Durch dieses Erlebnis ist letztlich die Religion entstanden, da es zeigt, daß man mehr als nur der eigene Körper ist.

Solange man jedoch nicht selber ein solches Erlebnis gehabt hat, bleibt dieser Zusammenhang bestenfalls ziemlich abstrakt. Bei einem Vortrag über Schamanismus in einer Schulklasse haben sich auf meine Frage, wer dieses Erlebnis kennt, jedoch immerhin ein Drittel aller Schüler (und auch der Klassenlehrer) gemeldet. dieses Erlebnis scheint also sehr weit verbreitet zu sein, da diese Schulklasse ungefähr repräsentativ gewesen sein wird.

Das Erlebnis der eigenen Seele wird die Frage mit sich gebracht haben, wohin die Seelen nach dem Tod gehen. Dadurch wird die Vorstellung eines Jenseits als Seelen-Wohnort entstanden sein.

Vermutlich hat es auch schon damals die Vorstellung gegeben, daß die Ankunft im Jenseits eine Wiedergeburt, d.h. eine „zweite Geburt" ist.

Da die Menschen damals nur die eigenen Eltern hatten, um „Leben lernen" zu können, werden sie auch nach deren Tod noch den Kontakt zu ihnen und den Rat und die Hilfe von ihnen ersehnt haben. Daher werden die Menschen, die einen Austritt ihrer Seele aus ihrem Körper („Astralreise") erlebt hatten und anschließend gelernt hatten, dies willentlich zu wiederholen, die Aufgabe erhalten haben, mit den Ahnen der Lebenden im Jenseits zu sprechen. Diese „Seelen-Spezialisten" mit dieser konkreten Aufgabe sind weltweit bekannt und werden „Schamanen" genannt.

Man wird weiterhin auch davon ausgehen können, daß Blitz und Donner auch schon damals die Menschen beeindruckt haben werden. Welche Assoziationen und Vorstellungen sie damit verbunden haben, ist jedoch nicht bekannt.

Späte Altsteinzeit   (bis 50.000-10.500 v.Chr.)

Mit der Ankunft des aus Afrika stammenden Homo sapiens in Eurasien um ca. 50.000 v.Chr., der im Laufe der Zeit den dort einheimischen kleinen Homo erectus und den deutlich größeren Neandertaler verdrängte, vermehren sich die Anhaltspunkte für die religiösen Vorstellungen der damaligen Menschen sehr deutlich.

Die beiden wichtigsten Quellen für das heutigen Wissen über die Weltanschauung der damaligen Menschen sind die Höhlenmalereien und Höhlengravuren sowie die Frauenstatuetten.

Aus ihnen ergibt sich, daß die Mutter im Zentrum der Vorstellungen gestanden hat und daß die innere Bilderwelt der damaligen Menschen anscheinend vor allem von Tieren bevölkert gewesen ist. Das Großraubtier stand für Stärke, die Herdentiere für Fülle, die Vögel für die Seele usw.

Die „Große Mutter" war sowohl die Mutter der Lebenden im Diesseits als auch die Mutter der Toten im Jenseits. Sie wurde als „doppelte Frau" wie die Abbildungen auf einer Skatkarte dargestellt. Als Spenderin der Fülle trug sie ein Füllhorn in ihrer Hand.

Die Erkenntnis der Existenz der Seele wurde damals (vielleicht aber auch schon deutlich früher) durch ein einfaches Symbol dargestellt: ein Vogel auf einem Stab. Dieses archaische Symbol ist weltweit verbreitet.

Wie die steinernen Totempfähle von Göbekli Tepe und Nevali Cori zu Beginn der Jungsteinzeit zeigen, muß es in der späten Altsteinzeit auch schon hölzerne Totempfähle gegeben haben, die eine größere und detailliertere Variante der Vogel-Stäbe gewesen sind.

Weitere Motive, die durch Höhlenmalereien, Gravuren und Statuetten bekannt sind, sind Tier-Mensch-Mischformen: der Stiermann, die Kuh-Frau, der Löwentänzer und der Hirschtänzer. Vermutlich hat der Löwe schon damals wie auch anschließend in der frühen Jungsteinzeit der Panthermann den starken, erfolgreichen Jäger dargestellt. Die Kuh-Frau und der Stier-Mann werden hingegen die Fruchtbarkeit und die Zeugungskraft verkörpert haben. Möglicherweise bezog sich dieses Motiv auch schon auf die Wiederzeugung.

Es ist recht wahrscheinlich, daß der Sonnenlauf schon damals als Gleichnis zu Geburt, Leben, Tod und der Zeit als Ahn im Jenseits aufgefaßt worden ist, da die Tempel der frühen Jungsteinzeit und andere sehr frühe Kultbauten wie der Turm von Jericho bereits vollständig am Sonnenlauf orientiert gewesen sind.

Es wäre denkbar, daß es schon damals erste Ansätze zu der Vorsteillug einer Erd-Mutter und eines Sonnen-Vaters gegeben hat – aber das ist unsicher.

Möglicherweise gab es auch schon die Vorstellung einer eisernen Himmelskuppel – zumindestens sind Sammlungen von Meteoriten aus der Altsteinzeit gefunden worden, die für die damaligen Menschen offenbar eine Bedeutung gehabt haben.

Frühe Jungsteinzeit   (bis 10.500-8.700 v.Chr.)

Wie schon gesagt, hat das Mensch-Sonne-Gleichnis den Aufbau der Kultbauten schon in der frühen Jungsteinzeit geprägt. Vermutlich hat es auch schon eine detaillierte Bilderwelt zu der Geburt, dem Tod und der Wiedergeburt der Sonne gegeben, da es in Nord-Mesopotamien in den Tempeln von Göbekli Tepe Darstellungen eines Geiers mit einer Sonne gibt, die der Ursprung der späteren Geier-Sonnenmutter aus Çatal Höyük (7000 v.Chr.) und dem Alten Ägypten (3250 v.Chr. - 700 n.Chr.) ist.

Der Stier als Gestalt des Toten bei der Wiederzeugung ist auch aus Göbekli Tepe bekannt.

Die Toten wurden, da sie in der Erde lagen, als Schlangen dargestellt, die auf der Erde und in Erdspalten und Höhlen in der Erde leben. Dieses Motiv wurde schon bald auch auf den Jenseitsweg selber ausgeweitet, der ebenfalls als eine Schlange dargestellt worden ist.

Vermutlich wird es zu dieser Zeit bereits einen Himmels- und Sonnengott gegeben haben, der wahrscheinlich bei der Wiederzeugung die Gestalt eines Stieres gehabt hat.

Mittlere Jungsteinzeit   (bis 8.700-6.000 v.Chr.)

In Çatal Höyük finden sich Abbildungen, in denen tote Menschen von einem Geier abgeholt werden und vermutlich ins Jenseits gebracht werden. Sehr wahrscheinlich hat es diese Vorstellung auch schon in Göbekli Tepe gegeben.

Die Jagd wurde in dieser Zeit zunehmend durch den Ackerbau und in geringerem Maße auch durch die Viehzucht ergänzt. Zu dieser Zeit entstand der Korngott als zentrale Gestalt des Gleichnisses zwischen Mensch und Korn sowie der Sonne.

Zu dieser Nach-Eiszeit gab es noch reichlich Regen, sodaß der Ackerbau recht einfach war.

Die Auswanderer   (7.000-6.000 v.Chr.)

Die bäuerliche Lebensweise dehnte sich von Nordmesopotamien aus sowohl nach Süden hin als auch nach Norden hin in der südrussische Steppe hinein aus. Die Bauern, die von Mesopotamien aus dorthin gezogen waren, entwickelten sich dann zu den Indogermanen weiter.

Die große Dürre (ab 6.000 v.Chr.)

Als die Nach-Eiszeit um 6.000 v.Chr. zuende ging, gingen die Regenfälle deutlich zurück, sodaß aus dem Waldland nördlich des Schwarzen Meeres und des Kaspischen Meeres erst Savanne und dann Steppe wurde. Dasselbe geschah auch an vielen anderen Orten wie z.B. in der heutigen Sahara, die kurz nach der Eiszeit ein Waldgebiet mit riesigen Seen gewesen ist.

Das Grasland, das nun in dem Siedlungsgebiet der Indogermanen entstanden war, eignete sich sehr viel besser zur Viehzucht als zum Ackerbau, sodaß die Indogermanen zu halbnomadischen Viehhirten wurden, die nur noch in den Flußauen Ackerbau betrieben.

Das Bewachen der Viehherden und ihre Verteidigung gegen Raubtiere und gegen den Raub durch andere Stämme ließ die Indogermanen deutlich kämpferischer und kriegerischer werden – wie alle damaligen Viehzüchter.

Dadurch, daß von den Indogermanen kaum noch Ackerbau betrieben wurde, fiel bei ihnen der Korngott fort, da er keine praktische Bedeutung mehr hatte. Dies ist einer der größten Unterschiede der indogermanischen Mythologie im Vergleich zu den Mythen anderer Völker.

Es stellte sich natürlich die Frage, wo der Regen geblieben war. Da alles Wasser aus der Erde kam, wie man an den Quellen und auch an den Wolken, die am Horizont aufsteigen, sehen konnte, mußte der Regen in der Unterwelt festgehalten werden. Die Große Mutter konnte es nicht diejenige sein, die den Regen festhielt, da sie den Menschen wohlgesonnen war.

Nun gab es noch ein zweites Wesen in der Unterwelt, das groß genug war, daß man ihm den Raub des Regens zutrauen konnte: die Riesenschlange. Sie war dadurch entstanden, daß man auch den Weg der Sonne durch die Unterwelt als Schlange dargestellt hatte und diese Schlange daher vom westlichen Horizont unter der Erde hindurch bis zum westlichen Horizont reichte.

Diese Riesenschlange raubte den Regen in jedem Frühjahr, aber am Ende der sommerlichen Dürre kehrte der Regen wieder zurück. Offenbar wurde die Schlange von jemandem besiegt, der dann den Regen wieder befreite. Dafür kam nur der Himmels- und Sonnengott infrage, der zugleich auch der Göttervater („Dhyaus") gewesen ist.

Diese Deutung enthielt jedoch einen Widerspruch: Der Sonnengott-Göttervater Dhyaus starb im Herbst und wurde im Frühjahr wiedergeboren – die Regenräuberschlange wurde jedoch im Herbst besiegt und war im Frühjahr erfolgreich. Da der Sonnengott-Göttervater ja im Herbst nicht zugleich sterben und siegreich sein konnte, mußte man die Funktion des Schlangenbesiegers aus dem Sonnengott-Göttervater herauslösen.

Diese Funktion ließ sich am ehesten durch den Sohn, d.h. durch den wiedergeborenen Sonnengott-Göttervater darstellen, wobei dessen Todes- und Wiedergeburts-mythe deutlich in den Hintergrund trat. Die Aspekte des Wettergottes wurden bei diesem Sonnensohn jedoch betont, da er schließlich als Regenbefreier entstanden war.

Dieser Sonnensohn war daher ein Himmelsgott, ein Regengott und ein allgemeiner Wettergott.

In seinen Mythen ist er vor allem ein Kämpfer gegen die Regenräuberschlange und ein Befreier des Regens, was sich leicht auf einen Beschützer der Viehherden ausweiten ließ.

Als kämpferischer Wettergott wurde er auch zu einem Gott der Blitze und des Donners, die ja offensichtlich die Waffen des Wettergottes waren – und die man in den spätsommerlichen Gewittern, die der Kampflärm des Wettergottes bei seinem Sieg über die Regenräuberschlange war, deutlich hören konnte.

Dieser Donnergott war der erste Krieger-Gott. Dies paßte natürlich gut zu der deutlich kriegerischen Lebensweise der Viehzüchter, zu denen die Indogermanen geworden waren.

Das alte Motiv des Todes und der Wiedergeburt ist bei dem Donnergott zwar in den Hintergrund getreten und zu einem abwechselnden Sieg (im Herbst) und einer Niederlage (im Frühjahr) geworden, aber es ist nicht ganz verlorengegangen.

Der Stier als die Gestalt des Himmels- und Sonnengottes bei seiner Wiederzeugung in der Unterwelt ist im Zusammenhang mit dem Donnergott erhalten geblieben, aber hat eine neue, zusätzliche Bedeutung erhalten, da der Donnergott auch der Beschützer der Viehherden war.

Der Kampf zwischen dem Donnergott und der Regenräuberschlange hat auch das Motiv der Wiederzeugung mit der Jenseitsgöttin und die Wiedergeburt durch sie umgestaltet. Während die Göttin vorher in den Sonnen-Mythen die fürsorgliche Jenseitsmutter gewesen war, die sich um den toten Sonnengott oder vorher auch um den toten Korngott gekümmert hat, wollten nun sowohl der Donnergott als auch die Regenräuberschlange die Göttin für sich haben, da sie nur durch sie wiedergeboren werden konnten.

Nachdem der Donnergott im Frühjahr durch die Schlange besiegt worden war, brauchte er die Göttin, um sich mit ihr wiederzuzeugen. Nach ihrem Tod im Herbst brauchte dann die Schlange die Göttin, um sich mit ihr vereinen zu können. Ohne die Göttin gab es keine Wiedergeburt – und ohne diese Wiedergeburt würde der Jahreszeiten-Zyklus enden … was er ja offensichtlich nicht tat. Daraus ergab sich, daß der Donnergott und die Regenräuberschlange sich einander in endloser Folge nicht nur den Regen und das Viehherden, sondern auch die Jenseitsgöttin raubten – so wie dies ja damals auch im „richtigen Leben" ständig geschehen ist …

Aus diesem Raub der Göttin, d.h. der „schönsten aller Frauen" sind dann später die Nationalepen aller indogermanischen Völker entstanden.

Der Donnergott wurde nach seiner Funktion „Tar", d.h. „Kämpfer, Krieger" genannt und auch als „Perkunos" bezeichnet, was „Eiche, Keule" bedeutet.

Die Waffe des Donnergottes ist also zunächst einmal eine Keule aus dem harten Holz der Eiche gewesen. Der Donner wurde offenbar durch die Schläge mit dieser Keule verursacht. Diese Schläge fielen anscheinend nicht nur auf die Regenräuberschlange selber nieder, sondern auch auf die eiserne Himmelkuppel, die dann im Donner laut dröhnte.

Manchmal scheint der Donnergott jedoch auch einen Speer benutzt zu haben.

Als Regengott ist der Donnergott auch ein Beschützer und Förderer des Ackerbaues gewesen, sodaß er auch mit dem Korn assoziiert wurde.

Es gab spätestens zu dieser Zeit eine Neuerung in der Wiedergeburtsmythe der Sonne: Die Göttin gebar nicht nur den Sonnengott-Göttervater selber neu, sondern auch sich selber. Diese Änderung sollte vermutlich den Göttervater der Erd- und Jenseitsgöttin gleichstellen.

Diese Neuerung hatte zwei Nebenwirkungen:

- Wenn die Sonnenmutter sich nach ihrer Vereinigung mit dem Sonnengott-Göttervater auch selber wiedergebiert, wird ihre Tochter nicht nur zu einer jungen Erd- und Jenseitsgöttin, sondern auch zu einer Sonnentochter. Wenn es jedoch eine Sonnentochter gibt, kann auch die Vorstellung einer Sonnengöttin entstehen, die eine Tochter hat (wie u.a. bei den Germanen).

- Wenn der Sonnengott-Göttervater und die Erd- und Jenseitsgöttin sich beide selber wiederzeugen, sind der Gott und die Göttin in der nächsten Generation und in allen darauf folgenden Generationen Geschwister. Dadurch wird ihre Wiederzeugung zum Inzest (wie bei Freyr und Freya).

Der Schmied   (ab 2.500 v.Chr.)

Als zu der Zeit, in der die Indogermanen bereits damit begonnen hatten, ihr Siedlungsgebiet auszuweiten, die Bronze-Schmiedekunst erfunden wurde, trat an die Stelle der Keule des Donnergottes manchmal der Schmiedehammer.

Die West-Indogermanen   (ab 2.200 v.Chr.)

In den Ländern, die die Indogermanen zu erobern begannen, gab es wieder bessere Möglichkeiten, Ackerbau zu betreiben. Daher wurde eine neue Getreide-Mythe gebraucht. Sie wurde wie der Donnergott aus der Sonnen-Mythologie abgeleitet.

Da es in den indogermanischen Mythen keinen Korngott mehr gab, wählte man die Erdgöttin- und Jenseitsgöttin, die auch die Sonnenmutter war, zusammen mit ihrer Sonnentochter als Grundlage und deutete die Sonnentochter als das Getreide, das im

Herbst bei der Ernte stirbt, im Winter in der Unterwelt weilt und dann im Frühjahr keimend wieder an die Oberfläche, d.h. in das Diesseits zurückkehrt.

Dieses Motiv findet sich vor allem bei den Griechen und bei den West-Indogermanen (Kelten, Römer, Germanen, Slawen, Balten). Diese neue Getreide-Göttin hieß bei ihnen Sif, Ceres, Kore, Persephone und Keroklis.

Die westlichen West-Indogermanen (ab 2.000 v.Chr.)

Bei den westlichen West-Indogermanen, also bei den Kelten, Römern und Germanen scheint sich an den Mythen des Donnergottes nichts geändert zu haben. Lediglich der Kopf seines Hammers war jetzt aus Eisen und nicht mehr aus Stein oder aus Bronze, da man um 2.000 v.Chr. die Verarbeitung von Eisen entdeckt hatte.

Die frühen Germanen (1.800-750 v.Chr.)

Der Donnergott wird noch immer der Sohn des Sonnengott-Göttervaters gewesen sein – zumindestens wird auf den Felsritzungen einmal ein Schiff mit einem Schwertgott (Tyr) und einem Hammergott (Thor) dargestellt.

Vermutlich ist der Hammer des Donnergottes spätestens um diese Zeit auch als Mahlstein aufgefaßt worden. Vermutlich wird Thor als Regengott zu dieser Zeit auch der Mann der Korngöttin Sif geworden sein – beide sorgten gemeinsam für das Wachstum des Getreides.

Es gab jedoch eine große Änderung in den Mythen des Donnergottes: Da es im hohen Norden keinen Mangel an Regen gab, wurde nun der neunmonatige Winter zu dem eigentlichen Feind. Dadurch verflachte der Kampf zwischen Thor und der Regenräuberschlange Jörmungandr zu einem einfachen Kräftemessen.

Der Winter erschien hingegen als Gegner des Sonnengott-Göttervaters, da die Sonne die sommerliche Wärme erzeugt. Dadurch wurde das Kampfmotiv von dem Donnergott und der Regenräuberschlange auf den Sonnengott-Göttervater und einen Gott des Winters (Loki) übertragen.

Die Teilung der Germanen (750 v.Chr.)

Um 750 v.Chr. weiteten die Germanen ihr Siedlungsgebiet, das sich bislang auf Südschweden, Südnorwegen, Dänemark und Schleswig beschränkt hatte, nach Süden hin auf ganz Deutschland und Teile der Niederlande, Belgien und Polen aus. Dadurch entstand die Möglichkeit einer unterschiedlichen Weiterentwicklung der Mythen der

Germanen im Norden und im Süden.

Da die Südgermanen im Gegensatz zu den Nordgermanen mit vielen neuen Völkern und ihren Vorstellungen und Mythen in Kontakt kamen, änderte sich die Religion der Südgermanen, während die der Nordgermanen gleich bleib.

Die Entstehung des Odin (600-200 v.Chr.)

Durch den Kontakt mit den Mysterien von Eleusis und von Samothrake sowie mit denen des Dionysos, des Mithras, des Sol invictus usw. entstand auch bei den Germanen ein Mysterienkult, der wie alle anderen Mysterien auch vor allem aus einer Jenseitsreise bestand.

Der Gott, der in allen Mysterien das Vorbild der Jenseitsreisenden ist, war bei den Südgermanen Odin. Möglicherweise hat er sich aus dem leitenden Priester-Schamanen der Mysterien entwickelt. Auf dieselbe Weise haben z.B. auch Buddha, Konfutse und Christus einen göttlichen oder Gott-ähnlichen Status erlangt.

Der neue Göttervater der Südgermanen (200 v.Chr. - 300 n.Chr.)

In dieser Zeit ist Odin zu dem wichtigsten Gott der Südgermanen geworden. Vermutlich ist jedoch Tyr noch immer der Sonnengott-Göttervater gewesen. Thor wird daher auch noch immer der Sohn des Tyr gewesen sein.

Der Aufstieg des Thor (300-500 n.Chr.)

Mit dem Beginn der Völkerwanderungszeit, die auch die Südgermanen, aber nicht die Nordgermanen betraf, wurde bei den Südgermanen ein „Gott des Sieges" benötigt, da es zu ständigen Kämpfen mit anderen Völkern kam.

Für diese Funktion eignete sich der Donnergott am besten. Der bisherige Sonnengott-Göttervater war ein sterbender und wiedergeborener Gott, was bedeutet, daß seine Siege nie endgültig waren, sondern immer nur bis zum nächsten Herbst Bestand hatten – das war in einer derart kriegerischen Zeit nicht das, was man brauchte …

Vermutlich haben die Germanen und die Kelten in dieser Zeit die Schamanen-Ekstase zu einer Kampf-Ekstase weiterentwickelt. Das verwandelte den Seelenführer Odin in einen Kriegsgott, was wiederum dazu führte, daß er die Rolle des Göttervaters und damit auch die des Vaters des Donnergottes übernahm.

Auf diese Weise entstand das Paar „Thor und Odin", das nun an der Spitze der südgermanischen Götter stand.

Die Absetzung des Tyr (500 n.Chr.)

Um 500 n.Chr. erreichten diese neuen, südgermanischen Mythen mitten in der Völkerwanderungzeit auch die Nordgermanen, obwohl diese recht geschützt am Nordrand des damaligen Kriegsgebietes lebten, das fast ganz Europa umfaßte.

Das führte dazu, daß der bisherige Sonnengott-Göttervater Tyr bei den Nordgermanen abgesetzt wurde und Odin zum neuen Göttervater wurde.

Bei diesem Vorgang übernahm Thor die Rolle des jungen, wiedergeborenen Sonnengottes Tyr, aus der er einst einmal um 6000 v.Chr. entstanden war.

Odin übernahm die Weisheits-Aspekte des alten Sonnengottes, indem er ihn in Rätselkämpfen besiegte.

Der Sonnengott als Riese in der Unterwelt wurde von Thor getötet, wobei dieser auf das alte indogermanische Motiv der Ermordung des alten Sonnengottes durch den jungen Sonnengott (seinen Sohn) zurückgreifen konnte.

Nach dieser drastischen Reduzierung der Funktionen und Mythen des Tyr blieb von ihm nur ein unbedeutender Sohn des Odin übrig.

Thor und Odin (500-1000 n.Chr.)

Der Donnergott und das Kriegerideal Thor entwickelte sich zunehmend zu dem wichtigsten Gott der Germanen. Diese Rolle, die er schon in der Völkerwanderungszeit erhalten hatte, wurde nun immer mehr verfestigt und es wurden viele Loblieder über seine Siege über den Tyr-Riesen verfaßt, die dem Sieg der Germanen über alle ihre Feinde gleichgesetzt wurden.

Christianisierung (1000-1300 n.Chr.)

Die Missionierung, die bei den Südgermanen schon um 800 n.Chr. begonnen hatte, verdrängte nun auch zunehmend die ursprüngliche Religion bei den Nordgermanen.

Durch den Beschluß auf dem All-Thing der Isländer um 1000 n.Chr., auf dem festgelegt wurde, daß das Christentum die offiziellen Religion Island werden sollte, aber das ein jeder für sich privat die alte Religion beibehalten durfte, konnte die germanische Religion und somit auch die Verehrung des Thor in Island noch 300 Jahre lang weiterexistieren.

V Das Aussehen des Thor

In der vielfältigen Überlieferung über den Donnergott Thor finden sich viele Hinweise auf das Aussehen des Thor und auch über Götter und Dinge, die in seinen Mythen zu ihm gehören und daher als seine Umgebung dargestellt werden können, wenn man ein umfassendes Bild des Thor entwerfen will.

Zunächst einmal werden alle diese einzelnen Motive aufgeführt und dann anschließend zu einem großen Bild zusammengefaßt.

Gesicht

Von Thors Gesicht werden nur seine Augen und seine Augenbrauen beschrieben. Seine Augen sind Blitze, sie flammen furchtbar und sein Blick ist stechend und bedrohlich.

Dazu passen Thors buschigen Augenbrauen, die sich über seine Augen niedersenken, wenn er wütend wird.

Er wird als schön und wie in Eichenholz eingelegtes Elfenbeim geschildert. Möglicherweise ist er einfach schön, weil er ein Ase ist – vielleicht hat sich hier aber auch etwas von dem Strahlen des jungen Sonnengottes erhalten können, aus dem heraus er entstanden ist. Eichenholz ist hellbraun und stark gemasert – vielleicht ist damit seine leicht faltige oder wettergegerbte Haut gemeint. Elfenbein ist hingegen heller und weißlich – welche Teile der Haut des Thor welche Farbe gehabt haben, ist unklar. Vielicht sollte auch Thors Haar Eichen-farbig und seine Haut elfenbeinern sein …

Als Choleriker wird er eine oder zwei steile Stirnfalten gehabt haben. Sein Gesicht wird eher markant-eckig gewesen sein – wie ein junger oder mittelalter Mann mit dem Mars im 1. Haus seines Horoskopes.

Für diesen „Mars-Charakter" spricht auch Thors Schilderung als tapfer, ungestüm, wütend, wild, schnell in Wut geratend, streng, ungeduldig, bedrohlich und ruhmvoll.

Vermutlich hat Thor ein ausgeprägtes Kinn und kräftige Kieferknochen.

Das markanteste Merkmal an Thors Gesicht ist jedoch mit Sicherheit der Splitter des Wetzsteines der Hrungnir, der in seiner Stirn steckt.

Thor ist der Beschützer der Menschen, der Verteidiger von Asgard und Midgard und er ist ganz allgemein der Helfer im Kampf. Das bedeutet, daß in seinem Gesicht nicht nur seine Cholerik geschrieben steht, sondern auch sein ausgeprägter Sippensinn und sein Beschützerinstinkt.

Haare, Bart

Über Thors Gesicht wird gesagt, daß er einen langen roten Bart hat – an anderer Stelle wird sein Bart jedoch als strahlender als Gold beschrieben. Da die Germanen Gold als „rot" bezeichnet haben, wird sein Bart wohl goldblond und nicht rotblond gewesen sein. Vielleicht sind es auch Thors Bart und Haare, die Eichen-farben sind.

Das goldblonde Haar wäre ein Erbe aus der Zeit, als Thor aus dem jungen Sonnengott entstanden ist; das rote Haar würde ihn hingegen als Mars-betonten Krieger kennzeichnen.

Gestalt

Über Thors Gestalt wird nicht direktes ausgesagt. Als Choleriker wird er jedoch auch sehr kräftig gewesen sein.

Er ist ein mächtiger und gewaltiger Krieger. Er ist ein Einzelkämpfer und er ist der stärkste und unbezwingbare Gott. Thor wird folglich breite Schultern und kräftige Arme haben. Seine kräftige Faust wird ausdrücklich hervorgehoben.

Thors „Mut-Stein", also sein Herz, zittert niemals.

Thor kann zudem in Asenkraft und Asenzorn, d.h. in Kampf-Ekstase geraten. Vermutlich kann man an Thors Augen erkennen, daß er in der Lage ist, sich völlig auf ein einziges Ziel zu konzentrieren und vollkommen eingerichtet zu werden – ohne diese Fähigkeit ist keine Kampfekstase möglich …

Kleidung

Thors Kleidung wird sicherlich seinem Wesen entsprechend kräftig und eher rustikal gewesen sein.

Die Kleidung der Germanen bestand aus einem Hemd mit Ärmeln, einer Hose mit angenähten Socken, einfachen Lederschuhen, einem Ledergürtel sowie einem Umhang, der am Rand oft ein Webmuster besaß und über der rechten Schulter mit einer Fibel zusammengehalten wurde.

Nach seinen langen Wanderungen und seinen Kämpfen ist diese Kleidung möglicherweise manchmal ziemlich zerschlissen gewesen – an einer Stelle verspottet Odin den Thor damit, daß er ein Bettlergewand und nicht einmal richtige Hosen trägt …

Es wäre naheliegend, für Thors Fibel die Form eines goldenen Blitzes zu wählen.

Die meist aus Reihen von Quadraten bestehen Verzierung am Rand der Umhänge der Germanen könnte bei Thor von goldgelber Farbe sein.

Auf seinem Kopf trägt Thor einen Spitzhut, der eine späte Variante der hohen

Goldhüte sein wird, die in der vorchristlichen Zeit von den Priestern getragen wurden und recht sicher ein Hinweis auf die Sonne sind. Sein Hut ist somit wie Thors Haar- und Bartfarbe eine Erinnerung an seine Entstehung aus dem jungen, wiedergeborenen Sonnengott heraus.

Als Priester trägt Thor einen Gürtel, Handschuhe und einen Seherstab. Der Gürtel ist zu einem Kraftgürtel und die Handschuhe zu Eisenhandschuhen umgedeutet worden – wie bei Odin hat sich auch in Thor die Krieger- und die Priesterfunktion miteinander verbunden. Während Odin jedoch noch immer mehr Schamanen-Priester als Krieger ist, ist Thor deutlich mehr Krieger als Priester.

Zu Thors Kleidung gehört noch der Korb auf seinem Rücken, in dem er Speise für seinen langen Wanderungen mit sich trägt. Bei einer Gelegenheit hat er in seinem Rückenkorb auch den halberfrorenen Aurvandil (Morgenstern-Venus) aus dem Jenseits geholt und zurück nach Asgard gebracht.

Waffen

Die Waffe des Thor ist der Hammer. Er hat einen sehr kurzen Stiel und wird an einer Stelle als golden bezeichnet. Dieser Hammer hat von seiner Form her noch Ähnlichkeit mit einem Mahlstein. Sein Hammer ist der Blitz und er erzeugt den Donner, nach dem Thor als „Donner" bezeichnet worden ist. „Thor" bedeutet jedoch zugleich auch „Krieger". Wegen seinen durch seinen Hammer erzeugten Blitze ist Thor dem Jupiter gleichgesetzt worden.

Die ältere Waffe des Thor ist die Keule aus Eichenholz, wegen der Thor von den Römern „Herkules" genannt worden ist. Von dieser Eichenholz-Keule stammt Thors Beiname „perkunos", der bei den Germanen jedoch fast vollständig in Vergessenheit geraten ist. So wie es das Motiv des goldenen Hammers gegeben hat, gab es auch das Motiv der goldüberzogenen Keule des Thor.

Vielleicht ist der goldene Hammer und die goldene Keule eine Erinnerung an den jungen Sonnengott, vielleicht sollte das „Gold" aber auch nur Thors Waffe als besonders wertvoll bezeichnen.

Als dritte Waffe wird eine feurige Axt genannt – allerdings nur ein einziges mal. Vermutlich ist die „feurige Axt" eine „Blitze-sprühende Axt".

An einer Stelle wird eine Schildschnur des Thor erwähnt. Da Thor jedoch nirgendwo einen Schild trägt, wird diese Stelle wohl der dichterischen Freiheit entsprungen und kein mythologisches Motiv sein.

Priester

Als Priester trägt Thor Gürtel, Handschuhe und Seherstab.

Mit seinem Hammer weiht Thor die Braut bei der Hochzeit, was diesen Hammer als Penissymbol deutlich werden läßt. Die Weihung des Bestattungsfeuer könnte sich evtl. analog dazu auf die Wiederzeugung beziehen.

In welcher Weise Thor ganz Midgard weiht und zu welchem Zweck, wird nicht näher ausgeführt. Vermutlich wird er auch Midgard mit seinem Hammer segnen – wahrscheinlich um die Menschen zu schützen.

Auch das Ziehen des Zeichens des Thor-Hammers über einem Kelch vor dem Trinken im Ritual wird eine solche Weihung sein, die hier jedoch im Namen des Thor von Menschen durchgeführt wird.

Symbole

Die zentralen Symbole des Thor sind neben seinem Hammer sein Blitz und sein Donner.

Schmuck

Thor trug als Schmuck und vermutlich auch als Herrschaftszeichen goldene und silberne Ringe an seinen Armen.

Streitwagen

Thor wandert entweder zu Fuß oder fährt in seinem Streitwagen, der von zwei Ziegenböcken gezogen wird.

Besitz

Thor besitzt einige Gegenstände, die auch in seinen Tempeln vor seinen Statuen auf dem Altar liegen.

Dies ist zunächst einmal entweder das Trinkhorn des von ihm abgesetzten ehemaligen Göttervaters Tyr oder stattdessen die beiden Trinkhörner der beiden Alcis-Söhne des Tyr, für die die beiden Goldhörner von Gallehus das beste Beispiel sind.

Auch das Tafl-Spiel, das als Orakel benutzt worden ist, wird aus der Beute des Thor und des Odin stammen, die diese dem Tyr bei seiner Absetzung abgenommen haben – schließlich stellt das Tafl-Spiel den Kampf zwischen dem Sommergott Tyr und dem Wintergott Loki dar.

Die Hammer-Amulette werden wohl kaum zu Thors Besitz gehört haben, sondern nur von Menschen verwendet worden sein – Thor selber besaß das Original ...

Sippe

Thor ist ein Mitglied der Asen-Sippe. Sein Vater ist der Schamanengott und Göttervater Odin, seine Mutter ist die Erdgöttin Jörd. Als Sohn des Odin ist Thor der Halbbruder des Baldur, dessen Mutter die Göttin Frigg ist.

Thors Frau ist die Korngöttin Sif. Das gemeinsame Kind der beiden ist die Göttin Thrudr, die einst selber einmal eine Wiederzeugungs-Geliebte und Wiedergeburts-Mutter des Thor gewesen sein wird.

Die Mutter der beiden Thor-Söhne Modi und Magni ist unbekannt. Sie stammen aus den Mythen des ehemaligen Göttervaters Tyr, in denen sie seine beiden Alcis-Söhne gewesen sind, die als zwei Schimmel seinen Sonnen-Streitwagen gezogen haben.

Thors Frau Sif hat zusammen mit Loki den Sohn Ullr. Dies ist ein Motiv, das aus dem endlosen Kampf um die Herrschaft zwischen dem Sommergott Tyr und dem Wintergott Loki stammt, die sich gegenseitig, um sich wiederzeugen zu können, die Frau, d.h. die Jenseitsgöttin geraubt haben.

Schließlich sind noch Thors Zieheltern Vingnir/Loricus und Hlora/Lora von Bedeutung, die auf Tyr und Freya zurückgehen. Thor hat seine Zieheltern getötet, um selber der Herrscher zu werden.

Feinde

Thor hat eine ganze Reihe von Feinden: die riesige Midgardschlange Jörmungandr, den Tyr-Riesen („Troll"), Tyrs zwei Söhne und die Jenseitsgöttin („Troll-Frau").

Das Motiv der Bootsfahrt des Thor und des Tyr-Hymir, bei der Thor mit Jörmungandr kämpft, stammt aus der Vorstellung, daß der ehemalige Sonnengott-Göttervater Tyr zusammen mit seinem Sohn Thor in der Sonnenbarke über den Himmel fährt – und auch durch die Unterwelt, wo sie Jörmungandr begegnen.

Zu Thors Sieg über den Tyr-Riesen gehört auch, daß Thor die Augen des Tyr-Thiazi, d.h. Sonne und Mond an den Himmel geworfen hat.

Loki ist sowohl Thors Freund als auch Thors Verbündeter – diese Widersprüchlichkeit liegt in den Mythen begründet, die Thor von Tyr übernommen hat und die sich nicht ganz reibungslos mit den Mythen des Thor kombinieren ließen.

Es gibt drei Gegner des Thor, die er nicht besiegen konnte: Das ist erstens die Riesenschlange Jörmungandr, die in einer Mythe als Katze erscheint, zweitens das Alter, das als die Amme Elli auftritt, und schließlich das Meer, das Thor nicht austrinken kann, sondern in dem er bei seinem Versuch, dies zu schaffen, „nur" Ebbe und Flut erzeugt hat.

Halle

Thors Halle Bilskirnir („Blitzstrahl") steht in Thrudwang („Thrudrs Feld") und enthält 540 Wohnungen.

Tempel

Der Himmelsherr Thor wurde unter Eichen, in Heiligen Hainen und in Tempeln als Freund der Menschen verehrt. Sein Priester-Diener heißt Thialfi und begleitet ihn auf vielen Reisen.

Dem Thor wurden vor allem Ziegenböcke geopfert.

Innen hinter den Tempeltoren und hinter den Hochsitzen der Fürsten stand das „Seelenweg-Tor", das aus zwei Pfosten bestand, die oben von einem Bogen verbunden waren. Durch dieses Tor betrat man das Jenseits und durch dieses Tor kam die Hilfe von den Ahnen und den Göttern zu den Menschen bzw. zu dem Fürsten auf seinem Hochsitz.

Auf diese beiden Pfosten ist oft ein Gesicht geschnitzt worden, das sich auch auf etlichen Runensteinen findet. Vermutlich hat dieses Gesicht einst Tyr dargestellt, aber in der Spätzeit der germanischen Religion ist es als Thor aufgefaßt worden.

Diese Säulen wurden von den Siedlern, wenn sie in Sichtweite von Island gelangt waren, in das Meer geworfen. Dort, wo diese Säulen dann angespült wurden, errichteten sie dann ihre neue Wohnhalle und ihren neuen Tempel.

Säule in der Stabkirche von Gol, Norwegen	Säule in der Stabkirche von Garmo, Norwegen

Själle	 Bösarp	 Lund 2	 Västra
 Sjellebro	 Skern	 Lund 1	 Aarhus

Diese stark stilisierten Gesichter zeigen einige bereits bekannte, aber auch einige neue Details:
- das üppige Haupthaar des Tyr/Thor;
- der kunstvoll gelegte Bart, der sehr an die Bärte der keltischen Götter auf dem Kessel von Gundestrup erinnert (offenbar hatten die Götter zumindestens der westlichen West-Indogermanen sehr kunstvolle Bärte);
- der Übergang des Gesichtes von Aarhus zu einem Tier (Ohren, Hörner?), das vielleicht ein Rest der Erinnerung des Stieres des indogermanischen Sonnengott-Göttervaters und auch des indogermanischen Donnergottes ist;
- das Kundalini-Meditations-Symbol über der Stirn des Gesichtes auf der Säule von Garmo (das Erwecken der Kundalini ist die Grundlage der Kampf-Ekstase gewesen; aus dem Symbol wurde später die Fleur-de-Lys, das Zeichen der französischen Könige – siehe auch „Kundalini" in Band 64).

Statuen

Die Statue des Thor stand in den Tempeln in allen bekannten Fällen in der Mitte der Götter. Links von ihm (aus Betrachtersicht) stand die Statue des Odin und rechts die des Freyr. In anderen Tempeln standen neben ihm Odin (Woden) und Saxnot bzw. Irpa und Thorgerdr Hölgabrudr.

Umgebung des Tempels

In der Umgebung des Tempels sind die Wesen und Dinge zu sehen, die zu Thor gehörten:
- die Donar-Eiche; der dem Thor geweihte Hain, der vermutlich aus Eichen bestand; und der Sumpf, in dem die Opfer an Thor versenkt wurden;
- blühende Obstbäume, die an Thor als Frühlingsgott erinnern; sowie Getreidefelder, über denen Kumuluswolken dahinziehen, die auf Thor als freundlichen Wettergott und Müller hinweisen;
- die mit Thor assoziierten Märzveilchen; der Mistkäfer, der den Namen „Thor-Diener" trug; und der Fuchs, der „Wald-Thor" genannt wurde;
- Gewitterwolken mit Blitzen; Stürme und Erdbeben;
- der Jenseitsfluß, den Thor täglich durchwatet.

Sonstiges

Einige Dinge aus den Mythen des Thor lassen sich nicht so einfach bildhaft darstellen:
- die Feste des Thor => evtl. eine Gruppe von Menschen, die dem Thor opfern;
- Gewitter-Omen => ein Seher, der zu den Blitzen am Himmel aufblickt;
- Totengott der Knechte => ärmlich gekleidete Tote hinter einem Seelenwegtor;
- Hilfe bei der Heilung der Pest => Thor weiht mit seinem Hammer einen Menschen mit Pestbeulen;
- Gott des Donnerstags => das Planten-Symbol des Jupiters ist wohl noch die beste Näherung.

Zusammenfassung

Thors stechende, bedrohliche Augen flammen wie fürchterliche Blitze. Seine Augenbrauen sind buschig und senken sich über seine Augen herab. Über seiner Nasenwurzel ragen zwei Choleriker-Stirnfalten empor.

Thor hat ein ausgeprägtes Kinn und kräftige Kieferknochen. Obwohl man Thor seinen kriegerischen Charakter sofort ansieht, ist auch sein ausgeprägter Sippensinn und sein Beschützerinstinkt gut zu erkennen.

In seiner Stirne steckt ein Splitter des Wetzsteines des Tyr-Hrungnir.

Seine Haut ist wie Elfenbein – er ist trotz seiner gewaltigen Macht ein schöner Gott.

Die Haare und der lange Bart des Thor sind goldblond mit einem rötlichen Schimmer. Sie strahlen wie Gold. Sein Bart ist kunstvoll gelegt und gewellt.

Thor hat eine kraftvolle Gestalt, breite Schultern, muskulöse Arme und kräftige Fäuste. Sein Herz zittert niemals. Man sieht ihm an, daß er in seinem Asenzorn, also in seiner Kampfekstase, vollkommen eingerichtet sein kann.

Der Donnergott trägt ein Hemd mit Ärmeln, eine Hose mit angenähten Socken, einfache Lederschuhe, einen Ledergürtel sowie einem Umhang, der am Rand mit einem goldgelben Webmuster verziert ist und über der rechten Schulter mit einer Fibel in der Gestalt eines goldenen Blitzes zusammengehalten wird. Auf seinem Kopf trägt Thor einen Spitzhut.

Thors trägt kräftige und eher rustikale Kleidung, die oft von seinen weiten Wanderungen und von seinen Kämpfen zerschlissen ist.

Als Priester trägt Thor einen Gürtel, Handschuhe und einen Seherstab. Der Gürtel ist bei ihm zu einem Kraftgürtel und die Handschuhe zu Eisenhandschuhen geworden.

An seinen Handgelenken trägt er als Herrschaftszeichen und als Schmuck Armreifen aus Gold und aus Silber.

Der Donnergott trägt einen Korb auf seinem Rücken, in dem er Speise für seine langen Wanderungen und manchmal auch den halberfrorenen Aurvandil mit sich trägt.

In seiner Hand hält Thor seinen kurzstieligen Hammer und seltener auch eine Eichenholz-Keule oder eine Axt. Mit seinem Hammer tötet Thor alle Feinde und mit ihm weiht er Bräute, Bestattungsfeuer, Asgard, Midgard und auch den Trank in den Ritualkelchen. Der Hammer ist nicht nur eine Waffe, sondern auch ein Mühlstein und ein Penis. Von diesem Hammer gehen Blitz und Donner aus.

Thor wandert entweder zu Fuß oder fährt in seinem Streitwagen, der von zwei Ziegenböcken gezogen wird.

Hinter Thor steht rechts sein Vater Odin und links seine Mutter Jörd, deren Kleid in den pflanzenbewachsenen Erdboden übergeht, da sie eine Erdgöttin ist.

Neben Thor steht seine Frau, die Korngöttin Sif. Neben Sif steht wiederum der Gott Loki. Vor Thor und Sif steht deren Tochter Thrudr; vor Sif und Loki steht deren Sohn Ullr. Noch weiter vorne stehen vor Thor dessen Söhne Modi und Magni. Auf der anderen Seite des Thor steht dessen Halbbruder Baldur.

Auf der Erde liegen Thors Zieheltern Vingnir/Loricus (Tyr-Riese, „Troll") und Hlora/Lora (Freya, „Troll-Frau"), die von Thor getötet worden sind.

Ganz vorne ist im Meer Jörmungandr zu sehen, der der Hauptfeind des Thor ist. Loki ist sowohl sein Gegner als auch sein Verbündeter.

Am Rand des Bildes ist im Meer eine Sonnenbarke zu sehen, in der der Schwertgott-Sonnengott-Göttervater Tyr und dessen Sohn, der Hammer- und Donnergott Thor stehen.

Am Himmel stehen Sonne und Mond – die Augen des Tyr-Thiazi, die Thor dort hinaufgeworfen hat.

Ebenfalls am Rand des Bildes ist eine Katze (Jörmungandr) und eine alte Frau, die das Alter verkörpert, zu sehen – Jörmungandr, das Alter und das Meer können von Thor nicht besiegt werden.

Im Hintergrund steht Thors gewaltig große Halle „Blitzstrahl". Neben ihr steht eine Eiche und etwas weiter entfernt ein Eichen-Hain, die beide dem Thor geweiht sind. Vor dem Hain ist ein Opferstein zu sehen, auf dem ein Ziegenbock liegt, der von einem Priester in einem langen Gewand geopfert worden ist.

Vor dem Eingang von Thors Halle liegt eine steinerne Mahlschale und ein Mühlstein im Gras und daneben zwei goldene Trinkhörner und ein goldenes Tafelspiel.

In der Nähe dieser Szene sind zwei Pfosten zu sehen, in die das Gesicht des Thor geschnitzt worden ist und die oben mit einem gebogenen, hölzernen Balken verbunden sind – ein Seelenweg-Tor, durch das die Menschen zu Thor gelangen können.

Zwei solcher Thor-Pfosten treiben im Vordergrund gerade an Land, wodurch Thor den Siedlern ihren neuen Wohnort zeigt.

Über diesen Gesichtern des Thor auf den Pfostenpaaren ist das germanische Kundalini-Symbol („fleur-de-lys") zu sehen.

In der Nähe des Heiligen Hains grast ein Stier. Dort bei den Eichen ist auch ein Opfermoor zu sehen, in das von Menschen Waffen versenkt werden.

Im weiteren Umkreis der Halle des Thor liegen blühende Obstbäume und Getreidefelder. Auf den Wiesen blühen Märzveilchen; vorne am Strand ist ein Mistkäfer zu sehen und hinten zwischen den Eichen des Haines ein Fuchs.

An der rechtem Seite kann man den Jenseitsfluß sehen, den Thor jeden Tag durchwatet.

Am Himmel treiben helle Kumuluswolken, die von schönem Wetter künden. In einer Ecke des Bildes sieht man in der Ferne auch Gewitterwolken und einen Blitz.

VI Zugang zu Thor

Der Zugang zu einer Gottheit ist eigentlich immer weitgehend derselbe. Der Kontakt zu einem Gott oder einer Göttin beginnt damit, daß man auf irgendeine Weise auf sie oder ihn aufmerksam wird und ein Potential spürt – es gibt etwas, was einen selber zu ihr oder ihm hinzieht.

Dieser erste Anlaß, den man in seiner Reichweite und in seinen Konsequenzen meistens nicht gleich überblicken kann, führt dazu, daß man etwas über die betreffende Gottheit nachliest, um einen ersten Eindruck zu erhalten, welchen Charakter diese Gottheit hat.

Als nächstes kann man dann Originaltexte oder Übersetzungen von ihnen lesen, in denen über die Gottheit berichtet wird. Dadurch werden meist deutlich mehr Gefühle angesprochen als beim Lesen von religionswissenschaftlichen Texten, in denen die Mythen einer Gottheit zusammengefaßt werden.

Ein weiterer Schritt kann der Vergleich mit ähnlichen Gottheiten in anderen Kulturen sein. Dadurch wird die betreffende Gottheit in ihren persönlichen Eigenheiten deutlicher sichtbar.

Eine Meditation, in der man sich auf die Gottheit konzentriert oder ihren Namen als Mantra benutzt, führt über die Verstandesebene hinaus und ruft evtl. erste Erlebnisse mit der Gottheit hervor: Stimmungen, Gefühle, plötzliche Erkenntnisse, Bilder …

Wenn das eigene Interesse soweit geführt hat, daß man erste persönliche Erlebnisse mit einer Gottheit gehabt hat, wird man in den meisten Fällen sich einen intensiveren Kontakt wünschen.

Daher ist der nächste, naheliegende Schritt eine Traumreise. Eine solche Reise ist ein Bewußtseinszustand, in dem man zugleich im Wachbewußtsein und im Traumbewußtsein ist – so wie morgens beim aufwachen aus einem Traum oder bei einem Tagtraum, wenn man in der Eisenbahn sitzt und gedankenverloren aus dem Fenster schaut. In diesem Zustand sieht man innere Bilder, die ihre eigene Dynamik haben.

Wenn man nun eine Gottheit als Ziel einer solchen Traumreise nimmt, wird man ihr in der inneren Bilderwelt begegnen, kann sich mit ihr unterhalten und bekommt evtl. etwas gezeigt oder geschenkt usw. Was auf einer solchen Reise geschieht, läßt sich nicht vorhersehen.

Eine weitere Möglichkeit ist die Bitte um Rat und Hilfe an die Gottheit für eine Angelegenheit, die einem wichtig ist. Durch das Erlebnis, daß solche Bitten eine Wirkung haben, beginnt die Gottheit ein Teil des eigenen Lebens zu werden. Das muß keineswegs etwas Bombastisches sein, sondern kann zu etwas völlig Normalem werden – aber es hat immer etwas Erhebendes ... wie das „Berühren der Wahrheit und der Richtigkeit", um es einmal etwas poetischer auszudrücken.

Ein anderer Weg, um zu einem intensiveren Kontakt zu einem Gott oder zu einer Göttin zu gelangen, ist es, ihre Mythen zu lesen, aber dabei nicht den Standpunkt eines außenstehenden Beobachters einzunehmen, sondern alles aus der Sicht der Gottheit zu sehen und zu erleben und zu schauen, was in der Gottheit dabei vor sich geht.

Schließlich gibt es noch die Anrufung, die auch „Invokation", also „Hereinrufen" genannt wird. Dabei ruft man die Gottheit, wie die Bezeichnung schon sagt, in sich hinein.

Um das zu erreichen, beginnt man damit, die Gottheit mit laut ausgesprochenen Worten zu beschreiben und sie sich dabei vor sich möglichst plastisch vorzustellen. Dabei beschreibt man die Gottheit in der Form „Er ist ..." bzw. „Sie ist ...".

Dann geht man dazu über, die Gottheit selber anzusprechen und ihre Qualitäten zu beschreiben. An dieser Stelle sollten die eigenen Gefühle für die Gottheit und auch die Gefühle, die der Anlaß für diese Anrufung gewesen sind, in die eigenen Worte miteinfließen – diese Gefühle sind das, was den weiteren Verlauf der Anrufung antreibt. Die Form wechselt nun zu „Du bist ..."

Schließlich geht man zu einem „Ich bin ..." über und stellt sich vor, daß die Gestalt der Gottheit, die man vor sich sieht, auf einen selber zukommt und man schließlich die Gestalt dieser Gottheit annimmt und dann „aus der Gottheit heraus" zu sprechen beginnt.

Wenn der Kontakt zu einer Gottheit erst einmal hergestellt ist, können Gespräche mit ihr etwas völlig Normales werden, was auch keine äußere Form mehr braucht. Man kann dann einfach innehalten und sich innerlich an sie wenden, sie fragen und dann lauschen, was als Antwort kommt.

Für manche Menschen ist es auch einfacher, die Fragen an die Gottheit auf ein Blatt Papier zu schreiben und dann „loszulassen" und zu schauen, was die eigene Hand „spontan als Antwort schreibt".

Der hier beschriebene Weg muß natürlich nicht immer so verlaufen, sondern beschreibt nur die wichtigsten Möglichkeiten in der ungefähren Reihenfolge der Intensität des Kontaktes. Die Begegnung kann auch ganz anders verlaufen – das Leben ist bunt ...

Und es wird noch eine Vielfalt an weiteren Formen der Begegnung und weitere Möglichkeiten im Erleben einer Gottheit geben.

Die hier beschriebenen Wege sollen nur helfen, das Tor zu öffnen ...

VII Hymnen an Thor

Die folgenden Hymnen und Lieder sind keine alten Texte, sondern Neuschöpfungen. Sie sind „Gebrauchslyrik", d.h. sie sind Zusammenfassungen der Mythen des Thor, Konzentrationshilfen vor Meditationen, Anregungen zu Anrufungen usw. und sie können daher nach Belieben gekürzt, erweitert, umgeschrieben oder in sonst einer Weise verändert werden.

Ihr Zweck ist es, dem einen oder anderen den Zugang zu Thor zu erleichtern und evtl. dazu anzuregen, selber Verse über Thor zu verfassen.

Anrufung des Thor

Die folgende Anrufung des Thor, die den Charakter eines Gebetes hat, wendet sich vor allem an Thor als den Beschützer des Ackerbaus.

Die drei Strophen sind im Galdrlag („Zaubergesangs-Form") verfaßt worden, d.h. daß jede Aussage in grammatischer und inhaltlicher Form wiederholt wird – in diesem Fall jeweils in der zweiten Hälfte einer jeden Zeile. Dies dient der Verstärkung der Aussage und soll einen „hypnotischen Effekt" haben.

Die ungeraden Zeilen enthalten jeweils zwei Thor-Kenningar und die geraden Zeilen jeweils zwei Bitten an Thor.

Jede Zeile hat vier betonte Silben und beginnt auch mit einer betonten Silbe (außer Zeile 6). Sie sind meist im Trochäus (betonte Silbe – unbetonte Silbe) und manchmal im Daktylus (betonte Silbe – unbetonte Silbe – unbetonte Silbe) verfaßt.

Der Stabreim steht jeweils in den beiden ersten Worten einer jeden Zeile, also in der ersten der beiden Thor-Kenningar, und im ersten Wort der zweiten Zeile.

Die ungeraden Zeilen enthalten einen Halbreim (wie z.B. „Ha<u>nd</u> – Mu<u>nd</u>") und die geraden Zeilen einen Vollreim (wie z.B. in „W<u>and</u> – H<u>and</u>"). Diese Anordnung der Stabreime, der Halbreime und der Vollreime entspricht den Regeln für eine Drapa (Loblied). Die fünfte Zeile enthält abweichend einen Vollreim.

Der Sinn dieser vielen lyrischen Regeln ist, daß die Verse beim Vortragen zu „schwingen" beginnen können. Diese lyrische Form ist also eine Annäherung des gesprochenen Worte an den Gesang.

Letzten Endes soll dieses „Schwingen" die magische Wirkung eines Textes verstärken und eine ähnliche Wirkung wie Mantra auslösen.

Hlodyns Hüter, Magnis Vater –
hebe den Hammer, ende den Jammer!
Blitz-Besitzer, Schutz-Verschenker –
banne die Riesen, segne die Wiesen!

Donner-Droher, Kampfes-Froher –
verdränge die Trolle, weihe die Scholle!
Regen-Reicher, Jötun-Sucher –
rode die Wälder, segne die Felder!

Midgards Mächtiger, Asgards Stärkster –
mehre die Rinder, schütze die Kinder!
Thursen-Töter, Modis Vater –
tilge die Not und schenke uns Brot!

Thor und Jörmungandr

  Dieses Lied spielt in der Zeit vor der Absetzung des Tyr als Göttervater um 500 n.Chr. Sein Inhalt leitet sich von den Bildern auf den skandinavischen Steinritzungen, von den Bildsteinen um 400 n.Chr. und aus den rekonstruierten Donnergott-Mythen der Indogermanen her. Ob die damaligen Mythen über Tyr, Thor, Loki und die Midgardschlange genau so ausgesehen haben, ist natürlich unbekannt.
  Die Form dieses Liedes ist die klassische Drapa, die sieben Merkmale hat:

- Jede Strophen hat acht Zeilen, die aus zwei Sätzen bestehen, die sich jeweils aus zwei Doppelversen zusammensetzten, in denen wiederum zwei Halbsätzen kombiniert werden.
- Jede Zeile hat vier, gelegentlich auch fünf betonte Silben.
- Jede Zeile hat sechs bis zehn Silben; im Durchschnitt sind es acht Silben.
- In den ungeraden Zeilen stehen zwei Stabreime. Der Stabreim wird in der jeweils folgenden geraden Zeile wiederholt – vorzugsweise im ersten Wort.
- In den ungeraden Zeilen steht ein Halbreim („Ha<u>nd</u> – Mu<u>nd</u>") oder manchmal auch ein Vollreim („Ha<u>nd</u> – Wa<u>nd</u>").
- In den geraden Zeilen steht ein Vollreim.
- Es werden viele Kenningar verwendet.
- Zusätzlich wurde stellenweise auf Lautmalerei geachtet. (So könnte die Wortwahl z.B. das Zischens von Schlangen verdeutlichen: „<u>Sch</u>otter-Fi<u>sch</u>e <u>sch</u>längeln <u>s</u>ich <u>z</u>i<u>sch</u>end und ra<u>sch</u>elnd durch da<u>s sch</u>üttere Gra<u>s</u>.").

Die beiden Teile der Drapa („Herbst" und „Frühling") sind parallel aufgebaut, da sie die zwei Verwandlungspunkte des endlosen Zylus der Jahreszeiten sind.

Zu der Zeit, aus der diese rekonstruierte Mythe stammt (ca. 1000 v.Chr. - 500 n.Chr.), hat es aber mit Sicherheit noch keine Drapas gegeben, da diese lyrische Form erst um ca. 850 n.Chr. entwickelt worden ist.

Thor und Jörmungandr
Teil 1:   Herbst

Der wilde Wald in der weiten Welt,
der Wurzel-Tiefe[1], von Stürmen Schiefe,
färbte sich golden und rot und gelb;
graue Nebel über stiller Aue.

Regen fällt vom Himmel zu Rindr[2],
trommelt weich auf Rans Reich[3]:
Kalter Wind – Eis an der Wand ...
Wehe! Ich sehe, Niflheims Herrschaft[4] beginnt!

---

1 Wurzel-Tiefe = tiefverwurzelte Bäume
2 Rindr = Erdgöttin
3 Ran = Meeresgöttin; ihr Reich = Meer
4 Niflheim = Eis, Norden, Unterwelt; Niflheims Jahreszeit = Winter

*Tyr steht am Heck und Thor am Bug
des treuen, goldenen Sonnendrachen[5], sie wachen;
Starkad[6] mit Schild und mit kaltem Schwert,
Sönnung[7] mit dem Hammer – dem Jammer der Riesen!*

*Die Söhne des Surt[8] mit kurzem Bart[9]
an den Wangen, mit langem, scheinendem Haar[10];
Sie halten zwei Hörner aus Gold mit Met[11],
dem hehren Trank[12] – Idun sei Dank[13]!*

*Westri[14] gesucht und gefunden! Walaskialf[15] in Sicht!
Das Eiland der Seelenweg-Säulen[16] ... gut bekannt!
Der goldene Drache färbt sich glühend rot[17],
Die Gischt am Steven beginnt sich drohend zu heben.*

*Doch Loki der Listige ist auch im Boot:
Loptr[18] raubt den Hammer aus der Kammer –
Sönnung[19] sah es nicht und Laufeys Sohn[20]
versenkt ihn, schenkt ihn Ägirs Schlangen[21].*

---

5 Sonnendrachen = Drachenschiff des Sonnengott-Göttervaters
6 Starkad = Tyr
7 Sönnungr = Thor
8 Surt = Tyr; seine Söhne = die beiden Alcis (zwei Schimmel oder zwei Jünglinge)
9 kurzer Bart = jung
10 langes Haar = die Alcis wurden „Hadding", d.h. „Langhaar" genannt
11 zwei goldene Trinkhörner = wie die beiden Goldhörner von Gallehus
12 hehrer Trank = der Met war ein Symbol der Wiedergeburt
13 Idun als die Göttin der Äpfel der ewigen Jungend kann auch als die Göttin des Mets der Wiedergeburt angesehen werden.
14 Westri = Zwerg, der im Westen die Himmelskuppel, d.h. den Schädel des Urriesen Ymir, trägt
15 Walaskialf = Toteninsel (der Sonne) im Westen am Sonnenuntergangs-Ort
16 Seelenweg-Säulen = Jenseitstor
17 glühend rot = Sonnenuntergang (der „goldene Drache" ist auch die Sonne)
18 Loptr = Loki
19 Sönnung = Thor
20 Laufey = Riesin; ihr Sohn = Loki
21 Ägir = Tyr-Riese = Meeresgott: seine Schlangen = Fische

Wogen wüten, Wellen greifen
wild nach Surturs[22] Sonnenschild.
Rans Riemen[23] schlägt, fegt das Deck,
reißt im Zorn Mimirs Dorn[24] ins Meer.

Fimbuls[25] Kiefer klaffen – ohne Waffen,
voll Kummer im tobenden Heim der Hummer[26],
sind die Asen und Rans Töchter[27] rasen!
Ein Brecher rollt – Wyrd grollt den Regin ...

Das Schiff schwankt schrecklich im Haff[28],
Die Sonne versinkt, ertrinkt, ihr Lied verklingt;
Die garstige Natter zischt – wischt alle vom Deck
vom Bug bis zum Heck, das Boot wird leck!

Tyr stürzt in die Tiefen zu Rans Zofen[29],
Die Thursen-Töchter[30] verschlingen ihn, bringen
ihm den Tod: Und große Not für Thor:
Er taumelt in der Natter Stachel-Raum[31].

---

22 Surtur = Tyr
23 Ran = Meeresgöttin; ihr Riemen = Jörmungandr
24 Mimir = Tyr; sein Dorn = Schwert (Das Sonnenschwert versank beim Tod des Tyr im Meer.)
25 Fimbul („Gewaltiger") = Jörmungandr
26 Heim der Hummer = Meer
27 Ran = Meeresgöttin; ihre neun Töchter = Wogen
28 Haff = Teil des Meeres, das von Landzungen fast ganz von der offenen See abgetrennt ist
29 Ran = Meeresgöttin; Zofe = Dienerin; Rans Zofen = Wogen
30 Thurse = Riese = Ägit; seine neun Töchter = Wogen
31 Natter = Jörmungandr; Stachel = Zahn; Stachel-Raum = Maul

Der Goldene Drache sinkt, ertrinkt, wird schwarz[32]*;*
Die Alcis-Schlangen[33]*: von Ran gefangen!*
Der Adler[34] *fliegt durchs Totentor, der Segler*
schlägt die Schwingen, der Sturm beginnt zu singen!

Tyr wird zum Drachen im Donnerkrachen,
taucht in fauchende, flammende Fluten:
erloschenes Feuer in zischendem Wasser[35] *...*
Zum Abschied singe ich ein Klagelied.

Thor und Jörmungandr
Teil 2:   Frühjahr

Der Schnee auf den Bergen, der Schlangen Sorge[36]*,*
läßt die Flüsse schwellen, nährt die Quellen;
Das Feuer des Himmels[37] *wird wärmer,*
das Vieh sucht die Weide, das Wild sucht die Heide.

Ymirs Auge[38] *über die Himmels-Wogen*[39]
blickt voll Kraft, weckt in den Bäumen den Saft.
Die Eisriesen weichen – ein gutes Zeichen!
Das Feuer gewinnt! Muspelheims Herrschaft[40] *beginnt!*

---

32 Schwarz ist die Farbe der Unterwelt. Die Nachtsonne wurde „Schwarzsonne" genannt.
33 Tyr wurde bei seinem Tod zu einem Drachen und seine beiden Alcis-Söhne zu etwas kleineren Schlangen.
34 Der Adler-Seelenvogel des Tyr ist der Riesenadler Hraesvelgr, der mit seinen Schwingen am westlichen Horizont den Wind verursacht.
35 „Feuer im Wasser" ist die vermutlich älteste Kenning der Germanen. Sie bezeichnet die Sonne in der Wasserunterwelt.
36 die Sorge der Schlange = Kältestarre im Winter
37 Himmelsfeuer = Sonne
38 Ymir = Urriese; sein Auge = Sonne (und Mond)
39 Himmels-Wogen = Wolken
40 Muspel = Tyr; Muspelheim = Feuer, Süden, Diesseits; seine Herrschaft = Sommer

Tyr steht am Heck und Thor am Bug
des treuen, schwarzen Sonnendrachen[41], sie wachen;
Diurnir[42] als Drache auf der Suche
nach Dellings Tor[43] – dort geht es empor!

Grafwitnirs Erben[44], die einst starben,
Goin und Moin[45], erheben sich erneut;
Sie halten zwei Hörner aus Gold mit Met[46],
dem hehren Trank[47] – Idun sei Dank[48]!

Ostri[49] gesucht und gefunden! Aurvandil[50] in Sicht!
Die Seelenweg-Säulen – die wollen sie wählen![51]
Der schwarze Drache färbt sich glühend rot[52]
Die Gischt am Steven beginnt sich drohend zu heben.

Doch Loki der Listige ist auch im Boot:
aber gefangen, an den Händen aufgehangen;
Tyr ist ohne Schwert, scharf und hart,
Thor ist ohne Hammer wie zuvor.

---

41 Sonnendrachen = Drachenschiff des Sonnengott-Göttervaters
42 Diurnir = Zwergenkönig = Tyr in der Unterwelt
43 Delling = Sonnengott; sein Tor = der Sonnenaufgangspunkt am Horizont im Osten
44 Grafwitnir = Tyr als Drache/Schlange; seine Erben = seine beiden Alcis-Söhne in Schlangengestalt
45 Goin und Moin = die beiden Söhne des Tyr-Grafwitnir als Schlangen
46 zwei goldene Trinkhörner = wie die beiden Goldhörner von Gallehus
47 hehrer Trank = der Met war ein Symbol der Wiedergeburt
48 Idun als die Göttin der Äpfel der ewigen Jungend kann auch als die Göttin des Mets der Wiedergeburt angesehen werden.
49 Ostri = Zwerg, der im Osten die Himmelskuppel, d.h. den Schädel des Urriesen Ymir, trägt
50 Aurvandil („Lichtwanderer") = die Morgenstern-Venus, die das Erscheinen der Sonne ankündigt
51 Tyr und Thor wollen durch das Seelenweg-Tor am Ost-Horizint in das Diesseits zurückkehren. In dieser Szene ist es folglich entweder Morgen oder Frühjahr.
52 glühend rot = Sonnenaufgang (der „schwarze Drache" ist auch die Sonne)

Thor findet Loki in der Bilge[53] von Hakis Bären[54],
greift ihn, bringt ihn an Deck, schleift ihn, zwingt ihn,
in die Tiefe zu tauchen, den Hammer zu suchen
Mjöllnir zu holen von des Meeres Kohlen[55].

Hvedrung[56] holt den Hammer herauf
reicht ihn Thor, dem niemand gleicht;
Doch Loptr[57] ruft auch seinen schlanken Sohn[58]
und der verläßt schon bald den Algenwald[59].

Das runde, hungrige Halsband der Hlodyn[60]
öffnet das Schloß seines Tores[61] dem Wogen-Roß[62];
in seinem Rücken steckt Tyrfing[63], er bleckt speiend
er beißt den Steven, reißt das Segel;

Tyr greift das Schwert – Es war so lange fort! –
es flammt in seiner Hand im Fische-Land[64];
Thor schwingt den Hammer, holt den Donner,
Mjöllnir sendet Blitze unter der Sterne Sitze[65].

---

53 Bilge = unterster Kielraum
54 Haki = Wikinger-Anführer; sein Bär = Schiff
55 Meeres-Kohlen = Kies am Meeresgrund
56 Hvedrung = Loki
57 Loptr = Loki
58 Lokis schlanker Sohn = Jörmungandr
59 Algenwald = Meeresboden
60 Hlodyn = Erdgöttin; ihr Halsband = Jörmungandr (liegt rings um Midgard, das durch Hlodyn verkörpert wird)
61 Tor des Jörmungandr = sein Maul
62 Wogen-Roß = Schiff
63 Tyrfing („Tyr-Finger") = Tyrs Schwert
64 Fische-Land = Meer
65 Sitz der Sterne = Himmel

Der Goldene Drache fährt durch Dellings Tor[66];
Die Alcis-Nattern[67] brechen durch Hels Gatter!
Der Adler[68] fliegt durchs Totentor, der Segler
schlägt die Schwingen, der Sonne beginne ich zu singen!

Fimbul[69] versinkt im Meer, die Viper im Moor,
Tyr wird wieder zum Mann, der leuchten kann;
das Boot[70] steigt aus der Not am Himmel empor,
strahlt golden auf auf seinem Lauf.

Thor und Thrivaldi

Über den Kampf des Thor mit Thrivaldi, was *„Dreifacher Herrscher"* bedeutet, wird an fünf Stellen berichtet, aber man erfährt leider nicht allzuviel über ihn.

Der Name „Thrivaldi"

Ein „Dreifacher Herrscher" sollte der ehemalige Sonnengott-Göttervater sein, da die „3" bei den Germanen die Zahl des Sonnenzyklus ist.

Thor-Loblied

Der Skalde Vetrlidi Sumarlidason, der um 950 n.Chr. gelebt hat, erwähnt Thirvaldi in einem Thor-Loblied.

Du hast Leikns Knochen gebrochen,
Du hast den Starkadr niedergebeugt,
Du hast Thrivaldi verprügelt,
Du standest auf der leblosen Gjalp.

---

66 Delling = (Morgen-)Sonne; sein Tor = Tor der Sonne am Ost-Horizont
67 Tyr wurde bei seinem Tod zu einem Drachen und seine beiden Alcis-Söhne zu etwas kleineren Schlangen.
68 Der Adler-Seelenvogel des Tyr ist der Riesenadler Hraesvelgr, der mit seinen Schwingen am westlichen Horizont den Wind verursacht.
69 Fimbul („Gewaltiger") = Jörmungandr
70 Boot = das goldene Drachenschiff der Sonne mit Tyr und Thor an Bord

Als männliche Gestalt, die von Thor getötet wird, kann Thrivaldi eigentlich nur der Tyr-Riese in der Unterwelt sein. Dieser Riese entspricht daher dem Thiazi, dem Geirröd, dem Hrungnir, dem Thrym, dem Riesenbaumeister usw.

Skaldskaparmal

Eine der vielen Thor-Kenningar, die Snorri Sturluson in der Skaldskaparmal anführt, bestätigt die Ermordung des Thrivaldi durch Thor:

„*Welche Bilder sollte man benutzen, um den Namen des Thor zu umschreiben?*"
„*Diese: Man sollte ihn Sohn des Odin und der Jörd nennen, ... Töter des Hrungnir, des Geirröd und des Thrivaldi, ...*"

Thulur

In den Thulur führt Snorri Sturluson den Namen „*Thrivaldi*" noch einmal unter den Riesen auf.

Thor-Loblied

Bereits der Skalde Bragi Boddason der Alte, der ungefähr von 835-900 n.Chr. gelebt hat, berichtet über den Sieg des Thor über Thrivaldi und sagt, daß er neun Köpfe gehabt hat, d.h. daß er in der Unterwelt gelebt hat:

Gut hast Du,
Zerschlager der neun Köpfe des Thrivaldi,
Deine Ziegen gehütet ... "

Skirnir-Lied

Vermutlich ist auch der dreiköpfige Riese, mit dem Skirnir in dem nach ihm benannten Lied der Gerdr droht, Thrivaldi, da die „3" die Zahl des Sonnenzyklus ist. Dazu paßt auch, daß die Riesin/Göttin Gerdr sehr wahrscheinlich einst eine Erd- und Jenseitsgöttin gewesen ist, die am Morgen die Sonne, d.h. den Tyr wiedergeboren hat.

*„Mit einem dreiköpfigen Thursen wirst Du Dein Leben teilen
Oder alterst unvermählt."*

Zusammenfassung

Über Thrivaldi ist somit das Folgende bekannt:

- Er reicht fast bis an den Himmel hinauf und entspricht folglich dem Ymir.
- Er hat drei Leiber.
- Er hat neun oder evtl. auch drei Köpfe.
- Er ist unbesiegbar.
- Er wohnt in einer schatzgefüllten Höhle in Utgard.
- Er besitzt ein Schwert.
- Sein Speer (oder Schwert) ist zerbrochen.
- Der Riese hämmert möglicherweise Bronze, d.h. er könnte der (Jenseits-)Schmied sein.
- Gerdr wird einst seine Wiederzeugungs-Geliebte und seine Wiederzeugungs-Mutter gewesen sein.
- Der Riese hat den Sohn des Königs von Telemark geraubt.
- Thor hat ihn verprügelt und getötet.
- Thor hat seine neun Köpfe zerschlagen.

Thrivaldi ist somit sehr sicher als Tyr-Riese erkennbar. Man wird davon ausgehen können, daß es auch über den Sieg des Thor über Thrivaldi Loblieder gegeben haben wird, die jedoch leider nicht überliefert worden sind.

Es besteht somit die Möglichkeit, von den überlieferten Motiven ausgehend ein Loblied über Thors Sieg über Thrivaldi zu verfassen.

Als Stil für ein solches Lied bietet sich die einfache Stabreim-Form an, die mit vielen Kenningarn angereichert ist – wie dies bei den meisten längeren Lobliedern auf Thor üblich gewesen ist. Bei solchen Liedern waren auch Refrains üblich – vermutlich sollten sie den Zuhören ermöglichen, zwischendurch auch immer wieder einmal selber nicht nur zuzuhören, sondern den Refrain mitzusprechen – oder zu mitzugrölen, was bei dem Charakter dieser Lieder wahrscheinlicher gewesen sein wird …

Jede Zeile hat vier betonte Silben und beginnt meistens auch mit einer betonten Silber. Die Verse haben sieben bis zehn Silben.

Thor und Thrivaldi

Thor erwachte betrübt am Morgen:
ihm träumte von einer schönen Frau ...
Der Thursen-Töter[71] trat hinaus
den Tag zu begrüßten, frisch zur Tat.

Doch der Gegner des Halsbands der Hlodyn[72]
hatte wenig Freude, war betrübt ...
Der Besieger von Sigyns Liebstem[73]
setze sich am Gjallar[74] nieder.

  Odin:
„Thor, mein Sohn, Du Taten-Ase[75],
was betrübt den inneren Mond[76]?
Was beschattet Surturs Lohe
in den Sternen Deiner Stirn[77]?"

  Thor:
„Ich sah im Traum eine Thröng
des Feuers der Arme der Schüttler der Speere[78] –
Mein Herz, mein Leib seht sich nach ihr!
Doch wo soll ich die Seiden-Syr[79] suchen?"

---

71 Thursen = Riesen; ihr Töter = Thor
72 Hlodyn = Erdgöttin = Midgard; ihr Halsband = das Meer rings um Midgard bzw. Jörmungandr in diesem Meer; Jörmungandrs Gegner = Thor
73 Sigyn = Lokis Frau; deren Liebster = Loki; dessen Besieger = Thor
74 Gjallar = Jenseitsfluß
75 Taten-Ase = Thor
76 innerer Mond = Wille, Wünsche, Entschlossenheit, Bewußtsein
77 Surtur = Tyr-Feuerriese; seine Lohe = Feuer; Sterne der Stirne = Augen; Feuer in den Augen = Lebenswille
78 Schüttler der Speere = Krieger; Feuer am Arm eines Kriegers = Gold-Armreif; Thröng = Beiname der Freya; Freya der Gold-Armreifen = Frau
79 Syr = Beiname der Freya; Freya der Seiden(-kleider) = Frau

Odin:
„Gehe zur Freude-spendenden Friggja,
zur fernhin sehenden Asin der Weisheit[80].
Sie wird Dir die Wege weisen
zu der Skadi des goldenen Schmuckes[81]."

Thor:
„Friggja, Frau meines Vaters!
Mein Frohsinn ist fort, gegangen, verweht ...
Als mein Wind der Riesin ruhte[82],
sah ich eine Rindr des Kammes[83].

Sanft ist ihr Blick und süß ihr Mund,
sonnenfarben ist ihr Haar!
Doch wo ist nur ihr Dach der Decken[84]?
Die schützende Mauer ihres Feuers[85]?"

Frigg:
„Hammer-Erheber[86], komme her,
laß nun meine Hand Dir helfen,
ich lege sie Dir auf Deine Augen,
daß Du im Dunkel das Verborgene siehst."

Thor:
„Das sehe und sage ich als erstes:
Eine schimmernde Halle von Gold,
Sonnen-strahlend, Feuer-glühend –
Dort ist ein Gold-Schild voller Feuer.

---

80 Asin der Weisheit = Frigg
81 Skadi = Erdgöttin; Göttin des Schmuckes = Frau
82 Wind der Riesin = Bewußtsein (die von der Riesin/Göttin wiedergeborene Seele); ruhendes Bewußtsein = Schlaf
83 Rindr = eine Erdgöttin; Göttin des Kammes = Frau
84 Dach der (wollenen) Decken = Haus
85 Feuer = Herd; dessen schützende Mauer = Haus
86 Hammer-Erheber = Thor

Das sehe und sage ich als zweites:
Eine Insel im stürmischen Meer,
dunkel-drohend, Flammen-umringt –
Dort ist ein Gold-Schwert voller Feuer.

Das sehe und sage ich als drittes:
Eine Höhle in Skadis Reich[87]*,*
Grabes-grausig, Winter-dunkel –
Dort ist ein Gold-Helm voller Feuer.

Sage Friggja, Freundin der Asen,
ist dort die Frau aus meinen Träumen?
Wo ist dieser Ort? Wo ist die Halle?
Wo ist die Insel? Wo ist das Grab?"

  Frigg:
„Du wirst Sie finden, Asgards Schützer[88]*;*
Suche sie, sehe sie, sprich zu ihr –
und Du wirst Dein Ziel erreichen,
doch nicht ohne Kampf und Mühen."

  Thor:
„Meinem Hammer wird niemand trotzen!
Nicht in Midgard, nicht in Utgard.
Ich werde sie finden, wo auch immer
die Vardrun des goldenen Haarreifs[89] *weilt!"*

  Loki:
„Wohin des Weges so eilig, Thor?
Wüten törichte Thursen im Osten?
Rauben Riesen die Schätze der Asen?
Rufen Zwerge den Hammer[90] *um Hilfe*[91]*?"*

---

87 Skadi = eine Erdgöttin; ihr Reich = die Erde
88 Asgards Schützer = Thor
89 Vardrun = eine Jenseitsgöttin; Haarreif-Göttin = Frau
90 Hammer = hier: Thor
91 Die „Hilfe" meint Loki ironisch.

Thor:
„Ich will in die Weite, alles wagen,
um die Vör der Locken[92] zu finden,
die mir in meinem Traum erschien –
Mein muß sie werden! Noch heut!"

Loki:
„Laß Dir raten, Leikns Töter[93],
gehe lieber erst morgen:
Dann rundet sich das Rad des Mondes[94],
dann reifen die Früchte der Taten besser!"

Thor:
„Wenig möcht' ich hier verweilen,
es ist nicht meine Art zu warten,
doch diese Suche soll gelingen,
so werde ich mich denn bezwingen."

Loki (zu sich selber):
„Thor sucht eine Tücher-Thrudr[95]?
Die Schönste, Geilste der Treuelosen?
Das klingt verlockend und nach Lust!
Sollte das nicht was für Loptr[96] sein?

Kann ich den Hammer-Werfer[97] hindern,
die Schöne hurtig zu erhaschen?
Sie soll auf meinem Lager liegen –
Loki wird sie bald genießen!

Laufeys Sohn[98] kennt alle Listen:
Die Locken werde ich ihm scheren;
im Dämmerlicht, in dunkler Nacht,
werd' ich ihm das Barthaar schneiden!

---

92 Vör = Göttin; Göttin der Locken = Frau
93 Leikn = ein Tyr-Riese; dessen Töter = Thor
94 das Rad des Mondes rundet sich = Vollmond
95 Thrudr = eine Göttin; Tücher = Kleider; Kleider-Göttin = Frau
96 Loptr = Beiname des Loki
97 Hammer-Werfer = Thor
98 Laufeys Sohn = Loki

Mit kahlem Kopfe wird er kaum
kühn die Halsreif-Kraka[99] freien;
dann stehen Tor und Türe für mich
offen zu der Schenkelwald-Swanhild[100]!"

   Thor (als er am nächsten Morgen erwacht):
„Was ist mit meinem Haupt und Haar?
Was ist mit meinem langen Bart?
Geschoren! Geschnitten! Gestutzt! Gesenst!
Das war Loki! Du Gemeiner!

Du Sohn einer Wächter-Wölfin[101]!
Du Enkel eines Wildnis-Wurmes[102]!
Du Brut eines Fangzahn-Fisches[103]!
Du Erbe eines Felsen-Feiglings[104]!

Die Knochen werd' ich Dir zerkleinern!
Die Kiefer werd ich Dir zerbrechen!
Den Schädel werd ich Dir zerschlagen!
Die Schultern werd ich Dir zertrümmern!"

   Loki:
„Nein, laß ab! Nun warte doch!
Niemand kann Dir suchen helfen
außer mir – nur ich weiß, wo –
Ich führ' Dich zu der Goldhaar-Freya!"

   Thor:
„Du Lügner! Du Listiger! Du Bosheit-Bote!
Du wirst mich zu ihr führen, Loki!
Sonst werd' ich Dir gar schnell
Dein schwarzes Fell rauh gerben!"

---

99 Kraka = eine Walküre; Halsreif-Walküre = Frau
100 Schenkelwald = Schamhaar; Swanhild = eine Walküre; Schamhaar-Walküre = Frau
101 Wächter-Wölfin = Hund
102 Wildnis-Wurm = Schlange
103 Fangzahn-Fisch = Schlange
104 Felsen-Feigling = Riese

Loki:
„Höre, wütender Blitze-Werfer,
Du weißt fast nichts von ihr, von ihm,
von dem Ort, wo sie ist jetzt ist,
wohin Du eilig gehen willst!"

Thor:
„Welchen 'Er' erwähnst Du hier?
Ist er der Walter des Ortes der Frau?
Vater der finsteren Höhlen-Var[105] –
Ist das wieder nur eine List?"

Loki:
„Thrivaldi ist der Herr der Thröng[106]:
Thrivaldi hat drei lange Leben[107];
Thrivaldi hat drei Taten-Leiber;
Thrivaldi hat drei hohe Häupter[108].

Sein Haupt berührt den hellen Himmel:
der größte aller Riesen hier.
Er ist Ymir, der Utgard-Ullr:
der Thursen-Herr und unbesiegbar."

Thor:
„Mein Hammer ist härter als ein Haupt!
Hrungnir fiel vor mir und Thrym!
Meine Faust ist fester als sein Hals!
Vidblindi stürzte und Geirröd!"

---

105 Var = eine Göttin; Höhlen-Var = Hel; Vater der Hel = Loki
106 Thröng = Beiname der Freya; Freya = Frau
107 Die drei Leben des Thrivaldi stellen in der germanischen Symbolik den endlosen Zyklus dar, der mit der Sonne verbunden ist.
108 Die drei Leiber bzw. drei Köpfe des Thrivaldi stellen diesen aufgrund der Sonnenzyklus-Symbolik der „3" als Sonnengott, d.h. als den ehemaligen Sonnengott-Göttervater Tyr dar.

Thor:
„Goldhaar-Gerdr, Schönheits-Sigyn[109] –
Ich sehne mich nach Deinen Augen!
Weißarm-Vardrun, Kammer-Kraka –
Ich wünsche mir nun Deine Umarmung!

Glutblick-Gullveig, Betten-Bödhild –
Ich warte auf Deine kosenden Küsse!
Hellbrust-Hlodyn, Liebes-Lofn –
Ich will Dich auf meinem Lager!"

Loki:
„Laß uns jetzt nach Gimle[110] gehen,
zu der goldnen Halle Geirröds[111];
zum Saal am hohen Himmel im Süden,
zu Hrungnirs Heim, zu Hymirs Haus.

Dort thront Thrivaldi der Dreifach-Herrscher[112],
Dort wohnt Thrivaldi der Glutschild-Wane[113];
Dort lebt Thrivaldi der Goldlicht-Ase[114],
Dort steht Thrivaldi der Glanzschwert-Litr[115]."

---

109 Alle acht Kenningar in dieser und in der folgenden Strophen sind Umschreibungen für „Frau" mithilfe eines Göttinnen-Namens (Gerdr, Sigyn, Vardrun, Gullveig, Hlodyn, Lofn) oder eines Walküren-Namens (Kraka, Bödhild).
110 Gimle („Alte") = goldene Jenseitshalle des Tyr am südlichen Himmel
111 Geirröd, Hrungnir, Hymir = Tyr als Jenseits-Riese
112 Thrivaldi bedeutet „Dreifach-Herrscher". Er ist der der ehemalige Sonnengott-Göttervater Tyr als Jenseits-Riese.
113 Glutschild = Sonne; Wane = Gott; Sonnen-Gott = der ehemalige Sonnengott-Göttervater Tyr als Jenseits-Riese
114 Goldlicht = Sonne; Wane = Gott; Sonnen-Gott = der ehemalige Sonnengott-Göttervater Tyr als Jenseits-Riese
115 Glanzschwert = Tyrs Sonnenschwert; Litr = Tyr-Riese; Schwert-Riese = der ehemalige Sonnengott-Göttervater Tyr als Jenseits-Riese

Thor:
„*Der Wagen donnert auf Westris Last[116],*
Die Räder sprühen Wetter-Flammen[117];
Ymirs Schädel[118] neigt sich nieder
zu dem Nabel von Odins Geliebter[119].

Die Ziegen stürmen, die Böcke ziehen,
die Blitze zucken, der Donner grollt;
Gimlis Gebieter[120] wird laut gerufen –
von der Halle des Lagers der Schlangen[121]!"

Loki:
„*Thrivaldi grüßt den Gast – den Thor:*
Der Thursen-Töter[122] naht in Freude –
er trägt ein großes Gastgeschenk[123],
wirft ihm die Gabe gütig zu.

Thrivaldi bereitet eine Tafel[124]
zum Tragen dieser Donner-Spende[125];
doch das Geschenk ist groß und schwer,
die Tafel stürzt auf Gymas Feld[126].

---

116 Westri = einer der vier Zwerge, die die Himmelskuppel tragen; seine Last = Himmel
117 Wetter-Flammen = Blitze
118 Ymir = Uriese; sein Schädel = Himmelsgewölbe
119 Odins Geliebte = die Erdgöttin Jörd; ihr Nabel = die Mitte der Welt = Midgard
120 Gimlis Gebieter = Tyr(-Riese) = Thrivaldi
121 Schlange = Totengeist; Totengeist-Lager = Grabschatz; Grabschatz-Halle = Grabkammer im Hügelgrab
122 Thursen-Töter = Thor
123 Gastgeschenk = Thors Hammer
124 Tafel = Tyr-Thrivaldis Sonnenschild, mit dem er sich gegen Thors Hammer verteidigt
125 Donner-Spende = Thors Hammer
126 Gyma = Erdgöttin; ihr Feld = Erdoberfläche

Gangleris gewaltiger Sorgen-Vertreiber[127]
nimmt seine Gabe[128] gerne zurück;
Doch Midgards mächtiger Segner[129]
reicht sie Thrym[130] ein zweites Mal.

Hrungnir[131] beißt in des Hlorridis Gabe[132],
schluckt sie, würgt und speit sie aus;
Thrym[133] wird krank an Kopf und Körper –
das Freundliche[134] kehrt zu Thor zurück."

Thor:
„Thrivaldi ist besiegt, getötet:
ein Kopf zerstört, der Schild geraubt,
ein Leib gestorben, ein Leben genommen,
geflohen ist der Jötun, der Riese!"

Loki:
„Thrivaldi flieht in seinem Boot,
in seiner goldnen Sonnenbarke,
in seinem Roß des Landes des Feindes
des starken Gegners Jörmungandrs[135]!"

Thor:
„Mein Hammer möge den Kessel
des feigen, fliehenden Hymir[136] zermalmen;
Seine Halle[137] entbehre hinfort
des Gefäßes für Helblindis Gabe[138]!

---

127 Gangleri = Odin; sein Sorgen-Vertreiber = Thor
128 Thors Gabe = der von Thor auf Thrivaldi geworfene Hammer
129 Midgards Segner = Thor
130 Thrym = Tyr-Riese = Thrivaldi
131 Hrungnir = Tyr-Riese = Thrivaldi
132 Hlorridi = Beiname des Thor; seine Gabe = sein Hammer
133 Hrungnir = Tyr-Riese = Thrivaldi
134 Freundlicher = ironisch für Thors Hammer
135 Jörmungandr = Midgardschlange; deren Gegner = Thor; dessen Feind = Jörmungandr; dessen Land = Meer (in dem Jörmungandr lebt); Roß des Meeres = Schiff
136 Hymir = Tyr-Riese = Thrivaldi
137 Hymirs Halle = Gimle
138 Helblinid = Odin; seine Gabe = Ritual-Met; dessen Gefäß = Braukessel; Die Zerstörung des Met-Kessels des Tyr-Thrivaldi bedeutet auch die Beendung des Kultes des Tyr-

Ohne den Met wird der Sonnen-Meili[139]
kein neues Leben mehr erlangen!
Ohne den Kessel kehrt er nicht mehr
in die Halle des Himmels zurück!

Ein Leben hat der alte Liebhaber
der lachenden Töchter der Söhne der Thursen
im Spiel der spaltenden Flammen[140] verloren:
Sein Weg zur Hel hat begonnen!"

Loki:
„Der Schild aus Gold[141] ist gute Beute,
der Sonnen-Ring des Geirröd[142],
der Schutz des Schwingers des Giftes des Wurmes
der Jörd[143] – der nun furchtsam schwindet und flieht!"

Thor:
„Odin, mein Vater, Omi[144], Asen-Fürst,
ich bringe Dir Ölvaldis[145] Schild,
den goldenen, leuchtenden Ring des Leikn[146],
den Licht-Kreis[147] mit achtfachen Strahlen[148]."

Thrivaldi.
139 Meili = Baldur; Sonnen-Baldur = Sonnengott = Tyr-Thrivaldi (Baldur ist der Nachfolger des Tyr als Sonnengott)
140 spaltende Flammen = Schwert
141 Tyr-Thrivaldis Gold-Schild ist ein Symbol der Sonne.
142 Geirröd = Tyr-Riese = Thrivaldi; sein Sonnen-Ring = Schild
143 Jörd = Erdgöttin = Erde; Wurm der Erde = Schlange, Drache; Gift des Drachen = Feuer (das, was er speit) = Schwert; Schwinger des Schwertes = Krieger; dessen Schutz = Schild
144 Omi = Beiname des Odin
145 Ölvaldi = „Allherrscher" = Tyr-Thrivaldi
146 Leikn = Tyr-Riese = Thrivaldi; dessen Ring = Sonnen-Schild
147 Licht-Kreis = Sonnen-Schild
148 Die Sonne wurde als Kreis mit vier oder acht von der Mitte nach außen führenden Strahlen dargestellt.

Odin:
"Draupnir, mein mächtiges Kleinod!
Mache den einen Gold-Kreis zu vielen![149]
Mögen sie die Schindeln sein
auf dem Saal der toten Krieger![150]*"*

Thor:
"Goldhaar-Gerdr, Schönheits-Sigyn[151] *–*
Ich sehne mich nach Deinen Augen!
Weißarm-Vardrun, Kammer-Kraka –
Ich wünsche mir nun Deine Umarmung!

Glutblick-Gullveig, Betten-Bödhild –
Ich warte auf Deine kosenden Küsse!
Hellbrust-Hlodyn, Liebes-Lofn –
Ich will Dich auf meinem Lager!"

Loki:
"Laß uns jetzt zur Insel laufen,
zu Sonnen-Leikns dunklem Eiland,
nach Walaskialf im fernen Westen,
zu Hrungnirs Heim, zu Hymirs Haus.

---

149 Diese Fähigkeit des Ringes Draupnir ist zwar nicht überliefert, aber da sich Draupnir in jeder neunten Nacht vermehrt und letztlich mit dem Sonnenschild identisch ist, ist dieses neue Motiv zumindestens plausibel (siehe auch die nächste Anmerkung).
150 Odin hat Walhall mit dem vervielfältigten Schild des von ihm und Thor abgesetzten ehemaligen Sonnengott-Göttervater Tyr gedeckt.
151 Alle acht Kenningar in dieser und in der folgenden Strophen sind Umschreibungen für „Frau" mithilfe eines Göttinnen-Namens (Gerdr, Sigyn, Vardrun, Gullveig, Hlodyn, Lofn) oder eines Walküren-Namens (Kraka, Bödhild).

Dort thront Thrivaldi der Dreifach-Herrscher[152],
Dort wohnt Thrivaldi der Glutschild-Wane[153];
Dort lebt Thrivaldi der Goldlicht-Ase[154],
Dort steht Thrivaldi der Glanzschwert-Litr[155]."

Thor:
„Der Bord-Bär[156] brüllt im Land der Wale[157],
seine Brust[158] zerpflügt Rans Speichel[159];
seine Tatzen[160] hauen hohe Wellen,
sein Haupt[161] erschreckt die Ägir-Töchter[162].

Dort sehe ich düsteren Nebel[163] wabern,
Dort liegt die Insel am Rande der Welt[164];
Dort steht Westri immerwährend,
dort hält er Ymirs weiten Schädel[165]."

---

152 Thrivaldi bedeutet „Dreifach-Herrscher". Er ist der der ehemalige Sonnengott-Göttervater Tyr als Jenseits-Riese.
153 Glutschild = Sonne; Wane = Gott; Sonnen-Gott = der ehemalige Sonnengott-Göttervater Tyr als Jenseits-Riese
154 Goldlicht = Sonne; Wane = Gott; Sonnen-Gott = der ehemalige Sonnengott-Göttervater Tyr als Jenseits-Riese
155 Glanzschwert = Tyrs Sonnenschwert; Litr = Tyr-Riese; Schwert-Riese = der ehemalige Sonnengott-Göttervater Tyr als Jenseits-Riese
156 ein Bär mit einer Bordwand = Schiff
157 Land der Wale = Meer
158 Brust des Schiffes = Bug
159 Ran = Meeresgöttin; ihr (weißer) Speichel = (weiße) Gischt (vor dem Bug)
160 Tatzen des Schiffes = Ruder
161 Haupt des Schiffes = Drachenkopf
162 Ägir = Tyr in der Wasserunterwelt; seine neun Töchter = die Wogen
163 Nebel („nifl") war ein Symbol für das Jenseits („niflheim").
164 Walaskialf („Toteninsel") liegt dort, wo die Sonne im Westen in die Unterwelt versinkt.
165 Der Zwerg Westri trägt im Westen die Himmelskuppel, die die Asen aus dem Schädel des Urriesen Ymir erschaffen haben.

Loki:
„*Thrivaldi hämmert emsig Tyrfing[166],
den berühmten goldenen Dragvandil[167];
als ihm der dröhnende Donnerer naht,
dengelt[168] er noch fleißiger die Klinge[169].*

*Thor bietet dem Thursen-König[170]
freundlich grüßend an seinem Tor
die Hilfe seines Hammers an[171]:
Hrungnir[172] ist fürwahr erfreut!*

*Der Sturm[173] des starken Svidrir-Sohnes[174]
bläst in die Glut in Surturs[175] Esse:
Da lodern die Flammen! Da brüllt das Feuer!
Da wird dem Fyrnir[176] das Brennen[177] zu heiß!*

*Sein Schwert läßt er fallen auf Skadis[178] Weite,
Was sollen die beiden nun weiter tun?
Thor vollendet das Werk jetzt alleine[179]
und schwingt seinen Hammer voll Kraft.*"

Thor:
„*Thrivaldi ist besiegt, getötet:
zwei Köpfe zerstört, das Schwert geraubt,
zwei Leiber gestorben, zwei Leben genommen,
geflohen ist der Jötun, der Riese!*"

---

166 Tyrfing („Tyr-Finger") = einer der Namen des Schwertes des Tyrs
167 Dragvandil („ziehen und schlagen") = Name eines berühmten Schwertes
168 dengeln = eine Klinge schärfen
169 die Klinge dengeln = sich auf den Kampf vorbereiten
170 Thurse = Riese; Riesenkönig = Tyr-Thrivaldi
171 freundlich mit dem Hammer grüßen = Thor greift Thrivaldi mit seinem Hammer an
172 Hrungnir = Tyr-Riese = Thrivaldi
173 Thor ist auch der Sturmgott
174 Svidrir = Odin; sein Sohn = Thor
175 Surtur = Feuerriese/Tyr-Riese = Thrivaldi
176 Fyrnir = Tyr in der Unterwelt = Thrivaldi
177 Brennen = die Glut in der Schmiede-Esse = Kampf
178 Skadi = Erdgöttin
179 Thor vollendet das Werk alleine = er kämpft alleine, da Thrivaldi sein Schwert verloren hat, und besiegt ihn

Loki:
„Thrivaldi flieht fast wie auf Flügeln[180],
in seinem goldenen, fliegenden Wagen,
in seinem Schiff der runden Stützen
des Hauses des Herzens und der Sehnen[181]!"

Thor:
„Mein Hammer möge die hohe Insel
des feigen, fliehenden Hymir[182] zermalmen;
Sein altes Haupt entbehre hinfort
des stillen Heimes des Windes der Riesin[183]!

Das Tor der zwei Tyr-Gesicht-Pfosten[184]
wird nicht mehr geöffnet bei Tag und bei Nacht[185];
der Weg ist nun dem Wanderer verwehrt:
die kostbaren Pfosten verwahre ich selber![186]

Ohne das Tor auf der Insel wird Thrym[187]
vergeblich nach neuem Leben trachten!
Ohne die Tür kehrt er nicht mehr
in die Halle des Himmels zurück!

Zwei Leben hat der alte Liebhaber
der lachenden Töchter der Söhne der Thursen
im Spiel der spaltenden Flammen[188] verloren:
Sein Weg zur Hel geht voran!"

---

180 Flügel = der goldene Sonnen-Streitwagen des Tyr fuhr/flog über den Himmel
181 Haus des Herzens und der Sehnen = Leib; dessen Stützen = Beine; runde Beine = Räder; Schiff mit Rädern = Streitwagen
182 Hymir = Tyr-Riese = Thrivaldi
183 Wind der Riesin = Bewußtsein; stilles Heim des Bewußtseins = Schlaf
184 Das Jenseitstor bestand aus zwei Pfosten, in die das Gesicht des Tyr geschnitzt war und die oben mit einem Querbalken verbunden waren.
185 Tyr betrat als Sonnengott-Göttervater des Abends im Westen durch dieses Tor das Jenseits und am Morgen kehrte er im Osten durch dieses Tor in das Diesseits zurück.
186 Das Tyr-Gesicht wurde nach der Absetzung des Tyr durch Thor und Odin zum Thor-Gesicht umgedeutet.
187 Thrym = Tyr-Riese = Thrivaldi
188 spaltende Flammen = Schwert

Loki:
„Das Schwert aus Gold[189] ist gute Beute,
die Sonnen-Flamme[190] des Geirröd[191],
das Feuer des Schwingers der Funken des Wurmes
der Jörd[192] – der nun furchtsam schwindet und flieht!"

Thor:
„Odin, mein Vater, Omi[193], Asen-Fürst,
ich bringe Dir Ölvaldis[194] Schwert,
das goldene, glühende Stab-Eis[195] des Egdir[196],
der Strahl[197], der Asgard und Midgard erhellt."

Odin:
„Draupnir, mein mächtiges Kleinod!
Mache den einen Gold-Stab zu vielen![198]
Mögen sie die Fackeln sein
in dem Saal der toten Krieger![199]"

---

189 Tyr-Thrivaldis Gold-Schwert ist ein Symbol der Sonne.
190 Flamme = Klinge = Schwert
191 Geirröd = Tyr-Riese = Thrivaldi; sein Sonnen-Ring = Schild
192 Jörd = Erdgöttin = Erde; Wurm der Erde = Schlange, Drache; Funken des Drachen = Feuer (das, was er speit) = Schwert; Schwinger des Schwertes = Krieger; dessen Feuer = Schwert
193 Omi = Beiname des Odin
194 Ölvaldi = „Allherrscher" = Tyr-Thrivaldi
195 Eis = Metall; Metall-Stab = Klinge, Schwert
196 Egdir = ein Tyr-Riese = Thrivaldi
197 Strahl = Sonnenlicht
198 Diese Fähigkeit des Ringes Draupnir ist zwar nicht überliefert, aber da sich Draupnir in jeder neunten Nacht vermehrt und letztlich mit dem Sonnenschild identisch ist, ist dieses neue Motiv zumindestens plausibel (siehe auch die nächste Anmerkung).
199 Odin hat Walhall mit dem vervielfältigten leuchtenden Sonnen-Schwert des von ihm und Thor abgesetzten ehemaligen Sonnengott-Göttervater Tyr erleuchtet.

Thor:
"Goldhaar-Gerdr, Schönheits-Sigyn[200] –
Ich sehne mich nach Deinen Augen!
Weißarm-Vardrun, Kammer-Kraka –
Ich wünsche mir nun Deine Umarmung!

Glutblick-Gullveig, Betten-Bödhild –
Ich warte auf Deine kosenden Küsse!
Hellbrust-Hlodyn, Liebes-Lofn –
Ich will Dich auf meinem Lager!"

Loki:
"Laß uns jetzt zum Hügel laufen,
zu dem Lager des Atem-losen[201],
zum Saal der Schlangen[202] im Westen,
zu Surturs[203] Heim, zu Skrymirs[204] Haus.

Dort thront Thrivaldi der Dreifach-Herrscher[205],
Dort wohnt Thrivaldi der Glutschild-Wane[206];
Dort lebt Thrivaldi der Goldlicht-Ase[207],
Dort steht Thrivaldi der Glanzschwert-Litr[208]."

---

200 Alle acht Kenningar in dieser und in der folgenden Strophen sind Umschreibungen für „Frau" mithilfe eines Göttinnen-Namens (Gerdr, Sigyn, Vardrun, Gullveig, Hlodyn, Lofn) oder eines Walküren-Namens (Kraka, Bödhild).
201 Atem-los = tot
202 Schlange = Totengeist; dessen Saal = Grabkammer im Hügelgrab
203 Surtur = Tyr-Riese = Thrivaldi
204 Skrymir = Tyr-Riese = Thrivaldi
205 Thrivaldi bedeutet „Dreifach-Herrscher". Er ist der der ehemalige Sonnengott-Göttervater Tyr als Jenseits-Riese.
206 Glutschild = Sonne; Wane = Gott; Sonnen-Gott = der ehemalige Sonnengott-Göttervater Tyr als Jenseits-Riese
207 Goldlicht = Sonne; Wane = Gott; Sonnen-Gott = der ehemalige Sonnengott-Göttervater Tyr als Jenseits-Riese
208 Glanzschwert = Tyrs Sonnenschwert; Litr = Tyr-Riese; Schwert-Riese = der ehemalige Sonnengott-Göttervater Tyr als Jenseits-Riese

Thor:
*„Hoch liegt Schnee auf den Hügeln,
die Hänge sind vereist und glatt;
der Weg ist weit und voller Schluchten,
düster ist der große Wald[209]!*

*Die Wogen der brausenden Flüsse der Berge
brechen tosend an unserer Brust;
reißen fest an unseren Füßen,
rauben uns beißend fast den Halt.*

*Wir haben den Rand des Landes erreicht:
Rauschend treibt das Wasser ins Meer;
Hier steht das Hügelgrab des Hymir[210],
im Wind des weiten Walfisch-Hofes[211]."*

Loki:
*„Thor grüßt den Thursen[212] an seinem Tor[213],
mit dem Lächeln eines weißen Trabers[214]:
auf einen Haselstab steckt er
den Schimmelkopf mit goldner Mähne[215].*

*Das Roß grinst den Geirröd[216] an,
lädt ihn ein auf den Gang zur Hel[217];
es ruft den alten Goldhelm-Riesen[218],
gebietet ihm, ein Roß zu werden[219].[220]*

---

209 Düsterwald („myrkvid") = Wald zwischen dem Diesseits und dem Jenseits
210 Hymir = Urriese Ymir; er wurde dem Tyr-Riesen gleichgesetzt
211 Hof = Tempel; Walfisch-Tempel = Meer
212 Thurse = Riese = Thrivaldi
213 Tor = Eingang des Hügelgrabes
214 Traber = Pferd
215 Schimmel mit goldener Mähne = die beiden „Alcis"-Rosse vor dem Streitwagen des Tyr
 (Thor tötet auch die beiden Pferde-Söhne des Tyr)
216 Geirröd = Tyr-Riese = Thrivaldi
217 Einladung, zur Hel zu gehen = Todesdrohung
218 Goldhelm-Riese = Tyr-Thrivaldi
219 ein Roß werden = sterben (der Tote wurde mit dem für ihn geopferten Roß identifiziert,
 um dessen Zeugungskraft auf den Toten zu übertragen, damit dieser sich im Jenseits
 erfolgreich mit der Göttin wiederzeugen konnte)
220 Thor führt hier einen Nid-Zauber durch, der die Inszenierung eines Bestattungsrituales für

Mimir[221] singt das Morgenlied[222],
ruft sich selbst mit aller Macht;
will sich aus dem dunklen Sog
des schäumenden Gjallar-Flusses[223] retten.

Doch Thor läßt nicht locker,
erdenkt ein liebliches Lied:
wählt die Weise mit Bedacht,
schickt ihm Eisen-Worte[224] entgegen.

Thrivaldi weiß nichts zu erwidern,
die Worte entblößen rasch sein Haupt;
das Gold[225] fällt nieder in Gefions[226] Arme –
sein Goldhelm färbt sich kohlen-schwarz[227].

Hlorridi[228] färbt die Runen rot[229]
auf dem Hasel-Stab des Rosses;
dreimal 'Thurs'[230] und dreimal 'Naud'[231],
dreimal 'Is'[232]: das sind neun Runen[233]!

---

einen Feind war, der durch diese Zauber magisch getötet werden sollte. Der Nid-Zauber ist ein ritueller Todesfluch.
221 Mimir = Tyr-Riese = Thrivaldi
222 Bis ca. 500 n.Chr. sangen die Priester der Germanen am Morgen eine Sonnenhymne, um die Sonne aus der Unterwelt hervorzurufen. Mit diesem Lied versucht sich Tyr-Thrivaldi hier gegen den Nid-Zauber des Thor zu verteidigen.
223 Gjallar = Jenseitsfluß
224 Eisen-Worte = Thors Hammer
225 Gold = Tyr-Thrivaldis Goldhelm
226 Gefion = Erdgöttin
227 schwarz = Der Goldhelm symbolisierte wie der Gold-Schild und das Gold-Schwert die Sonne – und die Sonne wurde in der Unterwelt zu einer „schawzen Sonne". Diese Zeile bedeutet daher, daß Tyr-Thrivaldi stirbt.
228 Hlorridi = Thor
229 die Runen rot färben = die magische Wirkung der Runen durch Blut aktivieren
230 Thurs-Rune = Riesen-Rune, Schadens-Rune
231 Naud-Rune = Not-Rune, Krankheits-Rune
232 Is-Rune = Eis-Rune, Winter-Rune („Anti-Sonnen-Rune")
233 neun = Symbol der Unterwelt (Die neun Runen sollen Tyr-Thrivaldi töten.)

Svadi²³⁴ schwankt und Surtur²³⁵ strauchelt:
sein Wind der Riesin²³⁶ schwindet rasch;
Hrungnir²³⁷ stürzt und Hringi²³⁸ fällt:
der alte Adler²³⁹ verläßt sein Heim²⁴⁰."

Thor:
„Thrivaldi ist besiegt, getötet:
drei Köpfe zerstört, der Helm geraubt,
drei Leiber gestorben, drei Leben genommen,
gestorben ist der Jötun, der Riese!"

Loki:
„Thrivaldi liegt in seinem Grab,
in seiner goldnen Sonnenbarke,
in seinem Roß des Landes des Feindes
des starken Gegners Jörmungandrs²⁴¹!"

Thor:
„Drei Leben hat der alte Liebhaber
der lachenden Töchter der Söhne der Thursen
im Spiel der spaltenden Flammen²⁴² verloren:
Sein Weg zur Hel ist vollendet!"

---

234 Svadi = Tyr-Riese = Thrivaldi
235 Surtur = Tyr-Riese = Thrivaldi
236 Wind der Riesin = Bewußtsein, Seele, Leben
237 Hrungnir = Tyr-Riese = Thrivaldi
238 Hringi = Tyr-Riese = Thrivaldi
239 alter Adler = der Seelenvogel des Göttervaters
240 Heim des Adlers = Leib des Thrivaldi, in dem während Thrivaldis Lebens dessen Adler-Seelenvogel wohnte
241 Jörmungandr = Midgardschlange; deren Gegner = Thor; dessen Feind = Jörmungandr; dessen Land = Meer (in dem Jörmungandr lebt); Roß des Meeres = Schiff
242 spaltende Flammen = Schwert

Loki:
"Der Helm aus Gold[243] ist gute Beute,
der Sonnen-Gipfel[244] des Geirröd[245],
der Hüter des Schwingers der Funken des Wurmes
der Jörd[246] – der nun reglos schweigt!"

Thor:
"Odin, mein Vater, Omi[247], Asen-Fürst,
ich bringe Dir Ölvaldis[248] Helm,
den goldenen Licht-Quell[249] des großen Tempels
des Rauschens des Adlers des Geirröd[250]."

Odin:
"Draupnir, mein mächtiges Kleinod!
Weihe diesen mächtigen Helm!
Möge er mein Zeichen der Herrschaft
im Saal der toten Krieger sein![251]"

Thor:
"Goldhaar-Gerdr, Schönheits-Sigyn[252] –
Ich sehne mich nach Deinen Augen!
Weißarm-Vardrun, Kammer-Kraka –
Ich wünsche mir nun Deine Umarmung!

---

243 Tyr-Thrivaldis Gold-Helm ist ein Symbol der Sonne.
244 Gipfel = Kopf, Helm
245 Geirröd = Tyr-Riese = Thrivaldi; sein Sonnen-Gipfel = Helm
246 Jörd = Erdgöttin = Erde; Wurm der Erde = Schlange, Drache; Funken des Drachen = Feuer (das, was er speit) = Schwert; Schwinger des Schwertes = Krieger; dessen Hüter = Helm
247 Omi = Beiname des Odin
248 Ölvaldi = „Allherrscher" = Tyr-Thrivaldi
249 goldener Licht-Quell = Sonne
250 Geirröd = Tyr-Riese; Adler des Tyr-Riesen = Riesen-Adler-Seelenvogel Hrasevelgr; dessen Rauschen = Wind; Halle des Windes = Himmel
251 Saal der toten Krieger = Walhall
252 Alle acht Kenningar in dieser und in der folgenden Strophen sind Umschreibungen für „Frau" mithilfe eines Göttinnen-Namens (Gerdr, Sigyn, Vardrun, Gullveig, Hlodyn, Lofn) oder eines Walküren-Namens (Kraka, Bödhild).

Glutblick-Gullveig, Betten-Bödhild –
Ich warte auf Deine kosenden Küsse!
Hellbrust-Hlodyn, Liebes-Lofn –
Ich will Dich auf meinem Lager!"

   Loki:
„Ha! Hlorridi[253] spricht mit Harbard[254],
und ich habe Goldhaar[255] gefunden!
Verborgen in Hrungnirs[256] dunkler Höhle,
saß schweigend die weißarmige Huldar[257].

Verzaubert hab' ich sie, verführt,
mit meinem flinken Worten-Flammen,
mit meinem lodernden Lenden-Feuer,
Liebeslust hab' ich genossen!

Die Brüste gekost, die Lippen gekostet,
die Schenkel gespürt, die Wärme erkundet;
Nun soll auch sie geschoren werden,
Haarlos soll Thor die Göttin finden![258]

Und ich? Ich werde besser fliehen,
in Thors Nähe wird es nicht
allzu sehr gemütlich sein ...
sich'rer ist es, jetzt zu gehen!"

   Thor:
„Wo ist Loki? Wohin ist Loptr?
Was hat der Listige wohl vor?
Ich ahne nichts Gutes, nein, garnicht!
Rasch zurück zu Geirröds Hügel[259]!

---

253 Hlorridi = Thor
254 Harbard = Odin
255 Goldhaar = die Frau, nach der Thor sich sehnt
256 Hrungnir = Tyr-Riese = Thrivaldi
257 Huldar = Göttin; weißarmige Göttin = Frau
258 Die goldenen Haare der Sif sind das reife Getreide, das Loki im Herbst mäht.
259 Geirröd = Tyr-Riese; sein Hügel = Grabakmmer im Hügelgrab des Tyr-Thrivaldi

Hier ist die Halle²⁶⁰ am Ufer des Meeres ...
dort ist das Tor zum Haus der Zwerge²⁶¹ ...
Doch wo ist Loki, der listigste Ase?
Und wo ist Goldhaar, die schönste Frau?

Schwarz ist das Innere des engen Saales²⁶² –
Mein Blitze sollen ihn hell erleuchten!
Ein Felsen-Zimmer voller Zwergen-Zauber²⁶³ ...
Dort ist noch ein zweites Tor!

Goldhaar! Da bist Du! Geliebte! Endlich!
Dich habe ich gesucht!
Um Dich mit Geirröd gekämpft!
Und endlich den greisen Riesen besiegt!

Wie ist Dein Name? Sprich! Sag an!
Von welchem Stamm, von welcher Sippe?
Bist Du von den Asen oder Alfen?
Eine Adler-äugige Dise?"

  Sif:
„Höre, mein Name ist Sif die Schöne:²⁶⁴
Ich bin die Gefangene des Winter-Schnees,
die Hüterin der Saat, das Heim des Kornes²⁶⁵,
die Haarlose in der Zeit des Eises."

---

260 Halle = Hügelgrab des Tyr-Thrivaldi
261 Zwerge = Totengeister; Zwegen-Haus = Grabkammer in einem Hügelgrab
262 Saal = Grabkammer im Hügelgrab des Tyr-Thrivaldi
263 Zwerge = Totengeister
264 Schöne = Dies ist zwar kein traditioneller Beiname der Sif, aber da Hrungnir alle Asen und Asinnen außer Freya und Sif töten, aber diese beiden entführen wollte, müssen diese beiden Göttinnen die schönsten Asinnen gewesen sein.
265 Sif ist die Korngöttin und ihr goldenes Haar ist das reife Getreide, das im Herbst von Loki abgeschnitten bzw. gesenst wird.

Thor:
„Warum hast Du kein wallendes Haar?
Ich sah Dich mit goldenen Hauptes-Wogen[266] ...
War das etwa der listige Loki?
Der auch mir die Locken raubte?"

Sif:
„Er war es. Er tat es. Er tat es schon oft.
Er lag bei mir auf meinem Lager ...
Ich trage seinen Sohn in mir –
Schild-Ase Ullr wird er heißen."

Thor:
„Diese Schlange! Dieser Schurke!
Ich zerreiße ihm alle Sehnen!
Dieser Köter! Dieser Keiler!
Ich zerbreche ihm alle Knochen!

Willst Du Loki auf Deinem Lager?
Wählst Du den Loptr[267] als Mann?
Wünschst Du Lodur[268] neben Dir?
Dann werde ich wieder gehen."

Sif:
„Nein, sei Du hinfort mein Mann!
Müller und Korn[269] seien beisammen,
Erde und Himmel[270] seien gemeinsam,
Regen und Saat[271] seinen ein Paar!"

Thor:
„Dann nehme ich auch Ullr an
als meinen eigenen Sohn und Erbe,
denn er wird Deine Augen haben
und auch Dein schönes, goldenes Haar."

---

266 Hauptes-Wogen = (gewellte) Haare
267 Loptr = Beiname des Loki
268 Lodur = Beiname des Loki
269 Müller = Thos Hammer Mjöllnir ist auch ein Mahlstein; Sif ist die Korngöttin
270 Sif = Erde/Erdgöttin, Thor = Himmel/Himmelsgott
271 Regen = Thor ist der Wettergott; Korn = Sif ist die Korngöttin

Sif:
„*Es ist Winter in der weiten Welt –
und wir sind zwei Kahle, Hauptes-leer;
so können wir nicht nach Asgard gehen,
wir müssen in Geirröds Höhle[272] bleiben.*"

Thor:
„*Gut war die Zeit, neun ganze Monde,
Ullr Goldhaar[273] wurde geboren,
Der Winter weicht vom weiten Land,
Wir sollten wieder heimwärts wandern.*"

Sif:
„*Durch Skadi wogen Ströme und Seen –
Hlodyn gab uns ihren Segen;
Auf Rindr grünen Wälder und Wiesen –
Jörd ließ unsere Haare wachsen.[274]*"

Thor:
„*Und wenn wir in Asgard sind,
werde ich Loki suchen und fangen
und schinden und dann sicher binden!
In die stickige Hel verbannen!*"

Sif:
„*Weit war der Weg und weit das Land,
weit war die Wanderung hierher:
jetzt seh' ich Asgards goldene Dächer
in der Frühlingssonne schimmern.*"

Thor:
„*Nun werde ich Loki den Listigen suchen –
Wo mag Loptr der Läufer nun sein?
Kennst Du seine gewundenen Wege?
Ahnst Du sein verwunsch'nes Versteck?*"

---

272 Geirröd = Tyr-Riese; seine Höhle = Unterwelt
273 Ullr Goldhaar = Ullrs Haarfarbe wird nirgends überliefert.
274 Die vier Erdgöttinnen Skadi, Hlodyn, Rindr und Jörd in dieser Strophe lassen im Frühjahr das Eis schmelzen und die Pflanzen sprießen – was hier mit dem Wachsen der Haare von Thor und Sif gleichgesetzt wird.

Sif:
„Loki – der Gott der langen Winters;
Loptr – der Ase der einsamen Orte;
Lodur – der Regin der ruhigen Verstecke:
Er rastet ihn in der Gletscherhöhle."

Thor:
„Weise bist Du, Goldhaar-Vardrun[275]!
Dort werde ich ihn sicherlich finden!
Und mein Hammer wird mit ihm reden!
Und seine Antwort ist mir egal!"

Thor:
„Hier in der Höhle aus glitzerndem Eis
ist Dein Heim, Du Asenbetrüger!
Loki, komme hier heraus,
sonst begräbt Dich mein Hammer im Eis!"

Loki:
„Ich komme, Mjöllnir-Mächtiger[276],
doch schlage nicht zu, Du Mutiger:
Du weißt, Du darfst mich nicht töten, denn
Odin und ich sind Brüder durch Eid![277]"

Thor:
„Ich werde Dich binden im trostlosen Dunkel,
in der düsteren Halle der Hel:
Dort sollst Du liegen und endlos leiden!
Dort werden Dir Lachen und Listen vergehn!"

---

275 Vardrun = Göttin; Goldhaar-Vardrun = Frau, Sif
276 Mjöllnir = Thors Hammer
277 Odin und Loki sind Blutsbrüder, was darauf zurückgeht, daß der Sommergott Tyr und der Wintergott Loki in der früheren, Tyr-zentrierten Mythologie Brüder waren. Wenn Thor Loki töten würde, müßte Odin, also Thors Vater, Lokis Tod an Thor rächen.

Loki:
„Wir werden sehen, Sönnung²⁷⁸ der Starke!
Du hast viel Schmalz in den Armen –
doch was ist mit Deinem Haupt?
Sollte ich das wirklich fürchten?"

Odin:
„Danke Dir, mein Sohn, Du Kühner!
Für den Schild und für das Schwert
und für den Helm! Höret, Asen:
Thors Kraft ist der Hammer!"

---

278 Sönnungr = Beiname des Thor

VIII   Traumreise zu Thor

VIII 1.   Traumreise zu Thor

Ich lege mich hin und entspanne mich.
„Thor, ich würde Dich gerne kennenlernen."
„Willst Du das?"
„Ja."
„Dann komm!"
„Und wohin?"
„Zu mir."
„Hm ... ich meine, auf welche Art?"
„Wünsche Dich zu mir."
„O.k."
Ich sehe Thors Hammer vor mir ... in seiner Hand. Sowohl der Hammer als auch Thor sind ziemlich groß ... Thor ist fünf-, sechsmal so groß wie ich.
„Warum sehe ich Dich so groß?"
„Weil Du mich fürchtest."
„Hm ... ja, das stimmt ..."
Ich schweige eine Weile lang ...
„Was rätst Du mir, Thor?"
„Komm mit."
Wir stehen auf einmal oben auf einem Felsen ... Was ist das? – Kalkstein, glaube ich ... aber ich bin mir nicht sicher, die Felsen haben alle runde Formen ...
Das ist ein Felsvorsprung, da geht's ziemlich weit runter ... ja, vierhundert oder fünfhundert Meter oder so ... Unten ist ein Flußtal zu sehen ... da ist hauptsächlich Wald in dieser Gegend ...
„Wo sind wir hier, Thor?"
„Schau einfach."
Ich habe plötzlich das Bild, daß Thor mit dem Hammer auf den Fels schlägt und wir mit den Felsen ins Tal rauschen – aber das ist, glaube ich, kein Bild, das von Thor kommt ...
Ich fühle mich ziemlich unsicher auf dieser Reise.
Eine längere Pause ...
Ich schaue, ich sehe andere Berge ... Der Vorsprung, auf dem ich hier stehe, und die anderen Berge scheinen einmal mehr oder weniger eine Ebene oder eine hügelige Gegend gewesen zu sein. Und da hat dieser Fluß dieses tiefe Tal eingeschnitten.
Der Fluß kommt von rechts und fließt dann geradeaus von uns weg. Ein anderer,

kleinerer Fluß kommt von links und mündet in den großen. Und dazwischen ist dieser Berg, auf dem wir stehen.

Es ist still hier und ich kann so etwas wie eine Aufmerksamkeit spüren. Es hat so etwas von einem Späher oder einem Wachtposten …

„Bist Du der Wächter der Götter?"

„Das ist Heimdall. Aber ich bin dem sehr ähnlich, ja …"

Eine längere Pause …

Ich will mir seinen Hammer anschauen, aber er meint, daß es darum nicht geht. Ich soll in die Ferne schauen, in das Tal hinab …

Eine längere Pause …

„Kann ich mich setzen?"

„Nein, bleib' stehen."

Wieder eine Pause …

Ein tiefer Seufzer … und noch eine lange Pause …

Ich schaue, was Thor macht, aber er steht einfach da und schaut in die Ferne. Und er sagt, ich soll nicht ihn anschauen, sondern über das Tal schauen.

„Hm …"

Ich schaue und warte … und warte …

Ich schaue auf die Ufer des Flusses und auf die Hänge der Berge, d.h. die Hänge dieses Tales, und ich merke, daß ich, je nachdem wie ich schaue, ganze Hänge oder auch nur einzelne Bäume sehen kann – ein bißchen so, als ob meine Augen wie Ferngläser wären, die ich auf verschiedene Größen und Entfernungen einstellen kann.

„Ist es das, was Du mir zeigen willst?"

„Schau weiter."

„Hm …"

Mit solch einer Szenerie habe ich nun überhaupt nicht gerechnet – aber das hat man ja dauernd bei Traumreisen.

Eine längere Pause … ein entspannender Seufzer … und wieder warten …

Ich habe immer wieder einmal das Gefühl, da könnten Tiere oder Zwerge oder Riesen oder Menschen sein, aber das ist nur meine Vorstellung, daß da was passieren müßte. Aber eigentlich ist da nur dieses Tal mit diesen Bäumen …

„Was fühlst Du?"

„Was sich fühle? … … … Mir gefällt diese Gegend … das ist schön hier, hier könnte ich gut wandern gehen … … … Ich bin ein bißchen verwirrt, daß wir einfach nur so stehen. Ich dachte, daß irgendetwas passieren würde, oder daß Du mir vielleicht Deinen Hammer zeigen würdest, oder … … … ja … … … "

„Was willst Du tun?"

„Was ich tun will? … … … Puh! … … … Du meinst hier? Oder in meinem Leben?"

„Das macht keinen Unterschied. – Was willst Du tun?"

Sehr großer Seufzer …
„Also, ich bin hergekommen, um Dich kennenzulernen."
„Deshalb stelle ich Dir diese Frage: Was willst Du tun?"
Pause …
„Ich möchte auf eine gute Art leben."
„Und was heißt das nun? – Was willst Du tun?"
„Puh! … Es gibt eigentlich sehr wenig in meinem Leben, was ich tun will."
„Und was ist jetzt?"
Der größte Seufzer bisher …
Ich spüre eine Weile in mich hinein …
„Was ich tun will … Kann ich auch sagen, was ich erreichen will?"
„Als ersten Schritt, ja."
Ich spüre eine Weile nach …
„Es gibt einige frühere Freunde und Freundinnen, die ich gerne wieder in irgendeiner Form in meinem Leben hätte, die ich gerne ab und zu sehen würde. Und wenn ich noch ein paar neue Freundschaften dazufinden würde, wäre das auch schön … Ich weiß nur eigentlich nicht, was ich dafür tun kann."
Pause …
„Und was willst Du tun, wenn die da sind?"
„Mit ihnen sprechen, sie umarmen, wandern gehen, zusammen Musik spielen, für einander Essen kochen …"
„O.k. … … … Dann fang' damit an!"
„Mit dem Wandern? Mit dem Essenkochen? Mit dem Musikspielen?"
„Ja. – Aber Du willst doch noch mehr!"
Ich spüre in mich hinein …
„Du bringst es auf den Punkt, nicht wahr, Thor?"
„Ja."
Ich spüre wieder in mich hinein …
Ein tiefer Seufzer …
Und ich suche Mut, auszusprechen, was ich spüre …
„Ja, ich habe das mit den Beziehungen ziemlich aufgegeben …"
„Und? Willst Du ohne leben?"
„Eigentlich nicht."
Noch ein tiefer Seufzer …
„Das wird jetzt gerade arg persönlich, nicht wahr?"
„Warum fragst Du das?"
„Uh … ja … Ich dachte, ich wollte Dich kennenlernen … und kann ich das hier einfach so schreiben? Das wird sehr persönlich, aber wenn ich aufrichtig bin … und etwas anderes hat ja auch nur wenig Wert …"
Ein tiefer Seufzer …

„Ich würde Dich gerne etwas fragen, Thor."

„Dann frag. – Das klingt jetzt schon etwas besser ..."

„Ich habe es vor ziemlich genau einem Jahr ... vielleicht sogar vor ganz genau einem Jahr geschafft, wirklich ganz in die Haltung eines Kriegers zu kommen: daß ich genau das tue, was ich will, daß ich sehe, was ich tun will, und daß ich es einfach tue, weil ich es will. Und dann einfach schaue, was geschieht; daß ich einfach aufrichtig bin und meine Kraft dahin lenke, wo ich hinwill. Das fühlte sich sehr gut an und das fühlte sich sehr leicht an. Und vor allem fühlte es sich richtig an. Nur gab es dann ein ziemliches Chaos mit den Menschen, die mir am nächsten waren. Und ich habe den Eindruck gekriegt, daß es dann, wenn ich versuche, in der Haltung eines Kriegers zu leben, es nur noch einen Riesen-Scherbenhaufen gibt ... und am Ende stehe ich einfach nur alleine da. Kannst Du mir dazu etwas sagen?"

Ich warte ...

„Thor? Wo bist Du? Warum bist Du nicht mehr da?"

Ich stehe auf einmal alleine hier.

„War das jetzt Unsinn, was ich geredet habe?"

Ich höre ihn, ohne ihn zu sehen: „Nein."

„Aber warum gehst Du?"

Schweigen ...

Ein tiefer Seufzer ...

Diese Traumreise wird jetzt langsam komisch ...

Ich warte ...

„Jörd, Mutter Erde, was geht hier vor sich?"

„Setzt Dich hin, mein Sohn."

Ich spüre dem nach ...

Ich setze mich.

Ich spüre wieder in mich hinein ...

Es gehen mir dauernd Gedanken über Vergänglichkeit und Wandel durch den Kopf ... Ich sehe da unten den Fluß fließen – der auch ein ständiger Wandel ist ...

Jörd: „Der Fluß wandelt sich ständig, aber das Tal wandelt sich nur langsam ..."

Ich spüre ihren Worten nach ...

„Irgendwas macht das mit mir, daß Du das sagst, Jörd."

Großer Seufzer ...

Ich spüre weiter Jörds Worten nach ...

Ich sehe wieder Thors Hammer, aber wie so ein ... hm, ja, so als ob ich sehen würde, wie der Hammer da aussieht, wo er jetzt ist – der Hammer ist nicht wirklich hier bei mir hier in dieser Traumreise hier oben auf diesem kleinen Plateau.

Ich spüre die Wärme des Felsens.

Und spüre in sie hinein ...

„Was willst Du mir zeigen, Jörd?"

„Schau einfach …"

Ich schaue …

Die Wärme des Felsens … ich spüre jetzt auch die Wärme der Sonne auf meiner Haut … Ich sehe die Sonne zwar nicht, aber sie ist irgendwo da vorne rechts – von da kommt die Wärme.

Ich genieße die Wärme …

Tiefer Seufzer …

Ich sehe immer mehr Details. Diese Felsfläche, auf der ich hier sitze – dahinter wächst ein bißchen Gras und dahinter kommen Bäume.

Ich schaue einfach …

„O.k. … … … Puh! … … …"

Ich warte …

„Ich möchte Dich etwas fragen, Jörd."

„Ja?"

„Nach meiner Erfahrung kann ich mir allgemein etwas wünschen wie Freunde und erhalte das dann auch, aber wenn ich mir wünsche, einen ganz konkreten Menschen wieder in meinem Leben zu haben, dann funktioniert das nicht so richtig, weil dieser Mensch ja seinen eigenen Willen hat … Sehe ich das so richtig?"

Ich warte auf eine Antwort …

Ich spüre, wie Jörd lächelt …

Sie sagt: „Du schaust von der falschen Stelle aus …"

Ich denke über das nach, was sie gesagt hat.

„Welche Stelle wäre denn richtig?"

Ich warte wieder eine Weile auf eine Antwort.

„Laß Dein Herz strahlen und schaue, worauf das Licht Deines Herzens fällt. Schaue, was da ist, wo Du gerade bist, und was geschieht, wenn das Licht Deines Herzens dorthin scheint."

Sehr, sehr großer Seufzer …

Ich spüre eine ganze Weile in diese Antwort hinein …

„Ja, das versteh ich."

Eine längere Pause …

Hm, während ich dem nachspüre, merke ich, daß ich hier nicht mit Kleidung sitzen will. Ich ziehe mich aus und lege mich dann nackt hier auf die Felsen und spüre das Sonnenlicht auf meiner Haut. Und ich merke Jörds Schmunzeln …

So liege ich eine Weile einfach da …

Da steht auf einmal wieder Thor neben mir.

Thor: „Nun, Du hast ja immerhin schon mal angefangen."

Ich weiß, daß er meint, daß ich angefangen habe, zu tun, was ich tun will.

„Ja …"

Ich warte eine Weile, ob er noch etwas sagt.

„Und nun?"
Komisch, diese Frage kam jetzt von uns beiden gemeinsam.
Wieder eine Weile Schweigen ...
„Warum bist Du eben gegangen?"
„Weil Du in der Vergangenheit warst – und da bin ich nicht."
Wieder eine Weile Schweigen ...
„Ja ..."
Ich spüre den Worten des Thor nach.
„Das hat mir Deine Mutter Jörd so ähnlich eigentlich auch gerade erzählt ..."
Ich spüre in mich hinein.
„Das, was ich gerne möchte, ist ... puh ... ja, dieses Krieger-werden vor einem Jahr, das war ein so guter Zustand, Thor – aber der hat zu einem derartigen Schiffbruch geführt ... ... Kannst Du mich lehren, ein Krieger zu werden?"
„Was glaubst Du, was ich hier gerade tue?"
„Ach so ... ... Du fragst mich, was ich will ..."
Seufzer ...
„Das sollte ein Krieger wissen, bevor er etwas tut ... das was er tun will ... Das sehe ich ein."
Ich bin ratlos und schweige mehr als eine Minute.
„Ja ... ...", sage ich, doch ich weiß nicht wirklich, was ich eigentlich sagen will.
Ich schweige wieder ...
„Das, was ich gerne hätte, das wären diese drei Freundschaften von letztem Jahr. Ich fände es schön, wenn das eine Form finden könnte, in der das noch weitergeht. Das wäre schön, wenn diese Geschichte hier nicht zuende sein müßte. Mir ist es aber völlig unklar ... Du bist ja schon wieder weg! ... Hey! ... ... Geht das so nicht?"
Ich schaue nach Thor, aber ich kann ihn nirgendwo sehen.
„Du fragst, was ich will, und dann sage ich das, und dann bist Du weg! ... ... Weil ich in der Vergangenheit bin?"
„Ja."
„Das hast Du mir ja eben auch schon gesagt. Heißt das, ich soll einfach nur da sein, wo ich gerade bin? Und dann schauen?"
Tiefer Seufzer ...
„Also gut ..."
Eine längere Pause ...
„Thor und Jörd, wollt ihr mir hier deutlich machen, daß, wenn ihr mich fragt, was ich will, das einfach nur heißt, was ich tun will, und nicht, was ich gerne hätte, was jemand anderes macht? Sondern einfach nur, was ich tue?"
Da rummst hier Thors Hammer neben mir auf den Boden. Ich werte das mal als Zustimmung.
Nun steht der Hammer da so da. Der ist viel größer, als ich mir den so vorgestellt

habe.
Ich schaue und warte …
Wieder ein Seufzer …
Ich betrachte den Hammer.
Ich frage mich, ob ich den anfassen darf.
„Darf ich, Thor?"
„Das ist nicht die Frage eines Kriegers."
„Nein, das kann ich sehen. Aber ich bin ja auch nicht nur Krieger."
„Na, das klingt jetzt ja schon besser. … Was bist Du denn noch?"
„Harfner, Wanderer, Zauberer, Freund und noch so einiges …"
Ich fasse den Stiel des Hammers – er ist ganz warm.
Noch ein Seufzer …
„Kann ich den Hammer heben?"
Ich versuche es.
„Ne … … … hm … … …"
Wieder eine Minute ratloses Warten …

Jetzt bin ich irgendwie durcheinander gekommen … … … ich habe den Faden verloren … Wie kommt das? Das ist mir eigentlich noch nie auf einer Traumreise passiert – und ich habe ja wirklich schon sehr viele gemacht …

Tiefer Seufzer …
Und wieder Warten …
„Was ich jetzt will … … …? … … … Gut … … … Ich will … daß Menschen in mein Leben kommen, mit denen ich einfach gerne zusammen bin, wo Freude ist … ein paar sind ja auch da … … … ja … … …"
Und wieder Warten …
„Magst Du mir sagen, wie es hier gerade weitergeht, Thor? Oder Jörd?"
Ich warte auf eine Antwort …
Jörd sagt: „Du traust Dich noch nicht so ganz, Dich in Deiner ganzen Unvollkommenheit zu zeigen, in Deinem ganzen Durcheinander und in Deinen Eigenheiten."
„Ja, das ist manchmal ein bißchen schwer."
Ich warte wieder darauf, wie es weitergeht …
„Geht … hm … puh … … …"
Ich bin gerade ratlos und warte weiter …

Irgendetwas wird gerade in mir wütend, also ich werde wütend. Ich habe das Gefühl, ich würde am liebsten den Hammer hochheben und vor Wut mit ihm auf die Erde schlagen. Ich merke, daß ich ihn nun auch hochheben könnte, aber einfach blindlings mit Mjöllnir auf die Erde zu schlagen, so daß hier die Felsen abbrechen, scheint mir nicht besonders sinnvoll.

Thor: „Da hast Du ja schon mal etwas gelernt."
„Ja – vor Wut etwas kaputt gemacht habe ich ja schön öfters … … …"

„Gut, Du hast also schon mal Kraft – das ist nicht Dein Problem mit dem Kriegersein."

Ganz tiefer Seufzer …

„Wo ist es denn? Also … … … was ist das Hindernis?"

Ich warte auf eine Antwort … und kann sie dann spüren.

„O.k! Ich weiß es ja schon! Ich soll mich auf den Wandel einlassen können!"

Ich spüre in mich hinein.

„Ich versuche immer, die Dinge so zu tun, daß ich möglichst keinem auf die Füße trete – und mich an den Rahmen zu halten, von dem ich denke, daß er da ist, …das zu tun, was die anderen wollen … Ja, ich kenne diese Seite von mir … … …"

Ich kann spüren, aus welcher Haltung heraus Thor auf mich blickt.

„Und Du meinst, daß bringt mich in Situationen, wo ich so viel verdränge, daß das dann irgendwann rauskommt? Und dann gibt's Scherben?"

„Du kommst der Sache näher."

„Oh, Mann! Aber das heißt doch, daß der Krieger ziemlich einsam ist! Oder? Der tut einfach, was er will, und nimmt alle Scherben in Kauf?"

„Ein Krieger kämpft."

Noch ein Seufzer …

„Oh, ich glaube, ich versteh was! Das, was ich normalerweise tue, ist in einer Situation zu schauen, was das Beste ist, was ich da finden kann – egal, wieviel das ist. Und Du schlägst mir vor, immer genau das zu tun, was ich will, und einfach zu schauen, was sich dann daraus entwickelt?"

„Das ist schon wieder etwas näher …"

Und noch ein „Erkenntnis-Seufzer" …

„Das heißt, spontan zu handeln – stimmt das?"

„Ja."

„Das heißt auch, im Hier und Jetzt zu sein?"

„Das heißt das auch."

„Das heißt, mutig zu sein?"

Keine Antwort …

„Ziemlich häufig alles auf eine Karte zu setzen?"

Thor schweigt …

„Leben in vollem Risiko?"

„Na, das ist schon besser so!"

Und wieder ein Seufzer …

Ich spüre in mich hinein …

„Sag, Thor, was ist denn dann mit der Weisheit und mit der Übersicht? Und mit dem Erkennen der ganzen Folgen?"

„Du sollst nichts tun, wovon Du sehen kannst, daß das nicht dahin führt, wo Du hin willst. Vor Wut Dein Fahrrad einzutreten, weil da gerade etwas nicht funktioniert, ist

ziemlich unsinnig. Das ist nicht mit dem 'im Hier und Jetzt sein' gemeint."
Ich spüre wieder in mich hinein …
„Hm … … … aber die Wut ausdrücken?"
„Ja."
Mir dämmert etwas …
„Sag, heißt das, mich in jedem Augenblick ganz zu zeigen?"
Ich warte auf eine Antwort …
„Endlich fällt der Groschen!"
„Weißt Du, Thor, diese Traumreise ist ja so völlig anderes als ich das vermutet habe!"
Großer Seufzer …
„Aber es ist das, was Du gesucht hast."
„Ja – stimmt. Ich habe nur nicht gewußt, daß ich auf dem Weg dahin bin, als ich jetzt zu Dir gereist bin."
Eine weitere Pause …
„Also: unverhüllt strahlen – und das im Hier und Jetzt. … … … Völlig aufrichtig sein – mit allem, was ich bin. Ja, ich glaube, ich habe ziemlich oft gedacht, daß es dann, wenn ich zusehe, daß ich für die anderen pflegeleicht bin, am besten wird."
„Genau das hast Du getan. Und das funktioniert nicht."
„Ne. … … … Und was passiert, wenn ich das ändere?"
„Nunja, das wirst Du sehen …"
Ein weiterer Seufzer …
„Also gut. … … … Aber das heißt doch nicht, daß ich ständig immer allen alles zeigen muß – oder? … … … Das wäre irgendwie doof! … … … O.k! Ich kann Dein Stirnrunzeln spüren! Ich fange einfach mal an – ich muß ja nicht im Voraus wissen, wie das alles ist."
So halb warte ich auf eine Antwort, aber es kommt keine … was mich aber auch nicht wirklich wundert …
„Also … … …"
Weiter weiß ich gerade aber nicht so recht … und warte daher wieder eine Weile …
„Und Dein Hammer ist diese Aufrichtigkeit und Geradlinigkeit?"
„So könnte man das sagen. Das ist ein Aspekt davon, ja."
Schweigen …
Ich merke gerade, daß Thor tatsächlich goldblondes Haar hat und nicht rot blondes. Und auch sein Bart hat diese Farbe. Ja, das ist wohl so, wie ich das überlegt habe – in den früheren Kapitel von diesem Buch.
Und noch ein Seufzer – die gehören oft einfach dazu …
„Geht es ums Wünschen?"
„Bleib im Augenblick!"
„O.k."

Ich spüre einen Impuls, der mir etwas zu zeigen scheint.

„Ich soll meine Wünsche aushalten? Wer hat das gesagt? Thor? Jörd? … … … Die Intensität meiner Wünsche soll ich aushalten? Und nicht als Ersatz für ihre Erfüllung etwas essen oder sonst etwas tun? … … … O.k. … … … Klingt gut. Klingt nicht einfach, klingt aber gut."

Da kommt wieder eine wortlose Antwort zu mir.

„Dann werde ich emotionaler, sagst Du? … … … Ja, wahrscheinlich, ne? … … … Und dann werde ich mehr wollen?"

„Ja. Und dann kannst Du den Hammer in die Hand nehmen."

Ein weiterer 'Erkenntnis-Seufzer' …

„Danke, Thor! Und danke, Jörd! Und danke euch anderen, die ihr vielleicht noch unsichtbar hier wart! Irgendwie habe ich das Gefühl gehabt, daß Du, Loki, da irgendwo bist, und auch Du, Odin. … … …"

Thor sagt: „Wir Götter sind überall."

Ja, das stimmt wohl – eigentlich weiß ich das.

„Ich danke Dir, Thor! Und ich danke Dir, Jörd!"

Ich spüre eine Weile in die Situation hinein.

„Ist das rund oder fehlt noch etwas?"

„Du hast getan, was Du getan hast, und Dein Weg geht immer weiter und er ist nie derselbe."

„Das klang jetzt fast, als hätte das Lao-tse gesagt …"

Da lächelt Thor …

„Lao-tse war auch im Hier und Jetzt, ja."

„Danke euch allen! Auf Wiedersehen!"

Ich kehre zurück.

„Ho!"

Diese Traumreise hat ca. 50 Minuten gedauert.

<u>VIII 2.   Die Versammlung der Donnergötter</u>

Ich habe vor ein paar Jahren eine Traumreise zu den indogermanischen Schmiedegöttern unternommen – ich war so dreist, sie darum zu bitten, sie gemeinsam sehen zu dürfen, um ihre Gemeinsamkeiten und ihre Unterschiede besser verstehen zu können. Da diese Schmiedegötter das offenbar gar nicht als Dreistigkeit empfunden haben, möchte ich dasselbe nun auch mit den indogermanischen Donnergöttern versuchen.

„Ich möchte die indogermanischen Donnergötter besser kennenlernen. Ich lade euch ein – Taranis von den Kelten, Jupiter tonans von den Römern, Donar von den Südgermanen, Thor von den Nordgermanen, Perk vom den Balten, Perkunos von den Slawen, Tarhunt von den Hethitern, Zeus brontios von den Griechen, Tar von den Thrakern, Tar von den Armeniern, Parjanya von den Indern und Indra von den Indern. Ich würde euch gerne kennenlernen."
„Du hast Dir viel vorgenommen …"
„Ich hoffe, das ist o.k. so."
Ich warte eine Weile, aber nichts geschieht.
Seufzer …
„Was soll ich tun? Wie komme ich am besten zu euch?"
„Komme auf den Olymp."
„O.k."
(Ob der Olymp wohl der heutige Versammlungsort der indogermanischen Götter ist? Auch die Schmiedegötter hatten sich in einer Halle versammelt, die am ehesten griechisch aussah.)
Ich reise dorthin und schaue …
Das ist wie eine große, rechteckige Säulenhalle aus weißem Marmor.
Ich schaue mich um …
Das sieht ein bißchen aus wie der Akropolis-Tempelberg in Athen, aber … ne, das ist anderes – es ist nur eine einzige große Halle.
Ich schaue mich weiter um und versuche, den Aufbau der Halle genauer zu erfassen.
Ich trete ein.
Ich schaue mich wieder lange Zeit nur um.
„Ich kann spüren, daß ihr da seid, aber ich kann euch gerade nicht richtig sehen."
Ich lausche auf eine Antwort …
Seufzer …
„Lege Deine Handflächen auf den Boden."
„Gut."
Ich spüre den Boden und fühle, wie mich das erdet und mein Blick allmählich klarer wird.
„Hm … Der Aufbau hier drinnen wird langsam deutlicher. Die Säulenreihen sind nur am Rand. In dem Innenraum sind nur sehr wenige Säulen, die das Dach tragen. nein eigentlich denke ich nur, daß da aus statischen Gründen welche sein müßten – aber da sind keine.
Ich betrachte den Raum und versuche, die Götter zu sehen.
Am anderen Ende, an der anderen Stirnseite scheint Zeus' Thron zu stehen.
Ich versuche, ihn deutlicher zu sehen.
Ich komme mir immer noch ein bißchen vermessen vor …

Zeus: „Tu, was Du willst."
„Ich möchte euch kennenlernen."
Ich schaue in den Raum und versuche die Götter zu sehen.
Jetzt kann ich Thor spüren – er steht links hinten.
Es ist noch immer mühsam, die Götter zu sehen.
Thor wirkt erstaunlich gelassen – er strahlt so eine Ruhe aus.
Ich versuche, noch andere Götter zu sehen.
Zeus sitzt da ganz selbstverständlich auf seinem Thron. Der sitzt da einfach. Das ist sein Platz und das ist richtig so.
Ich schaue weiter und spüre in den Raum hinein.
„Tarhunt, wo bist Du? … Du bist da rechts. Du hälst eine Keule."
Jupiter hält in seiner linken Hand Blitze. Er steht (oder sitzt?) links.
Tarhunt trägt dunkle Kleidung.
Zeus trägt ein weißes Gewand.
Wo ist Donar? Links neben Thor. Er ist ein kleines bißchen kleiner als Thor. Seine Kleidung ist etwas heller als die des Thor. Und er wirkt friedlicher – also friedliebender. Nicht schwächer oder so, sondern friedliebender. Mehr ein bißchen … ja ein Viertel Baldur, drei Viertel Thor sozusagen.
„Taranis? Wo bist Du? … Du bist zwischen Thor und Zeus."
Taranis hat dunkles, lockiges Haar, das ein bißchen zerzaust aussieht. Und er trägt auch dunkle Kleidung – aber nicht so dunkel wie die von Tarhunt.
„Indra?"
Er ist hier rechts vorne nah neben mir. Er trägt Kleidung, die rot und gelb und gemustert ist. Er hält einen Donnerkeil in seiner Hand. Der sieht ungefähr so aus wie ein tibetisch-buddhistischer Vajra. Indra ist deutlich runder als die anderen Götter – er hat einen dickeren Bauch als die anderen. Er wirkt sehr kraftvoll und hat dunkles, glattes Haar.
Ein tiefer Seufzer …
„Parjanya?"
Links von mir? Ich habe ihn eher neben Indra erwartet … aber ich stehe zwischen den beiden indischen Göttern in dem Götterkreis.
Parjanya hat helle Haare, goldblond – auch das ist unerwartet … Er ist schlank und groß, kräftig … und er hält genauso einen Blitz-Dreizack in der Hand wie Tarhunt.
Ob das der Ursprung von Neptuns Dreizack ist? Ist das gar kein Fischfang-Spieß, sondern das Blitz-Zeichen? Neptun ist ja Jupiter in der Wasserunterwelt … und Poseidon ist Zeus in der Wasserunterwelt.
Zeus: „Das stimmt."
„Hm, so ist das …"
Ich spüre dem nach …
„Perk? Von den Balten …"

Er steht rechts neben Tarhunt. Er trägt recht warme Kleidung ... Fellstiefel ... und einen Blitz in der rechten Hand.

Taranis hat eine Keule ... ja ... aber sie wird immer wieder mal zum Hammer – das geht immer wieder hin und her ...

„Perkunos? Von den Slawen ..."

Er steht zwischen Perk und Indra. Er sieht Perkunos recht ähnlich. Die Kleidung ist heller und da ist rot mit drinnen – an den Borten am Rand. Er trägt eine Kopfbedeckung, eine Fellmütze – auch an ihr befinden sich rote Borten. Und er hält ... ... eigentlich hält er einen Blitz – es ist, als würde er Feuer in der Hand halten.

„Jupiter tonans?"

Er steht links zwischen Parjanya und Donar. Er sieht Zeus ziemlich ähnlich. Er hält auch Blitze in der Hand. Er trägt Toga und Tunika in weiß – mit einer goldenen Borte.

„Tar von den Thrakern?"

Er steht rechts neben Zeus.

Hm ... Ich habe vermutet, daß er ähnlich wie Zeus aussieht, aber er trägt eher skythische Kleidung – also Hose und Jacke. Und er hält eine Keule in der Hand.

Großer Seufzer ...

Und der armenische Tar?

Ich muß eine Weile nach ihm suchen ...

Er steht rechts neben Tarhunt. Er trägt hellbraune Lederkleidung und auch er hält eine Keule in der Hand.

Habe ich sie alle gefunden? Ich schaue mich um: „Zeus ... Thor ... Donar ... Jupiter ... Parjanya ... Indra ... Tarhunt ... Taranis ... Tar ... und der andere Tar ... Perk ... Perkunos ...

Ja, sie sind alle da.

```
                    hintere Stirnseite der Halle
                         Thron des Zeus


                         Zeus
              Taranis              Tar (Thraker)

            Thor                   Tarhunt

           Donar                    Tar (Armenien)

                                   Perk
          Jupiter
                                   Perkunos

           Parjanya              Shiva

                    (ich selber)


                    vordere Stirnseite der Halle
                             Eingang
```

„Möchtet ihr mir etwas sagen?"
Ich warte …
Zeus: „Lebe Dein Leben."
Ich warte weiter …
Thor: „Lebe Dein Leben so, daß es ein Vorbild für andere werden kann. Leben Dein Leben voller Kraft."
Donar bittet mich zu sich. Ich gehe zu ihm. Diese Mischung aus Thor und Baldur ist mir wirklich sehr sympathisch … Er legt mir eine Hand auf die Stirn und eine Hand auf die Brust.
Ich spüre recht lange Zeit einfach dem nach, was Baldur da macht … Ich spüre, wie mir das mehr Sicherheit in den ganzen Dingen gibt, die Thor mir vor zwei Tagen gesagt und gezeigt hat.
Tiefer Seufzer …
„Danke, Donar!"
Ich warte …
Jetzt habe ich nach Jupiter geschaut, aber da ist gerade nichts.

Taranis ruft mich zu sich. Ich gehe zu ihm hin.
Ich schaue und warte vor ihm …
„Stelle Dich neben mich."
„Gut."
Ich stehe rechts neben ihm.
„Stampfe mit dem Fuß auf!"
„Äh …? … … … ja, gut … … … Mit einer bestimmten Haltung?"
„Einfach so."
Ich stampfe auf.
Uh … alle schauen zu mir her … und ich habe das Gefühl, daß ich jetzt etwas sagen muß … ich muß sagen, wer ich bin.

    „Ich bin Harry,
       ich bin der Goldene (d.h. meine Seele),
       ich bin ein Mensch,
(tiefer Seufzer)
       ich bin ein Forscher,
       ich bin ein Freund,
       ich bin ein Harfner;
       mein Stein ist der Bergkristall,
       mein Tier ist die Wölfin,
       meine Pflanze ist der Thuja,
       meine Schutzgottheit ist Osiris;
       ich bin ein Wanderer,
       ich bin ein Geliebter;
(noch ein tiefer Seufzer)
       ich möchte Freude und Schönheit und Liebe in die Welt bringen,
       und ich möchte Freude und Schönheit und Liebe genießen!
    Ho!"

Ich stampfe wieder mit dem Fuß auf.
Sie antworten mir alle mit „Ho!".
Das fühlt sich gut an.
Ein ganz tiefer Seufzer …
„Gibt es noch etwas, was ihr mir sagen oder zeigen möchtet?"
Ich gehe zu Tarhunt. Ich habe das Gefühl, ich sollte zu ihm gehen …
  Er hat ganz dunkle Augen und ganz dunkles Haar. Er sieht kriegerisch aus – und ernst … wie jemand, der viel Leid gesehen hat oder der viel gekämpft hat. Aber da ist auch ein Lächeln in seinen Augenwinkeln und viel Humor.
„Den braucht man als Krieger …"

„Das kann ich gut verstehen."
„Was möchtest Du mir zeigen?"
„Schau mich an."
Ich schaue und spüre und warte ...

Ich spüre seine Eigenständigkeit; ich sehe seine Narben; und ich sehe sein Herz – das ist rein – das ist einfach rein ... und das leuchtet ... und das ist eindeutig – da ist keinerlei Zagen drinnen ...

Sehr tiefer Seufzer ...

Das ist dasselbe, was Thor mit vor zwei Tagen gezeigt hat – nur mit anderen Bildern.

Ich schaue Tarhunt an.

Tarhunt berührt mich mit zwei Fingern seiner rechten Hand, mit Zeige- und Mittelfinger an meinem Herzchakra.

Da muß ich ganz breit lächeln und ganz erfüllt leise vor mich hin lachen ... das ist wie eine Freundschaftsbekundung.

Ich schaue ihn fragend an, ob ich dieselbe Geste machen darf ... ... aber das paßt nicht ... aber er grollt mir auch nicht deshalb.

„Danke, Tarhunt!"

Ich spüre nach, ob mir noch jemand etwas zeigen möchte.

Perkunos ...

Ich gehe zu ihm und stelle mich vor ihn und schaue.

„Nimm die Wärme in Dich auf."

Er hält mir das Feuer in seiner Hand hin und ich halte dem meine Handflächen entgegen.

Ich muß wieder leise lachen ...

„Das ist schön! ... Das wärmt von innen ..."

Ich genieße eine ganze Weile einfach diese Wärme ...

Ich gehe zu Parjanya – nicht weil er mich gerufen hätte, sondern weil ich neugierig bin.

Ich habe mich kurz gefragt, ob das eigentlich o.k. ist – hier mit diesen ganzen Göttern zu sein, aber da hat Zeus sofort gesagt:

„Wir sind überall, wo wir sein wollen. Und wenn wir hier sind, können wir genausogut an hundert anderen Stellen gleichzeitig sein. Also laß Dir so viel Zeit, wie Du möchtest ..."

„Danke!"

Wieder ein tiefer Seufzer ...

Ich sehe Parjanya und ich habe das Gefühl, daß er noch viel stärker ein Regengott ist als ein Donnergott. Der Donner gehört zu ihm und auch der Blitz, aber er ist noch nicht so sehr Krieger ... er ist mehr ein Regengott ... anders als Indra – der ist ein Krieger ... oder als Thor – der ist noch mehr Krieger ...

„Danke, Parjanya!"
Ich blicke ihn an …
Er berührt mich mit dem Zeigefinger und dem Mittelfinger seiner rechten Hand an meiner Stirn oberhalb des Dritten Auges.
Ich muß schon wieder leise lachen, weil ich so erfüllt bin.
„Danke, Parjanya, für Deinen Segen!"
Eine lange Pause, ich der ich warte, ob noch ein Gott etwas sagen oder tun will …
Ich gehe zu Tar (aus Thrakien) – der steht rechts neben Zeus …
Ich warte …
Er schaut mich schweigend an und ich spüre auch bei ihm ein Lächeln …
Ich verneige mich und trete ein paar Schritte zurück.
Ich gehe zu Perk.
Er lächelt mir einfach schweigend zu.
Ich warte …
„Darf ich zu Dir kommen, Jupiter?"
Ich warte eine ganze Weile auf eine Antwort …
Tiefer Seufzer …
„Du achtest mich nicht wirklich. Du siehst mich wie einen Schatten von Zeus an."
„Hm … … … Ich glaube, das stimmt wohl … Aber das ist wohl so nicht so richtig … Das liegt daran, daß die Römer so kriegerisch waren, solche Eroberer …"
„Und den Aspekt magst Du nicht?"
„Ich habe gerne Frieden."
Tiefer Seufzer …
„Aber ich möchte Dich kennenlernen, Jupiter, und ich lasse diese Vorstellung los, die ich da gehabt habe."
Ich warte auf eine Antwort …
Ich verneige mich auch vor Jupiter.
Er sagt: „Komm her."
Er gibt mir eine Ohrfeige!
Tiefer Seufzer …
Keine heftige Ohrfeige … nur eine 'kleine Ohrfeige' … Das ist wie ein Wachmachen …
„Danke, Jupiter!"
„Es wird wirklich Zeit, daß Du wach wirst und zum Krieger wirst!"
„Ja, das stimmt."
„Stell Dich in die Mitte."
„Oh … Puh!"
Ich gehe in die Mitte.
Sie heben entweder alle ihren rechten Arm und ihre rechte Hand nach vorne – mit der Handfläche nach vorne – manche halten auch ihren Hammer oder ihre Keule nach

vorne … und es kommt wie Feuer von allen Seiten von ihnen zu mir in die Mitte.
Ich stehe da und spüre das Feuer.
Da fängt mein Körper an zu zucken – recht heftig … … … die Bauchmuskulatur zieht sich ruckartig zusammen … … … die Energie kommt wohl in meinem Sonnengeflecht an – ja, jetzt kann ich es sehen … … …
Das geht so eine ganze Weile …
Großer Seufzer …
„Danke!"
Das Zucken geht noch weiter …
Das war jetzt aber eine heftige Reinigung …
Noch ein tiefer Seufzer …
„Ihr habt mir jetzt Dinge erzählt für mich – gibt es auch irgendwelche Dinge, von denen ihr gerne hättet, daß ich sie in das Buch über Thor schreibe?"
Zeus sagt: „Seid Krieger! Aber Krieger mit Weisheit! Krieger, die sehen, was sie tun, und die sehen, welche Folgen das hat, was sie tun."
Das erinnert mich daran, daß man im Buddhismus sagt, daß beim Meditieren die rechte Hand, also die Stärke, in der linken Hand, die die Weisheit ist, ruhen soll.
Ich warte …
Parjanya sagt: „Schafft eure Atombomben ab – das sind keine Waffen, sondern Selbstmordwaffen!"
Viele von den anderen stimmen dem zu, indem sie „Ho!" sagen.
Ich warte wieder …
Donar sagt: „Bleibt gelassen, wenn ihr angegriffen werdet. Beißt nicht sofort zurück, sondern bleibt bei euch, ruht in euch. Laßt euch durch Angriffe nicht in Reflexe bringen, laßt euch nicht aus eurer Mitte herausbringen. Seid Krieger – aber entscheidet selber, was ihr tut!"
„Ho!"
Tiefer Seufzer …
Ich warte ziemlich lange …
„Gibt es noch etwas, von dem ihr gerne hättet, daß ich es aufschreibe?"
Ich warte …
Tarhunt: „Nutzt eure Kraft, um das zu erschaffen, was euch glücklich macht, und nicht, um das zu erschaffen, was euch mächtig macht."
Auch hier stimmen wieder viele andere zu, indem sie „Ho!" sagen.
Ich warte …
Perkunos: „Nutzt eure Kraft für die Liebe. Nutzt eure Kraft, um miteinander zu schlafen. Spürt euch gegenseitig, genießt euch. Dann wird sich ganz vieles auflösen, was ansonsten zu Krieg führt."
„Das klingt jetzt ja wie 'Make Love, not War!'."
„So ist es auch gemeint."

„Danke, Perkunos!"

Ich warte …

Von vielen der Götter kommt ein Lächeln zu mir. Das wärmt mich.

Tar (von Thrakien) möchte noch etwas sagen: „Werdet Krieger. Werdet es vor allem vom Herzen her. Aber werdet es auch von eurem Körper her. Bewegt euch, lauft, klettert, werft, schießt mit Pfeil und Bogen, schwimmt, bewegt euch. Wenn ihr Frieden mit eurem Leib habt, dann ist der Frieden in eurer Seele sehr viel einfacher."

„Danke!"

Jupiter sagt etwas: „Nutzt eure Kraft, um Formen des Miteinanders aufzubauen, die es allen leichter machen zu gedeihen."

„Ho!"

Ich warte …

Zeus sagt: „Es wäre gut, wenn ihr nach und nach das Bild eines Kriegers entwickelt – eines weisen Kriegers. Es sind schon Ansätze da, aber verfolgt das weiter – das ist wichtig! Kraft muß gehalten werden, damit sie nicht blinde Macht wird."

Alle sagen „Ho!".

Ich habe das Gefühl, daß das das Schlußwort gewesen ist.

Seufzer …

„Ich danke euch allen für diese Begegnung und für euren Segen und für eure Worte! Ho!"

Sie antworten alle mit „Ho!".

„Dann kehre ich jetzt zurück."

Ich spüre, daß ich hier jederzeit wieder willkommen bin – und das ist schön.

Jetzt bin ich wieder zurück.

„Ho!"

IX Thor heute

Thor ist ein Kriegsgott – ist es das, was die Welt heute braucht, wo die Menschen nicht nur mit einer Keule, sondern mit einer Atombombe zuschlagen können?

Generell kann man sagen, daß es ein Merkmal aller Lebewesen ist, daß sie sich selber erhalten können – sonst würden sie zu existieren aufhören. Diesen Aspekt des Lebens verkörpert Thor.

Mit der eigenen Macht wachsen jedoch auch die Möglichkeiten und die Größe der Auswirkungen der eigenen Taten. Daher ist es für die Menschen heute zwar wie zu allen Zeiten notwendig, einen intakten Egoismus zu besitzen, aber wenn dieser Egoismus mit einer Kurzsichtigkeit verbunden ist, die nicht die Folgen des eigenen Handelns überschaut, wird dieses Handeln nur Schaden für sich und andere verursachen.

Daher wird ein weitsichtiger Egoismus gebraucht, der idealerweise das Ganze im Blick hat, in dem man lebt und von dem das eigene Wohlergehen abhängig ist. Ein solcher Egoismus, der im Vertrauen in das Ganze ruht und von dem Ganzen getragen wird und der Verantwortung für das Ganze trägt, wird erst wirklich effektiv werden und das optimale Wohlergehen für sich selber erzeugen können.

Nur wenn auch die langfristigen Folgen der eigene Taten mitberücksichtigt werden, kann das Handeln wirklich zu dem erwünschten Zustand führen. Cholerik ohne Überblick führt manchmal zu kurzfristigem Nutzen, aber schon mittelfristig zu einer großen Selbstschädigung …

Thor braucht somit die Weisheit des Odin – und wenn der Donnergott eine Atombombe statt eines Hammers in seiner Hand hält, ist diese Weisheit um so nötiger.

Viele psychische Störungen liegen in einem verletzten Egoismus begründet, bei dessen Heilung Thor eine große Hilfe sein kann.

Astrologisch gesehen sind diese Verletzungen sehr häufig Quadrate zum Mars oder zum Mond.

Es wird kaum eine psychische Verletzung geben, die nur durch Thor geheilt werden kann, aber er kann eine große Hilfe dabei sein.

Thor ist jedoch nicht nur der kriegerische Beschützer, sondern auch der Wettergott, der für das Gedeihen der Pflanzen auf den Feldern sorgt. Und er ist der Mann der Korngöttin. Daher liegt auch in Thor selber eine Fürsorglichkeit, die zu weisen Entscheidungen führen kann – wenn der Weitblick und die Weisheit die Taten lenken.

Verzeichnis der Themen

(die Zahl ist die Nummer des Bandes, in dem sich das Thema findet)

1 47	540 47	Alius 32	Aur 55
2 47	700 47	Alraune 45	Aurboda 35
3 47	800 47	Alsvatr 5	Aurgelmir 5
4 47	900 47	Alswid 34	Aurgrimnir 5
5 47	1.200 47	Althiof 7	Aurnir 34
6 47	10.000 47	Alvor 35	Aurvandil 20
7 47	432.000 47	Alwis 7	Aurwang 7
8 47	1+8=9=8+1 47	Alwit 31	Aurwang 48
9 47	**Adler** 40	Ama 35	Austri 32
10 47	Adler auf dem	Amboß 67	Auzon => Kiste
11 47	Weltenbaum 41	Amgerdr 28	Axt 66
12 47	Adler bei der	Ampfer 45	**Bafur** 32
13 47	Einweihung 40	Andad 34	Bakrauf 35
14 47	Adlergestalt:	Andhrimnir 39	Baldrian 45
15 47	- des Franmar 40	Andvari 7	Baldur 9
16 47	- des Hraesvelgr 40	Angantyr 39	Bara 35
17 47	- des Odin 40	Angeyja 35	Bari 6
18 47	- des Thiazi 40	Angrboda 26	Bari 20
20 47	Adler-Traum der	Ann 32	Baugi 5
22 47	Kostbera 40	Annar 20	Bär 43
23 47	Aelrun 31	Arm-Wunde 63	Bärenfell 62
24 47	Affe 44	Arngrim 6	Barke 49
28 47	Agdai 39	Apfel 45	Bärlapp 45
30 47	Ägir 10	Asen 36	Basilikum 45
32 47	Agnar 39	Asgard 52	Beifuß 45
33 47	Ahnen 36	Ask 39	Beinvidr 34
36 47	Ai 32	Aslaug 31	Bekkhild 31
37 47	Aki 6	Asperan 34	Beleidigungs-
40 47	Aki 16	Astralreise 50	Wettstreit 73
41 47	Alban 32	Asvid 6	Beli 5
46 47	Alberich 7	Atem 64	Beowulf 39
48 47	Albewin 7	Atla 35	Bergdis 28
72 47	Alcis 12	Atli 37	Bergelmir 6
80 47	Alf 6	Atward 20	Bergriese 6
90 47	Alf 32	Auchoff 34	Berg-Zwerge 32
99 47	Alfarin 34	Aud 20	Berling 32
100 47	Alfen 36	Auerhahn 40	Bertha 28
120 47	Alfhild 31	Auge 63	Berserker 62
300 47	Alfrigg 32	Augenbraue 63	Bertram 45

Bertramsgarbe 45	Bragi 19	Diurnir 7	Eiche 53
Besen => Stab	Bragi-Riesin 35	Dofri 34	Eicheln 45
besonderer Schrei 64	Brak 16	Dolgtrasir 32	Eichhörnchen 44
Bestattung 64	Brana 35	Donnerrebe 45	Eid 68
Bestla 35	Brandingi 5	Dori 32	Eik 28
Betonica 45	braun 46	Dorn => Schlafdorn 55	Eikinskjaldi 32
Beyla 39	Brenner 39		Eimer 67
Biber 44	Brezel-Ornament 64	Drachen 41	Eimgeitir 35
Biene 40	Brimir 33	Drachenblut => Drachen	Eimyria 35
Bifröst 49	Brisingamen 60		Einäugigkeit 63
Bifur 32	Brokk 32	Drachenschiff 55	Einheer 34
Bikki 16	Brombeere 45	Drasian 6	Einweihung 50
Bil 29	Brücke 49	Draupnir (Zwerg) 32	Eir 29
Bild 7	Bruderkampf 55	dreifarbiger Stein 67	Eir 31
Billing 5	Brüngerd 35	dreiköpfiger Riese 5	Eis 52
Billing 7	Brünhild 31	drei Riesinnen 35	Eisa 35
Bilsenkraut 45	Bruni 5	drei wahre Worte 64	Eisen 55
Birkhuhn 40	Bruni 32	Drifa 35	Eisenkraut 45
Biört 29	Brünne 66	dritter Bruder 55	Eisriesen 34
Björgolfr 6	Brunnen 49	Dröfn 35	Eistla 35
Björgulfr 34	Buri 34	Drossel 40	Eisurfala 35
Blain 33	Bryja 35	Drudgelmir 5	Eiymyria 35
Blapthvari 34	Bryla 34	Duf 32	Ekstase-Kieger 62
Blasebalg 67	Bryngerd 28	Dufa 35	Elch 42
blau 46	Buri (Zwerg) 32	Dufr 32	Eldhrimnir 57
Blau-Menschen 36	Buseyra 35	Dulin 32	Eldir 39
Blau-Riesen 36	Byggvir 39	Dumbr 6	Eldr 34
blau-schwarz 46	Byleist 20	Dunneir 32	Elefant 42
Blick 63	Bylgia 35	Durathor 32	Elendshaut => Hel-Haut
Blid 29	**Comandion** 7	Durin 32	
Blidur 29	**Dag** 48	Durnir 32	Else 35
Blind 16	Dagfinnr 32	Durnir 34	Erde 52
Blindheit 63	Dain 32	Düsterwald 49	Embla 28
Blodughadda 35	Dalar 32	Dwalin 32	Embla 39
Blutsbrüder 55	Dalr 32	**Eber** 42	Ente 40
Bödhild 28	Delling 20	Eberesche 45	Erce 20
Bogen 66	Delling 48	Edda (vollständig) 77	Erdbeben 55
Bömbur 32	Dellingr 32	Efeu 45	Erste Ursache 55
Bölthorn 5	Delphin 44	Egdir 5	Eschenholzkasten => Kiste 57
Borr 34	Dietwarta 29	Egil 39	
Botewart 7	Disen 36	Ei 40	Esel 42
Both 20	Distel 45	Eibe 45	Estroval 39

Eugel 7	Fiölvör 35	Frühlingstagund-	Geitla 35
Eule 40	Fiörgyn 20	nachtgleiche 54	Geitir 35
Eyrgjafa 35	Fiörgyn 23	Fulla 29	gelb 46
Faden 55	Fisch 44	Fullas Haarreif 60	Geliebter der Gefion 6
Fafnir (Zwerg) 32	Fjölverkr 34	Fullafle 34	Gerber-Schaber 67
Fährmann 49	Fjötra 29	Fundin 32	Gerdr 28
Fala 35	Flachs 45	Fuß 63	Geri 43
Falkenkleid:	Flegda 35	Fylgia 50	Gespenst 50
- der Freya 40	Fleur-de-lys 55	Fynir 6	Gestaltwandel =>
- der Frigg 40	Fleggr 34	Fynir 34	Verwandlung
Falke 40	Fliege 40	**Galar** 32	Gesang 68
Fallar 32	Fluch 68	Galarr 34	Gestilja 35
Farbauti 6	Flügel des Wieland 40	Galdr 64	Getreide 45
Farn 45	Flügelschuhe 67	Gallapfel 45	Gewöhnlicher
Farseti 6	Flugschuhe des Loki 40	Gandalf 32	Flachbärlapp 45
Faulheit =>	Fluß 49	Ganglati 34	Geysa 35
Feuersitzen 55	Freya 22	Ganglot 6	Gialar 32
Feima 35	frühe Skaldenlieder 78	Gangr 34	Gift 70
Fenchel 45	Freyr 15	Gangr 33	Gifur 43
Fenja 28	Fried 29	Gans 40	Gigas 6
Fenrir 6	Friedenszauber 6	Gänsefuß 45	Gilling 6
Fenrir 43	Fridr 29	Garm 43	Gillings Frau 28
Fernhypnose 64	Frigg 21	Gautan 39	Ginnar 32
Ferse 63	Folde 20	Gautrek-Saga => Snotra	Ginnungagap 49
Fessel 66	Fonn 34	Geban 20	Gjalp 35
Fessel-Zauber 64	Forat 35	Geburts-Orakel 64	Glamr 34
Feuer 55	Forelle 44	Gefäße 57	Glatundshundr 43
Feuersitzen 55	Fornjotr 6	Gefion 20	Glaumar 34
Feuerzauber 64	Forseti 19	Gefion-Geliebter 6	Glaumarr 34
Fialar 32	Frägr 32	Gefiun 20	Glaumr 6
Fid 32	Franmar 37	Gefjon 20	Glenr 48
Fieberkraut 45	Frar 32	Geist 50	Glitni 5
Fili 32	Freki 43	Geier 40	Glöd 35
Fimafeng 39	Frosti 32	Geirahöd 31	Gloi 32
Fimbulwinter 55	Frosti 34	Geiravör 31	Glück 64
Finger 63	Fruchtbarkeit 64	Geirdriful 31	Glückstrank 70
Finnalf 5	Fuchs 43	Geirönul 31	Glumra 35
Finnar 32	Frauenhaarfarn 45	Geirröd 5	Glymra 35
Finnmark-Riese 34	Frühling 54	Geirrota 31	Gna 29
Fiölkald 34		Geirskögul 31	Gneip 35
Fiölmor 39		Geitir 6	Gnepja 35
Fiölnir 20			

Goi 34
Gold 55
Goldalter 55
Goldemar 7
golden 46
Goldhelm 66
Goldhörner von
Gallehus 57
Göll 31
Golnir 5
Göndul 31
Gorr 34
Görsemi 29
Götter 36
Götterdämmerung 55
Götterkampf 55
Göttermet 69
Götter-Tiere 44
Gottesurteil 64
Gurgelbiß 55
Grab 49
Grani 6
grau 46
Grendel 5
Grendels Mutter 35
Greppur 34
Grer 32
Grid 28
Grid 35
Grim 5
Grim 39
Grima 35
Grimhild 31
Grimling 5
Grimnir 5
Grim Struppig-Wange 79
Grip 35
Gripir 34
Grissa 35
Groa 28
Grottintanna 35

Grotunagard 52
grün 46
Gryla 35
Gudr 31
Gudrun 31
Gudmund 5
Gullnir 5
Gullveig 29
Guma 35
Gundelrebe 45
Gunn 31
Gunnlöd 28
Gunnthinga 31
Gürtel 60
Gusir 6
Gygr 35
Gylfaginning 77
Gyllir 5
Gyllir 34
Gyma 20
Gymir 5
Haarband 60
Haare 63
Habicht 40
Hafle 34
Hafli 5
Hafthi 39
Hagen 16
Hahn 40
Hala 35
Halfdan 39
Halfdan Brana-
Ziehsohn 79
Halfdan Einsteinson 79
Hamdir 39
Hamingja 50
Hammer 66
Hand 63
Handschuhe 60
Hanf 45
Hannar 32
Hantel-Symbol 55

Har 32
Hära 35
Hardbeen 6
Hardgreip 35
Hardgreipir 34
Hardverkr 34
Harek Eisenkopf 6
Harfe 57
Harz 45
Hase 44
Hasel 45
Hastingi 34
Hati 5
Hati 43
Hattatal 77
Haudr 20
Haugspori 32
Haym 34
Hecht 44
Hedin 39
Hedin und Högni 79
Hefring 35
Heid 35
Heiddraupnir 5
Heide 49
Heidrek 39
Heidungi 6
Heilige Hochzeit =>
Wiederzeugung 55
Heiliger Hain =
Weltenbaum 52
Heilung 64
Heilziest 45
Heimdall 8
Heimir 39
Heinir 34
Heith 35
Heithdraupnir 5
Hel 26
Helblindi 20
Helgi 39
Helgi Thorisson 79

Hel-Haut 49
Helidi 27
Hellebarde 66
Helreginn 5
Helm 66
Hengikefta 35
Hengiköpt 6
Hengjankapta 35
Hepti 32
Herbst 54
Herbsttagundnacht-
gleiche 54
Herche 20
Herdentiere 42
Herdentierfell 42
Herfjötur 31
Hergrim Halbtroll 5
Hergunnur 35
Heri 32
Herja 31
Herkir 6
Herkja 35
Hermodr 37
Hertha 28
Hervor => Heidrek
Hervor und Heidrek
=> Heidrek
Herz 63
Hexe 58
Hianka 31
Hidde 34
Hild 31
Hildolf 5
Hildolf 20
Himingläva 35
Himmel 52
Himmelsrichtungs-
Mandala 54
Himmelsträger-
Zwerge 32
Hirsch 42
Hjaltrimul 31

Hjortrimul 31	Hraudnir 6	Hymir 6	Jenseitsbarke 49
Hjötra 28	Hraudungr 5	Hymnen an die Götter 80	Jenseitsberge 49
Hjuki 29	Hrede 29		Jenseitsbrücke 49
Hläwang 32	Hreidmar 7	Hyndla 26	Jenseitsfährmann 49
Hlebard 6	Hremsa 35	Hypnose 64	Jenseitsfluß 49
Hleidr 35	Hrimgerdr 28	Hyrrokkin 26	Jenseitsgrenzen-Landkarte 49
Hler 10	Hrimgerdr 35	**Idi** 34	
Hlidolf 32	Hrimgrimnir 34	Idun 25	Jenseitshalle 49
Hlif 29	Hrimnir 34	Igel 44	Jenseitsinsel 49
Hlifthursa 29	Hrim-Riesen 34	Illugi Grid-Ziehsohn 79	Jenseitsleiter 49
Hlin 29	Hrimthurs 34		Jenseitsmauer 49
Hlodyn 20	Hringi 5	Ilmr 29	Jenseitsreise 49
Hlödyn 20	Hringvölnir 5	Ima 35	Jenseitstor 49
Hloi 34	Hripstodr 34	Imd 35	Jenseitstor-Gitter 49
Hlöll 31	Hrist 31	Imgerdr 35	Jenseitstor-Hund 49
Hlora 35	Hrist 29	Imr 6	Jenseitswächter 49
Hnoss 29	Hrisungr 6	Imsigul 34	Jenseitswald 49
Hochsitz 57	Hroarr 5	Imth 35	Jenseitswasser => Wasser 49
Hochsitzsäulen 57	Hrod 35	In 20	
Hoddraupnir 5	Hrodwitnir 5	Ingibjörg 29	Jenseitsweg 49
Hoddrofnir 5	Hrodwitnir 43	Ingibiörg 31	Johanniskraut 45
Hödur 19	Hrökkvir 6	Intuition 64	Jokul 34
Hofund 19	Hrönn 35	Inzest 51	Jokul Eisenrücken 34
Höggstari 32	Hrossthjofr 34	Irmin 20	Jörd 23
Högni 16	Hrotti 5	Irpa 29	Jomali 20
Högni 39	Hruga 28	Istwas 20	Jörmungandr 41
höhere Mächte 36	Hrungnir 5	Itrek 5	Jörmunrek 39
Holmgang => Zweikampf 55	Hrungnir-Herz 67	Itreksjod 5	Jorunn 29
	Hryggda 35	Itreksjod 20	Jötunn 6
Holunder 45	Hyria 35	Ividja 35	Jotunbjorn 6
Homöopathie 64	Hrym 34	Iwaldi 5	Julnacht 54
Honig 40	Hrund 31	Iwalt 5	**Käfer** 40
Honigtau 45	Hügelgrab 49	Iwiedie 29	Kaldgrani 34
Hönir 18	Hugin 40	**Jari** 32	Kamille 45
Horn 57	Huhn 40	Jamtaland-Zwerg 7	Kampfmagie 64
Horn (Riesin) 35	Huldar 28	Jarngerdr 28	Kannibalismus 55
Hörn 29	Hund 43	Jarnglumra 35	Kara 31
Hörn 35	Hundalfr 6	Jarnhauss 6	Karabin 34
Horn-Neb 35	Hunding 16	Jarnnef 34	Kari 6
Hornbori 32	Hvalr 6	Jarnsaxa 28	Katze 43
Hraesvelgr 6	Hvedra 35	Jarnvidja 35	Kausalität 55
Hrafnhild 35	Hvedrungr 16	Jenseits 49	Keila 34

Keiler 42	**Lachanfall** 64	Luchs 43	Miötwitnir 32
Kenningar 75	Lachen 55	Lutr 34	Mjoll 34
Kerbel 45	Lachs 44	Lyngheid 35	Modgudr 29
Kessel 57	Landgeister 36	**Magni** 19	Modgudr 31
Keule 66	Lauch 45	Malseron 34	Modi 19
Kiebitz 40	Laufey 26	Mana 35	Modrädnir 32
Kili 32	Laurin 7	Managarm 43	Modsognir 7
Kisi 34	Laus 40	Mannus 20	Mögthrasir 6
Kiste 57	Leber 63	Mardalla 27	Moin 32
Kjallandi 6	Leib 63	Marder 43	Mökkurkjalfi 6
Kjallandi 35	Leidi 34	Margerdr 35	Molda 35
Klaufi 34	Leifi 6	Margerthur 35	Mona 20
Klee 45	Leifnir 6	Mangold 45	Mond 48
Kleima 35	Leikn 35	Mantel 67	Mondul 32
Knochen 67	Leimrute 66	Mantel der Nanna 67	Moosfrau von Saalfeld 32
Knoten 64	Leiter 49	Marnar 29	Moosleute von Arntschgereute 32
Kobolde 36	Leirvör 35	Märzviole 45	
Kol der Bucklige 39	Leopard 43	Maske => Helm	Mörn 35
Kolfrosta 28	Lerche 40	Maus 44	Möwe 40
Kolga 35	Lidskialf 20	Meer 49	Mühle 66
Kopf 63	Liebestrank 70	Meer der Zeit 55	Mundilfari 6
Kormoran 40	Liebeszauber 64	Meer-Menschen 36	Munin 40
Korn 45	Lif 39	Mehlbeere 45	Munnharpa 35
Körperteile 65	Lifthrasir 39	Mehltau 45	Münze 67
Köttr 34	Litr 6	Meili 9	Muspel 6
Kraftgütel => Gürtel	Litr 32	Meise 40	Muspelheim => Feuer 52
Krähe 40	Ljod 29	Menglöd 22	
Kraka 31	Ljota 35	Menja 28	Myrkrida 35
Kranich 40	Lodin 6	Menschenopfer 64	Myrkvid 49
Kräuter 45	Lodinfingra 35	Messer 66	**Nabbi** 32
Kreppvör 35	Lodur 16	Midgard 52	Nacktheit 60
Kriegerin 62	Lofar 7	Midgardschlange 41	Nadel 55
Kreuzblume 45	Lofn 29	Midi 6	Nägel 55
Kreuzkraut 45	Lofnheid 35	Midjungr 34	Naglfar 49
Krönung 64	Logi 34	Midwitnir 6	Nain 32
Kröte 44	Loki 16	Mimir 6	Nali 32
Kuckuck 40	Loni 32	Mist 31	Namensgebung 64
Kuril 6	Lopthoena 28	Mistel 45	Nanna 21
Kult 55	Lori 35	Mistkäfer 40	Nauma (Hel) 35
Kundalini 64	Loricus 6	Mittelpfeiler => Yggdrasil	Nar 32
Kwasir 20	Löwe 43		Narfi 6
Kyrmir 6	Löwenmäulchen 45	Mittsommer 54	

Nari Loki-Sohn 19	Nyi 32	Priester 60	Ringkampf 55
Nati 6	Nyr 32	Priesterin 58	Rist 31
Naudir 36	Nyrad 32	Prolog (Edda) 77	Robbe 44
Nebel 64	**Oddrun** 31	Prophezeiung 71	Rögnir 7
Nefia 35	Odin 13/14	Pukis 36	Rose 45
Nehalennia 29	Odr 20	**Rabe** 40	Röskva 37
Neri 30	Ofoti 5	Rad 67	rot 46
Neris Schwester 30	Öflugbarda 35	Radgrid 31	rota 31
Nerthus 28	Öflugbardi 6	Radvör 35	Rotkehlchen 40
Nepr 20	Ogautan 39	Ragnar Lodenhose 39	Rücken 63
Nessel 45	Ogladnir 6	Ragnarök 55	Rud 35
Netz 67	Ogn 35	Ran 27	Rudent 6
Neuentstehung aus den Knochen 55	Ohr 63	Randalin 31	Rudi 34
	Oin 7	Randgnid 31	Runa 35
neun Heimdall-Mütter 35	Olius 32	Randgrid 31	Runen 72
	Ölwaldi 5	Rangbeinn 5	Runenkästchen von Auzon => Kiste
neun Schwestern 35	Omen 71	Rasereitrank 70	
Niblung 7	Onarr 48	Raswid 32	Runenstein 64
Niblung 39	Öndudr 6	Rätsel 76	Runenstein von Ardre 64
Nicor 34	Onn 32	Raud 34	
Nid 64	Opfer 64	Raugnir 34	Rußland-Riese 6
Nidi 32	Orakel 71	Raum 6	Rütze 35
Nidr 28	Oregano 45	Reck 32	Rygi 35
Nidud 16	Ori 32	Regenbogenbrücke 49	**Saemdill** 6
Nieswurz 45	Örnir 6		Saga 28
Niflheim => Eis 52	Ortnit 34	Regin 7	Sährimnir 42
Niping 32	Ösgrui 5	Reginleif 31	Säkarsmuli 6
Nirdir 10	Öskrudr 34	Reiher 40	Salbei 45
Niola 48	Ostara 29	Rentier 42	Salfangr 6
Njola 48	Osten 54	Riesen auf der West-Insel 6	Sam 34
Njörd 10	Otr 32		Sämingr 39
Njörun 29	Otter 44	Riesen-Baumeister 6	Sanngrid 31
Nölvi 10	Otunfaxe 39	Riesen von Feldkirchen 34	Sati 51
Norden 54	**Penis** 55		Säule => Weltenbaum 52
Nordosten 54	Perchta 28	Riesen von Lichtenberg 35	
Nordri 32	persönliches Glück 64		Saxnot 20
Nordwesten 54	Pfeil 66	Rifingalfa 35	Sceaf 20
Nori 32	Pferd 42	Rifingöflu 35	Schachtelhalm 45
Nornen 30	Pferdezwillinge 12	Rigingöflu 35	Schädelschale 63
Norr 34	Pflug 67	Rind 42	Schadenszauber 64
Norr 48	Phol 9	Rindr 20	Schaf 42
Nott 48	Polygamie 55	Ring 57	Schafgarbe 45

Schaumkraut 45	Siar 32	Skorpion 40	Sternbild 55
Schierling 45	Sichel => Sense	Skrati 34	Stigandi 5
Schild 66	sieben Schwestern 28	Skrymir 5	Storch 40
Schlafdorn 55	Siegfried 38	Skrimnir 5	Storkvid 34
Schlangen 41	Sieglind 31	Skuld 30	Stoverkr 34
Schlangenauge 63	Siegstein 67	Slagfid 39	Strahlen-Breitsame 45
Schlangengrube 49	Sif 24	Sleggja 35	
Schlangenzunge 63	Sigdrifa 31	Snae 34	Strudel 49
Schleifstein => Wetzstein	Sigurd 38	Snotra 29	Struthan 34
	Sigi 39	Solbiart 5	Stumi 5
Schmetterling 40	Sigrlami 39	Sohn der Freya 19	stumm 63
Schmied 4	Sigrun 31	Sohn des Freyr 19	Süden 54
Schmied 55	Sigyn 28	Solblindi 5	Südosten 54
Schnecke 44	silbern 46	Sölfn 29	Sudri 32
Schneeweiß-Goldschöne 28	Simul 31	Sommer 54	Südwesten 54
	Sinmara 28	Somr 5	Surtur 6
Schuh 63	Sindri 32	Sonne 48	Suttung 6
Schutzgeist => Fylgja/Hamingja	Sinthgunt 29	Sonnengöttin 48	Svada 5
	Sivör 35	Sonnenhymne 64	Svadi 5
Schutzzauber 64	Sjuld 31	sonstige Magie 64	Svaf 7
Schwalbe 40	Skadi 20	Sörli 39	Svarangr 5
Schwan 40	Skafid 32	Spatz 40	Svasudr 6
Schwanenkleider der Walküren 40	Skalden 61	Specht 40	Svatr 6
	Skaldatal 77	Speer 66	Sveid 31
Schweden-Riese 6	Skaldenlieder 78	Sperber 40	Sveipinfalda 35
Schwein 42	Skaldinnen 61	sprechende Tiere 41	Svidi 6
Schwert 66	Skalli 34	Sprichworte 74	Svip 5
Schwitzhütte 64	Skalmöld 31	Spindel 55	Svipul 31
sechsköpfiger Riese 6	Skadskaparmal 77	Spinnerin 55	Svivör 31
Seehund 44	Skärir 5	Spiritus familiaris 36	Swaf 20
Seekuh 44	Skeggiöld 31	Sprettingr 5	Swanhild 31
Seelenvogel 40	Skidbladnir 49	Stab 67	Swanwit 31
Seelenvogel 50	Skimsli 5	Starkad 6	Swawa 31
Segen 68	Skirnir 37	Starkad 39	Swior 32
Seher 60	Skirkjar 35	Stärketrank 70	Swipdag 20
Seherin 58	Skirwir 32	Statue 57	Syn 29
Seidelbast 45	Skjalf 29	Stein 64	Syr 29
Seidr 64	Skjalv 34	Steine und Edelsteine 64	**Tafl** 57
Sel 6	Skjellinefja 29		Tal 52
seltsamer dritter Bruder 55	Skjöldr 39	Steinigung 55	Tamfana 29
	Skögul 31	Stern 48	Tarn-Kappe 67
Sense 67	Sköll 43	Sternbild 48	Tarn-Umhang 67

Tasche 60	Thrungva 29	Uri 20	- in Fuchs 65
Tätowierungen 55	Thrym 6	Utgard 52	- in Geier 65
Tattoo 60	Thulur 77	Utgardloki 6	- in Habicht 65
Tau 52	Thundr 6	Ungeheur 41	- in Hecht 65
Taufe 64	Thundr 29	Utiseta 50	- in Hirsch 65
Teer 45	Thurbiörd 35	**Vagnhöftdi** 34	- in Hund 65
Telemark-Riese 5	Tiere 44	Valbrandur 5	- in Krähe 65
Telepathie 64	Tiere der Götter 44	Vali Loki-Sohn 19	- in Lachs 65
Teller 57	Tierfelle 60	Valthögn 31	- in Löwe 65
Tempel 56	Tierfelle bei Hinrichtungen 67	Vandil 5	- in Mücke 65
Teufelsabbiß 45		Vandlir 5	- in Otter 65
Thagnar 31	Tor 49	Var 29	- in Pferd 65
Theck 32	Torfa 35	Vardrun 28	- in Rabe 65
Thialfi 37	Tote wiederbeleben 64	Vardrun 35	- in Rind 65
Thiazi 5		Vardruna 35	- in Robbe 65
Thing 73	Tragestange 67	Vasad 6	- in Schlange 65
Thiodwitnir 34	Trana 35	Vatermord 55	- in Schwalbe 65
Thistilbardi 34	Traum 71	Velle 5	- in Schwan 65
Thjodrerir 7	Traumdeutung 71	Venus 48	- in Seekuh 65
Thögn 31	Traumfrau 31	Verbene 45	- in Spinne 65
Thökk 35	Trima 31	Verdandi 30	- in Tier 65
Thor 17	Trolle 36	Vervielfältigung von Körperteilen 65	- in Vogel 65
Thora 28	Trona 35		- in Wal 65
Thorgerdr Hölgabrudr 29	Tuch 57	Vergessenheitstrank 70	- in Walroß 65
	Tuisto 20		- in Widder 65
Thorin 7	Tuisto 33	Verirren auf der Hirschjagd 55	- in Wolf 65
Thorir 6	Turm 56		- in Ziege 65
Thorn 5	Tyr 3	Verr 34	- in Ziegenbock 65
Thorstein Haus-Macht 79	Tyr-Riesen 5	Verwandlung:	Vidblindi 5
	Udr 35	- einer Frau in einen Mann 65	Viddi 34
Thrain 32	Uffe 39		Vidgreipr 34
Thrasir 6	Ulfhedinn 62	- einer Frau in eine andere Frau 65	Vidgymir 5
Thrigeitir 5	Ulfrun 35		vier Riesen-Ritter 34
Thrivaldi 5	Ullr 11	- eines Mannes in eine Frau 65	vier Stier-Riesen 34
Thröng 29	Umhang => Mantel 60		viertüriges Haus 52
Thror 7		- in Adler 65	Vifflöd 29
Thror 20	Uni 20	- in Bär 65	Vignir 34
Thror 32	Unn 35	- in Drache 65	Vikarr 6
Thorri 34	Unsichtbarkeit 64	- in Eber 65	Vilja 20
Thrud 31	Unsichtbarkeits-Stein 67	- in Falke 65	Vindr 34
Thrudgelmir 5		- in Fliege 65	Vingnir 6
Thrudr 29	Urd 30	- in Floh 65	Vingrip 34

Vipar 34	Wegwarte 45	Winter 54	Zwerge 32
Vogel 40	Weig 32	Winteranfang 54	Zwerge:
Vogelsprache 64	Weihung => Segen	Wirwir 32	- im Berg 32
Volkrast 7	Weinen 55	Witr 32	- im Gebirge 32
Vör 29	weiß 46	Witwen-Selbstmord 51	- Kuttenberg 32
Vörnir 34	Weisheiten 74	Wolf 43	- Untersberg 32
Vulkan-Riese 34	Weisheitstrank 70	Wolfsfell 62	- Blankenburg 32
Waage 64	Weißstern 39	Wortschatz Magie 64	- Bonikau 32
Waberlohe 49	Weltenbaum 53	Wohlstandszauber 64	- Dardesheim 32
Wächter 49	Weltesche 53	Wucherblume 45	- Eilenburg 32
Wafthrudnir 6	Wespe 40	Wurzel 45	- Elbogen 32
Wagen 67	Westen 54	Wyrd 30	- Glaß 32
Wagnhofde 6	Westri 32	**Yggdrasil** 53	- Hohenstein 32
Wal 44	Wetter 64	Ymir 33	- Heilingsfelsen 32
Wälder =>	Wettlauf 55	Ymis 33	- Nünberg 32
Weltenbaum 52	Wetttrinken 55	Yngvi 32	- Osenberg 32
Wald-Riesin 35	Wetzstein 67	**Zahlen** 47	- Plesse 32
Wali 19	Wichte 36	Zähne 63	- Rosenberg 32
Wali 32	Widar 19	Zauberer 59	- Selbitz 32
Walküren 31	Widfinnr 5	Zauberin 58	- Sion 32
Walnuß 45	Wiedergeburt 51	Zaubersprüche 68	Zwerg:
Walroß 44	Wiederholungen 55	Zeh 63	- Gebirge 32
Waltam 20	Wiederzeugung 51	Ziegen 42	- Kyffhäuser 32
Wandteppich => Tempel	Wieland 4	Zisa 29	- Hohenstein 32
Wanen 36	Wiesel 43	Zunge 63	- Dresden 32
Warkald 6	Wig 32	Zweikampf 73	- Hoia 32
Warr 20	Wigrid 55	zweiköpfige Riesen 34	- Lützen 32
Wasser 52	Wili 20	zwei Zwerge 32	- Ralligen 32
We 20	Wili (Zwerg) 32	Zwerg auf dem Felsen 32	- Rantzau 32
Weberin 55	Wind (Magie) 64	Zwergberg zu Aachen 32	- Scherfenberg 32
Wegdrasil 20	Wind 52		- Thorgau 32
Wegerich 45	Windalf 32		Zwillinge 55
Wegetritt 45	Windloni 6		
	Windswal 6